Ekkehard Kaier

**BASIC-Wegweiser für
IBM Personal Computer
und Kompatible**

Mikrocomputer sind Vielzweck-Computer (General Purpose Computer) mit vielfältigen Anwendungsmöglichkeiten wie Textverarbeitung, Datei/Datenbank, Tabellenverarbeitung, Grafik und Musik. Gerade für den Anfänger ist diese Vielfalt häufig verwirrend. Hier bieten die Wegweiser-Bücher eine klare und leicht verständliche Orientierungshilfe.

Jedes Wegweiser-Buch wendet sich an Benutzer eines bestimmten Mikrocomputers bzw. Programmiersystems mit dem Ziel, Wege zu den grundlegenden Anwendungsmöglichkeiten und damit zum erfolgreichen Einsatz des jeweiligen Computers zu weisen.

Bereits erschienen:

BASIC-Wegweiser für den Apple II e/c
und kompatible Computer
(Diskette 5.25": Applesoft BASIC unter DOS 3.3 und ProDOS)

MBASIC-Wegweiser für Mikrocomputer
unter CP/M und MS-DOS
(Disketten 5.25": IBM PC/MS-DOS, Apple-CP/M, Schneider CPC-CP/M)

BASIC-Wegweiser für den Commodore 64
(Diskette 5.25": Floppy 1541)

BASIC-Wegweiser für den IBM Personal Computer
und Kompatible
(Diskette 5.25": IBM PC/MS-DOS)

BASIC-Wegweiser für den Commodore 16,
Commodore 116 und Commodore plus/4
(Diskette 5.25": Floppy 1541)

BASIC-Wegweiser für MSX-Computer
(Disketten: 3.5" und 5.25")

Turbo Pascal-Wegweiser für Mikrocomputer,
Grundkurs
(Disketten 5.25": Apple-CP/M, IBM PC/MS-DOS, Commodore 128-CP/M,
MSX-DOS, Schneider CPC-CP/M, Diskette 3.5": MSX-DOS)

Turbo Pascal-Wegweiser für Mikrocomputer,
Aufbaukurs
(Disketten wie Grundkurs)

BASIC-Wegweiser für den Commodore 128
(Diskette 5.25": CP/M 3.0)

In Vorbereitung:

BASIC-Wegweiser für den Schneider CPC 464, 664 und 6128
(Diskette 5.25" Vortex: AMS-DOS)

Ekkehard Kaier

BASIC-Wegweiser für IBM Personal Computer und Kompatible

2., durchgesehene Auflage

Mit 111 vollständigen Programmen
und 113 Bildern

Springer Fachmedien Wiesbaden GmbH

Das in diesem Buch enthaltene Programm-Material ist mit keiner Verpflichtung oder Garantie irgendeiner Art verbunden. Der Autor übernimmt infolgedessen keine Verantwortung und wird keine daraus folgende oder sonstige Haftung übernehmen, die auf irgendeine Art aus der Benutzung dieses Programm-Materials oder Teilen davon entsteht.

1. Auflage 1984 (erschien unter dem Titel: BASIC-Wegweiser für IBM PC, PC XT,
   Portable PC und PCjr)
2., durchgesehene Auflage 1986

Umschlaggestaltung: Peter Lenz, Wiesbaden

ISBN 978-3-528-14332-9   ISBN 978-3-322-83640-3 (eBook)
DOI 10.1007/978-3-322-83640-3

Vorwort

Das Wegweiser-Buch führt zum erfolgreichen Einsatz der IBM Personalcomputer PC, PC XT, Portable PC AT und Kompatible, sofern sie in BASIC programmiert werden.

Das Wegweiser-Buch vermittelt aktuelles Grundlagenwissen zur Datenverarbeitung:

— Was ist Hardware, Software und Firmware?
— Was sind Großcomputer und Mikrocomputer?
— Was sind Datenstrukturen und Programmstrukturen?
— Was sind Betriebssysteme und Anwenderprogramme?
— Was heißt ‚fertige Programm-Pakete' einsetzen?
— Was umfaßt das eigene Programmieren?

Das Wegweiser-Buch gibt eine erste Benutzungsanleitung:

— Wie startet man die verschiedenen IBM Personalcomputer mit dem Betriebssystem DOS und der Programmiersprache BASIC?
— Wie geht man beim Erstellen eines BASIC-Programmes vor?
— Welche Datentypen und welche Anweisungen enthält BASIC?
— Inwiefern stimmen die IBM-Sprachdialekte BASICA (Advanced BASIC) und Cartridge-BASIC überein?
— Wie setzt man die wichtigsten DOS-Befehle ein?

Es enthält auch einen kompletten Programmierkurs mit einem Grund- und zwei Aufbaukursen:

— Grundkurs:
Programme mit Folge- und Auswahlstrukturen, Wiederholungs-(Schleifen)- und Unterablaufstrukturen (Unterprogramm, Funktion).

— Aufbaukurs I:
Programmiertechniken, Strings, Ein- und Ausgabe, maschinennahe Programmierung, Programm-Overlay, Arrays sowie Suchen, Sortieren, Mischen und Gruppieren von Daten.

— Aufbaukurs II:
Sequentielle, direkte/random, index-sequentielle und verkettete Organisation einer Datei. Datei mit zeigerverketteter Liste und binärem Baum. Grafik mit niedriger, mittlerer und hoher Auflösung. Programmieren von Spielen und Musik.

Das Wegweiser-Buch soll die von der IBM gelieferten System-Handbücher keinesfalls ersetzen, sondern ergänzen. In den Handbüchern werden Programmiersprachen (z.B. BASIC-Handbuch), Betriebssysteme (z.B. DOS 2.10 Ma-
nual), die technischen Eigenschaften (z.B. Technical Reference), Zusatz-
Geräte (z.B. Operations Guide) und Software beschrieben. Das Wegweiser-
Buch hingegen beschreibt die Grundlagen der Datenverarbeitung, um sie an
zahlreichen BASIC-Anwendungsbeispielen für die IBM Personalcomputer zu
veranschaulichen.

Im Wegweiser-Buch sind 111 Programme bzw. Files sowohl als Codierung in
BASIC (List) als auch als Ausführung (Run) wiedergegeben und vollständig
beschrieben. Die Programmbeispiele werden grafisch als Programmablauf-
plan (PAP), Struktogramm und Datenflußplan dargestellt.

Die Abschnitte 2 und 3 des Wegweiser-Buches bauen aufeinander auf und
sollten in dieser Abfolge gelesen werden. Abschnitt 1 hingegen kann parallel
dazu bearbeitet werden.

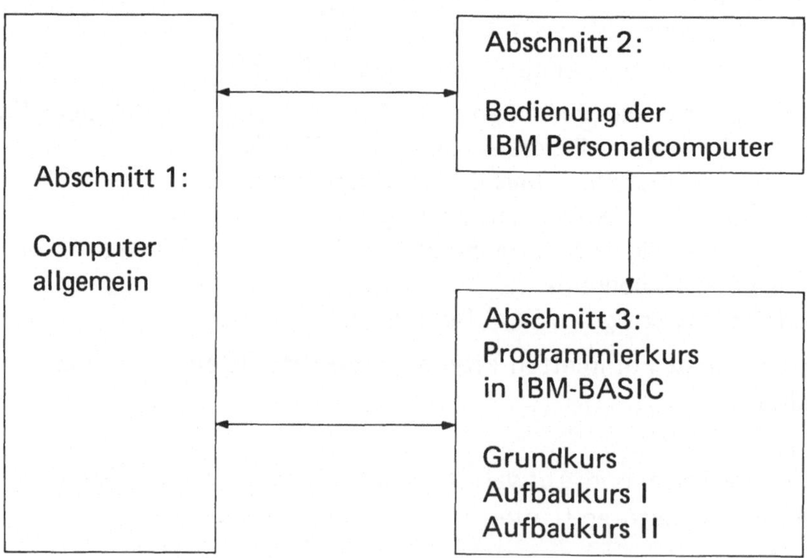

Für schnelle und eilige PC-Besitzer:

Das Wegweiser-Buch läßt sich auch als Nachschlagewerk benutzen. Aus diesem Grunde wurden das Inhaltsverzeichnis und das Sachwortverzeichnis sehr
detailliert aufgegliedert.

Ekkehard Kaier

Heidelberg, August 1984

Inhaltsverzeichnis

1
Computer allgemein

1.1 Computer = Hardware + Software + Firmware

1.1.1 Überblick

Jeder Computer besteht aus Hardware (harter Ware), aus Software (weicher Ware) und aus Firmware (fester Ware). Dies gilt
für Mikro- und Personalcomputer ebenso wie für Großcomputer.

Die H a r d w a r e umfaßt alles das, was man anfassen kann:
Geräte einerseits und Datenträger andererseits. Das wichtigste
Gerät ist die Zentraleinheit bzw. CPU (für Central Processing
Unit), mit der periphere Einheiten als Randeinheiten verbunden
sind; so z.B. eine Tastatur zur Eingabe der Daten von Hand,
ein Drucker zur Ausgabe der Resultate schwarz auf weiß und eine Disketteneinheit zur langfristigen Speicherung von Daten
auf einer Diskette als Datenträger außerhalb der CPU.

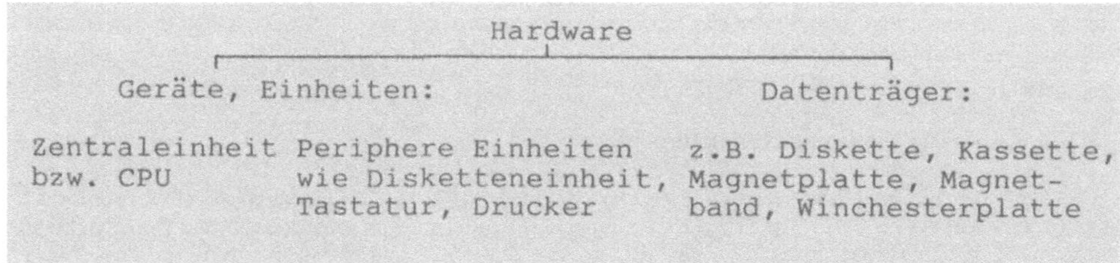

Die Hardware als harte Ware kann man anfassen

Die S o f t w a r e als zweite Komponente des Computers kann
man im Gegensatz zur Hardware nicht anfassen. Software bedeutet soviel wie Information; sie umfaßt die Daten und auch die
Programme als Vorschriften zur Verarbeitung dieser Daten. Ist
die Hardware als festverdrahtete Elektronik des Computers fest
und vom Benutzer nicht (ohne weiteres) änderbar, dann gilt für
die Software genau das Gegenteil: Jeder Benutzer kann Programm
wie Daten verändern, austauschen, ergänzen und auch zerstören.

Die Software als weiche Ware kann man nicht anfassen

Die F i r m w a r e als dritte Komponente des Computers kann
man der Hardware oder der Software zuordnen. Sie ist deshalb
wie ein 'Zwitter' halb Hardware und halb Software. So ist z.B.
das Rechenprogramm jedes Taschenrechners in einem speziellen
Speicher ROM (Read Only Memory als Nur-Lese-Speicher) enthalten. Der Benutzer kann dieses Programm zwar laufen lassen und
Information entnehmen und lesen (read), nicht jedoch abändern.

Für den Benutzer ist es wie Hardware fest. Für den Hersteller
des ROMs hingegen stellt es sich wie Software veränderbar dar,
da er den Speicher ROM ja programmieren kann und muß.
Ein anderes Beispiel: Für viele Mikrocomputer werden Module
mit fest im ROM gespeicherten Programmen bis zu 30.000 Zeichen
angeboten; der Anwender steckt ein Modul in den Eingabeschacht
seines Computers und befindet sich sogleich im Programm. Er
kann dieses Programm als Firmware zwar laufen lassen bzw. ausführen, nicht aber umprogrammieren und verändern.
Mit der Mikrotechnologie, mit dem Chip und dem IC (Integrated
Circuit für Integrierter Schaltkreis) hat die Firmware immer
mehr an Bedeutung gewonnen.

Die Hardware (fest verdrahtete Elektronik), die Software (frei
änderbare Daten und Programme) und die Firmware (hart für den
Benutzer und weich für den Hersteller) stellen die d r e i
g r u n d l e g e n d e n Komponenten jedes Computers dar.
Darüberhinaus gibt es weitere ....ware: so die Orgware (Organisation von Aufbau und Ablauf), die Menware (Personen),
die Brainware (geistige Leistungen) und die Teachware (Lehren
und Lernen).

1.1.2 Kosten für die Computerleistung

Leistung bedeutet Arbeit pro Zeiteinheit. Bestand die Arbeit
des Computers früher im Rechnen, also im Umgang mit Zahlen
(Computer heißt wörtlich Rechner), so wird sie heute ergänzt
durch das Verarbeiten von Text allgemein. Die Zeiten werden
immer kürzer: so arbeiten Computer heute 200mal schneller als
vor 25 Jahren (Nanosekundenbereich, 1-milliardstel Sekunde).

Betrachtet man die Entwicklung der Computerkosten, so ist ein
zunehmendes Absinken der Kosten für die Hardware gegenüber
den Kosten für die Software festzustellen. Zwei Gründe dafür:
Einerseits verbilligt sich die Hardware immer mehr, sei es
durch die Massenproduktion, sei es durch Fortschritte in der
Mikrotechnologie. Bei entsprechender Entwicklung anderer In-
dustriezweige dürfte ein VW-Käfer nicht mehr als 50 DM kosten
und eine Boeing 767 nicht mehr als 1500 DM.
Andererseits verteuert sich die Software mehr und mehr,sei es
durch die Personalkostenintensität (Gehälter für Programmentwicklung, -pflege u. -wartung), sei es durch das immer höhere
Anspruchsniveau (Erfolgsrechnung heute bereits allwöchentlich
und früher nur einmal im Jahr zum Jahresabschluß).
Man spricht schon von einer Kostenrelation von '20% für Hardware' gegenüber '80% für Software'.

1.1.3 Geschichtliche Entwicklung des Computers

Erst 1941 stellte der deutsche Ingenieur Konrad Zuse erstmals
einen richtigen Computer vor und 1952 wurde erstmals ein Computer an ein pivates Wirtschaftsunternehmen in der BRD ausgeliefert. In den 60er Jahren begann die Zeit der Großcomputer
und damit der System-Familien wie IBM/360 oder Siemens 4004.
Die 70er Jahre wurden geprägt von der Mikrotechnologie und

damit vom Mikrocomputer: die Hardware wurde immer kompakter, schneller und preiswerter.
Zu Beginn der 80er Jahre hat man sich an den Preisverfall der Hardware gewöhnt. Wen wundert es noch, daß Hardware-Preise im Jahr um 25% - 40% sinken? Das Interesse verlagert sich mehr und mehr auf die Software: Die Qualität der Programme wird zum entscheidenden Problem der heutigen Datenverarbeitung. Und in den 90er Jahren ....? Längst wird nicht mehr gelächelt über "intelligente" Computer,die ähnlich dem menschlichen Gehirn selbständig Probleme lösen. Die "künstliche Intelligenz" (abgekürzt KI) ist vor allem in Japan und den USA auf dem Vormarsch. Ein japanischer Anbieter hat bereits angekündigt, bis 1992 das erste marktreife Produkt herauszubringen.

1.2 Hardware = Geräte + Datenträger

1.2.1 Hardware im Überblick

1.2.1.1 Fünf Arten peripherer Geräte bzw. Einheiten

Um die Zentraleinheit bzw. CPU herum können bis zu fünf ververschiedene periphere Einheiten gruppiert sein:

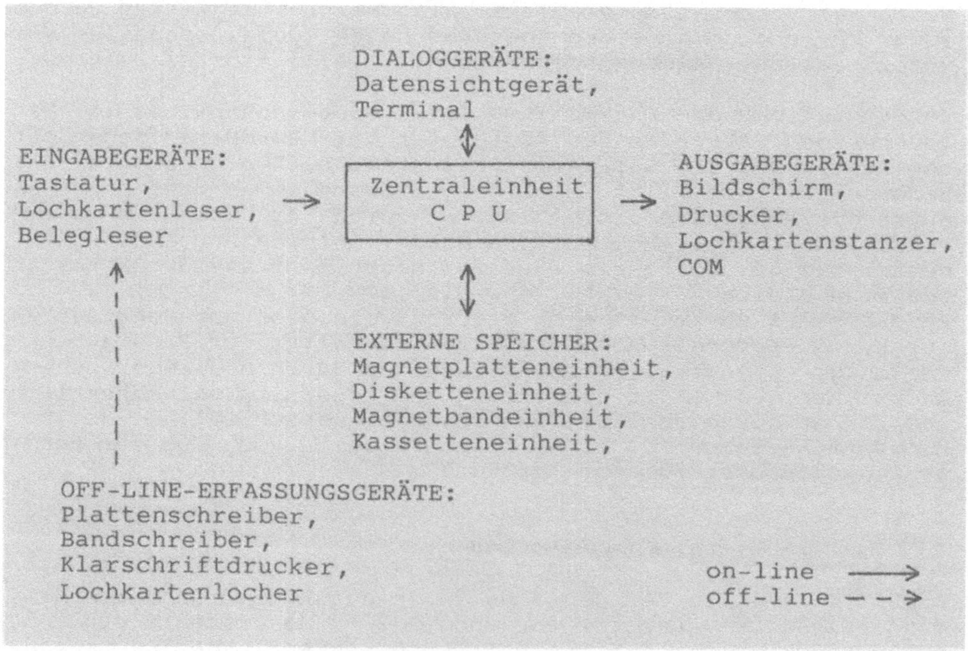

Eine Einheit im Zentrum (= CPU) und mehrere periphere
Einheiten um diese CPU herum (= Peripherie)

Die reinen   E i n g a b e g e r ä t e   dienen   ausschließlich
der Eingabe von Information (Daten wie Programme) in die CPU.
Zu unterscheiden ist dabei die Direkteingabe von Hand (Tastatur) oder die Eingabe über einen Datenträger (z.B. über Scheck
mittels Klarschriftbelegleser).
Die reinen   A u s g a b e g e r ä t e   geben Information von
der CPU aus z.B. auf den Bildschirm, auf das Endlospapier vom
Drucker, auf Mikrofilm (COM für Computer Output on Microfilm).
film) oder auf Lochkarte.
Die D i a l o g g e r ä t e   übernehmen zwei Aufgaben: die
Eingabe (in die CPU hinein) wie auch die Ausgabe (aus der CPU
heraus). Das Bildschirmgerät bzw. Datensichtgerät besteht nur
aus Tastatur und Bildschirm, es ist das einfachste Terminal.
Terminal heißt soviel wie Datenendstation, Endpunkt des Benutzers zum Computer oder "Benutzerschnittstelle" und bezeichnet
das Zugangsmedium des Benutzers zur CPU. Der Zugang kann dabei
die Eingabe, die Ausgabe oder beides umfassen; er kann mecha-
nisch, visuell, manuell und akustisch erfolgen. Ein Terminal
umfaßt danach eine oder mehrere periphere Einheiten mit unterschiedlichen Datenträgern.
Die E x t e r n e n   S p e i c h e r   übernehmen zusätzlich
zur Ein- und Ausgabe von Information auch deren Speicherung.
Während der Hauptspeicher als interner Speicher der CPU Information nur kurzfristig zur Verarbeitungszeit aufnimmt, so dienen die externen Speicher der langfristigen Aufbewahrung von
Daten und Programmen sowie der Datensicherung (Back-Up).

Eingabegeräte, Ausgabegeräte, Dialoggeräte u. Externe Speicher
zählen zur O n - l i n e - P e r i p h e r i e , weil die
Verbindung zur CPU on-line ist, d.h. eine direkte Kabelverbin-
dung die Übertragung von Information ermöglicht. Im Gegensatz
dazu tritt bei der Off-line-Peripherie an die Stelle der Übertragung der Transport von Daten (samt Datenträgern), da keine
direkte Verbindung zwischen dem peripheren Gerät und der CPU
besteht.

D a t e n e r f a s s u n g heißt, Information computerlesbar
machen. Bei Off-line-Erfassungsgeräten besteht zum Zeitpunkt
der Datenerfassung keine direkte Verbindung zur CPU: die Daten
werden auf einem im Erfassungsgerät mitlaufenden Datenträger
gespeichert. Geschieht die Erfassung hingegen on-line, dann
ist die Erfassung gleichbedeutend mit der Eingabe.

1.2.1.2 Drei Gruppen von Datenträgern

Nach den Geräten der Hardware (CPU, Peripherie) kommen wir nun
zu den D a t e n t r ä g e r n ; diese müßten eigentlich In-
formationsträger heißen, da sie nicht nur Daten speichern bzw.
tragen, sondern auch Programme.
Man unterscheidet gelochte, magnetische und optische Datenträger - je nachdem, ob die Information durch Lochungen, magnetisierte Punkte oder Lichtmarkierungen (hell/dunkel, Laser) dargestellt wird.

```
                        D a t e n t r ä g e r
          ┌──────────────────────┬──────────────────────┐
    gelochte              magnetische           optische
    Datenträger:          Datenträger:          Datenträger:

    Lochkarte,            Magnetplatte,         Markierungsbeleg,
    Lochstreifen          Plattenstapel,        Klarschriftbeleg,
                          Diskette,             Magnetschriftbeleg,
                          Magnetband,           Balkencode-Beleg,
                          Kassette,
                          Magnetblasen-         Optische Platte
                          speicher
```

           Datenträger zur Aufbewahrung von Daten und Programmen

Die Lochkarte und der vom Fernschreiber übernommene Lochstrei-
fen werden zunehmend durch magnetische Datenträger ersetzt.

Die Magnetplatte als   W e c h s e l p l a t t e (in Platten-
einheit auswechselbar) hat meistens 37 cm Durchmesser. Beim
Magnetplattenstapel sind z.B. 6 solcher Einzelplatten zu einem
Stapel fest übereinander montiert mit einer Speicherkapazität
bis 300.000.000 Zeichen (=150.000 DIN A4-Seiten). Die Diskette
bzw. Floppy Disk als verkleinerte Form der Magnetplatte wird
als Wechselplatte zur einseitigen oder auch zweiseitigen Speicherung bei einfacher oder doppelter (2D) Aufzeichnungsdichte
abgeboten. Derzeit sind drei Disketten-Größen verbreitet: Die
Maxi-Diskette mit 8" = ca. 20 cm, die Mini-Diskette mit 5.25"
= ca. 13 cm und die Mikro-Diskette mit 3.5" = ca. 9 cm Durchmesser. Disketten erreichen Kapazitäten von 1.000.000 Zeichen
(=500 DIN A4-Seiten) und mehr.

Die Winchester-Platte ist als F e s t p l a t t e fest mit
dem Gerät verbunden und somit nicht auswechselbar. Als Kunst-
stoffplatte ist sie in den Größen 14", 8" und 5.25" im Handel.
Aufgrund der hohen Umdrehungszahl (mehrere 1000 mal/min gegenüber 360 mal/min bei der Diskette) wird eine große Zugriffsge-
schwindigkeit wie auch Kapazität erreicht: über 50.000.000
Zeichen/Platte sind möglich (=25.OOO DIN A4-Seiten).

Das Magnetband als d e r typische Massendatenspeicher (1,27 cm
breit und 730 m lang) kann bis ca. 35.000.000 Zeichen (=17.500
DIN A4-Seiten) aufnehmen. In seiner verkleinerten Form als Datenkassette werden ca. 300.000 Zeichen (=150 DIN A4-Seiten)
erreicht; erhältlich ist die Normalkassette, die 1/4-Zoll-Kas-
sette und die 1/8-Zoll-Kassette.

Der Magnetblasenspeicher (Bubble Memory) arbeitet ohne mechanische Teile und wird den herkömmlichen Medien (Band, Platte)
demnächst Konkurrenz machen.

Zu den optischen Datenträgern, die der direkten Beleglesung
dienen: Beim Markierungsbeleg (Erhebungen, TÜV, Bestellungen)
werden Ja/Nein-Markierungen mit Bleistift ausgefüllt und vom
Belegleser optisch eingelesen.

Beim Klarschriftbeleg (Scheck, Zahlkarte) wird optisches Zei-
chen-Erkennen (OCR für Optical Character Recognition) dadurch
erreicht, daß speziell für die DV genormte OCR-Schriften verwendet werden wie OCR-A, OCR-B und IBM-407.
Beim Magnetschriftbeleg (Post-Briefverteilung) werden einzelne
Zeichen mit senkrechten Balken aus magnetisierter Farbe dargestellt: jeweils 7 Balken bei der CMC-7-Schrift, Dick-Dünn-Ab-
weichungen bei der E-13-B-Schrift des US-Banksystems.
Seit der Vereinbarung des Europa-Artikel-Nummern-Codes (EAN-
Code) im Jahre 1977 findet sich dieser Balkencode -auch Bar-
oder Strichcode genannt- zunehmend auf Warenpackungen. Durch
Abtasten mit einem Lesegerät bzw. Scanner (to scan = abtasten)
wird die Artikelnummer entschlüsselt.

Bei der optischen Platte tritt an die Stelle des Schreib-/Le-
sekopfs der herkömmlichen Magnetplatteneinheiten der Laser-
lichtstrahl. Dabei sind die gespeicherten Daten nicht mehr änderbar; aufgrund des niedrigen Preises wird einfach auf eine
zweite optische Platte kopiert. Die Kapazität liegt bei über
100.000.000 Zeichen (=50.000 DIN A4-Seiten), ist also äußerst
hoch.

1.2.2 Verarbeitung von Information in der CPU

1.2.2.1 Analogie der Datenverarbeitung bei Mensch und Computer

Die Datenverarbeitung beim Computer vollzieht sich analog zur
Datenverarbeitung beim Menschen: die CPU als 'Gehirn des Computers' ist analog zum menschlichen Gehirn aufgebaut.

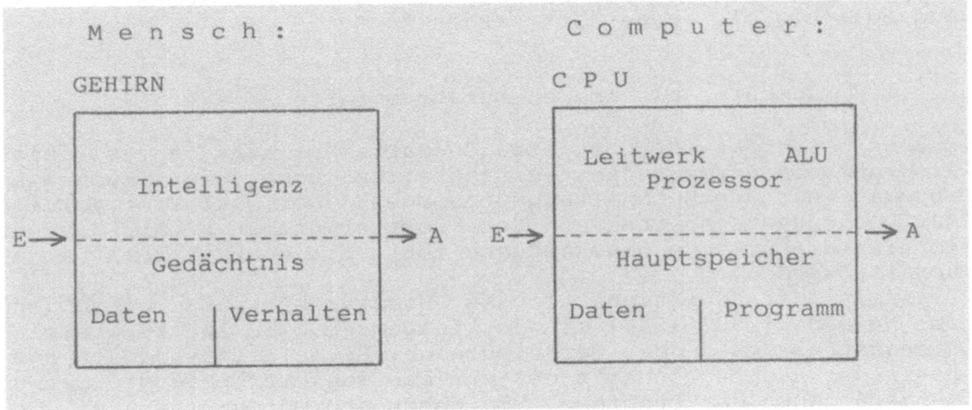

Grundmodelle der Datenverarbeitung bei Mensch und Computer

Der Eingabe (E) beim Menschen (Datenaufnahme über Auge, Ohr,
Nase) entspricht die computerlesbare Eingabe von der Tastatur.
Die Intelligenz des Computers wird durch einen Prozessor ver-
körpert, der die arithmetischen und logischen Grundoperationen
durchführt (ALU für Arithmetic Logical Unit) sowie das Gesamt-
system steuert (Steuer- bzw. Leitwerk).

Neben der Intelligenz (Prozessor) als steuerndem bzw. aktivem
Teil des Gehirns nun zum Gedächtnis (Hauptspeicher) als auf-
nehmendem bzw. passivem Teil: den menschlichen Verhaltensab-
läufen - sicher äußerst vage - vergleichbar sind die Computer-
programme als Anweisungsfolgen " w i e zu verarbeiten ist" ,
während die gespeicherten Daten angeben " w a s verarbeitet
wird".
Die Ausgabe (A) bzw. Datenwiedergabe (z.B. durch Sprechen und
handschriftlich) erfolgt beim Computer in computerlesbarer
Form (z.B. Ausgabe der Lohndaten auf Diskette) und/oder men-
schenlesbarer Form (z.B. am Bildschirm oder Drucker).

Mensch wie Computer sind datenverarbeitende Systeme, die durch
die 3-Schritt-Folge "Eingabe -> Verarbeitung -> Ausgabe" (kurz
EVA-Prinzip genannt) gekennzeichnet werden können.

Als CPU dient beim Personalcomputer bzw. Mikrocomputer ein IC
auf einem ca. 0.5 cm langen Silicium-Chip. Ein weiterer IC ist
für den Hauptspeicher (auch Arbeitsspeicher genannt) vorgesehen. Öffnet man den Computer, dann wird man diese und weitere
Chips sehen, die auf Kunststoffplatinen angeordnet und über
aufgedruckte Leiterbahnen miteinander verbunden sind.

Für Skeptiker: Die hier dargestellte Analogie der Datenverarbeitung bei Mensch und Computer bedeutet nicht, daß Computer
künstliche Menschen sind, sondern daß sie ihm im Grundaufbau
nachgebaut sind. Das einzig Menschliche an Computern ist, daß
sie vom Menschen konstruiert sind. Sonst sind Computer dumm;
sie können nur so arbeiten, wie ihnen durch die Programme vorgeschrieben wurde. Diese Programme haben zudem etwas äußerst
unmenschliches an sich: sie beinhalten vornehmlich sich oft
wiederholende, routinemäßig ablaufende und stupid geistestö-
tende Tätigkeiten, die von Computern aber sehr schnell, exakt
und beliebig oft ausgeführt werden können.

1.2.2.2 Computer als speicherprogrammierte Anlage

Früher -und das ist erst etwa 30 Jahre her- war das jeweilige
Programm als Hardware festverdrahtet: so konnte der Buchungs-
automat nur die Buchhaltung besorgen, der Fakturiertautomat
nur Rechungen schreiben und der Sortierautomat nichts als nur
sortieren. Für jede neue Aufgabe mußte ein neuer Automat ange-
schafft werden.
Diesem sicher unwirtschaftlichen Hardware-Prinzip machte John
von Neumann (1903-1957) mit der folgenden ohne Zweifel revolu-
tionärsten Idee in der Geschichte der EDV ein Ende:danach ent-
hielt der Hauptspeicher nicht nur die zu verarbeitenden Daten,
sondern auch das Programm. Da neben den Daten (w a s wird
verarbeitet) auch das Programm (w i e ist zu verarbeiten)
geändert und ausgetauscht werden konnte, wurde ein und derselbe Computer (Hardware bzw. Gerät unverändert) zum universellen
Problemlösungsinstrument (Software bzw. Programm änderbar).
Die oben angeführten Aufgaben der Buchhaltung, Fakturierung
wie Sortierung ließen sich von e i n e m Computer mit den
entsprechenden Programmen lösen.
Das Prinzip der S p e i c h e r p r o g r a m m i e r u n g
hatte das Hardware-Prinzip abgelöst: e i n Computer mit vielen
austauschbaren Programmen dient heute v i e l e n Aufgaben.

1.2.2.3 Computerrechnen im Dual-System Bit für Bit

Das Rechnen vollzieht sich in der ALU als Bestandteil der CPU.
Wie ist dies möglich, wo der Computer doch nur Binärzeichen
(binär bedeutet zweiwertig) mit den zwei möglichen Zuständen
0 (kein Strom) und 1 (Strom) unterscheiden kann? Er rechnet
im 2er-System bzw. Dual-System und nicht wie wir Menschen im
10er-System bzw. Dezimal-System.
Addieren wir 5+9 = 14, so erfolgt das berühmte "1 im Köpfchen"
bei 10, da wir im 10-er System denken. Der Computer führt den
Übertrag nicht bei 10 durch, sondern bei 2, da er gelernt hat,
im 2er-System zu funktionieren. Woher aber weiß er, wie groß
Stellenergebnis und -übertrag sind? Er weiß es durch folgenden
Trick: Die Addition ist auf die logischen Grundoperationen
"logisch UND" und "logisch ODER" zurückführbar, und diese Operationen lassen sich als Schalter in der ALU darstellen. Damit
benötigt ein Computer im Grunde nur so wenige Schalter, wie
logische Operationen darzustellen sind.

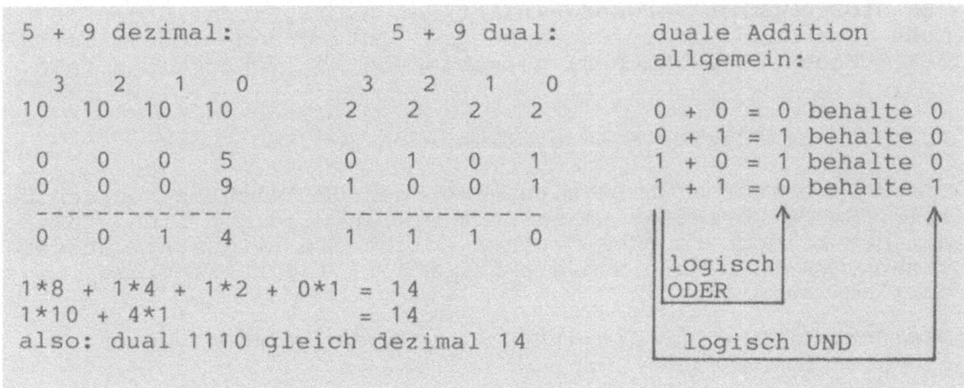

Dezimale Addition 5+9 (links), duale Addition 5+9 (rechts)

Das Binärzeichen wird als Bit (Binary Digit) abgekürzt. Die
4-Bit-Folge 1110 als Bitmuster bezeichnet die Dezimalzahl 14.

1.2.3 Speicherung von Information intern im Hauptspeicher

Information (Daten, Programme) setzt sich zusammen aus Zeichen
wie Buchstaben, Ziffern und Sonderzeichen. Da der Computer nur
ein Bit mit den beiden Werten 0 und 1 unterscheiden kann, muß
jedes Zeichen als Bitmuster gespeichert werden, z.B. der Buchstabe K durch das Bitmuster 01001011 als 8-Bit-Folge. Auf den
Datenträgern werden Bits meist durch magnetisierte Punkte dargestellt. Im Hauptspeicher dagegen werden Bits durch Schalter
dargestellt, die auf 'aus' für 0 oder auf 'ein' für 1 stehen
können; der Hauptspeicher als elektronischer Speicher besteht
aus ICs, deren Schalterstellungen den Bitwerten entsprechen.
Auf die externe Speicherung auf Datenträgern geht Abschnitt
1.2.4 ein; dieser Abschnitt wendet sich der internen Speicherung im Hauptspeicher (auch Arbeitsspeicher genannt) zu.

1.2.3.1 Informationsdarstellung im ASCII und EBCDI-Code

Im Hauptspeicher wird Information vorherrschend im ASCII (für
American Standard Code for Information Interchange) zu jeweils
sieben Bits/Zeichen gespeichert. Jedes ASCII-Zeichen wird somit als Siebenbitmuster dargestellt. Im ASCII werden dadurch
128 (2 hoch 7) Möglichkeiten computerlesbar erfaßt.
Unabhängig vom Code faßt man jeweils 8 Bits zu einer Einheit
zusammen, die man B y t e nennt. Beim ASCII als 7-Bit-Code
ist das 8. Bit eines Byte prinzipiell frei; je nach Anwwendung
wird es verschieden behandelt (z.B. stets 0 oder zur Aufnahme
eines Prüfbits).
Beispiel: 7.25 DM soll im ASCII dargestellt werden, also zwei
Buchstaben (DM), drei Ziffern (725) und zwei Sonderzeichen (.
und Blanc). Man erhält demnach die folgenden sieben Bytes
00110111 00101110 00110010 00110101 00100000 01000100 01001101
mit dem Achtbitmuster 00100000 als 5. Byte für das Leerzeichen
bzw. Blanc.

IBM-Großcomputer verwenden nicht den ASCII, sondern den EBCDI-
Code (Extended Binary Coded Decimal Interchange Code), der als
8-Bit-Code 256 (2 hoch 8) verschiedene Möglichkeiten erfaßt.

1.2.3.2 Hexadezimale Darstellung von Zeichen

Die 7 Bytes für 7.25 DM sind nicht gerade leicht zu entschlüs-
seln. Um der besseren Lesbarkeit willen wird man sich Zeichen
auf dem Bildschirm oder Drucker nicht als Bitmuster ausgeben
lassen, sondern h e x a d e z i m a l (auch sedezimal oder
kurz hex genannt).

Die hexadezimale Darstellung ist umseitig wiedergegeben.

1.2.3.3 Hauptspeicher als RAM und ROM

Der Speicher RAM ist ein Schreib-Lese-Speicher (Random Access
Memory für Direkt-Zugriff-Speicher); der Benutzer kann in den
RAM Information schreiben bzw. eingeben wie auch aus dem RAM
Information lesen bzw. ausgeben. Insbesondere bei Personalcomputern ist der Hauptspeicher als RAM ausgebildet, um das Anwenderprogramm und die zu verarbeitenden Daten aufzunehmen.
Häufig ist ein zusätzlicher Teil des Hauptspeichers als Speicher ROM vorgesehen (vgl. Abschnitt 1.1.1). Auf diesen Nur-
Lese-Speicher (Read Only Memory) kann der Anwender nur lesend
zugreifen. Im ROM als Festspeicher werden z.B. Steuerungspro-
gramme - vom Hersteller fest eingeschmolzen - bereitgestellt,
die wir zwar anwenden, aber nicht verändern können.

Die Informationsdarstellung durch die Codes ASCII sowie EBCDI
gilt für den Hauptspeicher allgemein - unabhängig, ob er nun
als Speicher RAM oder als Speicher ROM ausgebildet ist.

```
Hex:  Dezimal:  Binär:
 0       0       0000
 1       1       0001
 2       2       0010
 3       3       0011
 4       4       0100
 5       5       0101
 6       6       0110
 7       7       0111
 8       8       1000
 9       9       1001
 A      10       1010
 B      11       1011
 C      12       1100
 D      13       1101
 E      14       1110
 F      15       1111
```

Hexadezimale Dar-
stellung von
genau 16 Zeichen

Darstellung von 7.25 DM im
ASCII hexadezimal:
37 2E 32 35 20 44 4D

Darstellung von 7.25 DM im
EBCDI-Code hexadezimal:
F7 4B F2 F5 40 C4 D4

Die hexadezimale Darstellung
von 7.25 DM im ASCII sowie
im EBCDI-Code ist wesentlich
besser lesbar als die zugehörige Bitmusterdarstellung.

Die Übersetzung binär - hex
besorgt der Computer selbst.

Die hexadezimale Darstellung
stellt nur eine Lesehilfe
dar. Im Hauptspeicher werden
die Daten nach wie vor binär
gespeichert und aufgerufen.

Die Codes ASCII und EBCDI

Hexadezimale Darstellung	ASCII (7 bit)	EBCDIC (8 bit)
·		
21	blank	
22	!	
23	#	
24	$	
25	%	
26	&	
27	'	
28	(	
29	)	
2A	*	
2B	+	
2C	,	
2D	-	
2E	.	
2F	/	
30	0	
31	1	
32	2	
33	3	
34	4	
35	5	
36	6	
37	7	
38	8	
39	9	
3A	:	
3B	;	
3C	<	
3D	=	
3E	>	
3F	?	
40	@	blank
41	A	
42	B	
43	C	
44	D	
45	E	
46	F	
47	G	
48	H	
49	I	
4A	J	¢
4B	K	.
4C	L	<
4D	M	(
4E	N	+
4F	O	|
50	P	&
51	Q	
52	R	
53	S	
54	T	
55	U	
56	V	
57	W	
58	X	
59	Y	
5A	Z	!
5B	[	$
5C	\	*
5D	]	)
5E	^	;
5F	_	¬
60	`	-
61	a	/
62	b	

Hexadezimale Darstellung	ASCII (7 bit)	EBCDIC (8 bit)
63	c	
64	d	
65	e	
66	f	
67	g	
68	h	
69	i	
6A	j	
6B	k	
6C	l	%
6D	m	_
6E	n	>
6F	o	?
70	p	
71	q	
72	r	
73	s	
74	t	
75	u	
76	v	
77	w	
78	x	
79	y	
7A	z	:
7B	{	#
7C	|	@
7D	}	'
7E	~	=
7F	△	"
80		
81		a
82		b
83		c
84		d
85		e
86		f
87		g
88		h
89		i
8A		
8B		
8C		
8D		
8E		
8F		
90		
91		j
92		k
93		l
94		m
95		n
96		o
97		p
98		q
99		r
9A		
9B		
9C		
9D		
9E		
9F		
A0		
A1		
A2		s
A3		t
A4		u
A5		v
A6		w
A7		

Hexadezimale Darstellung	ASCII (7 bit)	EBCDIC (8 bit)
A8		x
A9		y
AA		z
·		
·		
C0		
C1		A
C2		B
C3		C
C4		D
C5		E
C6		F
C7		G
C8		H
C9		I
CA		
CB		
CC		
CD		
CE		
CF		
D0		
D1		J
D2		K
D3		L
D4		M
D5		N
D6		O
D7		P
D8		Q
D9		R
DA		
DB		
DC		
DD		
DE		
DF		
E0		
E1		
E2		S
E3		T
E4		U
E5		V
E6		W
E7		X
E8		Y
E9		Z
EA		
EB		
EC		
ED		
EE		
EF		
F0		0
F1		1
F2		2
F3		3
F4		4
F5		5
F6		6
F7		7
F8		8
F9		9
·		
·		

Bei Mikrocomputern bzw. Personalcomputern findet man meistens
den ASCII.
Der EBCDI hingegen wird bei größeren DV-Systemen verwendet.

1.2.3.4 Byte als Maßeinheit für die Speicherkapazität

Das Byte dient einerseits zur Darstellung von Zeichen und anderseits zur Angabe der Speicherkapazität

1 KB = 1 Kilo-Byte = 2^{10} Bytes = 1024 Bytes = ca. eintausend
     Zeichen Speicherkapazität

1 MB = 1 Mega-Byte = 1000 KB = 1.024.000 Bytes = ca. eine
     Million Zeichen Speicherkapazität

Die Angabe '64 KB RAM' oder auch einfach '64 K RAM' bedeutet, daß dem Benutzer ein Hauptspeicherplatz von ca. 64.000 Zeichen Größe für Programm und Daten zur Verfügung steht.

1.2.4 Speicherung von Information extern auf Datenträgern

1.2.4.1 Kassette und Magnetband

Auf K a s s e t t e werden Daten Bit für Bit hintereinander, d.h. b i t s e r i e l l , aufgezeichnet. Dies ist bei Audiokassettenlaufwerken der Fall wie bei den eigens für den Computereinsatz entwickelten Recordern. Die 8 Bits 01001101 für den Buchstaben M stehen auf Kassette also hintereinander. Auf das wesentlich breiteren M a g n e t b a n d hingegen passen die Bits nebeneinander: demnach liegt beim Magnetband eine b i t p a r a l l e l e Aufzeichnung vor.

Zu unterscheiden sind Start-/Stop-Geräte und Streaming-Geräte: Bei den Start-/Stop-Geräten wird b l o c k w e i s e gespeichert, wobei jeder Block durch Klüfte (Gaps) als Leerräume vom nächsten Block getrennt ist. Commodore-Kassetten 2/3000 haben z.B. folgendes Aufzeichnungsformat:
- 10 Sek. Vorspann (leader)
- 192 Zeichen Fileüberschrift (header)
- 2 Sek. Kluft (Gap bzw. Vorspann)
- 192 Zeichen Daten (=1. Datenblock)
- 2 Sek. Kluft
- 192 Zeichen Daten (=2. Datenblock)
- ...
- ...
- 192 Zeichen Daten (=n. Datenblock)
- EOF-Zeichen als Marke für End Of File

                                                     Datenfile (Datendatei) mit 192 Zeichen je Block.

- 10 Sek. Vorspann (leader)
- 192 Zeichen Fileüberschrift (header)
- Programmblock mit 10 KB
  bis 32 KB Zeichen
- EOF-Zeichen

                                                     Programmfile mit max 32.000 Zeichen je Block.

Leerräume bzw. Klüfte kosten Speicherplatz. Sie sind erforderlich, da nur bei gleichmäßiger Bandgeschwindigkeit gelesen und geschrieben werden kann. Die Übertragungsraten liegen zwischen 250 und 1500 Baud bzw. bps (Bits pro Sekunde bei serieller und Bytes (Zeichen) pro Sekunde bei paralleler Aufzeichnung).

Bei den S t r e a m i n g - Geräten entfallen die Klüfte und
Start-/Stop-Marken. Die Daten 'strömen' (to stream) ohne Stops
in der kompletten Bandlänge in den Hauptspeicher. Streaming-
Laufwerke werden hauptsächlich zur Datensicherung (Back-Up)
von Plattendaten (Diskette,Winchesterplatte) verwendet. Streamer sind billiger, schneller und speicherplatzsparender als
Start-/Stop-Cartridges; die kleinste Zugriffseinheit aber ist
das gesamte Band (vgl. Abschnitt 1.2.4.5).

Wichtige Einsatzgebiete des Bandes sind die Langzeitarchivie-
rung, die Datensicherung (Back-Up), der Daten- und Programm-
austausch sowie -vertrieb (Postversand), die Ersterfassung von
Daten, die Speicherung von Datenbeständen mit Reihenfolgever-
arbeitung (z.B. Inventar) und die Programmspeicherung. Im Hinblick auf die Kosten je abgespeichertem Byte schneidet kein
Datenträger besser ab als das Magnetband als d e r typische
M a s s e n s p e i c h e r .
Muß häufig auf Einzeldaten direkt zugegriffen werden, dann
scheidet das Band (großes Magnetband wie kleine Kassette) aus.

1.2.4.2 Diskette, Winchesterplatte und Magnetplatte

Die Speicheroberfläche der Platte als Direktzugriff-Speicher
ist stets ähnlich organisiert - ob sie als Diskette im Maxi-,
Mini- oder Mikroformat eingesetzt wird, als Festplatte in Win-
chster-Technologie, als große Magneteinzelplatte oder als Magnetplattenstapel. Am Beispiel des Softsektor-Formats IBM 3740,
das bei Mini-Disketten fast zum Standard geworden ist, wollen
wir die Speicherorganisation der Platte genauer erklären.

Eine neu gekaufte Diskette ist leer, sie ist weder beschrieben
noch irgendwie unterteilt. Beim Softsektor-Format IBM 3740 ist
die Formatierung (Form der Speicheroberfläche festlegen) bzw.
Sektorierung (Oberfläche in Sektoren als Abschnitte einteil-
len) s o f t w a r e m ä ß i g durch ein spezielles Programm
wie folgt vorzunehmen:
- 77 kreisrunde Spuren vorsehen; bei 2seitiger Diskette bilden
  gegenüberliegende Spuren je einen Zylinder.
- Jede Spur in gleichlange Sektoren (Abschnitte) gliedern: 26,
  15 oder 8 Sektoren/Spur, je nach der Sektorlänge von 128,
  256 oder 512 Bytes.
- Spuren numerieren von Spur 00 (außen) bis Spur 76 (innen).
- Verwendung festlegen: Spur 00 für Inhaltsverzeichnis, Spuren
  01-74 für Benutzerinformation, Spuren 75-76 Fehlerreserve.
- Die Sektoren durch Klüfte bzw. Gaps trennen, um auf den Sek-
  tor als kleinste Z u g r i f f s e i n h e i t bei 360 Um-
  drehungen/Minute fehlerfrei zugreifen zu können.
- Die Sektoren unterteilen in ID-Feld (=Identifikationsfeld
  als Adreßfeld) und Daten-Feld (=Benutzerinformation 128, 256
  oder 512 Bytes lang).

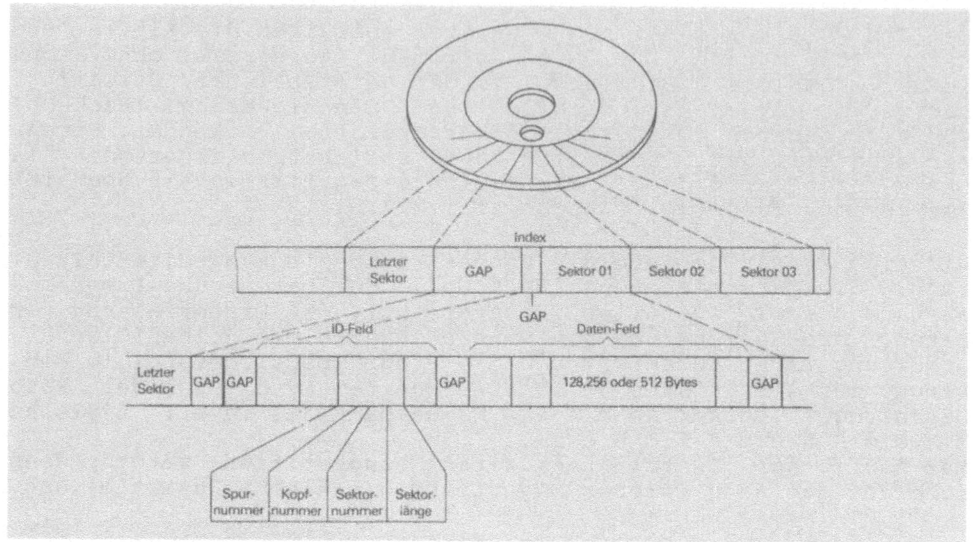

Speicherorganisation der Platte am Beispiel des
Softsektor-Formates IBM 3740 für Disketten

Eine Spur hat weder Anfang noch Ende. Wenn eine Lichtschranke
das I n d e x l o c h überfährt, wird durch einen Impuls der
'Spurbeginn' angezeigt.
Im Gegensatz zur hier erklärten Softsektorierung wird bei der
h a r d s e k t o r i e r t e n Diskette die Einteilung hardwaremäßig bereits vom Hersteller vorgenommen.

Bei Einzelplatten wird b i t s e r i e l l auf Spuren aufgezeichnet. Die 8 Bits 01001101 für M im ASCII stehen also der
Reihe nach hintereinander (z.B. auf Spur 34).
Beim Magnetplattenstapel kann zylinderweise auf den jeweils
unmittelbar übereinanderliegenden Spuren aufgezeichnet werden.

1.2.4.3   Klarschriftbeleg als Druckerausgabe

Auf einem Klarschriftbeleg wird Information in einer für den
Menschen s o w i e den Computer lesbaren Form extern gespeichert (vgl. Abschnitt 1.2.1.2). Hier die Zeichendarstellung
bei der heute besonders weit verbreiteten Klarschrift OCR-A:

ABCDEFGHIJKLMNOPQRSTU
VWXYZ   0123456789

Klarschriftbelege werden durch Klarschriftdrucker erstellt,
bei denen es sich vornehmlich um Typenraddrucker handelt. Hier
eine kleine Übersicht der Druckertypen a l l g e m e i n :

- Zu unterscheiden sind mechanische Drucker (impact) und nicht
  mechanische Drucker (non-impact), serielle Drucker (Zeichen
  für Zeichen drucken) und Zeilendrucker (zeilenweise drucken)
  sowie in einer Richtung und vor/rückwärtsschreibende Geräte.
- Bei den mechanischen Drucker überwiegen Typenraddrucker und
  Matrixdrucker.

- Der T y p e n r a d d r u c k e r hat Typen an Armen (Spei-
  chen) des Typenrades befestigt. Die Räder lassen sich aus-
  wechseln - und damit auch die Schrifttype sowie die Zeichen-
  dichte (z.B. 1/10" = 132 Zeichen/Zeile, 1/12" = 158 Zeichen/
  Zeile, 1/15" = 198 Zeichen/Zeile).
  Typenraddrucker werden dort eingesetzt, wo es auf die Druck-
  qualität ankommt: z.B. in der Textverarbeitung und der Klar-
  schrifterfassung. Man nennt die auch 'Schönschreibdrucker'.
- Der M a t r i x d r u c k e r erzeugt Zeichen in Form einer matrixförmigen Anordnung von Einzelpunkten. Je mehr Roh-
  re bzw. Nadeln pro Matrix (z.B. 7*9- und 7*5-Matrix), desto
  besser ist das Druckbild. Kann man Matrixpunkte einzeln ansteuern, läßt sich der Matrixdrucker zur Ausgabe von Grafik
  (wie Kurven und Bildern) verwenden.
- Nicht-mechanische anschlagsfreie Drucker arbeiten leiser
  und schneller als Impact-Drucker: dabei handelt es sich um
  T i n t e n s t r a h l d r u c k e r (Ink-Jet) oder um
  elektrofotografische Verfahren kombiniert mit Laserstrahlen;
  beide Druckertypen arbeiten mit Normalpapier.
  Spezialpapier benötigen die T h e r m o d r u c k e r (wär-
  meempfindliches Papier), die elektrostatischen Drucker (Die-
  lektrikum auf dem Papier) und die Elektroerosionsdrucker
  (Kondensatorpapier).

1.2.4.4 Schnittstellen als Bindeglieder CPU - Peripherie

Soll der Informationsaustausch zwischen der CPU und den ange-
schlossenen Peripheriegeräten bzw. Datenträgern klappen, dann
müssen die Einheiten zueinander passen, d.h. kompatibel (oder
besser: steckerkompatibel) sein. Genau als solche Steckverbin-
dungen kann man sich die S c h n i t t s t e l l e n (engl.
Interfaces) vorstellen. Damit Geräte verschiedener Hersteller miteinander verbunden werden können, müssen die Schnittstellen der Geräte genormt sein. Die vier bei Personalcomputern zumeist anzutreffenden Schnittstellen sind die V.24-,
die TTY-, die Centronics- und die IEC-Bus-Schnittstelle.

- Die V.24-Schnittstelle ist eine asynchrone, serielle Schnittstelle: asynchron bedeutet, daß 2 Geräte trotz verschiedenen Arbeitsgeschwindigkeiten einander angepaßt werden können; seriell heißt, daß Bit für Bit nacheinander übertragen
  werden. Die US-Schnittstelle RS-232-C entspricht der V.24.
  Beide Interfaces findet man in der Datenfernverarbeitung.

- Als weitere serielle Schnittstelle wurde die TTY-Schnitt-
  stelle vom Fernschreiber (Teletype) übernommen zum Anschluß
  von Bildschirm und Drucker.

- Nach dem Druckerhersteller Centronics benannt ist eine weitere Schnittstelle, mit der Drucker anderer Fabrikate ausgerüstet sind. Als p a r a l l e l e Schnittstelle werden
  alle Bits eines Zeichens (Byte) über 8 parallele Leitungen
  übertragen (gleichwohl: bitparallel, aber zeichenseriell).
  Die Centronics-Schnittstelle ist heute zum Quasi-Standard
  bei Druckern geworden; dabei wird zumeist ein 36-poliger
  AMP-Stecker verwendet mit nur teilweise genormter Pinbelegung
  (exakte Belegung der Pins dem Handbuch zu entnehmen).

- Die IEC-Bus-Schnittstelle umfaßt 8 Daten-, 3 Quittungs- und
  5 Steuerleitungen, um bis zu 15 Peripheriegeräte an einen
  Computer anzuschließen.

Exakt beschriebene Schnittstellen gehen einher mit dem Trend
zur 'Mixed Hardware' als dem Zusammenschluß von Peripheriegeräten unterschiedlicher Herstellermarken. Dies wiederum führte
zur steten Ausweitung des OEM-Marktes (Original Equipment Ma-
nufacturer). Ein OEM ist ein Gerätehersteller, der seine Pro-
dukte nicht (nur) an Endabnehmer verkauft, sondern ebenso an
andere Hersteller; auf dem OEM-Markt besorgen sich Computer-
hersteller Peripherie-Geräte, die sie in ihr System integrieren. So kann sich z.B. hinter dem IBM-Typenschild eines Druckers, den IBM für seinen Personalcomputer anbietet, durchaus
ein EPSON-Drucker verbergen.

1.2.4.5 Back-Up-Systeme zur Datensicherung

Für Personalcomputer -autonom als Stand-alone-Systeme genutzt-
bietet sich folgender Mix für die externen Speichergeräte an:

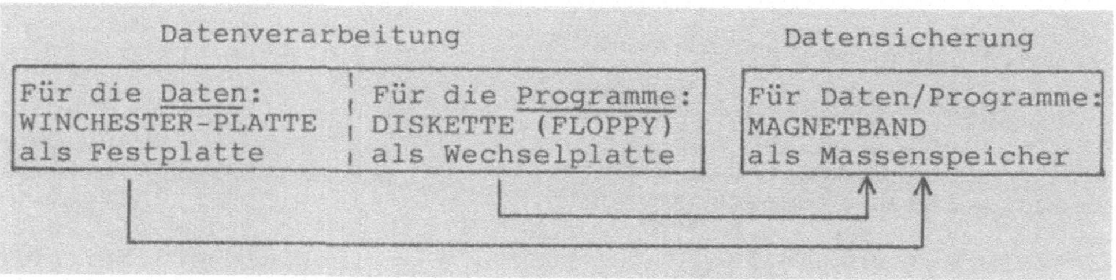

Externspeicher zur Datenverarbeitung und zur Datensicherung

Festplatten-Laufwerke bringen dem Anwender von Personalcomputern die gewünschten hohen Speicherkapazitäten, zugleich aber
auch das Problem der Datensicherung bzw. des Back-Up (1 DIN-
A4-Seite = ca. 2 KBytes; 20 MBytes auf einer Festplatte = ca.
10 Karl-May-Bücher; 1 MBytes eintippen = ca. 10 Manntage). Bei
Programm- oder Bedienungsfehler, Defekt des Externen Speichers
oder des Computers selbst könnten die Daten zerstört werden;
deshalb müssen Sicherungskopien der Daten erstellt werden. Bei
Back-Up-Systemen als Reserve- bzw. Sicherungssysteme (Back-Up
heißt: Zeichen für Zeichen z.B. auf Band kopieren) gibt es
Disketten, Wechselplatten und Bänder als Sicherungsdatenträger
(letztere im Start-Stop- sowie im Streaming-Betrieb (Abschnitt
1.2.4.1)). Mit dem zunehmenden Umfang der zu sichernden Datenbestände wird sich das Magnetband als Streamer durchsetzen: so
kann ein Cartridge-Tape-Streamer den Inhalt einer 20-MB-Fest-
platte in wenigen Minuten kopieren und damit sichern.

Bei dieser Art der Datensicherung werden die Sicherungskopien
in einem gesonderten Arbeitsgang z.B. allabendlich oder zweimal je Woche durchgeführt. Anders geht das L o g g i n g vor,
bei dem sämtliche über Tastatur eingegebenen Daten von einem

Datensicherungsprogramm automatisch auf einer Zusatzdatei mit-
geschrieben werden; diese Datei wird auch 'Log-Datei' genannt.
Die Datensicherung wird also bereits im Rahmen der Datenerfassung vorgenommen - dieser Erfassung wenden wir uns jetzt zu.

1.2.5 Verfahren der Datenerfassung

D a t e n e r f a s s u n g   heißt, Daten in computerlesbare
Form bringen (vgl. Abschnitt 1.2.1.1) und umfaßt den Weg von
der Entstehung der Daten bis zu deren Eingabe in die CPU. Da
im kaufmännischen Bereich ca. 90% des Zeitaufwandes auf diesen
Weg entfallen, ist der Kostenanteil der Datenerfassung relativ
hoch anzusetzen.
Die unterschiedlichen   V e r f a h r e n   der Datenerfassung
werden festgelegt durch vier Faktoren:
1) Anzahl der S t u f e n , die die Daten von der
   Entstehung bis zur Eingabe durchlaufen.
2) Verbindung zwischen Erfassungsgerät und CPU zum Zeitpunkt
   der Erfassung: o f f - l i n e oder o n - l i n e .
3) Z e n t r a l e   oder d e z e n t r a l e Durchführung
   der Erfassung.
4) Erfassungsgerät mit eigener I n t e l l i g e n z ausgestattet oder nicht.
Auf diese Faktoren wollen wir nun im Überblick näher eingehen.

Zunächst ist eine einstufige, zweistufige und dreistufige Datenerfassung zu unterscheiden.

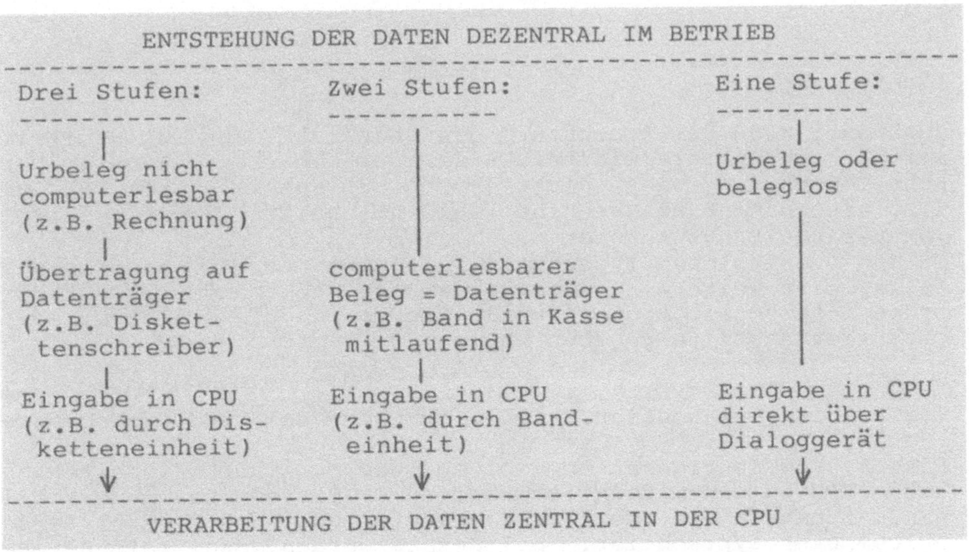

Die 'klassische Datenerfassung' durchläuft drei Stufen: Erstellen des Urbelegs, Übernehmen auf Datenträger und Eingeben

in die CPU. Werden Urbeleg und Datenträger gleichzeitig erstellt, dann verkürzt sich das Vorgehen auf zwei Stufen. Mit
der Bildschirmerfassung sowie der Erfassung über Scanner bzw.
Lesestift kommt man zur einstufigen Direkterfassung. Beispiel:
POS - System (Point-of-Sales-System, Verkaufspunkte-System).

Bei der Off-line-Erfassung erfolgen Erfassung und Verarbeitung vollständig getrennt voneinander. Beim Datensammelsystem
z.B. wird zunächst von mehreren Erfassungsplätzen ein gemeinsamer Datenträger erstellt, der dann später zur Verarbeitung
weitergegeben wird.
Bei der On-line-Erfassung gelangen die Daten direkt in die CPU
(an die Stelle des Datenträgertransports tritt also die Datenübertragung). Der große Vorteil der on-line gegenüber der off-
line durchgeführten Erfassung liegt in der Zeitersparnis. Als
nachteilig kann sich der Umstand auswirken, daß während der
Erfassung die CPU für andere Arbeiten blockiert ist.

Dezentrale Erfassung heißt, Daten am Ort ihrer Entstehung zu
erfassen - z.B. im Lager und beim Verkauf. Die mobile Datenerfassung über tragbare Personal- u. Mikrocomputer zählt hierzu.
Bei der zentralen Erfassung hingegen bringt man alle Urbelege
an eine bestimmte Stelle (Beispiel: Datensammelsystem).

Datenerfassungsgeräte werden zunehmend mit eigener Intelligenz
ausgerüstet. Oder anders ausgedrückt: Zur Erfassung greift man
immer häufiger auf Mikrocomputer zurück, die z.B. wahlweise
on-line an einen Großcomputer angeschlossen sind und off-line
als selbständige Computereinheit (Stand-alone-System) genutzt
werden.

1.2.6 Computertypen

Zunächst: Wenn vom 'Computer' die Rede ist, dann ist damit immer der frei programmierbare Allzweckrechner bzw. General-Pur-
pose-Computer gemeint, nicht jedoch der Spezial-"Computer" wie
z.B. eine Datenbank-Maschine (vgl. Abschnitt 1.3.5.6) oder ein
Textverarbeitungs-Automat.
Zu den zahlreichen Typologien für Computer soll hier keinesfalls eine weitere hinzugefügt werden. Anhand der beiden Extreme 'Personalcomputer' und 'Großcomputer' soll allein eine
Orientierungshilfe gegeben werden.

1.2.6.1 System-Konfigurationen für Personal- und Großcomputer

Eine System-Konfiguration gibt an, wie periphere Einheiten um
eine CPU zu einem funktionsfähigen DV-System zusammengestellt
sind. Zunächst eine Gerätezusammenstellung, wie sie für Personalcomputer typisch ist. Die Geräte werden dabei zeichnerisch

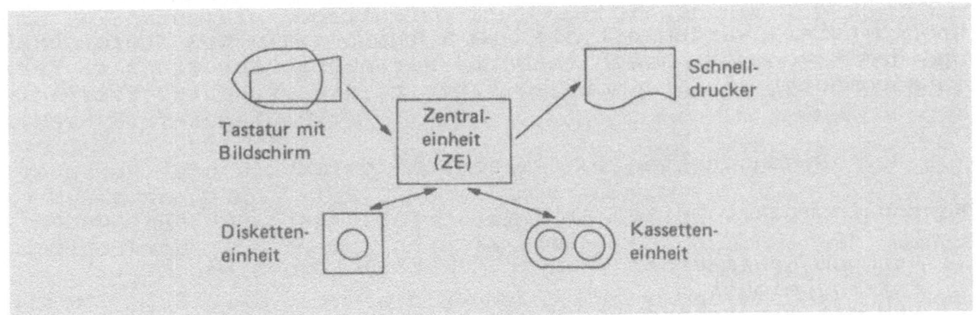

Für Personalcomputer typische System-Konfiguration

durch Sinnbilder dargestellt, die nach DIN 66001 genormt sind. Der Personalcomputer -für den persönlichen Gebrauch und durchaus auch zur beruflichen Nutzung gekauft- soll hier nicht von Bezeichungen wie Privat-Computer, Tischcomputer, Heimrechner, Spielcomputer und Kleinrechner abgegrenzt werden; dazu schreitet die Entwicklung viel zu schnell voran. Vielmehr soll der P e r s o n a l c o m p u t e r als extremes Gegenstück zur Kategorie der G r o ß c o m p u t e r aufgefaßt werden , die z.B. mit je fünf Band- und Platteneinheiten als Externspeicher ausgerüstet sein können. Großcomputer werden in Rechenzentren

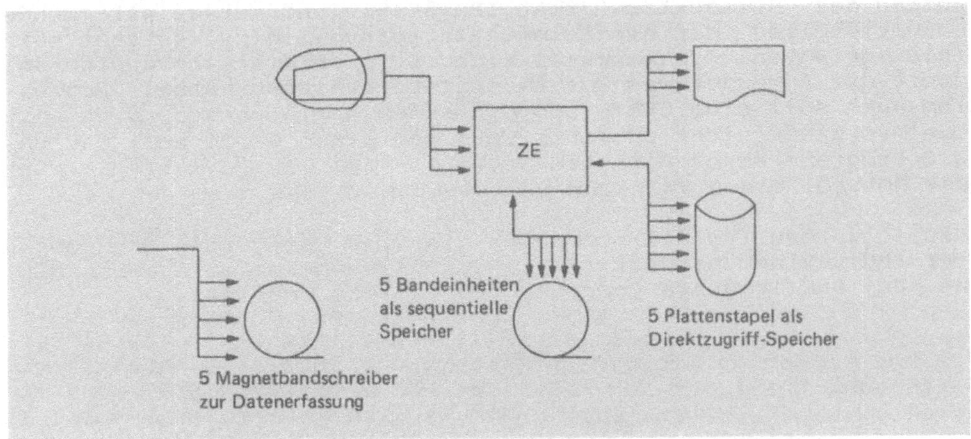

Für Großcomputer typische System-Konfiguration

betrieben - sei es im unternehmenseigenen Rechenzentrum oder im Sevice-Rechenzentrum von einem freien, herstellereigenen bzw. kooperativen DV-Dienstleistungsunternehmen. Die Sinnbilder für Band und Platte werden oft auch für Kassette und Diskette verwendet.
Zwischen dem Personalcomputer als unterem und dem Großcomputer als oberem Extrem gibt es zahlreiche Abstufungen wie z.B. Anlagen der Mittleren Datentechnik (MDT), Minicomputer, Büro-Computer oder auch Small-Business-Computer. Ebenso können mehrere Computer zu einem Rechnerverbund vernetzt sein (Netzwerk) mit Satelliten-Computern, die selbständig als Stand-alone-System und/oder on-line mit einem Haupt-Computer arbeiten. Dabei sind Personalcomputer häufig Teil eines Großcomputers.

Großcomputer werden oft als   M a i n f r a m e s   bezeichnet
und damit von der anschließbaren Peripherie abgegrenzt. Personalcomputer zählen immer häufiger zu dieser Peripherie.

1.2.6.2 Eigenschaften von Personalcomputern

Personalcomputer weisen allgemein   folgende Eigenschaften auf:

1) Autonom arbeitendes DV-System mit zumindest einem
   Externspeicher.
2) CPU mit mindestens 64 KB RAM für Benutzerdaten und
   Benutzerprogramme.
3) Verfügbarkeit mindestens einer höheren Programmiersprache (Basic, Pascal, Forth, ...).
4) Möglichkeit, in Maschinensprache (Assembler) zu
   programmieren.
5) Betriebssystem ermöglicht Dialog zwischen
   Benutzer und Computer.
6) Exakt beschriebene Schnittstellen.

Wünschenswert ist, daß Personalcomputer hardwaremäßig wie auch
softwaremäßig kompatibel sind. So sollten Programmiersprachen
wie Basic und Pascal genormt sein, für die Externspeicher ein-
heitliche Aufzeichnungsformen übernommen werden (z.B. für Disketten das Softsektor-Format IBM 3740) und übereinstimmende
Schnittstellen definiert sowie steckermäßig vorgesehen sein
(z.B. gesamten Systembus an eine Steckerleiste herausführen,
damit der Anwender das System später erweitern kann). Doch warum auch soll eine CBM-Floppy zu einem Apple passen, wenn ein
Opel-Vergaser nicht zu einem Ford paßt; und warum soll das BA-
SIC-Programm eines Alphatronic auf einem IBM-PC laufen, wenn
das Motoröl eines VW nicht für einen Mercedes geeignet ist?

Häufig werden für Mikrocomputer die vier Kategorien Handcompu-
ter (HC), Videocomputer (VC), Personalcomputer im engeren Sinne (PC) und Tragbare Computer (Portables) gebildet.

H a n d c o m p u t e r   (HC) :
Hand-Held-Computer, Pocket-Computer, Briefcase-Computer.
Tastatur mit Zeilendisplay, Module. Taschenrechnerformat.

V i d e o c o m p u t e r   (VC):
Tastatur mit Videoanschluß; zunehmend Diskettenlaufwerke
anschließbar. Ausbaumöglichkeit in Richtung PC.

P e r s o n a l c o m p u t e r   (PC):
Tastatur, Diskette und/oder Hard-Disk, Monitor. Zunehmend
16-Bit-Mikroprozesor. Monitor. Mehrere Betriebssysteme.

P o r t a b l e   C o m p u t e r :
Tastatur, CPU, Diskette und Monitor als eine Einheit, als
Koffer tragbar.

Vier Kategorien von Mikrocomputern

Daneben unterscheidet man nach der Nutzungsart Homecomputer
(privat) und professionelle Computer (beruflich).

Die VCs müssen an einen Bildschirm angeschlossen werden. Dies
kann ein normales Fernsehgerät sein, das jedoch aufgrund der
geringen Auflösung (960 Zeichen pro Bild) für Grafik wie auch
längere Benutzung nur bedingt geeignet ist. Auch VCs benötigen
einen Monitor (ca. 2000 Zeichen pro Bild), der eine wesentlich
ruhigere Bildwiedergabe bietet.
Die Portables -Neuentwicklungen oder aber Abkömmlinge von bereits bewährten PCs- werden häufig zur mobilen Datenerfassung
eingesetzt.
Vergleicht man den Markt der Mikros mit dem der PKWs, so stellen die PCs die 'normalen' Limousinen dar, während HCs, VCs
und Protables dann die Minis, Cabrios usw. ausmachen.

1.2.6.3 Personalcomputer im Computer-Netzwerk

Sinkende Hardware-Kosten und eine ständig zunehmende Zahl von
Informationsquellen führen immer häufiger zur Vernetzung mehrerer Personalcomputer zu einem l o k a l e n   N e t z . Das
Attribut 'lokal' verweist auf einen begrenzten Wirkungsbereich
wie eine Abteilung oder ein Gebäude (sog. Inhouse-Netz); auch
hierzulande spricht man dabei von LANs (Local Area Network).

Es gibt Netze mit Stern-, Ring- oder Bus-Struktur. Bei stern-
förmiger Anordnung ist jeder Computer mit einer zentralen Einheit verbunden, die verwaltet und die Netz-Leistung begrenzt;
fällt sie aus, so bricht das gesamte Netz zusammen. Die Ring-
Anordnung ist billiger, doch auch hier führt der Ausfall einer
Station zum Ausfall des gesamten Netzes. Dies ist nicht so bei
der Bus-Anordnung als weitverbreitetem Konzept: über eine Sam-
melschiene kann jede Station mit jeder Station in Kontakt treten. Das von Xerox, Intel und DEC entwickelte Netz 'Ethernet'
weist eine Bus-Struktur auf und stellt durch seine große Verbreitung einen Quasi-Standard dar.
Es gibt Netze mit und ohne Master-Controller. Der Masterbild-
schirm weist die höchste Priorität auf und ist zumeist softwaremäßig ansteuerbar; gegenüber der hardwaremäßigen Verdrahtung
ist dies bei Ausfall des Masterbildschirms (andere Station als
Master ansteuern) von Vorteil.
EIn Netz verfügt oft nur über einen oder zwei Drucker, die mit
Drucker - S p o o l i n g angesteuert werden. Anstatt Daten
direkt auf den Drucker auszugeben, 'drucken' die Stationen
auf eine Platte (Zwischenspeicher), deren Information automatisch durch ein Spooler(-programm) ausgedruckt wird.
Spool steht für 'simultaneous peripheral operations on-line'.

Personalcomputer finden nicht nur intern im lokalen Netz Verwendung, sondern ebenso im ö f f e n t l i c h e n   N e t z
extern. So im BTX-Netz als BTX-Editierplatz des Informations-
anbieters, als BTX-Terminal des Konsumenten oder als Kommuni-
kationssystem für kleinere Firmen.
Nach Datex, Datex-L, Telex, Teletex und BTX werden Personalcomputer sicher auch in dem von der Post geplanten Netz ISDN
(Integrated Services Digital Network) eingesetzt werden, das
Daten, Text, Standbilder wie auch Sprache übermitteln wird.

Personalcomputer werden von Beginn an primär als S t a n d -
A l o n e - S y s t e m autonom für sich alleine verwendet.
Man spricht auch vom Single-User-Betrieb.
Vernetzt man mehrere Personalcomputer, so gelangt man zu einem
M u l t i - U s e r - B e t r i e b , bei dem mehrere User
(Benutzer) über ihre PCs als Terminals verbunden sind.
Single-User-Betrieb wie auch Multi-User-Betrieb können unter
M u l t i t a s k i n g laufen; dabei werden mehrere Aufgaben
als Tasks quasi gleichzeitig durch e i n e CPU abgearbeitet.
Multiusing und Multitasking stellen hohe Anforderungen an das
Betriebssystem (z.B. MP/M und Concurrent CP/M; siehe Abschnitt
1.3.6.6).

1.3 Software = Daten + Programme

1.3.1 Software im Überblick

Software ist I n f o r m a t i o n und wird unterteilt in
D a t e n und P r o g r a m m e (vgl. Abschnitt 1.1.1). Auf
diese beiden Komponenten der Software wollen wir nun eingehen.

1.3.1.1 Begriffsbildungen für Daten

Sieben wichtige Begriffspaare für D a t e n wollen wir näher
betrachten.

S t a m m d a t e n bleiben normalerweise über einen längeren
Zeitraum hinweg konstant (z.B. Artikelstammdaten, Kundenstammdaten, Personalstammdaten), Ä n d e r u n g s d a t e n dienen der Anpassung von Stammdaten.
Im Gegensatz zu Stammdaten erfahren B e s t a n d s d a t e n
oftmalige Änderungen, die durch B e w e g u n g s d a t e n
vorgenommen werden (Zugang für + und Abgang für -); letztere
werden kurz auch als Bewegungen bezeichnet. Die Lagerbestands-
fortschreibung nach der Formel 'Anfangsbestand + Zugänge - Ab-
gänge ergibt Endbestand' gehört in diese Kategorie von Daten.
O r d n u n g s d a t e n legen eine Speicherungs-, Sortier-
bzw. Verarbeitungsfolge fest, M e n g e n d a t e n hingegen
eine Anzahl (Stück, Größe, Gewicht, Preis).
Mit n u m e r i s c h e n D a t e n bzw. Zahldaten rechnet
jeder Computer, nicht jedoch mit T e x t d a t e n . Letztere
umfassen beliebige Zeichen, die stets zwischen Gänsefüßchen
oder Hochkommata stehen, und werden auch als alphanumerische
Daten, als Zeichenkettendaten oder als Strings bezeichnet.
U n f o r m a t i e r t e D a t e n weisen keine einheitli-
che Form auf. In der kommerziellen Datenverarbeitung überwiegen f o r m a t i e r t e D a t e n : auf einem Rechnungs-
formular stehen z.B. die Dezimalpunkte der DM-Beträge untereinander, jeweils auf 2 Nachkommastellen gerundet.

```
Begriffspaar:              Beispiel:
-------------              ---------
1) Stammdaten              1019 als Kundennummer
   oder
   Änderungsdaten          1019007 als neue Kundennummer im
                                   Postleitzahlgebiet 7
2) Bestandsdaten           256 als Lagermenge
   oder
   Bewegungsdaten          70 Stück als Lagerbestandszugang

3) Ordnungsdaten           6 für Artikelfarbe 'gelb'
   oder
   Mengendaten             8 kg als Bestellmenge

4) Numerische Daten        Zahl 10950.25 als Rechnungspreis
   oder
   Textdaten               "Gulden" als Währungsbezeichnung

5) Unformatierte Daten  Zwei ungeordnete Positionen 265.65 DM
   oder                                                  9 DM
   Formatierte Daten    Zwei geordnete Positionen    265.65 DM
                                                        9.00 DM
6) Einfache Datentypen 50 als   e i n e   Menge
   oder
   Strukturierte Datentypen bzw. Datenstrukturen
                          50 24 98 33 102 als   f ü n f   Mengen
7) Im Programm gespeicherte Daten   6% als Rabattsatz
   oder
   Getrennt vom Programm gespeicherte Daten bzw. Dateien
                          Kunden d a t e i  mit 2680 Kunden
```

Sieben Begriffspaare für Daten

Mit die wichtigste Unterscheidung ist die von einfachen Datentypen und Datenstrukturen:
E i n f a c h e   D a t e n t y p e n   bestehen aus jeweils
nur einem einzigen Datum, so aus einer Ganzzahl (INTEGER), aus
einer Dezimalzahl (REAL) oder aus einem Textwort (STRING). Die
D a t e n s t r u k t u r e n   als strukturierte Datentypen
hingegen umfassen jeweils mehrere Daten, die unterschiedlich
z.B. als Feld (ARRAY), Verbund (RECORD) oder Datei (FILE) angeordnet sein können. In Abschnitt 1.3.5 werden die Datentypen
im Zusammenhang mit der Datei genauer erklärt.

Einzeldaten und kleinere Datenbestände lassen sich innerhalb
eines Programmes speichern, so z.B. der Rabattsatz in einem
Rechnungsschreibungsprogramm. Die umfangreichen in der kommerziellen Datenverarbeitung zu verarbeitenden Datenbestände werden   g e t r e n n t   vom Programm als   D a t e i   auf Platte
oder Band als externem Speicher untergebracht.

1.3.1.2 Begriffsbildungen für Programme

Man unterscheidet Anwenderprogramme sowie Systemprogramme.

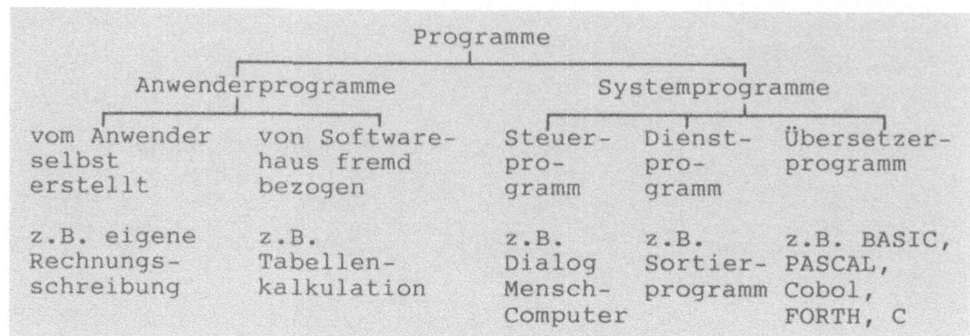

Anwenderprogramme (Problem) und Systemprogramme (Computer)

A n w e n d e r p r o g r a m m e lösen die konkreten Probleme des jeweiligen Anwenders und werden auch Benutzer- bzw.
Arbeitsprogramme genannt oder unter der Bezeichnung Anwender-
Software zusammengefaßt. Anwenderprogramme können vom Anwender
selbst erstellt und programmiert oder fremd von einer Softwarefirma bezogen sein. Zwischen diesen beiden Extremen gibt
es zahlreiche Abstufungen: so z.B. im Falle der individuellen
Anpassung standardisierter Anwender-Software. Auf das Anpassen
wie auch Erstellen von Anwenderprogrammen gehen die Abschnitte
1.3.7 und 1.3.8 näher ein.

Gegenstück sowie Ergänzung zu den Anwenderprogrammen sind die
S y s t e m p r o g r a m m e , deren Gesamtheit als Betriebssystem bezeichnet wird, da sie den geordneten B e t r i e b
des jeweiligen DV - S y s t e m s gewährleisten. Ganz allgemein wird das Betriebssystem oft als OS (Operating System) und
als DOS (Disk Operating System, da plattenorientiert) bezeichnet. Jedes Betriebssystem umfaßt drei Arten von Systemprogrammen:
Die S t e u e r p r o g r a m m e steuern das Zusammenwirken
der Peripherie mit der CPU und die Ausführung eines Programms.
Die D i e n s t p r o g r a m m e bzw. Utilities sind zwar
nicht unbedingt notwendig, werden aber als unerläßlicher Kom-
fort zum einfachen und benutzerfreundlichen Betrieb des Computers angesehen (ein Programm zur Herstellung einer Disketten-
kopie gehört eben einfach 'dazu'). Steuer- und Dienstprogramme
bilden oft eine Einheit: ein E d i t o r z.B. dient zumeist
nicht nur dem Eintippen und Bearbeiten von Programmtext über
einen Bildschirm, dem sog. Editieren also, sondern ebenso dem
Abspeichern dieser Texteingabe auf Diskette oder Band, und damit der Ein-/Ausgabesteuerung.
Ein Ü b e r s e t z e r p r o g r a m m übersetzt ein in
einer Programmiersprache wie z.B. BASIC codiertes Anwenderprogramm in die Muttersprache des Computers, bzw. in die 0/1-Form.
Das ist vergleichbar mit der Tätigkeit eines Dolmetschers,
der Sätze aus einer Fremdsprache (z.B. Englisch) in die eigene Muttersprache (z.B. Deutsch) übersetzt. Ein Computer versteht so viele Fremdsprachen bzw. Programmiersprachen, wie
Übersetzerprogramme vorhanden sind. Die meisten Personalcomputer verstehen die Programmiersprachen BASIC und z.T. PASCAL,
da die zugehörigen Übersetzerprogramme beim Kauf automatisch
mitgeliefert werden.

Was für das Auto das Benzin bedeutet, um von Astadt nach Bdorf
fahren zu können, das bedeutet für die Computer-Hardware das
B e t r i e b s s y s t e m , um ein Anwenderprogramm ausführen zu können. In Abschnitt 1.3.6 wenden wir uns dem Betriebssystem genauer zu.

Wie für Daten allgemein Datenstrukturen unterschieden wurden,
so werden für Programme (Anwender- wie Systemprogramme) üblicherweise vier P r o g r a m m s t r u k t u r e n definiert.

(1) Folgestrukturen: Lineare Prgramme
(2) Auswahlstrukturen: Verzweigende Programme
(3) Wiederholungsstrukturen: Programme mit Schleifen
(4) Unterprogrammstrukturen: Programme mit Unterabläufen

Vier grundlegende Programmstrukturen

Diese Programmstrukturen werden als 'Bausteine der Software'
bezeichnet, da die Analyse noch so komplexer Programmabläufe
stets zu diesen Strukturen als Grundmuster führt. Abschnitt
1.3.3 erklärt diese Programmstrukturen an kleinen Beispielen
und Abschnitt 1.3.4 im Zusammenhang mit den Datenstrukturen.

1.3.2 Datentypen und Datenstrukturen

Im vorangehenden Abschnitt wurden sieben Daten-Begriffe angeführt, darunter der Begriff des D a t e n t y p s . Dieser
Begriff ist grundlegend für die Programmierung. Wir wollen ihn
erklären: es gibt einfache und strukturierte, statische und
dynamische sowie standardmäßig vorhandene und benutzerseitig
definierbare Datentypen.

1.3.2.1 Einfache Datentypen als 'Moleküle'

Einfache Datentypen lassen sich nicht weiter zerlegen und werden deshalb auch als elementare, skalare sowie unstrukturierte
Datentypen bezeichnet. Diese Typen enthalten deswegen stes nur
ein einziges Datum und stellen sozusagen die 'Moleküle' der

Bezeichnung:		Beispiel:	Wertebereich:
CHAR	Einzelzeichen	D	Zeichen (numerisch, al- pha, Sonderzeichen)
INTEGER	Ganzzahl	126	Ganze Zahlen
REAL	Dezimalzahl	126.75	Zahlen mit Dezimalpunkt
STRING	Text, Zeichen- kette	"DM-Wert"	Gesamter Zeichen- vorrat des Computers
BOOLEAN	Logisch	1	Wahrheitswerte TRUE (1, wahr), FALSE (0,unwahr)

Fünf einfache bzw. elementare Datentypen

Daten dar, da sie vom Programmierer nicht - so ohne weiteres -
unterteilt werden können.
Der Datentyp CHAR umfaßt nur e i n Zeichen. Als STRING (Text)
gilt alles, was zwischen Gänsefüßen steht, also auch der Text
"99.50 DM Endsumme". Numerische Typen sind INTEGER oder REAL.
Der Datentyp BOOLEAN kennt nur die 2 Werte TRUE (z.B. Stammkunde) oder FALSE (kein Stammkunde).

1.3.2.2 Datenstrukturen als strukturierte Datentypen

Strukturierte Datentypen sind neben anderen der ARRAY (Liste)
und der RECORD sowie das FILE. Dabei werden mehrere Daten unter einem Namen zusammengefaßt abgelegt. Der ARRAY wird auch
als Feld, Tabelle und Bereich bezeichnet und enthält Komponen-

Bezeichnung:	Beispiel:	Kennzeichen:
ARRAY (eindimensional) Vektor	12 3 44 56 21	Komponenten alle mit denselben Datentypen (hier 5 Mengen)
ARRAY (zweidimensional) Matrix	33.5 36.7 11.2 24.0 9.1 74.5 10.5 10.0 3.0 99.5 3.6 9.0	Komponenten alle mit denselben Datentypen (hier 4*3=12 Preise in 4 Zeilen u. 3 Spalten)
RECORD Verbund, auch Satz	101 (=Nr.) FREI (=NAME) 65000 (=UMSATZ)	Komponenten mit unterschiedl. Datentypen (hier: INTEGER, STRING u. REAL (Kundensatz))
SET Menge	( ) (1) (2) (12) für SET OF 1..2	Komponenten sind Teilmengen der Grundmenge
FILE Datei	über 1000 Sätze der KUNDENDATEI	Datei als Sammlung von Datensätzen auf einem Externspeicher

Vier wichtige Datenstrukturen

ten bzw. Elemente gleichen Typs. Beim eindimensionalen ARRAY
sind die Elemente in Reihe angeordnet wie im Beispiel die 5 Wo-
chentagabsatzmengen 12, 3, 44, 56 und 21 , während sich der
zweidimensionale ARRAY in zwei Richtungen ausdehnt: waagerecht
in Zeilen (hier 4 Zeilen) und senkrecht in Spalten (hier 3
Spalten). Es gibt nicht nur Integer-Arrays (alle Elemente sind
ganzzahlig) und Real-Arrays (alle Elemente sind Kommazahlen),
sondern z.B. auch String-Arrays wie 'MO, DI, MI, DO, FR, SA'
oder 'HAMMER, MEISEL, SAEGE' (alle Elemente sind Textworte).

Im Gegensatz zum ARRAY können im RECORD auch Daten verschiedener Datentypen abgelegt sein. Der oben wiedergegebene RECORD
verbindet drei Komponenten vom Typ INTEGER (Kundennummer ganzzahlig), STRING (Kundenname stets Text) und REAL (Kundenumsatz
als Dezimalzahl) - deshalb auch die Bezeichnung 'Verbund'. In

der kommerziellen DV entspricht diese Datenstruktur häufig den
Datensätzen bzw. Komponenten von Dateien wie hier der Kundendatei.

Unter einer Datei versteht man allgemein eine Sammlung von Datensätzen, die getrennt vom Programm auf einem Externspeicher
(Diskette, Platte, Kassette, Band) als selbständige Einheit
gespeichert sind. Die Datensätze stellen die Datei-Komponenten
dar und weisen alle denselben Datentyp auf, d.h. sie sind alle
z.B. vom Typ RECORD oder alle vom Typ ARRAY. Eine Datei bzw.
ein FILE kann viel größer sein als der im Hauptspeicher verfügbare Speicherplatz.

1.3.2.3 Statische und dynamische Datentypen

Datenstrukturen können statisch oder aber dynamisch vereinbart
sein.
S t a t i s c h e Datentypen behalten während der Programmausführung ihren Umfang unverändert bei. Beispiel: Beim Beginn
eines Programms wird vereinbart, daß ein eindimensionales Feld
bzw. Array mit 5 Elementen zur späteren Aufnahme und Verarbeitung der Absatzmengen für die 5 Wochentage Mo - Fr eingerichtet wird. Statisch heißt, daß die Anzahl der Feldelemente während der Programmausführung gleich bleibt, während sich ihre
jeweiligen Inhalte ändern können.

Bei d y n a m i s c h e n Datentypen muß die Anzahl der Komponenten nicht bereits beim Schreiben des Programms festgelegt
werden, sondern erst im Zuge der Programmausführung. Die Datei
bzw. das FILE ist stets als dynamischer Datentyp vereinbart.
Warum? Beim Anlegen einer Kundendatei werden z.B. 455 Kunden
in 455 Datensätzen auf Diskette erfaßt. Diese Zahl von 455 Da-
teikomponenten muß veränderbar sein, um neue Kunden aufnehmen
und Ex-Kunden löschen zu können. Da die Änderungen aber 'tri-

```
                         Datenstrukturen
                               |
          ┌────────────────────────────────────────┐
          STATISCH                    DYNAMISCH
Werte ändern sich, niemals    Werte sowie Struktur (Anzahl,
aber die Anzahl.              Aufbau) ändern sich.


Anzahl der Komponenten        Anzahl und Aufbau der Kompo-
ist konstant.                 nenten ist variabel.
Belegter Speicherplatz        Belegter Speicherplatz
ist konstant.                 ist variabel.


unstrukturiert:               unstrukturiert:
Char, Integer, Real,          Zeiger als Hilfsmittel.
String, Boolean               strukturiert:
strukturiert:                 Datei (File),
Feld (Array),                 Stapel (Stack), Schlange,
Menge (Set),                  Gekettete Liste (Linked List),
Verbund (Record).             Binäre und andere Bäume,
                              Rekursive Datenstrukturen.
```

Einige dynamische Datentypen

vialer Natur" sind (so Niklaus Wirth, der Erfinder von PASCAL),
zählt man eine Datei zu den statischen Datenstrukturen. Die
dynamischen Datenstrukturen können vom Programmierer selbst
durch Verknüpfung der standardmäßig angebotenen Datentypen
konstruiert werden. Das heißt, daß alle dynamischen Strukturen
auf einer tieferen Komponenten-Ebene irgendwo wieder statisch
sind; Listen- (z.B. verkettete Liste) und Baumstrukturen gehören dazu. Zeiger (auch Pointer, Verweis, Referenz genannt)
werden dabei als Hilfsmittel zur Strukturierung verwendet. Auf
Zeiger bzw. Listen gehen wir in Abschnitt 3.13 ein. Die Rekur-
sion als Ablauf, der sich selbst aufruft bzw. zur Ausführung
bringt, bildet (generiert) dynamisch lokale Variable und wird
deshalb häufig im Zusammenhang mit dynamischen Datenstrukturen
genannt.

1.3.2.4 Vordefinierte und benutzerdefinierte Datentypen

Die bislang dargestellten einfachen und strukturierten Datentypen sind v o r d e f i n i e r t in dem Sinne, daß sie als
Standardtypen vom DV-System bereitgestellt werden. Daneben gestatten einige Programmiersprachen wie z.B. PASCAL dem Programmierer, selbst eigene Datentypen zu definieren, die dann
eben als b e n u t z e r d e f i n i e r t bezeichnet werden.

Eine einfache Möglichkeit dafür besteht darin, alle Werte auf-
zuzählen, die der Datentyp umfassen soll - deshalb der Begriff
A u f z ä h l u n g s t y p . (Mo,Di,Mi,Do,Fr,Sa,So) ist ein
solcher Aufzählungstyp für die Wochentage wie auch (6800,6830,
6900,6907) für einige Postleitzahlbezirke.

Eine weitere Möglichkeit bietet sich dem Benutzer dadurch, daß
er einen Datentyp als Unterbereich z.B. eines vordefinierten
Datentyps definiert - einen U n t e r b e r e i c h s t y p .
Drei Beispiele: 0..7 umfaßt als Unterbereichstyp des Datentyps
INTEGER die 8 Ganzzahlen 0,1,2,...,7.
"A".."Z" umfaßt als Unterbereich des Datentyps CHAR alle Groß-
buchstaben.
Di..Fr umfaßt als Unterbereichstyp des obigen Aufzählungstyps
vier Werktage. Angegeben wird also stets das kleinste und das
größte Element des gewünschten Unterbereiches.

Neben den Aufzählungs- und Unterbereichstypen zählen auch die
Zeigertypen zur Kategorie der benutzerdefinierten Datentypen.

1.3.2.5 Datentypen bei den verschiedenen Programmiersprachen

Es hängt vom jeweiligen Programmier-System ab, mit welchen Datentypen Sie arbeiten können.
Unstrukturierte Programmiersprachen wie BASIC lassen den Programmierer weitgehend allein bei der Bildung von Datenstrukturen, oder anders: sie unterstützen ihn kaum. Bei BASIC fehlen
der Verbund bzw. Record (was gerade bei der Dateiverarbeitung
von Nachteil ist) wie auch die benutzerdefinierten Typen.
Strukturierte Programmiersprachen stellen die oben angeführten
Datentypen bereit. Aber auch hier gibt es Unterschiede. So ist

PASCAL -was die standardmäßige Vorgabe von Datentypen angeht-
eher sparsam, aber die wenigen Datentypen können sehr flexibel
zum Entwurf komplexer Datenstrukturen genutzt werden. Sprachen
wie ADA und auch MODULA 2 sind weniger sparsam ausgestattet.

1.3.3 Programmstrukturen

Die vier Programmstrukturen Folge, Auswahl, Wiederholung und
Unterprogramm sind die grundlegenden Ablaufarten der Informatik überhaupt. Grundlegend in zweifacher Hinsicht:
Zum einen gelangt man beim Auseinandernehmen noch so umfangreicher Programmabläufe immer auf die vier Programmstrukturen
als Grundmuster (A n a l y s e von Programmen).
Zum anderen kann umgekehrt jeder zur Problemlösung erforderli-
che Programmablauf durch geeignetes Anordnen dieser vier Programmstrukturen konstruiert werden (S y n t h e s e von Programmen).

1.3.3.1 Folgestrukturen

Jedes Programm besteht aus einer Aneinanderreihung von Anweisungen an den Computer (vgl. Abschnitt 1.1.1). Besteht ein bestimmtes Programm nur aus einer F o l g e s t r u k t u r ,
dann wird Anweisung für Anweisung wie eine Linie abgearbeitet.
Man spricht deshalb auch vom linearen Ablauf bzw. unverzweig-
ten Ablauf, vom Geradeaus-Ablauf oder von einer Sequenz. Das
Beispiel zeigt ein Programm, bei dem 5 Anweisungen in Folge
ausgeführt werden: Über Tastatur wird ein Rechnungsbetrag eingegeben, um nach der Berechnung den Skonto- und Überweisungs-
trag als Ergebnis am Bildschirm auszugeben. Das Ablaufbeispiel
wird als Entwurf, als Dialogprotokoll sowie als Struktogramm
dargestellt.

```
Erst Anweisung 1 ausführen, dann Anweisung 2, dann ...

Beispiel in Entwurfsprache:     Allg. Ablauf in Entwurfsprache:

 Ausgabe   Fragestellung          Anweisung 1
 Eingabe   RECHNUNGSBETRAG        Anweisung 2
 berechne  SKONTOBETRAG           Anweisung 3
 berechne  UEBERWEISUNGSBETRAG    Anweisung 4
 Ausgabe   der Ergebnisse         Anweisung 5

Beispiel als Dialogprotokoll:   Allg. Ablauf als Struktogramm:

 RUN
 RECHNUNGSBETRAG  =?
 200                              Anweisung 1
                                  Anweisung 2
 SKONTOABZUG:      6 DM           . . .
 UEBERWEISUNG: 194 DM
```

Ablauf mit einer Folgestruktur

Um unabhängig von den Formalitäten der vielen Programmiersprachen Programmabläufe beschreiben zu können, verwenden wir eine einfache E n t w u r f s p r a c h e (auch algorithmischer Entwurf oder Pseudocode genannt), die umgangssprachlich formuliert wird. Im Beispiel werden die umgangssprachlichen Anweisungsworte 'Ausgabe', 'Eingabe' und 'berechne' verwendet. Die Beschreibung von Abläufen mittels einer Entwurfsprache ist in der Informatik weit verbreitet.

Das D i a l o g p r o t o k o l l zum Ablaufbeispiel gibt den 'Dialog' zwischen Benutzer (der Werte eintippt) und Computer (der Information ausgibt) wieder, wie er bei der Programmausführung am Bildschirm erscheint bzw. protokolliert wird. Im Beispiel gibt der Benutzer den Befehl RUN ein, worauf der Computer mit der Ausgabe RECHNUNGSBETRAG =? antwortet; nach der Benutzereingabe von 200 rechnet der Computer (im Dialogprotokoll nicht sichtbar) mit 3%, um dann Skonto- und Überweisungsbetrag in zwei Ausgabezeilen am Bildschirm anzuzeigen.

Neben dem Entwurf und dem Dialogprotokoll ist das Programmbeispiel zeichnerisch als S t r u k t o g r a m m dargestellt.

1.3.3.2 Auswahlstrukturen

Die A u s w a h l s t r u k t u r e n dienen dazu, aus einer Vielzahl von Möglichkeiten bestimmte Fälle auszuwählen: hier sind es die beiden Fälle 'Skontoabzug bei Bezahlung in weniger als 8 Tagen nach Rechnungserhalt (Bedingung TAGE<8 erfüllt)' sowie 'Zahlung rein netto bei späterer Überweisung (Begingung TAGE<8 nicht erfüllt)'. Dieses Beispiel bezeichnet man deshalb auch als Z w e i s e i t i g e A u s w a h l .

Wenn Bedingung 1 erfüllt ist, dann führe Anweisung 2 aus, sonst führe Anweisung 3 aus, um dann gemeinsam fortzufahren.

Beispiel in Entwurfsprache: Allg. Ablauf in Entwurfsprache:

```
Ausgabe der Fragestellung              Anweisung 1
wenn TAGE<8                            wenn Bedingung 1 erfüllt
   dann überweise mit Skonto              dann Anweisung 2
   sonst überweise rein netto             sonst Anweisung 3
Ende-wenn                             Ende-wenn
```

2 Bsp. als Dialogprotokoll: Allg. Ablauf als Struktogramm:

```
RUN
ANZAHL DER TAGE =?
6
SKONTOABZUG MÖGLICH

RUN
ANZAHL DER TAGE =?
14
ZAHLUNG REIN NETTO
```

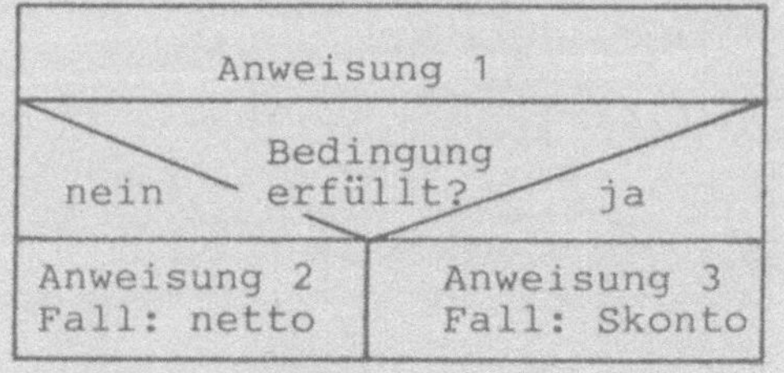

Ablauf mit einer Auswahlstruktur

Daneben gibt es die E i n s e i t i g e A u s w a h l mit
nur einem Fall und die M e h r s e i t i g e A u s w a h l
bzw. Fallabfrage mit mehr als zwei Fällen.
Auswahlstrukturen werden auch als Alternativstrukturen, Abläufe mit (Vorwärts-)Verzweigungen bzw. als Selektion bezeichnet.

1.3.3.3 Wiederholungsstrukturen

W i e d e r h o l u n g s s t r u k t u r e n führen zu Pro-
grammschleifen, die mehrmals durchlaufen werden. Im Beispiel
wird die Anweisungsfolge 'Eingabe', 'berechne', 'berechne' und
'Ausgabe' wiederholt durchlaufen, bis die Bedingung RECHNUNGS-
BETRAG = 0 erfüllt ist, die über Tastatur als Signal zum Been-

```
Wiederhole die Anweisungen 1,2,3,... immer wieder, bis eine
bestimmte Bedingung zum Beenden der Schleife erfüllt ist.

Beispiel in Entwurfsprache:        Allg. Ablauf in Entwurfsprache:

  Ausgabe Überschrifttext            Anweisung 0
  wiederhole                         wiederhole
     Eingabe RECHNUNGSBETRAG            Anweisung 1
     wenn BETRAG=0 dann Ende            Anweisung 2
     berechne Skontobetrag             ...
     berechne ÜBERWEISUNGSBETRAG        Anweisung n
     Ausgabe Ergebnis                  wenn Bedingung dann Ende
  Ende-wiederhole                      Anweisung n+1
  Ausgabe Hinweis Programmende         Anweisung n+2

Beispiel als Dialogprotokoll:         ...
                                     Ende-wiederhole
RUN
PROGRAMM MIT SCHLEIFE
RECHNUNGSBETRAG =?                  Allg. Ablauf als Struktogramm:
100
UEBERWEISUNGSBETRAG: 97 DM          ┌──────────────────────────┐
RECHNUNGSBETRAG =?                  │     Anweisung(en)         │
200                                 ├──┬───────────────────────┤
UEBERWEISUNGSBETRAG: 194 DM         │  │   Anweisung(en)       │
RECHNUNGSBETRAG =?                  │  ├───────────────────────┤
0                                   │  ↑  Ende-Bedingung        │
PROGRAMMENDE                        │  │   Anweisung(en)       │
                                    └──┴───────────────────────┘
```

Ablauf mit einer Wiederholungsstruktur

den der Schleife eingetippt wird. Wiederholungsstrukturen werden auch als Repetitionen und Iterationen bezeichnet. Auf die
verschiedenen Schleifentypen wie
     - abweisende und nicht-abweisende Schleife
     - Zählerschleife
     - offene und geschlossene Schleife
gehen wir in Abschnitt 3.1.3 an Beispielen ausführlicher ein.

1.3.3.4 Unterprogrammstrukturen

U n t e r p r o g r a m m s t r u k t u r e n bieten sich immer dann an, wenn eine Aufgabe während eines Programmablaufes
mehrmals benötigt wird, so z.B. die im Beispiel wiedergegebene
Aufgabe 'Runde kaufmännisch auf zwei Dezimalstellen'. Auch zur

Führe Anweisungen A1 aus, unterbreche Tätigkeit A, um Anweisungen B auszuführen, kehre zurück und fahre mit der Ausführung der Anweisungen A2 fort (A im Haupt-, B im Unterprogramm).

Beispiel in Entwurfsprache:

```
 Eingabe   RECHNUNGSBETRAG
 berechne  SKONTOBETRAG
 Aufruf    Unterprogramm RUNDEN ─────> runde   BETRAG auf 2stellig
┌berechne  UEBERWEISUNGSBETRAG          ersetze BETRAG durch den
│Ausgabe   Ergebnis                             gerundeten BETRAG┐
└                              <──────────────────────────────────┘

 rufendes (Haupt-)Programm           aufgerufenes Unterprogramm
```

Ablauf mit Unterprogrammstruktur

übersichtlichen Gliederung eines komplexen Programmes und zur
Programmentwicklung im Team (jeder Mitarbeiter entwickelt einen Teil des Programmes) werden Unterprogramme verwendet.
Auf die möglichen Unterprogrammarten wie Prozeduren und Funktionen gehen wir in Abschnitt 3.1.4 konkret an Beispielen ein.

1.3.3.5 Mehrere Strukturen in einem Programm

Die meisten Programme umfassen natürlich mehrere dieser Strukturen. Dabei sind zwei Anordnungsprinzipien zu unterscheiden.
Programmstrukturen können entweder hintereinander oder aber
geschachtelt angeordnet sein.
- Anordnung h i n t e r e i n a n d e r :
  Mit der jeweils folgenden Struktur wird erst dann begonnen,
  nachdem die gerade in Ausfühung befindliche Struktur beendet
  wurde.
- Anordnung g e s c h a c h t e l t :
  Mit der äußeren Struktur kann erst fortgefahren werden,nach-
  dem die innere Struktur vollständig ausgeführt wurde. Teil-
  weises Einschachteln bzw. Überlappen von Programmstrukturen
  ist folglich nicht erlaubt.

1.3.4 Datenstrukturen und Programmstrukturen als Software-Bausteine

In den beiden vorangegangenen Abschnitten haben wir die wesentlichen Datenstrukturen (w a s wird verarbeitet?) sowie Programmstrukturen (w i e ist zu verarbeiten?) allgemein darge-

stellt. Diese Strukturen mit ihren unterschiedlichen Ausprä-
gungen können als S o f t w a r e - B a u s t e i n e aufgefaßt werde, da aus ihnen bausteinartig die zur Lösung eines
Problems erforderlichen Abläufe gebildet werden.

```
─────────────────────D a t e n s t r u k t u r e n─────────────

        einfach:                        strukturiert:
    CHAR, Zeichen                   ARRAY (Feld, Bereich)
    INTEGER, Ganzzahl               RECORD, Verbund
    REAL, Dezimalzahl               SET, Menge
    STRING, Text                    FILE, Datei
    BOOLEAN, Logisch                benutzerdefinierte Daten

        ┌─────────────────────────────────────────────┐
        │  S O F T W A R E  -  B A U S T E I N E       │
        └─────────────────────────────────────────────┘

    Folge:                          Wiederholung:
    linearer Ablauf                 nicht-abweisend,
                                    abweisend, Zählerschleife

    Auswahl:
    einseitig, zweiseitig,          Unterprogramm:
    mehrseitig (Fallabfrage)        Prozedur, Funktion

─────────────────────P r o g r a m m s t r u k t u r e n───────
```

      Daten- und Programmstrukturen als Software-Bausteine

Wie werden Daten(-strukturen) im Hauptspeicher abgelegt und
verarbeitet? Wie werden Programm(-strukturen) abgespeichert?
Wie sind Programme aufgebaut? Zu diesen Fragen kommen wir nun.

1.3.4.1 Modell des Hauptspeichers RAM als Regalschrank

In dem als Speicher RAM ausgebildeten Hauptspeicher befinden
sich die zur Verarbeitung benötigten Daten und Programme. Den
RAM können wir uns als Regalschrank mit sehr vielen Speicherstellen vorstellen, in die je ein Zeichen abgelegt werden kann.
Ein RAM mit 64 KB (vgl. Abschnitt 1.2.3.4) umfaßt genau 65536
solcher Speicherstellen (64 * 1024), die von 0 an fortlaufend
durchnumeriert sind, wobei die Nummern 0,1,2, ... ,65535 die
tatsächlichen A d r e s s e n der Speicherstellen darstellen.

Soll ein Rechnungsbetrag über 200.50 DM von Adresse 2210 oder
von Adresse 58934 an gespeichert werden? Um diese tatsächlichen Adressen müssen wir uns zumeist nicht kümmern. Wie allen
Daten geben wir dem Rechnungsbetrag einen Namen, z.B. BETRAG,
der dann als s y m b o l i s c h e A d r e s s e zur Speicherung dient. Der Computer sucht sich selbständig einen für
BETRAG freien Speicherplatz und legt die 200.50 dorthin ab.
Wo soll das zugehörige Programm abgespeichert werden? Auch da-
rum brauchen wir uns nicht zu kümmern. Wir geben dem Programm
einen Namen wie z.B. RECHNUNG1 , und der Computer reserviert
selbständig die notwendige Anzahl von Speicherstellen und bestimmt dann einen geeigneten Speicherort.
Daten wie Programme werden also über ihre Namen angesprochen.

Wieder zum Modell des RAM als Regalschrank:
Einige Regale sind leer. In ihnen ist nichts gespeichert. Auf
anderen Regalen aber befinden sich Schachteln, und zwar Daten-
Schachteln mit Daten als Inhalt sowie Programm-Schachteln mit
Anweisungen als Inhalt. Jede Schachtel ist mit dem von uns jeweils gewählten Namen beschriftet.¦urch Angabe dieser Namen ist
es uns möglich, Inhalte von Schachteln zu lesen und zu ändern.
Für die ausreichende Größe einer Schachtel (=Anzahl von Speicherstellen) sowie das passende Regal (=tatsächliche Adresse)
sorgt der Computer selbst.

1.3.4.2 Daten als Variablen und Konstanten

Daten sprechen wir mit N a m e n an. Dies gilt für veränder-
liche bzw. variable Daten, für V a r i a b l e n , wie auch
für feste bzw. konstante Daten, also für K o n s t a n t e n .

Das Einrichten von Daten-Schachteln bezeichnet man als Dekla-
ration oder als V e r e i n b a r u n g . Für eine Variable
müssen wir vereinbaren, welchen Namen (z.B. den Namen BETRAG)
und welchen Datentyp (z.B. Dezimalzahl bzw. REAL) sie haben
soll. Mit dem Datentyp wird der W e r t e b e r e i c h angegeben. Den Inhalt als den W e r t der Variablen können wir
dann später im Rahmen des jeweiligen Wertebereichs (z.B. der

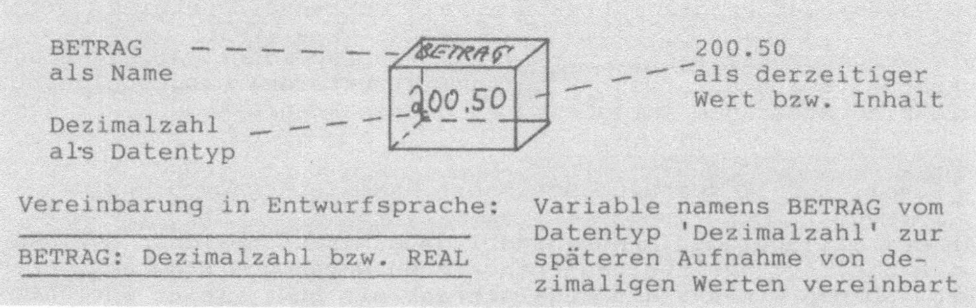

Name, Datentyp und Wert kennzeichnen eine Variable

Dezimalzahlen) beliebig verändern. Jede Variable weist somit
die drei Komponenten Name, Datentyp (=Wertebereich) und Inhalt
bzw. Wert (= augenblicklicher Schachtelinhalt) auf. Schachteln
können sehr klein (wie die für den BETRAG) oder auch sehr umfangreich (wie z.B. ein String-Array mit 100 Zeilen und mit 5
Spalten für 100*5=500 Artikelmengen) sein.

Für eine K o n s t a n t e müssen wir einen Namen vereinbaren (z.B. den Namen S1 für den Skontosatz) und einen konstanten Wert (z.B. 3 %).

Die Vereinbarungen von Variablen und von Konstanten werden vom
Programmierer im Rahmen der Programmerstellung getroffen; sie
stehen am Anfang: der Computer muß eine Daten-Schachtel zuerst einrichten, um dann mit ihr gemäß den im Programm weiter
angegebenen Anweisungen arbeiten zu können.

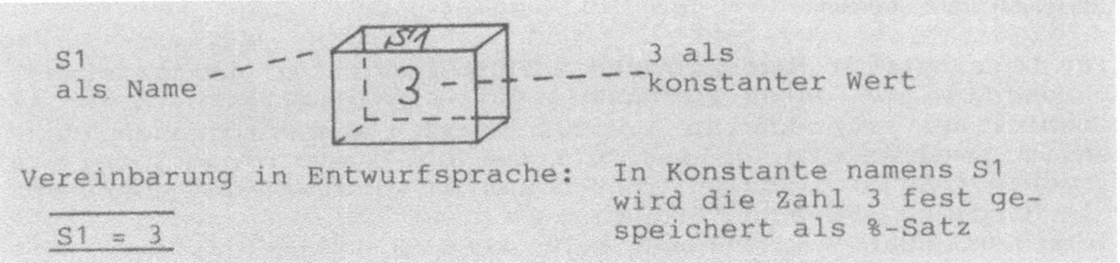

Name und fester Wert kennzeichnen eine Konstante

1.3.4.3 Programm mit Vereinbarungsteil und Anweisungsteil

Jedes Programm weist neben dem Programmnamen zwei weitere Bestandteile auf: den Vereinbarungsteil und den Anweisungsteil.

Der Programmname dient zum Aufrufen des Programms im RAM als
dem Internen Speicher wie auch auf Diskette bzw. Kassette als
Externen Speichereinheiten.
Im V e r e i n b a r u n g s t e i l legt der Programmierer
fest, welche Variablen und Konstanten einzurichten sind. In
Abschnitt 3 werden wir sehen, daß ggf. auch selbstdefinierte
Datentypen sowie Unterprogramme (Prozeduren und Funktionen)
vereinbart werden können.
In den Programmiersprachen wird unterschiedlich vereinbart. So
muß in PASCAL der Vereinbarungsteil in jedem Fall programmiert
werden. In BASIC können Vereinbarungen auch durch die Wahl der
Variablen getroffen werden.

```
Programm ......              1. Programmname
                             ----------------
Vereinbarungsteil            2. Vereinbarungsteil:
   - von Konstanten          -------------------
   - von selbstdefinierten Typen
   - von Variablen           Bedeutung aller Namen
   - von Funktionen          festlegen
   - von Prozeduren          ( w a s  wird später
                             verarbeitet?)
Anweisungsteil
   - zur Eingabe             3. Anweisungsteil:
   - zur Ausgabe (z.B. Drucker)  -------------
   - zur Wertzuweisung       Anweisungen festlegen
   - zur Ablaufsteuerung (z.B. IF)  ( w i e  ist zu
                             verarbeiten?)
End.
```

Name, Vereinbarungsteil und Anweisungsteil als Bestandteile
               eines jeden Programms

Der A n w e i s u n g s t e i l   als Folge von Anweisungen
an der Computer enthält das eigentliche Programm. Auf die einzelnen Anweisungsarten zur Eingabe, Ausgabe, Wertzuweisung und
Ablaufsteuerung gehen wir in Abschnitt 3.1 an Beispielen ein.

1.3.5 Datei und Datenbank

Eine Datei stellt die typische Datenstruktur zur langfristigen
Speicherung von Massendaten in der kommerziellen DV dar. Am
Beispiel der in Abschnitt 1.3.2.2 bereits angesprochenen Kun-
dendatei wollen wir auf die D a t e i v e r a r b e i t u n g
eingehen (man spricht dabei auch von Dateiverwaltung oder von
File Handling (File für Datei)).
Diese Kundendatei ist bewußt sehr einfach aufgebaut:
Zu jedem der derzeit 1580 Kunden einer Handelsfirma werden die
drei Angaben NUMMER, NAME und UMSATZ als Kundendatei auf einem
Externspeicher abgelegt. Man sagt auch: Die Kundendatei umfaßt
derzeit 1580 Datensätze (Kundensätze bzw. Sätze), wobei jeder
Satz aus drei Datenfeldern als Komponenten besteht. Für diese
Felder wiederum sind Variablen mit unterschiedlichen Datenty-
pen vereinbart: eine Variable namens NUMMER für die Kundennum-
mer ganzzahlig, eine Variable NAME als Text und eine Variable
UMSATZ für den getätigten DM-Umsatz vom Datentyp Dezimalzahl.
Die Datensätze stellen jeweils Verbunde (Records) dar. Der Da-

```
4 Datensätze ausgedruckt:        Datensatz als Verbund vereinbart:

(1) 101 FREI       6500.00       KUNDSATZ: Verbund bzw. Record
(2) 104 MAUCHER     295.60                 NUMMER: Ganzzahl
(3) 109 HILDEBRANDT 4590.05                NAME:   Text
(4) 110 AMANN      1018.75                 UMSATZ: Dezimalzahl
... ... ...            ...                 Ende-Verbund

Vereinbarung der Datei:

KUNDDATEI: Datei (File) mit Datensätzen vom Typ KUNDSATZ
```

Vereinbarung und Inhalt der KUNDDATEI

tensatz hat den Namen KUNDSATZ und die Datei heißt KUNDDATEI.
Wie die obigen 4 Sätze zeigen, sollen die Kunden nach Kundennummern aufsteigend sortiert gespeichert sein. Mit (1),(2),...
werden die Datensatznummern innerhalb der Datei angegeben.

```
Eine Datei umfaßt mehrere Datensätze. Jeder Satz hat mehrere
Datenfelder. Jedes Feld besteht aus mehreren Zeichen und jedes
Zeichen wird als Byte als Kombination von 8 Bits gespeichert.

    Datei (File)              ... namens KUNDDATEI mit
                              derzeit 1580 Datensätzen.
    Datensatz (Record)        ... mit drei Datenfeldern
                              NUMMER, NAME und UMSATZ.
    Datenfeld (Field)         ... NAME mit 11 Zeichen
                              maximal.
    Zeichen, Byte (Character) ... "R" als zweites Zeichen
                              von "FREI".
    Bit (0 oder 1)            ... 0 als 1. Bit im Byte
                              01010010 für "R".
```

Aufbau einer Datei: Datei-Satz-Feld-Zeichen-Bit

1.3.5.1 Zugriffsart, Speicherungsform und Verarbeitungsweise

Auf eine Datei wird stets datensatzweise zugegriffen, sei es
in den RAM hin e i n (Lesen = E i n gabe) oder aus dem RAM
hin a u s (Schreiben = A u s gabe). Entsprechend spricht man
vom lesenden Zugriff (vom Externspeicher in den RAM) oder vom
schreibenden Zugriff (vom RAM auf den Externspeicher). Ist ohne weiteren Zusatz vom Z u g r i f f die Rede, so meint man
damit das Lesen von Sätzen. Zwei Z u g r i f f s a r t e n
sind zu unterscheiden: der direkte und der indirekte Zugriff.

Der d i r e k t e Z u g r i f f läßt sich mit der Schall-
platte vergleichen: Will man z.B. das 7. Musikstück hören,kann
der Tonarm direkt bei diesem gewünschten Stück aufgesetzt werden. Entsprechend kann bei der Platte (Magnetplatte, Diskette)
in der DV ein bestimmter Datensatz direkt durch Angabe seiner
Datensatznummer als Adresse bzw. 'Hausnummer' in den RAM gelesen werden.
Der i n d i r e k t e Z u g r i f f ist -wie beim Tonband-
umständlicher: das Tonband muß z.B. zum 7. Musikstück gespult
werden; wir können nur in der Reihenfolge zugreifen, in der
früher einmal aufgenommen wurde. Dementsprechend muß in der DV
Datensatz für Datensatz gelesen werden, bis z.B. der 7. Kunde
gefunden ist.
Wir halten fest: Beim Band (Magnetband, Kassette) kann nur indirekt auf den Datensatz einer Datei zugegriffen werden, während bei der Platte (Magnetplatte, Winchesterplatte, Diskette)
auch direkt zugegriffen werden kann. Die Platte wird deshalb
auch D i r e k t z u g r i f f - S p e i c h e r genannt,
im Gegensatz zum Band als s e q u e n t i e l l e m Speicher
(Sequenz = Reihenfolge).

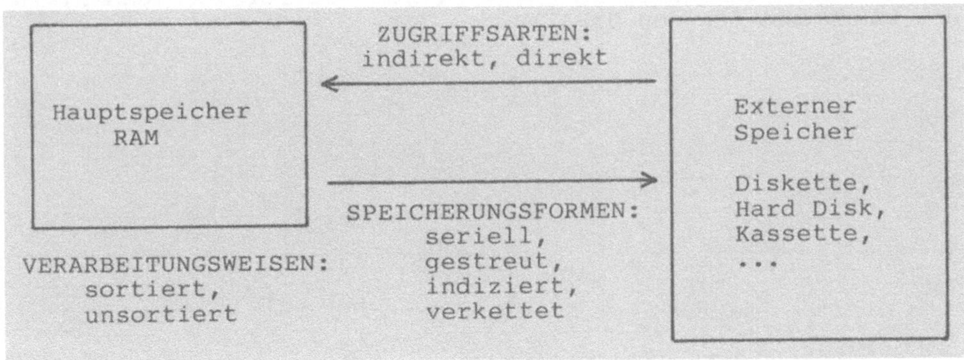

Zugriff, Speicherung und Verarbeitung der Datei

Der Begriff der S p e i c h e r u n g s f o r m bezieht sich
auf das Abspeichern bzw. Schreiben von Sätzen aus dem RAM auf
die Datei.
S e r i e l l speichern heißt starr fortlaufend speichern:
der nächste Neu-Kunde wird als nächster Kunde hinter den zuvor
gerade geschriebenen Datensatz gespeichert.   ·
G e s t r e u t speichern heißt, daß die Sätze zufällig über
die Plattenoberfläche hinweg streuend abgelegt werden. Zur Erklärung folgendes Beispiel: In einem Betrieb seien die Kunden-

nummern 101,104,109,110,...,50000 vergeben. Würde man nach dem
Verfahren "Kundennummer ergibt Datensatznummer" vorgehen, so
würde man auf der Platte 50000 Speicherorte für die nur 1580
Kundensätze zu reservieren haben - wahrlich verschwenderisch.
Was tun? Man versucht, die Anzahl der Speicherorte durch die
Wahl eines geeigneten Adreßrechungsverfahrens zu verdichten wie
z.B. mit dem Divisions-Rest-Verfahren. Das führt dann dazu,daß
Kunde 48236 als 237. Satz und Kunde 3973 als 1831. Satz abgelegt ist, daß also gestreut gespeichert ist. Der Nachteil solcher Verfahren: Für mehrere Kundennummern kann sich ein und
dieselbe Datensatznummer ergeben.

Nach der seriellen Speicherung und der gestreuten Speicherung
nun zur   i n d i z i e r t e n Speicherung als dritter Form.
Zur Erklärung folgendes Beispiel: Zusätzlich zu unserer Kundendatei wird in einer I n d e x d a t e i zu jedem Namen
die Datensatznummer gespeichert, unter der dieser Name in der
Kundendatei zu finden ist: Kunde MAUCHER so z.B. als 2. Satz.
Wie die Kundendatei (zur Unterscheidung Haupt- oder Datendatei
genannt) 4 Kundensätze hat, so hat auch die Indexdatei 4 In-
dexsätze. Dann wird diese Indexdatei nach Namen sortiert abgespeichert. Möchte man sich nun später alle Kunden nach Namen
sortiert ausdrucken lassen,geht man wie folgt vor:
    1. Indirekter Zugriff auf den jeweils nächsten Indexsatz der
       sortierten Indexdatei.
    2. Direkter Zugriff auf den Kundensatz, dessen Datensatznum-
       mer gerade zuvor aus der Indexdatei gelesen wurde.
    3. Mit 1. fortfahren, bis Ende der Indexdatei erreicht ist.
Eine Indexdatei kann als Inhaltsverzeichnis aufgefaßt werden,
das - ähnlich den Seitenangaben in einem Buchinhaltsverzeich-
nis - die Satznummern der zugehörigen Datendatei anzeigt (indizieren bedeutet anzeigen). Zu unserer Kundendatei sind zumindest drei Indexdateien möglich: je eine für die NUMMER, für
den NAMEn und für den UMSATZ.

```
Kundendatei mit den           Indexdatei für          Indexdatei für
ersten 4 Datensätzen:         NAME unsortiert:         NAME sortiert:

101 FREI         6500.00      FREI          1          AMANN          4
104 MAUCHER       295.60      MAUCHER       2          FREI           1
109 HILDEBRANDT 4590.05       HILDEBRANDT   3          HILDEBRANDT    3
110 AMANN        1018.75      AMANN         4          MAUCHER        2

Hauptdatei mit hier 3         Indexdateien mit stets 2 Datenfeldern:
Datenfeldern NUMMER,          NAME als Schlüsselfeld und SATZNUMMER
NAME und UMSATZ.              (der Hauptdatei) als Adreßfeld.
```

               Kundendatei als Datendatei mit zwei Indexdateien

Das Anlegen einer Indexdatei gestattet einen schnellen Zugriff
sowie vielseitige Verarbeitungsarten.
Zunächst zur Geschwindigkeit: In der kaufmännischen Praxis ist
ein Kundensatz mit z.B. 300 Zeichen viel länger als unser Bei-
spielsatz, der Indexsatz hingegen unverändert kurz, da er ja
nur die beiden Komponenten NAME als Schlüsselfeld und SATZNR
als Adreßfeld umfaßt. Das Durchsuchen oder Sortieren einer Indexdatei geht somit schneller vonstatten als das der zugehöri-

den Datendatei. Zumal die Indexdatei aufgrund ihres geringen
Umfanges dabei komplett im Hauptspeicher gehalten werden kann,
während die Datendatei aufgrund ihrer Größe zum Sortieren wiederholt ein- und ausgelagert werden muß.
Ein zweiter Vorteil besteht in der Vielseitigkeit: Hat man zu
den Schlüsseln NAME, UMSATZ, PLZ, WOHNORT, VERTRETER, RABATT,
KUNDESEIT, OFFENERPOSTEN je eine Indexdatei sortiert angelegt,
so können die Kunden jederzeit nach diesen 8 Ordnungsbegriffen
sortiert in einer Übersicht ausgedruckt werden. Ebenso kann
e i n bestimmter Kunde über schnelle Suchverfahren wie etwa
über das 'binäre Suchen' am Bildschirm angezeigt werden.

Als vierte Speicherungsform wurde oben die v e r k e t t e t e
Speicherung genannt. Dazu folgendes Beispiel: Der Kundensatz
wird um 2 Datenfelder erweitert, in denen Zeiger bzw. Pointer
gespeichert sind, die auf den jeweils nächsten Kundensatz zei-

	Kunden- nummer:	Kunden- name:	Kunden- umsatz:		Zeiger für Name:	Zeiger für Umsatz:
(1)	101	FREI	6500.00		3	0
(2)	104	MAUCHER	295.60	A	0	4
(3)	109	HILDEBRANDT	4590.05		2	1
(4)	110	AMANN A	1018.75		1	3

Kundendatei mit Verkettung über zwei Zeigerfelder

gen. Das erste Zeigerfeld verkettet die Sätze nach Namen aufsteigend sortiert: Nach dem Lesen von AMANN (A für Ankeradres-
se) verweist Zeigerfeldinhalt 1 auf FREI, der dann eingelesen
wird; dann zeigt Zeiger 3 auf HILDEBRANDT als 3. Satz, worauf
mit Zeiger 2 auf MAUCHER zugegriffen wird, dessen Zeiger 0 das
Ende der Kette signalisiert. Über diese Kette 3-0-2-1 können
die Kunden rasch alphabetisch geordnet aufgelistet werden. Die
zweite Kette 0-4-1-3 verkettet Kunden nach deren Umsatz geordnet.
Das Beispiel zeigt, daß über die verkettete Speicherung beliebig viele l o g i s c h e Ordnungen gebildet werden können,
ohne die Datensätze dazu p h y s i s c h auf dem Externspeicher umspeichern zu müssen.

Nach den zwei Zugriffsarten und den vier Speicherungsformen
nun zu den zwei V e r a r b e i t u n g s w e i s e n , zur
sortierten und zur unsortierten Verarbeitung:
Eine Datei s o r t i e r t verarbeiten heißt, daß eine physisch oder logisch zusammenhängende Folge von Datensätzen verarbeitet wird wie z.B. beim Auflisten des gesamten Dateiinhal-
tes oder bei der Gehaltsabrechnung für alle Angestellten eines
Betriebs. Wenn die Bewegungsdatei (Lagerzugänge und -abgänge)
genauso sortiert vorliegt wie die Bestandsdatei (Artikel insgesamt),wird von einer sortierten Verarbeitung gesprochen.
Bei der u n s o r t i e r t e n Verarbeitung werden einzelne
Sätze einer Datei ggf. mehrmals direkt angesprochen wie z.B.
beim Verarbeiten einzelner Kundenaufträge oder beim Auskunfts-
erteilen über den derzeitigen Kontostand.

1.3.5.2 Vier Organisationsformen von Dateien

Je nach Kombination von Zugriffsart (Eingabe eines Datensatzes
vom Externspeicher in den Hauptspeicher RAM), Speicherungsform
(Ausgabe vom RAM auf den Externspeicher) und Verarbeitungsweise (Verarbeitung intern im Hauptspeicher) kann eine Vielzahl
von Datei - Organisationsformen unterschieden werden. Folgende
vier O r g a n i s a t i o n s f o r m e n werden heute am
häufigsten genannt - wenn auch kaum einheitlich ausgelegt.

S e q u e n t i e l l e D a t e i :
Indirekter Zugriff, serielle Speicherung und sortierte
Verarbeitung bei (zumeist) sortierter Speicherungsfolge.
Typische Band-Datei (Magnetband, Kassette).

D i r e k t z u g r i f f - D a t e i :
Direkter Zugriff, oft gestreute Speicherung und unsortierte
wie ggf. sortierte Verarbeitung.
Typische Platten-Datei (Magnetplatte, Diskette).
Bezeichnungen: Random-Datei, Relative Datei.

I n d e x - s e q u e n t i e l l e D a t e i :
Kombination von sequentieller und Direktzugriff-Datei.
Alle Zugriffsarten, Speicherungsformen und Verarbeitungs-
weisen; kennzeichnend ist die indizierte Speicherung.

V e r k e t t e t e D a t e i :
Indirekter Zugriff, verkettete Speicherung und sortierte
Verarbeitung.

Vier Organisationsformen von Dateien

Die rein sequentiell organisierte Datei wird mit der zunehmenden Verbreitung von Wechselplatte, Festplatte und Diskette immer mehr durch die Direktzugriff-Datei und die index-sequentielle Datei verdrängt.

1.3.5.3 Grundlegende Abläufe auf Dateien

Die Dateiverarbeitung umfaßt viele Abläufe: So müssen Daten
zunächst einmal erfaßt bzw. computerlesbar gemacht werden, um
sie dann auf einem Externspeicher abzulegen, später wieder zu
suchen, abzuändern, auszudrucken, zu löschen usw. Zusammenfas-
send können wir hierzu 11 grundlegende Abläufe zum Einrichten,
Verwalten und Auswerten von Dateien unterscheiden. Jedes kommerzielle Datei-System mit dem Anspruch auf eine universelle
Verwendbarkeit wird diese Abläufe bereitstellen.

In Abschnitt 1.3.1.1 wurden Bestands- und Bewegungsdaten sowie
Stamm- und Änderungsdaten unterschieden. Entsprechend gibt es
dem Inhalt nach vier Dateiarten: die Bestandsdatei (z.B. Arti-
kelbestandsdatei), die Bewegungsdatei (z.B. Zu-/Abgänge von
Artikellagerbeständen), die Stammdatei (z.B. Kundenstammdatei)
und die Änderungsdatei (z.B. Änschriftsänderung von Kunden).

```
    1.  A n l e g e n :
        Datei auf einem Externspeicher leer einrichten.

    2.  N e u   s c h r e i b e n :
        Datensätze erfassen und neu in die Datei hinzufügen.

    3.  L e s e n :
        Einen oder mehrere Datensätze in den Hauptspeicher
        lesen und am Bildschirm anzeigen oder am Drucker
        auflisten.

    4.  B e w e g e n :
        Zu- und Abgänge mengenmäßig (Lagerbestandsfortschrei-
        bung) oder wertmäßig (Kontoführung) aktualisieren.

    5.  Ä n d e r n :
        Sätze löschen (entfernen) oder inhaltlich abändern.

    6.  S o r t i e r e n :
        Sätze in auf- oder absteigende Sortierfolge bringen.

    7.  M i s c h e n :
        Dateien zu einer Datei sortiert zusammenfügen.

    8.  K o p i e r e n :
        Datei abbildgetreu (Back-Up) oder verändert kopieren.

    9.  A u s w ä h l e n :
        Sätze, die bestimmten Bedingungen genügen, heraussuchen
        bzw. selektieren.

   10.  K l a s s i f i z i e r e n :
        Datei nach bestimmten Größenklassen auswerten.

   11.  V e r d i c h t e n :
        Sätze nach Merkmalen gruppieren und Gruppensummen
        bilden (Gruppenwechsel).
```

Grundlegende Abläufe (Algorithmen) auf Dateien

Die elf grundlegenden Abläufe beziehen sich auf diese vier Da-
teiarten gleichermaßen. Man spricht auch von den grundlegenden
D a t e i - A l g o r i t h m e n (ein Algorithmus ist eine
Folge von Anweisungen, die in einer endlichen Schritt-Anzahl
zur Lösung eines Problems führt).
Zum Ablauf 'Bewegen': Bewegungen werden in der Regel gesammelt
(gestapelt), als Bewegungsdatei gespeichert und dann z.B. zum
Wochenende in einem Arbeitsgang verarbeitet.
Zum Ablauf 'Ändern': Sätze können tatsächlich (=physisch) oder
nur durch eine bestimmte Markierung wie BESTAND=-99 (=logisch)
gelöscht werden; die Inhaltsänderung kann ein oder mehrere
Datenfelder betreffen.
Zum Ablauf 'Sortieren': Es kann intern im RAM und/oder extern
auf Band bzw. Platte sortiert werden. Dabei werden die Datensätze selbst oder aber nur deren Adressen (Speicherplätze) in
eine neue Reihenfolge gebracht.

Zum Ablauf 'Kopieren': Beim Back-Up duplizieren wir eine Datei unverändert. Ebenso läßt sich eine Datei als Kopie von einer anderen Datei bei gleichzeitigem Ändern (Verkürzen, Erweitern Modifizieren) erstellen.
Zum Ablauf 'Auswählen': Hat die Datei n Sätze, so kann man genau einen Kunden (110), mehrere vorgegebene Sätze (Kunden 101, 104 und 110) oder eine unbestimmte Satzanzahl (alle Kunden unter 10.000 DM Umsatz) auswählen.
Zum Ablauf 'Klassifizieren': Hier wird z.B. eine Artikeldatei nach Lagerorten und Umschlagshäufigkeit tabellarisch ausgewertet.
Zum Ablauf 'Verdichten': Gruppenwechsel kann einstufig (Absatz je Vertreter) oder zweistufig (Absatz je Vertreter u. Artikel) vorgenommen werden.

1.3.5.4 Datei öffnen, verarbeiten und schließen

Beim Lesen, Schreiben oder Ändern einer Datei geht man immer in drei Schritten vor:

  1. Datei ö f f n e n :
     Verbindung zwischen Datei und Programm herstellen
     (Dateiname, Zugriffsart, Verbindungskanal usw.).
  2. Datei v e r a r b e i t e n :
     Lesen (eingeben), schreiben (ausgeben) und/oder
     ändern (ein-/ausgeben bzw. überschreiben).
  3. Datei s c h l i e ß e n :
     Verbindung ordnungsgemäß beenden
     (Dateiende EOF (End of File) kennzeichnen, Directory
     (Inhaltsverzeichnis) auf Datei rückübertragen).

Bei komplexen Datei-Algorithmen sind für diese drei Schritte jeweils gesonderte Unterprogramme vorgesehen, die Programmvorlauf, Programmtreiber und Programmabschluß genannt werden.

Zum Schritt 2 eine Anmerkung: Ist eine Datei auf Kassette abgespeichert, liest man nach dem Eröffnen häufig die Datei in einem Arbeitsgang k o m p l e t t in den Hauptspeicher, um sie dort z.B. als Array (Feld, Bereich, Tabelle) verarbeiten zu können. Erst unmittelbar vor dem Schließen wird die aktualisierte Datei dann - wiederum komplett - auf die Kassette zurückgeschrieben. Man bezeichnet dies als dateiweisen Datenverkehr.
Ist die Datei größer als der im RAM intern verfügbare Speicherplatz, dann ist dieses Vorgehen nicht möglich. Als Gegenstück kann man mit Schritt 2 je einen Datensatz e i n z e l n in den RAM übertragen und umgekehrt (datensatzweiser Datenverkehr).
Zwischen diesen beiden Extremen - Datenverkehr dateiweise oder datensatzweise - gibt es natürlich zahlreiche Abstufungen.

1.3.5.5 Eine oder mehrere Dateien verarbeiten

In der kaufmännischen Praxis wird man nur selten e i n e Datei einzeln verarbeiten. Vielmehr sind zumeist m e h r e r e Dateien in ein System eingebunden; man spricht dann häufig von

einer D a t e i v e r k e t t u n g . Dazu ein Beispiel: In
einer Lagerverwaltung sind die 'Artikelstammdatei', 'Bestandsdatei', 'Bestelldatei (Einkauf)' und 'Auftragsdatei (Verkauf)'
verkettet, um von einem Programm(-paket) verwaltet zu werden;
D a t e n v e r w a l t u n g s - S y s t e m ist die oft
verwendete Bezeichnung hierfür.
Wird nicht nur die Aufgabe der Lagerverwaltung gelöst, sondern
werden sämtliche betrieblichen Aufgaben in einem Datei-System
eingebunden, dann spricht man oft von i n t e g r i e r t e r
Datenverarbeitung.

1.3.5.6 Datenbank

Bei isolierter Verarbeitung einzelner Dateien wie auch bei der
Dateiverkettung ist nicht zu vermeiden, daß ein Datum mehrfach
in verschiedenen Dateien gespeichert ist; man spricht von der
D a t e n r e d u n d a n z . So kann z.B. ein Kunde samt Kun-
denanschrift in der Kundenstammdatei, der Offene-Posten-Datei
und der Weihnachtsgeschenkedatei dreifach gespeichert sein. Um
dies zu vermeiden, faßt man sämtliche Daten in e i n e r gemeinsamen Datenbasis zusammen, die D a t e n b a n k genannt
wird. Eine solche Datenbank kann - für sich alleine genommen -
ebenfalls als Verkettung von Dateien angesehen werden. Daß wesentlich neue dabei ist, daß auf alle Elemente der Datenbank
über   ein   D a t e n b a n k m a n a g e m e n t s y s t e m
(DBMS) zentral zugegriffen wird. Das DBMS besteht aus mehreren Systemprogrammen zur Durchführung von Aufgaben wie dem
Ändern von Daten der Datenbank, dem gleichzeitigen Zugriff
mehrerer Benutzer, dem Abfragen von Daten, dem Überprüfen der
Zugriffsberechtigung usw..

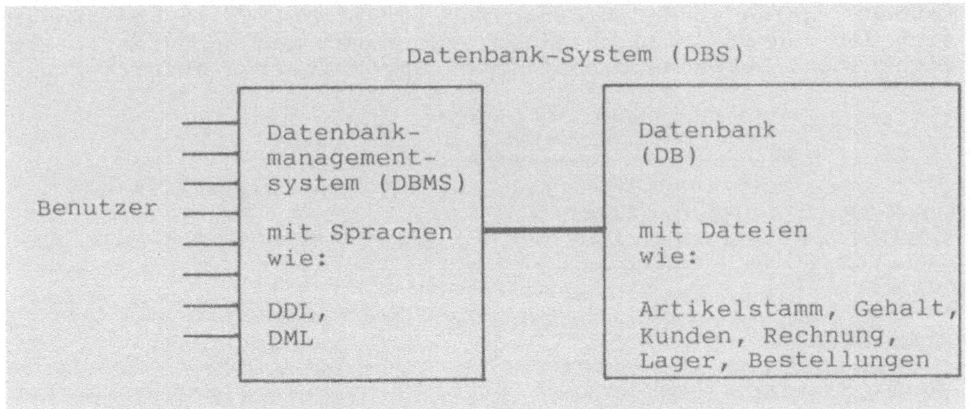

Das Datenbank-System besteht aus Datenbank und DBMS

Mit dem DBMS werden dem Benutzer unter anderem zwei sprachli-
che Hilfsmittel zur Verfügung gestellt:
Zum einen die Daten-Definitions-Sprache DDL (Data Definition
Language) zum Aufbau und zur Pflege der Datenbank. Mit der DDL

werden z.B. die Datensätze definiert (Name, Anzahl, Datentyp,
Länge der Satzkomponenten). Sie richtet sich mehr an den Programmierer bzw. an den Datenbankverwalter.
Zum anderen eine Daten-Manipulations-Sprache DML (Data Manipulation Language) zur eigentlichen Behandlung der Daten. Diese
DML richtet sich mehr an den Sachbearbeiter, der ein Abfrage
wie 'Drucke eine Übersicht aller Kunden aus, die offene Rechnungen über DM 5000.- zu begleichen haben' laufen läßt. Die DML
wird auch als Abfragesprache bzw. Query-Language bezeichnet.
Datenbank-Sprachen weisen wie Programmiersprachen zumeist eng-
lische Anweisungsworte auf wie etwa FIND zur Suchanfrage, READ
zum Lesen, WRITE zum Schreiben, DELETE zum Entfernen, INSERT
zum Einfügen von Datensätzen.

Das herkömmliche D a t e i - S y s t e m unterscheidet sich
in zumindest 3 Punkten vom D a t e n b a n k - S y s t e m :

- R e d u n d a n z f r e i h e i t :
  In der Datenbank werden die Daten möglichst redundanzfrei
  abgelegt, d.h. nicht mehrfach gespeichert.
- V i e l f a c h e   V e r w e n d b a r k e i t :
  In der Datenbank werden die Daten vielfach verwendbar abge-
  legt, um vielen Benutzern einen möglichst einfachen Direkt-
  zugriff zu gestatten.
- D a t e n u n a b h ä n g i g k e i t :
  Die Programme bzw. Zugriffspfade arbeiten datenunabhängig in
  dem Sinne, daß bei der Änderung der Daten keine Änderung des
  Programms notwendig wird.

Zwei grundlegende Datenbank-Systeme sind zu unterscheiden: das
strukturierte und das unstrukturierte Datenbank-System. Strukturiert bedeutet, daß in der Datenbank selbst Information zum
Verweisen auf weitere Information abgespeichert ist; damit muß
bei Anfragen stets entlang der vorgegebenen Pfade vorgegangen
werden. Im Gegensatz dazu gibt es bei der unstrukturierten Datenbank keine vordefinierten Zugriffspfade; damit verlangsamt
sich der Zugriff, gleichzeitig jedoch hat man unbegrenzte Möglichkeiten, Daten nach bestimmten Suchkriterien abzufragen.

```
                  Datenbank - System (DBS)
          ┌───────────────┴───────────────────┐
   STRUKTURIERT:                       UNSTRUKTURIERT:
Suchbegriffe, Zugriffspfade        Verknüpfung der Information
festgelegt und gespeichert.        erst im Moment der Abfrage.


- Hierarchisches DBS: Daten       - Invertierte Dateien: Zugriff
  baumartig verkettet.              über Index-Listen.
- Netzwerk-Modell (CODASYL):      - Relationen-Modell: Anordnung
  Netz von Zugriffspfaden.          der Daten in Tabellenform.
```

Strukturiertes und unstrukturiertes Datenbank-System

Beim Netzwerk-Modell gemäß dem CODASYL-Ausschuß (COnference of
DAta SYstem Language in den USA im Jahre 1971) sind die in der
Datenbank abgelegten Daten in Datentypen (Item Types) sowie in

Datensatztypen (Record Types) zu gliedern, wobei zwischen den verschiedenen Datensatz-Typen sogenannte Beziehungstypen (Set Types) definiert werden.
Bei der r e l a t i o n a l e n D a t e n b a n k als Gegenstück zum Netzwerk-Modell werden nur Datensätze im herkömmlichen Sinne unterschieden, wobei die einzelnen Datensatzkomponenten bzw. Datenfelder in Beziehung zueinander stehen wie die Zeilen und Spalten einer Matrix (Tabelle bzw. zweidimensionaler Array). Dazu als Beispiel unsere Kundendatei von Abschnitt 1.3.5:

```
 101  FREI          6500.00    Matrix mit n Zeilen und 3 Spalten.
 104  MAUCHER        295.60    Jeder Zeile entspricht ein Daten-
 109  HILDEBRANDT   4590.05    satz, jeder Spalte ein Datenfeld.
 110  AMANN         1018.75    Zugriffsbeispiel: Matrix(2,3) er-
 ... ...               ...     gibt 295.60 (2. Zeile, 3. Spalte).
```

Das Relationen-Modell ist weit anschaulicher als das Netzwerk-Modell. Komplexe Datenstrukturen allerdings lassen sich in einer "flachen Matrix" nur schwer darstellen.

Ursprünglich lag die Aufgabe eines Datenbank-Systems in der Informationswiedergewinnung (= Information Retrieval) bzw. in der Auskunftserteilung. Zunehmend werden kommerzielle Datenbank-Systeme angeboten, die darüberhinaus andere Aufgaben wie das Rechnen (sogenannte 'rechnende Datenbanken') oder z.B. die Textverarbeitung übernehmen.

"... eine dedizierte D a t e n b a n k - M a s c h i n e , die mit einem Host-Computer günstiges Datenmanagement bietet".
Was beinhaltet eine solche Anzeige?
Eine Datenbank-Maschine ist kein Allzweck-Computer, sondern ein Automat, dessen Hardware ausschließlich auf die Verwaltung einer Datenbank ausgerichtet bzw. dediziert ist. Darüberhinaus gibt es kein 'normales' Betriebssystem, sondern nur ein Softwarepaket, das immer im Speicher resident ist und dabei sämtliche Funktionen einer relationalen Datenbank übernimmt. Damit sind wir bei der Begründung: Relationale Datenbanken benötigen viel Speicherplatz sowie CPU-Zeit, der Personalcomputer wird allzuleicht überlastet. Deshalb die Hinwendung von der "Software-Datenbank" zur "Hardware-Datenbank-Maschine", die an den Personalcomputer als Host bzw. Wirt und Gastgeber (vgl. auch Abschnitt 1.3.6.5) angeschlossen wird. Diese Lösung hat die folgenden Vorteile: Der PC als Host wird durch die Datenbank belastet; die Größe der Datenbank ist unabhängig von der Größe des Personalcomputers.

1.3.6 System-Software (Betriebssystem)

Das Betriebssystem mit seinen Steuer-, Dienst- und Übersetzer-programmen (vgl. Abschnitt 1.3.1.2) dient als Mittler zwischen dem Anwender(-programm) und dem Computerkern (Hardware).

1.3.6.1 Betriebssystem als Firmware (ROM) oder als Software

Hinsichtlich der Speicherung des Betriebssystems gibt es zwei
extreme Möglichkeiten, die gerade für Personalcomputer von Interesse sind:
Auf der einen Seite ist das Betriebssystem fest in ROMs untergebracht (ROM als Festspeicher enthält die Systemprogramme als
Firmware) und steht beim Einschalten des Computers unmittelbar
zur Verfügung. Diese Möglichkeit ist vorteilhaft, wenn man nur
mit einer einzigen Programmiersprache arbeiten möchte. 'Reine
BASIC-Maschinen' z.B. sind oft so aufgebaut und sehr einfach
zu bedienen.
Auf der anderen Seite ist das Betriebssystem als Software auf
einem Externspeicher (Diskette, Hard Disk) gespeichert und muß
beim Einschalten des Computers vom Benutzer in den Internspeicher geladen werden. Diese umständlichere Art der Bedienung
(Handling) hat für den Benutzer jedoch den Vorteil, daß leicht
z.B. auf eine andere Programmiersprache wie COBOL, PASCAL oder
FORTH umgerüstet werden kann: er muß nur das zugehörige Übersetzerprogramm für COBOL, PASCAL bzw. FORTH von einer Diskette
in den RAM laden.
Personalcomputer mit mehreren Betriebssystemen (z.B. MS-DOS,
CP/M und UCSD) haben diese stets als Software gespeichert.

Zwischen der reinen Firmware-Lösung (Betriebssystem im ROM)
und der reinen Software-Lösung (Betriebssystem auf Diskette)
als Extremen gibt es natürlich Zwischenlösungen. So kann beim
Einschalten des Computers z.B. die Sprache BASIC aus dem ROM
automatisch für den Benutzer mit der Möglichkeit zur Verfügung
gestellt werden, später aus BASIC 'auszusteigen',um ein anderes
Betriebssystem bzw. Sprachmittel softwaremäßig zu laden.

1.3.6.2 Beispiel: Betriebssystem unterstützt Computer-Start

Die Funktion des Betriebssystems läßt gut sich am Beispiel des
Startens eines Personalcomputers veranschaulichen. Man geht in
drei Schritten vor.

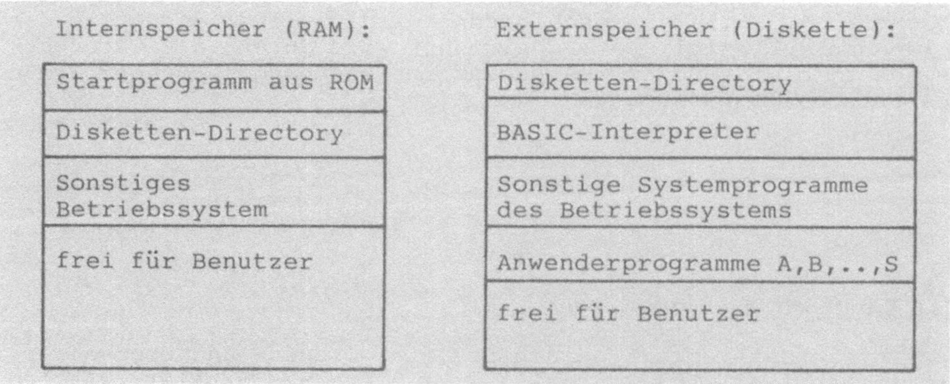

Schritt (1): 'Computer einschalten' und Betriebssystem

S c h r i t t (1) : Gerät anschalten. Aus einem ROM als Nur-
Lese-Speicher wird automatisch ein Startprogramm zur Ureingabe
in den Hauptspeicher gebracht. Dieses lädt die Datei-Directory
(Verzeichnis der auf Diskette gespeicherten Dateien sowie Programme) ebenfalls in den RAM wie auch das Betriebssystem mit
seinen Programmen. Das Betriebssystem zeigt nun dem Benutzer am
Bildschirm durch ein Zeichen an, daß der Computer betriebsbe-
reit ist. Der Benutzer befindet sich auf der Betriebssystem-
Ebene (System Mode).

S c h r i t t (2) : Der Benutzer hat sich entschieden, BASIC
zu laden und tippt den entsprechenden Betriebssystem-Befehl
ein. Das Betriebssystem prüft in der Disketten-Directory nach,
ob auf der Diskette das BASIC-Übersetzerprogramm auch vorhanden ist und lädt es zusätzlich in den RAM. Dies entspricht der
oben angesprochenen Software-Lösung; bei der Firmware-Lösung
würde Schritt (2) automatisch als Teil einer starren Befehls-
folge nach dem Einschalten ablaufen.

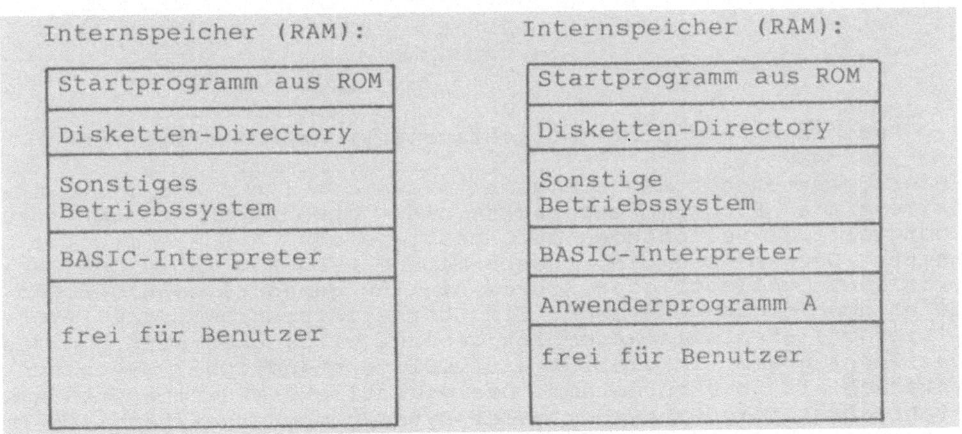

   (2) 'BASIC laden' (links) und (3) 'Prog. A laden' (rechts)

S c h r i t t (3) : Der Benutzer kann sich jetzt ein auf der
Diskette enthaltenes Anwenderprogramm in den RAM laden wie im
Beispiel das Programm A. Das Übersetzerprogramm (ein Interpre-
ter, wie im folgenden Abschnitt zu zeigen) ruft zum Laden das
Betriebssystem auf, welches nach dem Ladevorgang wiederum die
Kontrolle an das Übersetzerprogramm zurückgibt.
Anschließend kann der Benutzer in einem Schritt (4) das Anwen-
derprogramm A ausführen lassen.

1.3.6.3 Übersetzerprogramme

Ein Computer versteht soviele Programmiersprachen (=Fremdspra-
chen) wie Übersetzerprogramme vorhanden sind. Die Übersetzerprogramme wandeln Programmiersprache in die Maschinensprache
(=Muttersprache des Computers) um.
Es gibt m a s c h i n e n o r i e n t i e r t e Programmiersprachen, bei denen als "1-zu-1-Sprachen" dann meist 1 Fremd-

sprachenanweisung zu 1 Maschinenbefehl führt; sie heißen auch
Assembler(-sprachen).
Das Gegenstück sind die p r o b l e m o r i e n t i e r t e n
Programmiersprachen als "1-zu-mehr-Sprachen". Bei ihnen wird
1 Fremdsprachenanweisung in mehrere Maschinensprachenbefehle
übersetzt wird. Die zugehörigen Übersetzerprogramme sind entweder Compiler oder aber Interpreter.

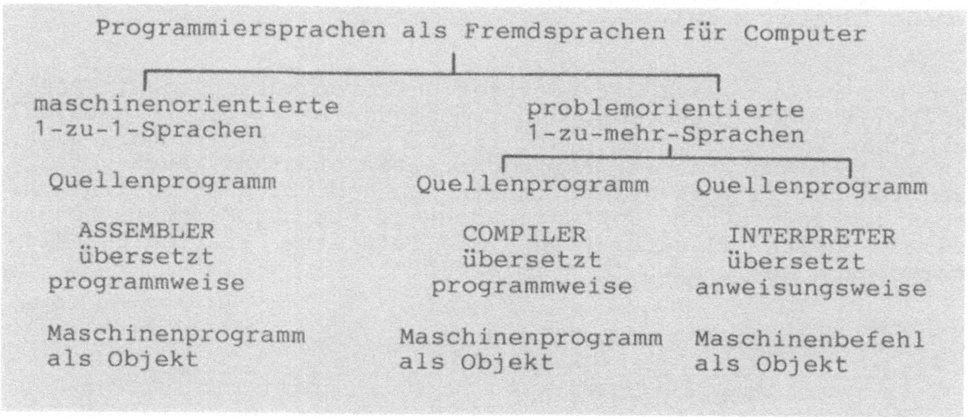

Maschinen- und problemorientierte Programmiersprachen

Jeder Computer hat seine eigene m a s c h i n e n o r i e n -
t i e r t e Programmiersprache, die - obwohl von Computer zu
Computer z.T. verschieden aufgebaut - stets A s s e m b l e r
heißt. Das in Assembler geschriebene Programm (auch Quellenprogramm, Quellcode oder Source-Listing genannt) kann der Computer noch nicht verstehen. Ein Übersetzerprogramm, das (verwirrend?) ebenfalls Assembler genannt wird, übersetzt nun das
Quellenprogramm in die für die CPU verständliche Maschinensprache als Objektprogramm. Das eigentliche Maschinenprogramm
steht als Abfolge hexadezimaler Bytes computerverständlich im
Internspeicher; da es für uns nur schwer lesbar ist, wird es
vom Assembler zur Kontrolle als Assembler-Listing ausgegeben.

I n t e r p r e t e r und C o m p i l e r   als Übersetzerprogramme arbeiten analog zum menschlichen Sprachübersetzer
wie folgt:
Ein Interpreter (to interprete = auslegen) arbeitet wie ein
Simultan-Dolmetscher: Der Dolmetscher übersetzt Satz für Satz,
um das Ergebnis sofort mitzuteilen. Ein Interpreter übersetzt
Anweisung für Anweisung, um jede Anweisung sofort auszuführen.
Ein Compiler (to compile = zusammensetzen) hingegen arbeitet
wie ein 'normaler' Fremdsprachenübersetzer: Dieser übersetzt
das gesamte Fremdsprachenschriftstück zu einem bestimmten Ter-
min. Entsprechend übersetzt ein Compiler das gesamte Anwenderprogramm komplett in einem Arbeitsgang: Das in einer sogenannten Hochsprache verfaßte Programm wird in einem gesonderten
Compilierungslauf in ein lauffähiges Maschinenprogramm übersetzt.
Die Vorteile eines compilierenden Systems (z.B. Objektprogramm
in 0/1-Form ablauffähig auf Externspeicher abgelegt, Programmausführung sehr schnell) und seine Nachteile (z.B.eine Feh-

lerkorrektur erfordert die komplette Neuübersetzung, Speicher-
bedarf für Quelle, Übersetzer und Objekt sehr groß) sind stets
abzuwägen.
Günstig ist: Programmentwicklung sowie Programmtest mit einem
Interpreter und dann abschließende Compilierung des Programms.

Gerade bei Personalcomputern lassen sich Interpreter und Compiler kaum mehr streng trennen. So gibt es compilierende Interpreter und interpretierende Compiler.
Zum 'compilierenden Interpreter' ein Beispiel:
Die große Softwarefirma Microsoft hat solche Zwischenlösungen
als BASIC-Interpreter z.B. für Apple, CBM, TRS-80 entwickelt.
Dabei werden die BASIC-Zeilen beim Eintippen -für den Benutzer
unbemerkt- in einen sogenannten Zwischencode übersetzt (PRINT
wird z.B. als hexadezimal BA bzw. dezimal 186 zwischengespeichert, nicht aber in fünf ASCII-Zeichen bzw. Bytes als PRINT).

Zum 'interpretierenden Compiler' ebenfalls ein Beispiel:
Der unter dem Betriebssystem UCSD laufende PASCAL-Compiler
übersetzt den Quellcode in e i n e m getrennten Übersetzungslauf in einen Zwischencode (P-Code genannt für Pseudo-Code),
der dann zur Ausführungszeit durch einen Interpreter weiter
übersetzt wird.

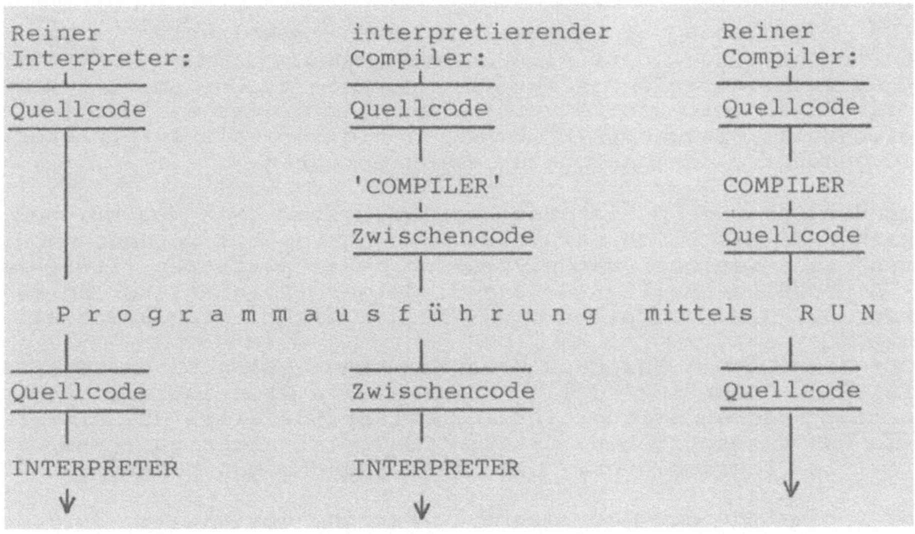

Interpreter und Compiler mit Zwischenlösungen

1.3.6.4 Programmiersprachen

Es gibt mehrere Hundert Programmiersprachen. Die wichtigsten
Sprachen werden in Stichworten beschrieben:

- ADA: Diese nach Lady Ada Augusta benannte Sprache wurde 1980
  vom US - Verteidigungsministerium herausgebracht (wie früher
  COBOL) und wird als Universalsprache eine vielleicht ebenso
  große Verbreitung finden wie COBOL. ADA-Subsets laufen bereits
  auf Personalcomputern.

- ALGOL 60: Diese 'ALGOrithmic Language' gibt es seit 1960. Sie
  wird vornehmlich im Hochschulbereich eingesetzt.

- APL: 'A Programming Language' gilt als eines der mächtigsten
  und knappsten Sprachmittel. Berühmt sind die APL-Einzeiler mit
  ihren Kurz-Operatoren (griechische Symbolik). Auf Personalcomputern mit 16-Bit-Prozessoren läuft APL stets als Interpreter.

- ASSEMBLER: Die maschinenorientierten Assembler-Sprachen (vgl.
  Abschnitt 1.3.6.3) gehören eigentlich nicht in diese Übersicht
  von Hochsprachen bzw. 1-zu-Mehr-Sprachen. Makros als Gruppen
  von Einzelbefehlen jedoch machen das maschinennahe Arbeiten in
  Assembler etwas weniger mühsam.

- BASIC: Für diese auf Personalcomputern am weitesten verbrei-
  tete Sprache (Beginners All Purpose Symbolic Instruction Code)
  gibt es fast so <u>viele Dialekte</u> wie Computertypen. Am weitesten
  ist das "Microsoft-BASIC" verbreitet. BASIC gibt es sowohl als
  compilierende Sprache (z.B. C-BASIC) wie auch als Interpreter.
  BASIC gehört zu den <u>unstrukturierten</u> Sprachen.

- C: In der Sprache C ist das Betriebssystem UNIX geschrieben.
  Es kann PASCAL-ähnlich strukturiert programmiert werden, dabei
  werden aber weniger Datentypen und mehr Operatoren (etwa wie
  in APL) bereitgestellt. Gut in C: Zeiger (Pointer) zur Adreß-
  verkettung. Die C-Compiler sind leider nicht standardisiert.

- COBOL: Die 'Common Business Oriented Language' gibt es bereits
  seit 1959. COBOL ist d i e kommerzielle Programmiersprache,
  <u>genormt</u>, äußerst umfangreich. Ungefähr 50% aller US-Software
  ist in COBOL geschrieben. Zitat: "COBOL ist nicht gut, aber es
  gibt viele Programmierer, die diese Sprache gut beherrschen".

- ELAN: Diese Ende der 70er Jahre in Berlin entwickelte Sprache
  unterstützt das strukturierte Programmieren und wird im Schul-
  bereich in Konkurrenz zu PASCAL eingesetzt.

- FORTH: Dies ist eine interpretierende Sprache, die jedoch zunächst den FORTH-Text in einen Zwischencode übersetzt (siehe
  Abschnitt 1.3.6.3). FORTH gibt es auch für kleinere Computer.

- FORTRAN: Der 'FORmula TRANslator' entstand 1950 und gilt als
  die wichtigste Hochsprache zur Lösung math/naturwissenschaft-
  licher Probleme. Wie COBOL ist FORTRAN eine typische Großcom-
  putersprache. BASIC ist ein FORTRAN-Abkömmling.

- LISP: Der LISP-Interpreter wird insbesonders von Wissenschaftlern verwendet, die sich mit der 'Künstlichen Intelligenz' beschäftigen (Nachahmung des menschl. Gehirns durch die CPU, Abschnitt 1.1.3). Eine LISP-Variable hat als 'Atom' neben Namen
  und Wert vom Programmierer frei zu vereinbarende Merkmale, die
  als Liste geführt werden (deshalb: LISP für LISt Processor).

- LOGO: "Anders als die anderen Sprachen". Diese Aussage trifft
  für APL (im Hinblick auf die komprimierte Problembeschreibung
  über mächtige Operatoren) sowie für LOGO (im Hinblick auf die
  kindgerechte Schildkrötengrafik) zu. Bei den "Turtle Graphics"
  kann die am Bildschirm kriechende Schildkröte zum Zeichnen von
  Bildern gesteuert werden. LOGO-Interpreter kommen mit wenig
  Platz aus und sind zunehmend für Personalcomputer erhältlich.

- MODULA 2: Diese Sprache wurde von Niklaus Wirth als Nachfol-
  gesprache zu PASCAL entwickelt. Besondere Merkmale: Typische
  'Hochsprachen-Anwendungen' sind ebenso möglich wie maschinennahe Programmierung; ausgereifte Modularisierung (Module als
  Bausteine -anders als in PASCAL- separat speicherbar in Modul-
  Bibliothek); Compiler kann Maschinencode erzeugen zwecks Ein-
  brennen in PROMs (damit Nutzung als Entwicklungssprache für
  Mikrocomputerprodukte). Es wird erwartet, daß sich MODULA 2
  durch ihre Kompaktheit als Alternative zu ADA behaupten wird.

- PASCAL: "PASCAL erzieht zum klaren Programmieren" - aus diesem
  Grunde halten gerade die Lehrer so viel von dieser von Niklaus
  Wirth 1972 erstmalig beschriebenen Sprache. PASCAL ist nach
  dem Mathematiker und Philosophen Blaise Pascal (1623-1662) benannt und gilt als d i e Sprache für das strukturierte Programmieren. Leider ist nur das ursprüngliche Wirth'sche PASCAL
  standardisiert, nicht aber die später notwendig gewordenen Erweiterungen (wie Grafik-, Text- und Dateiverarbeitung; Wirth
  beschrieb so z.B. nur die sequentielle Banddatei). So sind die
  sehr zahlreichen auch für Personalcomputer verfügbaren PASCAL-
  Compiler oft nicht kompatibel: etwa ALCOR-PASCAL, JRT-PASCAL,
  PASCAL/MZ+, PASCAL/Z, ProPASCAL, TCL-PASCAL, SCHTAC-PASCAL
  und UCSD-PASCAL, wobei sich letzteres fast zum Ersatz-Standard
  entwickelt hat.

- PILOT: Diese 'Programmed Inquiry Learning or Teaching' ist für
  Personalcomputer als BASIC-Ersatz für Lehr-/Lernzwecke entwickelt worden. PILOT arbeitet ausschließlich interpretierend.
  PILOT wird eingesetzt im Rahmen des Computer-unterstützten Un-
  terrichts (CUU) bzw. der Computer Aided Instruction (CAI).

- PL/1: Die 'Programming Language 1' wurde von der IBM für Großcomputer entwickelt und umfaßt die Sprachelemente von COBOL und
  FORTRAN zusammen - aber modern strukturiert. Wertmäßig dürfte
  die in PL/1 geschriebene Software nach der COBOL-Software den
  zweiten Platz einnehmen. Für PCs gibt es PL/1 (noch?) nicht.

- Diese Auswahl kann keinesfalls vollständig sein. Die Liste von
  Programmiersprachen ließe sich fortsetzen: BCPL, COMAL, CORAL,
  DIBOL, EUCLID, MUMPS, PEARL, PL/M, PROLOG, RPG II, SIMULA 67,
  SNOBOL, STOIC, ...
  Abschließend: Vermutlich werden in 10 Jahren Programmierspra-
  chen überwiegen, die heute noch nicht einmal entworfen sind.

1.3.6.5 Herstellerabhängige und unabhängige Betriebssysteme

Die Abkürzung DOS   steht für 'Disk Operating System'. Es ist
ein Systemprogramm, das alle mit der Diskette verbundenen Ein-
und Ausgaben kontrolliert. Die Bezeichnung DOS findet sich als
Namensbestandteil zahlreicher Betriebssysteme.
Das DOS für den Apple wie auch das TRS-DOS der TRS-80-Model-
le von Tandy sind Beispiele für Betriebssysteme, welche vom
Personalcomputer-Hersteller speziell auf das eigene Gerät hin
zugeschnitten wurden.   H e r s t e l l e r a b h ä n g i g e
Systeme findet man vornehmlich bei kleineren Personalcomputern
mit 8-Bit-Mikroprozessoren.

Personalcomputer der 16-Bit-Klasse und 32-Bit-Klasse arbeiten
überwiegend mit   h e r s t e l l e r u n a b h ä n g i g e n
Betriebssystemen, die von Software-Produzenten entwickelt wur-
den. So mit CP/M und MS-DOS der beiden Software-Giganten Digital Research und Microsoft, mit UCSD der Universität von San
Diego in Californien, mit UNIX, XENIX, OASIS, ...
Wie kam es dazu? Früher baute jeder Hersteller sein eigenes
Betriebssystem, um es mit dem Computer als Einheit anzubieten.
Um das Betriebssystem herum wurde ein großer Schleier gelegt -
ein Übernehmen oder Anpassen an einen anderen Computer war somit unmöglich. Dies änderte sich erst, als die Software-Firma
Digital Research ihr 'Control Program for Microcomputers', genannt CP/M, als herstellerunabhängiges Software-Produkt anbot:
mit einer exakten Beschreibung der Verbindung (Schnittstellen)
des Betriebssystems zur Computerhardware. Nun begannen immer
mehr Hersteller, CP/M-fähige Computer zu produzieren. Mit der
raschen Verbreitung von CP/M nahmen solche Programme zu, die
CP/M-verträglich waren. Ursprünglich wurde CP/M für den Mikro-
prozesor 8080   und später für den Z-80-Prozessor eingesetzt,
deshalb die Bezeichnung CP/M-80.
Die Variante CP/M-86 wurde für den 8086-Prozessor entwickelt.
Über das BIOS (Basic Input-Output System) als dem adaptierba-
ren Teil des CP/M läßt sich dieses prozessorabhängige System
an Computer anpassen, die eine CPU haben, welche z.B. den Code
des Intel 8088 verarbeiten.

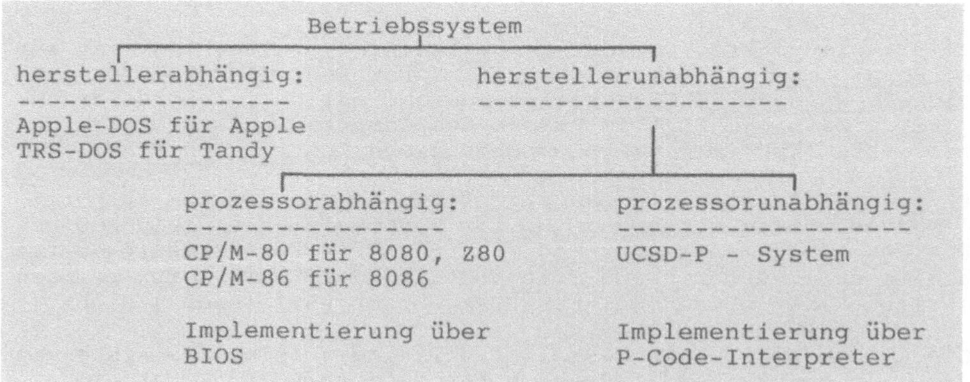

Herstellerabhängige und -unabhängige Betriebssysteme

1.3.6.6 Einige Betriebssysteme kurzgefaßt

Auf die Betriebssysteme CP/M, MS-DOS, UNIX und USCD wollen wir
kurz eingehen.

Zunächst zu CP/M von Digital-Research:
CP/M war das erste Betriebssystem für PCs, wurde seit 1974 angeboten und entwickelte sich schon bald zum Quasi-Standard für
8-Bit-Computer mit den CPUs 8080, 8085 und Z-80. Im Hinblick
auf die 80er-CPUs bezeichnet man dieses Betriebssystem oft als
CP/M-80.
Für 16-Bit-Computer mit der CPU 8086 von Intel entwickelte Digital Research das Betriebssystem CP/M-86. Da CP/M-80 zum Teil
in Assembler geschrieben ist, stellt CP/M-86 eine Neuentwick-
lung dar (die CPU 8086 arbeitet in einem anderen Code als die
CPUs der 80er Serie). Deshalb auch die Probleme bei der Kompa-
tibilität zwischen CP/M-80 und CP/M-86.
Für den Multi-User-Betrieb bietet Digital Research die Systeme
MP/M-80 sowie MP/M-86 (Multiprogramming Monitor for Microcom-
puter) an.
Das Betriebssystem CONCURRENT CP/M wurde für den Single-User-
Betrieb unter Multi-Tasking entworfen: mehrere Aufgaben können
als Tasks gleichzeitig auf e i n e m PC bearbeitet werden.
MP/M sowie CONCURRENT CP/M erweitern den Leistungsumfang des
CP/M um die jeweiligen Funktionen des Multi-Using bzw. Multi-
Tasking.
Das Betriebssystem PERSONAL CP/M läßt sich in einem ROM unter-
bringen und eignet sich deswegen auch für PCs ohne Disketten-
laufwerk. PERSONAL CP/M wurde eigens für kleinere PCs entwik-
kelt und unterstützt sowohl 8-Bit-CPUs als auch 16-Bit-CPUs.

Zu MS-DOS von Microsoft:
Als Konkurrenprodukt zu CP/M-86 von Digital Research brachte
die Softwarefirma Microsoft das Betriebssystem MS-DOS heraus.
IBM wählte für seinen PC als Betriebssystem MS-DOS, und zwar
in einer Version, die den Namen PC-DOS erhielt und hardware-
abhängiger ist als MS-DOS selbst. Durch die Wahl dieses Betriebssystems wurde MS-DOS sehr populär.
Für den "PC jr." von IBM wurde das Betriebssystem MS-DOS 2.1
entwickelt. In seiner Funktionalität steht es auf einer Stufe
mit MS-DOS 2.0 oder MS-DOS 2.11, es kann aber ohne Diskettenlaufwerk eingesetzt werden (viele Teile von MS-DOS 2.1 sind im
ROM untergebracht und nicht im RAM).
Die Version MS-DOS 3.0 ist für Multi-Using und für Multi-Tasking konzipiert.

Zum Betriebssystem UNIX:
Im Gegensatz zu CP/M sowie MS-DOS ist das Betriebssystem UNIX
nicht in Assembler, sondern fast vollständig in der Sprache C
geschrieben. Damit ist UNIX auf alle PCs übertragbar, die über
einen C-Compiler verfügen. UNIX wurde von Wissenschaftlern für
Wissenschaftler geschrieben - entsprechend profihaft wie kom-
pliziert ist seine Benutzung. Deshalb wurden viele von UNIX
abgeleitete und leichter bedienbare Betriebssysteme entwickelt
wie ZEUS von Zilog, GENIUS von National, REGULUS von Motorola
und XENIX von Microsoft.
Das bekannteste UNIX-Derivat ist XENIX. Es unterstützt Multi-
Using wie auch Multi-Tasking.

Zum Betriebssystem UCSD:
UCSD ist die Abkürzung für University of California San Diego.
Früher stand UCSD für das Programmiersprachsystem UCSD-Pascal,
während es heute als umfassendes Betriebssystem mehrere Über-
setzer anbietet wie BASIC-Compiler, FORTRAN 77-Compiler, LISP-
Interpreter, MODULA-2-Compiler und natürlich PASCAL-Compiler.
UCSD (auch als UCSD-P oder UOS für Universal Operating System
bezeichnet) unterscheidet sich von CP/M und MS-DOS durch drei
Merkmale:
- Konsequente Menüsteuerung anstelle einer Kommandosteuerung
  und damit enge Benutzerführung.
- Bereitstellung einer komfortablen und abgeschlossenen Pro-
  grammentwicklungsumgebung (mit Editor, Filer, Compiler, ...)
  anstelle einer reinen Laufzeitumgebung.
- Hervorragende Portabilität durch die Mitnahme der Computer-
  architektur.
Das UCSD-Betriebssystem ist prozessorunabhängig und damit für
Personalcomputer jeglichen Prozessortyps einsetzbar.
Wie ist dies möglich? UCSD benutzt den jeweiligen Personalcomputer als Host-Computer im Sinne eines Wirtes bzw. Gastgebers.
Es arbeitet also nicht unmittelbar mit dem Personalcomputer,
sondern mit einem Pseudo-Computer. Gibt der Benutzer z.B. ein
Quellenproggramm in PASCAL ein, so übersetzt der Compiler dieses Textfile in einen Zwischencode (vgl. Abschnitt 1.3.6.3),
der P-Code genannt wird, um das resultierende P-Code-File dann
ebenfalls abzuspeichern. Soll dieses Programm nun ausgeführt
werden, so wird es von einem P-Code-Interpreter vom P-Code in
die Maschinensprache des jeweiligen Personalcomputers als Host
übersetzt. Der Compiler ist fester Bestandteil des Betriebssystems und selbst in PASCAL geschrieben. Der P-Code-Interpreter dagegen ist in der Maschinensprache des Hosts geschrieben.
Soll UCSD auf einem Personalcomputer implementiert werden, so
ist u.a. nur ein P-Code-Interpreter für die entsprechende CPU
zu schreiben. Da UCSD auf einem P-Computer als abstraktem Computer läuft, der allein softwaremäßig auf dem Personalcomputer
als Host nachgebildet wird, ist eine rasche Verfügbarkeit dieses Betriebssystems auf neuen Personalcomputern zu erwarten.

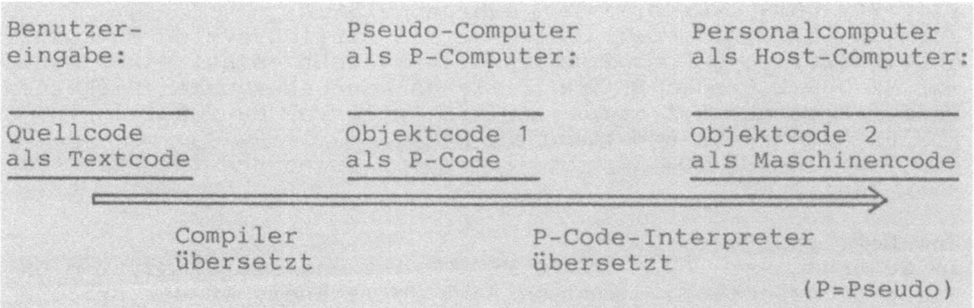

UCSD behandelt den Personalcomputer als Host bzw. Gast

Der Trend geht eindeutig dahin, m e h r e r e Betriebssysteme
für einen Computer bereitzustellen. So sind für den IBM Personalcomputer die drei Betriebssysteme MS-DOS von Microsoft,
CP/M-86 und UCSD-P nutzbar.

1.3.7 Anwender-Software entwickeln

Die Programmentwicklung wird als Teil der DV-Systementwicklung
vorgenommen und vollzieht sich wie diese in Teilschritten. Mag
die Terminologie hierzu auch unterschiedlich sein, die Programmentwicklung wird stets in der Schrittfolge "PROBLEMSTEL-
LUNG - PROGRAMMENTWURF - PROGRAMMIERUNG - ANWENDUNG" durchgeführt werden. Am Beispiel der Rechnungsstellung bzw. Fakturierung wollen wir diese Teilschritte im Abriß kurz erläutern.

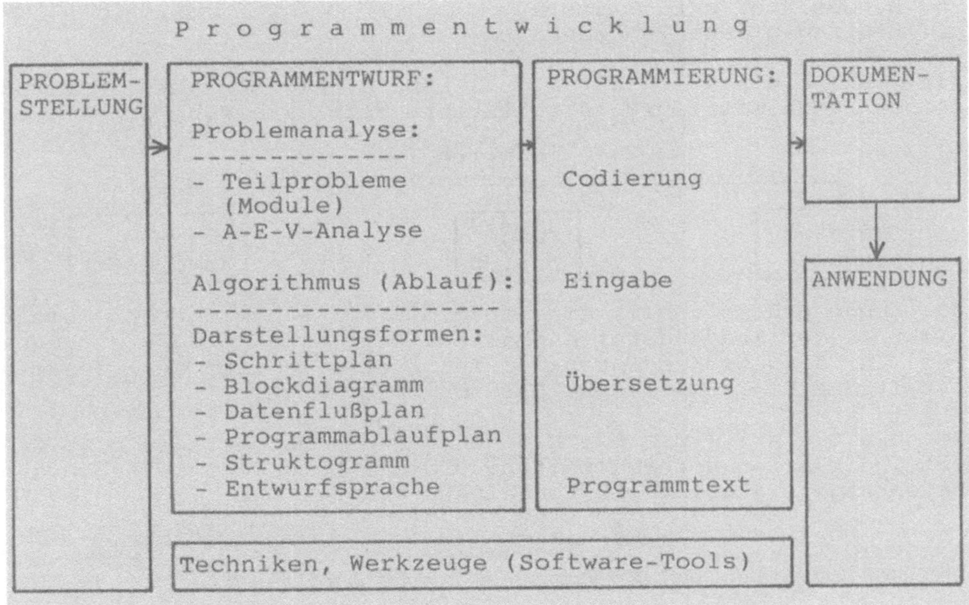

Programmentwicklung in Teilschritten

1.3.7.1. Problemanalyse

Ein Problem analysieren heißt, dieses in seine Bestandteile zu
zerlegen. Bei der Problemanalyse geht man nach der Idee 'Vom
Einfachen zum Schwierigen' von den Ausgabedaten aus, da diese
ja mit der Problemstellung als erwartetem Resultat vorgegeben
sind. Erst danach wendet man sich der Analyse der Eingabe und
der Verarbeitung zu.
Ausgabe-Analyse: Daten (z.B. Rechnungszeile mit Artikelnummer,
Bezeichnung, Menge, Einheit, Einzel- und Gesamtpreis), Form
(z.B. Drucker für Rechnung, Diskette für Offene-Posten-Datei),
Listbilder zum Ausgabeformat, Zeitpunkt der Ausgabe.
Eingabe-Analyse: Daten (Kundennummer, Artikelnummer und Anzahl
sowie Datum), Form (z.B. Tastatur, Diskette für Kundendatei u.
Artikeldatei).
Verarbeitungs-Analyse: Die Verarbeitungsschritte ergeben sich
aus den Ausgabe- und Eingabeanforderungen (z.B. Menge*Einzel-
preis ergibt Gesamtpreis).
In einer Variablenliste werden sämtliche Namen mit Datentypen
zusammengefaßt. In einem Datei-Verzeichnis werden die Dateien
mit den entsprechenden Datensatz-Beschreibungen festgehalten.

1.3.7.2 Formen zur Darstellung des Lösungsablaufes

Für den dann zu entwickelnden Algorithmus bzw. Lösungsablauf
stehen die unterschiedlichen Darstellungsformen zur Verfügung.

Ein S c h r i t t p l a n kann jetzt so aussehen:
  1. Rechnungs- und Kundennummer mit Datum eintippen.
  2. Rechnungskopf drucken
  3. Rechnungszeile(n) aufbereiten und drucken
  4. Rechnungsabschluß drucken
  5. Kundendatei aktualisieren
  6. Eintrag Offene-Posten-Datei

Als B l o c k d i a g r a m m kann dieser Schrittplan schon
feiner gegliedert bzw. strukturiert sein wie z.B. Schritt 1:

Zu 'Kunde prüfen': Ist ein Kunde mit der eingetippten Nummer
nicht in der Kundendatei enthalten, wird eine Meldung ausgegeben. Zu 'Ausgabe Kundensatz': Zur Kontrolle wird der gesamte
Inhalt des Kundensatzes am Bildschirm gezeigt.

Im D a t e n f l u ß p l a n werden die Datenträger bzw. Geräte, die Arten der Bearbeitung und der Datenfluß zwischen den
Datenträgern grafisch festgehalten.

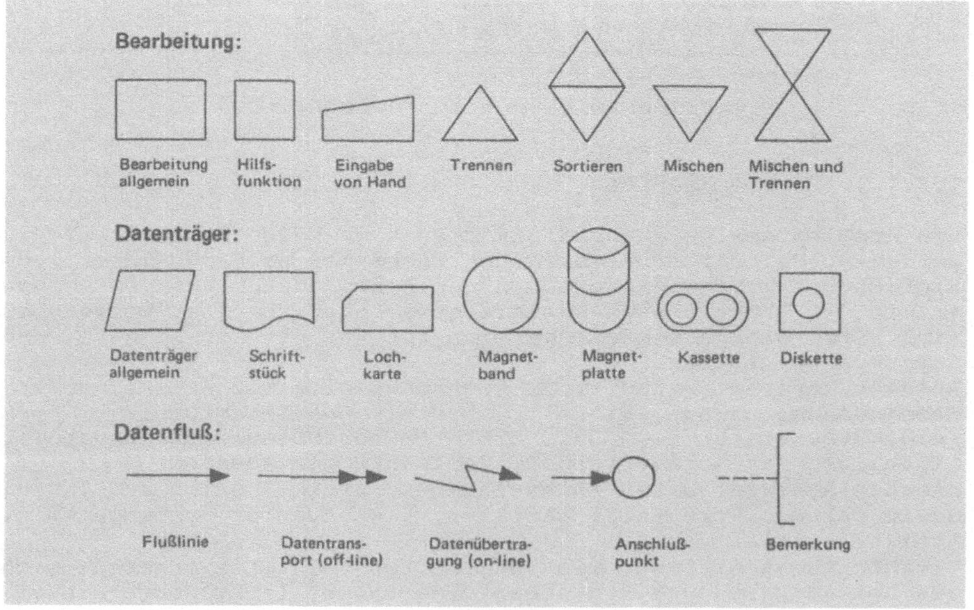

Sinnbilder für Datenflußpläne nach DIN 66001

Für die Rechnungsschreibung könnte der Datenflußplan in seiner
knappsten Form etwa so aussehen:

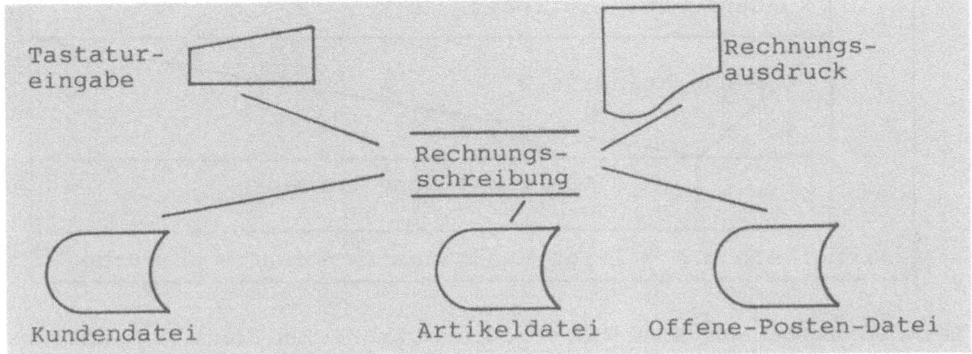

Einfacher Datenflußplan zur Rechnungsschreibung

Der Datenflußplan bezieht sich mehr auf die Hardware, während
der P r o g r a m m a b l a u f p l a n (PAP) mit der zeichnerischen Darstellung des geplanten Programmablaufes eindeutig
softwarebezogen ist. Die Sinnbilder für den PAP sind ebenfalls
nach DIN 66001 genormt. Im Datenflußplan wie im PAP gleichbedeutend sind die Sinnbilder für Anschlußpunkt sowie für Bemerkung. Eine im PAP etwas andere Bedeutung hat das Rechteck
(Wertzuweisung) und das Parallelogramm (Eingabe , Ausgabe).

Neu im PAP sind die
Sinnbilder für die
Verzweigung und für
das Aufrufen eines
Unterprogramms.

Verzweigung   Unterprogramm

Die zum Teilschritt 'Kunde prüfen' (obiger Schrittplan) zugehörige Anweisungsfolge kann als PAP z.B. so aussehen:

Kundennummer eintippen

Kunde auf Datei vorhanden?

Fehler-
meldung
ausgeben

Wenn Kundennummer ungültig,
dann Zurückverzweigen

Neben dem PAP wird immer häufiger ein weiteres Hilfsmittel zur
zeichnerischen Darstellung von Programmabläufen verwendet: das
S t r u k t o g r a m m , auch Strukturdiagramm oder (nach dem
Erfinder) Nassi-Shneiderman-Diagramm genannt. Struktogramme
haben wir bereits in Abschnitt 1.3.3 verwendet, um damit die
grundlegenden Programmstrukturen darzustellen.

Im folgenden Struktogramm wird der Ablauf 'Kunde prüfen' dargestellt:

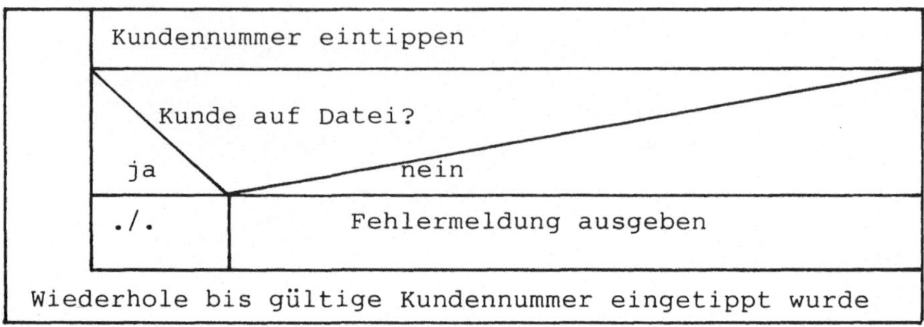

Beim Struktogramm sind die Programmstrukturen deutlich erkennbar: eine nicht-abweisende Schleife, die eine 'Einseitige Auswahl' einschachtelt.

Neben diesen grafischen Darstellungsmöglichkeiten des Lösungsablaufes verwendet man oft eine E n t w u r f s p r a c h e
als Pseudocode, um den Programmentwurf umgangssprachlich darzustellen (Abschnitt 1.3.3.1). Der oben als PAP sowie Struktogramm dargestellte Ablauf läßt sich in der Entwurfsprache wie
folgt beschreiben:

```
Wiederhole
   Tippe die Kundennummer ein
   wenn die Kundennummer in der Kundendatei gefunden wurde
      dann tue nichts
      sonst zeige eine Fehlermeldung am Bildschirm
   Ende-wenn
bis eine Kundennummer als gültig erkannt wurde
```

Der algorithmische Entwurf stellt häufig die unmittelbare Vor-
stufe zur Programmierung dar.

1.3.7.3 Programmierung

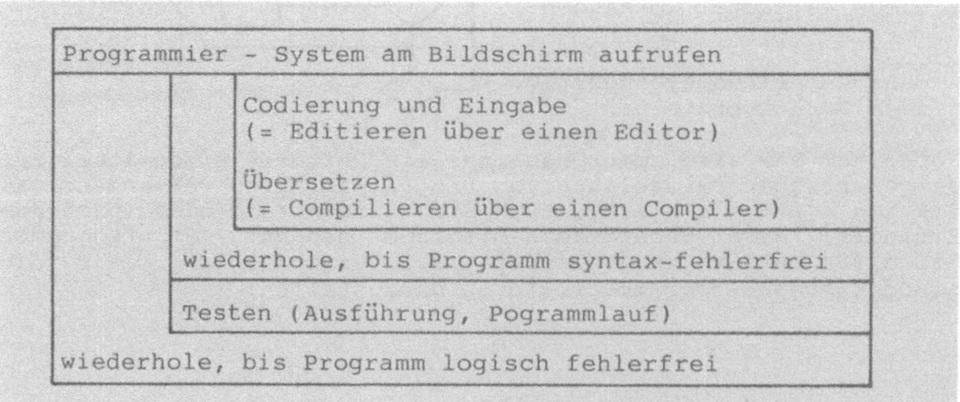

Programmieren im engeren Sinne als Struktogramm

Programmieren heißt, den zeichnerisch und/oder verbal dargestellten Algorithmus in eine Programmiersprache umzusetzen und
auszutesten. Dabei werden die Schritte 'Codierung', 'Eingabe',
'Übersetzung' und 'Testen' zumeist wiederholt durchlaufen. Der
Übersetzungslauf als gesonderter Schritt ist bei Sprachen mit
Compiler, nicht aber bei solchen mit Interpreter erforderlich
(vgl. Abschnitt 1.3.6.3). Das Austesten erfolgt als Computertest sowie Schreibtischtest.

Abschließend faßt man mit der D o k u m e n t a t i o n alle
Programmunterlagen als Gebrauchsanleitung zusammen: sei es als
Anleitung für den Operator, damit dieser den Computer bei den
Programmläufen auch richtig bedienen kann (Operator-Handbuch),
oder als Anleitung für den Benutzer für die spätere Programm-
pflege und Programmkorrektur (Benutzer-Handbuch). Zusätzlich
zum Benutzer-Handbuch sollte eine Kurzanleitung vorliegen, die
nur die wichtigsten für den Umgang mit dem Programm notwendi-
gen Schritte und Anweisungen für den Interessenten bereithält.

Zentraler Teil der Programmentwicklung ist der Programmentwurf
und nicht -wie es manchem DV-Einsteiger scheinen mag- die Programmierung bzw. Codierung in einer Programmiersprache. Es ist
denkbar, daß die Codierung eines Tages automatisiert durchgeführt werden kann.
Angesichts der steigenden Software - Kosten (Abschnitt 1.1.2)
geht man immer mehr dazu über, die Programmentwicklung und dabei besonders den Programmentwurf industriell und ingenieur-
mäßig vorzunehmen: S o f t w a r e - E n g i n e e r i n g
lautet die darauf verweisende Begriffsbildung. Auf einige der
im Rahmen des Software-Engineering eingesetzten Programmiertechniken sowie Entwurfsprinzipien gehen wir nachfolgend ein.

1.3.7.4 Programmiertechniken und Entwurfprinzipien

Die M o d u l a r i s i e r u n g von Software berücksichtigt, daß ein in kleine Teile bzw. Moduln gegliedertes Problem
bzw. Programm einfacher zu bearbeiten ist. 'Klein' heißt, daß
ein Modul maximal 200 Anweisungen umfassen darf. Ein Modul ist
ein Programmteil mit einem Eingang und einem Ausgang und kann
selbständig übersetzt und ausgeführt werden. Moduln verkehren
nur über Schnittstellen miteinander, über die Werte (Parameter
genannt) vom rufenden an das aufgerufene Modul übergeben werden; ein Modul darf als Black Box nichts vom Innenleben eines
anderen Moduls wissen.

Die N o r m i e r u n g von Programmabläufen als Vereinheit-
lichung durch eine standardisierte Ablaufsteuerung wird bei
der Entwicklung komplexer kommerzieller Software-Pakete vorgenommen, an der zumeist mehrere Mitarbeiter beteiligt sind. Jedes Softwarehaus hat seine eigenen Normen.

Die J a c k s o n - M e t h o d e geht bei der Pogramment-
wicklung von der exakten Analyse der Datenstrukturen aus, um
dann die entsprechenden Pogramm- bzw. Ablaufstrukturen zu ent-

werfen. Warum? In der kommerziellen DV sind die Daten zumeist
bis in die Details vorgegeben, während die Abläufe den Daten
gemäß formuliert werden müssen. Anders ausgedrückt: die Datenstruktur prägt die Programmstruktur.

Dem T o p - D o w n - E n t w u r f als Von-oben-nach-
unten-Entwurf entspricht die Technik der schrittweisen Verfeinerung: vom Gesamtproblem ausgehend bildet man Teilprobleme,
um diese dann schrittweise weiter zu unterteilen und zu ver-
feinern bis hin zum lauffähigen Programm. Der Top-Down-Entwurf
führt immer zu einem hierarchisch gegliederten Programmaufbau.

Der B o t t o m - U p - E n t w u r f als Gegenstück zum
Top-Down-Entwurf geht als Von-unten-nach-oben-Entwurf von den
oft verwendeten Teilproblemen der untersten Ebene aus, um suk-
zessive solche Teilprobleme zu integrieren. Beide Entwurfsprinzipien werden in der Praxis zumeist kombiniert angewendet.

Die U n t e r p r o g r a m m t e c h n i k wird in diesen
drei Fällen genutzt:Ein Ablauf wird mehrfach benötigt; mehrere
Personen kooperieren und liefern ihre Teilproblemlösungen als
Unterprogramme ab; menügesteuerter Dialog (Menütechnik). Der
Begriff des Unterprogramms bzw. der Prozedur entspricht dabei
dem des Moduls. Die bekannteste Schnittstelle ist der Unterprogrammaufruf mit Parameterübergabe.

Die M e n ü t e c h n i k erleichtert den benutzergesteuer-
ten Dialog. Über das Menü als Auswahlübersicht steuert der Benutzer den Ablauf des Programms, ohne zuerst alle Befehle lernen zu müssen.
Das Menü als Gedächtnisstütze bei der Eingabe kann in Tabel-
lenform alternativ zum Bildschirm, auf dem sonst der Dialog
protokolliert wird, angeboten werden. Dies setzt den schnellen
Wechsel zwischen den Bildschirmseiten voraus. Oder das Menü
wird als (Prompt-)Zeile ausgegeben, die zusätzlich zum Dialog
ständig am oberen Bildschirmrand stehen bleibt.
Bei der Split-Screen-Technik werden Rechteckbereiche des Bildschirms wie eigenständige Bildschirme bzw. Fenster behandelt.
Über ein solches Fenstersystem kann der Benutzer Menüs an jeder Stelle des Bildschirms erscheinen lassen.
Die Menütechnik kann sich auf das Arbeiten i n n e r h a l b
eines Programms wie auch auf das Verbinden mehrerer Programme
beziehen. Im letzteren Fall wird beim Einschalten des Computers bzw. beim Beenden eines Programms automatisch ein Menüprogramm geladen, das am Monitor alle verfügbaren Programme
anzeigt; der Benutzer kann durch Tippen z.B. eines Buchstabens
dann das gewünschte Programm laden, ohne sich um den Speicherort auf Diskette kümmern zu müssen. H i e r a r c h i s c h e
Menüs teilen eine Aufgabe in übergeordnete Menü-Ebenen auf.
Im Hauptmenü stehen häufig verwendete Funktionen und nach der
Wahl erscheint das nächste Menü mit weiter detaillierten Funktionen.
Pop-up-Menüs erscheinen auf Tastendruck, bieten mehrere Möglichkeiten zur Auswahl an und verschwinden, sobald eine Wahl
getroffen wurde. Pop-up-Menüs halten also nicht auf und lenken
auch nicht ab: sie erscheinen nur, wenn sie auch benötigt werden.
Die Menüwahl erfolgt durch Klartexteingabe (Fehlerrisiko groß)

bzw. durch Tasten eines Zeichens oder dadurch, daß der Cursor
auf die gewünschte Position gesetzt wird und dann die RETURN-
Taste gedrückt wird. Die Menüwahl vereinfacht sich weiter bei
Einsatz von Lichtgriffel oder Maus.

Bei der O v e r l a y t e c h n i k werden Moduln überlagert
(=overlay) - z.B. wenn der Hauptspeicherplatz nicht ausreicht,
um alle Moduln gleichzeitig aufzunehmen. Das im Hauptspeicher
stehende Modul ruft ein anderes Modul auf, das dann von einem
Externspeicher geladen und dem rufenden Modul überlagert wird.

Der s t r u k t u r i e r t e E n t w u r f bedeutet, daß
ein Programm unabhängig von seiner Größe nur aus den vier (in
Abschnitt 1.3.3 erklärten) grundlegenden Programmstrukturen
aufgebaut sein darf: aus Folge-, Auswahl-, Wiederholungs- sowie Unterprogrammstrukturen. Dabei soll auf unbedingtes Verzweigen mittels GOTO verzichtet werden. Jede Programmstruktur
bildet einen Strukturblock. Blöcke sind entweder hintereinander angeordnet oder vollständig geschachtelt - die teilweise
Einschachtelung (Überlappung) ist nicht zulässig.
Sogenannte 'blockorientierte Sprachen' wie PASCAL, MODULA-2,
ELAN und ADA unterstützen das Prinzip des strukturierten Ent-
wurfs weit mehr als die 'unstrukturierten Sprachen' wie BASIC
und APL.

Diese nur stichwortartig dargestellten Prinzipien dürfen nicht
getrennt betrachtet werden; unter dem Informatik-Sammelbegriff
s t r u k t u r i e r t e P r o g r a m m i e r u n g faßt
man sie zu einem heute allgemein anerkannten Vorgehen zusammen. Die tragenden Prinzipien sind dabei der Top-Down-Entwurf
mit der schrittweisen Verfeinerung einerseits und der strukturierte Entwurf mit der Blockbildung andererseits.

1.3.7.5 Programmgeneratoren

Ein P r o g r a m m g e n e r a t o r hat als Zwischenlösung
seinen Standort zwischen der Programmierung in einer höheren
Programmiersprache (BASIC, PASCAL) einerseits und dem Anpassen
eines gekauften Anwenderprogramms durch Änderung der dafür angegebenen Parameter andererseits.
So können im Dialog Benutzer-Computer Masken (Formulare) sowie
Programmbeschreibungen erstellt werden, aus denen später z.B.
BASIC-Anweisungen generiert, d.h. erzeugt werden. Die so er-
zeugten BASIC-Programme sind über einen Interpreter lauffähig,
können ggf. aber auch noch compiliert werden.

Entsprechend spezialisiert werden Programmgeneratoren als Maskengenerator, Listengenerator, Grafikgenerator usw. bezeichnet
und vor allem im Rahmen von Standard-Software bereitgestellt.
Zum Maskengenerator ein Beispiel: Soll eine Maske für die Kundendatei erstellt werden, dann wird nach Aufruf des Generators
auf dem Bildschirm eine Grundeinteilung vorgenommen. Der Benutzer setzt den Cursor dann auf die Stelle, an der ein Daten-
feld angelegt werden soll, gibt die Bezeichnung ein (NAME) sowie die Feldlänge (mit Cursor 20 Stellen nach rechts fahren).
Auf diese Weise wird eine Bildschirmmaske aufgebaut. Der Gene-
rator kann dann eine der Maske (als Blankoformular vorzustel-
len) entsprechende Datei erzeugen bzw. einrichten.

1.3.8 Anwender-Software einsetzen

Der Anwender hat drei Möglichkeiten, seinen Personalcomputer
mit Software zu versorgen: Er kann selbst Programme entwickeln
und den Computer als frei programmierbares Gerät nutzen - darauf sind wir im vorangehenden Abschnitt 1.3.7 eingegangen. Er
kann aber auch fremde Software-Produkte kaufen: sei es in Form
von i n d i v i d u e l l e r S o f t w a r e , die (entsprechend teuer) genau nach seinen Vorgaben entwickelt wird,
sei es in Form von S t a n d a r d - S o f t w a r e , die
zwar preisgünstiger ist, aber das Risiko birgt, die eigenen
Organisationsstrukturen anpassen zu müssen. Als Kompromiß zwischen der kompletten Individuallösung und der standardisierten
Allgemeinlösung versucht man, individuelle Software auf Stan-
dardbasis zu entwickeln; dabei wird entweder über Programmgeneratoren bzw. Kommandosprachen programmiert oder über zwei
logische Variablenebenen.

1.3.8.1 Menügesteuerter oder kommandogesteuerter Dialog

Beim Einsatz fremder Software muß der Benutzer sicher und kom-
fortabel durchs Programm geführt werden, es kommt also auf die
B e n u t z e r f ü h r u n g an. Dabei bieten sich menü- und
kommandogesteuerte Anwendungen an.

Der Anfänger wird die M e n ü s t e u e r u n g schätzen; er
wird über die ihm gerade zur Verfügung stehenden Eingabemög-
lichkeiten - zum Menü zusammengefaßt - am Bildschirm jederzeit
informiert, mehr noch: diese Möglichkeiten sind eingegrenzt,
um den Benutzer relativ eng zu führen. Der Anfänger kann sich
so ohne langes Handbuch-Studium an den Programmeinsatz wagen.
Kennt er sich einmal im Programm aus, so wird der Weg durch
Menüs und Menü-Ebenen allerdings auch als Hemmnis empfunden.

Dann bietet sich die K o m m a n d o s t e u e r u n g über
Kommandos an, die in einem Handbuch aufgelistet sind und vom
Benutzer wahlfrei eingetippt werden können - mit dem Risiko
entsprechender Fehlermeldungen natürlich.

Gute Anwenderprogramme können beide Arten der Benutzerführung
vorsehen: arbeitet der Benutzer fehlerlos, dann läuft das Pro-
gramm kommandogesteuert ab, um bei häufiger auftretenden Feh-
lern in einen menügesteuerten Ablauf zu wechseln.
Oft werden auch zwei Bildschirm s e i t e n vorgesehen: eine
Hauptseite mit dem eigentlichen Dialog sowie eine zusätzliche
Hilfsseite mit Kommentaren und Texthilfen, zwischen denen der
Benutzer jederzeit hin und her springen kann.

Die Dialogsteuerung über Menü und Kommando ist bei der System-
Software natürlich ebenso zu finden wie bei der Anwender-Soft-
ware. So ist z.B. das Betriebssystem UCSD rein menügesteuert.
Dies steht im Gegensatz zur Kommandosteuerung bei CP/M.

1.3.8.2 Einige Programm-Qualitätsmerkmale

Es soll hier kein Merkmalskatalog formuliert werden (dies auch

im Hinblick darauf, daß solche Merkmale für Software äußerst
schwer meßbar sind), sondern einige praktikable Einzeltips:

Wird Anwendersoftware zu einem T u r n - K e y - P a k e t
geschnürt verkauft, so startet das (Menü-)Programm automatisch
sofort nach dem Einschalten des Computers (Programmladen sowie
Betriebssystem-Kenntnisse sind dann nicht erforderlich).

Beim S c r o l l i n g rutscht der Bildschirminhalt um eine
Zeile hoch, wenn der Cursor unten den Bildrand erreicht hat.
Zum schnellen Durchblättern zusammenhängender Texte kann dieses Durchrollen von Information vorteilhaft sein. Andernfalls
wird man den Bildschirm abschnittsweise total löschen und oben
am Bildschirm neu beginnen.

Beim S c r e e n E d i t i n g kann der Benutzer den Cursor an jede beliebige Bildschirmposition bewegen, um dort dann
etwas zu korrigieren oder neu einzugeben. Der Bildschirm dient
als Arbeitsblatt, -seite bzw. Formular. Sehr häufig bleibt am
Bildschirmrand eine Menüzeile (auch Prompt- oder Systemzeile
genannt) permanent stehen, um den Benutzer über Steuerungsmög-
lichkeiten (Kommandos) und aktuelle Parameter (wie Zeilenlänge
oder freien Speicherplatz) zu informieren.

Die Zeichendarstellung darf nicht zu verwirrend sein. Häufige
I n v e r s - F e l d e r (dunklere Schrift auf hellem Hintergrund) führen z.B. zu erhöhter Augenbelastung und sollten
sparsam verwendet werden.

Eine benutzerfreundliche F e h l e r b e h a n d l u n g muß
a l l e möglichen Fehler abfangen (Plausibilitätskontrollen).

Zur S i c h e r h e i t müssen Tasten, die zum Absturz führen (z.B. ESC-Taste), gesperrt sein. Keine Eingabe, auch nicht
die 'berühmte' Division durch Null, darf dabei zum Aussteigen
führen (Deadlock-Situation), die ein Abschalten und Neustarten
erforderlich macht. Zur Sicherheit zählt auch die Datenschutz-
fähigkeit eines Programms.

Die Z u v e r l ä s s i g k e i t nimmt den sicher höchsten
Rang ein: das raffinierteste Programm ist wertlos, wenn es die
Aufgaben nicht zuverlässig löst.

Der Software-Qualitätssicherung wird heute im Rahmen des Software-Engineering mehr und mehr Beachtung geschenkt.

1.3.8.3 Vier kaufmännische Standard-Programmpakete

Die vier Programme Tabellenkalulation, Textverarbeitung, Datei
bzw. Datenbank und Grafik sind fast auf jedem Personalcomputer
Standard - voneinander isoliert oder auch integriert.

T a b e l l e n k a l k u l a t i o n s p r o g r a m m e als
'Spread Sheets' bzw. 'Ausgebreitete Papierbogen' übertragen
alles das, was bislang mit Bleistift, Papier und Taschenrech-
ner vorgenommen wurde, in den Hauptspeicher (abgelegt) und auf

den Bildschirm (gezeigt). Der Benutzer baut jedes Arbeitsblatt
als Tabelle auf, kann in die Tabellenzeilen und -spalten numerische oder auch Textwerte eintragen und durch eine Vielzahl
von Formeln verknüpfen. Bei 'Visicalc' als dem ersten größeren
Kalkulationsprogramm werden die Tabellenelemente ähnlich dem
Schachbrett (Namen A1,A2,A3,...) angesprochen; 'Multiplan' als
jüngeres Konkurrenzprogramm von Microsoft ermöglicht dies mittels einfacher Cursor-Positionierung am Bildschirm. Arbeits-
blätter können auf einem externen Speicher aufbewahrt werden.
Tabellenkalkulationsprogramme lassen sich 'zweckendfremden':
Trägt man Text anstelle von Zahlen in die Tabelle ein, so kann
leicht eine kleines Informationssystem realisiert werden. Genauso sind Anwendungen zur Fakturierung, zum Bestellwesen, zur
Bilanzierung usw. denkbar. Das Beiwort 'Kalkulation' verweist
also eher auf die Ursprünge der Tabellenkalkulationsprogramme
als auf deren heutige universellen Nutzungsmöglichkeiten.

T e x t v e r a r b e i t u n g s p r o g r a m m e für Personalcomputer sind aus den Editoren entstanden, also aus den
Programmhilfen zum Eingeben und Aufbereiten von Programmen am
Bildschirm. Man hat sie zur Verarbeitung anderer Dokumente
wie Briefen, Rechnungen, Manuskripten, Formularen usw. weiter-
entwickelt. Damit treten sie in Konkurrenz zur Schreibmaschine, zum Text-Automaten sowie zur Großrechner-Textverarbeitung.
Die Textverarbeitung umfaßt die Teilprogramme Editor, Ausga-
beformatierer und Verarbeitung; diese Programme können zu einem Paket integriert oder getrennt sein.
- Editor als Eingabe- und Bearbeitungsprogramm:
  Der Bildschirm wird ähnlich wie eine Lupe über den Text bewegt bis zu einem Bildschirmausschnitt, der cursorgesteuert
  zu bearbeiten ist (verschieben, einfügen, kopieren, Rand
  ausgleichen usw.).
- Formatierer zur Aufbereitung der Druckausgabe:
  Man unterscheidet die folgenden zwei Arten von Formatierern.
  Bei der ersten Art erscheint der Text am Bildschirm so, wie
  er später ausgedruckt wird. Bei der zweiten Art sind in den
  Bildschirmtext Befehle zur Steuerung des Druckformates eingefügt. Bei der ersten Art wird 'gedruckt wie gezeigt'. Oft
  ist dies aber kaum exakt einzuhalten (Beispiel: 120 Zeichen
  je Druckzeile; Bildschirmzeile 80 Zeichen; Ausgabe-Text aus
  mehreren Dateien).
- Eigentliches Verarbeitungsprogramm:
  Dieses richtet sich nach den Anforderungen der unterschiedlichen Benutzer wie Sekretärin, Abteilungsleiter, Schrift-
  steller, Schriftsetzer. Textbausteine als häufig vorkommen-
  de Textteile speichern, Serien- sowie Ganzbriefe erstellen,
  Formulararbeiten, Textdateien anlegen, Autorenkorrektur usw.

Nach den Programmen zur Tabellenkalkulation und Textverarbeitung nun zur D a t e i / D a t e n b a n k , deren Grundlagen bereits in Abschnitt 1.3.5 dargestellt wurden.
Die kommerziellen Programm-Pakete hierzu werden unter den un-
terschiedlichsten Bezeichnungen angeboten, z.B. als Dateiverwaltung, Datenmanager, Datenbankmeister, Datenbank-System oder
schlicht als Datei-System. Da solche Begriffe kaum etwas aus-
sagen, ist es sinnvoll, einzelne Eigenschaften dieser oft als
"Wir-können-alles-Programme" angepriesenen Software-Produkte

wie folgt zu überprüfen:
- Dateiaufbau:
  Anzahl der gleichzeitig geöffneten Dateien? Satzanzahl einer
  Datei? Anzahl der Datenfelder je Satz? Feste Satzlänge? Da-
  tentypen? Maximale Feldlänge? Maximale Dateigröße? Eine Datei auf mehreren Disketten?
- Systemverwaltung:
  Schnittstelle zu höheren Programmiersprachen? In Mehrplatz-
  Umgebung einsetzbar? Abfragesprachen, Listen- bzw. Programm-
  generatoren? Dynamische Dateiverwaltung? Kompatibilität zu
  anderen Dateien (z.B. aus Textverarbeitung)? Datensatzaufbau
  nachträglich änderbar? Implementierungen für welche Mikros?
  Datei-Sicherheitskopien leicht erstellbar? Daten nach Lösch-
  en wiederherstellbar? Datenschutz durch Datei- bzw. Satzpaß-
  wort? Realisierung als Datenbankmaschine?
- Speicherung:
  Aufwand zum Neueinrichten der Datenbank? Cursorsteuerung?
  Datenprüfung bei Eingabe? Daten aus anderen Dateien kopier-
  bar? Speicherung satz-, block- oder dateiweise? Eingabefeh-
  lerkorrektur möglich? Ablegen als Binärdatei oder Textdatei?
- Zugriff:
  Zugriffsmodus direkt oder indirekt? Anzahl der Suchbegriffe?
  Schlüssel aus einem oder mehreren Datenfeldern bestehend?
  Sortierbegriffe für wieviele Datenfelder? Sortierprogramme?
  Index intern als Tabelle? Möglichkeiten zur Datenausgabe?
  Ausgabeeinheiten für Listen? Zwischensummenbildung in Lis-
  ten möglich?

Zum G r a f i k p r o g r a m m als viertem Standard-Paket:
Programme dieser Kategorie erlauben es, Kuchen-, Säulen- sowie
Liniengrafiken menügesteuert über einen hochauflösenden Bild-
schirm und z.B. einen Matrixdrucker mit Einzelpunktansteuerung
zu erstellen und auszugeben. Die Skalierung der Bilder kann im
Dialog festgelegt werden. Oft können dreidimensionale Grafiken
bzw. räumliche Formen erzeugt werden. Gerade für kommerzielle
Veranschaulichungen sind Grafikprogramme mit den statistischen
Grundfunktionen von Vorteil.
Ein Grafikprogramm kann nur dann sinnvoll genutzt werden, wenn
man Daten aus anderen Programmen übergeben kann. Wir kommen so
zur Frage der Verbindung bzw. Kompatibilität dieser Programme.

Sollen Tabellenkalkulation, Textverarbeitung, Datenbank sowie
Grafik nicht isoliert, sondern als eine Einheit genutzt werden,
müssen entsprechende Schnittstellen zu den Programmen gegeben
sein. Zur Verbindung dieser Programme ein Beispiel:
In einem Tabellenkalkulationsprogramm verknüpft man Zahlen, um
diese dann an ein Grafikprogramm zwecks Diagrammdarstellung zu
übergeben. Anschließend wird über das Textverarbeitungspro-
gramm ein Bericht verfaßt, in den diese Zahlen als Tabelle wie
auch als Diagramm bildlich eingebunden sind. Schließlich kann
man die Teile dieser Arbeit über das Dateiprogramm extern und
langfristig speichern.
Wie können die vier Programme nun verbunden werden? Zum Beispiel über Textdateien (alle Zeichen als Text im ASCII-Code
dargestellt) als gemeinsamer Schnittstelle. Die Steuerung kann
über ein übergeordnetes Menüprogramm erfolgen, das die einzelnen Programme aufruft und den Datenaustausch überwacht.

1.3.8.4 Teillösung und Gesamtlösung im Betrieb

Wird ein Personalcomputer im kleineren Betrieb als Allzweck-
System eingesetzt, dann sicher mit dem (Fern-)Ziel, sämtliche
betrieblichen Funktionen wie Materialwirtschaft, Betriebsab-
rechnung, Finanzbuchhaltung, Personalwesen sowie Auftragsbearbeitung über e i n Software-Paket zu bearbeiten: man spricht
dabei von 'integrierter DV' (vgl. Abschnitt 1.3.5.5). Auf dem
weiten Weg zu einer solchen G e s a m t l ö s u n g wird man
zunächst als T e i l l ö s u n g einzelne Funktionen auf die
DV übernehmen: So die Fakturierung der Ausgangsrechnungen mit
Kunden-, Artikelstamm- und Offene-Posten-Datei, die später in
die Auftragsbearbeitung integriert werden kann. Oder als weitere Teillösung das Personalwesen mit Lohn- und Gehaltsabrechnung mit der späteren Anbindung zur Finanzbuchhaltung mit Kre-
ditoren-, Debitoren- und Sachbuchhaltung.

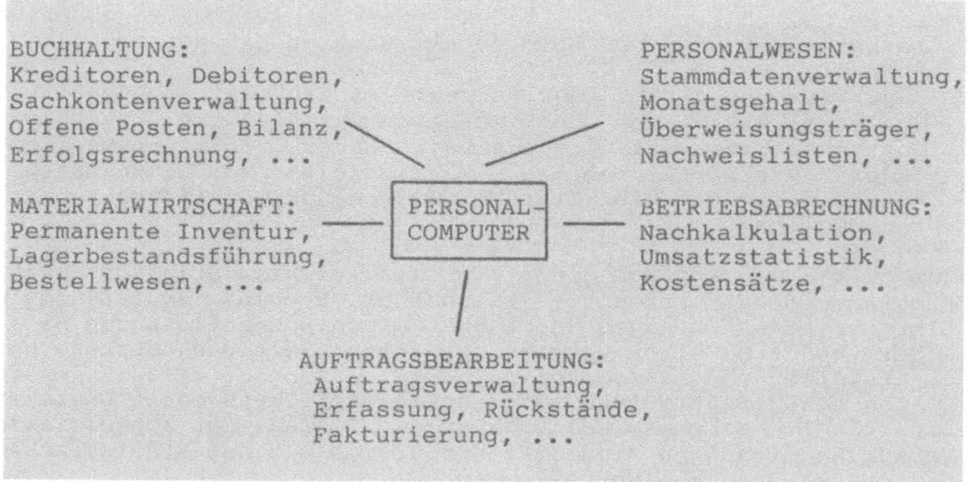

Integrierte Datenverarbeitung als Ziel

Anwender-Software, die eine integrierte Bearbeitung aller in-
nerbetrieblichen Vorgänge ermöglichen soll, wird immer häufiger als B r a n c h e n l ö s u n g angeboten. Diese ist auf
eine bestimmte Branche gerichtet. Beispiele: Handwerksbetrieb,
Rechtsanwaltskanzlei, Immobilienfirma, Großhandel, Versicher-
ung, Zahnarztpraxis, Einzelhandel, Leasing oder Vertreter.

1.3.8.5 Nicht nur am Rande: Spielprogramme

"Immerhin noch besser als das n u r passive Fernsehen" - so
wird das Vordringen der 'Arcade-Games' genannten, computerge-
steuerten Spiele von der Spielhalle ins Wohnzimmer sehr häufig
kommentiert.
Gespielt wird mit reinen Spielautomaten ('rein', weil sie ausschließlich zum Spielen da sind; 'Automat', da sie nicht frei

programmierbar sind und deswegen strenggenommen auch nicht als
Computer bezeichnet werden dürfen) oder mit Personalcomputern,
die auch hardwaremäßig durch Steuerknüppel (Joystick), Auslö-
setaste, Lichtgriffel usw. entsprechend ausgestattet sind. Gerätehersteller und spezialisierte Softwareproduzenten teilen
sich den Markt. Angeboten werden die Spielprogramme dabei auf
Einsteckmodul (Firmware) und auf Kassette wie Diskette (Software). Die vom Hersteller programmierten ROM-Moduln sind sehr
einfach zu bedienen (Modul in den Schacht stecken und Programm
starten) und vom Benutzer nicht zu kopieren. Da immer häufiger
kommerziell genutzte Personalcomputer zum Spielen benutzt werden, wird das Spielangebot auf Kassette und Diskette bestimmt
nicht abnehmen.

Gemeinsam mit und gegen den Computer kann auf unterschiedliche
Weise gespielt werden:
- Geschicklichkeitsspiele:
  Übernahme altbekannter Spiele auf den Computer.
- Neue Spielarten:
  Spiele wie Pac Man und Pillenfresser sind erst durch den
  Computer möglich geworden (Bewegung, hochauflösende Grafik).
- Abenteuerspiele:
  Von der Wirklichkeit in die Phantasiewelt am Bildschirm.
- Simulations- und Rollenspiele:
  Modellbildung der Wirklichkeit; Planspieltechnik.
- Spezielle Kinderspiele:
  ... auch Mickey Mouse und Sesamstrasse.
- Schachspielprogramme:
  Schon weniger als 'Spielzeug' abzutun.
- Lehr- und Lernspiele:
  Fremdsprachen erlernen, naturwissenschaftliche Experimente,
  Computer-Unterstützter Unterricht (CUU), ...

Bleiben die Unterhaltungsspiele, die weder die Kreativität an-
regen noch das Denkvermögen fordern, weiter d i e Verkaufs-
schlager?
Werden in Zukunft auch die Lehr/Lernspiele nachgefragt?
Wird der Computer als "perfekter Gespiele" den Menschen als
"menschlich nicht-perfekten Spielpartner" noch mehr verdrängen
können?
In jedem Falle positiv: ganz im Gegensatz zum Konsumieren ist
das Entwerfen und Programmieren neuer Spielprogramme ein sehr
anregendes und kreatives Unterfangen.

1.4 Firmware = halb Hardware + halb Software

Als F i r m w a r e (feste Ware) hatten wir alle Information
bezeichnet, die an der Nahtstelle zwischen Hardware und Software in computerverständlicher Form gespeichert vorliegt (vgl.
Abschnitt 1.1.1). Speichermedium für Firmware ist der ROM als
Festwert-Speicher. Für den ROM-Hersteller, der Information in

den ROM speichert, handelt es sich dabei um Software; für den
Benutzer dagegen, der den ROM z.B. als Steck-Modul kauft, sind
die Daten und Programme wie Hardware, da er sie nur anwenden
(=lesen), nicht aber verändern (=beschreiben) kann.

1.4.1 IC als Integrierter Schaltkreis

Beim Öffnen des Gehäuses eines Personalcomputers entdeckt man
in jedem Fall vier Teile:

- Ein   Netzteil bzw. Transformator als großes Teil zur Strom-
  versorgung.
- Platinen als Leiterplatten, auf denen Schaltkreise (Chips)
  montiert sind.
- Verbindungsleitungen
- Stecker als Schnittstellen zum Kontakt mit der 'Außenwelt'

Wichtig sind die Chips. Ein C h i p ist ein kleines Plätt-
chen aus Silizium, auf das im Zuge der Herstellung bestimmte
Schaltelemente zu einer untrennbaren Einheit eingeschmolzen
bzw. integriert werden. Deshalb bezeichnet man den Chip auch
als I n t e g r i e r t e n S c h a l t k r e i s mit der
Abkürzung IC für 'Integrated Circuit'. Genaugenommen schmelzt
man auf einen Chip mehrere Schichten aus jeweils verschiedenen
Stoffen ein, deren Strukturen dann ein Verhalten ergeben, das
einem Transistor, Kondensator, Widerstand usw. entspricht.

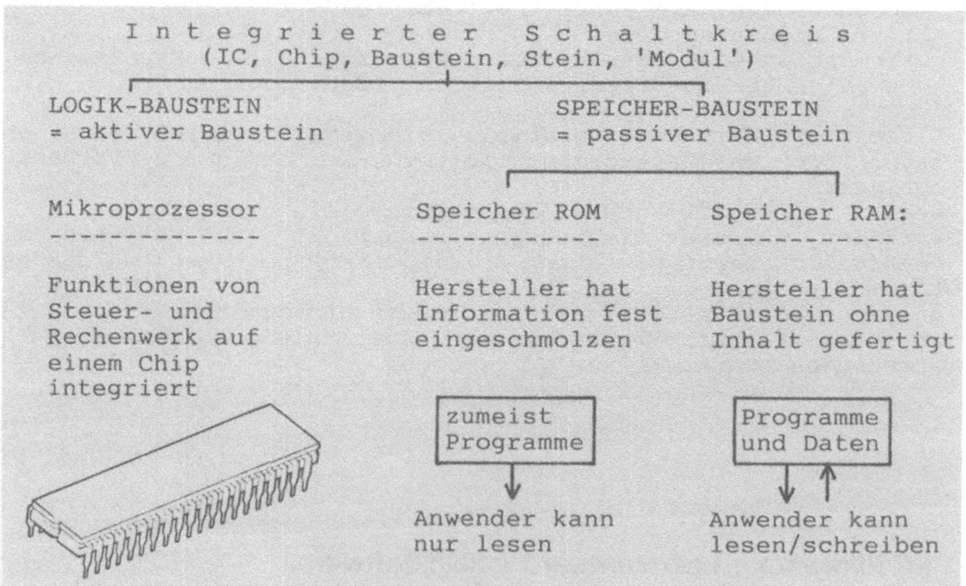

Zwei grundsätzliche Verwendungsmöglickeiten von ICs

Das Siliziumplättchen als Trägerkristall ist stets in ein Ge-
häuse mit z.B. 16 Füßen (Pins) als Anschlüsse eingebaut.
Je nach Anordnung der Bauelemente kann man einen Chip als Lo-

gikbaustein oder als Speicherbaustein verwenden:
Wird ein Chip als aktiver Baustein zur Ausführung von Befehlen
verwendet, dann nennt man den Chip L o g i k b a u s t e i n
(weil nach einer bestimmten Ablauflogik vorgegangen wird) oder
kurz M i k r o p r o z e s s o r . Der erste Mikroprozessor
wurde 1970 auf den Markt gebracht.
Der Chip als S p e i c h e r b a u s t e i n zur Speicherung
von Daten und Programmen wurde erst später entwickelt. Zwei
Speicherarten unterscheidet man: Bei dem mehrfach erwähnten
Speicher ROM (Read Only Memory) als Nur-Lese-Speicher kann der
Benutzer nur lesen, da die Programme als Firmware fest im ROM
gespeichert sind. Im Gegensatz dazu ist der Speicher RAM (Ran-
dom-Access-Memory) ein Schreib-Lese-Speicher, d.h. ein Direkt-
Zugriff-Speicher. Hauptspeicher von Personalcomputern sind als
RAM-Speicher ausgebildet und nehmen das Anwenderprogramm sowie
die zu verarbeitenden Daten auf.

1.4.2 Prinzipieller Aufbau eines Mikrocomputers

Ein Mikro- bzw. Personalcomputer ist im Prinzip genauso aufgebaut wie jeder andere Computer (vgl. Abschnitt 1.2.2.1), nur
sind die Internspeicher als Speicher RAM bzw. ROM ausgebildet
und die CPU als Mikroprozessor (der Prozessor besteht aus der
ALU (Arithmetic Logic Unit bzw. Rechenwerk), dem Leitwerk und
Registern als Speichereinheiten). Ein I/O - Baustein regelt
den Datenaustausch mit den jeweiligen Ein-/Ausgabegeräten,
ein Datenbus die Übertragung von Daten (Ziffern, Buchstaben
ben und Befehlen) und ein Adreßbus die Übertragung von Spei-
cherplatzadressen.
Der Mikrocomputer hat Interne Speicher RAM und ROM (als Hauptspeicher, Arbeitsspeicher, Memory oder Kurzzeitgedächtnis bezeichnet) einerseits und Externe Speicher wie z.B. eine Disketteneinheit andererseits. Deshalb unterscheidet man zwischen
dem internen und dem externen Datenbus: Über den internen
Datenbus werden Daten zwischen der ALU, dem Leitwerk, den Registern und den Speichern RAM und ROM transportiert, während
der externe Datenbus die Datenübertragung zu den Externspei-
chern übernimmt, also zu einer Diskette oder einer Hard Disk.
Entsprechend gibt es auch einen internen und einen externen
Adreßbus.

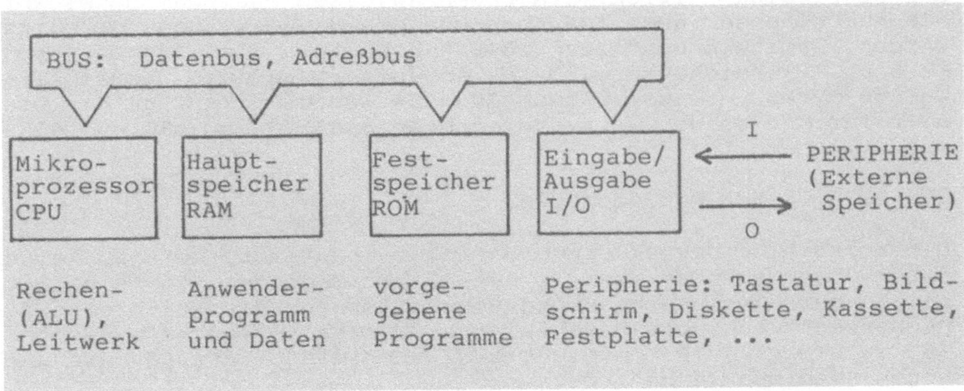

Aufbaumodell eines Mikro- bzw. Personalcomputers

Wie läuft nun ein Programm ab? Nach dem Start schickt der Mikroprozessor über den Adreßbus die Adresse des 1. Programmbefehls an den Speicher, in dem sich das Programm befindet. Dann transportiert der Speicher den unter dieser Adresse gefundenen Befehl über den Datenbus an den Mikroprozessor. Nach Ausführung des Befehls schickt dieser wiederum die Adresse des 2. Programmbefehls an den Speicher usw.

1.4.3 Typen von Mikrocomputern

Es gibt Mikroprozesoren mit 8-, 16- und 32-Bit-Struktur. Da der Mikroprozessor als "Herz des Computers" die Computereigenschaften entscheidend prägt, unterscheidet man auch für Mikrocomputer diese drei Typen.

1.4.3.1   8-Bit-Mikrocomputer

"Das ist ein 8 - B i t - C o m p u t e r ". Damit ist ein Computer mit einem 8-Bit-Mikroprozessor bzw. einer 8-Bit-CPU gemeint. Die 8 Bit als Wortbreite des Prozessors kann als elementarer Denkinhalt des Computers aufgefaßt werden. Warum? Der Datenbus transportiert Daten und Befehle und besteht aus 8 parallelen Leitungen. Übertragen wird zeichenweise: der Buchstabe "K" wird im ASCII-Code als 01001011 (1. Leitung 1, 2. Leitung 1, 3. Leitung 0, ...) durch den Datenbus gesendet. Mit den 8 Bits bzw. den 8 Leitungen des 8-Bit-Datenbus können also genau 256 (gleich 2 hoch 8) Zeichen vom Computer unterschieden werden. Für die Verarbeitung im ASCII-Code ist diese Zahl von 256 gerade passend. Es genügt, 256 verschiedene Zeichen unterscheiden zu können.

Beim Adreßbus sieht dies anders aus: Durch diesen Bus gelangen nicht die Daten selbst, sondern deren Hausnummern bzw. Adressen, unter denen sie im Speicher abgelegt sind (jeder Speicher ist fortlaufend durchnumeriert mit Speicherplatz 1, Speicherplatz 2, Speicherplatz 3, ...). Damit bestimmt die Anzahl der Adreßbus-Leitungen die Anzahl der Speicherplätze, die der Computer unterscheiden bzw. adressieren kann. Ein 8-Bit-Adreßbus kann nur 256 Speicherplätze direkt adressieren. Da dies viel zu wenig ist, verwenden die gängigen 8-Bit-Mikroprozessoren in der Regel einen Trick: Sie bauen Adressen aus zwei Bytes auf, die nacheinander über den Adreßbus zum Hauptspeicher geschickt werden. Damit können diese 8-Bit-Computer dann genau 65536 (2 hoch 16) Zeichen bzw. Bytes anwählen und auch adressieren (65536 Bytes = 64 mal 2 hoch 10 = 64 KBytes = kurz 64 K). Dies gilt für die beiden weitverbreiteten 8-Bit-CPUs Z80 und 6502.

1.4.3.2 16-Bit-Mikrocomputer

Die Wortbreite des externen Datenbus bestimmt, ob man einen 8-Bit-Computer oder aber einen 16-Bit-Computer vor sich hat, nicht aber die interne Länge von Registern, die Wortbreite des Rechenwerks oder die Befehlslänge. Danach verfügt ein 'echter' 16 - B i t - C o m p u t e r über einen internen wie auch einen externen 16-Bit-Bus.

Wenn Personalcomputer wie Sirius 1 oder IBM-PC häufig als 16-
Bit-Computer bezeichnet werden, dann muß man sich darüber im
klaren sein, daß die dabei verwendete CPU 8088 zwar 16-Bit-Re-
gister und Operationen zur Verarbeitung von 16-Bit-Worten aufweist, also einen internen 16-Bit-Bus hat, aber nur einen externen 8-Bit-Bus. Dies bedeutet, daß die 16 Bits der Register
zum Ausgeben wie zum Laden durch den Datenbus stets halbiert
bzw. zusammengefügt werden müssen.
Geräte mit externem 8-Bit-Bus und internem 16-Bit-Bus bezeich-
nen wir als 8/16 - B i t - C o m p u t e r . Aufgrund ihrer Stellung zwischen der echten 8-Bit-Struktur und der echten
16-Bit-Struktur bezeichnet man sie häufig als 'Zwitter'.

Warum kann ein 16-Bit-Computer nun schneller arbeiten als ein
8-Bit-Computer?
Der Bus eines 8-Bit-Computers hat 8 parallele Leitungen. Damit
können die (2 hoch 8 gleich) 256 Zahlenwerte 0,1,2,...,255 in
e i n e m Schritt bzw. Zeittakt übermittelt werden. Will man
größere Zahlen übertragen, müssen diese aufgeteilt und in zwei
oder mehreren Schritten transportiert werden. Dieses Aufteilen
kostet natürlich Zeit.
Dies erübrigt sich beim 16-Bit-Computer, wenn die Zahlenwerte
0,1,2,...,65535 übermittelt werden sollen. Der 16-Bit-Bus mit
16 Leitungen erlaubt (2 hoch 16 gleich) 65536 Kombinationen
bzw. Zahlenwerte, die in e i n e m Schritt übermittelt werden.
Der Unterschied zwischen 8-Bit-Computern und 16-Bit-Computern
ist also viel größer als es der Zahlenvergleich "8 zu 16 Bit"
nahelegt: die Hochrechnungen und damit verbunden der Zahlenvergleich "256 zu 65536 Kombinationen" zeigen den wahren Unterschied zwischen diesen Computertypen.

1.4.3.3   32-Bit-Mikrocomputer

Das Leistungsvermögen eines Computers hängt im wesentlichen
von zwei Größen ab: von der Anzahl der Bits (Wortbreite) und
von der Schnelligkeit. 32-Bit-Computer weisen bei beiden Größen günstige Werte auf. Zunächst zur Bitanzahl:
Bei den echten 32-Bit-Computern sind 32 parallele Leitungen im
Bus zusammengefaßt. Damit vergroßert sich ihr Adreßraum theo-
retisch auf vier Milliarden Zeichen (vier Gigabytes). Außerdem
können Computer mit 32-Bit-Struktur binäre Zahlen anstatt auf
acht Stellen (beim 8-Bit-Mikro) auf 32 Binärstellen genau bearbeiten. Der Befehlsvorrat nimmt ebenfalls zu: die 8-Bit-CPU
des 6502 versteht 56 Befehle gegenüber den 134 Befehlen des
16-Bit-Prozessors 8086 und den 230 Befehlen des 32-Bit-Compu-
ters HP Focus von Hewlett-Packard.

Die Schnelligkeit eines Computers gibt man in "Millionen Instruktionen je Sekunde" (Mips) an. Sie hängt von der Taktfre-
quenz und von den Abmessungen des Prozessor-Chips ab (je kleiner die Abstände der Leiterbahnen auf der Prozessor-Platine,
desto höhere Taktfrequenzen und damit Instruktionen je Sekunde
sind möglich). Die 32-Bit-CPU 32032 soll 1,1 Mips ermöglichen.

1.4.4 Generationen von Mikroprozessoren

Die bislang angeführten Mikroprozessor-Kürzel Z80, 6502 sowie
8088 können leicht in eine etwas übersichtlichere Ordnung gebracht werden, da es im Grunde nur zwei "Familien" von 8-Bit-
Prozessoren gibt: die 80-Familie und die 65xx- bzw. 68xx-Fami-
lie. 1970 erfand Dr. Ted Hoff bei Intel mit dem 4004 den 4-Bit
Mikroprozessor, 1973 folgte der 8080 als 8-Bit-CPU. Seit 1976
gelten der Z80 von Zilog und der 6502 von Motorola als haupt-
sächliche Vertreter der nach ihnen benannten Familien. Bereits
1979 war der 6502 der weltweit meistverkaufte Mikroprozessor.
Sein Nachfolger 68000 weist als 16-Bit-Mikroprozessor bereits
einen 16-Bit-Datenbus bei intern 32-Bit-breiten Registern auf,
er zählt also zu den 'Zwittern' mit 16/32-Struktur.

Prozessor:	Bits:	Adressen:	Befehle:	Hersteller:	Seit:
Z80	8	256 B	158	Zilog	1976
6502	8	256 B	56	MOS-Tech.	1977
Z800	8/16	16 MB	183	Zilog	1983
8088	8/16	64 KB	134	Intel	1979
iAPX 188	8/16	1 MB	95	Intel	1982
8086	16	1 MB	134	Intel	1978
Z8000	16	64 KB	110	Zilog	1981
iAPX 286	16	16 MB	111	Intel	1982
iAPX 186	16	1 MB	95	Intel	1982
MC 68000	16/32	16 KB	56	Motorola	1979
NS 16032	16/32	16 MB	86	Nat.Semi.	1982
MC 68010	16/32	16 MB	58	Motorola	1982
HP Focus	32	500 MB	230	Hewlett-P.	1981
NS 32032	32	16 MB	190	Nat.Semi.	1983
iAPX 386	32	32 MB	111	Intel	1984
MC 68020	32	256 MB	200	Motorola	1984

```
8/16 = externer 8-Bit-Bus und interner 16-Bit-Bus (Zwitter)
16 = externer wie interner 16-Bit-Bus (echte 16 Bit-Struktur)
```

Einige weitverbreitete Mikroprozessoren

Es gibt Personalcomputer, die zwei Mikroprozessoren aufweisen,
um sowohl auf 8-Bit-Software als auch auf 16-Bit-Software zugreifen zu können. Ein Beispiel: ein Z80 als 8-Bit-CPU führt
Programme für das Betriebssystem CP/M-80 aus und ein 8088 als
16-Bit-CPU verarbeitet Programme unter CP/M-86.

1.4.5 Mikrocomputer und ihre Mikroprozessoren

Im Jahr 1984 verteilen sich die auf dem Markt verwendeten Prozessoren wie folgt:
60 Prozent 8-Bit-Prozessoren, 20 Prozent 16-Bit-Prozessoren,
ein Prozent 32-Bit-Prozessoren und ungefähr je 10 Prozent als
Zwitter mit 8/16-Bit-Prozessoren bzw. 16/32-Bit-Prozessoren.

Bit-Struktur:	Prozessor:	Mikrocomputer z.B.:
8	6502	Apple IIe, CBM 8032
8/16	8088	IBM-PC/XT, IBM PCjr, Sirius 1,
16	8086	Sirius Vicki, ITT 3030, Duet16
16	Z8000-8001	Olivetti M20, Zilog 8000
16/32	MC68000	Apple Lisa, Fortune 32:16
16/32	NS 16032	Nat.Semi.DB16000, ACORN-BBC
32	HP Focus	Hewlett Packard 9000

Einige Mikrocomputer und ihre Prozesoren

1984 besteht eine 32-Bit-Softwarelücke. Entscheidend ist, daß
32-Bit-Software abwärts-kompatibel gestaltet wird, um auch auf
Computern mit externem 16-Bit-Bus oder 8-Bit-Bus eingesetzt
werden zu können.

1.4.6 EPROM als löschbarer Speicher

Benutzer von Mikrocomputern werden zuweilen in 'Löter' und in
'Tipper' eingeteilt: Bauen sich die 'Löter' ihr DV-System aus
elektronischen Bausteinen hardwaremäßig individuell zusammen,
so erwerben sich die 'Tipper' einen Computer, um diesen selbst
zu programmieren (Programm-Tipper) oder gekaufte Software auf
die eigenen Daten anzuwenden (Daten-Tipper). Die zwei folgenden Entwicklungen verwischen diese Einteilung in 'Löter' sowie
in 'Tipper' immer mehr:

Zum einen werden EPROMs als löschbare Speicher immer einfacher
in der Handhabung, wodurch es auch für die 'Tipper' leichter
wird, die bislang dem 'Löter' vorbehaltene Arbeiten durchzuführen.
Ein EPROM (Erasable Programmable Read-Only-Memory) als lösch-
barer und sodann wieder programmierbarer Festwertspeicher ROM
ist zwischen den RAM und den ROM einzuordnen. Legt man ihn unter UV-Licht und bestrahlt den unter einem kleinen Fenster an-
gebrachten IC, so wird die gespeicherte Information gelöscht.
Aus diesem Grunde muß ein EPROM stets mit einem undurchsichti-
gen Fensteraufkleber versehen sein. Umgekehrt können über ein
Programmiergerät neue Daten und Programme in den EPROM gespeichert werden. Da EPROMs direkt bus-kompatibel sind, d.h. die
Ausgänge sich direkt an den Datenbus legen lassen, ist dieses
Vorhaben nicht nur für die 'Löter' interessant. Auch der 'Tipper' kann so seine eigenen Programmentwicklungen leicht in einen Festwertspeicher laden.

Zum anderen können kommerzielle Programme ebenfalls über ein
EPROM kopiert werden. Ein Beispiel: Der 'Tipper' geht mit seiner Romox-EPROM-Kartusche in einen Software-Laden, sucht ein
Programm aus, läßt sich eine Kopie dieses Programms über ein
im Software-Laden befindliches Gerät in seine EPROM-Kartusche
laden (Gebühr 5-10 DM), geht nach Hause, steckt die Kartusche
in seinen Computer und läßt das Programm laufen. Später kann
er bei Bedarf dann immer wieder ein anderes Programm in den
EPROM hineinkopieren.

2

Bedienung von IBM PC, PC XT, Portable PC und PCjr.

Einige Anmerkungen zu Abschnitt 2:

Bezeichnung   P C :

Wenn im folgenden ohne näheren Zusatz vom PC gesprochen wird,
dann sind damit a l l e Gerätetypen der "Personalcomputer-
Familie von IBM" gemeint wie: PC, PC XT, Portable PC und PCjr.

Bezeichnung   B A S I C :

Der mächtigste (interpretierende) BASIC-Dialekt von IBM PC,
PC XT und Portable PC ist BASICA (für Advanced BASIC als 'Erweitertes BASIC').   Der mächtigste Dialekt des IBM PCjr heißt
Cartridge-BASIC.
BASICA und Cartridge-BASIC sind annähernd k o m p a t i b e l,
d.h. sie stimmen in ihren Befehlsvorräten überein.
Wenn in diesem Buch ohne nähere Anmerkung von BASIC gesprochen
wird, dann sind damit diese beiden übereinstimmenden Sprach-
dialekte gemeint.
Die in diesem Buch erklärten 1 1 1 Programme laufen bei entsprechender Ausstattung von Hardware (Disketteneinheit, Gra-
fikadapter, Monitor usw.) und Software (DOS) auf a l l e n
PCs von IBM.

Bezeichnung   D O S :

Mit DOS -wiederum ohne näheren Zusatz- sind die DOS-Versionen
DOS 2.0 und DOS 2.1 des Betriebssystems gemeint (häufig als
PC-DOS oder MS-DOS bezeichnet).
Der IBM PCjr und der Portable PC erfordern DOS 2.1. Der IBM PC
und der PC XT können dagegen unter DOS 2.1 sowie unter DOS 2.0
gefahren werden.

Zwei Schrifttypen:

In dieser breiten Schrift wird der erläuternde Text geschrieben.

In dieser etwas schmaleren Schrift werden die Ausgaben des PCs
angegeben: seien es die "Listings" bzw. Codierungen in BASIC
als Programmiersprache oder die "Runnings" bzw. Dialogprotokolle
der Programmläufe.

2.1 System mit BASIC starten

IBM bietet zwei 'Typen' von Personalcomputern an: einerseits
die Geräte PC, PC XT und Portable PC mit Diskette sowie Festplatte und andererseits den PCjr mit Diskette sowie Cartridge.

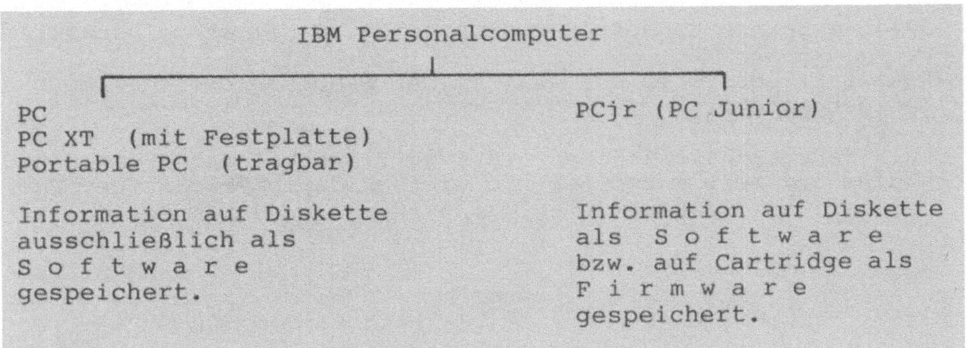

Zwei 'Typen' von IBM Personalcomputern

In Abschnitt 2.1 werden wir sehen, daß das Starten der Systeme
IBM PC, PC XT sowie Portable PC auf der einen und IBM PCjr auf
der anderen Seite ähnlich abläuft.

Anschließend werden wir uns mit der Tastatur und dem Bildschirm des Rechners vertraut machen. Über die Tastatureingabe
können wir dem Personalcomputer (kurz: PC) etwas mitteilen,
worauf der PC über die Bildschirmausgabe antwortet. Auf diese
Weise wird ein d i r e k t e r D i a l o g zwischen uns und
dem PC möglich. Diesem direkten Mensch-Computer-Dialog - oft
auch als d i r e k t e r M o d u s bezeichnet - wenden wir
uns im Abschnitt 2.2 zu
In Abschnitt 2.3 erstellen wir das e r s t e P r o g r a m m
auf dem PC in der Programmiersprache BASIC. Unsere Programmzeilen als Tastatureingaben werden dabei nicht sofort bzw. direkt, sondern erst beim Programmlauf beantwortet. Deshalb wird
diese Arbeitsweise auch als i n d i r e k t e r M o d u s
bezeichnet. Unsere Eingaben speichert der PC demnach sozusagen
als "Anweisungen auf Vorrat".

2.1.1 IBM PC, PC XT und Portable PC starten

Um mit BASICA (Advanced BASIC als Erweitertem BASIC) arbeiten
zu können, gehen wir in zwei Schritten vor.

S c h r i t t   1 :   Betriebssystem DOS laden

- Systemdiskette mit der Aufschrift "DOS Version 2.1" in Laufwerk A: einlegen. Beim PC und PC XT kann auch mit DOS 2.0
  gearbeitet werden.
  Das Diskettenlaufwerk A: liegt beim PC und PC XT links und
  beim Portable PC oben.

- Alle externen Einheiten und dann den PC selbst einschalten.

- Das Betriebssystem DOS wird in den Hauptspeicher geladen und
  meldet sich mit
    A>
  als Bereitschaftszeichen (auf ggf. erscheinende Fragen nach
  Datum und Zeit antworten wir einfach durch Drücken der Taste
  /Enter/ bzw. /RETURN/ bzw. /←┘/ für Wagenrücklauf).

S c h r i t t   2 :   Programmiersprache BASIC laden

- Unmittelbar hinter das "A>" tippen wir nun das Befehlswort

    BASICA   /Enter/

  ein. Damit befehlen wir, daß DOS das File BASICA.COM in den
  RAM lädt. Nach erfolgreichem Laden (wir erkennen dies an den
  Geräuschen im Diskettenlaufwerk) meldet sich der BASIC-Über-
  setzer z.B. mit

    The IBM Personal Computer Basic   .
    Version A2.00 Copyright IBM Corp. 1981, 1982, 1983
    61301 Bytes free
    Ok

- Anstelle des ">" steht jetzt "Ok" als das Bereitschaftszeichen von BASIC. Wir haben die Betriebssystem-Ebene verlassen
  und können in der Sprachen-Ebene unter Kontrolle des BASIC-
  Interpreters arbeiten.

Systemstart beim PC XT mit F e s t p l a t t e :

Liegt die DOS-Diskette im (linken) Diskettenlaufwerk A:, wird
DOS wie oben beschrieben in den RAM geladen. Ist das Laufwerk
A: dagegen leer, wird DOS von der Festplatte C: geladen.

A u t o m a t i s c h e r Systemstart über AUTOEXEC.BAT:

Das beschriebene 2-Schritte-Vorgehen kann an eine Befehlsdatei
namens AUTOEXEC.BAT übertragen werden und automatisch so ablaufen, daß nach dem Einlegen der DOS-Diskette zuerst DOS und
dann BASICA selbständig geladen werden (näheres hierzu später
in Abschnitt 2.5.5.1).

2.1.2 IBM PCjr starten

Um in BASIC auf dem PCjr arbeiten zu können, gehen wir in zwei
Schritten vor: wir laden zunächst das Betriebssystem DOS und
dann die Programmiersprache BASIC.

S c h r i t t   1 : Betriebssystem DOS laden

Auf der Diskette mit der Aufschrift "DOS Version 2.10" befindet sich das Betriebssystem DOS (Disk Operating System). Diese
Diskette nennen wir im folgenden kurz "Systemdiskette" bzw.
"DOS-Diskette". Sie liegt dem DOS-Handbuch bei und enthält die
Programme, die uns eine benutzerfreundliche Bedienung des PCjr
ermöglichen.
Zum Starten des PC legen wir die DOS-Diskette in das Laufwerk
ein. Dann schieben wir die "BASIC Cartridge" in einen der beiden Modulschächte. Anschließend schalten wir zuerst alle ange-
schlossenen Einheiten (z.B. Bildschirm und Drucker) und dann
endlich den PC ein.
Nach dem Einschalten erfolgt ein Selbsttest. Am Bildschirm erscheint " I B M " und rechts wird von 4 KB (4 Kilo Bytes) über
64 KB auf 128 KB hochgezählt.
Jetzt wird das DOS von der Systemdiskette kopiert und in den
Hauptspeicher RAM eingelesen. Wir erkennen dies an den lauten
Geräuschen des Diskettenlaufwerkes. Am Bildschirm erscheint:


```
Current date is              Wir geben nichts ein, sondern
Enter new date:              drücken nur die /Enter/-Taste.
Current time is   0:00:33.33
Enter new time:              Anstelle der Zeit nur /Enter/
                             eingeben.


The IBM Personal Computer DOS
Version 2.10 (C)Copyright IBM Corp 1981,
 1982, 1983

A>
```

Das Betriebssystem befindet sich nun im Hauptspeicher und meldet sich mit dem Zeichen
   A>
am Bildschirm. Das A weist auf das Diskettenlaufwerk namens
"A:" hin, während das ">" das eigentliche Bereitschaftszeichen
(auch Prompt-Zeichen genannt) des DOS ist. Wir befinden uns in
der Betriebssystem-Ebene.

S c h r i t t   2   : Programmiersprache BASIC laden

Unmittelbar hinter "A>" tippen wir BASICA ein . DOS lädt jetzt
die Programmiersprache BASICA (Advanced BASIC als Erweitertes
BASIC) in den Hauptspeicher. Der BASIC-Interpreter meldet sich
mit:

A>basica

The IBM PC jr Basic
Version J1.00
Copyright IBM Corp. 1981,1982,1983

60130 Bytes free

Ok

Anstelle des Zeichens ">" erscheint nun das Zeichen
   Ok
am Bildschirm über dem Cursor. Das "Ok" ist das Bereitschaftszeichen von BASIC. "Ok" zeigt an, daß wir unter Kontrolle des
BASIC-Interpreters arbeiten können. Wir haben die Betriebsys-
tem-Ebene (mit DOS) verlassen und befinden uns jetzt in der
Sprachen-Ebene (mit BASIC).

Im Hauptspeicher RAM (Random Access Memory für Direktzugriff-
Speicher) stehen uns genau 60130 Zeichen an Speicherplatz zur
Verfügung (für jedes Zeichen ein Byte wie z.B. Byte "01001101"
für das Zeichen "M"). Wir können also Daten und Programme bis
zu einer Größe von 60130 Zeichen im Hauptspeicher ablegen. Mit
dem "Ok" als dem Bereitschaftszeichen bzw. Prompt-Zeichen unseres IBM PCjr wird mitgeteilt, daß der PC für weitere Eingaben bereit ist. In der Zeile direkt unter dem "Ok" blinkt
der C u r s o r (oben mit "-" angegeben): an der Stelle des
Cursors erscheint das Zeichen, das wir als nächstes eintippen.

2.1.3 Gegenüberstellung von PC und PCjr

Wie die Abbildung zeigt, läuft der Systemstart beim PC, PC XT
und Portable PC ähnlich wie beim PCjr ab.
Das Laden von DOS (Schritt 1) weist ggf. den Unterschied auf,
daß das DOS 2.0 genau 24576 Bytes an Hauptspeicherplatz in Anspruch nimmt gegenüber 24688 Bytes für DOS 2.1. PC und PC XT
laufen unter den DOS-Versionen 1.0, 1.1, 2.0 und 2.1, während
der PCjr wie der Portable PC die Version DOS 2.1 benötigen.
Beim Laden von BASIC (Schritt 2) zeigt sich dem Benutzer nur
der Unterschied, daß das ROM-Modul "Cartridge BASIC" in einen
Schacht geschoben werden muß. Für den Computer hingegen ergibt
sich ein grundlegender Unterschied:

- Beim PCjr wird der Hauptspeicher nur um wenige Hundert Bytes verkleinert, da mit dem Eintippen von BASICA das im
  ROM-Modul gespeicherte BASICA aktiviert wird. Der BASIC-
  Interpreter nimmt dem Benutzer somit keinen "RAM-Speicherplatz weg", da die Programmiersprache als F i r m w a r e
  im ROM-Modul steht bzw. stehen bleibt.

- Beim PC/XT/Portable PC wird das auf Diskette gespeicherte
  BASICA insgesamt in den RAM geladen. Die Programmierspra-
  che belegt als S o f t w a r e einen Teil des RAM. Beim
  PC XT kann BASICA auf der Festplatte (Hard Disk) stehen.

- Beide BASICs sind vergleichbar; das "Cartridge BASIC" enthält nur einige zusätzliche Möglichkeiten für Grafik, Musik, Lichtgriffel (Light pen) und Joystick.

```
IBM PC/XT/Portable PC:                  IBM PCjr:
------------------------------          ----------


Schritt 1: Betriebssystem DOS laden

- DOS-Diskette in Laufwerk        - DOS-Diskette ins Laufwerk
  A (links bei PC/PC XT bzw.        einlegen
  oben beim Portable PC)
                                  - Cartridge-BASIC in einen der
                                    beiden Modul-Schächte einlegen


- Externeinheiten anschalten      - Externeinheiten anschalten


- PC/XT/Portable PC an:           - PCjr anschalten:
  DOS-Prompt A> erscheint           DOS-Prompt A> erscheint



Schritt 2: Programmiersprache BASICA laden

- BASICA tippen: Sprache in       - BASICA tippen: Sprache im
  den Hauptspeicher bringen         Festspeicher ROM aktivieren


- BASIC-Prompt "Ok" erscheint  - BASIC-Prompt "Ok" erscheint
```

Systemstart von IBM PC/XT/Portable PC und IBM PCjr

2.2 Arbeiten im direkten Modus: PC als Tischrechner

2.2.1 Rechnen im direkten Dialog

Wir wollen den PC wie ein Tischrechner benutzen und 100+3 aus-
rechnen lassen. Dazu tippen wir ein:

```
PRINT 100+3   /Enter/
```

Nach dem Tippen von 100+3 drücken wir die 'Enter'-Taste. Die
Schreibweise /Enter/ steht für "'Enter-Taste bzw. '⟵ '-Taste
drücken". Der PC antwortet mit dem Ergebnis 103 und meldet mit
dem Bereitschaftszeichen "Ok", daß er für weitere Eingaben von
uns bereit ist. Am Bildschirm steht nun der folgende Dialog:

```
PRINT 100+3   /Enter/     (=Eingabe von uns)
103                       (=Ausgabe des Computers)
Ok                        (=Ausgabe: Bereitschaftszeichen)
-                         (=Ausgabe: - für 'Cursor blinkt')
```

Die PRINT-Anweisung dient hier der Ausgabe von Rechenergebnis-
sen (print für ausdrucken, ausgeben). Probieren wir einige andere Rechenoperationen aus (/Enter/ lassen wir dabei weg):

```
PRINT 100.5*-3            (=Eingabe: 100.5 mal -3)
-301.5                    (=Ausgabe einer negativen Zahl)
Ok
PRINT 100/3               (=Eingabe: 100 dividiert durch 3)
33.33333                  (=Ausgabe mit 7 Dezimalstellen)
Ok
PRINT 4^3                 (=Eingabe: 4 hoch 3)
64                        (=Ausgabe: 4 mal 4 mal 4)
Ok
PRINT 300+3*4             (=Eingabe: 300 plus (3 mal 4))
312                       (=Ausgabe: Punkt- vor Strich)
Ok
PRINT (300+3)*4           (=Eingabe: 303 mal 4)
1212                      (=Ausgabe: Klammern zuerst)
Ok
```

Zahlen werden auf 5 Dezimalstellen genau ausgegeben, also z.B.
als 33.3333. Bei Dezimalzahlen wie z.B. bei 100.5 steht der
Dezimalpunkt, nicht aber das Komma. Geben wir mehrere Rechen-
zeichen in einer Zeile ein, dann werden die Rechenoperationen
+ (plus), - (minus), * (mal), / (geteilt), ^ (hoch) sowie ( )
(Setzen von Klammern) in der in der Mathematik üblichen Rangfolge ausgeführt. * und / sowie + und - sind gleichrangig.

```
(   ) Klammer                          Die weiter
  -   Negative Zahl (Vorzeichen)       obenstehende
  ^   Potenzieren (Hochzeichen)        Rechenoperation
* /   Multiplizieren, Dividieren       wird vor der
+ -   Addieren, Subtrahieren           untenstehenden
                                       ausgeführt.
```

Rangfolge bei der Ausführung von Rechenoperationen

Zahlen bis zu 16 Stellen gibt der PC in der normalen Darstellung aus. Große Zahlen über 16 Stellen und sehr kleine Zahlen werden in der Exponentialdarstellung ausgegeben. Hierzu drei Beispiele:

```
PRINT 3000000000000000          (=Eingabe: 16-stellige Zahl)
3000000000000000                (=Ausgabe unverändert)
Ok
PRINT 30000000000000000         (=Eingabe: 17-stellige Zahl)
3D-16                           (=Ausgabe: 3 mal 10 hoch 16)
Ok
PRINT 300000000000000000        (=Eingabe)
3D+17                           (=Ausgabe)
Ok
PRINT 0.0000003                 (=Eingabe)
0.0000003                       (=Ausgabe)
Ok
PRINT 0.00000003                (=Eingabe: kleine Zahl)
3E-08                           (=Ausgabe: 3 mal 10 hoch -8)
Ok
PRINT 0.000000003               (=Eingabe)
3E-09                           (=Ausgabe)
Ok
```

"D" und "E" stehen dabei für Exponent bzw. für Hochzahl. Das Anweisungswort PRINT läßt sich durch das Fragezeichen abkürzen. "PRINT 3/6" können wir damit kürzer als "? 3/6" eingeben. Auch der PC kürzt ab: so gibt er die Zahl 0.5 kurz als .5 aus. Ein Tip: Geben wir O (Oh) anstelle von 0 (Null) ein, dann verarbeitet der PC dieses Zeichen (Buchstaben O) getrennt.

```
? 3/6                   (=Eingabe mit ? für PRINT)
.5                      (=Ausgabe: .5 gleich 0.5)
Ok
? 30                    (=Eingabe: keine Null, sondern O)
3  O                    (=Ausgabe: Zeichen 3 und Zeichen O)
Ok
```

Anweisungen können wir z.B. als PRINT auch als print oder als PRinT schreiben. Vor der Ausführung wandelt der PC die Anweisung stets in Kleinbuchstaben um.

2.2.2 Editieren des Bildschirminhaltes

An den PC können verschiedene Tastaturen mit verschiedener Belegung der Tasten angeschlossen werden. Die folgenden 6 Tasten zur Cursorsteuerung (Cursor als blinkender Balken) erleichtern den Dialog mit dem PC und sind auf jeder Tastatur zu finden. Sie erlauben es, die am Bildschirm stehende Information aufzubereiten und zu korrigieren, d.h. zu e d i t i e r e n .

1. Eingabe abschließen mit Taste /Enter/ bzw. /←┘/:
Diese Funktionstaste haben wir bereits kennengelernt. Mit der
/Enter/-Taste schließen wir die jeweilige Eingabezeile ab und
bewegen den Cursor an den Anfang der nächsten Zeile.

2. Bildschirm löschen mit der Taste /Home/:
Drücken wir die Tasten /Fn/ und /Home/ rechts an der Tastatur,
dann bringen wir den Cursor in die linke obere Ecke des Bildschirms. Drücken wir die drei Tasten /Shift/, /Fn/ und /Home/
gleichzeitig (wir stellen dies mit /SHIFT/+/Fn/+/Home/ dar),
wird zusätzlich noch der Bildschirm gelöscht.
Die Tastatur des PCjr weist nur 62 statt den 83 Tasten von PC,
PC XT bzw. Portable PC auf. Die 21 (83-62) restlichen Tasten
werden durch Mehrfachbelegung über gleichzeitiges Drücken der
grün markierten Taste /Fn/ erreicht. Wir geben die Taste /Fn/
stets mit an! Nur PCjr-Besitzer müssen sie tippen, die anderen
hingegen nicht (z.B. statt /Fn/+/Home/ nur /Home/ eintippen).

3. Cursorsteuerung mit den vier Pfeil-Tasten:
Durch Drücken der Tasten mit den Bezeichnungen

    / ↓ /   Cursor nach unten
    / ↑ /   Cursor nach oben
    / → /   Cursor nach rechts
    / ← /   Cursor nach links

können wir mit dem Cursor jede Stelle auf dem Bildschirm ansteuern. Halten wir die Taste länger gedrückt, dann wiederholt
sich das Weiterrücken des Cursors automatisch (Auto-Repeat).
Damit können eine auf dem Bildschirm stehende Eingabe wiederholt zur Ausführung bringen oder korrigieren. Wir geben ein:

    /Ctrl/+/Fn/+/Home/   (=Eingabe: Bildschirm sauber)
    PRINT 100+3 /Enter/   (=Eingabe)
    103   (=Ausgabe)
    Ok   (=Ausgabe)

Angenommen, wir haben uns vertippt und wünschen 900 statt 100.
Mit /↑/ bewegen wir den Cursor nach oben bis auf zum P von
PRINT. Dann bewegen wir den Cursor mit /→/ nach rechts bis
auf die "1". Abschließend tippen wir 9 /Enter/. Auf dem Bild-
Bildschirm steht nun:

    PRINT 900+3   (=korrigierte Eingabe)
    903   (=Ausgabe)
    Ok

4. Korrigieren der letzten Zeichen mit Taste /Backspace/:
Wir tippen 100+3 ein und drücken dann einmal kurz /Backspace/.
    PRINT 100+3 /BACKSPACE/ bzw. /←/ rechts oben
Die zuletzt eingetippte 3 wird gelöscht; wir können 4 /Enter/
eingeben und erhalten dann 104 als Ergebnis der Korrektur.
Auf diese Weise kann man mit /Backspace/ auch die letzten 2,
3, 4, ... Zeichen korrigieren.

5. Löschen von Zeichen inmitten einer Zeile mit /Del/:
Wir geben
  PRINT 1234556789
ein. Der Cursor steht hinter der 9 . Wir wollen die versehent-
lich doppelt getippte 5 löschen. Mittels / ← / bewegen wir
wir den Cursor nach links auf die zweite 5 , um dann diese 5
durch einmaliges Drücken von /DEL/ zu löschen. Die Zeichen
chen 6789 werden dadurch um eine Stelle nach links verschoben. Mit /Enter/ schließen wir die Eingabe ab. Mehrere Zeichen
löscht man entsprechend durch mehrmaliges Drücken von /Del/.

6. Einfügen von mittleren Zeichen mit der Taste /Ins/:
Nach dem Eintippen von
  PRINT 12567890
steht der Cursor hinter der 0 . Wir wollen 3 und 4 einfügen
und steuern den Cursor wieder mit / ← / nach links auf die 5.
Wir tippen /Ins/: der Cursor ist nun breiter, um den 'Insert-
Modus' anzuzeigen. Mit dem Tippen der 3 und der 4 werden diese
Ziffern eingefügt. Den 'Insert'-Modus verlassen wir durch er-
neutes Drücken von /Ins/ oder auch durch /Enter/.

2.2.3 Text im direkten Dialog

Bislang haben wir nur Zahlen -bestehend aus Ziffern, ggf. mit
Dezimalpunkt und Vorzeichen- eingegeben. Zahlen werden oft als
n u m e r i s c h e   D a t e n   bezeichnet.
Neben den numerischen Daten kann der PC natürlich auch Daten
wie "BASIC-Wegweiser", "LENA IST HIER." und "Rabatt 3%" verarbeiten. Sie heißen T e x t d a t e n . Der PC erkennt Textdaten daran, daß sie stets zwischen Gänsefüßchen "   " stehen.
Welche Buchstaben, Ziffern und/oder Sonderzeichen zwischen " "
stehen, spielt keine Rolle.

```
? "WEGWEISER"              (=Eingabe: Text mit 9 Zeichen)
WEGWEISER                  (=Ausgabe ohne die Gänsefüßchen)
Ok
? "      WEGWEISER"        (=Eingabe: Text mit 15 Zeichen)
      WEGWEISER            (=Ausgabe: zuerst die 6 Blancs)
Ok
?         "WEGWEISER"      (=Eingabe: Text mit 9 Zeichen)
WEGWEISER                  (=Ausgabe: Nur Blancs in " " zählen)
Ok
? "BASIC"+"-WEGWEISER"     (=Eingabe: "+" verknüpft zwei Texte)
BASIC-WEGWEISER            (=Ausgabe: Ein Text mit 15 Zeichen)
Ok
? "3" + "100"              (=Eingabe: "+" verknüpft zwei Texte)
3100                       (=Ausgabe: Text mit 4 Zeichen)
Ok
? "3" / "100"              (=Eingabe: Division / unzulässig)
?TYPE MISMATCH ERROR       (=Ausgabe: Fehlermeldung)
Ok
? LEFT$("WEGWEISER",3)     (=Eingabe: Links 3 Zeichen nehmen)
WEG                        (=Ausgabe: Text mit 3 Zeichen)
Ok
```

Zum wiedergegebenen direkten Dialog einige Anmerkungen:
- Leerstellen (Blancs, Space) gelten auch als Zeichen und werden nur dann berücksichtigt, wenn sie zwischen den Gänsefüßchen stehen.
- "100" ist ein Textdatum, kein numerisches Datum. Der Versuch
  der Anwendung der Division mit "/" weist der PC deshalb mit
  der Fehlermeldung 'Falscher Datentyp' ab.
- "+" bei Text verknüpft, während "+" bei numerischen Daten
  addiert.
- LEFT$ ist eine spezielle Anweisung zur Textverarbeitung.

Textdaten werden häufig als Zeichendaten, Zeichenkettendaten
oder S t r i n g s bezeichnet.
Jeder Personalcomputer eignet sich zur Verarbeitung von Textdaten und numerischen Daten gleichermaßen. Wir können ihn als
Rechner verwenden und Briefe schreiben lassen.

Tippen wir /Ctrl/+/Fn/+/HOME/ ein, dann ist der Bildschirm gelöscht. Schalten wir den PC aus, dann ist auch der Hauptspeicher bzw. RAM des PC gelöscht. Damit ist alle Arbeit umsonst,
da nichts dauerhaft (z.B. auf einer Diskette) gespeichert wurde. Im folgenden Abschnitt erfahren wir, wie man ein Programm
an der Tastatur eingibt und auf Diskette dauerhaft speichert.

Nochmals der Hinweis für Besitzer des PC, PC XT sowie Portable
PC: Die /Fn/-Taste bitte vernachlässigen; nur /Ctrl/+/Home/
statt /Ctrl/+/Fn/+/Home/ tippen.
Die /Fn/-Taste müssen nur PCjr-Besitzer mit einer 62-Zeichen-
Tastatur drücken, nicht aber PC-Besitzer mit einer 83-Zeichen-
Tastatur.

2.3 Arbeiten im indirekten Modus: Unser erstes Programm

Als erstes eigenes Programm wollen wir ein Programm mit dem
Namen VERBRAU erstellen, d.h. über Tastatur eintippen, testen
und dann auf Diskette abspeichern.
Das Programm VERBRAU löst das folgende Problem:

    "Benzinverbrauch beim Pkw: Ermittlung des Verbrauchs
     in Liter/100 km für eine Tankfüllung von 60 Litern"

Wie bei allen größeren Vorhaben gehen wir auch bei der Programmentwicklung schrittweise vor. Beginnen wir mit Schritt 1.

2.3.1 Schritt 1: System mit BASIC starten

Diesen Schritt haben wir bereits im Abschnitt 2.1 ausgeführt:
wir haben zuerst DOS und dann BASIC geladen. Danach muß das
  Ok   (=Ausgabe des Computers)
am Bildschirm erscheinen. Mit dem Ok-Zeichen zeigt uns BASIC

an, daß es für unsere Eingabe bereit ist. Unter dem Ok-Zeichen
erscheint der C u r s o r als blinkender Balken. An dieser
durch den Cursor markierten Stelle werden die Zeichen stehen,
die wir über Tastatur eintippen. Machen wir einen Versuch und
geben wir das Wort PROGRAMM ein. Nichts passiert, da am Ende
der Eingabe(-zeile) die 'Enter'-Taste gedrückt werden muß. Tun
wir dies (von jetzt an steht /Enter/ für "'Enter'-Taste einmal
kurz drücken"), dann zeigt sich folgender Dialog:

```
PROGRAMM /Enter/           (=Eingabe von uns)
Syntax error              (=Ausgabe des Computers)
Ok                        (=Ausgabe des Computers)
```

Die Sprache BASIC antwortet mit "Syntax error" als Fehlermeldung, da sie mit unserem Eingabewort PROGRAMM nichts anfangen
kann. Danach zeigt BASIC wieder das Ok-Zeichen und darunter
blinkt der Cursor.

2.3.2 Schritt 2: Programm Zeile für Zeile eintippen

Wir wollen das (bereits in Abschnitt 3.1.1.1 angegebene) Programm namens VERBRAU eintippen: Zeile für Zeile, wobei am Ende
jeder Zeile die /Enter/-Taste gedrückt wird. Wir tippen ein:

```
10 LET T = 60    /Enter/
20 PRINT "Eingabe: Gefahrene km"    /Enter/
30 INPUT K    /Enter/
```

Dann tippen wir ohne Zeilennummer den LIST-Befehl ein:

```
LIST  /Enter/
```

Der PC LISTet die drei eingegebenen Programmzeilen 10-30 auf,
wie er sie im Hauptspeicher abgespeichert hat. Der LIST-Befehl
dient uns so zur Kontrolle. Sind die drei Programmanweisungen
wie gewünscht abgespeichert? Falls nein: bitte nochmals tippen
10 LET T = ... usw. Falls ja: Wir tippen die anderen vier Programmzeilen 40-70 ein (das /Enter/ lassen wir von nun an weg):

```
40 LET D = 100 * T / K    /Enter/
50 PRINT "Ausgabe: Liter/100 km"   /Enter/
60 PRINT D /Enter/
70 END  /Enter/
```

Wenn wir nun erneut den Befehl

```
LIST  /Enter/
```

eintippen, muß die komplette Anweisungsfolge von Zeile 10 bis
Zeile 70 und dann das Ok-Zeichenam Bildschirm erscheinen. Diese Anweisungsfolge nennt man Listing oder C o d i e r u n g :
sie ist umseitig wiedergegeben.

Codierung zu Programm VERBRAU:

```
LIST
10 LET T = 60
20 PRINT "Eingabe: Gefahrene km"
30 INPUT K
40 LET D = 100 * T / K
50 PRINT "Ausgabe: Liter/100 km"
60 PRINT D
70 END
```

2.3.3 Schritt 3: Programm ausführen lassen

Zur Ausführung des nun im Hauptspeicher RAM befindlichen Programms tippen wir den Befehl

    RUN   /Enter/   (=Eingabe von uns)

ein. Das Programm wird jetzt so ausgeführt, wie es dem Computer durch die 7 Anweisungen in den Zeilen 10-70 befohlen wird. Tippen wir z.B. 600 km ein, so zeigt sich uns folgender Dialog (auch A u s f ü h r u n g , Dialogprotokoll oder Programmlauf genannt):

```
    RUN                      (=Eingabe von uns)
    Eingabe: Gefahrene km    (=Ausgabe des Computers)
    ? 600                    (=Eingabe von uns)
    Ausgabe: Liter/100 km    (=Ausgabe des Computers)
    10                       (=Ausgabe des Computers)
    Ok                       (=Ausgabe des Computers)
```

Die Gegenüberstellung von Codierung und Ausführung zu unserem Programm zeigt, daß die Zeilennummern 10 - 70, die Anweisungsworte LET (berechne), PRINT (gib aus), INPUT (gib ein) bzw. END, die Gänsefüßchen und die gesamten Berechnungen durch LET m Ausführungsprotokoll nicht am Bildschirm erscheinen.

Wir können das im RAM gespeicherte Programm jetzt wiederholt mittels RUN /Enter/ laufen lassen: mit jeweils anderen Zahlen, aber stets in der gleichen Anweisungsfolge Zeile 10,20,30, ... Ein Hinweis: Der exakte Programmablauf wird in Abschnitt 3.1.1 erklärt.

Im RAM befinden sich e i n Programm mit dem Namen VERBRAU und die drei Variablen namens T, K und D. Das Programm stellen wir uns als große Schachtel mit einer Anweisungsfolge als Inhalt bzw. Wert (hier 7 Anweisungen) vor und die Variablen als drei kleine Schachteln mit Zahlen als Inhalt.
Die Abbildung veranschaulicht die drei Speicherzustände, in die wir den Hauptspeicher RAM nach und nach versetzt haben. Dabei ist festzuhalten: im RAM können wir jeweils nur e i n Programm speichern, aber m e h r e r e Variablen.

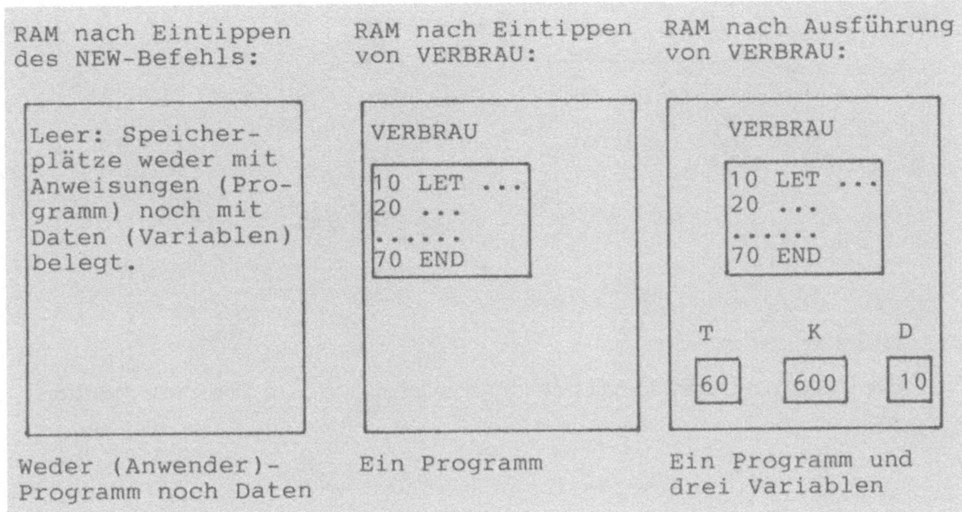

Speicherbelegung des Hauptspeichers (RAM) zu drei Zeitpunkten

Über die PRINT-Anweisung können wir uns die derzeitigen Werte
der Variablen im direkten Dialog zeigen lassen:

```
PRINT T   /Enter/           (=Eingabe von uns)
60                          (=Ausgabe des Computers)
Ok                          (=Ausgabe des Computers)
PRINT K,D    /Enter/        (=Eingabe von uns)
600          10             (=Ausgabe des Computers)
Ok                          (=Ausgabe des Computers)
```

In T ist 60 gespeichert und in K bzw. in D genau 600 bzw. 10.
Dabei geben wir PRINT ohne vorhergehende Zeilennummern ein, um
uns die Variablenwerte direkt PRINTen bzw. ausgeben zu lassen.
Da die PRINT-Anweisung nun direkt ausgeführt wird, spricht man
vom d i r e k t e n   M o d u s   als Betriebsart. Geben wir
am Anfang einer Zeile eine Zeilennummer ein, dann wählen
wir damit automatisch den i n d i r e k t e n   Modus: dabei
werden die Anweisungen hinter den Zeilennummern gespeichert
nnd später nach dem Eintippen von RUN gemäß dieser Numerierung
zur Ausführung gebracht.

Ein Tip: Geben wir aus Versehen z.B.
   15 M /Enter/
ein, speichert BASIC die 15 als Zeilennummer und das M als Anweisung ab. Bei der Ausführung erhalten wir dann eine Fehlermeldung. Durch Eingabe von
   15 /Enter/
können wir die fehlerhafte Zeile aus dem Programmtext löschen.

```
                              MODUS
        ┌───────────────────────┴───────────────────────┐
        DIREKT                                  INDIREKT

  (direkte Betriebsart,              (indirekte Betriebsart,
   Direkter Dialog)                   Programmierter Dialog)

 Eingabe von Anweisungen            Eingabe von Anweisungen mit
 direkt.                            vorangestellten Zeilennummern.
 Ausführung sofort.                 Ausführung erst später
                                    mittels RUN.


 Beispiel: PRINT D                  Beispiel:  60 PRINT D
```

Zwei BASIC-Betriebsarten: Direkter und indirekter Modus

2.3.4 Schritt 4: Programm vom RAM auf Diskette speichern

Bei Abschalten des Stromes (bitte nicht tun!) wäre unser Programm verloren. Wir speichern deshalb eine Kopie des Programms
auf Diskette ab. Dazu tippen wir ein:

```
    SAVE "VERBRAU" /Enter/      (=Eingabe von uns)
    Disk not Ready             (=Ausgabe des Computers)
    Ok                        (=Ausgabe des Computers)
```

Die Fehlermeldung tritt auf, wenn keine Diskette eingelegt ist
oder die Klappe nicht geschlossen ist. Wir legen z.B. eine der
mitgelieferten Demonstrationsdisketten ein und wiederholen den
SAVE-Befehl.
Nach Erlöschen der Hinweis-Lampe am Diskettenlaufwerk ist eine
Kopie des im Internspeicher RAM befindlichen Programms unter
dem Namen VERBRAU   auf der Diskette als Externspeicher dauerhaft gespeichert. Schalten wir nun den Strom ab, so geht nur
das im RAM befindliche Programmoriginal verloren, nicht jedoch
die Kopie auf der Diskette (die ja geSAVEd bzw. gerettet ist).
Achtung: Wenn wir anstelle von SAVE "VERBRAU" /Enter/ einfach
nur SAVE /Enter/ tippen, dann führt dies zu keinem Erfolg, da
der Computer speichern will, aber den Programmnamen und deswegen auch den Speicherort auf der Diskette nicht kennt.

Durch Eintippen des Befehls

```
    FILES /Enter/              (=Eingabe von uns)
    .......                   (=Ausgabe: siehe Dialogprotokoll)
    Ok                        (=Ausgabe des Computers)
```

erhalten wir das Inhaltsverzeichnis der Diskette mit den Namen
aller zur Zeit darauf gespeicherten Programme. Darunter ent-
decken wir auch den Namen VERBRAU.BAS (BAS steht für BASIC
und zeigt, daß Programm VERBRAU ein BASIC-Programm ist).

2.3.5 Schritt 5: Programm von Diskette in den RAM laden

Angenommen, wir wollen morgen wieder mit dem Programm VERBRAU
arbeiten. Dazu tippen wir nach dem Starten des Systems dann
den Ladebefehl

```
   LOAD "VERBRAU"  /Enter/  (=Eingabe von uns)
   OK                       (=Ausgabe des Computers)
```

ein. Dieser Befehl sucht Programm VERBRAU auf der Diskette
und lädt eine Kopie davon in den RAM. Befindet sich aber noch
ein anderes Programm im RAM, wird dieses überschrieben und
somit zerstört. Ohne vorheriges SAVE wäre dieses Programm unwiederbringlich verloren - genau dies ist so 'gefährlich' beim
LOAD-Befehl.

Entsprechendes gilt für den SAVE-Befehl als dem Gegenstück des
LOAD-Befehls:
Ändern wir z.B. das Programm VERBRAU ab durch Eintippen von

```
   15 PRINT "Durchschnittsverbrauch ermitteln",
```

so können wir diese verbesserte Programmversion durch den Befehl SAVE "VERBRAU" /Enter/ neu auf Diskette retten. Was tut
der SAVE-Befehl jetzt, da er auf Diskette bereits ein Programm
namens VERBRAU vorfindet? Er überschreibt es, d.h. er zerstört die 'alte' Programmversion und speichert das 'neue' VER-
BRAU dafür ab.

2.3.6 Eigentlich Schritt 0: Diskette formatieren

Wir sind bislang in diesen fünf Schritten vorgegangen:

```
   Schritt 0: Anwenderdiskette formatieren
   Schritt 1: IBM PC mit BASIC starten
   Schritt 2: Programm Zeile für Zeile eintippen
   Schritt 3: Programm ausführen lassen
   Schritt 4: Programm vom RAM auf Diskette speichern
   Schritt 5: Programm von Diskette in den RAM laden.
```

Bei den Schritten 4 und 5 haben wir mit einer Anwenderdiskette
gearbeitet. 'Anwender' deshalb, da wir auf dieser Diskette die
Programme abspeichern, die wir zur Lösung unserer jeweiligen
Probleme anwenden. Wir hatten eine Demo-Diskette verwendet.

```
              Diskette als Externer Speicher
        ┌─────────────────────┴─────────────────────┐
    SYSTEMDISKETTE                 ANWENDERDISKETTE, NUTZDISKETTE

  Inhalt: Betriebssystem          Inhalt: Programme zur Lösung
  DOS und Dienstprogramme         unserer eigenen Probleme
  (u.a. auch BASICA)              (u.a. auch Programm VERBRAU)

  ... vom Hersteller IBM          ... von uns leer gekauft und
      geliefert.                      dann formatiert.
```

Systemdiskette und Anwenderdisketten

Anwenderdisketten können wir kaufen - leer, unbespielt und für
PCs unterschiedlicher Fabrikate einsetzbar. Bevor wir auf diese Disketten unsere Programme speichern können, müssen wir sie
in die F o r m bringen (Einteilung der Diskettenoberfläche in
kreisrunde Spuren und Sektoren als Spurabschnitte), die genau
unserem PC und unserem Betriebssystem entspricht. Das 'in Form
bringen der Diskette' nennt man F o r m a t i e r e n .

Zum Formatieren steht uns der DOS-Befehl FORMAT zur Verfügung.
Wir gehen darauf in Abschnitt 2.5 bei der Darstellung der
wichtigsten DOS-Befehle ausführlich ein.

2.4 Alle Befehle von BASIC an Beispielen

Die folgende Kurzbeschreibung orientiert sich an Beispielen.
Dies gilt für die Beschreibung der Daten wie der Anweisungen,
die die Programmiersprache BASIC dem Anwender bereitstellt.
Wir beziehen uns dabei auf die allgemeine Darstellung der Datenstrukturen und Programmstrukturen von Abschnitt 1.3.

```
              Programmiersprache IBM-BASIC
        ┌─────────────────────┴─────────────────────┐
  ... stellt Anweisungen          ... unterscheidet Daten
  bzw. Befehle bereit:            bzw. Datentypen:

  Anweisungen = w i e             Daten = w a s
  ist zu verarbeiten              wird verarbeitet
```

Anweisungen und Daten als aktive und passive Elemente in BASIC

Mit BASIC ist der Sprachumfang von Cartridge-BASIC (IBM PCjr)
bzw. von BASICA (IBM PC, PC XT und Portable PC) gemeint.

2.4.1 Daten in BASIC

2.4.1.1 Konstanten mit Zahlen und Text

BASIC kennt die Datentypen INTEGER (Ganzzahl), REAL (Dezimalzahl) und STRING (Zeichenkette bzw. Text). Entsprechend gibt
es auch drei Typen von K o n s t a n t e n , also drei Typen
von Daten, die während des Programmlaufes unverändert bleiben:

    - INTEGER-Konstante   Ganze Zahlen   z.B. 25000
    - REAL-Konstante   Dezimalzahlen   z.B. 7.1258
    - STRING-Konstante   Texte   z.B. "IBM PCjr"

REAL-Zahlen können einfach (!) oder doppelt genau (#) vereinbart sein.

Datentyp:	Kennzeichen:	Speicher- platz:	Beispiele:
INTEGER	-32768 bis 32767	mind. 5 Bytes	321, -10000, -1
REAL- einfach genau	Ausrufungszeichen ! oder E (Exponent) oder Punkt mit max. 7 Stellen	mind. 7 Bytes	999182! -11111! 3.1E8 = 3.1*10°8 5543.11 .752 0.00002 -0.097
REAL- doppelt genau	Numeruszeichen # oder D (Doppelt) oder über 7 Stellen	mind. 11 Bytes	728# 32.443421# 3.1D8 = 3.1*10°8 12345678900
STRING	Max. 255 Zeichen; zwischen " "	bis 256 Bytes	"DM-BETRAG" "*" "12" "Ergebnis"

Numerische Konstante (INTEGER,REAL) und Textkonstante (STRING)

Zahlen vom Datentyp 'REAL-einfach genau' werden mit 7 Stellen
Genauigkeit verarbeitet gegenüber 16 Stellen Genauigkeit beim
Typ 'REAL-doppelt genau'.

Neben diesen Dezimal-Konstanten kennt BASIC hexadezimale Konstante und oktale Konstante:

H e x a d e z i m a l e Konstante werden durch das Prefix &H
gekennzeichnet und bestehen aus den Zeichen 0 - 9 sowie A - F.
Zwei Beispiele: &HE ist gleich HEX E bzw. gleich DEZIMAL 14.
&HFFFF ist gleich HEX FFFF bzw. gleich DEZIMAL 65535 .

O k t a l e Konstante basieren auf dem 8er Zahlensystem und
sind am Prefix &O oder einfach & erkennbar. Ein Beispiel: &O64
oder einfach &64 ergibt DEZIMAL 52, da 6*8hoch1 + 4*8hoch0 die
Summe 48 + 4 ergibt, also 52.

2.4.1.2 Variablen für einfache Datentypen

Jede Variable hat einen Namen, einen Datentyp und einen Wert,
der sich ändern kann und somit variabel ist (Abschnitt 1.3.4).
Wie für die Konstanten unterscheiden BASIC auch für die Variablen die vier Typen INTEGER, REAL-einfach genau, REAL-doppelt
genau und STRING.

Datentyp:	Typzeichen:	Beispiele für Variablennamen:
INTEGER	%	I% ZINSTEILER% A33% SATZ.NR%
REAL-einfach genau	!	DM! LISTING! A.1! B18554! A33
REAL-doppelt genau	#	MULTIPLIKATOR# A# A.1# A33#
STRING	$	NAME$ A.1$ BEZEICHNUNG$ FILE$

Numerische Variablen (INTEGER,REAL) und Textvariablen (STRING)

Geben wir keines der Datentypzeichen %, !, # und $ am Ende des
Variablennamens an, dann nimmt BASIC automatisch REAL-einfach
als Datentyp an. Oben wurde die Variable A33 deshalb als A33!
eingeordnet.

Außer dem Typzeichen können wir unsere Variablennamen beliebig
wählen, vorausgesetzt, sie unterscheiden sich in den ersten 40
Zeichen. Dabei muß der Name natürlich mit einem Buchstaben beginnen, auf den weitere Buchstaben oder Ziffern folgen können.
Den Punkt können wir zur Abgrenzung von Wörtern im Namen verwenden. In einem Zinsprogramm bieten sich z.B. die Variablennamen ZINS.SATZ, ZINS.TEILER, ZINS.SUMME und ZINS.ABZUEGE an.

BASIC verfügt über r e s e r v i e r t e Worte wie LIST, FN,
GOSUB, COMMON oder PRINT. In Abschnitt 2.4.2 sind diese Worte
für Anweisungen usw. wiedergegeben. Verwenden wir solche Worte
als Variablennamen, so führt dies zwangsläufig zu Fehlern. Woher soll BASIC auch wissen, wann z.B. LIST als Variablenname
zu gelten hat und wann als Befehl zum Auflisten des Programms?
Gleichwohl: als Bestandteil eines Variablennamens dürfen wir
die reservierten Worte verwenden. Oben wurde deshalb LISTING!
als gültiger Variablenname angeführt, obwohl er LIST enthält.

Das Einrichten von Variablen heißt V e r e i n b a r u n g
(vgl. Abschnitt 1.3.4.2). In BASIC sind hierzu zwei Arten zu
unterscheiden: die implizite sowie die explizite Vereinbarung.
Bei der i m p l i z i t e n V e r e i n b a r u n g teilen
wir durch Angabe des Typzeichens den Datentyp mit. So soll M$
STRINGs aufnehmen können (Typzeichen $), M! aber REAL-Zahlen
(Typzeichen !).
Bei der e x p l i z i t e n V e r e i n b a r u n g kommen
wir ohne die Typzeichen %, !, # und $ aus, da zu Beginn eines
Programmes ausdrücklich (explizit) durch die vier Anweisungen

DEFINT, DEFSNG, DEFDBL bzw. DEFSTR vereinbart wird, welche Datentypen nun welchen Variablen zugrundegelegt werden.

```
100 DEFINT A, NR      Die Variablen A und NR werden als
                      INTEGER-Variablen vereinbart.

110 DEFSNG M, X-Z     Variablen, die mit M beginnen oder mit
                      X bis Z, sind vom Typ REAL-einfach genau.

120 DEFDBL B-C        Variablen, die mit B oder C beginnen,
                      sind vom Typ REAL-doppelt genau.

130 DEFSTR T          Variablen, deren Namen mit T beginnen,
                      sind vom Typ STRING.
```

Explizite Vereinbarung mit DEFINT, DEFSGN, DEFDBL und DEFSTR

Beide Arten der Vereinbarung können in ein und demselben Programm angewendet werden.

2.4.1.3 Variablen für strukturierte Datentypen

Bei den Variablen für einfache Datentypen wird jeweils nur
e i n Datum als Variable gespeichert, bei den Variablen für
strukturierte Datentypen bzw. D a t e n s t r u k t u r e n
sind es mehrere Daten (vgl. Abschnitt 1.3.2).
In BASIC stehen uns als Datenstrukturen ARRAYs bzw. Tabellen
sowie FILEs bzw. Dateien zur Verfügung.

A r r a y s (oft auch Tabellen, Felder, Bereiche, Listen oder
Vektoren/Matrizen genannt) umfassen mehrere Elemente vom gleichen Datentyp. Entsprechend können INTEGER-ARRAYs, REAL-ARRAYs
und STRING-ARRAYs vereinbart werden.
In BASIC sind dabei bis zu 255 Dimensionen (Ausdehnungen) erlaubt. Zur Vereinbarung der Dimension dient die DIM-Anweisung.
Arrays sollten in jedem Falle explizit durch die DIM-Anweisung
vereinbart werden (bis zu 10 Elementen auch implizit möglich).
In Abschnitt 3.7 wenden wir uns den Arrays ausführlich zu.

```
100 DIM L%(30)        1-dimensionaler INTEGER-ARRAY zur Auf-
                      nahme von 31 Ganzzahlen an den Stellen
                      0,1,2,3,...,30. Name des Arrays: L%.

100 DIM S#(2,6)       2-dimensionaler REAL-ARRAY zu 3 Zeilen
                      und 7 Spalten, d.h. 21 Elementen.

100 DIM B$(2,3,4)     3-dimensionaler STRING-ARRAY mit 3*4*5
                      =60 Elementen zu je 255 Zeichen max.

100 DIM M!(A%)        1-dimensionaler REAL-ARRAY mit A% Ele-
                      menten; Index -hier A%- stets INTEGER.
```

Vereinbarungen von INTEGER-ARRAY, REAL-ARRAY und STRING-ARRAY

Zum F i l e (Datei) als zweiter Datenstruktur. BASIC unterstützt direkt zwei Dateiarten: die sequentielle Datei mit dem
Reihenfolgezugriff und die Direktzugriff-Datei mit dem Random-
Zugriff bzw. wahlfreien Zugriff. In den Abschnitten 3.9 - 3.14
beschäftigen wir uns ausschließlich mit dieser Datenstruktur,
d.h. mit der Dateiverarbeitung (File Processing).

2.4.2 Anweisungen, Funktionen und Operatoren in BASIC

Im folgenden werden Anweisungen, Funktionen und Operatoren von
BASIC alphabetisch geordnet und an Beispielen kurz erläutert.
Genaue Erklärungen zu den Befehlen finden Sie in Abschnitt 3.

2.4.2.1 Einfache Anweisungen

Zu jeder Anweisung geben wir das Anweisungswort, den Zweck der
Anweisung und ein oder mehrere Beispiele an. Anweisungen, die
sich auf die Übertragung von Daten auf eine Datei (File) bzw.
Diskette beziehen, werden in Abschnitt 2.4.2.3 zusammengefaßt.

- A U T O
   (automatische Zeilennumerierung):
   AUTO   Numerierung 10, 20, 30, 40, ...
   AUTO 1000,5   Numerierung 1000, 1005, 1010, ...
      Mit /Fn/+/Break/ bricht AUTO ab.

- B E E P
   (Einen Ton ausgeben; entspricht PRINT CHR$(7);):
   100 BEEP: INPUT E   Ton ausgeben vor der Eingabe.

- C A L L
   (Aufruf eines Maschinenprogramms):
   100 LET MPROG1=&HD000   Startadresse hexadezimal &HD000
   110 CALL MPROG1   Aufruf eines Maschinenprogramms,
      das ab Startadresse &HD000 = 53248 dez gespeichert ist.

- C I R C L E
   (Kreise und Ellipsen auf dem Bildschirm zeichnen):
   100 SCREEN 1   Pixel-Grafik "Mittl. Auflösung".
   110 CIRCLE (160,100),50   Kreis mit Radius 50 in die Mitte.

- C L E A R
   (Loschen von Variablenwerten):
   CLEAR   Variablen werden 0 bzw. "".

● C L S
    (Bildschirm löschen und Cursor nach links oben setzen):
    100 CLS: PRINT "Start"   Start steht oben links.

● C O L O R
    (Farbe setzen für Vordergrund, Hintergrund und Rahmen):
    100 COLOR 0,7   Schwarze Zeichen, Hintergrund weiß.

● C O N T
    (Ausfuhrung fortsetzen mit der Abweisung nach STOP):
    CONT   Weiter nach Fehler, /Fn/+/Break/.

● D A T A
    (Daten im Programm als programminterne Datei speichern):
    100 DATA 22,"DM/STD"   Zwei Daten gespeichert.
    110 READ D,D$ Nach D (22) u. D$ ("DM/STD") lesen.

● D A T E $
    (Datum als String mm-dd-yyyy setzen oder wiedergeben):
    100 LET DATE$="5/31/44" Datum setzen.
    120 PRINT DATE$ Ausgabe: 05-31-1944

● D E F   F N ...
    (Definieren einer Benutzer-Funktion):
    100 DEF FNDOP(X)=X*2   Definition der Funktion FNDOP, die
    110 PRINT FNDOP(A)   bei Aufruf den Wert A verdoppelt.

● D E F   S E G ...
    (Speicher-Segment definieren (Normalfall: BASIC-Segment):
    DEF SEG=&HB800   BLOAD bezieht sich auf diese Adr..

● D E F   U S R
    (Definieren der Startadresse einer Maschinenroutine):
    100 DEF USR3=24000   Routine 3 beginnt bei 24000.
    110 LET E=USR3(A)   Aufruf Routine 3 mit Parameter A.

● D E F ...
    (Explizites Vereinbaren von Datentypen für genannte Namen):
    100 DEFINT A,B,C   Mit A,B,C beginnende Var. INTEGER.
    110 DEFSNG M,N   Mit M und N REAL-Einfach-genau.
    120 DEFDBL P   Mit P REAL-doppelt-genau.
    130 DEFSTR R-Z   Von R bis Z beginnende Var. STRING.

● D E L E T E (Löschen von Zeilen eines BASIC-Programmes):
    DELETE 70   Programmzeile 70 löschen.
    DELETE -40   Zeilen von Beginn bis 40 incl..
    DELETE 200-300   Zeilen von 200 bis 300 löschen.

● D I M
    (Explizites Dimensionieren von Arrays (OPTION BASE 0)):
    100 DIM M(3,8)   REAL-Array M mit 4 Zeilen/9 Spalten
    110 DIM A$(4),B$(4)   STRING-Arrays A$ und B$ (5 Stellen)

● D R A W
    (Zeichne eines im String Z$ vorgegebenen Objektes):
    100 SCREEN 1,0   Pixel-Grafik "mittlere Auflösung).
    110 DRAW "R30,U50"   30 Punkte rechts, 50 Punkte hoch.

* E D I T
  (Zeilen-Editor aufrufen):
  EDIT 130   Zeile 130 zum Editieren bereit.

* E N D
  (Beenden der Programmausführung und Dateien schließen):
  END   Ende der Ausführung des Programms.

* E R A S E   (Löschen von Arrays, z.B. zum Redimensionieren):
  100 ERASE N,T$ Arrays N und B$ löschen, um sie
  110 DIM N(25),B$(15)   dann neu zu dimensionieren.

* E R R   (Fehlercode abfragen. Codes in Abschnitt 3.6.1.4):
  100 IF ERR=5 THEN ..   Code 5 in ERR-Variable abfragen.

* E R L
  (Zeile, in der ein Fehler aufgetreten ist, abfragen):
  100 IF ERL=230 THEN ..   ERror-Line-Nummer 230 abfragen.

* E R R O R   (Fehler erzeugen oder nachahmen):
  100 IF A=B THEN ERROR 2 Fehler 2 (Syntax Error) simuliert.

  F O R   -   N E X T
  (Zählerschleife):
  100 FOR I=1 TO 8 STEP 2   Zählerschleife gibt Werte 1,3,5,7
  110 PRINT I : NEXT I   der Laufvariablen I aus.

* G E T
  (Grafik-Bildpunkte vom Bildschirm in eine Variable lesen)

* G O S U B   -   R E T U R N
  (Unterprogrammsteuerung: Aufruf GOSUB, Rückkehr RETURN :
  100 GOSUB 2000   Upro ab Zeile 2000 aufrufen, aus-
  110 ...   führen (2000-3100) und von 3100
  2000 REM Upro beginnt   und mit RETURN in die Folgezeile
  3100 RETURN   110 ins Hauptprogramm zurückkehren.

* G O T O
  (Sprunganweisung zur unbedingten Verzweigung):
  100 GOTO 350   Von Zeile 100 zu 350 verzweigen.

* I F   -   T H E N
  (Bedingte Verzweigung):
  100 IF G=3 GOTO 350   Wenn G=3, dann nach 350 verzweigen.
  100 IF G=3 THEN 350   Verzweigung wie mit GOTO.
  100 IF A$="JA" THEN PRINT "Richtig"   Ausgabe im Fall "JA".

* I F   -   T H E N   -   E L S E
  (Zweiseitige Auswahl als Programmstruktur):
  100 IF A$=JA" THEN 350 ELSE 600
     Für "JA" nach Zeile 350, sonst nach Zeile 600 verzweigen.

* I N P U T
  (Eingabe über Tastatur während der Programmausführung):
  100 INPUT A   Auf Eingabe warten und A zuweisen.
  100 INPUT "Zahl"; A   Zusätzlich Eingabeaufforderung.
  100 INPUT "Zahl", A   Bei , Aufforderung ohne ?.
  100 INPUT N,D,W$ 2 Zahlen und 1 STRING als Eingabe.

● K E Y
  (Softkeys an der unteren Bildschirmzeile sichtbar) setzen):
  100 KEY 1,"SCREEN 1,0"   Key 1 (LIST) mit SCREEN 1,0 belegen.

● L E T
  (Wert eines Ausdrucks berechnen und der Variablen zuweisen):
  100 LET K=5   Konstante 5 der Var. K zuweisen.
  100 LET K=K+5   Aktuellen Wert von K um 5 erhöhen.
  100 LET Z=K*P*T/(100*360)   Wert berechnen und Z zuweisen.

● L I N E
  (Zwei Punkte durch eine Linie verbinden):
  100 SCREEN 1,0   Pixel-Grafik "mittlere Auflösung".
  110 LINE (0,0)-(50,50)   Linie von links oben bis (50,50).

● L I N E   I N P U T
  (Tastatureingabe einer Zeile (bis 254 Zeichen) bis /Enter/):
  100 LINE INPUT E$ E$ (Trennungszeichen ignorieren).

● L I S T
  (Auflisten von Zeilen der BASIC-Codierung am Bildschirm):
  LIST   Alle Zeilen des Programms im RAM.
  LIST 170   Nur die Zeile 170 auflisten.
  LIST 50- LIST -50 LIST 50-95 Auflisten von, bis, von-bis.

● L O C A T E
  (Cursor auf dem Bildschorm positionieren):
  100 LOCATE 5,60   Cursor 5 nach unten, 60 rechts.
  100 LOCATE ,,1   Cursor unsichtbar (0=sichtbar).

● L L I S T
  (LIST auf Drucker ausgeben):
  LLIST 1000-2400   Zeilen 1000 bis 2400 ausdrucken.

● L P R I N T
  (PRINT auf Drucker ausgeben):
  100 LPRINT "SUMME: ";S   Text und Variablenwerrt drucken.

● L P R I N T   U S I N G
  (Mit PRINT USING formatiert ausdrucken):
  100 LPRINT USING "## ####.##";A;B   Zwei Druckzonen.

● N E W
  (Löschen des Programmes und aller Variablen im BASIC-RAM):
  NEW   RAM leer, Dateien geschlossen.

● ON E R R O R G O T O
  (Bei Fehlerauftreten in Fehlerbehandlungsroutine springen):
  100 ON ERROR GOTO 960   Bei Fehler nach 960 verzweigen.
  ON ERROR GOTO 0   ON ERROR - Anweisung aufheben.

● O N K E Y ...
  (Event Trapping: Ein Ereignis jederzeit verarbeiten):
  100 ON KEY(2) GOSUB 999 Trap-Routine ab 999 ausführen,
  110 KEY ON   sobald Taste 2 gedrückt wird.

● O N - G O S U B
  (Fallabfrage mit Unterprogrammaufruf):
  100 ON W GOSUB 500,800   Für W=1 nach 500, W=2 nach 800.

● O N - G O T O
  (Fallabfrage mit Verzweigung):
  100 ON E GOTO 10,30,70   Für E=1 nach 10, E=2 nach 30, E=3
  110 ...   nach 70, E=0 nach Folgezeile 110.

● O P T I O N   B A S E
  (Anfangsindex für Arrays auf 0 oder 1 setzen):
  OPTION BASE 1   Kleinster Index 1 (Normalfall 0).

● P A I N T
  (Einen Ausschnitt des Bildschirmes mit Farbe füllen):
  100 SCREEN 2   Pixel-Grafik "hohe Auflösung".
  110 CIRCLE(320,100),50   Kreis mit Radius 50 in der Mitte.
  120 PAINT (320,100)   Kreis mit Farbe weiß füllen.

● P C O P Y
  (Inhalt von Bildschirmseiten kopieren):
  100 PCOPY 1,3   Inhalt von Seite 1 nach Seite 3.

● P E E K
  (Speicherplatzinhalt von Adresse 0-65535 direkt lesen):
  100 PRINT PEEK(45386)   Inhalt von Adresse 45386 zeigen.

● P L A Y N$
  (Musik gemäß Notenstring N$ spielen):
  100 PLAY "O2CDEFGABC"   Tonleiter in Oktave 2 spielen.

● P O K E
  (Speicherplatz direkt beschreiben als Gegenstück zu PEEK):
  100 POKE 45386,255   Wert 255 nach Speicherplatz 45386.

● P R I N T
  (Ausgabe auf dem Bildschirm):
  100 PRINT A,B,C   Werte von A, B und C ausgeben.
  100 PRINT DM,"DM"   Wert von DM und Text "DM" zeigen.
  100 PRINT DM,"DM";   ; am Ende unterdrückt /Enter/.

● P R I N T   U S I N G
  (Formatierte Ausgabe durch Angabe eines Formatstrings):
  100 LET M$="####.##"   Formatierte Ausgabe mit Format-
  110 PRINT USING M$;764   string (Maske) M$. Ausgabe: 764.00
  120 PRINT USING M$;.95   0.95

● P S E T   und   P R E S E T
  (Einen Punkt an die angegebenen Koordinaten zeichnen):
  100 SCREEN 3   Pixel-Grafik "niedrige Auflösung".
  110 PSET (160,200)   Punkt ganz rechts unten.
  120 PRESET (160,200)   Punkt in Hintergrundfarbe.

● P U T
  (Objekte auf den Bildschirm bringen (Gegenstück zu GET)

● R A N D O M I Z E
  (Anfangswert des Zufallszahlengenerators für RND() setzen):
  100 RANDOMIZE   Wert setzen (Tastatureingabe).
  100 RANDOMIZE TIMER   Wert je nach der internen Uhr.

- R E A D
  (Lesen von Daten aus DATA-Zeile):
  100 READ T   Nächsten Wert aus DATA nach T.
  100 READ T,A$,V(I)   Folge REAL, STRING, REAL in DATA.

- R E M
  (Bemerkungen bzw. Kommentare in BASIC-Codierung einfügen):
  100 REM AUTOR: X.MANN   Bemerkung bei LIST zeigen und
  110 ' AUTOR: X. MUELLER   nicht bei RUN. ' anstatt von REM.

- R E N U M
  (Numerieren des BASIC-Progammes neu vornehmen):
  RENUM   10,20,30,... neu durchnumerieren.
  RENUM 1000,870,5   1000,1005,1010,... ab der bishe-
  RENUM 1000,,5   rigen Zeile 870.

- R E S T O R E
  (Lesezeiger in DATA-Zeile(n) auf Position 1 zurücksetzen):
  100 READ X,Y,Z   Aus DATA nach X,Z,Y lesen, Zei-
  110 RESTORE   der zurücksetzen und dieselben
  120 READ D,E,F   Zahlen nach D,E,F lesen.
  200 RESTORE 300   Nächstes READ startet in 300.

- R E S U M E
  (Nach Fehlerbehandlung Programmausführung fortsetzen):
  100 RESUME   In Fehlerzeile fortsetzen.
  100 IF ERR=63 THEN RESUME 90   Bei ERR=63 zu Zeile 90.
  100 RESUME NEXT   In Fehlerzeile+1 fortsetzen.

- R U N
  (Ausführen eines im Hauptspeicher befindlichen Programms):
  RUN   Programm im RAM ausführen.
  RUN 600   Ausführung ab Zeile 600.

- S C R E E N
  (Bildschirmsteuerung für die sieben Grafik-Modi 0-6):
  100 SCREEN 1,0   Pixel-Grafik "mittlere Auflösung".

- S O U N D
  (Ton einer bestimmten Frequenz und Dauer erzeugen):
  100 SOUND 300,3   Zwei Töne "tatü" (300=Frequenz
  110 SOUND 800,15   und 3=Dauer).

- S T O P
  (Abbrechen der Programmausführung):
  100 STOP   Abbruch mit Mitteilung.

- S W A P
  (Austauschen der Inhalte zweier Variablenwerte):
  100 SWAP F,P   Werte von F und P austauschen.

- S Y S T E M
  (Von BASIC ins Betriebssystem DOS zurückkehren):
  SYSTEM   Zuerst alle Dateien schließen.

- T I M E $
  (Aktuelle Uhrzeit in hh:mm:ss bereitstellen):
  100 PRINT TIME$ Z.B. 23.30.00 ausgeben.
  110 TIME$=Z$ Zeit neu setzen.

* T I M E R
  (Anzahl der Sekunden seit dem Systemstart bereitstellen):
  100 PRINT TIMER   Z.B. 69235.03 Sekunden

* T R O N
  (TRACE-Lauf während der Programmausführung beginnen):
  TRON   TRace-On und alle bei RUN durch-
  RUN : TROFF   laufenen Zeilen ausgeben.

* W H I L E - W E N D
  (Steuerung der abweisenden Schleife):
  100 WHILE L<>999   Anweisungen zwischen 100 und 400
  110 ...   wiederholen, wenn L ungleich 999
  ...   ist. Bei L=999 mit der auf WEND
  400 WEND   folgenden Zeile 410 fortfahren.

* W I D T H
  (Breite der Bildschirmausgabe auf 40 oder 80 festlegen):
  WIDTH 80   Nebeneinander 80 Zeichen/Zeile.

* W I N D O W
  (Koordinateneinteilung des Bildschirmes neu definieren):
  100 WINDOW (-1,-1)-(1,1)   ... links unten - rechts oben.

* W R I T E
  (Bildschirmausgabe mit allen Steuerzeichen):
  100 WRITE "DM",DM   Ausgabe z.B.: "DM",35740

2.4.2.2 Funktionen

Bei den Funktionen handelt es sich um numerische Funktionen
(Übergabe eines Zahlenwertes als Ergebnis) oder um String-
Funktionen (Übergabe eines Strings). Zu jeder Funktion wird
das Befehlswort, der Zweck der Funktion und ein oder mehrere
Beispiele angegeben.
Auch BASIC-Variablen (z.B. INKEY$) werden hier eingeordnet.

* ABS(X)
  (Absolutwert von Zahl X):
  100 PRINT ABS(-5)   Absolutwert von -5 ist 5.

* ASC(S$)
  (ASCII-Codezahl von String S$):
  100 PRINT ASC("M")   ASCII-Codezahl von "M" ist 77.

* CHR$(A)
  (Zeichen (character) für ASCII-Codezahl A):
  100 PRINT CHR$(77)   Zeichen mit Codezahl 77 ist "M".

● CINT, CCSNG und CDBL
   (Zahl in INTEGER- und REAL-Zahl (einfach, doppelt) wandeln)

● FIX(X)
   (Dezimalstellen einer Zahl abschneiden):
   100 PRINT FIX(-4.66)   Ganzzahl 4 (INT(-4.66) ergibt -5).

● FRE(0) und FRE("")
   (Für Anwender verfügbarer Speicherplatz (0 und "" = dummy)):
   100 PRINT FRE(0)   Frei verfügbar z.B. 56800 Zeichen.
   100 PRINT FRE("")   Zuvor Garbage Collection vornehmen.

● HEX$(D)
   (Hexadezimaler Wert für Dezimalzahl D):
   100 PRINT HEX$(29)   Dezimal 29 ist hexa 1D (&H1D).

● INKEY$
   (Ein Zeichen oder Leerstring von Tastatur abfragen):
   100 LET E$=INKEY$: IF LEN(E$)=0 THEN 100
      Warteschleife, bis ein Zeichen nach E$ getippt wird.

● INPUT$(A)
   (Warten und A getippte Zeichen speichern):
   100 LET E$=INPUT$(1)   Warten, bis ein Zeichen nach E$.

● INSTR(G$,T$)
   (Erste Stelle von Teilstring T$ in String G$):
   100 PRINT INSTR("BLENDE","E")
      Erstes Auftauchen von "E" in "BLENDE" ist Stelle 3.

● INT(Z)
   (Ganzzahliger (integer) Teil von Zahl Z, vgl. FIX):
   100 PRINT INT(54.67)   Ganzzahliger Teil von 54.67 ist 54.

● LEFT$(S$,L)
   (Linker Teilstring der Länge L in S$):
   100 PRINT LEFT$("BASICA",3) Die 3 linken Stellen: "BAS".

● LEN(S$)
   (Länge, d.h. Anzahl der Zeichen von S$):
   100 PRINT LEN("MWST")   Länge des Strings "MWST" ist 4.

● LOF(F)
   (Länge in Bytes eines Files (Datei) angeben):
   100 PRINT LOF(1)   Dateilänge z.B. 250.

● MID$(S$,S,L)
   (Mittlerer Teilstring von S$ ab Stelle S bei Länge L):
   100 PRINT MID$("BASICA",2,3) Ab 2. Stelle 3 St. lang: "ASI"
   110 MID$("BAS",2,1)="K"   Teilstring einfügen ergibt "BKS"

● POINT
   (Farbe eines Punktes auf dem Bildschirm angeben):
   100 PRINT POINT(0,0)   Punkt links oben z.B. 4, d.h. rot.

● POS(0) und LPOS(0)
   (Position des Cursors auf Bildschirm bzw. Drucker):
   100 PRINT POS(0)   Z.B. 14 für 14. Stele von links.

- RIGHT$(S$,L)
  (Rechter Teilstring der Länge L in S$):
  100 PRINT RIGHT$("BASICA",2)   Die 2 rechten Zeichen: "CA".

- RND(3)
  (Zufallszahl zwischen 0 und 1 gemäß RANDOMIZE auswählen):
  100 PRINT RND(3)   Zufallszahl z.B. 0.56223 (3=dummy).
  100 PRINT RND(0)   Letzte Zufallszahl nochmals.

- SCREEN(Y,X)
  (ASCII-Codezahl Eines Bildschirmpunktes angeben):
  100 PRINT SCREEN(25,80) Z.B. 77 für "M" ganz rechts unten.

- SGN(Z)
  (Vorzeichen von Zahl Z):
  100 ON SGN(E)+2 GOSUB 100,200,300 Verzweigung nach 100, 200
     bzw. 300 für E negativ (-1), null (0)bzw. positiv (1).

- SPACE$(X)
  (String mit Leerstellen der Länge X):
  100 PRINT SPACE$(40);1 Erst 40 Leerstellen, dann 1 ausgeben.

- SPC(L)
  (L Leerstellen ausgeben):
  100 PRINT "BASICA";SPC(10);"JA" 10 Blancs zwischen 2 Worten.

- SQR(X)
  (Quadratwurzel von X):
  100 PRINT SQR(49)   Quadratwurzel von 49 ist 7.

- STR$(Z)
  (Zahl Z in String umwandeln):
  100 LET W$=STR$(45)   Zahl 45 als String "45" mit Länge 2.

- STRING$(L,A)
  (String der Länge L, Zeichen mit ASCII-Zahl A):
  100 PRINT STRING$(50,42)   50 Sterne (ASCII-Zahl 42 für *).

- VAL(S$)
  (String S$ in numerischen Wert umwandeln):
  100 LET N=VAL("347")   "347" zu 347 (VAL("347DM") wird 0).

- VARPTR(X)
  (Erste Speicherstelle im RAM für Variable X):
  100 PRINT VARPTR(N#)   N# z.B. ab Stelle 513 gespeichert.

- VARPTR$(X)
  (3-Bytes-String "Typ/LowByte/HighByte" von Variable X):
  100 PRINT VARPTR$(N#)   Typ 8, LowByte=1, HighByte=2 für N#.

2.4.2.3 Anweisungen und Funktionen zur Dateiverarbeitung

Information (Daten oder Programme) wird als D a t e i zusammengefaßt auf einem Externspeicher wie z.B. auf einer Diskette abgespeichert.
Im folgenden werden alle Befehle wiedergegeben, die sich auf eine Datei bzw. F i l e , also auf die Übertragung von Information von und zu einer Diskette oder Festplatte beziehen.

B L O A D
    (Speicherkopie von Diskette in den RAM laden (cgl. BSAVE):
    100 DEF SEG=&HB800   Segment-Adresse &HB800 setzen.
    110 BLOAD "BILD",0   File BILD ab Segment-Adresse laden.

B S A V E
    (Teil des Hauptspeichers auf Diskette kopieren):
    100 DEF SEG=&HB800   Segmentierung.
    110 BSAVE "BILD",0,16384 RAM ab Adresse &HB800 mit 16 KBytes
       Länge (=16384) unter dem Namen BILD auf Diskette kopieren.

C H A I N
    (Verkettung von Programmen):
    100 CHAIN "PROG1"   Programm PROG1 laden und ausführen.
    100 CHAIN MERGE "PROG1",500
       PROG1 überlagern ab Zeile 500 ausführen (CHAIN mit RENUM).

C L O S E
    (Schließen einer Datei):
    100 CLOSE #1   Datei mit der log. Dateinummer 1
       schließen (bei Ausgabedatei ggf. Inhalt des Dateipuffers
       auf die Datei schreiben sowie die EOF-Marke).
    100 CLOSE   Alle Dateien schließen.

C O M M O N
    (Übergabe von Variablen an geCHAINtes Programm):
    100 COMMON A(),B$ Werte von REAL-Array A() und STRING
    110 CHAIN "PROG4"   B$ anPROG4 übergeben.

C V I
    (Strings in numerische Werte umwandeln: Funktionen
    CVI, CVS und CVD siehe bei Direktzugriff-Datei).

E O F
    ('End Of File' als 'Ende der Datei'-Marke):
    100 IF EOF(2) THEN ...   Wenn Ende von Datei 2 erreicht, ...

F I E L D
    (Dateipuffer für Direktzugriff-Datei vereinbaren):
    100 OPEN "R", #1, "MITDATEI", 20
    110 FIELD #1, 2 AS P1$, 18 AS P2$
       Puffer für Satzlänge 20 iner Mitgliederdatei.
       Puffervariable P1$ für Nummer und P2$ für Name.

F I L E S (Namen der auf Diskette abgelegten Dateien zeigen):
    FILES   Alle Dateinamen (File-Namen).
    FILES "TEST*"   Alle Dateinamen mit TEST beginnend.
    FILES "B:*.*"   Alle Dateinamen in Laufwerk B.

```
G E T #
   (Datensatz aus einer Direktzugriff-Datei lesen):
   100 GET #1, 24              24. Satz in den Dateipuffer lesen.

I N P U T #
   (Daten aus einer sequentiellen Datei lesen):
   100 INPUT #1, B$,U          Die nächsten Daten nach B$ und U.

K I L L
   (Loeschen einer Datei auf Diskette):
   KILL "MITDATEI"             MITDATEI auf Diskette zerstört.
   KILL "VERBRAU.BAS"          BASIC-Programm VERBRAU zerstört.

L I N E    I N P U T #
   (INPUT# bis zum Wagenrücklauf (, und ; ignoriert)):
   100 LINE INPUT #1, L$       Alles bis zum CHR$(13) nach L$.

L O A D
   (Laden eines Programms von Diskette in den RAM):
   LOAD "TEST4"               RAM loeschen und eine Kopie des
      Programms TEST4 von Diskette in den Speicher RAM bringen.
   LOAD "B:TEST2"             TEST2 von Laufwerk B laden.

L O C
   (Nummer des zuletzt direkt zugegriffenen Satzes):
   100 IF LOC(1)=9 THEN       Bei Direktzugriff auf Satz 9 ...

L O F
   (Länge der Datei in Datensätzen angeben):
   100 IF LOF(1)=0 THEN PRINT ".. noch kein physischer Satz da"

L S E T
   (Daten linksbündig in Puffervariable setzen):
   100 LSET P2$="MEYER"       Name MEYER (5 Zeichen) steht links
      in der Puffervariablen P2$ (18 Zeichen); siehe FIELD.

M E R G E
   (Einmischen eines Programms in den RAM):
   MERGE "RUNDEN"             Hilfprogramm RUNDEN zu dem im RAM
      befindlichen Programm hinzufügen (nur neue Zeilennummern).

M K I $
   (Numerische Werte in Strings umwandeln: Funktionen
   MKI$, MKS$ und MKD$ siehe bei Direktzugriff-Datei).

N A M E
   (Umbenennen einer Datei auf Diskette):
   100 NAME "AB" AS "CD"      Text-Datei AB in SC benennen.
   100 NAME "DRUCK.BAS" AS "AUSG.BAS"        BASIC-Programme.

O P E N
   (Öffnen einer Datei auf Diskette):
   100 OPEN "UMSDATEI" FOR INPUT AS #1
   100 OPEN "UMSDATEI" FOR OUTPUT AS #1
   100 OPEN "UMSDATEI" FOR APPEND AS #1
      Sequentielle UMSDATEI zum Lesen, Schreiben bzw. Hintan-
      fügen von Daten unter der logischen Dateinummer 1 öffnen.
   200 OPEN "MITDATEI" AS #1 LEN=20
      MITDATEI als Direktzugriff-Datei mit Satzlänge 20 öffnen.
```

P R I N T #
   (Schreiben auf eine sequentielle Datei):
   100 PRINT #2, B$;",";U
      Bezeichnung B$ und Umsatz U als nächste Daten speichern.

P R I N T #   U S I N G
   (PRINT# formatiert):
   100 PRINT #3, USING "###.##";Z
      Zahl Z formatiert (6 Stellen lang) auf Datei 3 schreiben.

P U T #
   (Datensatz auf eine Direktzugriff-Datei schreiben):
   100 LSET P1$=MKI$(NUMMER): LSET P2$=NAME$
   110 PUT #1, 72
      Dateipuffer füllen und als 72. Datensatz schreiben.

R E S E T
   (Alle Dateien schließen und Dateipuffer löschen):
   RESET   Dateien schließen (wie CLOSE).

R S E T
   (Daten rechtsbündig in Puffervariable setzen):
   100 RSET P2$="MANN"   MANN rechts in Puffervariable P2$.

R U N   "PROG6"
   (Ein Programm in den RAM laden und sogleich ausführen):
   100 RUN "VERB.BAS"   Laden vom laufenden Programm aus;
      das rufende Programm wird dabei gelöscht (Overlay).

S A V E
   (Speichern bzw. Retten eines Progammes auf Diskette):
   100 SAVE "RECH"   RAM-Inhalt unter dem Namen RECH.
   100 SAVE "RECH",A   Im ASCII-Format (sonst binär).
   100 SAVE "RECH",P   Geschützt, da LIST nicht möglich.

W R I T E #
   (PRINT# mit , und " als Trennungszeichen auf eine Datei):
   100 WRITE #2, B$,U   Identisch mit: PRINT #2,B$;",";U

2.4.3 Operatoren für Rechnen, Vergleich und Logik

```
Die BASIC-Anweisung
  100 PRINT 444*2+3000   /Enter/
```
enthält hinter dem Anweisungswort PRINT einen Ausdruck mit den
beiden O p e r a t o r e n "*" (mal) und "+" (plus). In der
Programmiersprache BASIC sind neben solchen 'Rechenoperatoren'
auch 'Vergleichsoperatoren' und 'logische Operatoren' möglich.

Operator- Typ:	Operator in BASIC:	Bedeutung:	Rangfolge der der Ausführung:
			hoch, zuerst
	( )	Klammer	
	^	Potenzieren: 2^4=16 *2 HOCH 4*	
RECHEN-	-	Negative Zahl	
Operatoren	* /	Multiplizieren, Dividieren	
	\	Division (Quotient): 9\6=1	
	MOD	Division (Rest): 9 MOD 6=3	
	+ -	Addieren, Subtrahieren	
	=	gleich: 6=8 ergibt 0 (UNWAHR)	
	< >	ungleich: 6<>8 ergibt -1 (WAHR)	
VERGLEICHS-	>	größer als	
Operatoren	<	kleiner als	
	>=	größer oder gleich	
	<=	kleiner oder gleich	
	AND	UND: 1 AND 2 ergibt 0 (UNWAHR)	
LOGISCHE	OR	ODER	
Operatoren	XOR	ausschl. ODER	niedrig,
	NOT	NICHT	zuletzt

Operatoren in BASIC in der Rangfolge ihrer Ausführung

Stehen in einem Ausdruck mehrere Operatoren, dann werden diese
entsprechend der in der Abbildung wiedergegebenen Rangfolge
ausgeführt: In Klammern gesetzte Operationen werden zuerst zur
Ausführung gebracht (höchster Rang), die logische Verneinung
dagegen zuletzt (niedrigster Rang). Im obigen Beispiel der Anweisung 100 PRINT 444*2+3000 wird zuerst mit "*" verdoppelt,
um dann mit "+" zur Zahl 888 die Zahl 3000 zu addieren (Operator "*" mit höherem Rang als Operator "+").
Auf die 'Rechenoperatoren' sind wir bereits in Abschnitt 2.2.1
eingegangen.

Ein und derselbe Operator kann verschiedene Bedeutungen haben.
So kann "+" addieren (3+4 ergibt 7) oder verknüpfen ("LE"+"NA"
ergibt "LENA").
"=" kann vergleichen (20 IF X=3 GOTO 90: ist 'X gleich 3'?)
oder einer Variablen einen Wert zuweisen (40 LET X=3: weise X
den Wert 3 zu).
Auf die Operatoren und deren Bedeutungen gehen wir ausführlich
in Abschnitt 3 anhand der Programmbeispiele ein.

2.4.4 BASIC-Dialekte

2.4.4.1 Drei BASIC-Dialekte für IBM PC, PC XT und Portable PC

Auf dem IBM PC, PC XT und Portable PC sind die drei Dialekte
Kassetten-BASIC, Disketten-BASIC und Erweitertes BASIC verfügbar:

- Kassetten-BASIC   (im ROM gespeichert, unmittelbar nach dem
                      Einschalten des PCs aktiviert -Disketten-
                      laufwerke A und B sind dabei leer-).

- Disketten-BASIC   (auf Diskette als Software gespeichert und
                      beim Anschalten des PCs zu laden; der PC
                      meldet sich mit "...Version D...", wobei
                      D für D)iskette steht). Auf der DOS-Dis-
                      kette als BASIC.COM gespeichert.

- Erweitertes BASIC (ebenfalls auf Diskette als Software ge-
                      speichert und zu laden; der PC meldet
                      sich mit "...Version A...", wobei A für
                      A)dvanced steht). Auf der DOS-Diskette
                      als BASICA.COM gespeichert.

Die PC-Sprachen Disketten-BASIC und Erweitertes BASIC verfügen über einen Befehlsvorrat, der den des Microsoft-BASIC
einschließt.
Das Disketten-BASIC erweitert das   Kassetten-BASIC um die
Möglichkeiten der Ein- und Ausgabe auf Diskette (DISK-I/O).
Das Erweiterte BASIC stellt zusätzlich zum Disketten-BASIC
Anweisungen zur Ereignisunterbrechung (Datenfernverarbeitung)
zur Verfügung sowie Erweiterungen für Grafik und Musikunter-
stützung.

BASICA benötigt DOS und meldet sich nach dem Laden z.B. mit:
   The IBM Personal Computer Basic
   Version A2.00 Copyright IBM Corp. 1981, 1982, 1983
   61301 Bytes free
   Ok
Das "A" steht dabei für '"A"dvanced Basic'.

2.4.4.2 Zwei BASIC-Dialekte für den IBM PCjr

Der IBM PCjr wird als 'Entry Model' mit 64 KByte RAM und als
'Expanded Model' mit 128 KBytes RAM angeboten. Beide Modelle
verfügen über einen 64 KByte-ROM, in dem u.a. das BIOS (Basic
Input-Output System) sowie der Interpreter des 32 KByte-BASIC
von Microsoft gespeichert sind. Dieser BASIC-Dialekt unterstützt nur das Arbeiten mit der Datenkassette, nicht aber den
Zugriff auf die Diskette. Auch diesem Grund wird dieses BASIC
auch als K a s s e t t e n - B A S I C bezeichnet.

Als 'In-ROM-BASIC' steht das Kassetten-BASIC dem Benutzer un-
mittelbar nach dem Einschalten des PCjr zur Verfügung. Es mel-
det sich z.B. mit:
  The IBM Personal Computer Basic
  Version C1.20 Copyright IBM Corp 1981
  62940 Bytes free
  Ok
Das "C" in der zweiten Zeile verweist auf '"C"assette Basic'.
Dem Benutzer stehen 62940 Bytes Speicherplatz zur Verfügung.
Kassetten-BASIC erfordert kein DOS.

Als zweiter BASIC-Sprachdialekt kann auf dem IBM PCjr mit dem
C a r t r i d g e - B A S I C   gearbeitet   werden,   das auf
einer ROM-Cartridge als Firmware fest untergebracht ist. Die-
ses Cartridge-BASIC meldet sich z.B. mit:
  The IBM PC jr Basic
  Version J1.00
  Copyright IBM Corp. 1981,1982,1983
  60130 Bytes free
  Ok
In der zweiten Zeile steht anstelle des "C" nun das "J". Dem
Benutzer steht mit 60130 Bytes etwas weniger Speicherplatz zur
Verfügung. Dies liegt nicht etwa daran, daß Cartridge-BASIC
RAM-Speicherplatz beansprucht (es bleibt in der Cartridge fest
gespeichert). Der Grund ist folgender: Cartridge-BASIC unter-
stützt das Arbeiten mit Dateien bzw. Files und damit den Dis-
kettenzugriff. Das Betriebssystem DOS ist dazu unbedingt erforderlich umd vor dem Arbeiten mit BASIC zu laden. Da DOS einen Teil des RAM belegt, ergeben sich die "60130 Bytes free".

Das Cartridge-BASIC erweitert das Kassetten-BASIC um den Dis-
kettenzugriff (DOS geladen), eine interne Uhr (TIMER), die Er-
eignisbearbeitung (Event Trapping über KEY), komfortable Grafikmöglichkeiten (zusätzliche Pixel-Modi und Anweisungen wie
CIRCLE), zusätzliche Musik-Befehle (PLAY) sowie um externe An-
schlußmöglichkeiten (TERM, RS232).

Da das Kassetten-BASIC aufwärtskompatibel zum Cartridge-BASIC
ist und da die Diskette (auch im Hinblick auf das Arbeiten mit
dem PCjr u n d dem PC) immer mehr verbreitet ist, werden wir
das Kassetten-BASIC im folgenden vernachlässigen.

Ein in Cartridge-BASIC geschriebenes Programm läuft auf dem
IBM PC/XT unter BASICA. Umgekehrt können auch BASICA-Programme
des IBM PC/XT auf dem PCjr unter Cartridge-BASIC ausgeführt
werden. Etwaige Unverträglichkeiten ergeben sich nur bei POKEs
und PEEKs, einigen Grafikbefehlen (z.B. Grafik mit niedriger
Auflösung mit SCREEN 3) und Abweichungen von DOS 2.00(auf dem
PC und PC XT möglich) gegenüber DOS 2.10 (auf dem Portable PC
und PCjr erforderlich).

```
              BASIC-Dialekte auf dem IBM PCjr
        ┌───────────────────────┴───────────────────────┐

  Kassetten-BASIC                          Cartridge-BASIC

  - In-Rom-BASIC                     - In-ROM-BASIC (Firmware)
  - ROM im Gehäuse des PCjr          - ROM in Cartridge und
    fest eingebaut                     Modul-Schacht zu schieben
  - Kein DOS erforderlich            - DOS muß geladen sein
  - Bestandteil des PCjr             - Extra zu bezahlen
  - Aufwärtskompatibel zum           - Kompatibel zum BASICA
    Cartridge-BASIC des PCjr           des PC/PC XT/Portable PC
```

Gegenüberstellung von Kassetten- und Cartridge-BAIC

Zu den BASIC-Programmen d i e s e s   B u c h e s :

BASICA auf IBM PC, PC XT und Portable PC unter DOS 2.0 wie un-
ter DOS 2.1 einerseits und Cartridge-BASIC auf IBM PCjr unter
DOS 2.1 andererseits sind weitgehend kompatibel.
Wenn in diesem Buch -ohne näheren Zusatz- von B A S I C   ge-
sprochen wird, dann sind damit diese übereinstimmenden BASIC-
Dialekte gemeint.
Die in diesem Buch wiedergegebenen Programme laufen somit auf
allen Typen der IBM-Personalcomputer-Familie: auf dem IBM PC,
PC XT, Portable PC und auf dem PCjr.

2.5 Grundwissen zum Betriebssystem DOS

2.5.1 DOS in Stichworten

Das Betriebssystem DOS ist äußerst komplex und wird laufend
um neue Befehle bzw. Programme erweitert. Im folgenden stellen
wir die Grundzüge dieses Betriebssystems in sechs Punkten dar.

1. DOS als Sammlung von Programmen bzw. Befehlen

Ein Betriebssystem soll den benutzerfreundlichen BETRIEB eines
Computer-SYSTEMs gewährleisten. DOS (Disk Operating System)
als Betriebssystem des IBM PC stellt dazu über 40 Befehle bzw.
Commands bereit, die auf der DOS-Diskette gespeichert sind.
Einige dieser Befehle rufen umfangreiche Programme mit eigenen
Prompt-Zeichen (z.B. Befehl EDLIN mit Prompt "*" oder Befehl
BASICA mit Prompt "Ok") auf. Andere Befehle wiederum melden
sich unmittelbar nach dem Aufruf wieder ab (z.B. Befehl COPY).

Das folgende Inhaltsverzeichnis (Directory) einer DOS-Diskette
gibt die Namen von über 20 DOS-Befehlen wieder:

```
A>DIR /W

 Volume in drive A has no label
 Directory of  A:\

COMMAND  COM    ANSI     SYS    FORMAT   COM    CHKDSK   COM    SYS      COM
DISKCOPY COM    DISKCOMP COM    COMP     COM    EDLIN    COM    MODE     COM
FDISK    COM    BACKUP   COM    RESTORE  COM    PRINT    COM    RECOVER  COM
ASSIGN   COM    TREE     COM    GRAPHICS COM    SORT     EXE    FIND     EXE
MORE     COM    BASIC    COM    BASICA   COM    KEYBGR   COM    AUTOEXEC BAT
        25 File(s)       26112 bytes free
```


2. Die vier wichtigsten Programme

Schalten wir den PC an, lädt ein im ROM des PC untergebrachtes
BOOTSTRAP-Programm die Programme IBMBIO.COM, IBMDOS.COM sowie
COMMAND.COM von der DOS-Diskette in den Hauptspeicher RAM. Die
Bootstrap-Übersetzung "sich an den eigenen Haaren emporziehen"
verdeutlicht die Aufgabe dieses Urladers.
Nach dem Booten befinden sich die drei DOS-Programme andauernd
im RAM. Sie haben folgende Aufgaben:

- IBMBIO.COM überträgt Daten und (Anwender)-Programme vom RAM
  auf externe Einheiten wie Diskette und Festplatte.
- IBMDOS.COM übernimmt das Management aller Dateien und Utilities (Dienstprogramme) von DOS.
- COMMAND.COM überprüft die von uns z.B. über Tastatur eingegebenen Anweisungen und aktiviert die zugehörigen Programme
  des DOS. Das Programm COMMAND.COM kann als Befehlsprozessor
  von DOS aufgefaßt werden.

Die beiden hardware-nahen Programme IBMBIO.COM und IBMDOS.COM
arbeiten unsichtbar und erscheinen deshalb im Inhaltsverzeichnis einer DOS-Diskette nicht.

3. Kaltstart und Warmstart von DOS

Den K a l t s t a r t haben wir schon in Abschnitt 2.2 kennengelernt: Wir legen die DOS-Diskette ein, schalten alle an-
geschlossenen Einheiten und zuletzt den PC an. Nach dem Laden
meldet sich DOS mit dem "A>" als seinem Bereitschaftszeichen.
Mit dem Kaltstart lassen wir den PC von Null bis zur vollen
Betriebsbereitschaft 'hochlaufen'.

Haben wir bereits mit dem PC gearbeitet - ist er also warm -,
können wir DOS durch Eingabe von

   /Ctrl/+/Alt/+/Del/   = Schlangengriff zum Kaltstart

starten. Wir drücken also die /Ctrl/-Taste (Ringfinger), die

/Alt/-Taste (Zeigefinger) und -beide Tasten bleiben gedrückt-
die /Del/-Taste (Zeigefinger rechts).
Durch diesen W a r m s t a r t wird ein gerade laufendes
Programm unterbrochen und ebenso wie alle im RAM befindlichen
Daten gelöscht. Die Tastenkombination /Ctrl/+/Alt/+/Del/ (oft
als 'Schlangengriff' bezeichnet) will stets wohlüberlegt eingegeben sein. Nach dem Laden von DOS erscheint am Bildschirm
wie beim Kaltstart das Prompt "A>".

4. Interne und externe DOS-Befehle

I n t e r n e   B e f e h l e   sind als Teile des Befehlspro-
zessors COMMAND.COM beim Booten in den Hauptspeicher geladen
worden. Rufen wir einen solchen Befehl auf (z.B. COPY), kann
er sofort ausgeführt werden.
E x t e r n e   B e f e h l e   rufen umfangreichere und nicht
so häufig benötigte DOS-Programme auf und müssen zunächst von
der DOS-Diskette in den Hauptspeicher gebracht werden (z.B.
DISKCOPY.COM).
Die grundlegenden internen und externen Befehle werden in der
Abbildung zusammengefaßt.

```
Befehl:    Disk.-Prog.:    Bedeutung:
------     ------------    ---------

Interne Befehle (befinden sich ständig im RAM):

COPY                       Datei(en) auf Diskette kopieren
DEL                        Eine Datei auf Diskette löschen
DIR                        Inhaltsverzeichnis der Diskette
REN                        Eine Datei auf Diskette umbenennen


Externe Befehle (jeweils von DOS-Diskette in den RAM laden):

FORMAT     FORMAT.COM      Eine Diskette löschen und formatieren
DISKCOPY   DISKCOPY.COM    Den gesamten Inhalt einer Diskette
                           auf eine andere Diskette kopieren.
```

Grundlegende Befehle von DOS

5. Verwaltung von Dateien bzw. Files

Wir haben oben unter Punkt 1 das Inhaltsverzeichnis einer
DOS-Diskette mit 26 Dateien bzw. Files wiedergegeben. Das Verwalten solcher Dateien spielt bei DOS eine zentrale Rolle. DOS
verwaltet drei Typen von Dateien: Programme, Batch Files sowie
Daten und darstellbare Texte. Jeder Dateiname umfaßt maximal 8
Zeichen und eine Namenserweiterung von 3 Zeichen zur Bezeichnung des Dateityps:

- Ein lauffähiges Programm erkennt man an der Erweiterung COM
  für Command-File (z.B. Formatierungsprogramm FORMAT.COM) und
  EXE für Executable File (z.B. Sortierprogramm SORT.EXE). Für

DOS signalisieren COM bzw. EXE, daß diese Programme in den RAM geladen und sogleich gestartet werden können; damit können sie von uns als Benutzer wie Befehle durch Angabe ihres Namens gestartet werden.
Auch BASIC.COM und BASICA.COM finden wir unter den Befehlen von DOS: dahinter verbergen sich Übersetzer bzw. Interpreter der gleichnamigen Programmiersprache.

- Ein Stapelprogramm erkennt man an der Erweiterung BAT für Batch File (z.B. AUTOEXEC.BAT). In ihm sind mehrere Befehlsaufrufe zusammengefaßt, die sodann automatisch abgearbeitet werden können. Ein Batch File als "Programm von Programmen" vereinfacht die Ausführung von sich häufig wiederholenden Befehlsfolgen.

- Daten werden vorwiegend durch die Erweiterung DAT und Texte durch TXT gekennzeichnet.

6. Versionen von DOS

Auf dem IBM PC laufen zahlreiche Betriebssysteme wie CP/M-86, Concurrent CP/M-86, (UCSD)p-System, UNIX und - mit Abstand am meisten verbreitet - DOS.
DOS wird auch als PC-DOS bezeichnet und ist in etwa kompatibel mit MS-DOS (Microsoft-DOS), unter dem viele 'PC-Kompatible' laufen.
Nach den DOS-Versionen 1.00, 1.10 und 2.00 wurde mit dem PCjr die Version 2.10 ausgeliefert. Auch der Portable PC läuft unter DOS 2.10.
DOS-Versionen sind a u f w ä r t s k o m p a t i b e l : demnach verarbeitet DOS 2.10 den gesamten Befehlsvorrat der Version DOS 2.00, nicht aber umgekehrt.

2.5.2 Formatieren einer Diskette

2.5.2.1 Formatierungsmöglichkeiten

Der FORMAT-Befehl teilt den Speicherplatz einer Diskette in Spuren (Kreise) und Sektoren (wie Kuchenstücke) ein und legt ein Inhaltsverzeichnis an. Man kann fabrikneue oder gebrauchte Disketten formatieren; im letzteren Fall geht a l l e gerade gespeicherte Information v e r l o r e n . In der Abbildung sind die wichtigsten Eingabeformate für FORMAT zusammengefaßt.

Zu den Laufwerkbezeichnungen A und B. Der IBM PCjr hat (standardmäßig) zwar nur ein Diskettenlaufwerk, spricht dieses jedoch unter den Namen A und B an. Man sagt: einem physischen stehen zwei logische Laufwerke gegenüber. Zum einen kann damit z.B. beim Kopieren zwischen Diskette "alt" und "neu" unterschieden werden. Zum anderen können wir auf dem PCjr mit demselben DOS arbeiten wir auf dem PC, der ja zwei Laufwerke hat.

```
   FORMAT            zweiseitig im Standardlaufwerk, max. 112 Files
   FORMAT B:         zweiseitig in Laufwerk B
A:FORMAT B:         zweiseitig in Laufwerk B (FORMAT von A lesen)

   FORMAT /S         auch das DOS-System (IBMBIO.COM, IBMDOS.COM
                     und COMMAND.COM) wird hinzukopiert
   FORMAT /1         einseitig, maximal 64 Files
   FORMAT /V         Diskettenname (Volume Label) eintippen

   FORMAT B:/1/V in Laufwerk B, einseitig mit Diskettennamen
   FORMAT A:/S/V in Laufwerk A, mit DOS-System und Namen
```

Beispiele zum Aufruf des Befehls FORMAT

DOS sucht automatisch im Standardlaufwerk. Beim Starten ist
dies Laufwerk A. Geben wir FORMAT ein, bezieht sich dies auf
das Laufwerk A. FORMAT ist identisch mit A:FORMAT A: und bedeutet: "Lade den Befehl von Laufwerk A und formatiere dann in
Laufwerk A (nach Diskettenwechsel natürlich)".
Durch Eingabe von
  B: /Enter/
machen wir B zum Standardlaufwerk. Tippen wir jetzt FORMAT ,
wird eine Diskette in Laufwerk B formatiert. Die Eingabe von
FORMAT A: besagt dasselbe wie B:FORMAT A: .

2.5.2.2 Experimentierdiskette einrichten

Alle Programme des vorliegenden Buches sind auf einer Diskette
namens 'Kai-PC-Buch' gespeichert (siehe letzte Buchseite), die
mit dem Befehl FORMAT /V formatiert worden ist. Ergänzend zu
dieser Buchdiskette wollen wir eine Experimentierdiskette namens 'Kai-PC-Expe' formatieren, auf die wir unsere eigenen Erweiterungen und Programmierversuche speichern können. Das Dialogprotokoll zeigt das Vorgehen:

Original DOS links: Deutsches DOS rechts:

```
A>
A>FORMAT /V                   A>FORMAT /V
Insert new diskette for drive A:   Neue Diskette einlegen in Laufwerk A:
and strike any key when ready      und anschl. eine Taste betätigen

Formatting...Format complete       Formatieren läuft...
                                   Formatieren beendet

Volume label (11 characters, ENTER
for none)? Kai-PC-Expe             Volume-Name (11 Zeichen, kein
                                   Name -> EINGABE)? Kai-PC-Expe

    362496 bytes total disk space
    362496 bytes available on disk
                                      362496 Bytes Gesamtplattenbereich
                                      362496 Bytes auf Platte verfügbar
Format another (Y/N)?n
A>BASICA
                                   Weitere Diskette formatieren (J/N)?n
```

Dialogprotokoll zur Formatierung einer Experimentierdiskette:

- DOS-Diskette in Laufwerk A einlegen.
- Falls gerade in der Sprachenebene mit BASIC gearbeitet wird:
  Durch Tippen von SYSTEM in die DOS-Ebene wechseln; das DOS-
  Prompt "A>" erscheint.
- FORMAT /V tippen: Dieser Befehl wird von der DOS-Diskette
  in den RAM geladen und gestartet.
- Neue leere Diskette in Laufwerk A einlegen und Taste tippen.
- Laufwerk arbeitet einige Sekunden und formatiert.
- Den Diskettennamen 'Kai-PC-Expe' eintippen.
- Formatieren durch Eingabe "n" beenden (mit "j" kann eine
  weitere Diskette eingerichtet werden).
- Ggf. mit BASICA von der Betriebssystem-Ebene zur Sprachen-
  Ebene wechseln.

2.5.3 Kopieren einer ganzen Diskette mit DISKCOPY

Mit dem DOS-Befehl DISKCOPY können wir den Inhalt einer gan-
zen Diskette auf eine andere Diskette kopieren. DISKCOPY dient
also dem Erstellen von S i c h e r u n g s d i s k e t t e n.

Eine der ersten Anwendungen von DISKCOPY wird sein, die gelieferten Systemdisketten wie z.B. die DOS-Diskette zu kopieren.
Wie das Dialogprotokoll zeigt, müssen wir bei einem Laufwerk
die zu kopierende Quelldiskette (Source) und die zu erstellen-
de Zieldiskette (Target) öfters wechseln. Um beim Verwechseln
der Disketten Überraschungen zu vermeiden, sollte man die Ein-
kerbung der Quelldiskette als Schreibschutz in jedem Fall zu-
kleben.

Das Dialogprotokoll zeigt, daß sich der Befehl DISKCOPY stets
nach der Quelldiskette richtet:
- Da die DOS-Diskette eine einseitige Aufzeichnung hat, wird
  nur einseitig kopiert: Mitteilung "1 side(s)".
- Da die DOS-Diskette die "normale" Speicherung mit 9 Sektoren
  je Spur (track) aufweist, wird auch diese Aufzeichnungsform
  beibehalten.
- Da eine unformatierte Zieldiskette eingelegt wurde, wird automatisch eine Formatierung entsprechend der der Quelldiskette vorgenommen (Mitteilung "Formatting while copying").

Falls Sie die zu diesem WEGWEISER-Buch erhältliche Diskette
"Kai-Pc-Buch" besitzen: Bitte fertigen Sie eine Sicherungskopie an. Dabei wird die Mitteilung "2 side(s)" ausgegeben, da
diese Diskette 111 Files bei z w e i s e i t i g e r Speicherung enthält (bei einseitiger Form könnten wir nur maximal
64 Files speichern).

Dialogprotokoll zum Erstellen einer Sicherungskopie der
DOS-Diskette:

Original DOS links:						Deutsches DOS rechts:

A>DISKCOPY

A>DISKCOPY

Insert source diskette in drive A:				Quellendiskette einlegen in Laufwerk A:

Strike any key when ready					Wenn bereit, eine Taste betätigen

Copying 9 sectors per track, 1 side(s)			Kopiert werden 9 Sektoren pro Spur,
								1 Seite(n)

Insert target diskette in drive A:				Zieldiskette einlegen in Laufwerk A:

Strike any key when ready					Wenn bereit, eine Taste betätigen

Formatting while copying					Formatieren während Kopieren

Insert source diskette in drive A:				Quellendiskette einlegen in Laufwerk A:

Strike any key when ready					Wenn bereit, eine Taste betätigen

Insert target diskette in drive A:				Zieldiskette einlegen in Laufwerk A:

Strike any key when ready					Wenn bereit, eine Taste betätigen

Insert source diskette in drive A:				Quellendiskette einlegen in Laufwerk A:

Strike any key when ready					Wenn bereit, eine Taste betätigen

Insert target diskette in drive A:				Zieldiskette einlegen in Laufwerk A:

Strike any key when ready					Wenn bereit, eine Taste betätigen

Copy complete						Kopieren beendet

Copy another (Y/N)?n						Eine weitere Kopie erstellen (J/N)?n

Das oben wiedergegebene Dialogprotokoll zu DISKCOPY bezieht
sich auf einen PC mit e i n e m Diskettenlaufwerk, das stets
als "drive A" angesprochen wird. Bei einem PC mit zwei Lauf-
werken A und B entfällt der etwas mühsame Diskettenwechsel.

DISKCOPY	Kopieren über Standardlaufwerk A
DISKCOPY A: B:	Kopieren von A nach B: Quelle in A, Ziel in B
DISKCOPY /1	Auf Quelle in jedem Fall einseitig kopieren
DISKCOPY B:	Kopieren von B zum Standardlaufwerk
DISKCOMP	DOS-Befehl zum Vergleichen von Quellen- und Zieldiskette (sollte stets n a c h DISKCOPY ausgeführt werden)

Beispiele zum Aufruf des Befehls DISKCOPY

Wem die Ausführung des Befehls DISKCOPY langsam vorkommt, der
sollte sich die folgende Rechnung vergegenwärtigen:

- Bei zweiseitiger Aufzeichnung werden ca. 360 KBytes kopiert,
  wovon dem Benutzer genau 362496 Bytes zur Verfügung stehen.

- Der Speicherplatz von 360 KBytes entspricht einem Umfang von
  240 S c h r e i b m a s c h i n e n s e i t e n .

- Ca. 1500 Buchstaben bzw. 250 Wörter je Seite; 1500 Bytes =
  1.5 KBytes je Seite; 100 Seiten entsprechen 150 KBytes bzw.
  240 Seiten entsprechen den 360 KBytes einer Diskette.

2.5.4 Kopieren von Dateien mit COPY

Im Gegensatz zu FORMAT und DISKCOPY handelt es sich bei dem
Befehl COPY um einen i n t e r n e n Befehl, der fortwährend
im RAM enthalten ist. Mit COPY können wir einzelne Dateien von
einer Diskette auf eine andere Diskette kopieren oder alle Dateien einer Diskette. Wir wenden uns zunächst der Einzelkopie
zu.

2.5.4.1 Einzelne Dateien kopieren

Auf der Diskette "Kai-PC-Buch" sind alle Programme zum vorliegenden Buch gespeichert. Wir wollen einige dieser Programme
auf unsere Experimentierdiskette "KAI-PC-Expe" kopieren und
verwenden dazu den Befehl COPY.

1. Programm MWST.BAS kopieren

Wir legen die Diskette "Kai-PC-Buch" ins Laufwerk A ein. Der
Befehl COPY MWST B: wird abgewiesen, da bei COPY (wie bei
allen Befehlen, die einen Schreibvorgang auslösen) die Namenserweiterung BAS (für BASIC-Programm bzw. BASIC-File) angegeben
werden muß.
Nach dem Eintippen von COPY MWST.BAS B: gibt DOS den Hinweis
   "Insert diskette for drive B and strike
    any key when ready"
aus, der hier nicht wiedergegeben ist. Wir legen die Zieldiskette "Kai-PC-Expe" ein und MWST.BAS wird kopiert.

```
A>COPY MWST B:
MWST File not found
        0 File(s) copied

A>COPY MWST.BAS B:
        1 File(s) copied
```

2. Mehrere Programme mit einem COPY-Befehl kopieren

Mit dem Befehl COPY PREIS*.BAS sucht COPY alle Programme,
deren Name mit PREIS beginnt. Die Befehle COPY PR*.BAS oder
auch COPY PR*.* haben dieselbe Wirkung. Das Wildcard "*" muß
stets wohlüberlegt gewählt werden.

```
A>COPY PREIS* B:
PREIS??? File not found
        0 File(s) copied

A>COPY PREIS*.BAS B:
PREIS1.BAS
PREIS2.BAS
        2 File(s) copied
```

2.5.4.2 Anwendung der Befehle DIR, DEL und REN

Im Zusammenhang mit COPY werden oft die drei internen Befehle

```
DIR       Inhaltsverzeichnis (DIRectory) einer Diskette
DEL       Eine Datei auf Diskette zerstören (DELete)
REN       Eine Datei auf Diskette umbenennen (REName)
```

verwendet. Zur Demonstration dieser Befehle führen wir unser
Anwendungsbeispiel mit Schritt 3 fort.

3. Inhaltsverzeichnis mit Befehl DIR zeigen lassen

DIR gibt das auf der eingelegten Diskette enthaltene Inhaltsverzeichnis aus: zu jedem Dateinamen wird dessen Speicherplatz
und Speicherungsdatum angegeben.
Die Befehlsform DIR /W gibt n u r die Dateinamen aus, und
zwar nicht untereinander, sondern nebeneinander angeordnet.
Das Beispiel zeigt, daß unsere Diskette "Kai-PC-Expe" derzeit
vier Programm enthält.

```
A>DIR /W

  Volume in drive A is KAI-PC-EXPE
  Directory of  A:\

VERBRAU  BAS    PREIS1  BAS    MWST     BAS    PREIS2    BAS
        4 File(s)    358400 bytes free
```

```
A>DIR

 Volume in drive A is KAI-PC-EXPE
 Directory of  A:\

VERBRAU  BAS       162    1-01-80   1:01a
PREIS1   BAS       103    1-01-80   1:20a
MWST     BAS       756    1-01-80   1:37a
PREIS2   BAS       466    1-01-80   1:20a
         4 File(s)    358400 bytes free
```

4. Programme mit DEL zerstören und mit REN umbenennen

Durch den Befehl DEL PREIS2.BAS wird das Programm PREIS2.BAS
auf der Diskette gelöscht. Es ist dadurch unwiederbringlich
verloren.

Durch den Befehl REN PREIS2.BAS P2 benennen wir PREIS2.BAS
in P2 um. Das Inhaltsverzeichnis zeigt, daß P2 jetzt o h n e
die Namenserweiterung BAS auf der Diskette steht.

```
A>DEL PREIS1.BAS

A>REN PREIS2 P2
Duplicate file name or File not found

A>REN PREIS2.BAS P2

A>DIR /W

 Volume in drive A is KAI-PC-EXPE
 Directory of  A:\

VERBRAU BAS    MWST     BAS    P2
        3 File(s)    359424 bytes free
```

5. Programm mit REN oder mit COPY umbenennen

Mit REN P2 *.BAS hängen wir an den Namen P2 wieder die Erweiterung BAS. Das Wildcard * übernimmt in den Zielnamen alle
vor dem Punkt stehenden Zeichen des Quellnamens.

```
A>REN P2 *.BAS

A>DIR /W

 Volume in drive A is KAI-PC-EXPE
 Directory of  A:\

VERBRAU BAS    MWST     BAS    P2      BAS
        3 File(s)    359424 bytes free
```

Auch mit dem Befehl COPY können wir eine Datei umbenennen.
Soll das Programm PREIS2.BAS von der Diskette "Kai-PC-Buch" in
die Diskette "Kai-PC-Expe" kopiert und dort unter dem Namen
P2.BAS gespeichert werden, können wir auch den Befehl

    COPY PREIS2.BAS B:P2.BAS

angeben. Da die Namenserweiterung unverändert bleibt, können
wir den Befehl auch in der Form

    COPY PREIS2.BAS B:P2.*

ausführen lassen. Das Wildcard "*" übernimmt die Erweiterung
von der Quellen- in die Zieldatei.

2.5.4.3 Alle Dateien einer Diskette kopieren

Die beiden Befehle DISKCOPY... und COPY...

    DISKCOPY A: B:
    COPY A:*.* B: oder COPY *.* B:

stimmen insofern überein, als a l l e Dateien der Quelldiskette in Laufwerk A auf die Zieldiskette in Laufwerk B übernommen werden. Gleichwohl ergeben sich wichtige Unterschiede:

- COPY kopiert einzeln (bei einem PC mit einem Laufwerk sehr
  mühsam), während DISKCOPY mehrere Dateien in den RAM liest
  und dann schreibt.

- Da COPY Datei für Datei einzeln kopiert, werden Zwischen-
  räume nicht von der Quell- auf die Zieldiskette übernommen.
  Die Files stehen "dicht an dicht" geordnet auf der Diskette.

- Da DISKCOPY eine Diskette exakt dupliziert, werden sämtliche
  Leerräume übernommen. Solche Leerräume entstehen z.B. dann,
  wenn eine Datei gelöscht und später eine kleinere Datei an
  ihren Platz gespeichert wird, oder wenn eine Datei auf nicht
  benachbarte Sektoren 'verstreut' abgelegt wird.

Folgerung: Haben wir auf einer Diskette nach längerem Experimentieren ein Programm-Paket ausgetestet vorliegen, werden wir
zunächst mittels COPY *.* B: diese Diskette 'aufräumen'. Für
alle anschließenden Kopien verwenden wir DOSKCOPY A: B: und
nutzen so die Schnelligkeit dieses externen DOS-Befehls aus.

2.5.5 Erstellen von Stapel-Dateien

2.5.5.1   Datei AUTOEXEC.BAT zum automatischen Starten

Die Stapel-Datei wollen wir an einem Beispiel erklären: Angenommen, es macht uns Spaß, auf dem PC in BASIC zu programmieren. Wir schalten deshalb den PC - wahrscheinlich zum Leidwe-
sen unserer Bekannten - öfters an. Beim Einschalten müssen wir
jedesmal dieselben DOS-Befehle bzw. -Programme MODE, KEYBGR
und BASICA nacheinander aufrufen:

```
   1. MODE 80,R     Bildschirm   auf 80 Zeichen Breite   einstellen
                    und  die Zeichen um 1 nach R)rechts verschie-
                    ben  (sonst sind die Zeichen links außen kaum
                    lesbar).
   2. KEYBGR        Die Tastatur  und den Bildschirm vom amerika-
                    nischen auf den deutschen Zeichensatz umstel-
                    len (damit ä,ö,ü,ß usw. erscheinen).
   3. BASICA        Den BASIC-Interpreter in den RAM laden.
```

Sehr bald wird es langweilig werden, diese drei Befehle immer
wieder eintippen bzw. aufrufen zu müssen. Der folgende Wunsch
wird laut: "Alle drei Befehle in einer Datei stapeln und mit
einem Namen versehen abspeichern. Bei Bedarf die Datei   aufrufen, damit sie dann die drei Befehle hintereinander zur Ausführung bringt".
Eine solche Datei nennt man S t a p e l - D a t e i bzw.
B a t c h - F i l e , da in ihr mehrere Befehle gestapelt
werden, die später durch einen einzigen Namensaufruf selbständig abgearbeitet werden. Andere Bezeichnungen sind: Kommando-
Datei (da in ihr Kommandos gespeichert sind), Stapel-Programm
(da die Datei Befehle enthält, die beim Programmlauf aktiviert
werden) und Prozedur-Datei (da die Befehle als Prozeduren bzw.
Unterprogramme aufgefaßt werden können).

DOS erkennt ein Batch-File an der Namenserweiterung BAT. Wir
geben dem File den Namen AUTOEXEC.BAT und speichern es im Dialog ab.

Dialogprotokoll zur Speicherung von AUTOEXEC.BAT:

```
    SYSTEM

    A>COPY CON: AUTOEXEC.BAT
    MODE 80,R
    KEYBGR
    BASICA
    ^Z
            1 File(s) copied


    A>
```

Bei dieser Speicherung der Stapel-Datei AUTOEXEC.BAT gehen wir
wie folgt vor:

- Mit SYSTEM wechseln wir von der BASIC- in die DOS-Ebene.

- Wir tippen COPY CON: AUTOEXEC.BAT   und befehlen, daß alle
  nachfolgenden von der Tastatur kommenden Eingaben (CON: für
  CONsole bzw. Tastatur) in ein File namens AUTOEXEC.BAT geschrieben werden. BAT zeigt an, daß es sich bei AUTOEXEC um
  eine Stapel-Datei handelt.

- Der Reihe nach tippen wir MODE 80,R /Enter/, KEYBGR /Enter/
  und BASICA /Enter/ ein, also drei DOS-Befehle bzw. DOS-Programme.

- Durch die Eingabe von /Fn/+6 (beide Tasten gleichzeitig gedrückt halten, also Funktionstaste /F6/) schließen wir die
  Eingabe in den Stapel ab.

Mit DIR erhalten wir das Inhaltsverzeichnis der Diskette. Der
folgende Ausschnitt zeigt, daß unsere Stapel-Datei tatsächlich
gespeichert ist:

```
GRAPHICS COM       789   10-20-83   12:00p
SORT     EXE      1408   10-20-83   12:00p          Ausschnitt
FIND     EXE      5888   10-20-83   12:00p          des DIRectory
MODE     COM       384   10-20-83   12:00p
BASIC    COM     16256   10-20-83   12:00p
BASICA   COM     26112   10-20-83   12:00p
KEYBGR   COM      1573    3-08-83   12:00p
AUTOEXEC BAT        27    1-01-80   12:01a
        25 File(s)       26112 bytes free
```

Die Stapel-Datei AUTOEXEC.BAT ist nun auf Diskette gespeichert
und damit durch Eingabe ihres Namens beliebig oft zur Ausführung zu bringen. Tippen wir

    AUTOEXEC.BAT /Enter/

ein, werden die drei Befehle MODE, KEYBGR und BASICA wie gewünscht der Reihe nach ausgeführt.

```
Stapel-Datei einmalig erstellen:
----------------------------------
   1. Über Tastatur mit COPY-Befehl:  COPY CON: Dateiname.BAT
                                         ...
                                         /F6/-Taste für Ende
   2. Mit einem Texteditor (z.B. Wordstar oder EDLIN).


Stapel-Datei wiederholt ausführen:
----------------------------------
   1. Durch Eingabe des Dateinamens  .........BAT .

   2. Sonderfall: Datei namens AUTOEXEC.BAT wird vom System
      beim Booten automatisch als erstes Programm ausgeführt.
```

        Stapel-Datei bzw. Batch-File erstellen und ausführen

Wie der Name AUTOEXEC (automatisch ausführen) schon sagt, hat
eine Stapel-Datei dieses Namens eine besondere Bedeutung: Sie
ist auf der Diskette im Stamminhaltsverzeichnis (Root-Directo-
ry) eingetragen und wird beim B o o t e n der Diskette stets
als erstes Programm a u t o m a t i s c h ausgeführt. Legt
man die DOS-Diskette mit AUTOEXEC.BAT ins Laufwerk ein, dann
wird beim Anschalten des PC das File AUTOEXEC.BAT selbständig
ausgeführt. Auf diese Weise gelangt der Benutzer sofort in die
BASIC-Sprachen-Ebene, ohne mit der Betriebssystem-Ebene in Be-
rührung zu kommen.
Nicht nur auf der DOS-Diskette als Systemdiskette können wir
das File AUTOEXEC.BAT speichern, sondern auch auf jeder Anwenderdiskette, die als Boot-Diskette genutzt werden soll.

2.5.5.2 Stapel-Datei zum Erzeugen von Anwenderdisketten

Nach AUTOEXEC.BAT wollen wir eine weitere Stapel-Datei erstellen. Wie ihr Name DISKNEU.BAT sagt, soll sie nicht beim Booten
durch das System, sondern von uns durch Eingabe ihres Namens
zur Ausführung gebracht werden.

Zunächst zu den zwei A u s f ü h r u n g s b e i s p i e l e n
von DISKNEU.BAT:
Die Stapel-Datei DISKNEU.BAT dient dem Zweck, Daten-Disketten
oder BASIC-Programm-Disketten zu erstellen.
Eine Daten-Diskette soll mit FORMAT /V formatiert werden und
kein DOS enthalten. Wir verwenden sie zur Speicherung großen
Datenmengen bzw. Dateien.
Eine BASIC-Programm-Diskette hingegen soll als Boot-Diskette
das DOS enthalten und außerdem den Interpreter BASICA.COM und
die beiden Utilities MODE.COM (Bildschirm verschiebbar) sowie
KEYBGR.COM (deutscher Zeichensatz) speichern.
Die beiden Ausführungen zum Stapelprogramm DISNEU.BAT zeigen,
daß der Benutzer keinerlei DOS-Befehle eintippen muß. Er muß
nur wissen, daß hinter dem Namen DISKNEU stets noch ein Para-
meterwert einzugeben ist wie DATEN (wenn eine Daten-Diskette
erstellt werden soll) oder PROG (falls eine Programm-Diskette
gewünscht wird).

```
                      Anwenderdiskette
          ┌─────────────────────┴─────────────────────┐

  DATEN-DISKETTE                       PROGRAMM-DISKETTE

 - kein Booten, kein DOS.             - Boot-Diskette mit DOS.

 - Speicherung von Dateien.          - Speicherung beliebig.

 - Nur zusammen mit einer            - Selbständig einsetzbar.
   Boot-Diskette einsetzbar.

 - FORMAT /V                         - FORMAT /S/V, ggf. AUTOEXEC
```

Daten-Diskette und Programm-Diskette

1. Ausführung zur Stapel-Datei DISKNEU
   (Erstellen einer Datendiskette namens DAT-DISK2):

```
A>DISKNEU DATEN

A>ECHO OFF
Erstellen einer neuen Anwenderdiskette
leere Diskette bereithalten
Strike a key when ready . . .
Formatieren einer Daten-Diskette
Insert new diskette for drive B:
and strike any key when ready

Formatting...Format complete

Volume label (11 characters, ENTER for none)? DAT-DISK2


    362496 bytes total disk space
    362496 bytes available on disk

Format another (Y/N)?n

Diskette in Laufwerk B erstellt. Ende Stapel DISKNEU.

A>DIR /W

 Volume in drive A is DAT-DISK2
 Directory of  A:\

File not found

A>
```


Codierung zur Stapel-Datei DISKNEU.BAT:

```
A>COPY DISKNEU.BAT PRN:
ECHO OFF
ECHO Erstellen einer neuen Anwenderdiskette
BREAK ON
ECHO Leere Diskette bereithalten
PAUSE Warten
IF NOT %1==DATEN GOTO PROG
ECHO Formatieren einer Daten-Diskette
FORMAT B: /V
GOTO STAPEND
:PROG
ECHO Formatieren einer BASIC-Programm-Diskette
FORMAT B: /S/V
FOR %%A IN (BASICA.COM,MODE.COM,KEYBGR.COM) DO COPY %%A B:
:STAPEND
ECHO Diskette in Laufwerk B erstellt. Ende Stapel DISKNEU.
        1 File(s) copied

A>
```

2. Ausführung zur Stapel-Datei DISKNEU
   (Erstellen einer Anwender-Diskette PROG-DISK4):

```
A>DISKNEU PROG

A>ECHO OFF
Erstellen einer neuen Anwenderdiskette
leere Diskette bereithalten
Strike a key when ready . . .
Formatieren einer BASIC-Programm-Diskette
Insert new diskette for drive B:
and strike any key when ready

Formatting...Format complete
System transferred

Volume label (11 characters, ENTER for none)? PROG-DISK4


   362496 bytes total disk space
    40960 bytes used by system
   321536 bytes available on disk


Format another (Y/N)?n
                                1 File(s) copied
       1 File(s) copied
       1 File(s) copied
Diskette in Laufwerk B erstellt. Ende Stapel DISKNEU.

A>

A>DIR /W

 Volume in drive A is PROG-DISK4
 Directory of  A:\

COMMAND COM    BASICA   COM    MODE     COM    KEYBGR    COM
       4 File(s)    288768 bytes free

A>
```

Betrachten wir die C o d i e r u n g zur Datei DISKNEU.BAT.
Sie weist 15 Zeilen mit drei verschiedenen 'Worttypen' auf:

- DOS-Befehl FORMAT
- Batch-Kommandos ECHO, BRAK, PAUSE, IF und FOR
- Sprung-Marken :PROG und :STAPEND

Den DOS-Befehl FORMAT kennen wir bereits. In eine Stapel-Datei
können wir beliebige DOS-Befehle und auch BASIC-Programme einfügen.
Die Batch-Kommandos sind neu. DOS stellt speziell für die Sta-
pelverarbeitung (engl. Batch-file-Processing) Kommnandos zur
Verfügung, die Schleifenbildung und Benutzerabfragen zulassen.
Man kann diese K o m m a n d o s p r a c h e als eine "Programmiersprache auf der DOS-Betriebssystem-Ebene" auffassen.

In der Abbildung sind die sieben Batch-Kommandos zusammengestellt.
Da im Batch keine Zeilennummern vorgesehen sind, müssen wir
für Verzweigungen anstelle einer Nummer (z.B. GOTO 30) eine
Marke (z.B. GOTO :PROG mit Marke PROG) angeben. Eine Sprungmarke (auch als Label bezeichnet) beginnt stets mit dem ":".

Wir können jetzt die einzelnen Zeilen von DISKNEU.BAT untersuchen:

- ECHO OFF schaltet die Bildschirmausgabe der Kommandos aus
  (mit ECHO ON würde bei der Ausführung jede Zeile am Bildschirm protokolliert).

- ECHO Erstellen ... zeigt einen Hinweistext.

- BREAK ON sorgt dafür, daß DOS vor der Ausführung jedes ein-
  zelnen Kommandos überprüft, ob die Taste /Fn/+/Break/ als
  Unterbrechungstaste gedrückt wurde. Falls "ja", bricht DOS
  den Stapel ab und geht zur Betriebssystem-Ebene zurück (das
  Prompt "A>" erscheint). Damit kann der Benutzer durch diesen
  'Notausgang' die Ausführung des Stapels jederzeit abbrechen.

- Der Befehl PAUSE wartet und gibt die Mitteilung
     "Strike any key when ready ..."
  aus. Dieser Befehl ist z.B. bei Diskettenwechsel wichtig.

- Zum Kommando IF NOT %1==DATEN GOTO PROG :
  Wenn wir die Datei DISKNEU.BAT mit
     DISKNEU /Enter/
  aufrufen, ergibt sich bei der Ausführung ein Fehler, da beim
  Dateiaufruf ein Parameter angegeben werden muß.
  Rufen wir die Datei mit
     DISKNEU PROG /Enter/
  auf, wird der Wert PROG dem Parameter %1 übergeben (in die-
  der Variablen %1 steht DATEN). Der Vergleich NOT %1==DATEN
  ist wahr und das Programm verzweigt in die Zeile, in der die
  Sprungmarke PROG steht. Rufen wir die Datei dagegen mit
     DISKNEU DATEN /Enter/
  auf, ist der Vergleich unwahr und die Ausführung geht in der
  Folgezeile weiter.
  10 Parameter %0, %1, ... %9 sind möglich (mittels SHIFT kann
  diese Zahl aber erhöht werden). Der Parameter %0 enthält den
  Namen des Batch-Files, hat also eine besondere Bedeutung.

- Zum Kommando FOR mit der Batch-File-Variablen %%A:
  Die Variable %%A erhält bei jedem Durchlauf der Ein-Zeilen-
  Schleife FOR-DO jeweils den nächsten der in der Klammer angegebenen Werte. Ist dieser Variablenwert gültig (ist z.B.
  der Befehl BASICA.COM auf der Diskette), wird das hinter DO
  angegebene Kommando ausgeführt (also mit COPY BASICA.COM B:
  der Interpreter BASICA.COM auf die Diskette in Laufwerk B
  kopiert). Ist der Wert ungültig, wird sequentiell zum nächsten Wert von %%A weitergegangen.

```
ECHO OFF/ON    Bildschirmanzeige aus-/einschalten
ECHO ...       Meldung ... am Bildschirm zeigen
GOTO Marke     Unbedingter Sprung zur Sprungmarke ":Marke"
IF-GOTO        Bedingte Verzweigung
PAUSE          Programmunterbrechung bis zur Tastatureingabe
REM            Bemerkungen im Kommando-Text
SHIFT          Parameterverschiebung


:Marke         Sprungmarke (zu dieser Zeile wird verzweigt)

%0 - %9        10 Parameter (Platzhalter) möglich, die Werte
               beim Dateiaufruf übergeben


%%A,%%B,...    Batch-File-Variablen im FOR-Schleifen-Kommando
```

Spezielle Kommandos zur Batch-File-programmierung

Durch Eintippen des DOS-Befehls

   COPY CON: DISKNEU.BAT   /Enter/

geben wir die Datei DISKNEU.BAT von der Tastatur ein. Mit der
Tastenkombination /Fn/+/Break/ beenden wir die Eingabe wieder.

Mit dem DOS-Befehl

   COPY DISKNEU.BAT PRN: /Enter/

können wir der Inhalt der Datei ausdrucken (PRN für Printer).
Mit dem DOS-Befehl

   TYPE DISKNEU.BAT   /Enter/

wird uns der Inhalt der Stapel-Datei am Bildschirm gezeigt.

2.6 ROM-Cartridge und Diskette als Externspeicher

Der IBM PCjr verfügt über zwei grundsätzlich verschiedene Externspeicher: Die ROM-Cartridge und die Diskette. Wir wollen
diese Speicher an fünf Punkten gegenüberstellen.

1. Cartridge beansprucht keinen RAM

Die ROM-Cartridge wurde durch den Homecomputer "TI 99/4" bekannt. Sie vergrößert den internen Speicherplatz des PCjr um

ROM (Read Only Memory als Nur-Lese-Speicher). ROM kann mit einem in einer Glasvitrine aufgeschlagen ausgestellten Buch verglichen werden: man kann den Inhalt zwar lesen und auch kopieren bzw. photographieren, nicht jedoch beschreiben.
ROM-Cartridges werden auch als Programm-Cartridges, Programm-Module bzw. Firmware bezeichnet. F i r m w a r e deshalb, da jedes Modul Software (Daten und/oder Programme) enthält, die in speziellen ICs f e s t eingebrannt ist.

Ein großer Vorteil der ROM-Cartridge als Firmware gegenüber der Diskette als S o f t w a r e ist, daß die Cartridge dem Benutzer keinen Hauptspeicherplatz 'wegnimmt'. Dazu ein Beispiel: Der BASIC-Interpreter kann als Cartridge oder auf Diskette vorliegen. Im ersten Fall bleibt der Benutzerspeicher unverändert, da BASIC vom ROM aus übersetzt. Im zweiten Fall muß der Interpreter von der Diskette in den RAM geladen werden und verkleinert damit den dem Benutzer zur Verfügung stehenden Speicherplatz.
ROM-Cartridges wurden eingeführt, um die 'nur' 128 KBytes RAM des PCjr dem Benutzer für seine jeweiligen Anwendungen zu erhalten.

2. Geringere Speicherkapazität der Cartridge

Eine Cartridge kann zwischen 8 und 64 KBytes aufnehmen, also zwischen 8192 und 65536 Bytes (Zeichen). Auf der einseitigen 5.25"-Diskette können wir bis 180 KBytes speichern, bei zweiseitiger Formatierung sogar 360 KBytes. Disketten mit mehr als einem Megabyte sind verfügbar.
Als Massenspeicher wird die Cartridge die Diskette (und das Magnetband) sicher nicht ablösen.

3. Cartridge ist einfach zu bedienen

Der PCjr weist zwei Modulschächte auf, in die Cartridges eingeschoben werden können. Mit dem Einschieben ist das Programm gleichzeitig 'geladen' bzw. aktiviert. Anders als bei der Diskette gibt es keinen Ladebefehl, keinen Such- und Ladevorgang und kein langes Warten auf das Ende der Datenübertragung. Was den Bedienungskomfort betrifft, ist die Cartridge der Diskette somit eindeutig überlegen.

4. Höhere Herstellungskosten der Cartridge

Die Herstellung und Speicherung von ROM-Cartridges ist wesentlich teurer als die von Disketten. Logik- und Speicher-Chips, gedruckte Schaltungen im Plastik-Modul kosten mehr als Floppy Disks.
Zudem ergibt sich für den Softwareproduzenten die Schwierigkeit, ein Updating für verbesserte Software-Versionen durchzuführen. Ein ROM-Modul läßt sich zwar ebenfalls öffnen, das Austauschen von Festspeicher-Chips hingegen ist nicht so einfach.

5. Cartridges sind schwieriger zu kopieren

Das Herstellen von Raubkopien von Disketten ist leider verlok-
kend einfach und kaum zu kontrollieren. Das illegale Kopieren
von Programmen auf ROM-Cartridges dagegen ist weit aufwendiger
und schwieriger. Aus diesem Grund ist zu erwarten, daß für den
IBM PCjr durch die Software-Poduzenten zunehmend Programme auf
Cartridges angeboten werden.

Die Gegenüberstellung von ROM-Cartridge und Diskette bzw. von
Firmware- und Software-Lösung zeigt, daß b e i d e externen
Speichermedien ihre Vorteile haben. Es geht beim IBM PCjr somit nicht um die Frage "Cartridge o d e r Diskette?", sondern um die Frage "W a n n Cartridge und wann Diskette?".

2.7 Memory Map der IBM Personal Computer allgemein

Die IBM Personalcomputer PC, PC XT, Portable PC und PCjr verwenden alle den Mikroprozessor 8088 und nutzen den Adreßraum
von einem MByte bzw. 1048576 Bytes in fast übereinstimmender
Aufteilung. Die unten wiedergegebene Memory Map als Aufteilung dieses Adreßbereiches zeigt 64K-Schritte 10000 - F0000 in
hezadezimaler Angabe (10000hex = &H10000 = 65536 Bytes = 64K).

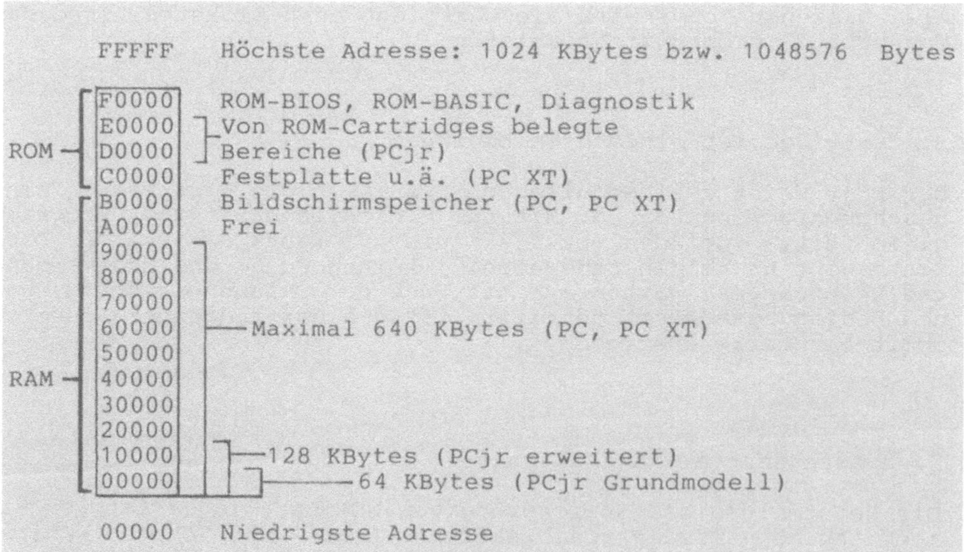

Memory Map der "IBM Personal Computer Familie" allgemein

In folgenden Abschnitt 3 wenden wir uns dem ersten 64 K- bzw.
128 KBytes-Bereich zu, in den wir BASIC-Programme speichern.
Näheres zur Memory Map siehe Abschnitt 3.5.5.

3 Programmierkurs mit IBM-BASIC

Zur Gliederung des

P r o g r a m m i e r k u r s e s   m i t   I B M - B A S I C

Der "Programmierkurs mit IBM-BASIC" ist in drei Teile gegliedert. Der G r u n d k u r s beschäftigt sich mit den vier
elementaren Programmstrukturen der Informatik: mit der Folge
(linear), Auswahl (Verzweigung), Wiederholung (Schleife) und
mit dem Unterablauf (Unterprogramm bzw. Funktion). Im nachfolgenden A u f b a u k u r s I werden diese Programmstrukturen eingesetzt, um kleine Probleme innerhalb des RAM zu lösen.
Im Mittelpunkt von A u f b a u k u r s II stehen Probleme,
die einen Zugriff auf die Diskette bzw. Datei (File) erforderlich machen.

G r u n d k u r s :

3.1 Programmstrukturen Folge (lineares Programm), Auswahl
     (Verzweigung), Wiederholung (Schleife) und Unterablauf

A u f b a u k u r s I :

3.2 Programmiertechnik   3.6 Programme prüfen
3.3 Strings   und verbinden
3.4 Eingabe und Ausgabe   3.7 Arrays
3.5 Maschinennahe Programmierung   3.8 Suchen und Sortieren

A u f b a u k u r s II :

3.9 Sequentielle Datei   3.13 Binärer Baum
3.10 Direktzugriff-Datei   3.14 Verkettete Dateien
3.11 Index-sequentielle Datei   3.15 Grafik
3.12 Gekettete Liste   3.16 Spiele
                                     3.17 Musik

Die 111 Programme bzw. Datendateien des Kurses laufen auf IBM
Personalcomputern (PC, PC XT, Portable PC und PCjr) mit BASICA
bzw. Cartridge-BASIC unter DOS 2.1 und - abgesehen von einigen
Grafikanwendungen - auch unter DOS 2.0.

3.1 Grundlegende Programmstrukturen an Beispielen

Wie in Abschnitt 1.3.3 dargestellt, lassen sich aus den vier
g r u n d l e g e n d e n Programmstrukturen Folge, Auswahl,
Wiederholung und Unterprogramm alle nur denkbaren Programmabläufe konstruieren.

```
Folgestrukturen              (linear, geradeaus)
Auswahlstrukturen            (vorwärts verzweigend)
Wiederholungsstrukturen      (rückwärts verzweigend, Schleife)
Unterprogrammstrukturen      (unterteilend)
```

            Vier grundlegende Programmstrukturen

In Abschnitt 3.1 wird zu jeder Programmstruktur mindestens ein
in sich abgeschlossenes Demonstrationsbeispiel angegeben und
erklärt.

3.1.1 Lineare Programme (Folgestrukturen)

3.1.1.1 Codierung und Ausführungen zu einem Programm

Jedes Programm hat einen Namen. Das Programm mit Namen VERBRAU
ermittelt den durchschnittlichen Benzinverbrauch für einen Pkw
mit einem Tankinhalt von 60 Litern. Wir haben es schon in Abschnitt 2.2 kennengelernt und wollen es nun näher untersuchen.

Codierung zu VERBRAU: Zwei Ausführungen zu VERBRAU:

```
LOAD "VERBRAU"                       RUN
Ok?                                  Eingabe: Gefahrene km
LIST                                 ? 600
10 LET T=60                          Ausgabe: Liter/100 km
20 PRINT "Eingabe: Gefahrene km"      10
30 INPUT K                           Ok?
40 LET D=100*T/K
50 PRINT "Ausgabe: Liter/100 km"
60 PRINT D                           RUN
70 END                               Eingabe: Gefahrene km
Ok?                                  ? 542
                                     Ausgabe: Liter/100 km
                                      11.07011
                                     Ok?
```

Tippt man den Befehl RUN ein, wird das Programm ausgeführt:
Der Computer gibt den Text "Eingabe: Gefahrene km" aus , der
Benutzer gibt 600 ein, der Computer berechnet 10 L als Durch-

schnittverbrauch, um dann den Text "Ausgabe: Liter/100 km" und
die Zahl 10 auszugeben. Bei der zweiten Ausführung entwickelt
sich ein ähnlicher Mensch-Computer-Dialog, nur wird dabei von
542 km ausgegangen.
Beide Programm a u s f ü h r u n g e n (häufig auch Programmlauf oder Dialogprotokoll genannt) werden dem Computer durch
Anweisungen befohlen, die man sich durch Eintippen des Befehls
LIST zeigen lassen kann. Das in der Programmiersprache BASIC
codierte Programm VERBRAU umfaßt sieben Zeilen mit den Zeilennummern 10-70 sowie vier Anweisungsarten LET, PRINT, INPUT
und END. Das Programm wird Zeile für Zeile linear ausgeführt:

- 10: Weise die Zahl 60 nach T (wie Tankfüllung) zu.
- 20: Gib am Bildschirm den zwischen " " stehenden Text aus.
- 30: Warte auf eine Tastatureingabe und weise diese Eingabe
      dann der Variablen K (für Kilometer) zu.
- 40: Rechne 100 mal T durch K aus und weise das Ergebnis dann
      der Variablen D (für Durchschnittverbrauch) zu.
- 50: Gib am Bildschirm den zwischen " " stehenden Text aus.
- 60: Gib am Bildschirm den Inhalt der Variablen D aus.
- 70: Beende die Ausführung des Programms VERBRAU.

Jede Programmzeile besteht aus der Zeilennummer (z.B. 30) mit
Anweisungswort (z.B. INPUT) und Anweisungsargument (z.B. K).
Die BASIC - C o d i e r u n g (auch BASIC-Listing genannt) besteht aus einer Folge von computerverständlich in BASIC formu-
lierten Anweisungen. Das e i n m a l   c o d i e r t e Programm kann dabei m e h r m a l s   a u s g e f ü h r t werden, wobei sich die Ausführungen je nach Eingabewerten unterscheiden können, die Codierung aber unverändert zugrundeliegt.

Dies wird ermöglicht durch die Verwendung von Variablen (vgl.
Abschnitt 1.3.4.2), hier durch die numerischen Variablen K und
D. Während K und D ihren Inhalt (Wert) ändern, bleibt dieser
bei T mit 60 Litern fest bzw. konstant: T ist eine Konstante.
Daten können als V a r i a b l e n oder K o n s t a n t e n
im Programm vorgesehen sein; hier sind beides numerische Daten
bzw. Zahlen.

```
K o n s t a n t e n  (=feste Daten):
-------------------------------------------

10 LET T=60              Die feste Zahl 60 der Konstanten T
                         zuweisen und unverändert belassen.


50 PRINT "Ausgabe: Liter/100 km"      Einen gleichbleibenden
                         Text ausgeben.


V a r i a b l e n  (=veränderliche Daten):
-------------------------------------------

30 INPUT K               Eine beliebige über Tastatur eingegebe-
                         ne Zahl der Variablen K zuweisen.
40 LET D=100*T/K         Eine Berechnung durchführen und das Er-
                         gebnis der Variablen D zuweisen.
60 PRINT D               Den derzeitigen Wert der Variablen D am
                         Bildschirm ausgeben.
```

Konstanten und Variablen im Programm VERBRAU

Betrachten wir die vier im Programm VERBRAU verwendeten Anweisungen:
Die LET-Anweisung berechnet den rechts vom Zuweisungszeichen "=" angebenenen Ausdruck und weist dann das Ergebnis der links von "=" stehenden Variablen zu. Bei LET (für (zu)lassen) darf links vom Zuweisungszeichen "=" immer nur e i n Name stehen. LET T=60 bedeutet "weise die Zahl 60 der Variablen T zu" oder kürzer "T ergibt sich aus 60".

Die PRINT-Anweisung dient einerseits der Ausgabe von Text, der stets zwischen Gänsefüßchen steht (in den Zeilen 20 und 50), und andererseits der Ausgabe des Inhalts von Variablen (in der Zeile 60).

Die INPUT-Anweisung dient der Tastatureingabe von Werten und deren Zuweisung in eine Variable wie etwa in die Variable K in Zeile 30.

Die END-Anweisung beendet die Ausführung.

3.1.1.2 Anweisungsfolge Eingabe - Verarbeitung - Ausgabe

Jedes Programm läuft in der Folge Eingabe-Verarbeitung-Ausgabe ab, auch als EVA-Prinzip bezeichnet (vgl. Abschnitt 1.2.2.1). Im folgenden Programm namens PREIS1 zeigt sich der 3er-Schritt in den Zeilen 20, 30 und 40.

Codierung zu PREIS1:   Zwei Ausführungen zu PREIS1:

```
LIST                               RUN
10 REM ====== Programm PREIS1      Alter Preis? 200
20 INPUT "Alter Preis";P           Neuer Preis: 170
30 LET P=P-P*15/100
40 PRINT "Neuer Preis:"; P         RUN
50 END                             Alter Preis? 4925.65
Ok?                                Neuer Preis: 4186.802
```

Die REM-Anweisung (engl. remark für Bemerkung) ermöglicht das Einfügen von Bemerkungen, die nur bei LIST erscheinen, nicht aber bei RUN. So erscheint hier der Programmname PREIS1 bei den Ausführungen nicht, wohl aber bei der Codierung.
Die Zeile 20 hätte man auch umständlicher codieren können:

```
20 PRINT "ALTER PREIS:";
21 INPUT P
```

Da vor jedem INPUT ein PRINT stehen sollte -sonst weiß man ja nicht, was überhaupt einzutippen ist-, kann man mit Anweisung

```
20 INPUT "ALTER PREIS: ";P
```

die Eingabeanforderung mit der Eingabe zusammen in e i n e r INPUT-Anweisung programmieren.

Die LET-Anweisung in Zeile 30 zeigt den Unterschied zwischen
dem Zuweisungszeichen "=" (weise von rechts nach links zu) und
dem Gleichheitszeichen "=" in der Mathematik (links=rechts).

```
30 LET P = P - P*15/100
        |      |    |_________ 1. 200*15/100 ergibt 30 (200 in P)
        |      |_____________ 2. 200-30 ergibt 170    (200 in P)
        |____________________ 3. Weise 170 nach P zu  (170 in P)
```

              Wertzuweisung durch LET an einem Beispiel

Entsprechend bewirken die Anweisungen
   180 LET Z=Z+1
eine Werterhöhung des derzeitigen Inhalts von Z um 1 und
   230 LET X1=X1/2
eine Halbierung von X1.

Die PRINT-Anweisung in Zeile 40 zeigt, wie man sich konstanten
Text und variable Werte nebeneinander ausgeben lassen kann:
Das ; trennt ohne Leerzeichen (auch Blanc bzw. Space genannt).
Auf die Gänsefüßchen kommt es an: PRINT "P" würde den Buchsta-
ben P am Bildschirm zeigen, PRINT P den Wert der Variablen P.

```
PRINT-Anweisung:          ... am Bildschirm erscheint:
----------------          ----------------------------
 5 PRINT "P"              Das einzelne Zeichen bzw. der Text  P

 7 PRINT P               Z.B. Zahl  1657  als Wert der Variablen P

40 PRINT "PREIS:";P      Z.B.  PREIS: 1657 (also konstanter Text
                         und Zahlenvariable mit ; zur Trennung).
```

              Ausgabe durch PRINT an drei Beispielen

3.1.1.3 Übersichtliche Programmgliederung

Wie in Abschnitt 1.3.4.3 erläutert , gliedert man ein Programm
unabhängig von der jeweiligen Programmiersprache übersichtlich
in die drei Teile Name, Vereinbarungsteil und Anweisungsteil.

```
  1. Programmname        (z.B. PREIS2)
  2. Vereinbarungsteil   (z.B. Variablen S% und P! vereinbaren)
  3. Anweisungsteil.     (z.B. 6 Anweisungen hintereinander)
```

              Drei Teile eines Programmes

In BASIC ist diese explizite Dreiteilung nicht zwingend erforderlich. Insbesondere bei umfangreichen, langen Programmen sollte man die Dreiteilung aber unbedingt vorsehen: sie läßt sich in BASIC durch REM-Anweisungen markieren.

Das folgende Programm PREIS2 sieht eine Dreiteilung vor, wobei die Teile durch Leerzeilen und REM getrennt werden (das Hochkomma ' kann anstelle von REM geschrieben werden). Im Vereinbarungsteil wird S als Ganzzahl-Konstante vereinbart (integer= ganzzahlig) und P als Dezimalzahl-Variable (real=kommazahlig). Dabei stehen % bei S% für Ganzzahl und ! bei P! für Kommazahl (siehe Anschnitt 2.4.1).

Mehrere Anweisungen in einer Zeile:
In BASIC ist es möglich, mehrere Anweisungen durch einen ":" getrennt in e i n e Zeile zu schreiben. Lange Zeilen sind unübersichtlich und schwer korrigierbar, das Zeichen ":" soll weitgehend vermieden werden. In der letzten Zeile von Programm PREIS2 werden mit dem ":" die Anweisungen PRINT sowie END in einer Zeile programmiert.

Leerzeilen:
Zwischen den Zeilen 140 und 150 sowie 140 und 150 stehen Leerzeilen. Diese werden durch Eintippen von /Ctrl/+/j/ (Tasten gemeinsam drücken) am Ende der jeweils vorangehenden Zeile erzeugt. Anstelle des in der Leerzeile stehenden ":" werden wir später auch das "'" verwenden.

Codierung zu Programm PREIS2:

```
100 REM ====== Programm PREIS2
    :
110 REM ====== Vereinbarungsteil
120 ' S%  Preissenkung in % als Konstante (Datentyp GANZZAHL (%))
130      LET S%=15
140 ' P!  Preis als variable Größe (Datentyp EINFACHE GENAUIGKEIT (!))
    :
150 REM ====== Anweisungsteil
160 PRINT "Preissenkung um 15% ermitteln."
170 INPUT "Alter Preis"; P!
180 LET P! = P! - P!*S%/100
190 PRINT "Neuer Preis:"; P!
200 PRINT "Ende des Programms." : END
```

Ausführungen zu Programm PREIS2:

```
Preissenkung um 15% ermitteln.        Preissenkung um 15% ermitteln.
Alter Preis? 200                      Alter Preis? 4925.65
Neuer Preis: 170                      Neuer Preis: 4186.802
Ende des Programms.                   Ende des Programms.
```

Die Programme PREIS2 und PREIS1 lösen beide dasselbe Problem. Die Codierungen unterscheiden sich wesentlich, die Ausführungen hingegen kaum.

3.1.1.4 Programmeingabe und Programmspeicherung

Soll ein Programm wie z.B. das Programm PREIS2 erstmalig in
den Computer eingegeben werden, geht man üblicherweise in den
acht in der Abbildung dargestellten Schritten vor.

```
1. Befehl NEW tippen.  Ein ggf. im Hauptspeicher RAM  befind-
   liches Programm wird gelöscht.
2. Programm Zeile für Zeile eintippen und am Ende jeder Zeile
   dabei die RETURN-Taste drücken.
3. Befehl RUN tippen,  um das Programm  auszuführen und so zu
   testen. Falls fehlerhaft: Korrektur, weiter mit 2.
4. Befehl LIST tippen und Codierung überprüfen.
5. Befehl SAVE "PREIS2" tippen: Das bislang ohne Namen im RAM
   stehende Programm wird unter dem Namen PREIS2  extern  auf
   Diskette abgespeichert. Ein ggf. unter dem  gleichen Namen
   auf Diskette vorhandenes Programm wird  ü b e r schrieben.
   Programm PREIS2 befindet sich sowohl auf Diskette wie auch
   im RAM. Beide Programmkopien stimmen  vollkommen  überein.
6. Zur Kontrolle:
   NEW tippen, RUN tippen: kein Programm ist mehr ausführbar.
   Befehl  LOAD "PREIS2" tippen:  das Programm "PREIS2"  wird
   auf Diskette gesucht und eine Kopie davon in den RAM gela-
   Das Programm kann mit RUN nun ausgeführt werden.
7. Befehl  FILES eintippen: Alle derzeit auf Diskette gespei-
   cherten Programme werden gezeigt, so auch Programm PREIS2.
8. Zur Dokumentation das  Listing (Codierung) und das Running
   (Ausführung) ausdrucken lassen.
```

8-Schritt-Folge zur Programmeingabe am Beispiel von PREIS2

Achtung: SAVE "PROG1" überschreibt ein auf Diskette vorhan-
denes Programm mit demselben Namen PROG1. LOAD "PROG1" überschreibt dagegen das gerade im Arbeitsspeicher RAM befindliche
Programm.

```
Listing ausdrucken (3 Möglichkeiten):
----------------------------------------
- Befehl LLIST eintippen.
- LIST tippen und mit /Fn/+/PrtSc/ den Bildschirminhalt
  ausdrucken.
- /Fn/+/Echo/ und anschließend LIST tippen.

Running ausdrucken (3 Möglichkeiten):
----------------------------------------
- RUN tippen, Ausführung am Bildschirm erzeugen und dann
  mit /Fn/+/PrtSc/ den Bildschirminhalt ausdrucken.
- /Fn/+/Echo/ tippen, RUN tippen und während der Ausführung
  Zeile für Zeile zusätzlich ausdrucken.
- Codierung ändern und jedes PRINT durch LPRINT ersetzen.
  RUN tippen: (nur) die Ausgabeanweisungen werden gedruckt,
  nicht aber der komplette Dialog mit der Benutzereingabe.
```

Ein BASIC-Programm zur Dokumentation ausdrucken lassen

Im RAM ist normalerweise nur e i n einziges Programm gespeichert, auf der Diskette aber stets m e h r e r e Programme.

Zum Ausdrucken des Programms in Schritt 8:
In der Abbildung sind mehrere Möglichkeiten wiederangegeben.
Zum Ausdrucken des Listing bietet der Befehl LLIST die größte
Sicherheit (beim Ausdrucken des Bildschirminhalts kann es eher
zu Unstimmigkeiten mit den Zeichensätzen von Bildschirm und
Drucker kommen).

3.1.1.5 Arbeitsschritte zur Programmentwicklung

Je umfangreicher ein Programm, umso sinnvoller erscheint ein
geplantes und schrittweises Vorgehen zur Programmentwicklung.
In Abschnitt 1.3.7 nannten wir allgemein die Arbeitsschritte
PROBLEMSTELLUNG, PROGRAMMENTWURF, PROGRAMMIERUNG, DOKUMENTA-
TION und ANWENDUNG. 'Allgemein' heißt, daß diese Schrittfolge
auch zur Entwicklung komplexer Programm-Pakete geeignet ist.
Für die in diesem Buch angeführten kleinen Demonstrationspro-
gramme genügt eine vereinfachte Arbeitsschrittfolge:

    1. Problemstellung
    2. Problemanalyse
    3. Darstellungen des Algorithmus
    4. Codierung in BASIC
    5. Anwendung/Ausführung
    6. Dokumentation

Am Beispiel des -wiederum linearen- Programmes KALKULAT werden
wir die Arbeitsschritte 1., 2., 4. und 5. darstellen.

Problemstellung zu Programm KALKULAT:
Es ist ein Dialogprogramm zu erstellen, das ausgehend vom Einstandspreis den Nettoverkaufspreis und den Zuschlagsatz kalku-
liert.

Anwendung bzw. Ausführung zu Programm KALKULAT:

Warenkalkulation durchführen: Vom
Einstandspreis zum Nettoverkaufspreis.

Gemeinkosten in % von Hundert   ? 23
Gewinnzuschlag in % von Hundert? 14
Skonto in % im Hundert   ? 2
Rabatt in % im Hundert   ? 25
Einstandspreis in DM   ? 100

Vorwärtskalkulation durchgeführt:
Nettoverkaufspreis in DM: 190.7755
Kalkulationszuschlag in %:   90.77551

Ihre Aufgabe: Erweitern
Sie Programm KALKULAT so,
daß nicht nur das Ergeb-
nis, sondern auch alle
Zwischenschritte ausgege-
ben werden (PRINTs).

Problemanalyse zu Programm KALKULAT:
In einer V a r i a b l e n l i s t e lassen sich die im Programm verwendeten Variablen wie in der Abbildung dargestellt
zusammenfassen.

```
Ausgabedaten (Resultate):
----------------------------

  NET      Nettoverkaufspreis in DM
  KALK     Kalkulationszuschlag in %

Eingabedaten (von Tastatur):
----------------------------

  EINST   Einstandspreis in DM
  P1      Gemeinkostenzuschlag in % (von Hundert)
  P2      Gewinnzuschlag in % (von Hundert)
  P3      Skontosatz in % (im Hundert)
  P4:     Rabattsatz in % (im Hundert)

Verarbeitung (Formeln):
----------------------------

  GEMEIN Gemeinkosten in DM (GEMEIN=EINST*P1/100)
  SELBST Selbstkosten in DM (SELBST=EINST+GEMEIN)
  SPANNE Gewinnspanne in DM (SPANNE=SELBST*P2/100)
  BAR    Barverkaufspreis in DM (BAR=SELBST+SPANNE)
  SKO    Skontobetrag in DM (SKO=BAR*P3/(100-P3))
  ZIEL   Zielverkaufspreis in DM (ZIEL=BAR+SKO)
  RAB    Rabattbetrag in DM (RAB=ZIEL*P4/(100-P4))
  NET    Nettoverkaufspreis in DM (NET=ZIEL+RAB)
  KALK   Kalkulationszuschlag (KALK=(NET-EINST)*100/EINST)
```

Variablenliste zum Programm KALKULAT

Der folgende S c h r i t t p l a n zeigt eine grobe Darstellung des Lösungsablaufes vom Programm KALKULAT:

  Schritt 1: Vier Zuschlagsätze P1-P4 eintippen
  Schritt 2: Einstandspreis EINST eintippen
  Schritt 3: NET und KALK berechnen
  Schritt 4: NET und KALK als Resultat ausgeben

Codierung zu Programm KALKULAT:

```
100 REM ====== Programm KALKULAT
110 PRINT "Warenkalkulation durchführen: Vom"
120 PRINT "Einstandspreis zum Nettoverkaufspreis.": PRINT
    '
130 REM ====== Vereinbarungsteil
140 'P1,P2,P3,P4:   Zuschlagsätze in Prozent
150 'EINST, GEMEIN, SELBST, GEWINN, BAR, SKO, ZIEL,
    RAB, NET:     Einzelbeträge in DM
160 'KALK:         Kalkulationszuschlag in Prozent
    '
```

Codierung zu Programm KALKULAT (Fortsetzung):

```
170 REM ====== Anweisungsteil
180 '*** EINGABETEIL (TASTATUR) ******************************************
190 INPUT "Gemeinkosten in % von Hundert  "; P1
200 INPUT "Gewinnzuschlag in % von Hundert"; P2
210 INPUT "Skonto in % im Hundert         "; P3
220 INPUT "Rabatt in % im Hundert         "; P4
230 INPUT "Einstandspreis in DM           "; EINST
240 '*** VERARBEITUNGSTEIL MIT WERTZUWEISUNGEN ***************************
250 LET GEMEIN=EINST*P1/100
260 LET SELBST=EINST+GEMEIN
270 LET SPANNE=SELBST*P2/100
280 LET BAR=SELBST+SPANNE
290 LET SKO=BAR*P3/(100-P3)
300 LET ZIEL=BAR+SKO
310 LET RAB=ZIEL*P4/(100-P4)
320 LET NET=ZIEL+RAB
330 LET KALK=(NET-EINST)*100/EINST
340 '*** AUSGABETEIL (BILDSCHIRMAUSGABE) ********************************
350 PRINT : PRINT "Vorwärtskalkulation durchgeführt:"
360 PRINT "Nettoverkaufspreis in DM:   "; NET
370 PRINT "Kalkulationszuschlag in %:  "; KALK
380 END
```

3.1.2 Programme mit Verzweigungen (Auswahlstrukturen)

Programmabläufe, die nach vorwärts verzweigen, werden als Auswahlstrukturen bezeichnet. Je nach der Anzahl der ausgewählten
Fälle spricht man von der Zweiseitigen, Einseitigen oder Mehrseitigen Auswahl(-struktur). Diese in Abschnitt 1.3.3.2 allgemein beschriebenen Abläufe wollen jetzt in BASIC beispielhaft
an kleinen Programmen darstellen.

3.1.2.1   Zweiseitige Auswahl

Dem Programm namens SKONTOZ1 liegt folgende Problemstellung
zugrunde:
"Erwarte den Rechnungsbetrag R und die Tage T als Tastatureingabe und ermittle den Skontobetrag S. Dabei gelten folgende
Zahlungsbedingungen: Bei Zahlung nach 8 Tagen (T>8) 1.5% Skonto, sonst (T<=8) jedoch 4% Skonto".

Zum Programm SKONTOZ1 sind die Codierung, der Programmablauf-
plan (PAP), das Struktogramm und zwei Ausführungen wiedergegeben. Diese vier Darstellungsformen desselben Programms veranschaulichen die Zweiseitige Auswahl als Programmstruktur:
   - einerseits 1.5% (Bedingung T>8 erfüllt,
     JA-Zweig mit THEN)
   - andererseits 4% (Bedingung T>8 nicht erfüllt,
     NEIN-Zweig mit ELSE).

Codierung zu SKONTOZ1:   PAP zu SKONTOZ1:

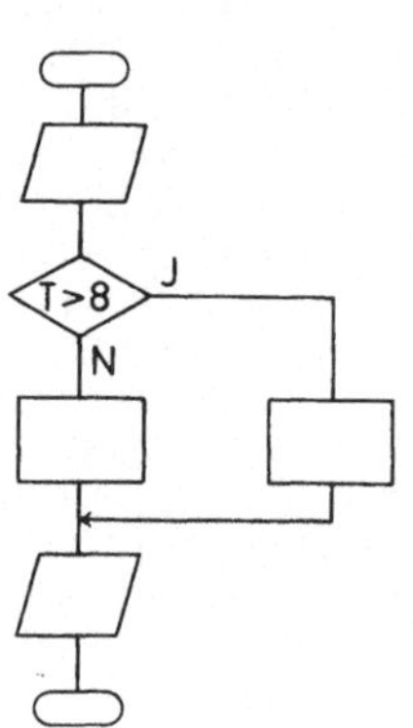

```
100 REM ====== Programm SKONTOZ1
110 PRINT "Skonto als Zweiseitige Auswahl."
120 INPUT "Rechnungsbetrag in DM"; R
130 INPUT "Tage nach Erhalt      "; T
140 IF T>8
       THEN LET P=1.5
       ELSE LET P=4
150 LET S=R*P/100   :  LET R=R-S
160 PRINT S;" DM Skonto und";R;"DM Zahlung."
170 PRINT "Ende." : END
```

Zwei Ausführungen zu SKONTOZ1:

```
Skonto als Zweiseitige Auswahl.      Skonto als Zweiseitige Auswahl.
Rechnungsbetrag in DM? 200           Rechnungsbetrag in DM? 200
Tage nach Erhalt      ? 3            Tage nach Erhalt      ? 14
 8  DM Skonto und 192 DM Zahlung.     3  DM Skonto und 197 DM Zahlung.
Ende.                                Ende.
```

Struktogramm zu Programm SKONTOZ1:

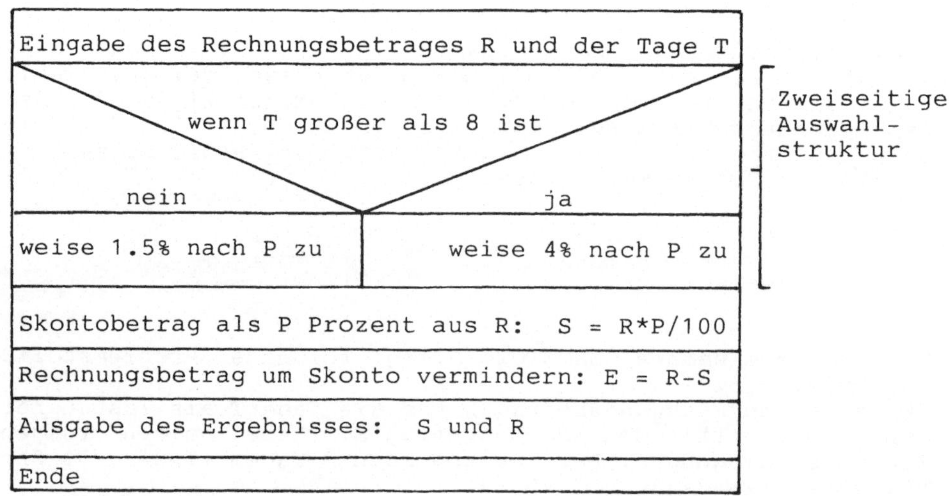

Zur b e d i n g t e n   V e r z w e i g u n g wird dabei die
Anweisung IF..THEN..ELSE.. in der einfachsten Form verwendet.

```
140   IF  T > 8 ──────────Verzweigungsbedingung T>8

         THEN ... ──────────JA-Zweig mit THEN, wenn T>8 wahr.
         ELSE ... ──────────NEIN-Zweig mit ELSE, wenn T>8 unwahr.
```

Anweisung IF..THEN..ELSE für die Zweiseitige Auswahl

Wenn (IF) T größer als 8 ist (T>8), dann (THEN) weise P den
Wert 1.5 zu; wenn nicht (also wenn T kleiner oder gleich 8
ist (T<=8), dann weise P den Wert 4 zu.
Nach dieser Auswahl wird gemeinsam mit Zeile 150 fortgefahren.

Um die Codierung übersichtlich zu gestalten, rückt man zusammengehörige Anweisungen - wie hier THEN und ELSE - um drei Positionen ein. Dieses Einrücken erreichen wir durch Drücken der
Tasten /Ctrl/+/j/ (bei gedrückter /Ctrl/-Taste einmal kurz /j/
tippen) oder der Tasten /Ctrl/+/Enter/. Die Anweisung in Zeile
40 wurde somit wie folgt eingetippt:

140IF T>8/Ctrl/+/J/THEN LET P=1.5/Ctrl/+/J/ELSE LET P=4/Enter/

Das Einrücken um drei Stellen werden wir im folgenden vor allem bei umfangreicheren Codierungen bzw. Listings vornehmen.

Läßt man das Programm SKONTOZ2 laufen, dann erscheint am Bildschirm derselbe Dialog wie bei Programm SKONTOZ1. Auch die
zeichnerischen Darstellungen als PAP und Struktogramm stimmen
überein.
Die BASIC-Codierungen dagegen unterscheiden sich beträchtlich.

Codierung zu Programm SKONTOZ2:

```
100 REM ====== Programm SKONTOZ2
110 PRINT "Skonto als Zweiseitige Auswahl."
120 INPUT "Rechnungsbetrag in DM"; R
130 INPUT "Tage nach Erhalt      "; T
140 IF T>8 THEN 190 ELSE 150
150    LET P=4
160 LET S=R*P/100  :  LET R=R-S
170 PRINT S;" DM Skonto und";R;"DM Zahlung."
180 PRINT "Ende." : END
190    LET P=1.5
200    GOTO 160
```

Ausführungen zu Programm SKONTOE1:

Skonto als Einseitige Auswahl.   Skonto als Einseitige Auswahl.
Rechnungsbetrag in DM? 200   Rechnungsbetrag in DM? 200
Tage nach Erhalt   ? 3   Tage nach Erhalt   ? 14
 8 DM Skonto und 192 DM Zahlung.   3 DM Skonto und 197 DM Zahlung.
Ende.   Ende.

Struktogramm zu Programm SKONTOE1:

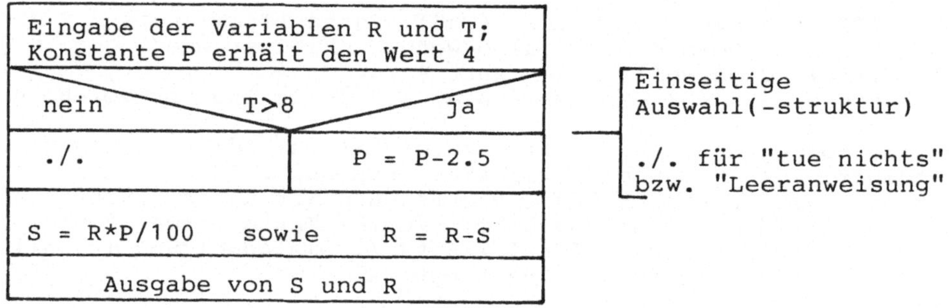

Programm SKONTOE2 weicht nur in der Codierung von Programm
SKONTOE1 ab. Anstelle der Verzweigungsanweisung IF..THEN GOTO
wird in SKONTOE2 die Anweisung IF..THEN LET.. verwendet. Dabei
wird LET natürlich nur dann ausgeführt, wenn die Verzweigungsbedingung erfüllt ist.
IF-Anweisungen wie IF..THEN PRINT.. und IF..THEN INPUT.. sind
entsprechend möglich.
Soll in Abhängigkeit einer Verzweigungsbedingung nicht nur eine einzelne Anweisung, sondern eine Anweisungsf o l g e durchlaufen werden, so ist die einfache Form IF..THEN.. immer vor-
zuziehen, da sie eine besser lesbare Codierung gewährleistet.
Anmerkung: Für IF..THEN.. kann auch IF..THEN GOTO.. stehen.

Codierung zu Programm SKONTOE2:


```
100 REM ====== Programm SKONTOE2
110 PRINT "Skonto als Einseitige Auswahl."
120 INPUT "Rechnungsbetrag in DM"; R
130 INPUT "Tage nach Erhalt      "; T
140 LET P=4
150 IF T 8 THEN LET P=P-2.5
160 LET S=R*P/100  :  LET R=R-S
170 PRINT S;" DM Skonto und";R;"DM Zahlung."
180 PRINT "Ende." : END
```

Das Programm SKONTOZ2 enthält mit

  140 IF T>8 THEN 190 ELSE 150

eine IF-Anweisung mit den beiden Sprungadressen 190 sowie 150
im THEN-Teil sowie im ELSE-Teil. Kommt die Ausführung zu Zeile
200, dann wird immer und bedingungslos nach Zeile 160 zurück-
verzweigt. Die Anweisung
   200 GOTO 160
nennt man deshalb u n b e d i n g t e   V e r z w e i g u n g
oder S p r u n g a n w e i s u n g .

Im Gegensatz zu den bisherigen Programmen steht die END-Anweisung bei Programm SKONTOZ2 nicht in der letzten Programmzeile.

3.1.2.2 Einseitige Auswahl als Sonderfall

Die Einseitige Auswahl(-struktur)

  "Wenn .., dann tue dies, sonst aber tue nichts"

kann als Sonderfall der Zweiseitigen Auswahl(-struktur)

  "Wenn .., dann tue dies, sonst aber tue das"

aufgefaßt werden. Zur Demonstration der Einseitigen Auswahl
betrachten wir das Programm SKONTOE1: Die Ausführungen stimmen
mit denen des Programms SKONTOZ1 überein, die Codierung hingegen zeigt eine Einseitige Auswahlstruktur . Dies wurde durch
folgenden Trick erreicht: P wird in 140 auf 4% gesetzt und nur
im Falle von T>8 um 2.5 auf 1.5% vermindert (190 LET P=P-2.5).

Codierung zu Programm SKONTOE1:   PAP zu SKONTOE1:

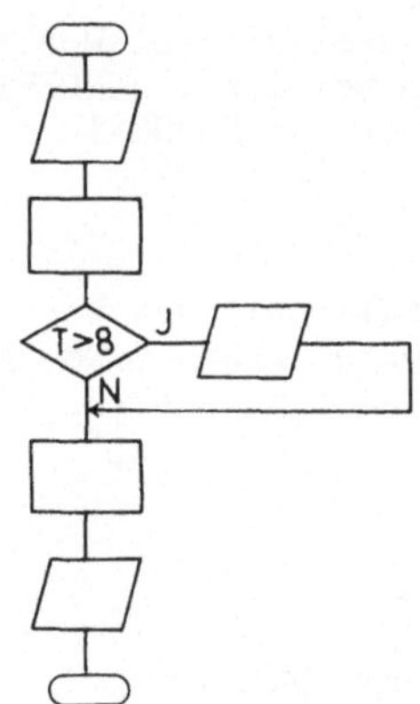

```
100 REM ====== Programm SKONTOE1
110 PRINT "Skonto als Einseitige Auswahl."
120 INPUT "Rechnungsbetrag in DM"; R
130 INPUT "Tage nach Erhalt      "; T
140 LET P=4
150 IF T>8 THEN 190
160 LET S=R*P/100  :   LET R=R-S
170 PRINT S;" DM Skonto und";R;"DM Zahlung."
180 PRINT "Ende." : END
    '
190    LET P=P-2.5
200    GOTO 160
```

3.1.2.3 Mehrseitige Auswahl als Sonderfall

Bei der Mehrseitigen Auswahl werden mehrere Fälle unterschieden: in dem Programm DREIFALL sind es die drei Fälle 'gleich',
'vor' und 'nach'. Der PAP und auch das Struktogramm zeigen die
geschachtelte Anordnung von zwei Zweiseitigen Auswahlstrukturen.
Wie die Einseitige Auswahl kann also auch die Mehrseitige Auswahl als Sonderfall der Zweiseitigen Auswahl aufgefaßt werden.

Struktogramm zu Programm DREIFALL:

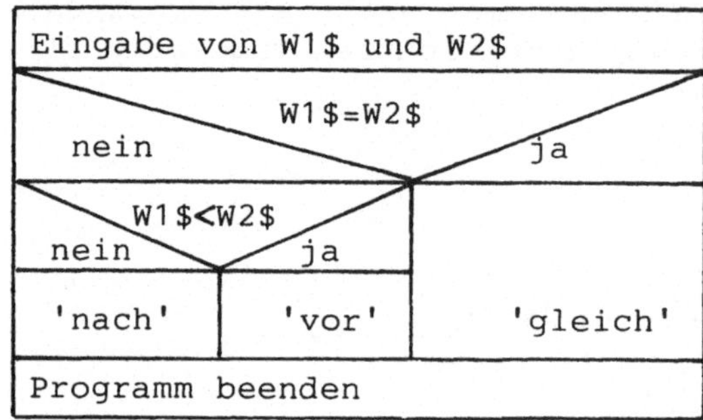

Mehrseitige Auswahl
als Schachtelung:

Zweiseitige Auswahl
W1$=W2$ "außen"

Zweiseitige Auswahl
W1$<W2$ "innen"
eingeschachtelt

Codierung zu Programm DREIFALL (IF-Anweisungen geschachtelt):

```
100 REM ====== Programm DREIFALL
110 PRINT "Textvergleich: zwei Worte und drei Fälle."
120 INPUT "Zwei Worte"; W1$,W2$
130 IF W1$=W2$ THEN PRINT W1$;" ist gleich ";W2$
            ELSE IF W1$<W2$ THEN PRINT W1$;" kommt vor ";W2$
                             ELSE PRINT W1$;" kommt nach ";W2$
140 PRINT "Ende." : END
```

Ausführungen zu Programm DREIFALL: PAP zu Programm DREIFALL:

```
Textvergleich: zwei Worte und drei Fälle.
Zwei Worte? 12% , HUNDERT
12% kommt vor HUNDERT
Ende.


Textvergleich: zwei Worte und drei Fälle.
Zwei Worte? PREIS , DM-BETRAG
PREIS kommt nach DM-BETRAG
Ende.
```

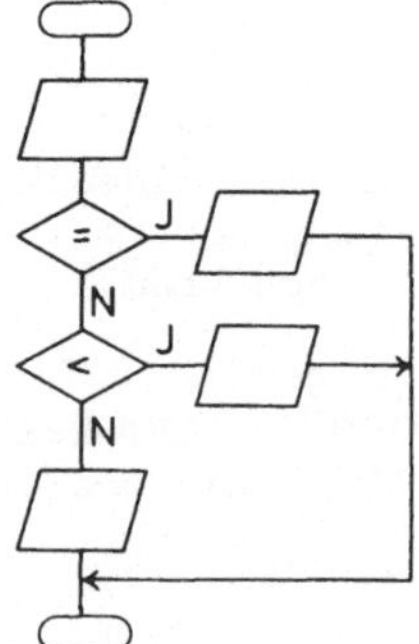

Programm DREIFALL hat eine S c h a c h t e l u n g von Zweiseitigen Auswahlstrukturen mittels IF..THEN..ELSE.. , bei der
nach ELSE ein weiteres IF geschachtelt ist.

Betrachten wir zu dieser Schachtelung ein weiteres Beispiel:

```
100 INPUT "Eine Erklaerung j)a oder n)ein"; E$
110 IF E$="j"
        THEN GOTO 120          Erklärung von Zeile 120 bis 190.
        ELSE IF E$="n"
                THEN 200       Programmbeginn in Zeile 200.
                ELSE 100       Zurück, wenn unklare Eingabe.
```

In den IF-Anweisungen dieses Programms findet kein numerischer Vergleich statt, sondern ein T e x t v e r g l e i c h : Die Verzweigungsbedingung W1$=W2$ (ist der Wert von Variable W1$ gleich dem von Variable W2$) vergleicht die derzeitigen Werte zweier Textvariablen. Textvariablen enden mit einem Dollarzeichen $ (z.B. A$, B$, C$, ..., A1$, A2$, ...). Wie kann der Computer feststellen, ob mit dem Textvergleich W1$<W2$ in Zeile 130 nun der Text "PREIS" kleiner ist (im Sinne von alphabetisch weiter vorne stehend) als der Text "DM-BETRAG"? Wie Ziffern werden auch Buchstaben und Sonderzeichen intern im ASCII dargestellt (Abschnitt 1.2.3.1). Sie erhalten so je eine Codenummer als Ordnungsnummer. Mit den ASCII-Codenummern 80 für P und 68 für D wird W1$<W2$ bzw. "PREIS"<"DM-BETRAG" bzw. 80<68 vom Computer als 'unwahr' erkannt; der Textvergleich führt somit nicht zur Programmverzweigung.

```
Numerischer Vergleich:              Textvergleich:

150 IF T>8 THEN ...                 110 IF E$="j" THEN ...
170 IF 22.5<>R5 THEN ...            130 IF "M">BUCH$ THEN ...
200 IF X=Y THEN ...                 160 IF A1$<B$ THEN ...

Vergleich von Zahlen bzw.           Vergleich von Text, Zei-
Ziffern                             chen bzw. Strings.
```

IF-Anweisung mit numerischem Vergleich und Textvergleich

Text ist all' das, "was zwischen Gänsefüßchen steht"; andere Bezeichnungen für Text sind String, Zeichenkette oder Zeichendaten.
Beim Textvergleich kann wie beim numerischen Vergleich mit den Vergleichs-Operatoren =, <> (ungleich), >, <, >= (größer oder gleich) und <= gearbeitet werden.

3.1.2.4 Fallabfrage

Die Schachtelung von mehr als zwei Auswahlstrukturen wird auch dann schnell unübersichtlich, wenn IF..THEN..ELSE..-Konstruktionen gebildet werden. Zur Vereinfachung der Mehrseitigen Auswahl bietet BASIC deshalb die F a l l a b f r a g e mit der Anweisung ON..GOTO an.

Unser Programm MWST zeigt, daß über die e i n e Anweisung

   230 ON WAHL GOTO 240,250,260

d r e i Verzweigungen ausgeführt werden: Für WAHL=1 wird nach
Zeile 240 verzweigt, für WAHL=2 nach Zeile 250 und für WAHL=3
nach Zeile 260.
Da die Anweisung ON..GOTO in WAHL ganzzahlige Werte erwartet,
müssen entsprechende Eingabefehler zuvor in den Zeilen 210 und
220 abgewiesen werden. INT(WAHL) liefert den ganzzahligen Teil
von WAHL (INT(3.45) ergibt 3; INT(2.9) ergibt 2).

Struktogramm zu Programm MWST:

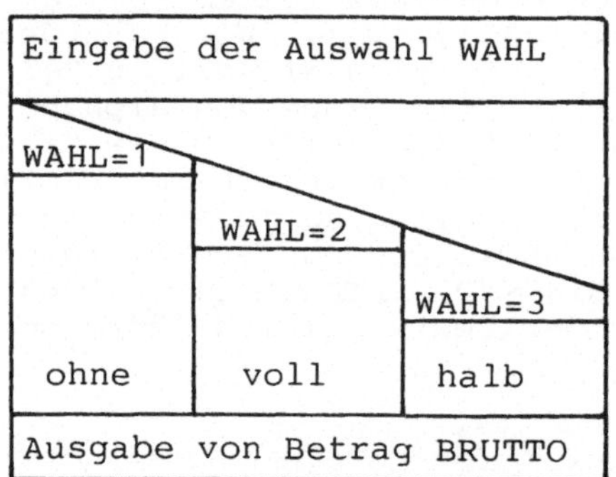

Mehrseitige Auswahl
als
F a l l a b f r a g e
mit 3 Fällen

Codierung zu Programm MWST:

```
100 REM ====== Programm MWST
110 PRINT "Bruttobetrag incl. Mehrwertsteuer."
    '
120 REM ====== Vereinbarungsteil
130 'NETTO, MWST, BRUTTO:   DM-Beträge
140 'WAHL:                  Hilfsvariable für Auswahl
    '
150 REM ====== Anweisungsteil
160 INPUT "Welcher Nettobetrag"; NETTO
170 PRINT "Ohne  MWST        1"
180 PRINT "Volle MWST        2"
190 PRINT "Halbe MWST        3"
200 INPUT "Wahl 1, 2 oder 3"; WAHL
210 IF WAHL<1 OR WAHL>3 THEN PRINT "... Intervall.": GOTO 170
220 IF WAHL<>INT(WAHL) THEN PRINT "... ganzzahlig.": GOTO 170
230 ON WAHL GOTO 240, 250, 260
240    LET MWST=1 : GOTO 270
250    LET MWST=1.14 : GOTO 270
260    LET MWST=1.07
270 LET BRUTTO = NETTO*MWST
280 LET BRUTTO = INT(BRUTTO*100+.5)/100
290 PRINT "Bruttobetrag:";BRUTTO;"DM."
300 END
```

Zwei Ausführungen zu Programm MWST:

Bruttobetrag incl. Mehrwertsteuer.	Bruttobetrag incl. Mehrwertsteuer.
Welcher Nettobetrag? 1500	Welcher Nettobetrag? 1500
Ohne MWST 1	Ohne MWST 1
Volle MWST 2	Volle MWST 2
Halbe MWST 3	Halbe MWST 3
Wahl 1, 2 oder 3? 2	Wahl 1, 2 oder 3? 3
Bruttobetrag: 1710 DM.	Bruttobetrag: 1605 DM.

3.1.3 Programme mit Schleifen (Wiederholungsstrukturen)

Programme mit Schleifen enthalten Wiederholungsstrukturen, die
nach der allgemeinen Darstellung in Abschnitt 1.3.3.3 jetzt in
IBM-BASIC an Programmbeispielen veranschaulicht werden sollen.

3.1.3.1 Abweisende Schleife

Das Programm KAPITAL1 druckt für das Kapital K und den Zinssatz P das verzinste Kapital zum Ende des 1., 2., 3. .. Jahres
und endet, sobald sich das Anfangskapital verdoppelt hat. Wie
jede Programmschleife besteht auch die Schleife von KAPITAL1
aus zwei Teilen: aus einem Vorbereitungsteil (einmal durchlaufen: Zeilen 170-190) und aus einem Wiederholungsteil (mehrmals
durchlaufen: Zeilen 200-230). Im Ausführungsbeispiel wird dieser Wiederholungsteil 9mal durchlaufen.

Die Schleife in Programm KAPITAL1 heißt a b w e i s e n d, da
die Schleifenabfrage 220 WHILE K<KE am Anfang des Wiederholungsteils steht und somit eine versuchte Wiederholung abwei-
sen kann. Andere Bezeichnungen für diesen Schleifentyp sind:
WHILE-DO-Schleife, So-lange-tue-Schleife, Schleife mit vorhe-
riger Abfrage.
Zur Steuerung der abweisenden Schleife stellt BASIC die Anweisung WHILE..WEND bereit.

```
200 WHILE ....        Schleifenbeginn mit Schleifenabfrage
...
...                   ... Wiederholungsteil der Schleife
...
230 WEND              Schleifenende
```

Anweisung WHILE..WEND für die abweisende Schleife

Codierung zu KAPITAL1:   PAP zu KAPITAL1:

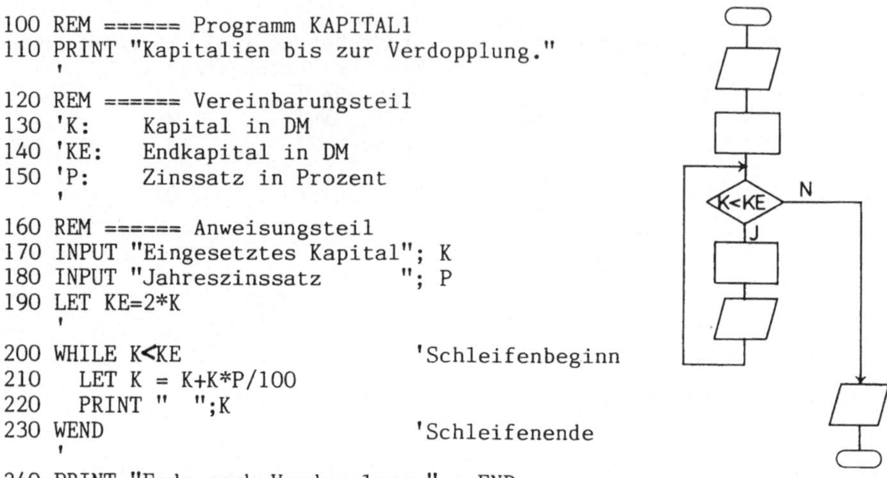

```
100 REM ====== Programm KAPITAL1
110 PRINT "Kapitalien bis zur Verdopplung."
    '
120 REM ====== Vereinbarungsteil
130 'K:     Kapital in DM
140 'KE:    Endkapital in DM
150 'P:     Zinssatz in Prozent
    '
160 REM ====== Anweisungsteil
170 INPUT "Eingesetztes Kapital"; K
180 INPUT "Jahreszinssatz       "; P
190 LET KE=2*K
    '
200 WHILE K<KE                    'Schleifenbeginn
210   LET K = K+K*P/100
220   PRINT "  ";K
230 WEND                          'Schleifenende
    '
240 PRINT "Ende nach Verdopplung." : END
```

Zwei Ausführungen zu Programm KAPITAL1:

```
Kapitalien bis zur Verdopplung.        Kapitalien bis zur Verdopplung.
Eingesetztes Kapital? 50000            Eingesetztes Kapital? 100000
Jahreszinssatz       ? 9               Jahreszinssatz       ? 14
    54500                                 114000
    59405                                 129960
    64751.45                              148154.4
    70579.08                              168896
    76931.2                               192541.5
    83855                                 219497.3
    91401.96                           Ende nach Verdopplung.
    99628.12
    108594.7
Ende nach Verdopplung.
```

Struktogramm zu Programm KAPITAL1:

Anfangskapital K eintippen Zinssatz P (in %) eintippen
Endkapital KE als 2*K festlegen
Solange K<KE ist, wiederhole
verzinstes Kapital K aus: K = K + (K * P / 100)
Wert von K ausgeben
Programmende mitteilen

Vorbereitungsteil der Schleife:
einmal durchlaufen

Wiederholungsteil der Schleife:
mehrmals durchlaufen

3.1.3.2 Nicht-abweisende Schleife

Die Ausführungen der Programme KAPITAL2 und KAPITAL1 stimmen
überein, nicht aber ihre Codierungen: Programm KAPITAL2 hat
eine n i c h t - a b w e i s e n d e Schleife, da bei der
Codierung die Schleifenabfrage am Ende des Wiederholungsteils
in Zeile 220 steht. Für diesen Schleifentyp stellt BASIC keine gesonderte Anweisung bereit; deshalb müssen wir die Schleife mittels IF..THEN.. steuern. Jede nicht-abweisende Schleife
kann auch als abweisende Schleife programmiert werden. Da dieser Schleifentyp in BASIC elegant mittels WHILE..WEND formuliert werden kann, findet man den nicht-abweisenden Schleifentyp nicht so häufig.

Andere Bezeichnungen für die nicht-abweisende Schleife sind:
REPEAT-UNTIL-Schleife, Wiederhole-bis-Schleife sowie Schleife
mit nachheriger Abfrage.

Struktogramm zu Programm KAPITAl2:

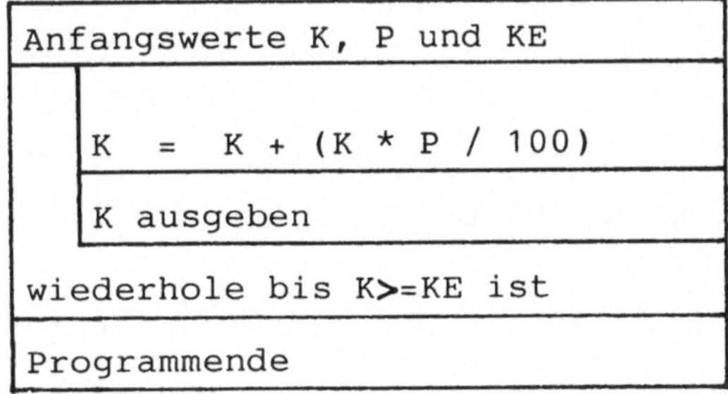
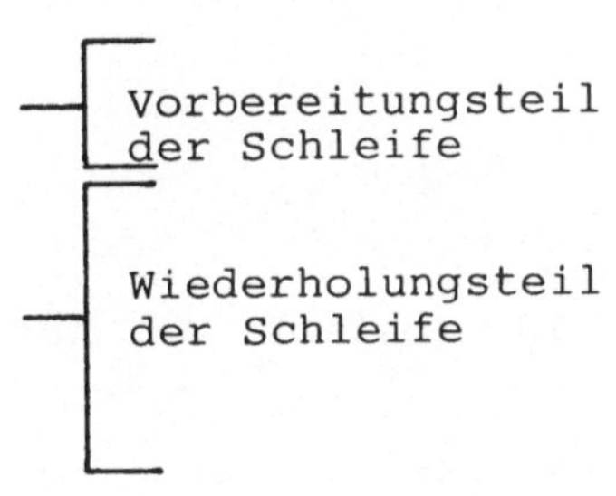

Codierung zu Programm KAPITAL2:

```
100 REM ====== Programm KAPITAL2
110 PRINT "Kapitalien bis zur Verdopplung."
    '
120 REM ====== Vereinbarungsteil
130 'K:     Kapital in DM
140 'KE:    Endkapital in DM
150 'P:     Zinssatz in Prozent
    '
160 REM ====== Anweisungsteil
170 INPUT "Eingesetztes Kapital"; K
180 INPUT "Jahreszinssatz      "; P
190 LET KE=2*K
    '
200    LET K = K+K*P/100        'Schleifenbeginn
210    PRINT " ";K
220    IF K<KE THEN 200         'Schleifenende
    '
230 PRINT "Ende nach Verdopplung." : END
```

Ausführung zu Programm KAPITAL2:   PAP zu KAPITAL2:

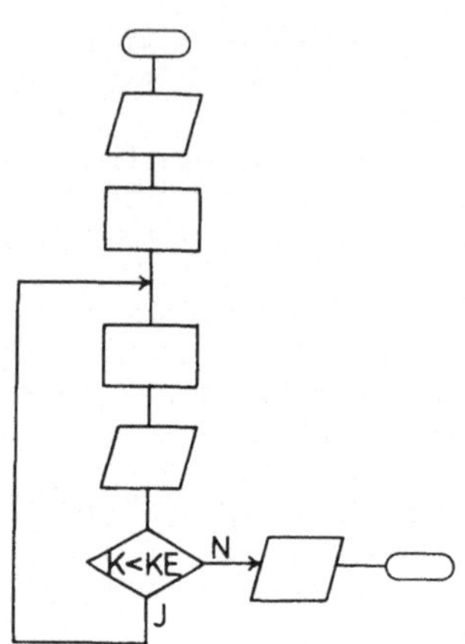

Kapitalien bis zur Verdopplung.
Eingesetztes Kapital? 100000
Jahreszinssatz   ? 14
     114000
     129960
     148154.4
     168896
     192541.5
     219497.3
Ende nach Verdopplung.

3.1.3.3 Schleife mit Abfrage in der Mitte

Anhand des Spielprogramms ZUFALL wollen wir den Schleifentyp
 'Abfrage in der Mitte des Wiederholungsteils'
erklären. Bei diesem Schleifentyp befindet sich die Schleifenabfrage 250 IF Z=D GOTO 280 inmitten des Wiederholungsteils,
der von Zeile 230 bis Zeile 270 reicht. Da für diesen Schleifentyp keine eigene Steueranweisung existiert, müssen wir die
Anweisungen IF..THEN verwenden.

Zu den Programmstrukturen von ZUFALL: Aus dem Struktogramm er-
sehen wir deutlich, daß innerhalb der Schleife noch eine Zweiseitige Auswahlstruktur eingeschachtelt ist: Wenn $Z > D$, dann zu
groß, sonst zu klein. Dieses Programm ZUFALL ist also bereits
recht komplex mit drei Programmstrukturen:

     1. Zuerst Folgestruktur (170-220), dann
     2. Wiederholungsstruktur (230-270) mit eingeschachtelter
     3. Auswahlstruktur (260).

Zu den beiden F u n k t i o n e n RND und INT in Zeile 220:
RND (von Random=Zufall) erzeugt eine Zufallszahl, wobei hinter
dem Wort RND in Klammern ein Zahlenausdruck oder nichts stehen
kann (für 0 gibt RND stets dieselbe Zufallszahl an, sonst eine
neue Zufallszahl zwischen 0 und 1).
Die Funktion INT (von Integer=ganzzahlig) schneidet eventuell
vorhandene Kommastellen ab. Die hier im Ausführungsbeispiel zu
Programm ZUFALL vom Computer erzeugte Zahl 108 wird in Zeile
220 wie in der Abbildung dargestellt in vier Schritten der Variablen D zugewiesen.

```
Problem: Eine Zahl aus den A auf N folgenden Zahlen
         zufällig erzeugen.

220 LET D = INT(A*RND(A)+N)   in vier Schritte aufgelöst:


 - RND(A) ergibt 0.88249
 - A bzw. 10 mal 0.88249 ergibt 8.8249
 - N bzw. 100 plus 8.8249 ergibt 108.8249
 - INT(108.8249) ergibt schließlich 108


Ausgabe: Zufallszahl 108
```

Zufallszahl über die Funktionen RND und INT an einem Beispiel

Die Anweisung RANDOMIZE legt eine Basiszahl als Anfangswert
für die Erzeugung einer Serie von Zufallszahlen mittels RND
fest.
Dabei können wir die Basiszahl jeweils selbst eintippen, als
Konstante programmieren oder in Abhängigkeit einer der beiden
'Zeit-Systemvariablen' TIME$ und TIMER zuweisen. Die letz-
te Möglichkeit ergibt stets eine 'neue' Zufallszahl bei jedem
Aufruf der Funktion RND.

Codierung zu Programm ZUFALL mit Funktion RND:


```
100 REM ====== Programm ZUFALL
110 PRINT "Raten einer Zahl mittels Funktion RND als Spielprogramm."
    '
120 REM ====== Vereinbarungsteil
130 'Z:      Jeweilige Benutzereingabe über Tastatur
140 'D:      Vom Computer erzeugte Zufallszahl
150 'A,N:    Grenzen zur Auswahl einer Zufallszahl
160 'V:      Versuchszähler
    '
170 REM ====== Anweisungsteil
180 PRINT "Eine Zahl wird zufällig aus den A"
190 PRINT "auf N folgenden Zahlen erzeugt."
200 INPUT "Werte für A,N"; A,N
210 RANDOMIZE (VAL(RIGHT$(TIME$,2)))  'Basis für Zufallszahlen
220 LET D = INT(A*RND(A)+N)  :  LET V=0
    '
230 INPUT "Ihre Zahl"; Z                'Schleifenbeginn
240 LET V=V+1
250 IF D=Z THEN GOTO 280                 'Schleifenabfrage
260 IF Z>D
       THEN PRINT "... zu groß."
       ELSE PRINT "... zu klein."
270 GOTO 230                             'Schleifenende
    '
280 PRINT "Treffer";D;"nach";V;"Versuchen."
290 PRINT "Ende des Spiels."  :  END
```

```
210 RANDOMIZE       Programm hält an und gibt aus:
                    "Random number seed (-32768 to 32767)?"
                    Wir mussen eine Basiszahl eingeben.

210 RANDOMIZE 12000  Programm läuft durch und setzt die
                     Basiszahl auf 12000.

210 RANDOMIZE (VAL(RIGHT$(TIME$,2)))  Programm läuft durch
                    und nimmt als Basiszahl die letzten beiden
                    Ziffern der Systemvariablen TIME$ (Format
                    hh.mm.ss mit h=Stunden, m=Minuten und
                    s=Sekunden).
```

RANDOMIZE setzt eine Basiszahl für den Zufallszahlengenerator

Struktogramm zu Programm ZUFALL:

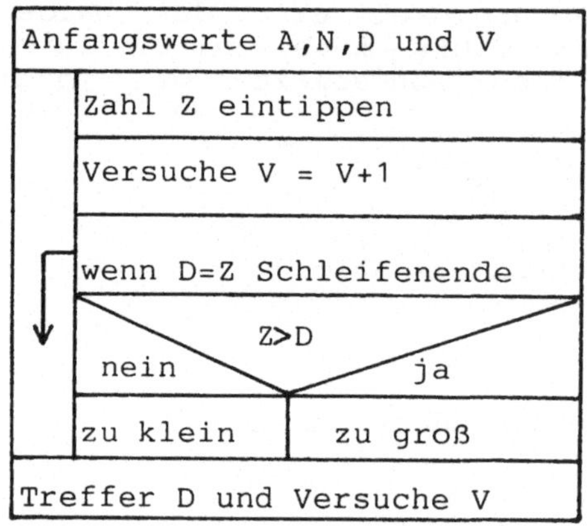

Wiederholungsstruktur
(Schleife mit Abfrage in
der Mitte)

Auswahlstruktur
(Zweiseitige Auswahl)
in der Schleife einge-
schachtelt, d.h. bei
jedem Schleifendurchlauf
auszuführen

Ausführung zu Programm ZUFALL :

```
Raten einer Zahl mittels Funktion RND als Spielprogramm.
Eine Zahl wird zufällig aus den A
auf N folgenden Zahlen erzeugt.
Werte für A,N? 10,100
Ihre Zahl? 102
... zu klein.
Ihre Zahl? 106
... zu groß.
Ihre Zahl? 104
... zu klein.
Ihre Zahl? 105
Treffer 105 nach 4 Versuchen.
Ende des Spiels.
```

3.1.3.4 Zählerschleife

Läßt man ein Testprogramm auf verschiedenen Computern laufen,
um über den Vergleich der Ergebnisse deren Leistungen zu beur-
teilen, spricht man von einem B e n c h m a r k - T e s t .
Ein einfacher Test besteht darin, 2000 mal 10 durch 3 zu teilen, um über die hierfür benötigte Zeit dann auf die Verarbeitungsgeschwindigkeit des Computers bzw. der CPU zu schließen.
Das folgende Programm ZEITTEST enthält dieses Testverfahren.

Die in der Ausführung zu Programm ZEITTEST angegebene Zeit von
12.13 Sekunden wurde auf einem IBM PCjr gemessen. Läßt man das
Programm auf einem IBM PC laufen, erhält man mit 9.77 Sekunden
eine kürzere Zeit.

In der Zeile 140 von Programm ZEITTEST finden wir eine Zählerschleife, die sich genau 2000 mal wiederholt: die Variable
Z durchläuft die Werte 1,2,3,...,2000 und heißt deswegen
auch L a u f v a r i a b l e. Da Z dabei jeweils um 1 hochgezählt wird, nennt man sie Zählervariable und kurz Z ä h l e r.
BASIC stellt die Anweisungen FOR und NEXT bereit, um die
Z ä h l e r s c h l e i f e zu kontrollieren.

Statt in einer Zeile kann man die Zählerschleife von Programm
ZEITTEST auch wie in der Abbildung wiedergegeben in drei Zeilen schreiben.

```
140 FOR Z=1 TO 2000   -Für Z, das von 1 bis 2000 laufen soll
                       (Z durchläuft die Werte 1,2,3,...,2000)

141 LET T=10/3        -Bei jedem Durchlauf 10/3 nach T bringen
                       (nur eine Anweisung im Schleifenkörper)

142 NEXT Z            -Z um 1 erhöhen und in die Zeile mit der
                       FOR-Anweisung (hier 140) zurückgehen
```

Zählerschleife mit FOR und NEXT an einem Beispiel

Da die Überprüfung der Schleife am Anfang in der FOR-Anweisung
stattfindet, wird eine Schleife mit FOR X=5 TO 5 kein einziges Mal durchlaufen.

Zur Darstellung der Zählerschleife als PAP:
Der PAP zu ZEITTEST zeigt die Sinnbilder der Zählerschleife:
zwei 'abgeschrägte' Rechtecke für den Schleifenanfang (FOR)
und für das Schleifenende (NEXT).

Zur Darstellung der Zählerschleife als Struktogramm:
Die Zählerschleife ist eine abweisende Schleife. Deshalb wird
sie als Struktogramm genauso wie die abweisende Schleife (vgl.
Abschnitt 3.1.3.1) dargestellt.

Codierung zu Programm ZEITTEST: PAP zu Programm ZEITTEST:

```
100 REM ====== Programm ZEITTEST
110 PRINT "Test zur Verarbeitungsgeschwindigkeit."
120 PRINT T;" - Testbeginn (bitte warten)"
130   LET ZEIT=TIMER
140   FOR Z = 1 TO 2000 : LET T=10/3 : NEXT Z
150   LET ZEIT=TIMER-ZEIT
160 PRINT T;" - Testende nach";ZEIT;"Sekunden."
170 END
```

Programm ZEITTEST auf dem IBM PCjr:

Test zur Verarbeitungsgeschwindigkeit.
 0 - Testbeginn (bitte warten)
 3.333333 - Testende nach 12.13989 Sekunden.

Programm ZEITTEST auf dem IBM PC:

Test zur Verarbeitungsgeschwindigkeit.
 0 - Testbeginn (bitte warten)
 3.333333 - Testende nach 9.770004 Sekunden.

Die beiden Ausführungen zeigen, daß der 2000malige Schleifendurchlauf auf dem PC schneller etwas abläuft als auf dem PCjr.

Struktogramm zu Programm ZEITTEST:

Ausgabe: Texthinweise
ZEIT=TIMER, d.h. die Anzahl der Sekunden seit dem Start der Variablen ZEIT zuweisen
Zählerschleife: Wiederhole für Z von 1 bis 2000
Berechnung: T = 10/3
ZEIT=TIMER-ZEIT, d.h. die während den 2000 Durchläufen der Zählerschleife abgelaufenen Sekunden der Variablen ZEIT zuweisen.

```
10 FOR Z=10 TO 100 STEP 30    Laufvariable Z mit AW=10, EW=100
20 PRINT Z                    und SW=30. 4malige Wiederholung.
30 NEXT Z                     Ausgabe von 10, 40, 70 und 100.


10 FOR Z=3 TO -6 STEP -2      Laufvariable Z mit AW=3, EW=-5
20 PRINT Z                    und SW=-2. 5malige Wiederholung.
30 NEXT Z                     Ausgabe von 3, 1, -1, -3 und -5.


AW=Anfangswert, EW=Endwert, SW=Schrittweite der Laufvariablen
```

Zwei Zählerschleifen der Form FOR Z=AW TO EW STEP SW

Im folgenden sind einige Beispiele für gültige FOR-Anweisungen
wiedergegeben (Werte der Laufvariablen in Klammern):

```
- FOR I=100 TO 102          (100, 101, 102)
- FOR S1=3 TO EWER          (3, 4 bei EWER=4)
- FOR D=0 TO 6 STEP 2       (0, 2, 4, 6)
- FOR A=9 TO 13 STEP 3      (9, 12)
- FOR I=8 TO 6 STEP -1      (8, 7, 6)
- FOR Z=1 TO 0.8 STEP -0.05 (1, 0.95, 0.9, 0.85, 0.8)
- FOR A=1 TO 1              (1)
```

Mit STEP kann man dabei für die Laufvariable eine von 1 abwei-
chende Schrittweite angeben. Ist STEP negativ, so muß der Anfangswert natürlich größer sein als der Endwert.

IBM-BASIC stellt zwei Anweisungspaare zur Schleifensteuerung
zur Verfügung: WHILE..WEND und FOR..NEXT . Die Überprüfung
auf Schleifenende wird stets zu B e g i n n der Wiederholung
vorgenommen, also in WHILE bzw. in FOR .

```
                Anweisungen zur Schleifensteuerung


WHILE..WEND für die                FOR..NEXT für die
abweisende Schleife                Zählerschleife:

100 WHILE A=5                      100 FOR Z=1 TO 10
...                               ...
... (Wiederholung)                ... (Wiederholung)
...                               ...
200 WEND                          200 NEXT Z


Solange A gleich 5 ist            Für Z von 1 bis 10
wiederhole                        wiederhole
```

Anweisungen WHILE..WEND und FOR..NEXT

3.1.3.5   Unechte Zählerschleife

Eine u n e c h t e Zählerschleife liegt vor, wenn mit den
Anweisungen FOR-NEXT überhaupt nicht gezählt werden soll, d.h.
wenn diese beiden so bequem verwendbaren Anweisungen 'nur' zum
Zwecke der Schleifensteuerung programmiert werden. Das folgende Programm FAHRTENB demonstriert das anhand einer Kfz-Benzin-
abrechnung.

Zur Codierung von Programm FAHRTENB:
In der Zählerschleife (Zeilen 230 - 330) wird in der Anweisung
230 FOR Z = 1 TO 999 mit 999 ein normalerweise nicht erreich-
barer Endwert angegeben, weil der eigentliche Schleifenausgang
in Zeile 260 vorgesehen ist: Bei Eingabe von Null (K1=0?) wird
die Laufvariable auf 999 gesetzt (LET Z=999) und nach 330 zur
NEXT-Anweisung verzweigt. Ebenso könnte die Schleife durch eine Verzweigung 260 IF K1=0 THEN 340 direkt verlassen; diese
Möglichkeit widerspricht jedoch dem Prinzip der strukturierten
Programmierung, für jede Programmstruktur je e i n e n Eingang und Ausgang vorzusehen (vgl. Abschnitt 1.3.7.4).

Codierung zu Programm FAHRTENB mit einer Schleife in 230-330:

```
100 REM ====== Programm FAHRTENB
110 PRINT "Kfz-Benzinverbrauchswerte ermitteln"
120 PRINT "aus Eintragungen im Fahrtenbuch." : PRINT
    '
130 REM ====== Vereinbarungsteil
140 'K1:          km-Stand laut fahrtenbuch
150 'L1:          Literverbrauch laut Fahrtenbuch
160 'D1:          DM-Betrag für Tanken laut Fahrtenbuch
170 'V1:          Verbrauch in Liter je 100 km
180 'K,L,D,V,B:   Entsprechende Gesamtwerte
190 'Z:           Laufvariable für Zählerschleife
    '
200 REM ====== Anweisungsteil
210 INPUT "Anfangskilometerstand (Tank voll)"; KO
220 LET K=0: LET L=0: LET D=0
    '
230 FOR Z=1 TO 999                         'Schleifenbeginn
240    PRINT Z;". Tanken: km-Stand, Liter, DM (O=Ende)"
250    INPUT "            "; K1,L1,D1
260      IF K1=0 THEN LET Z=999: GOTO 330  'Signal für Schleifenende
270    LET K1=K1-KO : K=K+K1 : L=L+L1 : D=D+D1
280    LET V1=100*L1/K1
290    PRINT "Verbrauch:      ";V1;"Liter/100 km"
300    LET B1=D1/L1
310    PRINT "Benzinpreis:    ";B1;"DM/Liter"
320    LET KO=KO+K1 : PRINT
330 NEXT Z                                 'Schleifenende
    '
340 LET V=100*L/K : LET B=D/L : PRINT
350 LET M$="\                     \ ###.## \              \"
360 PRINT USING M$; "Kilometer gesamt",K,"km"
370 PRINT USING M$; "Ausgabe gesamt",D,"DM"
380 PRINT USING M$; "Verbrauch (Mittel)",V,"Liter/100 km"
390 PRINT USING M$; "Benzinpreis (Mittel)",B,"DM/Liter"
400 END
```

```
Ein Ausgang (Zeile 230):        Zwei Ausgänge (260, 230):

230 FOR Z = 1 TO 999            230 FOR Z = 1 TO 999
...                             ...
260 IF K1=0 THEN Z=999: GOTO 330   260 IF K1=0 THEN 340
...                             ...
...                             ...
330 NEXT Z                      330 NEXT Z
340 ...                         340 ...

gut: ein Eingang, ein Ausgang   schlecht: unklare Struktur
```

Unechte Zählerschleife auf zwei Arten programmiert

Das Struktogramm verdeutlicht die im Programm FAHRTENB vorliegenden Programmstrukturen:
In einer Zählerschleife (230 FOR) ist eine Zweiseitige Auswahl
(260 IF) geschachtelt angeordnet. Bei jedem Schleifendurchlauf
wird auch diese Auswahlstruktur durchlaufen.

Ausführung zu Programm FAHRTENB: PAP zu FAHRTENB:

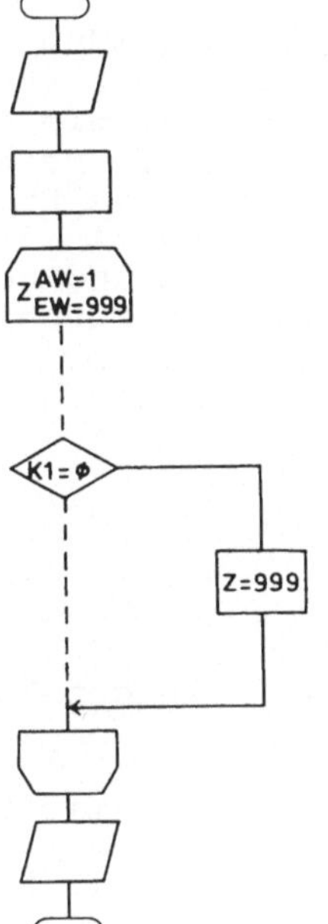

```
Kfz-Benzinverbrauchswerte ermitteln
aus Eintragungen im Fahrtenbuch.

Anfangskilometerstand (Tank voll)? 60000
 1 . Tanken: km-Stand, Liter, DM (O=Ende)
           ? 60100 , 10 , 14
Verbrauch:        10 Liter/100 km
Benzinpreis:      1.4 DM/Liter

 2 . Tanken: km-Stand, Liter, DM (O=Ende)
           ? 60260 , 20 , 29
Verbrauch:        12.5 Liter/100 km
Benzinpreis:      1.45 DM/Liter

 3 . Tanken: km-Stand, Liter, DM (O=Ende)
           ? 0,0,0

Kilometer gesamt        260.00 km
Ausgabe gesamt           43.00 DM
Verbrauch (Mittel)       11.54 Liter/100 km
Benzinpreis (Mittel)      1.43 DM/Liter
```

Zur A u s g a b e f o r m a t i e r u n g wird im Programm
FAHRTENB die Anweisung PRINT USING verwendet. Dabei dient die
Variable M$ als Druckmaske bzw. Formatstring (vgl. Abschnitt
3.4.3.4).

Struktogramm zu Programm FAHRTENB:

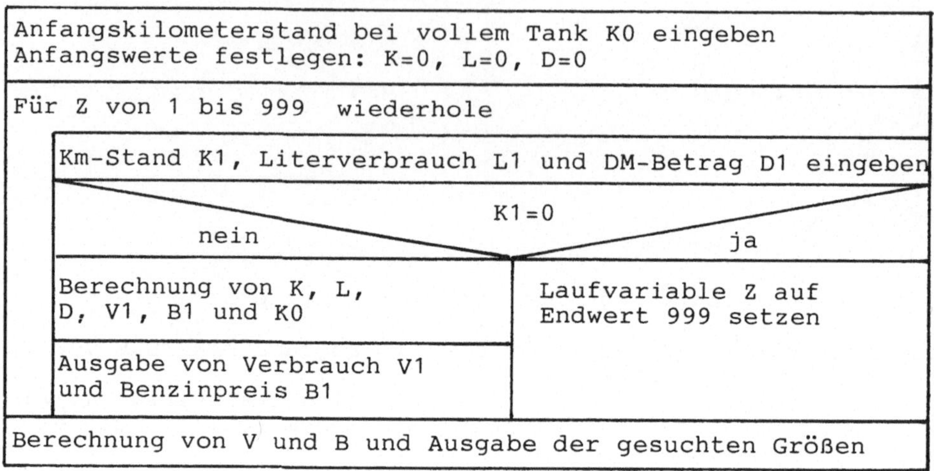

Zur Unterscheidung von offenen und geschlossenen Schleifen:
Zu Beginn jeder Ausführung des Programmes FAHRTENB ist vollkommen offen, wie oft die Schleife durchlaufen wird. Man nennt
diese Schleife deshalb auch eine o f f e n e Schleife. Dem-
gegenüber wurde Programm ZEITTEST als g e s c h l o s s e n e
Schleife jeweils immer 2000 mal durchlaufen. Der Typenbildung
von 'offenen und geschlossenen Schleifen' liegt also die Zahl
der Schleifendurchläufe als Unterscheidungskriterium zugrunde.

3.1.3.6   Schachtelung von Zählerschleifen

Mehrere Programmstrukturen können entweder hintereinander oder
geschachtelt in e i n e m Programm angeordnet sein (vgl. Ab-
schitt 1.3.3.5). Bei der Schachtelung von Zählerschleifen ist
zu beachten, daß die zuerst begonnene äußere Schleife zuletzt
beendet wird, daß die innere Schleife somit vollständig eingeschachtelt ist.
In der Abbildung sind zwei geschachtelte Schleifen wiedergegeben:
Eine äußere Schleife mit der Laufvariablen X (als X-Schleife
bezeichnet) schachtelt eine innere Schleife mit der Laufvariablen Y ein. Lassen wir das Programm laufen, wird in der Zeile
400 das Wort TEST 12 mal (3*4=12) ausgegeben; neben dem Wort
TEST erscheinen zur Kontrolle die aktuellen Werte der Laufvariablen X und Y mit 11,12,13,14,21,22,23,24,31,32,33,34.

```
┌─300 FOR X=1 TO 3            ┌─300 FOR X=1 TO 3
│ ┌─310 FOR Y=1 TO 4          │ ┌─310 FOR Y=1 TO 4
│ │ ...                       │ │ ...
│ │ 400 PRINT "TEST";X;Y      │ │ 400 PRINT "TEST";X;Y
│ │ ...                       │ │ ...            läuft nicht
│ └─590 NEXT Y                └─┼─590 NEXT X
└───600 NEXT X                  └─600 NEXT Y

   vollständige Schachtelung      falsch: teilweise Schachtelung
```

Schachtelung mit innerer Y-Schleife und äußerer X-Schleife

Als Beispiel zur Schachtelung von Zählerschleifen betrachten
wir das Programm RATENSPA:
Die innere Schleife des Programms hat eine Laufvariable I für
für die Jahre (im Ausführungsbeispiel I=1,2,3,4) und schachtelt eine äußere Schleife mit J für die Anzahl der jährlichen
Zahlungen (im Beispiel J=1,2) ein. Die Beispieltabelle weist
acht Ausgabezeilen auf, da die PRINT USING-Anweisung in Zeile
310 genau 8 mal (4*2=8) durchlaufen wird.

Codierung zu RATENSPA (Schleifen in Zeilen 280-330):

```
100 REM ====== Programm RATENSPA
110 PRINT "Entwicklung des Guthabens beim Ratensparen"
120 PRINT "als Übersichtstabelle."
    '
130 REM ====== Vereinbarungsteil
140 'S: Sparrate in DM gleichbleibend
150 'Z: Anzahl der Zahlungen pro Jahr
160 'V: Vertragslaufzeit des Ratensparens
170 'P: Jahreszinssatz in %
180 'F: Zinsfaktor aus der Zinsformel
190 'K: Kapital als neues Endguthaben
200 'I: Laufvariable für äußere Jahresschleife
210 'J: Laufvariable für innere Monatsschleife
    '
220 REM ====== Anweisungsteil
230 INPUT "Sparrate, Zahlungen/Jahr"; S,Z
240 INPUT "Vertragslaufzeit (Jahre)"; V
250 INPUT "Zinssatz (% pro Jahr)    "; P
260 LET K=0 : LET F=1+P/Z/100
270 PRINT : PRINT " Jahr   Monat        Guthaben"
    '
280 FOR I = 1 TO V              'Beginn der äußeren Schleife
290   FOR J = 1 TO Z              'Beginn der inneren Schleife
300     LET K=(K+S)*F
310     PRINT USING "  ##      ##        #######.##"; I,J,K
320   NEXT J                     'Ende der inneren Schleife
330 NEXT I                       'Ende der äußeren Schleife
    '
340 PRINT "Ende." : END
```

Struktogramm zu Programm RATENSPA:

```
┌─────────────────────────────────────────────┐
│  Anfangswerte S,Z,V,P,K,F setzen             │
├─────────────────────────────────────────────┤
│  Überschriftzeile ausgeben                   │
│                                              │
├─────────────────────────────────────────────┤
│  Für I von 1 bis V wiederhole                │
│  ┌──────────────────────────────────────────┤
│  │  Für J von 1 bis Z wiederhole            │
│  │  ┌───────────────────────────────────────┤
│  │  │                                        │
│  │  │   Guthaben K ermitteln                 │
│  │  │   und Zeile ausgeben                   │
│  │  │                                        │
├──┴──┴───────────────────────────────────────┤
│  Ende                                        │
└─────────────────────────────────────────────┘
```

Beginn äußere Schleife

Beginn innere Schleife

Ende beider Schleifen

Zwei Ausführungen zu Programm RATENSPA:

Entwicklung des Guthabens beim Ratensparen
als Übersichtstabelle.
Sparrate, Zahlungen/Jahr? 100,4
Vertragslaufzeit (Jahre)? 3
Zinssatz (% pro Jahr)   ? 10

Schleifen 3*4=12 mal
durchlaufen

Jahr	Monat	Guthaben
1	1	102.50
1	2	207.56
1	3	315.25
1	4	425.63
2	1	538.77
2	2	654.74
2	3	773.61
2	4	895.45
3	1	1020.34
3	2	1148.35
3	3	1279.56
3	4	1414.04

Ende.

Entwicklung des Guthabens beim Ratensparen
als Übersichtstabelle.
Sparrate, Zahlungen/Jahr? 200,2
Vertragslaufzeit (Jahre)? 4
Zinssatz (% pro Jahr)   ? 12

Jahr	Monat	Guthaben
1	1	212.00
1	2	436.72
2	1	674.92
2	2	927.42
3	1	1195.06
3	2	1478.77
4	1	1779.49
4	2	2098.26

Ende.

Schleifen 4*2=8 mal
durchlaufen

Die Vorschriften für die Schachtelung von Zählerschleifen mit
FOR..NEXT gelten entsprechend auch für die Schachtelung von
abweisenden Schleifen mit WHILE..WEND.

3.1.4 Programm mit Unterprogramm

Der Grundsatz "... teile und herrsche" gilt auch bei der Programmentwicklung. Es ist zumeist vorteilhaft, einen Programm-
komplex in mehrere U n t e r p r o g r a m m e aufzuteilen.

- Ein in Unterprogramme gegliedertes Programm ist stets besser
  l e s b a r als ein ungegliedertes und oft langes Gesamt-
  programm.
- Einen an mehreren Stellen im Programm benötigten bzw. aufge-
  rufender Ablauf muß man nur e i n m a l als Unterprogramm
  codieren.
- Oft benötigte Verfahren können gesammelt und bei Bedarf im
  jeweiligen neuen Programm wie B a u s t e i n e eingesetzt
  werden.
- Bei größeren Vorhaben können Teilabläufe von verschiedenen
  Personen g e t r e n n t entwickelt und dann zu einem Pro-
  grammkomplex zusammengesetzt werden.

        Vier Vorteile bei der Bildung von Unterprogrammen

In BASIC kann man Unterprogramme entweder durch die Anweisung-
en GOSUB und RETURN verwirklichen oder durch Funktionen. Wir
wenden uns zunächst den Befehlen GOSUB und RETURN zu.

3.1.4.1 Unterprogramme mit GOSUB und RETURN

Programm DEMO-UPR demonstriert, wie ein e i n m a l codiertes Unterprogramm (Zeilen 1000, 1010) z w e i m a l aufgerufen wird (Zeilen 140 und 180). Zu trennen ist also die Unter-
programmcodierung (ein oder mehrere Zeilen mit RETURN am Ende)
einerseits und der Unterprogrammaufruf (durch GOSUB) andererseits. In BASIC ist das Unterprogramm immer Teil des Hauptpro-
gramms.
Zweck des Unterprogramms ist es, die jeweilige Tastatureingabe
um 10 zu erhoehen. Da sich die Eingabe im Hauptprogramm zuerst
in X und dann in Y befindet, ist vor jedem Unterprogrammaufruf
die Eingabe einer Variablen namens PAR (Parameter) zuzuweisen,
um dann das Unterprogramm mit GOSUB 1000 aufzurufen, die Er-
höhung mit 1000 LET PAR=PAR+10 auszuführen, mit 1010 RETURN
in die jeweilige Folgezeile 150 bzw. 190 zurückzukehren und im
Hauptprogramm fortzufahren. Die etwas umständliche Anweisungsfolge 'LET PAR=X : GOSUB 1000 : LET X=PAR' ist erforderlich,
da ein Unterprogrammaufruf wie etwa 'GOSUB(X) 1000' mit einer
tatsächlichen Parameterübergabe in BASIC nicht Standard ist.

Im Vereinbarungsteil des Programms DEMO-UPR wird neben den Parametern X, Z und PAR das Unterprogramm namens ERHOEHEN angeführt. Insbesondere bei komplexen Programmen kann man sich so
rasch über deren Gliederung informieren.

Codierung zu Programm DEMO-UPR:


```
100 REM ====== Programm DEMO-UPR
110 PRINT "Ein Unterprogramm zweimal im Hauptprogramm aufrufen."
    '
111 REM ====== Vereinbarungsteil
112 ' X,Y:           Aktuelle Parameter
113 ' PAR:           Formaler Parameter
114 ' ERHOEHEN:      Unterprogramm ab Zeile 1000
    '
115 REM ====== Anweisungsteil
120 INPUT "Wert von X eintippen"; X
130 '*** ERSTER UNTERPROGRAMMAUFRUF **************
140 LET PAR=X : GOSUB 1000
150 LET X=PAR : PRINT "X um 10 erhöht:"; X
160 '*** ZWEITER UNTERPROGRAMMAUFRUF *************
170 INPUT "Wert von Y eintippen"; Y
180 LET PAR=Y : GOSUB 1000
190 LET Y=PAR : PRINT "Y um 10 erhöht:"; Y
200 PRINT "Ende des Hauptprogramms." : END
    '
210  '*** Unterprogramm ERHOEHEN ****************************
1000 LET PAR = PAR + 10
1010 RETURN
1011 '*****************************************************
```


Ausführung zu Programm DEMO-UPR: Hauptprogramm

```
Ein Unterprogramm zweimal im Hauptprogramm aufrufen.
Wert von X eintippen? 34
X um 10 erhöht: 44
Wert von Y eintippen? 99999
Y um 10 erhöht: 100009
Ende des Hauptprogramms.
```

PAP zu Programm DEMO-UPR: 1. Aufruf

                    Unterprogramm

                                            2. Aufruf

Das Unterprogramm wird zweimal im Hauptprogramm
aufgerufen.

Die Anweisung 140 GOSUB 1000 merkt sich die Folgezeile 150 als
Rückkehradresse und verzweigt nach Zeile 1000 zum dort anfang-
enden Unterprogramm. Die Anweisung 1010 RETURN beendet das Unterprogramm und verzweigt zu der (zuletzt) gemerkten Rückkehradresse. Beispiele für Anweisungen zum Unterprogrammaufruf:

```
- 140  GOSUB 1000                    Unbedingter Aufruf
- 140  IF A=3 THEN GOSUB 1000        Numerisch bedingter Aufruf
- 140  IF B$="JA" THEN GOSUB 1000    Text-bedingter Aufruf
- 140  ON C GOSUB 1000,2000,3000     Fallabfrage mit Aufruf
                                     (für C=1,2 bzw. 3  Unter-
                                     progr. 1000,2000 bzw. 3000)
```

        Vier Anweisungsbeispiele zum Unterprogrammaufruf

3.1.4.2 Standardfunktionen und selbstdefinierte Funktionen

Funktionen sind besondere Unterprogramme, die stets mit ihrem
Namen aufgerufen werden. Für häufig wiederkehrende Probleme
sind Funktionen standardmäßig vorgegeben und für spezielle Be-
nutzerprobleme können sie von diesem selbst definiert werden.

```
VORGEGEBENE STANDARDFUNKTIONEN AUFRUFEN:
-----------------------------------------------------
   - Numerische Funktionen:
     Ganzzahl:     INT(3.8) ergibt 3, INT(2.1111) ergibt 2
     Betrag:       ABS(-2) ergibt 2, ABS(2) ergibt 2
     Vorzeichen:   SGN(-2) ergibt -1, SGN(2) ergibt +1
     Zufallszahl:  RND ergibt z.B. 0.8724
     Weitere:      ATN, COS, EXP, LOG, SIN, SQR, TAN
     (vgl. Abschnitt 2.3)

   - String-Funktionen bzw. Text-Funktionen:
     ASC, CHR$, INSTR, LEFT$, LEN, MID$, STR$, RIGHT$ und VAL
     (vgl. Abschnitte 2.3 und 3.3)

   - System-Funktionen:
     FRE, PEEK, POKE, VARPTR und USR (vgl. Abschnitt 3.5)


FUNKTIONEN SELBST DEFINIEREN UND AUFRUFEN:
-----------------------------------------------------
   - Definition der Funktion mit Anweisung DEF FN ...

   - Aufruf der Funktion durch FN ...
```

                Zwei Arten von Funktionen

Das in Klammern hinter der Funktion geschriebene Argument kann
eine Konstante (INT(9.7)), eine Variable (INT(Z)) oder ein beliebiger Ausdruck sein (INT(9.7+Z)).

Die Definition und den Aufruf einer Funktion wollen wir an einem einfachen Beispiel erklären:
Das Programm DEMO-FUN stimmt in seiner Ausführung mit Programm DEMO-UPR überein, nicht aber in der BASIC-Codierung: Das in DEMO-UPR mittels GOSUB und RETURN geschriebene Unterprogramm wird in DEMO-FUN über eine benutzerdefinierte Funktion mittels DEF FN programmiert. In der hierfür vorgesehenen Anweisung

      140 DEF FN ERHOEH(PAR)=PAR+10

schreiben wir hinter FN den Funktionsnamen ERHOEH, gefolgt von einem Parameter PAR, dem das Ergebnis von PAR+10 zugewiesen wird. Es ist wichtig, daß zwischen DEF und PAR eine Leerstelle steht.
Das Programm DEMO-FUN enthält die drei Variablen bzw. Parameter X, Y und PAR. PAR vertritt als f o r m a l e r Parameter beim Unterprogrammaufruf den entsprechenden a k t u e l l e n Parameter X.
Beim ersten Funktionsaufruf durch 170 FN(ERHOEH(X) ist X der aktuelle und PAR der formale Parameter, beim zweiten Aufruf ruf durch 200 FN ERHOEH(Y) hingegen ist Y der aktuelle und PAR der formale Parameter.

Codierung zu Programm DEMO-FUN:


```
100 REM ====== Programm DEMO-FUN
110 PRINT "Eine Funktion im Hauptprogramm einmal definieren"
120 PRINT "und dann zweimal aufrufen."
    '
130 '*** FUNKTION DEFINIEREN ***********************************
140 DEF FN ERHOEH(PAR) = PAR + 10
141 ' ********************************************************
    '
150 '*** ERSTER FUNKTIONS-AUFRUF ******************
160 INPUT "Wert von X";X
170 PRINT "X um 10 erhöht ergibt"; FN ERHOEH(X)
180 '*** ZWEITER FUNKTIONS-AUFRUF ****************
190 INPUT "Wert von Y";Y
200 PRINT "Y um 10 erhöht ergibt"; FN ERHOEH(Y)
210 PRINT "Ende." : END
```


Ausführung zu Programm DEMO-FUN:


```
Eine Funktion im Hauptprogramm einmal definieren
und dann zweimal aufrufen.
Wert von X? 34
X um 10 erhöht ergibt 44
Wert von Y? 99999
Y um 10 erhöht ergibt 100009
Ende.
```

Betrachten wir als weiteres Beispiel die benutzerdefinierte
Funktion FNRUNDENGANZ, die eine beliebige positive oder negative Zahl auf eine ganze Zahl r u n d e t .
In Zeile 100 wird die FNRUNDENGANZ mittels DEF definiert, die
ihrerseits die beiden Systemfunktionen FIX (nicht ganzzahligen
Teil einer Zahl abschneiden) und SGN (Vorzeichen angeben mit
1 für positive und -1 für negative Zahlen) aufruft.

Das Runden der ZAHL -200.4 läuft wie folgt ab:
- Vorzeichenbildung SGN(-200.4) ergibt -1
- Multiplikation 0.5 * (-1) ergibt -0.5
- Addition -200.4 + -0.5 ergibt -200.9
- Ganzzahlbildung FIX(-200.9) ergibt -200
Das Runden der anderen Zahlen 200.4, 200.9 und -200.9 läuft
entsprechend ab.

```
                     Ganzzahlbildung
        ┌──────────────────┴──────────────────┐
Funktion FIX schneidet          Funktion INT sucht die größ-
Kommastellen ab:                te Ganzzahl, die kleiner als
                                ihr Argument ist:


FIX(200.4) ergibt 200           INT(200.4) ergibt 200
FIX (-200.4) ergibt 200         INT(-200.4) ergibt 201
```

         Gegenüberstellung der Standardfunktionen FIX und INT

Zur Bildung von Ganzzahlen wird häufig die Funktion INT verwendet. Ersetzt man in der Funktion FNRUNDENGANZ die Funktion
FIX durch INT, erhält man für 200.4, 200.9, -200.4 und -200.9
die 'gerundeten' Zahlen 200, 201, -201 und -202: die negativen
Zahlen werden also 'falsch' gerundet.

```
Definition der Funktion:
-------------------------------
   100 DEF FNRUNDENGANZ(ZAHL) = FIX(ZAHL+0.5*SGN(ZAHL))

Viermaliges Aufrufen der Funktion:
------------------------------------------------
   110 PRINT FNRUNDENGANZ(200.4)          ergibt  200
   120 PRINT FNRUNDENGANZ(200.9)          ergibt  201
   130 PRINT FNRUNDENGANZ(-200.4)         ergibt -200
   140 PRINT FNRUNDENGANZ(-200.9)         ergibt -201
```

      Ganzzahl Runden durch die numerische Funktion FNRUNDENGANZ

Die Funktionen FNRUNDENGANZ und FNERHOEH haben numerische
Werte an das aufrufende Programm übergeben, die nachfolgende
Funktion FNGROSS$ hingegen übergibt Strings (deshalb das "$"-
Zeichen am Ende des Funktionsnamens).

Im ASCII-Code haben die Großbuchstaben die Codezahlen 65 - 90
und die Kleinbuchstaben die Codezahlen 97 - 122, d.h. genau um
32 weniger.
Die Funktion FNGROSS$ nutzt diese Differenzbildung von 32 , um
eingetippte Buchstaben von Klein- ind Großschreibung umzuwan-
deln.

Der Funktionsaufruf PRINT FNGROSS$("m") läuft wie folgt ab:
- Kleinbuchstabe "m" als aktueller Parameter in Z$
- Funktionsaufruf ASC("m") ergibt die ASCII-Codezahl 109
- Subtraktion 109-32 ergibt 77
- Funktionsaufruf CHR$(77) ergibt den Großbuchstaben "M" als
  das der Codezahl 77 entsprechende Zeichen
- "M" wird über PRINT ausgegeben

Die Benutzerfunktion FNGROSS$ ruft also zwei Standardfunktio-
nen auf: ASC() zur Angabe der Codezahl und CHR$() zur Angabe
des Zeichens. Auf diese Funktionen gehen wir in Abschnitt 3.5
ausführlich ein.

```
Definition der Funktion:
---------------------------

  100 DEF FNGROSS$(Z$) = CHR$(ASC(Z$)-32)

Zweimaliges Aufrufen der Funktion:
----------------------------------------

  110 PRINT FNGROSS$("m")      ergibt Großbuchstabe "M"
  120 PRINT FNGROSS$("k")      ergibt Großbuchstabe "K"
```

Bildung von Großbuchstaben durch die String-Funktion FNGROSS$

3.2 Programmiertechnik an Beispielen

Zu den in Abschnitt 1.3.7.4 dargestellten Programmiertechniken
betrachten wir drei Beispiele: Die Menütechnik, die Standardi-
sierung und die Verzweigungstechnik mit Wahrheitswerten.

3.2.1 Strukturiert programmieren: Menütechnik

Bei der Ausführung des Programms MENUE werden dem Benutzer
sieben Wahlmöglichkeiten am Bildschirm angeboten - vergleichbar mit den Gängen eines Menüs auf der Speisekarte. Aus diesem
Grunde spricht man in der DV von der M e n ü t e c h n i k .
Drei Punkte kennzeichnen die Menütechnik.

1. Auswahl einer Tätigkeit aus dem Menü:
   Das Menü wird am Bildschirm gezeigt, bis der Benutzer eine
   gültige Auswahl getroffen hat (Unterprogramme 'GOSUB 1000'
   und 'GOSUB 2000' in Programm MENUE).

2. Ausführung dieser Tätigkeit in einem Unterprogramm:
   Über eine Mehrseitige Auswahl als Fallabfrage wird ein Unterprogramm aufgerufen (Anweisung 140 ON M GOSUB ...) , um
   dann die gewählte Tätigkeit auszuführen.

3. Wiederholtes Menüangebot mit Programmende über das Menü:
   Nach dieser Ausführung wird das Menü erneut gezeigt. Abgebrochen wird der Programmlauf stets über das Menü (Wahl 7)
   bzw. über das Steuerprogramm (hier Zeile 150), nicht aber
   über ein Unterprogramm.

Drei Kennzeichen der Menütechnik anhand des Programmes MENUE

Die sieben Tätigkeiten KONTOSTAND, EINZAHLUNG,.. werden in den
Zeilen 1030-1040 unter DATA gespeichert. Soll das Menüprogramm
für andere Zwecke verwendet werden, müssen ausschließlich diese DATA-Zeilen geändert werden.

Die Anweisungen READ mit DATA dienen der Speicherung programm-
interner Daten. Jede READ-Anweisung rückt dabei einen Lesezeiger um 1 weiter. Die Anweisung RESTORE setzt den Lesezeiger
auf Ausgangsposition 1 zurück. Die Daten können auf beliebig
viele DATA-Anweisungen verteilt werden; wesentlich ist allein
die Reihenfolge: 10 DATA 4,7 entspricht den zwei Anweisungen
10 DATA 4 und 11 DATA 7 .


```
1000 READ N              Nach N wird die Ziffer 7 eingelesen.

1010 FOR I=1 TO N        Nach M$ werden 7 Textworte eingelesen
1011    READ M$(I)       (M$ ist ein String-Array).
1012 NEXT I
                                         Inhalt von M$:
1030 DATA 7, KONTOSTAND                  KONTOSTAND
1031 DATA EINZAHLUNG,AUSZAHLUNG          EINZAHLUNG
1032 DATA NEUES KONTO, KONTO LOESCHEN    AUSZAHLUNG
1033 DATA GESAMTLISTE, PROGRAMMENDE      NEUES KONTO
                                         KONTO LOESCHEN
READ weist einer oder mehreren Variablen  GESAMTLISTE
Werte zu, die unter DATA gespeichert sind. PROGRAMMENDE
```

Anweisungen READ und DATA zur Datenspeicherung im Programm

DATA kann als nicht-ausführbare Anweisung an jeder beliebigen
Stelle im Programm stehen. Der Übersicht halber schreibt man
DATA entweder an den Anfang oder an das Ende des Programmes.

Die im Programm MENUE verwendete ON..GOSUB-Anweisung

    140 ON M GOSUB 3000,4000,5000,6000,7000,8000,9000

ruft für M=1 das Unterprogramm ab Zeile 3000 auf, für M=2 das
Unterprogramm ab Zeile 4000 usw, wobei als Rückkehradresse für
die RETURNs die Zeile 140 gespeichert wird. Durch die Fehler-
abfragen in Zeile 2040-2050 wird sichergestellt, daß in M tatsächlich nur einer der ganzzahligen Werte 1,2,....,7 vorliegt.

In Zeile 2030 wird die Menü-Auswahl des Benutzers bewußt nicht
einer numerischen Variablen W, sondern einer Textvariablen W$
zugewiesen. Damit soll ein 'Aussteigen' des Computers bei feh-
lerhafter Eingabe verhindert werden. Mit dem Funktions-Aufruf
VAL(W$) wird der Text in W$ in einen Zahlenwert umgewandelt.

Codierung zu Programm MENUE: PAP zu MENUE:

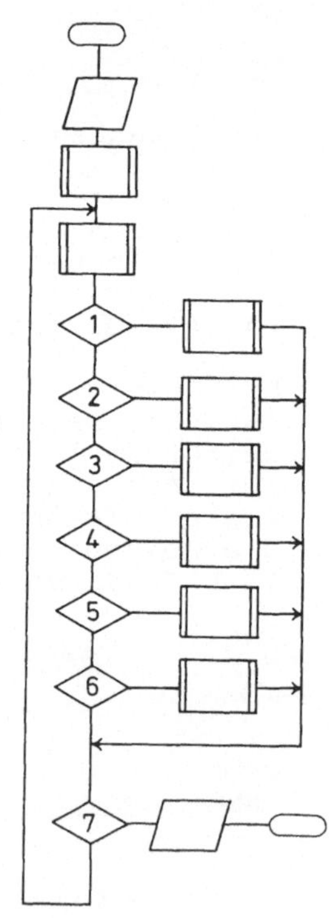

```
   100 REM ====== Programm MENUE
110 PRINT "Menue-Demonstration mit Wahl in DATA."
120 GOSUB 1000
130    GOSUB 2000
140    ON M GOSUB 3000,4000,5000,6000,7000,8000,9000
150    IF M=7 THEN PRINT "Ende." : END
160    INPUT "Weiter mit Enter";W$ : CLS : GOTO 130
       '
1000 READ N: DIM M$(N)     'Menue-Angebot nach M$ lesen
1010 FOR I=1 TO N: READ M$(I): NEXT I
1020 RETURN
1030 DATA 7,KONTOSTAND,EINZAHLUNG,AUSZAHLUNG,NEUES KONTO
1040 DATA KONTO LOESCHEN, GESAMTLISTE, PROGRAMMENDE
     :
2000 PRINT "-----Menü-Angebot-----"     'Menü zeigen
2010 FOR I=1 TO N: PRINT I;"    ";M$(I) : NEXT I
2020 PRINT "--------------------"
2030 INPUT "Ihre Menü-Auswahl"; W$: LET M=VAL(W$)
2040 IF M<>INT(M) THEN PRINT "...ganzzahlig": GOTO 2000
2050 IF M<1 OR M>N THEN PRINT "...außerhalb": GOTO 2000
2060 RETURN

3000 PRINT "Unterprogramm ";M$(M): RETURN
4000 PRINT "Unterprogramm ";M$(M): RETURN
5000 PRINT "Unterprogramm ";M$(M): RETURN
6000 PRINT "Unterprogramm ";M$(M): RETURN
7000 PRINT "Unterprogramm ";M$(M): RETURN
8000 PRINT "Unterprogramm ";M$(M): RETURN
9000 PRINT "Unterprogramm ";M$(M): RETURN
```

Ausführung zu Programm MENUE:


```
Menue-Demonstration mit Wahl in DATA.
-----Menü-Angebot-----
  1     KONTOSTAND
  2     EINZAHLUNG
  3     AUSZAHLUNG
  4     NEUES KONTO
  5     KONTO LOESCHEN
  6     GESAMTLISTE
  7     PROGRAMMENDE
----------------------
Ihre Menü-Auswahl? 3
Unterprogramm AUSZAHLUNG
Weiter mit Enter?
-----Menü-Angebot-----
  1     KONTOSTAND
  2     EINZAHLUNG
  3     AUSZAHLUNG
  4     NEUES KONTO
  5     KONTO LOESCHEN
  6     GESAMTLISTE
  7     PROGRAMMENDE
----------------------
Ihre Menü-Auswahl? 7
Unterprogramm PROGRAMMENDE
Ende.
```


3.2.2 Wirtschaftlich programmieren: Standardisierung

In einer Kundendatei soll für jeden Kunden die NUMMER, der NA-
ME und der UMSATZ gespeichert werden, in einer Artikeldatei zu
jedem Artikel die BEZEICHNUNG, der PREIS und die MENGE, ... Je
nach Dateiart ist das Eingabeproblem ähnlich. Unwirtschaftlich
wäre es, für jedes Problem je ein neues Programm schreiben zu
müssen. Programm STANDARD1 zeigt die Problemlösung über e i n
Programm auf. Z w e i   V a r i a b l e n e b e n e n werden
dabei unterschieden: die Ebene der beschreibenden Daten und
die Ebene der Daten selbst, also der Nutzdaten.

- Variablen mit beschreibenden Daten:

  Die Variablen ND$(), TD$() und LD() nehmen Angaben zu Namen,
  Datentypen und Längen der Daten auf. Diese Daten sind in der
  DATA-Zeile gespeichert. Bei Änderung ist somit nur die DATA-
  Zeile zu überprüfen.

- Variablen mit den eigentlichen Daten (Nutzdaten):

  Die Variable ID$() steht für den eigentlichen 'Inhalt der zu
  verarbeitenden Daten', z.B. für die drei Artikelangaben '101
  GOLDEN DELICIOUS 3470.50'.

  Zwei Variablenebenen: Beschreibende Daten und Nutzdaten

Die Anweisung
   220 DIM ND$(AD)
richtet für die Variable ND$ drei 'Fächer' (da AD=3) zur spä-
teren Speicherung von drei Strings ein. Diese Dimensionierung
mittels DIM erklären wir in Abschnitt 3.7 ausführlich.

Programm STANDARD verdeutlicht das prinzipielle Vorgehen beim
Arbeiten mit zwei Variablenebenen und ist je nach Anwendung zu
ergänzen: so fehlt z.B. die Prüfung für das UMSATZ-Format 6.2
(6 Stellen, 2 Dezimalstellen).

Codierung zu Programm STANDARD:

```
100 REM ====== Programm STANDARD
110 PRINT "Demonstration: Programmieren in zwei Variablenebenen."
    '
120 REM ====== Vereinbarungsteil
130 'AD:      Anzahl der zu berücksichtigenden Daten
140 'ND$():   Namen der Daten als Array mit AD Komponenten
150 'TD$():   Typen der Daten als Text-Array
160 'LD():    Längen der Daten als numerischer Array
170 'ID$():   Inhalt der Daten als Text-Array
180 'Hinweis: Bei Änderung der Daten ist nur die DATA-Zeile
190 'in Zeile 230 zu ändern (I=Integer, S=String, R=Realzahl)
    '
200 REM ====== Anweisungsteil
210 READ AD                             'Bezeichnungen gespeichert
220 DIM ND$(AD), TD$(AD), LD(AD), ID$(AD)
230 DATA 3,NUMMER,I,3,NAME,S,10,UMSATZ,R,6.2
240 FOR Z=1 TO AD                       'Leseschleife
250   READ ND$(Z), TD$(Z), LD(Z)
260 NEXT Z
    '
270 FOR Z=1 TO AD                       'Eingabeschleife
280   PRINT ND$(Z);"     -     "; : INPUT ID$(Z)
290 NEXT Z
    '
300 FOR Z=1 TO AD
310   IF TD$(Z)="S" AND LEN (ID$(Z))>LD(Z)
        THEN PRINT "Fehlerhaft: ";ID$(Z);" über";LD(Z);"Stellen."
        ELSE PRINT "Fehlerfrei: ";ID$(Z)
320 NEXT Z
330 PRINT "Ende." : END
```

Ausführung zu Programm STANDARD:

```
Demonstration: Programmieren in zwei Variablenebenen.
NUMMER     -    ? 101
NAME       -    ? GOLDEN DELICIOUS
UMSATZ     -    ? 3470.50
Fehlerfrei: 101
Fehlerhaft: GOLDEN DELICIOUS über 10 Stellen.
Fehlerfrei: 3470.50
Ende.
```

3.2.3 Einfach programmieren: Verzweigungstechnik

3.2.3.1 Boolesche Variablen und Vergleichsoperationen

Betrachten wir zunächst das   Programm BOOLEAN1   als Beispiel:
Das Programm BOOLEAN1 verwendet das Zeichen "=" zur Zuweisung
und auch zum Vergleich:
Das erste Zeichen "=" in der Zeile 1020 bewirkt eine Wertzuweisung: nach B1 wird das Ergebnis von X=Y zugewiesen. Dabei
ist X=Y ein Vergleichsausdruck mit dem Vergleichszeichen "="
und dem Vergleichsergebnis WAHR oder UNWAHR , das der Variablen B1 zugewiesen wird. B1 steht für 'Bedingung 1'. Der THEN-
Zweig in Zeile 1060 wird nur dann ausgeführt, wenn B1 den Wert
WAHR hat.

Variablen, die nur die Werte WAHR (bzw. TRUE) und UNWAHR (bzw.
FALSE) annehmen können, nennt man boolesche Variablen. Damit
wird der Mathematiker George Boole geehrt, der um 1850 die Lo-
gik erforscht hat. Das IBM-BASIC sieht den Datentyp BOOLEAN
(vgl. Abschnitt 1.3.2.1) explizit nicht vor. Gleichwohl können
wir diesen Typ - wie in Programm BOOLEAN1 gezeigt - verwenden.

Codierung zu Programm BOOLEAN1:


```
100 REM ====== Programm BOOLEAN1
110 PRINT "Datentyp BOOLEAN wird vom PC dargestellt als:"
120 PRINT "WAHR bzw. TRUE      : ";3=3
130 PRINT "UNWAHR bzw. FALSE   : ";3=4
    '
1000 WHILE NOT B1
1010    INPUT "Zwei Zahlen eingeben."; X,Y
1020    LET B1 = X AND Y
1030    PRINT "X AND Y ergibt";B1
1040    LET B1 = X=Y
1050    PRINT "X = Y   ergibt";B1
1060    IF B1 THEN PRINT "Beide Zahlen sind gleich."
1070 WEND
1080 PRINT "Ende." : END
```

```
                Boolesche Variablen mit
        ┌───────────────────┴───────────────────┐
   Zustand WAHR bzw. -1              Zustand UNWAHR bzw. 0


   120 LET B1  = 4=4               110 LET B1  = 4=6
   130 LET C   = 4<888             195 LET X   = 3<>3
   143 LET A$  = "DM"<"FF"         240 LET P$  = "EVA"="HANS"
   150 LET M9  = 5>=1.25           250 LET W$  = "3DM"="3 DM"


   B1,C,A$,M9 erhalten Wert -1     B1,X,P$,W$ erhalten Wert 0
   ----------------------------    ----------------------------
```

Einige Beispiele für boolesche Variablen

Ausführung zu Programm BOOLEAN1:

Datentyp BOOLEAN wird vom PC dargestellt als:
WAHR bzw. TRUE   : -1
UNWAHR bzw. FALSE   : 0
Zwei Zahlen eingeben.? 5,6
X AND Y ergibt 4
X = Y   ergibt 0
Zwei Zahlen eingeben.? 2,3
X AND Y ergibt 2
X = Y   ergibt 0
Zwei Zahlen eingeben.? 6,8
X AND Y ergibt 0
X = Y   ergibt 0
Zwei Zahlen eingeben.? 3,3
X AND Y ergibt 3
X = Y   ergibt-1
Beide Zahlen sind gleich.
Ende.

Vergleichen wir z.B. zwei Zahlen, so werden die Vergleichsergebnisse WAHR bzw. UNWAHR in BASIC durch die beiden Zahlen
-1 (für WAHR) und 0 (für UNWAHR) dargestellt. Die 100er Zeilen
von Programm BOOLEAN1 demonstrieren dies. Wie = lassen sich
auch die Vergleichszeichen >, >=, <, <= und < > einsetzen. 10>6
z.B. ergibt den Wert WAHR bzw. -1 und 2<>2 den Wert 0.

Wir können damit Ergebnisse beliebiger Vergleichsoperationen
   =, >, >=, <, <= und < >
als boolesche Variablen speichern.

3.2.3.2 Boolesche Variablen und logische Operationen

In der Programmiersprache BASIC können boolesche Variablen
durch logische Operatoren (auch boolesche Operatoren genannt)
verknüpft werden: so durch AND (und), OR und XOR (oder) und NOT
(nicht). AND, OR und NOT werden in der Booleschen Algebra zur
Erklärung logischer Zusammenhänge verwendet. Die Grundlage dazu bilden die sogenannten Wahrheitstafeln.

Codierung zu Programm BOOLEAN2:

```
100 REM ====== Programm BOOLEAN2
110 INPUT "Drei Worte eintippen"; A$,B$,C$
120 LET B1 = A$=B$
130 LET B2 = B$=C$
140 IF B1 AND B2 THEN PRINT "Alle drei Worte gleich."
150 IF B1 OR B2  THEN PRINT "Die ersten oder letzten beiden Worte gleich."
160 IF NOT B2    THEN PRINT "Die letzten beiden Worte ungleich."
170 PRINT "B1 =";B1;"        B2 =";B2
180 PRINT "B1 AND B2 =";B1 AND B2;" B1 OR B2 =";B1 OR B2
190 END
```

```
PRINT -1 AND -1 ergibt -1      Logischer Operator AND
PRINT -1 AND  0 ergibt  0      erzeugt -1, wenn der eine
PRINT  0 AND -1 ergibt  0      UND auch der andere Wert
PRINT  0 AND  0 ergibt  0      jeweils -1 sind.

PRINT -1 OR  -1 ergibt -1      Logischer Operator OR
PRINT -1 OR   0 ergibt -1      erzeugt -1, wenn einer ODER
PRINT  0 OR  -1 ergibt -1      beide Werte -1 sind.
PRINT  0 OR   0 ergibt  0

PRINT -1 XOR -1 ergibt  0      Logischer Operator XOR
PRINT -1 XOR  0 ergibt -1      (exklusives ODER)
PRINT  0 XOR -1 ergibt -1      -1, wenn entweder der eine
PRINT  0 XOR  0 ergibt  0      ODER der andere Wert -1 sind.

PRINT NOT -1                   Logischer Operator NOT
PRINT NOT  0 ergibt -1         (VerNEINung) kehrt Werte um.
```

Wahrheitstafeln für logische Operatoren AND, OR, XOR und NOT

Für X=-1 und Y=0 ergibt der boolesche Ausdruck X AND Y den
Wert FALSE bzw. 0 . X OR Y ergibt TRUE bzw. -1. Auch mehrere
boolesche Operatoren können in einem Ausdruck auftreten. Zwei
Beispiele hierzu: NOT(X OR Y) ergibt den Wert FALSE, während
(X>-100)AND(X<100) den Wert TRUE ergibt.

Drei Ausführungen zu Programm BOOLEAN2:


```
RUN
Drei Worte eintippen? PC, PC, PC
Alle drei Worte gleich.
Die ersten oder letzten beiden Worte gleich.
B1 =-1        B2 =-1
B1 AND B2 =-1  B1 OR B2 =-1


Drei Worte eintippen? 1, 2, 3
Die letzten beiden Worte ungleich.
B1 = 0        B2 = 0
B1 AND B2 = 0  B1 OR B2 = 0


Drei Worte eintippen? PC, PCjr, PCjr
Die ersten oder letzten beiden Worte gleich.
B1 = 0        B2 =-1
B1 AND B2 = 0  B1 OR B2 =-1
```

3.2.3.3 Vergleich und Logik in der Verzweigungsbedingung

Die in der Abbildung wiedergegebene WHILE-Schleife wird durch
eine boolesche Variable namens GEFUNDEN gesteuert, wobei als
Vergleichsoperator "=" und als logischer Operator "NOT" benötigt werden.
Die Schleife wiederholt sich bis A=B ist. Es handelt sich also
um eine typische Suchschleife.
Zunächst setzen wir v o r dem Schleifeneintritt GEFUNDEN auf 0
bzw. UNWAHR (Zeile 500). Da NOT GEFUNDEN den Wert WAHR bzw.
-1 hat, kann mit der Wiederholung begonnen werden (Zeile 510)
Wenn A gleich B ist, wird nach GEFUNDEN der Wert -1 als Vergleichsergebnis zugewiesen (Zeile 590).
Anstelle von 590 LET GEFUNDEN = A=B könnten wir auch die Anweisung 590 IF A=B THEN LET GEFUNDEN=-1 schreiben.

```
500 LET GEFUNDEN=0         - "Wiederhole die Schleife solange,
510 WHILE NOT GEFUNDEN        bis GEFUNDEN den Wert -1 hat,
...                           d.h. bis A gleich B ist."
...
590 LET GEFUNDEN = A=B     - GEFUNDEN: boolesche Variable
...                                    mit Wert 0 oder -1.
...                        - NOT: Logischer Operator (NICHT).
650 WEND                   - A=B: Vergleichsoperator "=".
```

Beispiel zur Schleifensteuerung durch eine boolesche Variable

In Verzweigungen mittels IF werden oft Vergleichsoperatoren
u n d logische Operatoren gemeinsam benutzt. In der Anweisung

   570 IF (BETRAG>1000) AND (TAGE<8) THEN 700

z.B. werden zuerst die Vergleichsoperatoren "> größer" sowie
"< kleiner" ausgeführt, die -1 bzw. 0 als Ergebnisse liefern.
Auf diese Vergleichsergebnisse wird sodann der logische Operator "AND bzw. und" wie folgt angewandt:

- Für BETRAG=3000 und TAGE=2 erhalten wir IF (-1) AND (-1)...
  und anschließend IF (1111) AND (1111)... mit -1 als Binär-
  zahl 1111.
  IF 1 THEN 700 wird in IBM-BASIC stets als Vergleichsausdruck
  IF 1<>0 THEN 700 behandelt.
  Wir erhalten IF -1 THEN 700 und es wird nun nach Zeile 700
  verzweigt.

- Für BETRAG=3000 und TAGE=9 erhalten wir IF (-1) AND (0)...,
  dann IF (1111) AND (0000)... und dann IF 0 THEN 700.
  IF 0 THEN 700 wird (siehe oben) als IF 0<>0 THEN 700 behandelt.
  Mit der Anweisung IF 0<>0 THEN 700 wird nicht verzweigt,
  sondern in der Folgzeile fortgefahren.

Wichtig ist, daß die beiden Verzweigungsanweisungen

   260 IF V THEN 1000   sowie   260 IF V<>0 THEN 1000

in IBM-BASIC als gleichbedeutend verarbeitet werden. Das hängt
damit zusammen, daß in IBM-BASIC die Zahl 0 (null) UNWAHR bedeutet und alle anderen Ganzzahlen außer 0 für WAHR stehen.
Die Anweisung IF -1 THEN 1000 können wir deshalb durch die
Anweisungen IF 2 THEN 1000 oder IF 126 THEN 1000 ersetzen,
die ebenfalls verzweigen.
Hier wird deutlich, daß der Datentyp BOOLEAN in BASIC eben nur
über 'Simulation' vorhanden ist. Da die Vergleichsoperationen
stets -1 für WAHR setzen, werden wir im folgenden immer diesen
Zahlenwert von -1 für WAHR angeben.

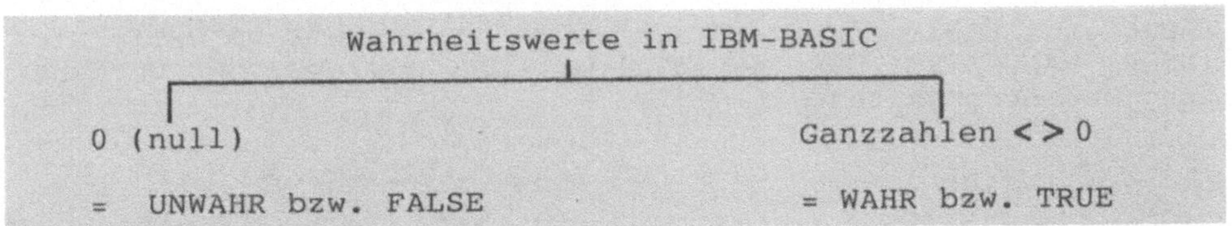

     Darstellung von Wahrheitswerten bzw. booleschen Werten

Das IBM-BASIC stellt die Vergleichsergebnisse   -1 bzw. 0 als
Binärzahlen 1111 bzw. 0000 dar und führt jede Verknüpfung mit
logisch AND b i t w e i s e durch.
Die bitweise Verknüpfung wird auch an der logischen Operation
"5 AND 6 ergibt 4" in Programm BOOLEAN1 deutlich:

   5 als 0 1 0 1
   6 als 0 1 1 0
          ----
   4 als 0 1 0 0 für die bitweise Verknüpfung "0101 AND 0110"

In Abschnitt 3.5.3 gehen wir auf die bitweise Verarbeitung genauer eingehen.

Die zwei Programmbeispiele BOOLEAN1 und BOOLEAN2 zeigen, daß
in BASIC neben den Datentypen INTEGER (Ganzzahl), REAL (Dezimalzahl) und STRING (Text, Zeichenkette) auch der Typ BOOLEAN
(Wahrheitswert) verwendet werden kann. Dabei sind zwei Punkte
festzuhalten:
Das Anweisungswort LET sollte stets beibehalten werden. Sicher
ist 20 LET B1 = X=Y besser lesbar als 20 B1=X=Y . Dennoch
bewirken die Anweisungen dasselbe: vergleiche X mit Y und weise das Ergebnis WAHR bzw. UNWAHR als -1 bzw. 0 der booleschen
Variablen B1 zu.
Die Verwendung des in BASIC nur "im Verborgenen vorhandenen"
Datentyps BOOLEAN eröffnet elegante Möglichkeiten zur Ablauf-
steuerung über Verzweigungen und Schleifen. Mit den Befehlen
IF und WHILE sollte dieser Datentyp auch genutzt werden.

3.3 Strings (Texte)

In diesem Abschnitt wenden wir uns dem Zerlegen und Zusammen-
fügen einzelner Daten vom Typ STRING zu. Man spricht dabei oft
von S t r i n g v e r a r b e i t u n g oder auch von Textverarbeitung.
Mit T e x t v e r a r b e i t u n g ist aber nicht das kaufmännische Standard-Programmpaket gemeint (siehe dazu Abschnitt
1.3.8.3).

3.3.1 Stringoperationen im Überblick

BASIC stellt die Standardfunktionen LEN, LEFT\$, RIGHT\$, MID\$,
INSTR, VAL, STR\$, SPACE\$, STRING\$, CHR\$ und ASC zur Verarbeitung von Strings bereit.

```
- Verkettung von Strings: +                LET X$="6900"
  X$ + " " + Z$ ergibt 6900 HEIDELBERG     LET Y$="HEIDELBERG"
                                           LET Z = 6900
- Länge eines Strings: LEN(Y$)
  LEN(X$) ergibt 4;    LEN(Y$) ergibt 10


- Linker Teilstring: LEFT$(Y$,L)
  LEFT$(Y$,5) ergibt HEIDE;    LEFT$(Y$,2) ergibt HE

- Rechter Teilstring: RIGHT$(Y$,L)
  RIGHT$(Y$,4) ergibt BERG;    RIGHT$(X$,2) ergibt 00

- Teilstring von V bis zum Ende: MID$(Y$,V)
  MID$(Y$,7) ergibt BERG;    MID$(X$,2) ergibt 900

- Teilstring von V mit Länge L: MID$(Y$,V,L)
  MID$(Y$,2,3) ergibt EID;    MID$(Y$,6,1) ergibt L

- Erste Stelle von S$ in Y$: INSTR(Y$,S$)
  INSTR(Y$,"DEL") ergibt 4; INSTR(Y$,"C") ergibt 0

- Umwandlung von Zahl in String: STR$(Z)
  STR$(Z) + Y$ ergibt 6900HEIDELBERG;    Z + Y$ ergibt Fehler

- Leerstring (Blancs) mit Länge L: SPACE$(L)
  X$ + SPACE$(10) + Y$ ergibt 10 Blancs zwischen X$ und Y$

- String aus L Zeichen mit ASCII-Codezahl A: STRING$(L,A)
  STRING$(20,61) ergibt 20 "="-Zeichen (61 = Codezahl von "=")

- Umwandlung von String in Zahl: VAL(X$)
  VAL(X$) - 400 ergibt 6500;    X$ - 400 ergibt Fehler

- Umwandlung von Codezahl in Einzelzeichen: CHR$(X)
  CHR$(49) ergibt 1;    CHR$(82) ergibt R      (ASCII-Zeichen)

- Umwandlung von Einzelzeichen in Codezahl: ASC(A$)
  ASC("R") ergibt 82;    ASC("=") ergibt 61      (ASCII-Zeichen)
```

Funktionen zur Verarbeitung von Strings im Überblick

3.3.2 Zeichen für Zeichen verarbeiten

Programm TEXT0 demonstriert die Funktion INSTR: der Suchstring
Z$ soll im Gesamtstring E$ gesucht und die erste Stelle ausgegeben werden. Das zweite Ausführungsbeispiel zeigt, daß INSTR
mit der Suche abbricht, sobald ein Suchstring (hier "E") gefunden wurde.
INSTR(10,E$,Z$) beginnt erst ab der 10. Stelle von E$ mit der
Suche nach Z$.

Codierung zu Programm TEXT0:

```
100 REM ====== Programm TEXT0
110 PRINT "String in einem Text suchen (mit INSTR)."
    '
120 REM ====== Vereinbarungsteil
130 'E$: Beliebiger Eingabetext (maximal 256 Zeichen lang)
140 'Z$: In E$ zu suchender Teilstring (auch einzelnes Zeichen)
150 'S:  Stelle in E$, an der Z$ beginnt bzw. 0 für Fehlanzeige
    '
160 REM ====== Anweisungsteil
170 INPUT "Welcher Text"; E$
180 INPUT "Welchen Teilstring suchen"; Z$
190 LET S=INSTR(E$,Z$)
200 IF S=0
       THEN PRINT "... nicht gefunden."
       ELSE PRINT "... beginnt an Stelle";S;"."
210 PRINT "Ende." : END
```

Drei Ausführungen zu Programm TEXT0:

```
String in einem Text suchen (mit INSTR).
Welcher Text? DISKONTIEREN
Welchen Teilstring suchen? DISKO
... beginnt an Stelle 1 .
Ende.


String in einem Text suchen (mit INSTR).
Welcher Text? DISKONTIEREN
Welchen Teilstring suchen? E
... beginnt an Stelle 9 .
Ende.


String in einem Text suchen (mit INSTR).
Welcher Text? DISKONTIEREN
Welchen Teilstring suchen? SKI
... nicht gefunden.
Ende.
```

Die Funktion hat drei Argumente (siehe Abbildung). Wird STELLE
weggelassen, beginnt die Suche an der 1. Stelle im String S$.
INSTR sucht stets von links nach rechts. Bei mehrfach vorhan-
denem Teilstring (wie hier "E") gibt INSTR deshalb die Stelle
an, an welcher der Teilstring erstmalig gefunden wird. Das Ergebnis 0 zeigt an, daß der angegebene Teilstring nicht gefunden wurde.

Wir werden die Funktion INSTR wiederholt anwenden, um einzelne
Zeichen (Trennungszeichen bzw. Delimiter wie z.B. " " und ";")
oder Worte zu suchen. Dabei wird INSTR zumeist zusammen mit
anderen Stringfunktionen verwendet. Die Anweisungsfolge

```
300 LET STRING$="IBM PC jr"
310 LET SUCH=INSTR(STRING$,"PC")      -ergibt 5
320 PRINT LEFT$(STRING$,SUCH-1)       -die ersten 4 Zeichen
```

geben z.B. den links vom Suchbegriff "PC" stehenden Text aus.

```
100 PRINT INSTR(STELLE,S$,T$)

                          In einem String S$ ab STELLE
                          nach einem Teilstring T$ suchen
                          und die 1. Stelle (von links
                          gesehen) angeben.

    200 PRINT INSTR(6,"WEGWEISER","E")      ergibt 8
    210 PRINT INSTR(1,"WEGWEISER","E")      ergibt 2
    220 PRINT INSTR("WEGWEISER","E")        ergibt 2
    230 PRINT INSTR("WEGWEISER","EIS")      ergibt 5
    240 PRINT INSTR("WEGWEISER","EISEN")    ergibt 0
```

Erste Stelle eines Teilstrings suchen mit Funktion INSTR

Programm TEXT1 zeigt, die über die Funktion MID$ ein String Z$
im Gesamtstring E$ gesucht werden kann.
Programmstrukturen: Zählerschleife und Einseitige Auswahl.

Codierung zu Programm TEXT1:

```
100 REM ====== Programm TEXT1
110 PRINT "String in einem Text suchen (ohne INSTR)."
    '
120 INPUT "Welcher Text"; E$
130 INPUT "Welchen Teilstring suchen"; Z$
140 FOR I=1 TO (LEN(E$)-LEN(Z$)+1)
150   IF MID$(E$,I,LEN(Z$))=Z$ THEN LET S=I
160 NEXT I
170 IF S>0
      THEN PRINT Z$;" beginnt an Stelle";S;"."
      ELSE PRINT "... nicht gefunden. Fehlanzeige."
180 PRINT "Ende." : END
```


Ausführung zu Programm TEXT1:

```
String in einem Text suchen (ohne INSTR).
Welcher Text? MWST INCL.
Welchen Teilstring suchen? INCL.
INCL. beginnt an Stelle 6 .
Ende.
```

Programm TEXT2 kehrt den Text T1$ zu T2$ um. Dabei wird in einer Zählerschleife mit Schrittweite -1 das letzte, vorletzte, ... Element von T1$ entnommen und an den String T2$ angehängt. Dazu wird vor dem Schleifeneintritt ein Leerstring T2$ erzeugt (Zeile 200), an den dann wiederholt Zeichen angehängt werden.

Codierung zu Programm TEXT2:

```
100 REM ====== Programm TEXT2
110 PRINT "Demonstration zum Umkehren von Text."
    '
120 REM ====== Vereinbarungsteil
130 'T1$:   Eingegebener Text
140 'T2$:   Ausgegebener Umkehrtext
150 'L:     Länge von T1$ bzw. T2$
160 'I:     Laufvariable für Zählerschleife
    '
170 REM ====== Anweisungsteil
180 INPUT "Welchen Text umkehren"; T1$
190 LET L=LEN(T1$)                  'Länge des Strings T1$
200 LET T2$=""                      'T2$ als Leerstring mit Länge 0
210 FOR I=L TO 1 STEP -1            'Von L bis 1 hinunterzählen
220    LET T2$=T2$+MID$(T1$,I,1)    'Das I. Zeichen an T2$ anhängen
230    PRINT L-I+1;". Schleifendurchlauf: ";T2$
240 NEXT I                          'Nächstes Zeichen nehmen
250 PRINT : PRINT T1$," umgekehrt zu ";T2$
260 END
```

Ausführung zu Programm TEXT2:

```
Demonstration zum Umkehren von Text.
Welchen Text umkehren? IBM PCjr
 1 . Schleifendurchlauf: r
 2 . Schleifendurchlauf: rj
 3 . Schleifendurchlauf: rjC
 4 . Schleifendurchlauf: rjCP
 5 . Schleifendurchlauf: rjCP
 6 . Schleifendurchlauf: rjCP M
 7 . Schleifendurchlauf: rjCP MB
 8 . Schleifendurchlauf: rjCP MBI

IBM PCjr         umgekehrt zu rjCP MBI


Demonstration zum Umkehren von Text.
Welchen Text umkehren? Kaier
 1 . Schleifendurchlauf: r
 2 . Schleifendurchlauf: re
 3 . Schleifendurchlauf: rei
 4 . Schleifendurchlauf: reia
 5 . Schleifendurchlauf: reiaK

Kaier            umgekehrt zu reiaK
```

```
Funktion MID$:
------------
100 LET T$ = MID$(STRING$,STELLE,ANZAHL)

           Entnehme einem gegebenen STRING$ einen ab STELLE
           beginnenden Teilstring mit ANZAHL Zeichen und
           weise diesen Teilstring nach der Variablen T$ zu.

           MID$("IBM PCjr",5,2)  ergibt  "PC"

Anweisung MID$:
--------------
200 MID$(STRING$,STELLE,ANZAHL) = T$

           Weise den Teilstring T$ dem gegebenen STRING$ zu,
           d.h. ersetze die ab STELLE beginnenden ANZAHL
           Zeichen (bei verschiedenen Längen wird stets  die
           kürzere Längenangabe berücksichtigt).

           MID$("IBM PC",5,2)="XT"  ergibt  "IBM XT"
```

MID$ als Funktion und als Anweisung

Programm TEXT3 wendet die Funktion STR$ zur Umwandlung einer
Zahl Z in einen String Z$ an, um die einzelnen Ziffern ausein-
anderziehen zu können.
Programm TEXT4 zeigt das Unterstreichen über eine Schleife und
über die Funktion STRING$. Dabei ist 45 die ASCII-Codezahl von
"-". Für STRING$(L,45) kann man auch STRING$(L,"-") schreiben.

Codierung zu Programm TEXT3:   Ausführung zu Programm TEXT3:

```
100 REM ====== Programm TEXT3            Ziffern auseinanderziehen.
110 PRINT "Ziffern auseinanderziehen."   Welche Zahl ? 12564.8
120 INPUT "Welche Zahl ";Z                1 2 5 6 4 . 8
130 LET Z$=STR$(Z)                       Ok?
140 FOR I=1 TO LEN(Z$)                    RUN
150    PRINT MID$(Z$,I,1);" ";            Ziffern auseinanderziehen.
160 NEXT I                               Welche Zahl ? 2000
170 END                                    2 0 0 0
```

Codierung zu Programm TEXT4:   Ausführung zu Programm TEXT4:

```
100 REM ====== Programm TEXT4               Text unterstreichen.
110 PRINT "Text unterstreichen."            Text eingeben:
120 PRINT "Text eingeben:"                  ? BASIC - Wegweiser
130 INPUT T$ : LET L=LEN(T$)                ------------------
140 PRINT STRING$(L,45)
150 PRINT T$                                BASIC - Wegweiser
160 FOR I=1 TO L                            ------------------
170    PRINT "-";
180 NEXT I   :     END
```

Durch Programm TEXT5 wird Text rechtsbündig ausgegeben. Hierzu
wird ein String L$ mit Z Blancs bzw. Leerstellen aufgebaut, an
den der Eingabetext E$ angehängt wird, um mit RIGHT$(G$,Z) die
Z rechtsstehenden Zeichen auszugeben.
Programm TEXT6 erweitert eine Ganzzahl Z% - in einen String Z$
umgewandelt - um führende Nullen.

Codierung zu Programm TEXT5:

```
100 REM ====== Programm TEXT5
110 PRINT "Text mit Leerstellen auffüllen und rechtsbündig ausgeben."
120 PRINT "Stellenanzahl bzw. Zeilenbreite?" : INPUT Z
130    FOR I=1 TO Z: LET L$=L$+" ": NEXT I
140 PRINT "Texteingabe (unter";Z;"Stellen)?" : INPUT E$
150 LET G$=L$+E$ : LET A$=RIGHT$(G$,Z)
160 PRINT:PRINT "Textausgabe rechtsbündig:" : PRINT A$
170 END
```

Ausführung zu Programm TEXT5:

```
Text mit Leerstellen auffüllen und rechtsbündig ausgeben.
Stellenanzahl bzw. Zeilenbreite?
? 30
Texteingabe (unter 30 Stellen)?
? HEIDELBERG

Textausgabe rechtsbündig:
                    HEIDELBERG
```

Codierung zu Programm TEXT6:

```
100 REM ====== Programm TEXT6
110 PRINT "Zahl um führende Nullen erweitern."
120 INPUT "Anzahl der Stellen insgesamt"; A
130 INPUT "Welche positive ganze Zahl  "; Z%
140 LET Z$=STR$(Z%)                        'Zahl in String umwandeln
150 LET Z$=RIGHT$(Z$,LEN(Z$)-1)            'Vorzeichenstelle weglassen
160 LET Z$=RIGHT$("00000000000000"+Z$,A)   'Nullen voranstellen
170 PRINT Z$
180 PRINT "Ende." : END
```

Ausführung zu Programm TEXT6:

```
Zahl um führende Nullen erweitern.       Zahl um führende Nullen erweitern.
Anzahl der Stellen insgesamt? 3          Anzahl der Stellen insgesamt? 10
Welche positive ganze Zahl  ? 7          Welche positive ganze Zahl  ? 12
007                                      0000000012
Ende.                                    Ende.
```

Programm TEXT7 demonstriert die Funktion LEFT$, um Text durch
Blancs zu erweitern (Anwendung z.B., um eine feste Datensatz-
länge einer Datei zu erreichen). Dazu setzen wir die Funktion
SPACE$ ein.
Programm TEXT8 geht umgekehrt vor und eliminiert Blancs. Da
die Anweisungen INPUT und LINE INPUT keine angehängten Blancs
annehmen, wird die Eingabe z e i c h e n w e i s e über eine
Eingabeschleife vorgenommen. Dazu verwenden wir die Anweisung
INPUT$(1), die jeweils nur e i n Zeichen in die Variable E$
übernimmt.

Codierung zu Programm TEXT7:

```
100 REM ====== Programm TEXT7
110 PRINT "String mit Blancs (Leerstellen) erweitern."
120 INPUT "Welche Gesamtanzahl von Stellen";A
130 INPUT "Zu erweiternder String        ";S$
140 LET B$=SPACE$(A)                       'A Blancs nach B$
150 LET S$=LEFT$(S$+B$,A)                  'S$ links anordnen
160 PRINT "-->";S$;"<--"
170 PRINT "Ende." : END
```

Ausführung zu Programm TEXT7:

```
String mit Blancs (Leerstellen) erweitern.
Welche Gesamtanzahl von Stellen? 20
Zu erweiternder String        ? 17150
-->17150                 <--
Ende.
```

```
String mit Blancs (Leerstellen) erweitern.
Welche Gesamtanzahl von Stellen? 20
Zu erweiternder String        ? PCjr
--> PCjr                 <--
Ende.
```

Codierung zu Programm TEXT8:

```
100 REM ====== Programm TEXT8
110 PRINT "Blancs aus String abschneiden."
120 PRINT "String mit Blancs am Ende?"
         '
130 LET E$=""                              'Leerstring
140 LET ZEICHEN$=INPUT$(1): PRINT ZEICHEN$; 'Beginn Eingabeschleife
150 LET E$=E$+ZEICHEN$
160 IF ZEICHEN$<>CHR$(13) THEN GOTO 140     'Ende Eingabeschleife
170 LET E$=LEFT$(E$,LEN(E$)-1)              'Wagenrücklauf weg
180 LET S$=E$
190 FOR I=LEN(S$) TO 1 STEP -1
200    IF RIGHT$(S$,1)=" "
          THEN LET S$=LEFT$(S$,LEN(S$)-1)
210 NEXT I
220 PRINT: PRINT "-->";E$;"<--" : PRINT "-->";S$;"<--"
230 PRINT "Ende." : END
```

Ausführung zu Programm TEXT8:

Blancs aus String abschneiden.   Blancs aus String abschneiden.
String mit Blancs am Ende?   String mit Blancs am Ende?
RECHNUNGSBETRAG   IBM PCjr

-->RECHNUNGSBETRAG   <--   -->IBM PCjr   <--
-->RECHNUNGSBETRAG<-   -->IBM PCjr<-
Ende.   Ende.

Programm TEXT9 sucht über die Funktion INSTR die Stellen (Indices) von Blancs in dem beliebig an der Tastatur eingegebenen Text EINTEXT$.

Codierung und Ausführung zu Programm TEXT9:


```
100 REM ====== Programm TEXT9
110 PRINT "Stellen und Anzahl von Blancs in einem Text feststellen."
    '
120 PRINT "Welchen Text mit Blancs durchsuchen" : INPUT EINTEXT$
130 LET STARTSTELLE=1 : LET ANZAHL=0
140 LET BLANCSTELLE=INSTR(STARTSTELLE,EINTEXT$," ")
150 PRINT : PRINT "Stellen mit Blancs:"
    '
160 WHILE BLANCSTELLE<>0
170    PRINT BLANCSTELLE;
180    LET ANZAHL=ANZAHL+1
190    LET STARTSTELLE=BLANCSTELLE+1
200    LET BLANCSTELLE=INSTR(STARTSTELLE,EINTEXT$," ")
210 WEND
    '
220 PRINT:PRINT "Anzahl der Blancs:"; ANZAHL
230 PRINT "Ende." : END
```


Stellen und Anzahl von Blancs in einem Text feststellen.
Welchen Text mit Blancs durchsuchen
? ICH HAB MEIN HERZ IN HEIDELBERG VERLOREN

Stellen mit Blancs:
 4 8 13 18 21 32
Anzahl der Blancs: 6
Ende.

3.3.3 Datumsangaben verarbeiten

Angaben zum Datum werden so oft verarbeitet, daß man fast von
einem eigenen 'Datentyp' sprechen kann. Programm DATUMINT be-
reitet ein Datum zum Sortieren auf: Das Eingabeformat 'Tag-Mo-
nat-Jahr' wird umgekehrt zum Format 'Jahr-Monat-Tag' und könnte so leicht - in eine Ganzzahl umgewandelt - sortiert werden.

Codierung und Ausführung zu Programm DATUMINT:

```
100 REM ====== Programm DATUMINT
110 PRINT "Datum aus String in eine Ganzzahl umwandeln zwecks Sortieren."
120 INPUT "Datum im Format TT.MM.JJ eingeben";D$
130 LET T$=LEFT$(D$,2)            'Tage zuweisen
140 LET M$=MID$(D$,4,2)           'Monate zuweisen
150 LET J$=RIGHT$(D$,2)           'Jahre zuweisen
160 LET D=VAL(J$+M$+T$)           'Datum als Ganzzahl bzw. INTEGER-Zahl D
170 PRINT "Datum als sortierfähige Ganzzahl: ";D
180 PRINT "Ende." : END
RUN
Datum aus String in eine Ganzzahl umwandeln zwecks Sortieren.
Datum im Format TT.MM.JJ eingeben? 31.08.47
Datum als sortierfähige Ganzzahl:  470831
Ende.
```

Programm DATUMPRU überprüft, ob ein Datum innerhalb einer vorgegebenen Zeitspanne liegt oder nicht. Dabei wird jedes Datum
mit der Funktion VAL in einen numerischen Wert umgewandelt, um
die Abfragen vornehmen zu können.
Zu den Ablaufstrukturen des Programmes: DATUMPRU umfaßt eine
Zählerschleife, der eine Fallabfrage (7 Fälle) folgt.

Ausführung zu Programm DATUMPRU:

```
Prüfen, ob ein Datum in einer bestimmten Zeitspanne liegt.
Untere Datumgrenze TT.MM.JJ ? 31.01.1984
Obere Datumgrenze  TT.MM.JJ ? 04.08.1984
Testdatum          TT.MM.JJ ? 12.05.1984
Datum liegt innerhalb der Zeitspanne.
Ende.
```

```
Prüfen, ob ein Datum in einer bestimmten Zeitspanne liegt.
Untere Datumgrenze TT.MM.JJ ? 31.01.1984
Obere Datumgrenze  TT.MM.JJ ? 04.08.1984
Testdatum          TT.MM.JJ ? 12.11.1983
Jahr zu alt.
Ende.
```

Codierung zu Programm DATUMPRU:

```
100 REM ====== Programm DATUMPRU
110 PRINT "Prüfen, ob ein Datum in einer bestimmten Zeitspanne liegt."
    '
120 REM ====== Vereinbarungsteil
130 DIM D$(3)        '3-Elemente-Stringarray für Datumangaben
140 DIM T(3)         '3-Elemente-Integerarray (Ganzzahlarray) für Tage
150 DIM M(3)         '3-Elemente-Integerarray für Monate
160 DIM J(3)         '3-Elemente-Integerarray für Jahre
    '
170 REM ====== Anweisungsteil
180 INPUT "Untere Datumgrenze TT.MM.JJ ";D$(1)
190 INPUT "Obere Datumgrenze  TT.MM.JJ ";D$(2)
200 INPUT "Testdatum          TT.MM.JJ ";D$(3)
210 FOR I=1 TO 3
220   LET T(I)=VAL(LEFT$(D$(I),2))
230   LET M(I)=VAL(MID$(D$(I),4,2))
240   LET J(I)=VAL(RIGHT$(D$(I),2))
250 NEXT I
    '
260 IF J(3)>J(2) THEN PRINT "Jahr zu jung." : GOTO 330
270 IF J(3)<J(1) THEN PRINT "Jahr zu alt." : GOTO 330
280 IF J(3)=J(2) AND M(3)>M(2) THEN PRINT "Monat zu jung." : GOTO 330
290 IF J(3)=J(1) AND M(3)<M(1) THEN PRINT "Monat zu alt." : GOTO 330
300 IF J(3)=J(2) AND M(3)=M(2) AND T(3)>T(2) THEN PRINT "Tag zu jung." : GOTO 33
0
310 IF J(3)=J(1) AND M(3)=M(1) AND T(3)<T(1) THEN PRINT "Tag zu alt." : GOTO 330

320 PRINT "Datum liegt innerhalb der Zeitspanne."
330 PRINT "Ende." : END
```

3.3.4 Teilstrings aufbereiten

Aus Gründen der Speicherplatzersparnis speichert man die Sätze
einer Datei oft als Strings ab, wobei die Satzkomponenten z.B.
durch das Zeichen ";" voneinander getrennt werden.

Das nachfolgende Programm ETIKETT geht dieses Problem an und
demonstriert, wie aus einem Gesamtstring S$ die Teilstrings T$
zu einem Drucketikett aufbereitet werden. Unser Beispiel bezieht sich auf eine Artikeldatei mit Datensätzen (Strings S$),
die aus jeweils 6 Datenfeldern (Teilstrings T$) bestehen. Die
Abfrage in Zeile 240 vergleicht mit CHR$(59) und damit mit ";"
(59 als Codezahl für das Semikolon im ASCII). Dafür könnte man
ebenso 240 IF (MID$(S$,I,1)=";") OR ... schreiben.

Codierung zu Programm ETIKETT:

```
100 REM ====== Programm ETIKETT
110 PRINT "Aus einem String (Datensatz) einzelne Teilstrings"
120 PRINT "(Datenfelder) entnehmen und als Drucketikett ausgeben."
    '
130 REM ====== Vereinbarungsteil
140 'N$: Länge (ANzahl der Zeichen einschließlich ;) von S$
150 'N$: Länge (Anzahl der Zeichen einschließlich ;) von S$
160 'T$: Teilstring zur Aufnahme eines Datenfeldes
170 'NT: Länge von T$
    '
180 REM ====== Anweisungsteil
190 PRINT "Eingabe eines Datensatzes mit ; (Semikolon) zur Trennung."
200 INPUT S$ : LET NS=LEN(S$)
210 PRINT : PRINT "Ausgabe als Etikett:"
    '
220 WHILE NS<>0                          'Beginn der äußeren Schleife
230    FOR I=1 TO NS
240       IF (MID$(S$,I,1)=CHR$(59)) OR (NS=1) THEN LET NT=I : LET I=NS
250    NEXT I
    '
260    LET T$=LEFT$(S$,NT-1)             'Teilstring T$ entnehmen
270    PRINT "    "; T$
    '
280    LET NS=NS-NT                      'String S$ um T$ kürzen
290    LET S$=RIGHT$(S$,NS)
300 WEND                                 'Ende der äußeren Schleife
310 PRINT "Ende." : END
```

Ausführung zu Programm ETIKETT:

```
Aus einem String (Datensatz) einzelne Teilstrings
(Datenfelder) entnehmen und als Drucketikett ausgeben.
Eingabe eines Datensatzes mit ; (Semikolon) zur Trennung.
? 1002;PAPIER;DIN A4;UNLINIERT;100 BLATT;DM 3.50;

Ausgabe als Etikett:
   1002
   PAPIER
   DIN A4
   UNLINIERT
   100 BLATT
   DM 3.50
Ende.
```

3.3.5 Stringvergleich mit Wildcard-Zeichen

Programm WILDCARD veranschaulicht vier wesentliche Möglichkeiten, einen String "MWST" als Ordnungsbegriff mit je einem weiteren String als Suchbegriff zu vergleichen.

```
1. Wildcard "=":
------------------
Verwendet man das Wildcard-Zeichen "=", werden M=, MW= und
MWS= jeweils als 'gleich' mit MWST erkannt. Das "=" ersetzt
eine Zeichenfolge. Insbesondere bei längeren Strings spart man
sich bei Verwendung des Wildcards "=" viel Tipparbeit.

2. Wildcard "?":
------------------
Das Wildcard-Zeichen "?" ersetzt ein einzelnes Zeichen. MW?T
wie auch M??T werden deshalb als 'gleich' mit MWST erkannt.

3. Gesamtvergleich:
-------------------
Der Gesamtvergleich vergleicht die beiden Strings Zeichen für
Zeichen in voller Länge.

4. Teilvergleich:
------------------
Der Teilvergleich faßt den Suchstring als Teilmenge des Ge-
samtstrings auf.
```

Vergleich zweier Strings mit Wildcards

Die Wildcard-Zeichen "=" und "?" werden häufig auch als Joker-
Zeichen bezeichnet.

Ausführung zu Programm WILDCARD:

```
Demonstration von vier Arten des Stringvergleichs.
Welcher Ordnungsbegriff? MWST

-- Erster Suchbegriff (999 für Ende)? MW=
Vergleich mit Präfix '=': MW= in MWST
-- Neuer Suchbegriff (999=Ende)? MW??
Vergleich mit Egal '?': MW?? gleich MWST
-- Neuer Suchbegriff (999=Ende)? MW?T
Vergleich mit Egal '?': MW?T gleich MWST
-- Neuer Suchbegriff (999=Ende)? MW
Teilvergleich: MW links in MWST
-- Neuer Suchbegriff (999=Ende)? MWST
Gesamtvergleich: MWST gleich MWST
Teilvergleich: MWST links in MWST
Vergleich mit Egal '?': MWST gleich MWST
-- Neuer Suchbegriff (999=Ende)? MWST INCL
Gesamtvergleich: MWST INCL gleich MWST
Vergleich mit Egal '?': MWST INCL gleich MWST
-- Neuer Suchbegriff (999=Ende)? Kaier
-- Neuer Suchbegriff (999=Ende)? 999
Ende.
```

Codierung zu Programm WILDCARD:


```
100 REM ====== Programm WILDCARD
110 PRINT "Demonstration von vier Arten des Stringvergleichs."
    '
120 REM ====== Vereinbarungsteil
130 'O$: Ordnungsbegriff , mit dem jeweils verglichen wird
140 'S$: Suchbegriff
150 'NO: Stellenanzahl von O$
160 'NS: Stellenanzahl von S$
170 'S:  Stelle bzw. Merker (Flagge)
    '
180 REM ====== Anweisungsteil
190 INPUT "Welcher Ordnungsbegriff"; O$ : PRINT : LET NO=LEN(O$)
    '
200 INPUT "--  Erster Suchbegriff (999 für Ende)";S$
210 WHILE S$<>"999"
220   LET NS=LEN(S$) : LET S=0            'S als Stelle sowie Flagge
230   '*** GESAMTVERGLEICH **********************************************
240   LET S1$=LEFT$(S$+"                              ",NO)
250   IF S1$=O$ THEN PRINT "Gesamtvergleich: ";S$;" gleich ";O$
260   '*** TEILVERGLEICH ***********************************************
270   IF S$=LEFT$(O$,NS) THEN PRINT "Teilvergleich: ";S$;" links in ";O$
280   '*** VERGLIECH MIT PRAEFIX = ************************************
290   FOR I=1 TO NS
300     IF "="=MID$(S$,I,1) THEN LET S=I : LET I=NS
310   NEXT I
320   IF S=0 THEN 350
330   IF LEFT$(S$,S-1)=LEFT$(O$,S-1)
        THEN PRINT "Vergleich mit Präfix '=': ";S$;" in ";O$
340   '*** VERGLEICH MIT EGAL ? *******************************************
350   LET S=1       'S als Flagge
360   FOR I=1 TO NO
370     IF "?"=MID$(S$,I,1) THEN 390
380     IF MID$(S$,I,1) <> MID$(O$,I,1) THEN LET S=0 : LET I=NO
390   NEXT I
400   IF S<>0 THEN PRINT "Vergleich mit Egal '?': ";S$;" gleich ";O$
410   INPUT "--  Neuer Suchbegriff (999=Ende)"; S$
420 WEND
    '
430 PRINT "Ende." : END
```


3.3.6 Blocksatz erstellen

Blocksatz als Textdarstellung mit linkem u n d rechtem Randausgleich wird von Programm BLOCKSAT demonstriert. Dabei wird
ein Eingabestring EIN$ der Länge LE durch Hinzufügen von Leer-
zeichen bzw. Blancs zu einem Ausgabestring AUS$ der vorgegebe-
nen Länge LA erweitert. Mehrere Strings AUS$ ergeben dann eine
Textseite mit rechtem Randausgleich bei einer Zeilenlänge LA.

Codierung zu Programm BLOCKSAT:

```
100 REM ====== Programm BLOCKSAT
110 PRINT "Demonstration: Automatischer Randausgleich."
    '
120 REM ====== Vereinbarungsteil
130 'EIN$, LE:   Eingabezeile, Länge von EIN$
140 'AUS$, LA:   Ausgabezeile, Länge von AUS$
150 'BE:         Anzahl von Blancs in EIN$
160 'BA:         Anzahl von Blancs in AUS$ hinzuzufügen
170 'BV:         Anzahl von Blancs gerade verarbeitet
180 'Z$:         Zeichen zum Hinzufügen
    '
190 REM ====== Anweisungsteil
200 INPUT "Eingabezeile"; EIN$ : LET LE=LEN(EIN$)
210 INPUT "Länge für Ausgabezeile";LA : PRINT
220 LET BE=0 : LET BA=LA-LE : LET AUS$=""
    '
230 FOR Z=1 TO LA                     'Blancs-Anzahl in Eingabezeile
240    IF MID$(EIN$,Z,1)=" " THEN LET BE=BE+1
250 NEXT Z
    '
260 FOR Z=1 TO LA                     'Ausgabezeile zeichenweise aufbauen
270    LET Z$=MID$(EIN$,Z,1)          'Z.Zeichen in EIN$ nehmen
280    LET AUS$=AUS$+Z$               'Z.Zeichen in AUS$ anfügen
290    IF Z$<>" " THEN 360 ELSE 300
300      LET BV=INT(BA/BE)
310       IF BV<1 THEN 350 ELSE 320
320         FOR X=1 TO BV
330           LET AUS$=AUS$+" " : LET BA=BA-1
340         NEXT X
350       LET BE=BE-1
360 NEXT Z
    '
370 PRINT "123456789012345678901234567890123456789

0"
380 PRINT EIN$ : PRINT AUS$
390 PRINT "1234567890123456789012345678901234567890"
400 END
```

```
Demonstration: Automatischer Randausgleich.
Eingabezeile? DER JUNGE MANN UND DER COMPUTER
Länge für Ausgabezeile? 36

1234567890123456789012345678901234567890
DER JUNGE MANN UND DER COMPUTER
DER   JUNGE   MANN   UND   DER   COMPUTER
1234567890123456789012345678901234567890


Demonstration: Automatischer Randausgleich.
Eingabezeile? DER ALTE MANN UND DAS MEER
Länge für Ausgabezeile? 36

1234567890123456789012345678901234567890
DER ALTE MANN UND DAS MEER
DER    ALTE    MANN    UND    DAS    MEER
1234567890123456789012345678901234567890
```

3.3.7 Verschlüsselung zwecks Datenschutz

In Klartext gespeicherte Daten kann jeder lesen, verschlüssel-
te Daten hingegen zumindest nicht so leicht. Die Kryptographie
als Lehre von der Textverschlüsselung kennt drei wichtige Verfahren: die Umcodierung, den Versatz und die Ersetzung.

1. Bei der Umcodierung wird Information in einen
anderen Code wie z.B. den ASCII umgeschrieben.

2. Bei den Versatz - Verfahren wird das zugrundeliegende Alphabet versetzt und und dadurch umgestellt.
Ein Beispiel haben wir mit dem 'Von hinten nach vorne schreiben' in Programm TEXT2 (Abschnitt 3.3.2) bereits dargestellt.

3. Bei der Ersetzung wird das zugrundeliegende Alphabet durch ein anderes ersetzt.

                Drei Verfahren zur Textverschlüsselung

Unser folgendes Programm GEHEIM geht nach der 'Ersetzung' vor
und wendet dazu ein einfaches auf Julius Cäsar zurückgehendes
Verfahren an.

Ausführungen zu Programm GEHEIM:

Textverschlüsselung nach dem Verfahren 'Ersetzung Cäsar'.
Eingabetext? 1298560 DM BILANZSUMME
Schlüssel? 10

1. Verschlüsselung:
Ausgabetext:
;<CB?§:*NW*LSVKXdÜ_WWO

2. Entschlüsselung:
Eingabetext jetzt:
;<CB?§:*NW*LSVKXdÜ_WWO
Ausgabetext wiederum:
1298560 DM BILANZSUMME
Ende.

RUN
Textverschlüsselung nach dem Verfahren 'Ersetzung Cäsar'.
Eingabetext? KAIER
Schlüssel? 2

1. Verschlüsselung:
Ausgabetext:
MCKGT

2. Entschlüsselung:
Eingabetext jetzt:
MCKGT
Ausgabetext wiederum:
KAIER
Ende.

Wie geht man bei diesem "Cäsar-Verfahren" vor?
Jedes Zeichen des Klartextes E$ wird der Reihe nach durch das
S%-te nachfolgende Zeichen ersetzt. Dabei geben die Codezahlen des ASCII die Reihenfolge vor. Die ASC-Funktion stellt mit
dem Aufruf ASC(MID$(E$,I,1)) die Codezahl des I. Zeichens im
Klartext E$ zur Verfügung. Addieren wir S% hinzu, gelangen wir
zur Codezahl des verschlüsselten Zeichens.
Die beiden Ausführungen zu Programm GEHEIM zeigen, wie der zu
verschlüsselnde Text um 10 bzw. um 2 Stellen im ASCII versetzt
wird. Dabei wird z.B. "K" bzw. CHR$(75) zu "M" bzw. CHR$(77).

Codierung zu Programm GEHEIM:

```
100 REM ====== Programm GEHEIM
110 PRINT "Textverschlüsselung nach dem Verfahren 'Ersetzung Cäsar'."
    '
120 REM ====== Vereinbarungsteil
130 'E$,A$:  Eingabetext und verschlüsselter Ausgabetext
140 'S%:      Ganzzahliger Schlüssel zum Ersetzen
150 'H%:      ASCII-Codezahl
    '
160 REM ====== Anweisungsteil
170 INPUT "Eingabetext";E$
180 INPUT "Schlüssel";S%
190 PRINT : PRINT "1. Verschlüsselung:"
200    GOSUB 1000
210 PRINT "Ausgabetext:" : PRINT A$
    '
220 PRINT : PRINT "2. Entschlüsselung:"
230 LET E$=A$ : LET S%=-S%
240 PRINT "Eingabetext jetzt:" : PRINT E$
250    GOSUB 1000
260 PRINT "Ausgabetext wiederum:" : PRINT A$
270 PRINT "Ende. " : END
    '
1000 LET A$=""                   '*** Beginn Unterprogramm ERSETZUNG ***
1010 FOR I=1 TO LEN(E$)
1020    LET H%=ASC(MID$(E$,I,1))+S%
1030    IF H%>127 THEN LET H%=H%-127
1040    IF H%<0   THEN LET H%=H%+127
1050    LET A$=A$+CHR$(H%)
1060 NEXT I
1070 RETURN                      '*** Ende Unterprogramm ERSETZUNG *****
```

3.4 Eingabe und Ausgabe

3.4.1 Bildschirmverwaltung

3.4.1.1 Farbe, Cursor und Zeichen auf dem Bildschirm

Das Programm MUST-AUS zeigt, wie ein einfaches Muster am Bildschirm ausgegeben werden kann. Das Muster hat dieses Aussehen:

```
Vie                 weg        Muster mit:
 Vie               weg         - 8 Zeilen
  Vie             weg          - Z*2 Blancs in der Mitte
   Vie           weg           - Ausgabe zeilenweise von
    Vie         weg              unten (VIEWEG) nach oben
     Vie     weg                 (Vie      ...      weg)
      Vie  weg
       Vieweg
```


Codierung zu Programm MUST-AUS:


```
 100 REM ====== Programm MUST-AUS
 110 PRINT "Demonstration von LOCATE, COLOR, SCREEN(,), CSRLIN und POS(0)."
     '
 120 INPUT "Zeile (8-25), Spalte (8-68)";ZEILE,SPALTE
 130    IF ZEILE<8 OR SPALTE>68 THEN 220
 140 PRINT "Vordergrund:               Hintergrund."
 150 PRINT " 0   schwarz   (16 blinkt)    0   schwarz"
 160 PRINT " 7   weiß      (23 blinkt)    7   weiß"
 170 PRINT " 8   grau      (24 blinkt)"
 180 PRINT "15   weiß hell (31 blinkt)"
 190 INPUT "Vordergrund, Hintergrund";VORD,HINT
 200 GOSUB 1000
 210 GOTO 120
 220 PRINT "Ende." : END
     '
1000 COLOR VORD,HINT
1010 KEY OFF: CLS
1020 GOSUB 2000
1030 FOR Z=0 TO 7
1040    LOCATE ZEILE-Z,SPALTE-Z: PRINT "Vie";SPACE$(Z*2);"weg";
1050    GOSUB 2000
1060    FOR ZEIT=1 TO 1000: NEXT ZEIT
1070 NEXT Z
1080 IF INKEY$="" THEN 1080
1090 COLOR 7,0
1100 CLS: KEY ON
1110 RETURN
     '
2000 LET ZEILEAKTUELL=CSRLIN: LET SPALTEAKTUELL=POS(0)
2010 LET ZEICHASC=SCREEN(ZEILEAKTUELL,SPALTEAKTUELL-1)
2020 LOCATE 1,1: PRINT "Cursor in Zeile";ZEILEAKTUELL;
2030 PRINT "und in Spalte";SPALTEAKTUELL;
2040 PRINT "mit Zeichen";ZEICHASC;"im ASCII-Code."
2050 RETURN
```

Zunächst legen wir mit ZEILE und SPALTE die Startposition für
das untere Wort "Vieweg" fest. Es wird ein Bildschirm mit 25
Zeilen und 80 Spalten angenommen.

Mit der Anweisung

```
1000 COLOR VORD,HINT
```

stellen wir die Farbgestaltung ein. COLOR 0,7 schreibt schwarz
auf weißen Grund. COLOR 7,0 ist normal eingestellt (weiß auf
schwarzen Grund). COLOR 31,0 läßt hellweiße Zeichen blinken.
Auf die COLOR-Anweisung gehen wir in Abschnitt 3.15 im Zusammenhang mit der Grafik genauer ein.
Die nachfolgende zwei Anweisungen

```
1010 KEY OFF : CLS
```

löschen die unterste 25. Zeile (KEY OFF) und den Bildschirminhalt (CLS für CLear Screen). Der Cursor blinkt nun links oben.
Mit der Anweisung

```
1040 LOCATE ZEILE-Z,SPALTE-Z
```

positionieren wir den Cursor in die Zeile mit Nummer ZEILE-Z.
Angenommen, wir haben ZEILE=20 eingegeben: für den Cursor erhalten wir dann die Positionen 20,19,18,17,16,15,14 und 13 (da
1030 FOR Z=0 TO 7). Da die Zeilen von oben (Zeile 1) nach unten (Zeile 25) gezählt werden, wird jeweils eine Zeile ü b e r
die andere geschrieben.

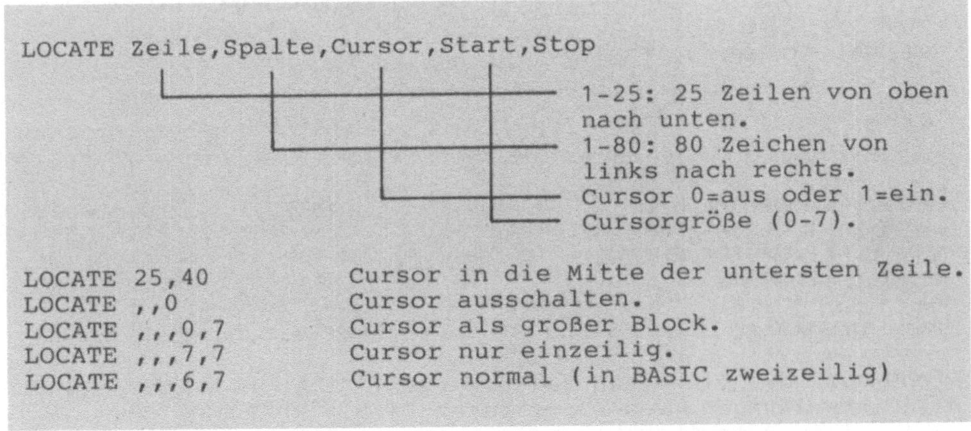

Anweisung LOCATE zur Steuerung des Cursors

Der Cursor kann aus maximal 8 Zeilen (0=oberste und 7=unterste
Zeile) bestehen. Die Parameter 'Start' und 'Stop' legen fest,
von welcher und bis zu welcher Zeile sich der Cursor ausdehnen
soll.

Das Unterprogramm ab Zeile 2000 zeigt die aktuelle Cursorposi-
tion mittels CSRLIN und POS(0) an. Mit der Systemfunktion
SCREEN(Zeile,Spalte) lassen wir uns die ASCII-Codezahl des in

'Zeile' und 'Spalte' stehenden Bildschirmzeichens zeigen. Ein
Hinweis: Die SCREEN-Funktion ist nicht zu verwechseln mit der
SCREEN-Anweisung (vgl. Abschnitt 3.15: Grafik).

```
2000 LET ZEILEAKTUELL=CSRLIN      Variable CSRLIN enthält die
                                  aktuelle Zeilenposition.

2005 LET SPALTEAKTUELL=POS(0)     Variable POS(0) enthält die
                                  aktuelle Spaltenposition.

                                  Funktion SCREEN(Zeile,Spalte)
                                  gibt den ASCII-Code eines
                                  Zeichens auf dem Bildschirm an.

2010 LET ZEICHASC=SCREEN(ZEILEAKTUELL,SPALTEAKTUELL)
```

CSRLIN, POS(0) und SCREEN(,) zur Bildschirmverwaltung

Zu unterscheiden sind die auf Bildschirm und Drucker sichtba-
ren bzw. druckbaren Zeichen von solchen Zeichen, die eine ganz
bestimmte Funktion zur Steuerung eines Ausgabegerätes auslösen
(Zeichen CHR$(13) mit ASCII-Codezahl 13 löst /Enter/ aus) oder
die der Ablaufsteuerung dienen (CHR$(145) = PRINT-Anweisung).

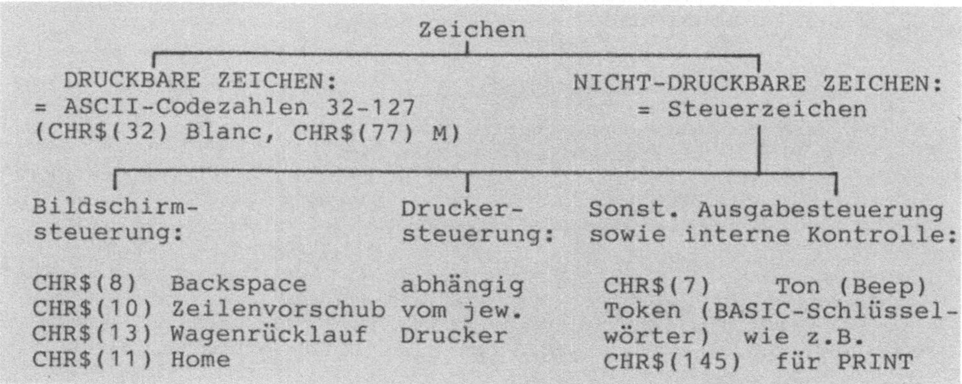

Druckbare Zeichen und Steuerzeichen mit Beispielen

Nicht nur die einzelnen Zeichen (z.B. "E"), sondern auch die
BASIC-Anweisungen und -Operatoren (z.B. INPUT oder AND) sind
in je einem Byte verschlüsselt. BASIC-Schlüsselwörter, die in
verschlüsselter ·Form vorliegen, nennt man T o k e n (engl.
Kennzeichner). Wir gehen darauf in Abschnitt 3.5 näher ein.

3.4.1.2 Sichere Eingaberoutine

Das Programm ZEIL-EIN zeigt folgende Maßnahmen für eine sichere Gestaltung der Tastatureingabe auf:

- Die maximale Anzahl von Eingabestellen wird mit Punkten markiert. Jedes eingegebene Zeichen ersetzt den nächsten Punkt.

- Hat der Benutzer diese Maximalzahl erreicht (hier 25), endet das Programm automatisch (Zählerschleife 250 FOR I=1 TO LM).

- Eingabe z e i c h e n w e i s e über die Anweisungen
    270 LET E$=INPUT$(1): PRINT E$,
  wobei INPUT$(1) ein Zeichen erwartet und dieses nicht zeigt (deshalb die anschließende PRINT-Anweisung).

- Abfrage der /Enter/-Taste CHR$(13) in der Zeile 280 zum Beenden der Eingabe.

Die Ausführung zu ZEIL-EIN ist nur unvollständig ausdruckbar, da die Cursorpositionierung durch LOCATE vom Drucker nicht gezeigt werden kann.

Codierung zu Programm ZEIL-EIN:

```
100 REM ====== Programm ZEIL-EIN
    '
110 REM ====== Vereinbarungsteil
120 ' LM:             Länge maximal
130 LET LE=0          'Länge eingegeben über Tastatur
140 'E$:              Eingegebener Text
150 LET B$=""         'Berücksichtigter Eingabetext
160 LET RET$=CHR$(13)     'RETURN-Taste
170 'I:               Laufvariable
    '
180 REM ====== Anweisungsteil
190 CLS
200 PRINT "Markierte Begrenzung der Tastatureingabe."
210 INPUT "Länge Ihrer Tastatureingabe"; LM
220 LOCATE 6,1
230 PRINT "Tastatureingabe: ";
240 FOR I=1 TO LM: PRINT "."; : NEXT I
250 FOR I=1 TO LM
260    LOCATE 6,17+I
270    LET E$=INPUT$(1) : PRINT E$
280    IF E$=RET$
           THEN LET I=LM
           ELSE LET B$=B$+E$ : LET LE=LE+1
290 NEXT I
    '
300 PRINT : PRINT "Eingabe: ";B$
310 PRINT "Länge der EIngabe: ";LE
320 END
```

Ausführung zu Programm ZEIL-EIN (nur teilweise druckbar):

Markierte Begrenzung der Tastatureingabe.
Länge Ihrer Tastatureingabe? 25
Tastatureingabe: ....
                      IBM PC-Wegweiser

Eingabe: IBM PC-Wegweiser
Länge der EIngabe: 16

3.4.1.3 Bildschirmmaske aufbauen

Eine Bildschirmmaske ist ein Blankoformular, in das an vorge-
zeigte Stellen Eingaben getippt werden können. Das Programm
BILDMASK zeigt den kolonnenweisen Aufbau einer solchen Maske
(Kolonne = senkrechte Spalte).

Codierung zu Programm BILDMASK:

```
100 REM ====== Programm BILDMASK
110 CLS:PRINT "Aufbau einer Bildschirmmaske in Einzelschritten."
    '
120 REM ====== Vereinbarungsteil
130 DIM K$(5)    'Fünf Datenfelder eines Kundensatzes
140 LET RET$=CHR$(13)    'Wagenrücklauf
    '
150 REM ====== Anweisungsteil
160 PRINT "Weiter: Taste drücken"; : LET E$=INPUT$(1)
170 CLS : LOCATE 11,1
180 PRINT "Schritt 1: Numerierung der Datenfelder": LET E$=INPUT$(1)
190 CLS : LOCATE 5,1
200 FOR I=1 TO 5 : LOCATE 5+I,3 : PRINT I : NEXT I
    '
210 PRINT "Schritt 2: Bezeichnungen in Datenfelder": LET E$=INPUT$(1)
220 LOCATE 6,6 : PRINT " Kundennummer:"
230 LOCATE 7,6 : PRINT " Kundenname:"
240 LOCATE 8,6 : PRINT " Kontostand"
250 LOCATE 9,6 : PRINT " Umsatz:"
260 LOCATE 10,6 : PRINT " Letzte Rechnung:"
    '
270 PRINT "Schritt 3: Einträge in Datenfelder eintippen."
280 FOR I=1 TO 5
290    LOCATE 5+I,24
300      LET E$=INKEY$ : IF E$="" THEN 300
310      IF E$=RET$ THEN 340
320      LET K$(I)=K$(I)+E$ : PRINT E$;
330      GOTO 300
340 NEXT I
    '
350 PRINT:PRINT "Kundensatz K$ enthält jetzt diese 5 Einträge:"
360 FOR I=1 TO 5: PRINT K$(I): NEXT I
370 END
```

Ausführung zu Programm BILDMASK:

Aufbau einer Bildschirmmaske in Einzelschritten.
Weiter: Taste drücken

Schritt 1: Numerierung der Datenfelder

1
2
3
4
5
Schritt 2: Bezeichnungen in Datenfelder
     Kundennummer:
     Kundenname:
     Kontostand
     Umsatz:
     Letzte Rechnung:
Schritt 3: Einträge in Datenfelder eintippen.

                    101
                    Kaier
                    100
                    125   Schrittweise Überlagerung im
                    15.3.1984   Ausdruck nicht darstellbar.

Dabei wird in drei Schritten vorgegangen (im Ausführungsbeispiel können diese nicht sichtbar gemacht werden):

- Als erste Kolonne wird die Numerierung 1 - 5 untereinander
  ausgegeben; die Anweisung LOCATE 5+I,3 setzt den Cursor in
  die Spalte 3 und in die Zeilen 6,7,8,9,10.

- Als zweite Kolonne folgen dann die Bezeichnungen (die Über-
  lagerung ist nicht sichtbar). Diese Bezeichnungen beginnen
  jeweils in der Spaltenposition 6.

- In einem dritten Schritt folgen die fünf Tastatureingaben
  gen. Über die Anweisung INKEY$ werden e i n z e l n   die
  eingetippten Zeichen abgefragt und mit dem String K$(I) ver-
  knüpft.

Bei der Dateneingabe über INPUT oder LINE INPUT muß die Eingabezeile durch Drücken der /Enter/-Taste abgeschlossen. INKEY$
und INPUT$() hingegen erwarten die Eingabe von Einzelzeichen.
Sollen diese Zeichen am Bildschirm erscheinen, so muß dies mit
PRINT erfolgen (siehe PRINT E$; in Zeile 320 von BILDMASK).
Die Abbildung zeigt einige typische Beispiele für die zeichenweise Eingabe mittels INPUT$(1) und INKEY$.

```
INKEY$ innerhalb einer Eingabeschleife:
----------------------------------------
 300 LET E$=INKEY$: IF E$="" THEN 300
 310 Zeichen in E$ verarbeiten

 300 LET E$=INKEY$
 310 WHILE E$="": LET E$=INKEY$:   WEND
 320 Zeichen in E$ verarbeiten


INPUT$() ohne Schleife:
------------------------
 300 LET E$=INPUT$(1)
 310 Zeichen in E$ verarbeiten

 300 LET E$=INPUT$(3)
 310 String mit 3 Zeichen Länge in E$ verarbeiten
```

Eingabe eines einzelnen Zeichens mit INKEY$ und INPUT$

3.4.1.4 Langsame Bildschirmausgabe

Das Programm LANGSAM verwendet eine Zählerschleife, um 4 Wörter am Bildschirm l a n g s a m Wort für Wort auszugeben.
Die Schleife

    1050 FOR Z=1 TO 500 :   NEXT Z

wird 500 mal durchlaufen und verzögert somit die Ausgabe der 4
unter DATA gespeicherten Worte.
Der Ablauf ab Zeile 1000 ist als Unterprogramm des Programmes
SOFTKEY vorgesehen und wird durch Drücken der Taste /End/ zur
Ausführung gebracht (vgl. Abschnitt 3.4.2.2).

Codierung zu Programm LANGSAM: Ausführung zu Programm LANGSAM:

```
1000 REM ------ Unterprogramm LANGSAM
1010 PRINT "Langsame Bildschirmausgabe."      RUN 1000
1020 FOR Z=1 TO 4
1030   READ T$                                Langsame Bildschirmausgabe.
1040   PRINT T$;" ";                          Vier Worte langsam ausgeben.
1050   FOR ZEIT=1 TO 500
1060     REM ZEIT-Schleife ohne Anweisung
1070   NEXT ZEIT
1080 NEXT Z
1090 PRINT: DATA Vier, Worte, langsam, ausgeben.
1100 RETURN
```

3.4.2 Eingabe von ASCII-Code und Zusatzcode

Der im ROM untergebrachte Zeichengenerator kann 256 verschiedene Zeichen erzeugen, die von 0 bis 255 durchnumeriert sind.

```
CHR$(x):    Bedeutung:           Beispiele:
-------     ----------           ----------

32-127      96 Zeichen des       CHR$(32)=Space (Leerstelle),
            Standard-ASCII       CHR$(54)=6, CHR$(75)=K

128-175     48 Zeichen für       CHR$(132)=ä, CHR$(153)=Ö,
            Fremdsprachen        CHR$(154)=Ü

224-239     16 griechische       CHR$(224)='alpha'
            Symbole              CHR$(20) ='pi'

240-254     15 wissen-           CHR$(251)='Wurzelzeichen'
            schaftl. Symbole     CHR$(247)='ungefähr'

176-223     48 Zeichen für       CHR$(176)='Raster'
            Block-Grafik         CHR$(219)='ganzer Block'

9-13,       15 Zeichen zur       CHR$(11)='Home: Cursor nach oben
22-31       Cursorsteuerung      links', CHR$(13)='Return'

1-8,        16 Spezialzei-       CHR$(1)='Mondgesicht'
14-21       zeichen (Spiel)      CHR$(7)='Beep bzw. Ton'

0, 255      CHR$(0)='null'       CHR$(255)='Leerzeichen'
```

256 Zeichen des ASCII-Zeichensatzes (IBM)

Nun weist die Tastatur zusätzliche Steuerzeichen bzw. -tasten
auf, die natürlich ebenfals codiert werden müssen. Dazu dient
der Z u s a t z c o d e (Extended Code), der über die Anweisung bzw. Systemvariable INPUT$ übermittelt werden kann.

3.4.2.1 Zusatzcode über INKEY$ eingeben

Das Programm SOFTKEY zeigt, wie mit INKEY$ entweder ASCII-Code
oder Zusatzsatzcode eingegeben wird.
Betrachten wir dazu das Ausführungsbeispiel zum Programm SOFT-
KEY:

- Bei Eingabe des Buchstabens "k" wird die ASCII-Codezahl 107
  und bei Eingabe der Ziffer "2" die Codezahl 50 ausgegeben.
  INKEY$ funktioniert dabei genauso wie INPUT$(1): in beiden
  Fällen wird ein 1-Element-String mit CHR$(107) bzw. CHR$(50)
  erzeugt.

- Bei der anschließenden Eingabe der Funktionstaste /Del/ dagegen erzeugt INKEY$ einen 2-Element-String mit CHR$(0) als erstem und CHR$(83) als zweitem Zeichen.
  Das Programm SOFTKEY gibt den Buchstaben "S" als das 'normalerweise' der ASCII-Codezahl 83 entsprechende Zeichen aus. Da dieses Zeichen aber als z w e i t e s Zeichen im String steht, kann es von uns bzw. vom System unterschieden werden. So ziehen wir mit der Anweisung

```
210 IF LEN(E$)=2 THEN LET E$=RIGHT$(E$,1):LET ZUSATZCODE=-1
```

  durch RIGHT$ das entsprechende Zeichen aus E$. Für die spätere Ablaufsteuerung ordnen wir der booleschen Variable ZUSATZCODE den Wert -1 für 'wahr' zu.

- Für die Taste /Home/ wird die Codezahl 72 als Zusatzcode angegeben.

- Drücken wir die Tasten /Fn/ und /F1/ gleichzeitig, erscheint am Bildschirm die 3-Zeichen-Folge "CLS", die wir zuvor der Funktionstaste /F1/ zugeordnet haben. Im folgenden Abschnitt 3.4.3 gehen wir darauf näher ein (Hinweis für PC, PC XT und Portable PC mit 83-Zeichen-Tastatur: statt /Fn/+/F1/ nur /F1/ drücken. Das gleichzeitige Drücken der /Fn/-Taste ist nur bei der 62-Zeichen-Tastatur des PCjr erforderlich).

Demonstration zu Zusatzcode und Softkey-Tastenbelegung.
Taste /F1/ mit 'CLS' belegt.
Taste /F5/ mit 'FILES' belegt.
                                    Ausführung zu Programm SOFTKEY

```
Taste (E=Ende)? k        = ASCII-Code 107
Taste (E=Ende)?
      = ASCII-Code 13
Taste (E=Ende)? 2        = ASCII-Code 50
Taste (E=Ende)? S        = Zusatzcode 83
Taste (E=Ende)? H        = Zusatzcode 72
Taste (E=Ende)? x        = Zusatzcode 120
Taste (E=Ende)? C        = ASCII-Code 67
Taste (E=Ende)? L        = ASCII-Code 76
Taste (E=Ende)? S        = ASCII-Code 83
Taste (E=Ende)? E        = ASCII-Code 69

Programmende (Tip: Tasten /F1/ und /F5/ testen und später
durch Eingabe von  KEY 1,''  reaktivieren).
Ok?
CLS       Test der Taste /F1/
Ok?
FILES     Test der Taste /F5/
A:Ö
HELLO   .BAS     VERBRAU .BAS       PREIS1  .BAS       PREIS2 *.BAS
```

Funktionstasten /F1/ und /F5/ im direkten Dialog desaktivieren.

```
KEY 1,""
Ok?
KEY 5,""
Ok?
```

```
CHR$(1):   CHR$(2):    Bedeutung:

   0          16-38     Alt- Q,W,E,R,T,Y,U,I,O,P,A,S,D,F,G,H,J,K,L
   0          44-50     Alt- Z,X,C,V,B,N,M
   0          59-68     Funktionstasten /Fn/+ /F1/ bis /F10/
   0          71-81     Cursorsteuerung /Fn+Home/,/  ↑ /,/Fn+PgUp/
                        / ← /,/ → /,/Fn+End/,/ ↓ /,/Fn+PgDn/
   0          82,83     /Ins/,/Del/
   0          120-131   Alt- 1,2,3,4,5,6,7,8,9,0,-,=
                        Hinweis: Taste /Fn/ nur bei PCjr drücken.
```

Ausgewähle Zusatzcodes und deren Bedeutung

Codierung zu Programm SOFTKEY:

```
100 REM ====== Programm SOFTKEY
110 CLS: PRINT "Demonstration zu Zusatzcode und Softkey-Tastenbelegung."
    '
120 KEY 1,"CLS"
130 PRINT "Taste /F1/ mit 'CLS' belegt."
140 KEY 5,"FILES"+CHR$(13)
150 PRINT "Taste /F5/ mit 'FILES' belegt."
160 PRINT
170 WHILE E$<>"E"
180    PRINT "Taste (E=Ende)? ";
190    LET E$=INKEY$: IF E$="" THEN 190
200    PRINT E$;"      ";
210    IF LEN(E$)=2 THEN LET E$=RIGHT$(E$,1): LET ZUSATZCODE=-1
                     ELSE LET ZUSATZCODE=0
220    IF ZUSATZCODE THEN PRINT "= Zusatzcode";ASC(E$)
                     ELSE PRINT "= ASCII-Code";ASC(E$)
230    IF ASC(E$)=80 AND ZUSATZCODE
                     THEN GOSUB 1000
240 WEND
250 PRINT
260 PRINT "Programmende (Tip: Tasten /F1/ und /F5/ testen und später"
270 PRINT "durch Eingabe von  KEY 1,''  reaktivieren).": END
    '
    '
1000 REM ------ Unterprogramm LANGSAM
1010 PRINT "Langsame Bildschirmausgabe."
1020 FOR Z=1 TO 4
1030    READ T$
1040    PRINT T$;" ";
1050    FOR ZEIT=1 TO 500
1060       REM ZEIT-Schleife ohne Anweisung
1070    NEXT ZEIT
1080 NEXT Z
1090 PRINT: DATA Vier, Worte, langsam, ausgeben.
1100 RETURN
```

```
Tatatur-  INKEY$ wartet nicht (des-        INPUT$(1) wartet, bis
eingabe:  halb in Warteschleife):          Taste gedrückt wird:


          50 LET E$=INKEY$                  50 LET E$=INPUT$(1)
          60 IF E$="" THEN 50


- - - - - - - - - - - - - - - - - - - - - - - - - - - - - - - - - - - -


   k      1-Zeichen-String E$               wie bei INKEY$
          CHR$(107) als Inhalt


   2      1-Zeichen-String E$               wie bei INKEY$
          mit Inhalt CHR$(50)


/Del/     2-Zeichen-String E$               nicht möglich
          mit Inhalt CHR$(0)+CHR$(83)       (ergibt CHR$(0))


/ ↑ /     2-Zeichen-String E$               nicht möglich
          mit Inhalt CHR$(0)+CHR$(72)
```

INKEY$ erzeugt 2-Zeichen-String mit ASCII-Code und Zusatzcode

Wann soll INKEY$ zur Eingabe verwendet werden und wann INPUT$?
INKEY$ m u ß immer dann verwendet werden, wenn Zusatzcode
abgefragt werden soll, der nicht im normalen ASCII-Code dargestellt werden kann. Die Abbildung gibt einige wichtige Zusatzcodes wieder. INPUT$ bietet sich an, wenn die Eingabe auf eine
bestimmte Länge begrenzt werden soll (z.B. INPUT$(3) für einen
3-Zeichen-String).

3.4.2.2 Unterprogrammaufruf auf Tastendruck

Durch die Abfrage von Zusatzcode können wir jede Taste zur Ablaufsteuerung einsetzen.
Das Programm SOFTKEY zeigt dazu als Beispiel, wie durch Drük-
ken der Taste / ↓ / das ab Zeile 1000 beginnende Unterprogramm
aufgerufen wird.
Die dazu verwendete Anweisung

```
   230 IF ASC(E$)=80 AND ZUSATZCODE THEN GOSUB 1000
```

zeigt, daß GOSUB 1000 dann ausgeführt wird, wenn durch die
Eingabe der Funktionstaste / ↓ / ein String mit den beiden
Zeichen CHR$(0)+CHR$(80) erzeugt wurde.
Das Unterprogramm zur langsamen Textausgabe haben wir bereits
in Abschnitt 3.4.1.4 kennengelernt.

Insbesondere die Tastenkombinationen mit /Alt/ und /Ctrl/ lassen sich auf diese Art zur Steuerung einsetzen.

3.4.2.3 Funktionstasten als Softkeys belegen

Die in BASIC standardmäßig belegten 10 Funktionstasten /F1/
bis /F10/ können wir selbst anders belegen, indem wir einzelnen oder allen Tasten softwaremäßig je einen String von bis zu
15 Zeichen Länge zuordnen. Im Programm SOFTKEY ordnen wir der
Funktionstate /F1/ durch die Anweisung

    120 KEY 1,"CLS"

den 3-Element-String "CLS" zu. Damit erscheint bei jedem Drük-
ken der /F1/-Taste am Bildschirm der String "CLS". Dieser erscheint in der Zeile 25 unten am Bildschirm bei /F1/; die bislang in BASIC standardmäßige Belegung von /F1/ mit "LIST" wurde damit in "CLS" abgeändert.
Wie die Ausführung zu Programm SOFTKEY zeigt, werden bei Betä-
tigen der Funktionstaste /F1/ die 3 Zeichen "C", "L" und "S"
bzw. die ASCII-Codezahlen 67, 76 und 83 angezeigt.

Die Funktionstaste /F5/ belegen wir als Softkey durch

    130 KEY 5, "FILES"+CHR$(13)

mit dem FILES-Befehl.
Tippen wir die Funktionstaste /F5/, wird dieser Befehl ausgeführt. Da mit CHR$(13) auch der 'Wagenrücklauf' abgespeichert
wurde, brauchen wird dazu keine /Enter/-Taste zu drücken.

Die Softkey-Zuordnung können wir durch Eingabe des Leerstrings
löschen. Nach der Eingabe von

    KEY 1,""

ist der Funktionstaste /F1/ keine Funktion mehr zugeordnet.


```
KEY ON            In Zeile 25 erscheinen die Strings, die den
                  10 Softkeys gerade zugeordnet sind (Anzeige
                  nur der ersten 6 Zeichen).

KEY OFF           Zeile 25 löschen und somit für den Benutzer
                  frei machen.

KEY 1,"CLS"       Dem Softkey 1 den String "CLS" zuordnen
                  (maximale Stringlänge: 15 Zeichen).

KEY 1,""          Belegung des Softkeys 1 durch Leerstring
                  löschen.

KEY 1,"LIST"+CHR$(13)  Dem Softkey 1 die standardmäßige
                  Belegung (wieder) zuordnen.
```

Softkey als Funktionstaste mit softwaremäßiger String-Belegung

3.4.3 Ausgabeformatierung

3.4.3.1 Ausgabezeile mit PRINT

Programm DEMO-PRI veranschaulicht die Wirkung der Trennungszeichen "," und ";" , der fünf Funktionen TAB (Tabulator), SPC
(Space, Leerschritt), WIDTH (Druckbreite), POS (Druckposition)
und SPACE$ (Leerstellen) sowie der Anweisung WRITE (Druck ein-
schließlich aller Trennungszeichen) auf die Ausgabezeile.

Codierung zu Programm DEMO-PRI:


```
100 REM ====== Programm DEMO-PRI
110 PRINT "Demonstration zur Ausgabeformatierung mit PRINT."
    '
120 INPUT "Zahl eintippen";R : INPUT "Text eintippen";R$
130 LET S$="12345678901234567890123456789012345678901234567890"
140 PRINT S$
150 PRINT R$,R
160 PRINT R$,,R
170 PRINT R$;R
180 PRINT R$;-R
190 PRINT R*3;R$
200 PRINT R;" ";R$
210 WRITE R;" ";R$
220 PRINT TAB(5);R$;TAB(20);R
230 PRINT SPC(5);R$;SPC(20);R
240 LET R1$=SPACE$(40)+R$ : PRINT R1$
250 PRINT S$
260 FOR I=1 TO 7 : PRINT R$; : NEXT I
270 WIDTH 40     'nur 40 oder 80 möglich
280 FOR I=1 TO 7 : PRINT R$; : NEXT I
290 PRINT : PRINT S$
300 WIDTH 80
310 FOR I=1 TO 50
320    PRINT "*"; : IF POS(1)>25 THEN PRINT
330 NEXT I
340 PRINT S$ : END
```


Das Zeichen ";" trennt ohne Zwischenraum. PRINT "P";"C" ergibt
"PC" und PRINT P;C ergibt " 10 20" (Wert von P=10 und C=20).
Die Leerstelle zwischen 10 und 20 rührt daher, daß an der ersten Stelle der Variablen C als der Vorzeichenstelle nur bei
negativem Wert ein Zeichen steht.
Sollen die Strings "IBM" und "PC" getrennt ausgegeben werden,
kann man

    200 PRINT "IBM ";"PC"   oder   200 PRINT "IBM";" ";"PC"

schreiben.
Das Trennungszeichen "," teilt die Ausgabezeile in Zonen zu
je 1 4 Z e i c h e n   Breite ein, wobei der Cursor mit je-

dem Zeichen hinter dem Komma zur nächsten Druckzone geht. Die
Anweisungen

```
400 PRINT "IBM","PC"                     IBM         PC
410 PRINT 1,2                            1           2
```

ergeben die nebenstehende Ausgabe auf dem Bildschirm.

Nach Ausführung der Anweisung 400 PRINT "IBM PCjr" steht der
Cursor am Anfang der folgenden Zeile. Steht am Ende der PRINT-
Anweisung ein ";" oder ",", wird dieses Vorrücken (Carriage
Return, Wagenrücklauf, RETURN bzw. /Enter/) verhindert:

```
500 PRINT "IBM PCjr"            IBM PCjr
510 PRINT "und IBM PC"          und IBM PC

600 PRINT "IBM PCjr";           IBM PCjr und IBM PC
610 PRINT " und IBM PC"

700 PRINT "IBM PCjr",           IBM PCjr        und IBM PC
710 PRINT "und IBM PC"
```

Ausführung zu Programm DEMO-PRI:

```
Demonstration zur Ausgabeformatierung mit PRINT.
Zahl eintippen? 7821.5
Text eintippen? BASIC
12345678901234567890123456789012345678901234567890
BASIC          7821.5
BASIC                          7821.5
BASIC 7821.5
BASIC-7821.5
 23464.5 BASIC
 7821.5  BASIC
7821.5," ","BASIC"
     BASIC          7821.5
       BASIC                    7821.5
                                    BASIC
12345678901234567890123456789012345678901234567890
BASICBASICBASICBASICBASICBASICBASICBASICBASICBASICBASICBASICBASIC
12345678901234567890123456789012345678901234567890
************************
************************
12345678901234567890123456789012345678901234567890
```

3.4.3.2 Verwendung des Füllstrings

Mit einem Füllstring können wir die Druckzeile mit Leerstellen
bzw. Blancs auf eine gewünschte Länge bringen. Bei der Ausführung zu Programm FUELLSTR hat die Zeile 25 Zeichen. In Programmzeile 160 wird ein Füllstring B$ der Länge R aufgebaut,
der mit T1$ und T2$ auf 25 Stellen Länge verkettet wird.

Codierung zu FUELLSTR: Ausführung zu FUELLSTR:


```
100 REM ===== Programm FUELLSTR
110 PRINT "Text rechtsbündig mittels"
120 PRINT "Füllstring ausgeben."
    '
130 INPUT "1. Textzeile ";T1$
140 INPUT "2. Textzeile ";T2$
150 INPUT "Rechte Begrenzung ";R
160 FOR I=1 TO R: LET B$=B$+" ": NEXT I
170 LET T1$=RIGHT$(B$+T1$,R)
180 LET T2$=RIGHT$(B$+T2$,R)
190 PRINT T1$ : PRINT T2$ : END
```

Text rechtsbündig mittels
Füllstring ausgeben.
1. Textzeile ? BASIC-WEGWEISER
2. Textzeile ? JETZT NEU
Rechte Begrenzung ? 25
            BASIC-WEGWEISER
                  JETZT NEU

3.4.3.3 Zahlen kaufmännisch runden

Der Kaufmann fordert eine gerundete und formatierte Zahlenausgabe. Das Runden einer Zahl Z auf S Dezimalstellen genau kann in e i n e r Anweisung als

```
100 LET Z = INT(Z*10^S+0.5)/(10^S)   ... auf S Stellen runden
```

geschrieben werden (10^S für '10 hoch S'). Daraus erhalten wir für das Runden auf 2 Stellen:

```
100 LET Z = INT(Z*100+0.5)/100       ... auf 2 Stellen runden
```

Das Programm RUNDZAHL löst den Rundungsablauf in Teilschritte auf und gibt sie zur Veranschaulichung aus.

Codierung zu RUNDZAHL: Ausführung zu RUNDZAHL:


```
100 REM ====== Programm RUNDZAHL
110 PRINT "Zahl zur Ausgabe runden."
120 INPUT "Zu rundende Zahl"; Z
130 INPUT "Kommastellen     "; S
140 LET Z = Z*10^S      : PRINT Z
150 LET Z = Z+.5        : PRINT Z
160 LET Z = INT(Z)      : PRINT Z
170 LET Z = Z/(10^S)    : PRINT Z
180 PRINT "Ende." : END
```

Zahl zur Ausgabe runden.
Zu rundende Zahl? 23.745
Kommastellen   ? 2
 2374.5
 2375
 2375
 23.75
Ende.

In Abschnitt 3.1.4.2 hatten das Problem des ganzzahligen Rundens anhand einer Funktion dargestellt.

3.4.3.4 Ausgabezeile mit PRINT USING

Die Anweisung PRINT USING dient der formgerechten Ausgabe von
Zahlen (INTEGER, REAL) und Text (STRING).
Hinter dem Anweiungswort PRINT USING steht ein   Formatstring
und - getrennt durch ein ";" - eine Liste der zu formatieren-
den Werte.

Programm DEMO-USI demonstriert die grundlegenden Eigenschaften
dieser Anweisung.

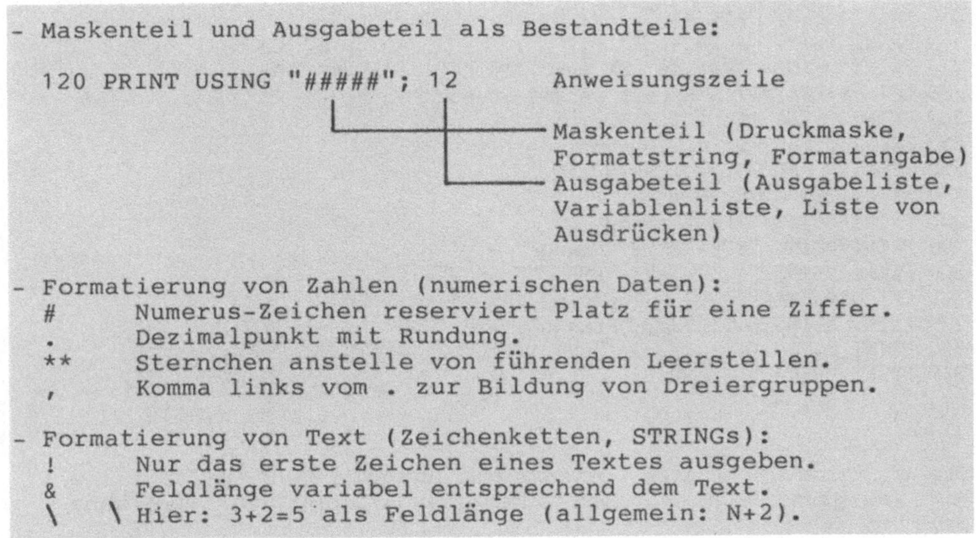

Grundlegende Eigenschaften der Anweisung PRINT USING

Demonstration zur Ausgabeformatierung mit PRINT USING.
   12
1200
%12345
   750.45
   843.75
    72,501,286.00
*****4.0
222.80 10.00432.57
222.80   10.00 432.57   Ausführung zu Programm DEMO-USI
1 2.0   3.0 4 5.0   6.0 7
2750.40   DM fuer 300 KG
 4.500 % Rabatt ab 100 Stueck
 7.125 % Rabatt ab 50 Stueck
 7.125 % Rabatt ab 50 Stueck
 0.000 % Rabatt ab   0 Stueck
F
DMFrancs
DM   Francs
320.00 Francs gleich 100.00 DM
 31.25 DM   gleich 100.00 Francs.
Ende.

Codierung zu Programm DEMO-USI:


```
100 REM ====== Programm DEMO-USI
110 PRINT "Demonstration zur Ausgabeformatierung mit PRINT USING."
120 PRINT USING "####"; 12
130 PRINT USING "####"; 1200
140 PRINT USING "####"; 12345
150 PRINT USING "######.##"; 750.45
160 PRINT USING "######.##"; 843.745
170 PRINT USING "############,.##"; 72501286#
180 PRINT USING "**####.#"; 4
190 PRINT USING "###.##"; 222.8, 10, 432.57
200 PRINT USING "###.## "; 222.8, 10, 432.57
210 PRINT USING "#   #.#   ##.#   "; 1, 2, 3, 4, 5, 6, 7
220 PRINT USING "####.##   DM fuer ### KG"; 2750.4, 300
230 LET M$="##.### % Rabatt ab ### Stueck"
240 PRINT USING M$; 4.5, 100
250 PRINT USING M$; 7.125, 50
260 PRINT USING M$; 7.125, 50
270 PRINT USING M$; R,M
280 PRINT USING "!"; "Francs"
290 PRINT USING "&"; "DM"; "Francs"
300 PRINT USING "\     \"; "DM"; "Francs"
310 LET M1$="###.## \     \ gleich ###.## \     \."
320 PRINT USING M1$; 320, "Francs", 100, "DM"
330 PRINT USING M1$; 31.25, "DM", 100, "Francs"
340 PRINT "Ende." : END
```


Die unformatierte und formatierte Ausgabe kann in e i n e r
Anweisungszeile kombiniert angegeben werden. Die Anweisung

```
   200 PRINT TAB(4);SUMME;TAB(30);USING "#####.##";BETRAG
```

z.B. gibt - in eine Schleife gestellt - nur BETRAG formgerecht
untereinander aus, nicht aber SUMME.

3.4.4 Druckersteuerung

In Abschnitt 3.1.1.4 haben wir gezeigt, wie man die Anweisung-
en LLIST und LPRINT sowie die Funktionstasten /PrtSc/ und
/Echo/ zum Ausdrucken eines BASIC-Programms benutzt.

Die Steuerung eines Druckers können wir entweder im jeweiligen
Anwenderprogramm vornehmen oder über eine gesonderte Routine.
Die Steuerzeichen für Schrifttypen und Druckabstände sind von
Druckertyp zu Druckertyp verschieden und dem jeweiligen Hand-
buch zu entnehmen.
Programm DRUCKSTE stellt eine einfache Routine dar und bezieht
sich auf die Steuerung des Druckertyps 'Brother HR-15'.
Es zeigt, wie der Drucker als 'Schreibmaschine' genutzt werden
kann (Wahl 2: jedes getippte Zeichen wird direkt gedruckt) und
wie zwei Schrifttypen angesteuert werden (Wahl 3 und 4).

Codierung zu Programm DRUCKSTE:

```
100 REM ====== Programm DRUCKSTE
110 PRINT "Steuerung des Druckers 'BROTHER HR-15'."
    '
120 PRINT "1  Beenden"
130 PRINT "2  Direkt drucken"
140 PRINT "3  Unterstreichen"
150 PRINT "4  Fettschrift"
160 INPUT "Wahl ";W%
170 ON W%-1 GOSUB 1000,2000,3000
180 PRINT "Ende." : END
    '
1000 PRINT "Drucker als Schreibmaschine bis zur Eingabe von &"
1010 LET Z$=INPUT$(1): PRINT Z$;
1020 IF Z$="&" THEN RETURN
1030 LPRINT Z$; : GOTO 1010
     '
2000 PRINT "Das Wort 'MWST' zweimal unterstreichen:"
2010 LPRINT "Die ";CHR$(27);"E";"MWST";CHR$(27);"R";CHR$(27);"X";" incl."
2020 LET S1$=CHR$(27)+"E" : LET S2$=CHR$(27)+"R"+CHR$(27)+"X"
2030 LPRINT "Die ";S1$;"MWST";S2$;" incl."
2040 RETURN
     '
3000 PRINT "Das Wort MWST in Fettschrift (Schattenschrift):"
3010 LET F1$=CHR$(27)+"W" : LET F2$=CHR$(27)+"B"+CHR$(27)+"X"
3020 LPRINT "Die ";F1$;"MWST";F2$;" incl."
3030 RETURN
```

Ausführung zu Programm DRUCKSTE:

```
Steuerung des Druckers 'BROTHER HR-15'.
1  Beenden
2  Direkt drucken
3  Unterstreichen
4  Fettschrift
Wahl ? 4
Das Wort MWST in Fettschrift (Schattenschrift):
Die **MWST** incl.
Ende.
```

Das "Escape"-Zeichen (abgekürzt ESC) dient als Umschaltzeichen und signalisiert dem Drucker, daß nachfolgende Zeichen als Steuerzeichen und nicht als 'normale' Druckzeichen gelten. Betrachten wir dazu das folgende Beispiel: Im Benutzerhandbuch zum Drucker 'Brother HR-15' ist zur CR-Funktion (CR=Carriage Return für Wagenrücklauf) die Codefolge ESC+" angegeben. Diese Codefolge könnnen wir dem Drucker durch die Anweisung

```
LPRINT CHR$(27)+CHR$(34);
```

übermitteln. CHR$(27) ist das ESC-Zeichen als Umschaltzeichen und CHR$(34) steht für das Zeichen " und sendet das zugehörige Steuersignal.

Die Steuerzeichen können wir im Direktmodus (LPRINT ...) oder
im Programm-Modus (200 LPRINT ...) übermitteln.

Wie die Abbildung zeigt, wird oft im HEX-Code gearbeitet. Wir
müssen dann das Prefix "&H" für "hexadezimal" verwenden. Dazu
ein Beispiel:
&H1B bedeutet HEX 1B und damit 1*16 hoch 1 + 11*16 hoch 0
bzw. 16+11=27. Damit können wir CHR$(27) durch CHR$(&H1B) ersetzen.

```
ANGABEN LAUT DRUCKERHANDBUCH:

  Codefolge:    HEX-Code:   DEZ-Code:    CR-Funktion:
  ---------     --------    --------     -----------
    ESC+"         1B,22       27,34      Automatische Zeilen-
                                         schaltung ein (CR+LF)
    ESC+#         1B,23       27,35      Zeilenschaltung aus (CR)

ZUGEHÖRIGE STEUERANWEISUNGEN IN BASIC:

  LPRINT CHR$(27)+CHR$(34);               Zeilenschaltung ein
  oder
  LPRINT CHR$(&H1B)+CHR$(&H22);

  LPRINT CHR$(27)+CHR$(35);               Zeilenschaltung aus
  oder
  LPRINT CHR$(&H1B)+CHR$(&H35);
```

ESC zur Übermittlung von Steuerzeichen zum Drucker (Beispiel)

Die Druckeranpassung (genauer: die Anpassung der Zeichensätze
von Drucker und Computer) wird zumeist von einem Programm vorgenommen (z.B. KEYBGR.COM), das innerhalb eines Stapels zusammen mit dem Laden des BASIC-Interpreters ausgeführt wird (vgl.
dazu Abschnitt 2).
Drei Anmerkungen zu Anpassungsroutinen:

- Die von der IBM bereitgestellte Routine KEYBGR.COM dient dazu, den deutschen Zeichensatz auf den B i l d s c h i r m
  zu bringen. Die Ausgabe auf dem Drucker mißlingt bei zahlreichen Druckertypen.

- Die über die das Krug'sche Anpassungsprogramm erzeugte Rou-
  BSPDGR.COM ermöglicht eine korrekte Druckausgabe. Zur Ausgabe des Listings m u ß dabei LLIST getippt werden, während die Ausgabe des Listings über /Fn/+/Echo/ und LIST oft
  Probleme mit sich bringt (Grund: Bildschirmkopie wird ausgegeben).

- Soll eine Anpassung geändert werden, m u ß das System neu
  gestarten werden.

3.5 Maschinennahe Programmierung

Arbeiten wir mit der Programmiersprache BASIC, dann bewegen
wir uns auf einer 'mittleren' Sprachebene zwischen unserer Um-
gangssprache einerseits und der 011011001...-Sprache des Computers als seiner Maschinensprache andererseits.
Wenden wir uns einer Programmiersprache wie PASCAL zu, so entfernen wir uns noch mehr vom Computerkern: PASCAL ist stärker
strukturiert und hat komplexere Sprachelemente als BASIC. Wenden wir uns umgekehrt der Maschinensprache (Assembler) zu, so
befinden wir uns auf der 'untersten' Sprachebene des PCs, d.h.
auf der Ebene seiner aus Bitmustern wie 01101011 bestehenden
'Muttersprache'.
In diesem Abschnitt wollen wir einen kleinen Schritt in Richtung auf die 'unterste' Sprachebene wagen: wir betrachten die
Zeichendarstellung und -codierung, die bitweise Verarbeitung,
den unmittelbaren Zugriff auf Speicherplatzinhalte und den Umgang mit Maschinenprogrammen.

3.5.1 Zeichendarstellung im ASCII

Alle Zeichen - seien es Ziffern, Buchstaben oder auch Sonderzeichen - werden im ASCII dargestellt, d.h. es wird z.B. nicht
der Buchstabe A gespeichert, sondern dessen ASCII-Codezahl 65.
Die Funktion CHR$ haben wir bereits in Abschnitt 3.3 (Textver-
arbeitung) verwendet; sie gibt uns für eine Codezahl zwischen
0 und 255 das zugehörige ASCII-Zeichen an. Programm CHR$-TE
ermöglicht es uns, diese Funktion zu testen. In der Ausführung
zu CHR$-TE werden alle Zeichen von Codezahl 32 bis Codezahl
80 ausgegeben ; für Codezahl 7 ertönt nur ein 'Beep'.

```
        0   1   2   3   4   5   6   7   8   9   10  11  12  13  14  15
    0       von 0-31 Steuerzeichen,
   16       z.B. RETURN für CHR$(13).                              .
   32   !   "   #   $   %   &   '   (   )   *   +   ,   -   .   /
   48 0   1   2   3   4   5   6   7   8   9   :   ;   <   =   >   ?
   64 §   A   B   C   D   E   F   G   H   I   J   K   L   M   N   O
   80 P   Q   R   S   T   U   V   W   X   Y   Z   ä   ö   ü   ^   -
   96 '   a   b   c   d   e   f   g   h   i   j   k   l   m   n   o
  112 p   q   r   s   t   u   v   w   x   y   z   ä   ö   ü   ß   △

Bsp: Codezahl 64+1=65 für A; Codezahl 48+13=61 für =
```

Tabelle 1 zum ASCII-Code: Codezahlen (dezimal) von 0 bis 127

Der Zeichenvorrat des ASCII-Codes wird in unterschiedlich auf-
gebauten Tabellen dargestellt. Zwei solcher Tabellen sind hier
wiedergegeben:
Die Tabelle 1 gibt zu jedem Zeichen die zugehörige Codezahl in
dezimaler Form an. Die Tabelle 2 gibt jeweils das zugehörige
Byte als 8-Bit-Folge und in hexadezimaler Schreibweise an.
Eine weitere Tabelle zum ASCII-Code ist in Abschnitt 1.2.3.3
angeführt.

BIT..7654 3210	0000 0	0001 1	0010 2	0011 3	0100 4	0101 5	0110 6	0111 7
0000 0	NUL	DLE	SP	0	@	P		p
0001 1	SOH	DC1	!	1	A	Q	a	q
0010 2	STX	DC2	"	2	B	R	b	r
0011 3	ETX	DC3	#	3	C	S	c	s
0100 4	EOT	DC4	$	4	D	T	d	t
0101 5	ENQ	NAK	%	5	E	U	e	u
0110 6	ACK	SYN	&	6	F	V	f	v
0111 7	BEL	ETB	'	7	G	W	g	w
1000 8	BS	CAN	(	8	H	X	h	x
1001 9	HT	EM	)	9	I	Y	i	y
1010 A	LF	SUB	*	:	J	Z	j	z
1011 B	VT	ESC	+	;	K	[	k	{
1100 C	FF	FS	,	<	L	\	l	|
1101 D	CR	GS	—	=	M	]	m	}
1110 E	SO	RS	.	>	N	∧	n	~
1111 F	SI	US	/	?	O	_	o	DEL

Oben waagerecht: vier höherwertige Bits mit Position 7,6,5,4.
Links senkrecht: vier niederwertige Bits mit Position 3,2,1,0.
Zeichen "M" als "01001101" (8-Bit-Folge) und "4D" (Hex).
Kontrollzeichen "ESC" als "00011011" (8-Bit) oder "1B" (Hex).

Tabelle 2 zum ASCII-Code: Codezahlen als 8-Bit-Folge und Hex

Codierung und zwei Ausführungen zu Programm CHR$-TE:

```
100 REM ====== Programm CHR$-TE
110 PRINT "Test der Funktion CHR$()."
120 INPUT "A,E tippen für CHR$(A,...,E)"; A,E
130   FOR I=A TO E: PRINT CHR$(I); : NEXT I
140   PRINT
150   FOR I=A TO E: PRINT RIGHT$(STR$(I),1); : NEXT I
160 END

RUN
Test der Funktion CHR$().
A,E tippen für CHR$(A,...,E)? 32,90
 !"#$%&'()*+,-./0123456789:;<=>?§ABCDEFGHIJKLMNOPQRSTUVWXYZ
23456789012345678901234567890123456789012345678901234567890

RUN
Test der Funktion CHR$().
A,E tippen für CHR$(A,...,E)? 97,122
abcdefghijklmnopqrstuvwxyz
78901234567890123456789012
```

Die Funktion ASC liefert als Umkehrung der Funktion CHR$ die
zugehörige Codezahl. Das Zeichen ! wird als Codezahl 33 und
das Zeichen 0 als Codezahl 48 intern gespeichert. Das ! kommt
vor der 0, es gilt !<0 . Die Wertigkeiten der Codezahlen bestimmen demnach die Sortierfolge; wir werden bei den Sortierverfahren in Abschnitt 3.8 darauf zurückkommen.
Das Programm ASCII-TE dient dem Testen der Funktion ASC.

Codierung zu Programm ASCII-TE:

```
100 REM ====== PROGRAMM ASCII-TE
110 PRINT "Test der ASCII-Werte für beliebige Zeichen (0=Ende)."
120   INPUT "Welches Zeichen"; Z$
130   PRINT "Darstellung von ";Z$;" im ASCII intern: ";ASC(Z$)
140   IF ASC(Z$)<>48 THEN 120
150 PRINT "Testende." : END
```


Ausführung zu Programm ASCII-TE:

```
Test der ASCII-Werte für beliebige Zeichen (0=Ende).
Welches Zeichen? !
Darstellung von ! im ASCII intern:  33
Welches Zeichen? 1
Darstellung von 1 im ASCII intern:  49
Welches Zeichen? #
Darstellung von # im ASCII intern:  35
Welches Zeichen? 48
Darstellung von 48 im ASCII intern:  52
Welches Zeichen? 0
Darstellung von 0 im ASCII intern:  48
Testende.
```


3.5.2 Umwandlung dezimal, binär und hexadezimal

Das Programm   DEZDUAL1   wandelt eine Dezimalzahl D in eine Bi-
närzahl B um, die als 16-Elemente-Array vereinbart ist (Anweisung 140 DIM B(16) reserviert für B genau 16 Zahlkomponenten).
Zur Umwandlung in der Schleife 160 FOR I ... 190 NEXT I wird
D wiederholt halbiert, um bei Teilbarkeit ohne Rest eine 0 und
sonst eine 1 nach B zu schreiben. Diese Binärzeichen 0 bzw. 1
schreibt DEZDUAL1 in der Richtung der höheren Wertigkeit von
rechts nach links nach B; deshalb auch die Schrittweite STEP-1
in der FOR-Anweisung (Stelle 16, 15, 14, ...).

Ausführungen zu Programm DEZDUAL1:

```
Umwandlung einer Dezimalzahl in eine Dualzahl
(Methode: Wiederholtes Halbieren.
Ergebnis: Binärmuster als 16-Elemente-Array).
Welche Ganzzahl? 65535
Umwandlung als 16-stellige Dualzahl:
 1 1 1 1 1 1 1 1 1 1 1 1 1 1 1 1


Umwandlung einer Dezimalzahl in eine Dualzahl
(Methode: Wiederholtes Halbieren.
Ergebnis: Binärmuster als 16-Elemente-Array).
Welche Ganzzahl? 51
Umwandlung als 16-stellige Dualzahl:
 0 0 0 0 0 0 0 0 0 0 1 1 0 0 1 1
```

Codierung zu Programm DEZDUAL1:

```
100 REM ====== Origramm DEZDUAL1
110 PRINT "Umwandlung einer Dezimalzahl in eine Dualzahl"
120 PRINT "(Methode: Wiederholtes Halbieren."
130 PRINT "Ergebnis: Binärmuster als 16-Elemente-Array)."
    '
140 DIM B(16) : INPUT "Welche Ganzzahl"; D
150 IF D>65536! THEN PRINT "... kleinere Zahl." : GOTO 140
160 FOR I=16 TO 1 STEP -1
170    IF D/2 = INT(D/2)
          THEN LET B(I)=0
          ELSE LET B(I)=1
180    LET D=INT(D/2)
190 NEXT I
200 PRINT "Umwandlung als 16-stellige Dualzahl:"
210 FOR I=1 TO 16 : PRINT B(I); : NEXT I
220 END
```

Das Programm DUALDEZ unterscheidet sich in zweifacher Hinsicht
vom Programm DEZDUAL1: Einerseits erfolgt die Umwandlung umgekehrt, andererseits liegt das Binärmuster als die Eingabegröße
als String B$ vor, nicht aber als Array B( ). Mit MID$(B$,I,1)
nimmt man das jeweils nächste Zeichen von B$; da es stets eine
0 oder 1 ist, kann dieses Zeichen mit VAL in einen numerischen
Wert verwandelt und nach S zugewiesen werden (S für Stellenin-
halt). Dann wird 'S mal (2 hoch (L-I))' multipliziert und der
so errechnete Stellenwert in Zeile 170 zur Dezimalzahl D hinzuaddiert.

Codierung zu Programm DUALDEZ:

```
100 REM ====== Programm DUALDEZ
110 PRINT "Umwandlung 'binär - dezimal'"
120 PRINT "(Binärmuster als String)."
    '
130 PRINT "Binärmuster tippen:": INPUT B$
140 LET D=0 : LET L=LEN(B$)
150 FOR I=1 TO L
160    LET S = VAL(MID$(B$,I,1))
170    LET D = D+S*(2^(L-I))
180 NEXT
190 PRINT "Umwandlung dezimal:"; D
200 PRINT "Ende." : END
```

Ausführungen zu Programm DUALDEZ:

```
Umwandlung 'binär - dezimal'        Umwandlung 'binär - dezimal'
(Binärmuster als String).           (Binärmuster als String).
Binärmuster tippen:                 Binärmuster tippen:
? 1111111111111111                  ? 110011
Umwandlung dezimal: 65535           Umwandlung dezimal: 51
Ende.                               Ende.
```

Es gibt die 16 Hexadezimalziffern
  0,1,2,3,4,5,6,7,8,9,A,B,C,D,E und F.
Diese Ziffern werden kurz Hex-Ziffern oder Sedezimal-Ziffern
genannt (vgl. Abschnitt 1.2.3.2)..
Das Programm HEXDEZ veranschaulicht den Umwandlungsvorgang von
hex nach dez. In Teil 1 von HEXDEZ prüfen wir, ob die Eingabe
in H1$ nur aus den 16 Hex-Zeichen 0123456789ABCDEF besteht. In
Teil 2 findet die Umwandlung statt: Die Hex-Zeichen A-F werden
durch die Dez-Zeichen 10-15 ersetzt und in Z abgelegt. Daraufhin wird Z mit den jeweiligen Stellenwerten 1 (=16 hoch 0), 16
(=16 hoch 1), 256 (=16 hoch 2), ... multipliziert und zur Dezimalzahl D hinzuaddiert.

Codierung zu Programm HEXDEZ:

```
100 REM ====== Programm HEXDEZ
110 PRINT "Umwandlung von HEX in DEZIMAL:"
    '
120 REM ====== Vereinbarungsteil
130 'HO$, H1$: 16 Hexadezimalzeichen, umzuwandelnder Eingabetext
140 'L, Z$:    Länge von H1$, Nächstes Zeichen in H1$
150 'D:        Dezimales Ergebnis
160 'RICHTIG:  Wahrheitswert für Schleifenende
    '
170 LET HO$="0123456789ABCDEF"                  '16 HEX-Zeichen
180 INPUT "Hexadezimaler Wert"; H1$ : LET L=LEN(H1$)
    '
190 PRINT : PRINT "Prüfung auf Gültigkeit:"
200 LET RICHTIG = -1
210 FOR I= 1 TO L
220    IF INSTR(HO$,MID$(H1$,I,1))
          THEN PRINT I;". Zeichen in ";H1$;" korrekt."
          ELSE LET RICHTIG=0 : LET I=L
230 NEXT I
240 IF NOT RICHTIG THEN PRINT "... falsches Zeichen.": GOTO 410
    '
250 PRINT : PRINT "Umwandlung:"
260 FOR I=1 TO L
270    LET Z$=MID$(H1$,(L-I+1),1)               'I. Zeichen nehmen
280    IF Z$<= "9" THEN LET Z=VAL(Z$)           'Fall 'HEX gleich DEZ'
290    IF Z$ = "A" THEN LET Z=10
300    IF Z$ = "B" THEN LET Z=11
310    IF Z$ = "C" THEN LET Z=12
320    IF Z$ = "D" THEN LET Z=13
330    IF Z$ = "E" THEN LET Z=14
340    IF Z$ = "F" THEN LET Z=15
350    LET Z = Z*(16^(I-1))                     'Stellenwert multiplizieren
360    PRINT "Für ";Z$;":"; D; "um"; Z; "erhöht."
370    LET D = D+Z                              'Dezimalzahl aufaddieren
380 NEXT I
    '
390 PRINT : PRINT "Ergebnis:"
400 PRINT H1$;" HEX ergibt"; D ;"DEZIMAL."
410 PRINT "Ende." : END
```

Ausführungen zu Programm HEXDEZ:

Umwandlung von HEX in DEZIMAL:
Hexadezimaler Wert? 64

Prüfung auf Gültigkeit:
 1 . Zeichen in 64 korrekt.
 2 . Zeichen in 64 korrekt.

Umwandlung:
Für 4: 0 um 4 erhöht.
Für 6: 4 um 96 erhöht.

Ergebnis:
64 HEX ergibt 100 DEZIMAL.
Ende.

Umwandlung von HEX in DEZIMAL:
Hexadezimaler Wert? FFFF

Prüfung auf Gültigkeit:
 1 . Zeichen in FFFF korrekt.
 2 . Zeichen in FFFF korrekt.
 3 . Zeichen in FFFF korrekt.
 4 . Zeichen in FFFF korrekt.

Umwandlung:
Für F: 0 um 15 erhöht.
Für F: 15 um 240 erhöht.
Für F: 255 um 3840 erhöht.
Für F: 4095 um 61440 erhöht.

Ergebnis:
FFFF HEX ergibt 65535 DEZIMAL.
Ende.

Das Programm DEZHEX wandelt umgekehrt Dezimalzahlen in Hexadezimalzahlen um und demonstriert dazu zwei Methoden:

1. Die Funktion HEX$(DEZ) wandelt die Dezimalzahl DEZ in das 16er-Zahlensystem um.

2. Zusätzlich wird die Umwandlung schrittweise aufgezeigt, und zwar anhand des in dér Abbildung wiedergegebenen 'Vorgehen 2'. Zur Bestimmung der Hexadezimalziffer HZI$ gehen wir dabei wie folgt vor: Hat HZI einen Wert 0,1,2,...,9, so erhalten wir mit CHR$(48+HZI) die entspr. Ziffer 0,1,2,...9. Hat HZI aber einen Wert zwischen 10 und 15, ermittelt CHR$(55+HZI) die zugehörige Ziffer A,B,..,F. Beispiele: CHR$(55+11) ergibt CHR$(66) ergibt B; CHR$(48+4) ergibt CHR$(52) ergibt 4. Dabei wird berücksichtigt, daß die Dezimalziffern im ASCII mit Codezahl 48 beginnen und die Großbuchstaben mit Codezahl 65. Die Variable CODE enthält deshalb 48 oder aber 55 (55+10 für A ergibt dann 65).

```
VORGEHEN1: HEX-ZIFFERN FALLEN IN RICHTIGER FOLGE 5C8F AN


                3             2             1             0
23695 = 5*16      + 12*16     + 8*16      + 15*16        5C8F hex
                                                         abgelesen
      = 5*4096 + 12*256  + 8*16   + 15*1

      = 20480  + 3072    + 128    + 15


VORGEHEN 2: HEX-ZIFFERN FALLEN IN UMGEKEHRTER FOLGE F8C5 AN

DEZ   = (TEIL=INT(DEZ/16) * 16)  +   HZI=DEZ-(TEIL*16)      HE$

23695 =         (1480       * 16)  +            15           F
 1480 =         (  92       * 16)  +             8           8
   92 =         (   5       * 16)  +            12           C
    5 =         (   0       * 16)  +             5           5
```

Zwei Vorgehensweisen zur Umwandlung von 23695 dez in 5C8F hex
ohne Anwendung der BASIC-Funktion HEX$

Codierung zu Programm DEZHEX: Ausführungen zu Programm DEZHEX:

```
100 REM ====== Programm DEZHEX
110 PRINT "Umwandlund von DEZ in HEX:"
    '
120 REM ====== Vereinbarungsteil
130 'DEZ, HE$:  Dezimalzahl, Hexadezimalzahl
140 'HZI, HZI$: Hexadezimalziffer num./Zeichen
150 'TEIL:      Ganzzahl-Teil von DEZ
160 'CODE:      ASCII-Codezahl für 0 bzw. 7
    '
170 REM ====== Anweisungsteil
180 INPUT "DEZimalzahl"; DEZ : LET HE$=""
190 PRINT "Probe mit Funktion HEX$:"
200 PRINT DEZ; "ergibt "; HEX$(DEZ)
    '
210 PRINT "Umwandlung schrittweise:"
220 WHILE DEZ>0
230    LET TEIL=INT(DEZ/16)
240    LET HZI =DEZ-(TEIL*16)
250    IF HZI>9 THEN CODE=55
                 ELSE CODE=48
260    LET HZI$=CHR$(CODE+HZI)
270    PRINT "  HEX-Ziffer: ";HZI$
280    LET HE$=HZI$+HE$ : LET DEZ=TEIL
290 WEND
300 PRINT "HEXadezimalzahl: ";HE$ : END
```

```
Umwandlung von DEZ in HEX:
DEZimalzahl? 23695
Probe mit Funktion HEX$:
 23695 ergibt 5C8F
Umwandlung schrittweise:
   HEX-Ziffer: F
   HEX-Ziffer: 8
   HEX-Ziffer: C
   HEX-Ziffer: 5
HEXadezimalzahl: 5C8F


RUN
Umwandlung von DEZ in HEX:
DEZimalzahl? 266
Probe mit Funktion HEX$:
 266 ergibt 10A
Umwandlung schrittweise:
   HEX-Ziffer: A
   HEX-Ziffer: 0
   HEX-Ziffer: 1
HEXadezimalzahl: 10A
```

3.5.3 Daten bitweise verarbeiten

Ergänzend zu Programm DEZDUAL1 wollen wir zur "Umwandlung von
Dezimalzahlen in Dualzahlen" die Programme DEZDUAL2, DEZDUAL3
und DEZDUAL4 betrachten. Diese drei Programme zeigen, wie wir
den logischen Operator AND zur Verarbeitung einzelner B i t s
verwenden können.
Im Zusammenhang mit dem Verarbeiten e i n z e l n e r Bits
spricht man auch vom B i t m a p p i n g (Map für Karte und
Speicher als Karte mit Bits aufgefaßt).

Codierung zu Programm DEZDUAL2:

```
   100 REM ====== Programm DEZDUAL2
110 PRINT "Umwandlung einer Dezimalzahl in eine Dualzahl"
120 PRINT "(Methode: Vergleichen mit logisch UND."
130 PRINT "Ergebnis: Binärmuster aus 8 Einzelzahlen)."
    '
140 INPUT "Ganzzahl unter 256"; D
150 LET I=256
160 PRINT D;"als 8-stellige Dualzahl:"
170 WHILE I <> 1
180    LET I=I/2
190    PRINT ABS((I AND D)=I);
200 WEND
210 PRINT : PRINT "Ende." : END
```

Ausführung zu Programm DEZDUAL2:

Umwandlung einer Dezimalzahl in eine Dualzahl
(Methode: Vergleichen mit logisch UND.
Ergebnis: Binärmuster aus 8 Einzelzahlen).
Ganzzahl unter 256? 200
 200 als 8-stellige Dualzahl:
 1 1 0 0 1 0 0 0
Ende.

Im Ausführungsbeispiel zu Programm DEZDUAL2 wird die Zahl 200
in die Dualzahl 11001000 umgewandelt. Die Codierung zeigt, daß
die Umwandlung in einer WHILE..WEND-Schleife über die Anweisungsfolge

```
    170 WHILE I ungleich 1
    180    LET I=I/2
    190    PRINT ABS( (I AND D) = I);
    200 WEND
```

mit Dezimalzahl D=200 und I=256 als Anfangswerten erfolgt. Die
Anweisung 190 führt mit I AND D eine logische Operation über
"logisch UND" durch. Dabei werden die INTEGER-Zahlen in I und
D binär dargestellt und Bit für Bit mit AND (logisch UND) verknüpft.
Für die Anfangswerte I=128 und D=200 wird demzufolge die Operation (I AND D) bzw. (128 AND 200) computerintern binär als
(10000000 AND 11001000) bitweise ausgeführt. Nur die 8. Stelle
ergibt 1 als Stellenergebnis (1 AND 1 ergibt 1), während alle
anderen Stellenergebnisse 0 ergeben. (10000000 AND 11001000)
ergibt somit 10000000 bzw. 128 als Ergebnis.
In Zeile 190 wird jetzt der Vergleich (128=128)? ausgeführt
mit dem Ergebnis WAHR bzw. TRUE bzw. -1.
Dann wird in 190 der Absolutbetrag ABS(-1) gleich 1 ermittelt
und mit PRINT 1; ausgegeben.


```
Schleifendurchlauf:           Bitweise Verknüpfung (I AND D):

1. DURCHLAUF: I=128 und D=200.  1 0 0 0 0 0 0 0      =128
(I AND D) ergibt I              1 1 0 0 1 0 0 0      =200
(I = I) ergibt -1 bzw. TRUE.    ----------------------------
ABS(-1) ergibt 1.               1 0 0 0 0 0 0 0      =128


2. DURCHLAUF: I=64 und D=200.   0 1 0 0 0 0 0 0      = 64
(I AND D) ergibt I.             1 1 0 0 1 0 0 0      =200
(I = I) ergibt -1 bzw. TRUE.    ----------------------------
ABS(-1) ergibt 1.               0 1 0 0 0 0 0 0      = 64


3. DURCHLAUF: I=32 und D=200.   0 0 1 0 0 0 0 0      = 32
(I AND D) ergibt 0.             1 1 0 0 1 0 0 0      =200
(0 AND I) ergibt 0 bzw. FALSE.  ----------------------------
ABS(0) ergibt 0.                0 0 0 0 0 0 0 0      =  0


Anweisung  190 PRINT ABS((I AND D)=I);  von Programm DEZDUAL2
```

     Beispiel zur bitweisen Verknüpfung mittels AND

Diese bitweise Manipulation mittels AND wiederholt sich bis
I den Wert 1 erreicht hat. Die ersten drei Schleifendurchläufe
gibt die Abbildung wieder.

Die Variable I wird als F i l t e r oder als M a s k e be-
zeichnet:
Die logische Operation (I AND D) wird in einer Schleife wiederholt ausgeführt. Dabei bleibt D=200 konstant, während I die
8 Werte 128=10000000, 64=01000000, 32=00100000, 16=00010000,
8=00001000, 4=00000100, 2=00000010 und 00000001 annimmt.
I wirkt wie ein F i l t e r , der mittels UND bei jedem neuen
Schleifendurchlauf eine ggf. vorhandene "1" in einer anderen
Bitposition herausfiltert: in Position 8, 7, 6, ..., 1.
Ebenso kann man I als M a s k e auffassen, die über eine zu
prüfende Variable (hier über D) gelegt wird.

Das Programm DEZDUAL3 dient demselben Zweck wie das Programm
DEZDUAL2, nur wird hier die AND-Operation als

   170 PRINT SGN(D AND (2 hoch I));

geschrieben und innerhalb einer WHILE-Schleife anstelle einer
FOR-Schleife aufgerufen.
Als Filter bzw. Maske dienen wieder die Variablenwerte 128 (2
hoch 7 ergibt 128), 64 (2 hoch 6 ergibt 64), 32 (2 hoch 5 ergibt 32), ... usw.

Codierung zu Programm DEZDUAL3:

```
100 REM ====== Programm DEZDUAL3
110 PRINT "Umwandlung einer Dezimalzahl in eine Dualzahl"
120 PRINT "(Methode: Exponent und logisch UND."
130 PRINT "Ergebnis: Binärmuster aus 8 Einzelzahlen)."
    '
140 INPUT "Ganzzahl unter 256"; D
150 PRINT "8-stellige Dualzahl:"
160 FOR I=7 TO 0 STEP -1
170    PRINT SGN(D AND 2^I);
180 NEXT I
190 PRINT : PRINT "Ende." : END
```


Ausführung zu Programm DEZDUAL3:

```
Umwandlung einer Dezimalzahl in eine Dualzahl
(Methode: Exponent und logisch UND.
Ergebnis: Binärmuster aus 8 Einzelzahlen).
Ganzzahl unter 256? 200
8-stellige Dualzahl:
 1  1  0  0  1  0  0  0
Ende.
```

Die Programme DEZDUAL2 und DEZDUAL3 konnten nur Dezimalzahlen
bis maximal 256 in Binärzahlen umwandeln. Programm DEZDUAL4
hebt die Begrenzung auf 256 (=2 hoch 8) auf und wandelt Zahlen
bis maximal 65536 (=2 hoch 16) um.
Dazu wird der Zahlenwert in ein BYTELINKS und ein BYTERECHTS
aufgeteilt.
Auf solche Zwei-Byte-Adressen mit einem niederwertigen Byte
(hier als BYTELINKS benannt) und einem höherwertigen Byte (als
BYTERECHTS benannt) gehen wir in Abschnitt 3.5.5 genauer ein.

Codierung zu Programm DEZDUAL4:

```
100 REM ====== Programm DEZDUAL4
110 PRINT "Umwandlung einer Dezimalzahl in eine Dualzahl"
120 PRINT "(Methode: Exponent und logisch UND; Zerlegen."
130 PRINT "Ergebnis: Binärmuster aus 16 Einzelzahlen)."
    '
140 INPUT "Ganzzahl unter 65536"; ZAHL : PRINT
150 LET BYTELINKS = INT(ZAHL/256)
160 PRINT "Höherwertiges linkes Byte"; BYTELINKS
170 PRINT "als Dualzahl: ";
180 LET D=BYTELINKS : GOSUB 1000
190 LET BYTERECHTS = ZAHL - BYTELINKS*256 : PRINT
    '
200 PRINT "Niederwertiges rechtes Byte"; BYTERECHTS
210 PRINT "als Dualzahl: ";
220 LET D=BYTERECHTS : GOSUB 1000
230 END
    '
240 1000 FOR I=7 TO 0 STEP -1           'Dualzahl bilden
1000 FOR I=7 TO 0 STEP -1           'Dualzahl bilden
1010    PRINT SGN(D AND 2^I);
1020 NEXT I
1030 RETURN
```


Ausführung zu Programm DEZDUAL4:

```
Umwandlung einer Dezimalzahl in eine Dualzahl
(Methode: Exponent und logisch UND; Zerlegen.
Ergebnis: Binärmuster aus 16 Einzelzahlen).
Ganzzahl unter 65536? 32267

Höherwertiges linkes Byte 126
als Dualzahl:  0  1  1  1  1  1  1  0
Niederwertiges rechtes Byte 11
als Dualzahl:  0  0  0  0  1  0  1  1

RUN
Umwandlung einer Dezimalzahl in eine Dualzahl
(Methode: Exponent und logisch UND; Zerlegen.
Ergebnis: Binärmuster aus 16 Einzelzahlen).
Ganzzahl unter 65536? 64

Höherwertiges linkes Byte 0
als Dualzahl:  0  0  0  0  0  0  0  0
Niederwertiges rechtes Byte 64
als Dualzahl:  0  1  0  0  0  0  0  0
```

3.5.4 Unmittelbarer Zugriff auf Speicherinhalte

3.5.4.1   Stufe 1: Freien Speicherplatz überprüfen

Der wiedergegebene direkte Dialog gibt ein Beispiel, wie durch
Anwendung der Funktion FRE(0) der noch freie Speicherplatz abgefragt werden kann.
Vor dem Laden unseres Programms VERBRAU sind noch 60130 Bytes
frei, danach nur noch 60022 Bytes. Nach der Ausführung bleiben
noch 59998 Bytes übrig.
Die sieben Anweisungen von Programm VERBRAU (Abschnitt 3.1.1)
nehmen also 108 Bytes in Anspruch und die drei bei der Ausführung mit den Werten 60, 346 und 17.34104 belegten Variablen T,
K und D beanspruchen 24 (bzw. 3*8) Bytes.

Direkter Dialog zur Demonstration der Funktionen FRE und PEEK:

```
PRINT FRE(0)                          PRINT PEEK(&HD000)
 60130                                 0

LOAD "VERBRAU                         PRINT -12288+65536
                                       53248
PRINT FRE(0)
 60022                                PRINT PEEK(53248)
                                       0
RUN
Eingabe: gefahrene km                 PRINT FRE(0)
? 346                                  59998
Ausgabe: Liter/100 km
 17.34104

PRINT FRE(0)
 59998
```

```
PRINT 239859118
 239859118
```
Die im Dialogprotokoll angegebenen Werte
(Bytes) beziehen sich auf den IBM PCjr.
```
PRINT &HE
 14
```
Da auf allen PCs derselbe BASIC-Interpreter läuft und da dieser den BASIC-RAM
auf allen PCs gleich verwaltet, gelten
```
PRINT &H64
 100
```
die angegebenen Differenzwerte (Bytes)
auch für den PC, PC XT und Portable PC.

```
PRINT &HFFFF
-1
```

Programm VERBRAU:

```
PRINT &HFFFE
-2
```

```
PRINT &HD000                          10 LET T=60
-12288                                20 PRINT "Eingabe: Gefahrene km"
                                      30 INPUT K
PRINT PEEK(-12288)                    40 LET D=100*T/K
 0                                    50 PRINT "Ausgabe: Liter/100 km"
                                      60 PRINT D
                                      70 END
```

3.5.4.2 Stufe 2: Speicherplatzinhalte mit PEEK lesen

Die Funktion PEEK(x) können wir im Direkt-Modus tippen, um
uns den Inhalt der Speicherstelle X zeigen zu lassen. Darüberhinaus ist PEEK auch im indirekten Modus bzw. Programm-Modus
einsetzbar.
PEEK(53248) gibt den Inhalt des Speicherplatzes mit der Adresse 53248 wieder. Mit PRINT PEEK(53248) im Direkt-Modus wie
auch mit 20 PRINT "INHALT VON PLATZ 53248: ";PEEK(53248) im
Programm-Modus können wir uns den Inhalt am Bildschirm zeigen
lassen.

Adresse einer Variablen zuordnen:
Die Anweisung 50 LET F=PEEK(53248) ordnet den Wert der Variablen F zu und 70 IF PEEK(53248)=9 THEN.. fragt ab, ob unter
dieser Adresse - wie es in unserem Beispiel zutrifft - eine 0
abgespeichert ist.

Der Dialog zeigt, daß PEEK(53248) die gleiche Bedeutung wie
PEEK(-12288) und wie PEEK(&HD000) hat: in allen drei Fällen
erhalten wir als Speicherplatzinhalt 0.
Warum sind die drei Adressen gleich? &HD000 als Hexadezimal-
konstante (vgl. Abschnitt 2.2.1.1) ergibt -12288 als dezimale
Adresse. -12288 als Komplement zu 65536 ergibt wieder 53248.
Das Prefix "&H" zeigt an, daß die nachfolgende Zahl eine hexa-
dezimale Größe ist.
Negative Adressen legt das Betriebsystem als komplementäre
Zahlen zu 65536 als der größten durch ein Byte (8 Bits) dar-
stellbaren Zahl an.

Zusammengehörige Speicherplatzinhalte am Bildschirm zeigen:
Die einzeilige Zählerschleife

   10 FOR I=2048 TO 3071 : PRINT I;": ";PEEK(I); : NEXT I

gibt den Inhalt der Speicherplätze 2048 bis 3071 aus. Dieser
dezimalen Adressenangabe entspricht die hexadezimale Angabe
von 800 bis BFF, die zur Unterscheidung auch als &H800 - &HBFF
geschrieben wird (vgl. Abschnitt 2.3.1.1). Lassen wir die Zählerschleife ablaufen, dann werden ASCII-Codezahlen zwischen 0
und 255 ausgegeben. Warum? 255 dezimal = &HFF ist die größte
in einem Byte bzw. einem Speicherplatz unterzubringende Zahl.

Zusammengehörige Speicherplatzinhalte in einen Array ablegen:
Die Zählerschleife

   30 FOR Z=1 TO 7: LET A(Z)=PEEK(767+Z) : NEXT Z

speichert die Inhalte der Speicherplätze 768, 769, ... in den
Array A() ab.

Zur U m r e c h n u n g s t a b e l l e :

Die Umrechnung von HEX nach DEZ kann mit der umseitig wiedergegebenen Tabelle wie folgt vorgenommen werden:

1. Beispiel: &HFF69 - dezimal 65385
   FF (Zeile unten, Spalte rechts) ergibt 65280 als unteren
       Tabellenwert, da FF das 1. Ziffernpaar ist.
   69 (Zeile 6 und Spalte 9) ergibt 105 als oberen Wert,
       da 69 das 2. Paar ist.
   65280+105 ergibt dezimal 65385.

2. Beispiel: &H800 - dezimal 2048
   08 (obere Zeile 0 und Spalte 8) ergibt 2048 als unteren
       Tabellenwert, da 08 das 1. Paar ist.
   00 (obere Zeile und linke Spalte) ergibt 0.
   2048+0 ergibt dezimal 2048.

3.5.4.3 Stufe 3: Speicherplatzinhalte mit POKE schreiben

Die Anweisung POKE stellt die Umkehrung zur Funktion PEEK dar.
PEEKen können wir Speicherplätze des RAM wie des ROM, während
umgekehrt nur Speicherplätze des RAM gePOKEt und damit neu beschrieben werden können.

Direktzugriff auf e i n e n Speicherplatz	
POKE ADRESSE,WERT	PEEK (ADRESSE)
Einen ganzzahligen WERT (zwischen 0 und 255) an einer bestimmten ADRESSE (zwischen 0 und 65535) abspeichern.	Den an einer bestimmten ADRESSE abgespeicherten Speicherplatzinhalt angeben.
POKE (64984,87) speichert an Adresse 64984 die ASCII-Codezahl 87 ab. CHR$(87) entspricht dem "W".	PEEK(64984) gibt den Inhalt 87 an. PRINT CHR$(PEEK(64984) zeigt "W" am Bildschirm.

Schreiben mit POKE und Lesen mit PEEK

POKE 768,1 speichert die 1 in den Speicherplatz mit der Adresse 768 ab. Man sagt: "poke die 1 nach 768" (nicht schön, aber
kurz). Das zweite Argument muß zwischen 0 und 255 liegen. Die
Anweisung POKE PLATZ,ZAHL speichert den Inhalt von ZAHL an die
Adresse von PLATZ ab.

$	0	1	2	3	4	5	6	7	8	9	A	B	C	D	E	F
	0	1	2	3	4	5	6	7	8	9	10	11	12	13	14	15
0	0	256	512	768	1024	1280	1536	1792	2048	2304	2560	2816	3072	3328	3584	3840
	16	17	18	19	20	21	22	23	24	25	26	27	28	29	30	31
1	4096	4352	4608	4864	5120	5376	5632	5888	6144	6400	6656	6912	7168	7424	7680	7936
	32	33	34	35	36	37	38	39	40	41	42	43	44	45	46	47
2	8192	8448	8704	8960	9216	9472	9728	9984	10240	10496	10752	11008	11264	11520	11776	12032
	48	49	50	51	52	53	54	55	56	57	58	59	60	61	62	63
3	12288	12544	12800	13056	13312	13568	13824	14080	14336	14592	14848	15104	15360	15616	15872	16128
	64	65	66	67	68	69	70	71	72	73	74	75	76	77	78	79
4	16384	16640	16896	17152	17408	17664	17920	18176	18432	18688	18944	19200	19456	19712	19968	20224
	80	81	82	83	84	85	86	87	88	89	90	91	92	93	94	95
5	20480	20736	20992	21248	21504	21760	22016	22272	22528	22784	23040	23296	23552	23808	24064	24320
	96	97	98	99	100	101	102	103	104	105	106	107	108	109	110	111
6	24576	24832	25088	25344	25600	25856	26112	26368	26624	26880	27136	27392	27648	27904	28160	28416
	112	113	114	115	116	117	118	119	120	121	122	123	124	125	126	127
7	28672	28928	29184	29440	29696	29952	30208	30464	30720	30976	31232	31488	31744	32000	32256	32512
	128	129	130	131	132	133	134	135	136	137	138	139	140	141	142	143
8	32768	33024	33280	33536	33792	34048	34304	34560	34816	35072	35328	35584	35840	36096	36352	36608
	144	145	146	147	148	149	150	151	152	153	154	155	156	157	158	159
9	36864	37120	37376	37632	37888	38144	38400	38656	38912	39168	39424	39680	39936	40192	40448	40704
	160	161	162	163	164	165	166	167	168	169	170	171	172	173	174	175
A	40960	41216	41472	41728	41984	42240	42496	42752	43008	43264	43520	43776	44032	44288	44544	44800
	176	177	178	179	180	181	182	183	184	185	186	187	188	189	190	191
B	45056	45312	45568	45824	46080	46336	46592	46848	47104	47360	47616	47872	48128	48384	48640	48896
	192	193	194	195	196	197	198	199	200	201	202	203	204	205	206	207
C	49152	49408	49664	49920	50176	50432	50688	50944	51200	51456	51712	51968	52224	52480	52736	52992
	.208	209	210	211	212	213	214	215	216	217	218	219	220	221	222	223
D	53248	53504	53760	54016	54272	54528	54784	55040	55296	55552	55808	56064	56320	56576	56832	57088
	224	225	226	227	228	229	230	231	232	233	234	235	236	237	238	239
E	57344	57600	57856	58112	58368	58624	58880	59136	59392	59648	59904	60160	60416	60672	60928	61184
	240	241	242	243	244	245	246	247	248	249	250	251	252	253	254	255
F	61440	61696	61952	62208	62464	62720	62976	63232	63488	63744	64000	64256	64512	64768	65024	65280

POKE wird häufig in eine Schleife gestellt, um mehrere Adressen fortlaufend beschreiben zu können. Dazu die beiden folgenden Beispiele:
Die Ausgabeschleife

```
100 FOR I=1 TO 7 : READ C : POKE (30000+I),C : NEXT I
110 DATA 101,6,101,6,133,8,96
```

speichert die 7 in der DATA-Zeile angegebenen Zahlen in die
Speicherplätze unter den Adressen 30001, 30002, ... ab.

Mit der folgenden Schleife können wir die in der zweiten DATA-
Zeile angegebenen Zahlen ab der in der ersten DATA-Zeile angegebenen Adresse im Benutzer-RAM abspeichern.
Zunächst lesen wir die Startadresse 64984 nach ADRESSE ein, um
dann die acht Codezahlen in die Variable WERT% zu lesen und an
die nächste ADRESSE zu speichern.
Die im Beispiel in Zeile 210 angeführten ASCII-Codezahlen entsprechen dem String "WEGWEISER" und werden im String-Speicher
(Adreßbereich 64984) abgelegt. In Abschnitt 3.5 kommen wir auf
dieses Beispiel zurück (Programm DATPEEK).

```
200 DATA 64984
210 DATA 87,69,71,87,69,73,83,69,82,-99999
300 READ ADRESSE
310 WHILE WERT%>=0
320    READ WERT%
330    POKE ADRESSE,WERT%
340    LET ADRESSE=ADRESSE+1
350 WEND
```

Vor jedem Poken muß überlegt werden, ob nicht Speicherinhalte
verändert werden, die für die Ablaufsteuerung wichtig sind.

3.5.4.4 Stufe 4: Aufruf von Maschinenprogrammen mit CALL

Mit der Anweisung

```
200 CALL ROUTINE1(Z)
```

rufen wir (to call) ein Maschinenprogramm auf, dessen Startbe-
fehl im Speicherplatz unter Adresse &HD000 bzw. dezimal 53248
abgelegt ist. Dem Aufruf des Maschinenprogramms ROUTINE1 muß
z.B. folgende Anweisungsfolge vorausgehen:

```
180 LET Z=1345
190 LET ROUTINE = &HD000
```

Damit wird nach Z eine Zahl 1345 zugewiesen, die beim späteren
Aufruf dann an das Maschinenprogramm übergeben wird (in 180).
Außerdem wird der Wert 53248 (=&HD000) der Variablen ROUTINE
als Startadresse des Maschinenprogramms zugewiesen.

Auf das Erstellen von Maschinenprogrammen in Assembler können
wir in dieser BASIC-Einführung nicht eingehen.

3.5.4.5   Stufe 5: Maschinenroutinen definieren mit DEF USR

Wir haben bereits zwei Arten von selbstdefinierten Funktionen
kennengelernt:

- Funktionen mit REAL-Zahlen als Parametern (Funktion FNERHOEH
  in Abschnitt 3.1.4.2).
- Funktionen mit STRINGs als Parametern (Funktion GROSS$ in
  Abschnitt 3.1.4.2).

Mit der Anweisung DEF USR4 kann man in BASIC eine spezielle
Funktion (mit Nummer 4) vereinbaren, die es ermöglicht, später
beim Funktionsaufruf mittels USR4 zu der Speicheradresse zu
verzweigen, die mittels DEF USR4 vereinbart worden ist.

3.5.5 Memory Map als Speicheraufteilung

Ein IBM Personalcomputer (PC, PC XT, Portable PC oder PCjr)
verfügt über mindestens 64 KBytes an Speicherplatz. In diesem Benutzerspeicher werden das BASIC-Programm und die zu verarbeitenden Daten (Variablen) zur Ausführungszeit abgelegt.
Eine detaillierte Erklärung der Speicherorganisation würde den
Umfang dieses Buchs sprengen. Gleichwohl wollen wir anhand des
Beispielprogramms VERBRAU versuchen, die folgenden Fragen zu
zu beantworten:

- Welchen Speicherraum kann der Mikroprozessor 8088 des IBM PC
  adressieren (Abschnitt 3.5.5.1)?
- Wo ist das BASIC-Programm und wo sind die Variablen gespeichert (Abschnitt 3.5.5.2)?
- Wie sind die Variablen gespeichert (Abschnitt 3.5.6)?
- Wie sind die BASIC-Anweisungen bzw. BASIC-Programme gespeichert (Abschnitt 3.5.7)?

3.5.5.1   Aufteilung des gesamten Internspeichers

Unter der M e m o r y   M a p versteht man die Aufteilung
des gesamten von einem Computer adressierbaren Internspeichers
(Arbeits-, Hauptspeichers, RAM).
Die wiedergegebene Memory Map zeigt, wie der Mikroprozessor
8088 des IBM PCjr den Adreßbereich von einem MByte unterteilt.
Die Anfangsadressen der Speicherbereiche sind hexadezimal angegeben.
10000 hex (auch als &H10000 geschrieben) entsprechen 65536 Bytes bzw. 64 KBytes. Die 64K-Schritte in hexadezimaler Schreibweise sind 10000,20000,...,90000,A0000,B0000,...,F0000,FFFFF;
wir haben also 16 Schritte.
8000 hex entsprechen demnach 32 KBytes.
Im folgenden wenden wir uns dem "RAM der Grundausstattung" zu,
d.h. den ganz unten angeordneten 64 KBytes.

```
Adressen          Speicherbereich:
dez (hex):

FFFFF       ┌─────────────────────────────────────────────────────┐
            │ Vom Cartridge Chip angesteuerte Bereiche            │
            │ für BIOS und Cartridge-Anwendungen                  │
            │ (192 KBytes)                                        │
D0000       ├─────────────────────────────────────────────────────┤
            │ Reserviert für Input/Output-ROM                     │
            │ (64 KBytes)                                         │
C0000       ├─────────────────────────────────────────────────────┤
            │ Video RAM    (32 KBytes)                            │
B8000       ├─────────────────────────────────────────────────────┤
            │ Reserviert für Video-Erweiterungen (96 KBytes)      │
A0000       ├─────────────────────────────────────────────────────┤
            │ Reserviert für Erweiterungen des                    │
            │ Benutzer-RAM                                        │
            │ (512 K)                                            │
20000       ├─────────────────────────────────────────────────────┤
(132072 dez)│                                                     │
            │ Erweiterungs-RAM auf Karte                          │
            │ (64 KBytes)                                         │
10000       ├─────────────────────────────────────────────────────┤
(65536 dez) │ RAM der Grundausstattung                            │
            │ (64 KBytes)                                         │
00000       └─────────────────────────────────────────────────────┘
```

Memory Map: IBM PCjr mit 1 MByte Adreßbereich

Um 1048576 Bytes bzw. 1 MByte adressieren zu können, arbeitet der Mikroprozessor 8088 intern mit 20-Bit-Adressen (z.B. mit &H1F2A0) statt mit 16-Bit-Adressen (z.B. mit &H1F2A).

3.5.5.2 Aufbau des BASIC-Speicherbereichs

Die dargestellte "Aufteilung des BASIC-Speicherbereichs" zeigt in etwas vereinfachter Form, wie die ersten 64K des IBM PCjr aufgebaut sind.
Im Diagramm sind die Adressen (48,49) und (856,857) angegeben. Durch Versetzen dieser Adresszeiger lassen sich Größe und Lage der Speicherbereiche verändern.
Am Beispiel des Programms VERBRAU wollen wir die Speicherorganisation untersuchen.

Die ersten 64 KBytes der anderen drei IBM Personalcomputer PC, PC XT und Portable PC sind genauso aufgebaut: der BASIC-Speicherbereich ist bei allen PCs identisch.

2-Byte-Adressen von Speicherbereichen   Beispiel-Adressen
dezimal (hexadezimal):   für VERBRAU:

```
                  ...
          ┌─────────────────────────────────────────┐
          │ Anfang des BASIC-Stapels (512 Bytes)     │
          │ = BASIC-STACK                            │  64994
          ├─────────────────────────────────────────┤
          │ Anfang des Speicher-                     │
          │ bereichs für Strings (hier: leer)        │
          │ = STRING-SPEICHER                        │  64992
          ├─────────────────────────────────────────┤
          │ Anfang des freien Speicherplatzes        │
          │ (durch FRE(0) mit 59998 angegeben):      │
          │    Stringspeicher von oben nach unten    │
          │    und                                   │
          │    andere Speicher von unten nach oben   │
          │    wachsend                              │
          │ =FREIER BENUTZER-SPEICHER                │  4994
          ├─────────────────────────────────────────┤
          │ Anfang des Speicher                      │
          │ bereichs für Arrays (hier: leer)         │
          │ =ARRAY-SPEICHER                          │  4994
856, 857  ├─────────────────────────────────────────┤
(358,359) │ Anfang des Speicher-                     │
          │ bereichs für                             │
          │ einfache Variablen (T, K, D)             │
          │ =VARIABLEN-SPEICHER                      │  4970
48, 49    ├─────────────────────────────────────────┤
2E, 2F)   │ Anfang des                               │
          │ BASIC-Programms (VERBRAU mit 7 Zeilen)   │
          │ =PROGRAMM-SPEICHER                       │  4860
          └─────────────────────────────────────────┘
                  ...
```

Memory Map: Aufteilung des BASIC-Speicherbereichs

Das Programm VERBRAU ist ab Adresse bzw. Speicherplatz 4860 im
RAM gespeichert, die drei darin vereinbarten Variablen T,K und
D sind ab Adresse 4970 zu finden. Durch die in den Adressen 48
und 49 stehenden Zeiger können wir uns diese Speicherbereichs-
grenzen zeigen lassen.
Hierzu laden wir unser Programm VERBRAU von der Diskette in
den RAM. Im direkten Dialog bzw. Direkt-Modus geben wir ein

```
PRINT PEEK(48) + 256*PEEK(49)   /Enter/
 4860
Ok
```

und erfahren, daß das Programm VERBRAU ab der Adresse 4860 im
RAM als Internspeicher bzw. Arbeitsspeicher steht.

3.5.5.3 Zeiger als 2-Byte-Adressen

In den Speicherplätzen bzw. Adressen 48 und 49 wird vom Betriebssystem ein Hinweis hinterlegt, der den Beginn des gerade
geladenen BASIC-Programmes anzeigt. Diesen Hinweis auf die Be-
ginnadresse des Programmspeichers nennt man oft Z e i g e r .
Warum wird der Zeiger nicht - wie bislang üblich - in einer,
sondern in den zwei Adressen (48,49) gespeichert?
Eine mittels PEEK gelesene Adresse kann kann den Zahlenbereich
0-255 nicht übersteigen (Byte mit 8 Bits); die ASCII-Codezahlen erstrecken sich von 0 bis 255. Aus diesem Grunde müssen
2 Bytes verwendet werden, um auch auf höhere Adressen als 255
zeigen zu können. Man bezeichnet solche Zeiger deshalb als
2 - B y t e - A d r e s s e n .

Z e i g e r der Form (Byte1,Byte2) sind 2-Byte-Adressen, die
im Zahlenbereich 0-65535 liegen. (48,49) ist z.B. eine solche
2-Byte-Adresse, bei der in Adresse 48 die niederwertigen Stellen und in Adresse 49 die höherwertigen Stellen abgelegt sind.
Um den dezimalen Wert der Speicheradresse zu erhalten, müssen
wir den Inhalt des höherwertigen Bytes mit 256 multiplizieren.
Grund: 256 (dezimal) entspricht &HFF (hexadezimal) und damit
dem binären Maximalwert 11111111 eines Bytes.

```
2-Byte-Adresse (48,49) lesen:
------------------------------------
1. PEEK(48) ergibt 252 als niedrigwertiges Byte (LowByte LB)
2. PEEK(49) ergibt 18  als höherwertiges Byte (HighByte HB)
3. 252 + 256*18 ergibt 4860 als gesuchten Speicherplatzinhalt

in BASIC:                      oder:     100 LET LB=PEEK(48)
                                         110 LET HB=PEEK(49)
100 LET ZAHL=PEEK(48)+256*PEEK(49)       120 LET ZAHL=LB+256*HB


Zahl 4860 als 2-Byte-Adresse schreiben:
----------------------------------------------
1. 4860/256 ergibt 18 als HB und den Rest 252 als LB
2. POKE 48,252 schreibt das LB in Adresse 48
3. POKE 49,18  schreibt das HB in Adresse 49

in BASIC:          100 LET HB=INT(ZAHL/256)
                   110 LET LB=ZAHL-256*HB
                   120 POKE 48,LB
                   130 POKE 49,HB
```

Verarbeitung der 2-Byte-Adresse (48,49) als Beispiel

3.5.5.4 Stringspeicher wächst von oben nach unten

Betrachten wir nun die anderen Bereiche im dargestellten Diagramm des BASIC-Speicherbereichs:
Die Speicherbereiche für Arrays (Felder, Bereiche) sowie für
Strings (Text, Zeichenketten) sind leer; das Programm VERBRAU
vereinbart ja auch keine Variablen der Datentypen STRING sowie
ARRAY. Die Adressen 4994 wie auch 64922 sind zugleich Anfangs-
und Endadressen der betreffenden Speicherbereiche.

Alle Speicherbereiche werden von 'unten' nach 'oben' aufgebaut, d.h. in Richtung immer höherer Adressen. Eine Ausnahme
bildet der String-Speicher, der von 'oben' nach 'unten' aufgebaut wird (deshalb im Beispiel die Anfangsadresse 64992, die
ziemlich am Ende vom BASIC-Speicherbereich liegt.

Zum Aufbauen von 'unten' nach 'oben':
Vergrößern wir das Programm VERBRAU, verschieben sich der Va-
riablen- wie auch der Arrayspeicher nach oben. Ist das Pro-
gramm zuvor bereits gelaufen (RUN), werden damit Speicherbe-
reiche bzw. Daten überschrieben. Versuchen wir, ein geändertes
Programm mit der Anweisung CONT fortzusetzen, wird ggf. die
Fehlermeldung "can't continue" ausgegeben, da die Grenzen der
Speicherbereiche verschoben wurden.

Weisen wir im Direkt-Modus einer neuen Variablen einen Wert
zu, verschiebt sich der Arrayspeicher ebenfalls nach oben. In
beiden Fällen nimmt der durch FRE(0) angezeigte freie Speicherplatz natürlich ab.

Zum Aufbauen von 'oben' nach 'unten':
Mit der Einführung zusätzlicher Strings wächst der Stringspeicher mehr und mehr nach unten in Richtung kleinerer Adressen.
Schwierigkeiten ergeben sich, wenn das untere Ende des String-
speichers das obere Ende des Arrayspeichers berührt. Wir erhalten dann ggf. Fehlermeldungen wie "Out of string space"
oder "Out of memory".

Zum BASIC-Stack bzw. BASIC-Stapel:
Über dem Stringspeicher liegt der BASIC-Stack, der sich ebenfalls in Richtung niedrigerer Adressen ausdehnt. Dieser Speicherbereich dient dem Abstapeln von Programmdaten und auch der
Steuerung von Unterprogrammen (Speicherung von Rückkehradres-
sen bei GOSUB-RETURN).

BASIC-Speicherbereich   5. BASIC-Stack bzw. -Stapel
(mindestens 64 K) bei   4. STRING-Speicher
IBM PC, PC XT,   ** Freier Benutzer-Speicher**
Portable PC und PCjr   3. ARRAY-Speicher
gleich aufgebaut: 2. VARIABLEN-Speicher
                             1. PROGRAMM-Speicher

IBM Personalcomputer mit identischem BASIC-Speicherbereich

3.5.6 Speicherung von Daten (Variablen)

3.5.6.1 Variablen stehen hintereinander im Variablenspeicher

Im Variablen-Speicher ab Adresse 4970 sind die drei REAL-Variablen T, K und D des Programms VERBRAU unmittelbar hintereinander gespeichert.
Im direkten Dialog schauen wir nach, wie diese Variablen abgelegt sind:

    FOR I=4970 TO 5001: PRINT PEEK(I);: NEXT I   /Enter/

    4 84 0 0 0 0 112 134 4 75 0 0 0 0 45 137
    (T)   (K)
    4 68 0 0 115 186 10 133 4 73 0 0 0 56 28 141
    (D)   (I)
    Ok

Die FOR-Schleife zeigt uns alle Codezahlen am Bildschirm, die in den Adressen 4970 (Beginn des Variablenspeichers) bis 5001 gespeichert sind. Die Variablennamen T, K, D und I erscheinen nicht; sie wurden nur zur Erklärung eingefügt.
In Adresse 4971 steht die ASCII-Codezahl 84 bzw. der Buchstabe "T" (CHR$(84) ergibt T). In den Adressen 4979, 4987 sowie 4995 finden wir die Variablennamen K, D und I (I als Laufvariable der von uns im direkten Dialog getippten FOR-Schleife).
Wir erkennen, daß für jede Variable 8 Bytes reserviert sind, die nach einem einheitlichen Format aufgebaut sind.
Jede Zahl vom Typ 'REAL bzw. Dezimalzahl' wird in einem in der Abbildung wiedergegebenen Format gespeichert.

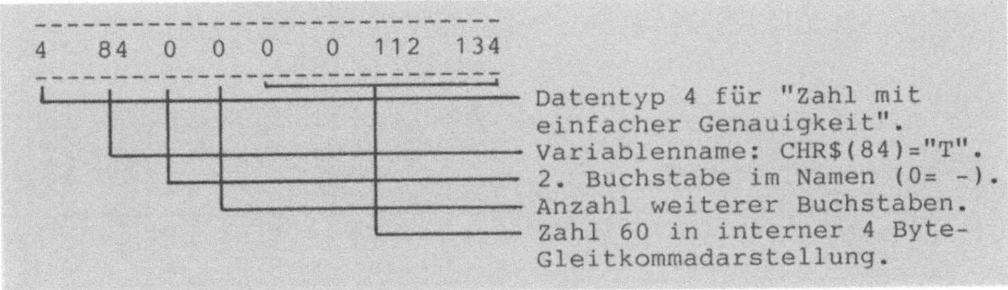

Speicherung der REAL-Variablen T im 8-Byte-Format

3.5.6.2 Format zur Speicherung von Variablen

Wie die Variable T werden alle Variablen nach einem einheitlichen Format abgespeichert.
Das 1. Byte gibt den Datentyp an. Variablennamen werden in der vollen Länge gespeichert: das 2. und 3. Byte enthält die beiden ersten Zeichen, weitere Namenszeichen sind von Byte 4 an gespeichert bei Angabe der Länge in Byte 3.

Numerische Daten sind in den letzten Bytes gespeichert. Die
Speicherung von Strings vollzieht sich vollkommen anders. In
den letzten drei Bytes steht ein D e s k r i p t o r , der
auf eine Adresse im String-Speicher zeigt. Die Speicherung ei-
nes Strings berührt stets einen Variablenspeicher u n d den
Stringspeicher gleichermaßen.
Der String-Deskriptor ist immer 3 Bytes lang: ein Byte für die
Stinglänge und zwei Bytes für die Adresse im Stringspeicher.
Der Deskriptor wird auch S t r i n g h o l d e r genannt.

Typ		Name				Zahlen
	Zeichen	Zeichen	Länge	...	Zeichen	2,3,4,8 Bytes
0	1	2	3	4...		Länge + 4

Typ: 2=Ganzzahl, 3=String, 4=Einfache, 8=Doppelte Genauigkeit
Name: Name mit 1 oder 2 Zeichen beansprucht 3 Bytes, mit 3
         Zeichen Länge 4 Bytes, mit 4 Zeichen Länge 5 Bytes,...
Zahlen: Typ 2: Zwei Bytes für Ganzzahl mit LowByte, HighByte.
        Typ 4: Vier Bytes für Zahl in Gleitkommadarstellung.
        Typ 8: Acht Bytes für Zahl in Gleitkommadarstellung.
        Typ 3: Drei Bytes für String-Deskriptor mit:
               -Byte 1: Stringlänge 0-255
               -Byte 2: LowByte der Adresse im String-Speicher
               -Byte 3: HighByte der Adresse

Numerische Variablen: Im Feld 'Zahlen' sind die Daten abgelegt
Stringvariablen: Feld 'Zahlen'enthält nur den Deskriptor
Funktion VARPTR: Direktzugriff auf das Feld 'Zahlen'

Allgemeines Format zur Speicherung von Variablen

Drei Datenspeicher: Beispieldaten:

STRING-SPEICHER

| Texte von einfachen Strings. | "Betrag" |
| Texte von String-Arrays. | "DM" "$" "SFR" |

ARRAY-SPEICHER

| Numerische Arrays. | 12 3 24 44 21 33 |
| Deskriptoren für String-Arrays. | Länge, 2-Byte-Adr. |

VARIABLEN-SPEICHER

| Einfache numerische Daten. | 56 |
| Deskriptoren für einfache Strings. | Länge, 2-Byte-Adr. |

Speicherung von numerischen Daten und Textdaten (Strings)

Zur Speicherung von Arrays:
Numerische Arrays und Stringarrays sind im Arrayspeicher abgelegt. Die dabei verwendeten Speicherformate entsprechen denen der einfachen numerischen Variablen und Strings. Zusätzlich zu den Formatfeldern 'Datentyp', 'Name' und 'Zahlen' haben Arrays die Felder 'Länge' (Größe des Arrays in Bytes) und 'Dimension' (Anzahl der Dimensionen und Tiefe jeder Dimension).

3.5.6.3 Daten über die Funktion VARPTR lesen

Das Programm PEEKPO-M bietet über ein Menü drei Unterprogramme DATPEEK, PEEK-AUS und POKE-EIN zur Veranschaulichung der Speicherung von Daten im RAM an. Wir betrachten zunächst das Unterprogramm DATPEEK:
DATPEEK wendet die Funktionen PEEK und VARPTR an, um Daten wie die Ganzzahl 513 und den String "WEGWEISER" nicht wie gewohnt über ihre Variablennamen zu lesen, sondern unmittelbar über ihre Adressen.

```
100 REM ====== Programm PEEKPO-M
110 PRINT "Drei Programme zum Direktzugriff mit VARPTR, PEEK und POKE."
120 PRINT "0 Ende"
130 PRINT "1  Variableninhalt mittels VARPTR lesen"
140 PRINT "2  Variableninhalt mittels Zeiger und PEEK lesen"
150 PRINT "3  Variablen über 2-Byte-Adressen mittels POKE schreiben"
160 INPUT "Wahl 0-3";E
170 IF E=0 THEN PRINT "Ende.": END
180 ON E GOSUB 1000,2000,3000
190 INPUT "Weiter: Taste",E$: CLS
200 GOTO 120
    '
    '

1000 REM ------ Unterprogramm DATPEEK
1010 PRINT "Daten nicht über Angabe ihres Namens lesen,"
1020 PRINT "sondern direkt über ihre Speicheradressen mittels VARPTR."
     '
1030 PRINT: INPUT "Welche Ganzzahl (Datentyp INTEGER)"; Z%
1040 LET ADR%=VARPTR(Z%)
1050 PRINT "Ganzzahl Z% belegt 2 Bytes ab Adresse:"; ADR%
1060 LET DAT1=PEEK(ADR%) : LET DAT2=PEEK(ADR%+1)
1070 PRINT "Unter Adresse"; ADR%; "gespeichert:"; DAT1
1080 PRINT "Unter Adresse"; ADR%+1; "gespeichert:"; DAT2
1090 PRINT "Probe: 256 *";DAT2;"+";DAT1;"ergibt";256*DAT2 + DAT1
     '
1100 PRINT : INPUT "Welcher Text (Datentyp STRING)"; T$
1110 LET ADR%=VARPTR(T$)
1120 LET LAENG%=PEEK(ADR%) : NIEDB%=PEEK(ADR%+1): HOEHB%=PEEK(ADR%+2)
1130 PRINT "Unter Adresse"; ADR%; "als Länge gespeichert:"; LAENG%
1140 PRINT "Unter Adresse"; ADR%+1; "als niedriges Adreßbyte:"; NIEDB%
1150 PRINT "Unter Adresse"; ADR%+2; "als höheres Adreßbyte:"; HOEHB%
1160 LET ADRSTRING = 256*HOEHB% + NIEDB%
1170 PRINT "Speicheradresse des Strings:" ; ADRSTRING
1180 FOR I=0 TO LAENG%-1
1190   PRINT "Unter Adresse";ADRSTRING+I;"gespeichert: ";CHR$(PEEK(ADRSTRING+I))
1200 NEXT I
1210 RETURN
```

Codierung zu Programm PEEKPO-M (Fortsetzung):


```
2000 REM ------ Unterprogramm PEEK-AUS
2010 PRINT "Speicherung einer REAL-Variablen zeigen."
2020 INPUT "Welchen Wert soll die Variable E erhalten";E
2030 LET ADR=PEEK(856)+256*PEEK(857)  'Anfang des Variablenspeichers
2040 PRINT "Variable E ab Adresse";ADR;"gespeichert."
2045 PRINT "Datentypangabe in";ADR;":"
2046 PRINT PEEK(ADR)
2050 PRINT "Variablenname in";ADR+1;"und";ADR+2;":"
2060 PRINT PEEK(ADR+1);PEEK(ADR+2)
2070 PRINT "Zahlenwert in";ADR+4;"bis";ADR+7;":"
2080 PRINT PEEK(ADR+4);PEEK(ADR+5);PEEK(ADR+6);PEEK(ADR+7)
2090 PRINT "(Werte in Exponentialdarstellung in 4 Bytes)"
2100 PRINT "Ende von Programm PEEK-AUS."
2110 RETURN
     '

3000 REM ------ Unterprogramm POKE-EIN
3010 PRINT "Eine Zahl über POKE an eine beliebige Adresse speichern."
     '

3020 REM ------ Vereinbarungsteil
3030 REM LB:  Lowbyte für niedrigwertige Stellen
3040 REM HB:  Highbye für höherwertige Stellen
3050 REM DEZ: Abzuspeichernder Zahlenwert
3060 REM ADR: Speicheradresse für DEZ
     '

3070 REM ------ Anweisungsteil
3080 INPUT "Welchen Zahlenwert speichern (0-65535)";DEZ
3090 LET HB=INT(DEZ/256)
3100 LET LB=DEZ-256*HB
3110 PRINT DEZ;"in der Form (Lowbyte, Highbyte):"
3120 PRINT "(";LB;",";HB;")"
3130 INPUT "... ab welcher Adresse speichern";ADR
3140 POKE ADR,LB : POKE ADR+1,HB
3150 PRINT "Zahl als 2-Byte-Adresse abgespeichert."
     '

3160 PRINT: PRINT "Lesen von DEZ zur Kontrolle:"
3170 LET LB=PEEK(ADR): LET HB=PEEK(ADR+1)
3180 LET DEZ=LB + 256*HB
3190 PRINT "Unter der Adresse (";ADR;",";ADR+1;")"
3200 PRINT "steht der Zahlenwert";DEZ
3210 PRINT "Ende von Programm POKE-EIN."
3220 RETURN
```

Zum Lesen der Ganzzahl 513 in Z%:
Die Anweisung

```
  1110 LET ADR% = VARPTR(Z%)
```

stellt in ADR% die Adresse 8160 bereit, unter der die Zahl 513
im Variablenspeicher abgelegt ist. Die INTEGER-Variable Z% ist
im 6-Byte-Format gespeichert (siehe Format-Abbildung) und die
Funktion VARPTR greift auf dessen Feld 'Zahlen' zu, in dem die
Zahl als 2-Byte-Adresse (1,2) steht mit 1 als LowByte in DAT1
und 2 als HighByte in DAT2. VARPTR greift also zuerst auf den
Variablenspeicher zu und wird vom Deskriptor auf den Stringspeicher verwiesen.

Zum Lesen des Strings "WEGWEISER" in T$:
Im Gegensatz zum numerischen Datum 513 läuft das Lesen des
Textdatums "WEGWEISER" in zwei Schritten ab.
- Zunächst wird in den Zeilen 1110-1150 auf den Deskriptor des
  Strings im Variablenspeicher zugegriffen. Der String hat die
  Länge von 9 Zeichen und die Zeichen sind unter der 2-Byte-
  Adresse (216,253) zu finden.
- Dann wird diese 2-Byte-Adresse mit 64984 ermittelt, in der
  Variablen ADRSTRING zwischengespeichert (Zeile 1160). Nun
  kann auf den Stringspeicher zugegriffen werden, um in einer
  FOR-Schleife (Zeilen 1180-1200) den Inhalt der Stringvariab-
  len T$ auszugeben.

Ausführung zum Unterprogramm DATPEEK als erstem Unterprogramm
von Programm PEEKPO-M:

Drei Programme zum Direktzugriff mit VARPTR, PEEK und POKE.
0 Ende
1 Variableninhalt mittels VARPTR lesen
2 Variableninhalt mittels Zeiger und PEEK lesen
3 Variablen über 2-Byte-Adressen mittels POKE schreiben
Wahl 0-3? 1
Daten nicht über Angabe ihres Namens lesen,
sondern direkt über ihre Speicheradressen mittels VARPTR.

Welche Ganzzahl (Datentyp INTEGER)? 513
Ganzzahl Z% belegt 2 Bytes ab Adresse: 8160
Unter Adresse 8160 gespeichert: 1
Unter Adresse 8161 gespeichert: 2
Probe: 256 * 2 + 1 ergibt 513

Welcher Text (Datentyp STRING)? WEGWEISER
Unter Adresse 8193 als Länge gespeichert: 9
Unter Adresse 8194 als niedriges Adreßbyte: 216
Unter Adresse 8195 als höheres Adreßbyte: 253
Speicheradresse des Strings: 64984
Unter Adresse 64984 gespeichert: W
Unter Adresse 64985 gespeichert: E
Unter Adresse 64986 gespeichert: G
Unter Adresse 64987 gespeichert: W
Unter Adresse 64988 gespeichert: E
Unter Adresse 64989 gespeichert: I
Unter Adresse 64990 gespeichert: S
Unter Adresse 64991 gespeichert: E
Unter Adresse 64992 gespeichert: R
Weiter: Taste
0 Ende
1 Variableninhalt mittels VARPTR lesen
2 Variableninhalt mittels Zeiger und PEEK lesen
3 Variablen über 2-Byte-Adressen mittels POKE schreiben
Wahl 0-3? 0
Ende.

Zum Direktzugriff auf e i n e n bestimmten Speicherplatz benutzen wir die Funktionen VARPTR und PARPTR$.
Wie die Abbildung zeigt, gibt der Funktionsaufruf VARPTR(T)
die Adresse 4974 als Speicherplatz von T an (genauer: 4974 ist
die Adresse des Formatfeldes 'Zahlen' im 8-Byte-Format, in dem
die Variable T gespeichert ist).
Der Funktionsaufruf VARPTR$(T) ergibt einen 3-Byte-String mit
dem Typcode 4 und der 2-Byte-Adresse (110,19), unter welcher
der aktuelle Wert von T zu finden ist. Zur Probe:
- 4974/256 ergibt 19 als höherwertiges Byte (HB bzw. HighByte)
- Divisionsrest 110 als niedrigwertiges Byte (LB bzw. LowByte)

Die Funktion VARPTR$ greift nicht auf das Formatfeld 'Zahlen'
zu, sondern auf das Feld 'Typcode'.
Der 3-Byte-String erscheint nicht als "411019" am Bildschirm,
sondern als "'Quadrat'n!!": das 'Quadrat' ist hier nicht darstellbar, ASC('Quadrat') ergibt 4. Entsprechend finden wir für
ASC("n") die ASCII-Codezahl 110 und für ASC("!!") die Zahl 19.

```
Funktion VARPTR zeigt die Adresse, an welcher
der Wert einer Variablen gespeichert ist, als Ganzzahl:
-----------------------------------------------------------

   PRINT VARPTR(T)        Der Inhalt von Variable T ist an
   4974                   Adresse 4974 gespeichert.


Funktion VARPTR$ gibt einen 3-Byte-String mit dem
Datentyp einer Variablen und der 2-Byte-Adresse ihres Wertes:
-----------------------------------------------------------

   PRINT VARPTR$(T)       T hat den Typcode 4 (=einfache Genau-
   4 110 19               igkeit) und ist an der 2-Byte-Adresse
                          (110,19) gespeichert (110=LB, 19=HB).
```

     Funktionen VARPTR und VARPTR$ an einem Beispiel

Wir kommen nun zum zweiten Unterprogramm von Programm PEEK-PO:
Das Unterprogramm PEEK-AUS zeigt, wie man sich das Speiche-
rungsformat der REAL-Variablen namens E ausgeben lassen kann.
Da E als erste Variable vereinbart ist, wird sie unmittelbar
am Anfang des Variablenspeichers abgelegt.
In der 2-Byte-Adresse (856,857) stellt uns das Betriebssystem
den Anfang des Variablenspeichers bereit: E ist ab der Adresse
8148 abgelegt. In dieser Adresse 8148 ist als Datentyp "4" angegeben, also "REAL-Zahl mit einfacher Genauigkeit". Da der
Variablenname E nur eine Stelle hat, muß E im 8-Byte-Format
gespeichert sein.

Zwei Ausführungen zu Unterprogramm PEEK-AUS:

Speicherung einer REAL-Variablen zeigen.
Welchen Wert soll die Variable E erhalten? 1
Variable E ab Adresse 8148 gespeichert.
Datentypangabe in 8148 :
 4
Variablenname in 8149 und 8150 :
 69 0
Zahlenwert in 8152 bis 8155 :
 0 0 0 129
(Werte in Exponentialdarstellung in 4 Bytes)
Ende von Programm PEEK-AUS.
Weiter: Taste
Speicherung einer REAL-Variablen zeigen.
Welchen Wert soll die Variable E erhalten? 60
Variable E ab Adresse 8148 gespeichert.
Datentypangabe in 8148 :
 4
Variablenname in 8149 und 8150 :
 69 0
Zahlenwert in 8152 bis 8155 :
 0 0 112 134
(Werte in Exponentialdarstellung in 4 Bytes)
Ende von Programm PEEK-AUS.
Weiter: Taste

3.5.7 Speicherung von Anweisungen (Programm)

3.5.7.1 Anweisungen als Token

Anhand des Programmes VERBRAU wollen wir untersuchen, wie Anweisungen im BASIC-Speicher abgelegt werden. Dazu betrachten
wir das wiedergegebene Dialogprotokoll.

Zunächst bringen wir das Programm VERBRAU zur Ausführung. Dann
lesen wir über die 2-Byte-Adresse (48,49), daß der Programmspeicher ab Adresse 4860 beginnt.
Über die 2-Byte-Adresse (856,857) erfahren wir, daß der Variablenspeicher ab Adresse 4970 liegt. Das Programm muß somit
im Adreßbereich 4860 - 4970 gespeichert sein. Über eine Lese-
schleife FOR I=4860 TO 4970 ... erhalten wir eine Folge von
anscheinend ungeordneten Zahlen. Um erklären zu können, daß
diese Zahlen sehr wohl geordnet sind, stellen wir sie in sieben Kolonnen nebeneinander dar.

Dialogprotokoll (Speicheradressen 4860-4970 ausgeben):

LOAD "VERBRAU

RUN
Eingabe: Gefahrene km
? 600
Ausgabe: Liter/100 km
  10

PRINT PEEK(48)+2656*PEEK(49)
 4860

PRINT PEEK(856)+256*PEEK(857)
 4970

FOR I=4860 TO 4970: PRINT PEEK(I) : NEXT I

Die hintereinander ausgegebenen Codezahlen wurden in 7 Kolonnen (für die 7 Anweisungen des Programms VERBRAU) angeordnet.

7	37	45	60	90	98	104
19	19	19	19	19	19	19
10	20	30	40	50	60	70
0	0	0	0	0	0	0
136	145	133	136	145	145	129
32	32	32	32	32	32	0
84	34	75	68	34	68	0
231	69	0	231	65	0	0
15	105		15	117		4
60	110		100	115		
0	103		235	103		
	97		84	97		
	98		236	98		
	101		75	101		
	58		0	58		
	32			32		
	71			76		
	101			105		
	102			116		
	97			101		
	104			114		
	114			47		
	101			49		
	110			48		
	101			48		
	32			32		
	107			107		
	109			109		
	34			34		
	0			0		

Das wichtigste einer BASIC-Anweisung ist das Anweisungs- bzw. Schlüsselwort. Der BASIC-Übersetzer hat die Schlüsselwörter in Zahlen zwischen 128 und 255 übersetzt wie z.B.:

136	für	LET	Im Programm VERBRAU
145	für	PRINT	verwendete Token
133	für	INPUT	
129	für	END	
231	für	=	

Derart in Zahlen übersetzte BASIC-Schlüsselwörter bezeichnet
man als T o k e n (engl. Kennzeichner). Der BASIC-Interpre-
ter verfügt über eine T o k e n - L i s t e , in der alle
Schlüsselwörter entsprechenden Zahlen zugeordnet sind. Da zur
Darstellung der 'geläufigen' Zeichen die ersten 128 Bytes des
ASCII-Codes ausreichen, stehen die letzten 128 Bytes für die
Token bereit.
In 'tokisierter' Form kann ein Programm natürlich schneller
ablaufen, da sich der Programmtext verkürzt.

Adresse:	Token:	Bedeutung:
4901	45	2-Byte-Adresse: 45+256*19=4909 als
4902	19	Anfang der nächsten Anweisung
4903	30	2-Byte-Adresse: 30+256*0 = 30 als
4904	0	Zeilennummer
4905	133	INPUT als Anweisungswort bzw. Token
4906	32	Leerstelle (Blanc)
4907	75	K als Variablenname
4908	0	Ende der Anweisung durch 0 markiert

Darstellung der Anweisung "30 INPUT K"

Wie die Anweisung 30 INPUT K zeigt, hat jede BASIC-Anweisung
vier Bestandteile:
In den ersten zwei Bytes steht die Adresse, in der die nächste
Anweisung beginnt (hier 4909). Dann folgt die Zeilennummer. Im
dritten Teil steht die eigentliche Anweisung (hier INPUT K).
Jede Anweisung wird von der nächsten Anweisung durch eine Null
getrennt.
Am Anfang jeder Anweisung steht eine Adresse, die auf die im
Programm folgende Anweisung z e i g t . Ein BASIC-Programm
wird somit als v e r k e t t e t e L i s t e gespeichert.
Auf diese Datenstruktur gehen wir in Abschnitt 3.12 ausführ-
lich ein.

Bytes 1,2:	Zeiger auf die nächste Anweisung (als 2-Byte-Adresse)
Bytes 3,4:	Zeilennummer der Anweisung (als 2-Byte-Adresse)
Bytes 5-n:	BASIC-Anweisung Anweisungswort (Token) und Argument
Byte n+1:	0 als Trennzeichen zur nächsten Anweisung

Vier Bestandteile einer BASIC-Anweisung im Programmspeicher

3.5.7.2 Literale im Programmspeicher

Numerische Daten und Strings werden im entsprechenden Daten-
Speicherbereich abgelegt: im Variablen-, Array- bzw. Stringspeicher. Dabei gibt es eine Ausnahme: Konstante Daten, die
als Argument hinter einem Anweisungswort stehen, werden zusammen mit der Anweisung im Programmspeicher abgelegt. Man bezeichnet solche Daten als L i t e r a l e . In der Anweisung

    20 PRINT "Eingabe: Gefahrene km"

wird das Literal "Eingabe: Gefahrene km" also nicht im Stringspeicher, sondern zusammen mit PRINT im Programmspeicher abgelegt. Entsprechend wird in der Anweisung

    10 LET T=60

die Zahl 60 ebenfalls im Programmspeicher (an Adresse 4870)
gespeichert.
Umfangreicher Text sollte nicht als Literal im Programmspeicher abgelegt werden, sondern im Stringspeicher.

3.5.7.3 Ein Programm programmiert sich selbst um

Wir sind jetzt in der Lage, über PEEK und POKE den BASIC-Pro-
grammtext eines im RAM befindlichen Programmes unmittelbar zu
ändern. Wir verwenden dazu das Menüprogramm PEEKPO-M (vgl. Abschnitt 3.5.6.3) mit dem durch Menüwahl 3 ausgewählten Unterprogramm POKE-EIN. Unser Ziel: wir wollen die Anweisung

    3220 RETURN in 3221 PRINT

umprogrammieren. Betrachten wir dazu das wiedergegebene Dialogprotokoll:

- Das Programm PEEKPO-M beginnt in Adresse 4860 und endet in
  Adresse 8148.

- Als 2-Byte-Adresse (8142,8143) ist die Zeilennummer 3220 gespeichert; Inhalt also: 148,12. Über die FOR-Schleife lassen
  wir uns dies zeigen.

- In Adresse 8144 steht das Token 142 für RETURN.

- Wir rufen das Programm PEEKPO-M mit Menüwahl 3 auf und ändern die Zeilennummer 3220 in 3221 ab.

- Wir rufen PEEKPO-M nochmals auf, um das Token 145 für PRINT
  in der Adresse 8144 abzulegen.

- Das Programm PEEKPO-M kehrt nun nicht wieder ins Menü zurück
  (anstelle von RETURN steht jetzt ja PRINT), sondern endet.

Dialogprotokoll zur Änderung von "3220 RETURN" in "3221 PRINT"
im Programm PEEKPO-M:


```
LOAD "PEEKPO-M

PRINT PEEK(48)+256*PEEK(49)
 4860

PRINT PEEK(856)+256*PEEK(857)
 8148

FOR I=8134 TO 8148: PRINT PEEK(I);: NEXT I
 69  73  78  46  34  0  210  31  148  12  142  0  0  0  4


LIST 3200 -
3200 PRINT "steht der Zahlenwert";DEZ
3210 PRINT "Ende von Programm POKE-EIN."
3220 RETURN


RUN
Drei Programme zum Direktzugriff mit VARPTR, PEEK und POKE.
0  Ende
1  Variableninhalt mittels VARPTR lesen
2  Variableninhalt mittels Zeiger und PEEK lesen
3  Variablen ber 2-Byte-Adressen mittels POKE schreiben
Wahl 0-3? 3
Eine Zahl ber POKE an eine beliebige Adresse speichern.
Welchen Zahlenwert speichern (0-65535)? 3221
 3221 in der Form (Lowbyte, Highbyte):
( 149 , 12 )
... ab welcher Adresse speichern? 8142
Zahl als 2-Byte-Adresse abgespeichert.

Lesen von DEZ zur Kontrolle:
Unter der Adresse ( 8142 , 8143 )
steht der Zahlenwert 3221
Ende von Programm POKE-EIN.
Weiter: Taste
0  Ende
1  Variableninhalt mittels VARPTR lesen
2  Variableninhalt mittels Zeiger und PEEK lesen
3  Variablen ber 2-Byte-Adressen mittels POKE schreiben
Wahl 0-3? 3
Eine Zahl ber POKE an eine beliebige Adresse speichern.
Welchen Zahlenwert speichern (0-65535)? 145
 145 in der Form (Lowbyte, Highbyte):
( 145 , 0 )
... ab welcher Adresse speichern? 8144
Zahl als 2-Byte-Adresse abgespeichert.

Lesen von DEZ zur Kontrolle:
Unter der Adresse ( 8144 , 8145 )
steht der Zahlenwert 145
Ende von Programm POKE-EIN.
```

Dialogprotokoll zur Änderung von "3220 RETURN" in "3221 PRINT"
im Programm PEEKPO-M (Fortsetzung):

LIST 3200 -
3200 PRINT "steht der Zahlenwert";DEZ
3210 PRINT "Ende von Programm POKE-EIN."
3221 PRINT

Das Programm PEEKPO-M hat sich damit 'selbst umprogrammiert'.
Der LIST-Befehl zeigt, daß "3220 RETURN" durch "3221 PRINT"
ersetzt worden ist.

3.5.8 Garbage Collection als Müllbeseitigung

Im Abschnitt 3.5.6 haben wir die unterschiedliche Speicherung
von numerischen Daten und Strings kennengelernt: Ändert sich
der Wert eines numerischen Datums, wird dieser an denselben
Platz im Formatfeld 'Zahlen' abgelegt. Der Speicherplatzbedarf
bleibt konstant. Ändert sich der Wert eines Strings (z.B. von
"PC" zu "Personalcomputer"), wird in jedem Fall zusätzlicher
Speicherplatz benötigt. Auf die dadurch entstehenden Probleme
gehen wir im folgenden ein.

Im Stringspeicher können sich während der Programmausführung
immer mehr Strings ansammeln und damit den freien Speicherplatz verringern. Warum? Zum einen legt das System die bei einer Stringoperation gebildeten Zwischenergebnisse im Stringspeicher ab. Auch wenn sie nicht mehr gebraucht werden - sie
bleiben im Speicher als 'Müll' liegen. Zum anderen wird eine
Stringvariable nach Zuweisung eines neuen Wertes nicht an den
alten Speicherplatz, sondern an anderer Stelle abgespeichert.
Auch dadurch entsteht 'Müll'. Die Abbildung zeigt dazu ein
Beispiel: Zunächst weisen die Zeiger (2-Byte-Adressen) der
Stringholder von S$ und T$ auf "IB" und "PC". Erweitert man
nun den String "IB" zu "IBM" (Zeile 30), m u ß "IBM" an neuer
Stelle abgespeichert und der Zeiger von S$ abgeändert werden;
'muß' deshalb, da der String T$ von zwei auf drei Zeichen ver-
längert wurde. Der Eintrag von "IB" steht nun als Müll nutzlos
im Stringspeicher. Auf diese Art fällt bei j e d e r String-
zuweisung Müll an. Müll ist jeder String im Stringspeicher,
der zu keiner Stringvariablen gehört, auf den also kein Zeiger vom Variablen- bzw. Arrayspeicher her deutet.
Müll muß spätestens dann beseitigt bzw. gelöscht werden, wenn
kein Speicherplatz mehr verfügbar ist, d.h. wenn der von oben
nach unten wachsende Stringspeicher den Arrayspeicher berührt.

```
PRINT FRE(0)            Anzahl der verfügbaren Benutzerbytes
                        zeigen.

PRINT FRE("")           Eine Garbage Collection durchführen und
                        dann die Anzahl der Benutzerbytes zeigen.
```

Funktionen FRE(0) und FRE("")

Wie die Abbildung weiter zeigt, können wir durch Eingabe von
  FRE("")
veranlassen, daß eine G a r b a g e   C o l l e c t i o n
(engl. Müllbeseitigung) durchgeführt wird. Danach stehen nur
Nutzdaten im Stringspeicher (im Beispiel "PC" und "IBM", während "IB" beseitigt ist). Der Leerstring "" in FRE("") ist ein
Blindargument (Dummy argument); wir können auch FRE("M") angeben. Entsprechendes gilt für FRE(0).

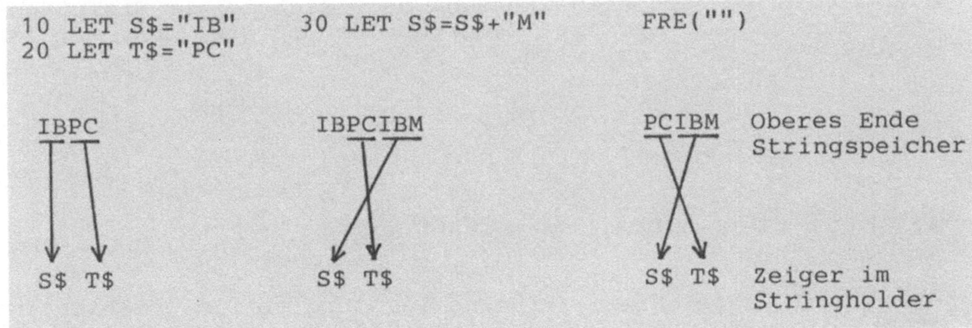

Beispiel: FRE("") löst Garbage Collection bei zwei Strings aus

Eine Garbage Collection kann u.U. einige Zeit dauern. Sie geht
wie folgt vor:
- Suche im Variablenspeicher bzw. im Arrayspeicher nach Daten
  des Typcodes '3', der Strings kennzeichnet.
- Umlagerung der Nutzdaten auf die höheren Adressen im Stringspeicher und Löschen bzw. Überschreiben aller Eintragungen,
  die keinen Stringholder haben.
- Vorgehen in Schritten:
  Suche des Strings mit dem höchsten Zeiger im Variablenspeicher (im Beispiel T$).
  Neuspeicherung ganz oben im Stringspeicher und entsprechende
  Korrektur des Zeigers (im Beispiel: "PC" nun an erster Stelle).
  Variable mit dem nächstkleineren Zeiger (im Beispiel S$) su-
  chen und Speicherung unmittelbar dahinter (im Beispiel "IBM"
  nach "PC").

Die Funktion FRE(0) liefert die Anzahl freier Benutzerbytes
o h n e vorherige Garbage Collection. Oft informiert man sich
durch FRE(0), um dann bei zu kleinem Speicherplatz durch Eingabe von FRE("") den Stringspeicher zu bereinigen.

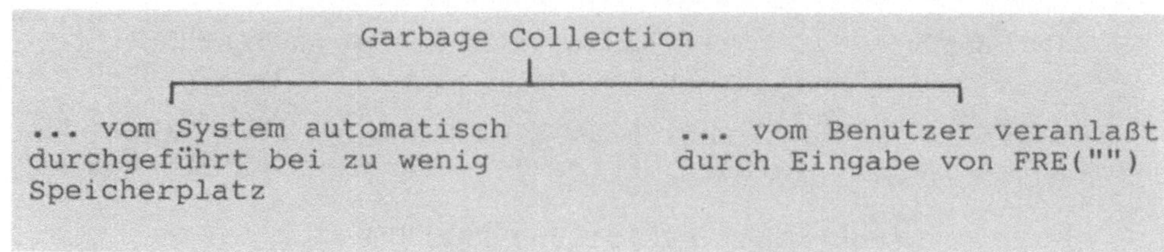

Zwei Auslöser für eine Garbage Collection

Die Ausführung eines Programms wird langsamer, wenn eine Garbage Collection ausgeführt werden muß. Das kann der Fall sein,
wenn viele einzelne Strings oder sehr lange Stringarrays vereinbart sind.
Auch die Programmgröße und die Länge numerischer Arrays beein-
flussen die Ausführungszeit: da Programm- wie Variablenspeicher von unten nach oben wachsen, engt sich der im Stringspeicher verfügbare Platz ein. Dadurch aber muß ggf. sehr oft eine
Garbage Collection ablaufen.

3.5.9 Programm-Datei und Daten-Datei im ASCII-Format

Eine Datei (engl. File) ist eine Sammlung von Information. Besteht diese Information aus einer geordneten Folge von Anweisungen (engl. Commands, Statements), spricht man von einer
P r o g r a m m - D a t e i (engl. Program File) oder kurz
von einem Programm. Eine D a t e n - D a t e i (engl. Data
File) als Gegenstück zur Programm-Datei besteht aus Datensätzen (engl. Records). Spricht man ohne weiteren Zusatz von einer Datei, ist damit die Daten-Datei gemeint.
Programm- wie Daten-Dateien lassen sich im ASCII-Format speichern; man nennt sie dann ASCII-Dateien.

3.5.9.1 Wörter eines Programms als ASCII-Datei lesen

Ein Programm (genauer: eine Programm-Datei) wie z.B.   VERBRAU
wird durch den Befehl
  SAVE "VERBRAU"
auf Diskette in tokenisiertem Format (vgl. Abschnitt 3.5.7.1)
gespeichert. Durch die 'A-Option' können wir das Programm mit
  SAVE "VERBRAU",A
jedoch auch im ASCII-Format speichern. Im ASCII-Format nimmt
das Programm zwar mehr Speicherplatz ein als im Token-Format,
es ergibt sich aber die Möglichkeit zum zeichenweisen Zugriff,
der z.B. beim Mischen von Programmen mit MERGE (vgl. Abschnitt
3.6.2) und beim Zählen der gespeicherten Wörter vorausgesetzt
werden muß.

Das folgende Programm DATEIANZ hat den Zweck, die Anzahl von
Wörtern einer ASCII-Datei zu lesen. Wie die Ausführung zu Programm DATEIANZ zeigt, speichern wir das Programm VERBRAU zunächst als ASCII-Datei, um dann zu erfahren, daß dieses Programm aus 24 Wörtern besteht. Als W o r t wird dabei jede
durch Leerstellen (Blancs, Spaces) getrennte Einheit von Zeichen aufgefaßt.

1. Ausführung zu Programm DATEIANZ:


```
LOAD "VERBRAU
Ok?
LIST
10 LET T=60
20 PRINT "Eingabe: Gefahrene km"
30 INPUT K
40 LET D=100*T/K
50 PRINT "Ausgabe: Liter/100 km"
60 PRINT D
70 END
Ok?
SAVE "VERBRAU",A
Ok?
LOAD "DATEIANZ
Ok?
RUN
Anzahl der Wörter einer sequentiellen ASCII-Datei lesen.
Methode: Leerzeichen (Blanks) als Worttrennzeichen zählen.
Name einer im ASCII-Code gespeicherten Datei? VERBRAU.BAS
Anzahl: 0
10 LET T=60
Anzahl: 3

20 PRINT "Eingabe: Gefahrene km"
Anzahl: 8

30 INPUT K
Anzahl: 11

40 LET D=100*T/K
Anzahl: 14

50 PRINT "Ausgabe: Liter/100 km"
Anzahl: 19

60 PRINT D
Anzahl: 22

70 END
Anzahl: 24
Anzahl der Wörter in Datei VERBRAU.BAS : 24
Ende.
Ok?
```

Zum BASIC-Listing von Prgramm DATEIANZ:
- Ein String kann maximal 255 Zeichen lang sein. Deshalb die
  Anweisung 250 FOR I=1 TO 255.
- Folgen mehrere Leerstellen aufeinander, werden sie wie eine
  Leerstelle behandelt (Zeilen 380,390).
- In die Systemvariable EOF (für: End Of File bzw. Dateiende)
  setzt BASIC den Wert 'wahr' bzw. '-1', sobald der letzte
  Eintrag in der Datei gelesen wurde.
- CHR$(13) in Zeile 280 bedeutet /Enter/ bzw. Wagenrücklauf.

Codierung zu Programm DATEIANZ:


```
100 REM ====== Programm DATEIANZ
110 PRINT "Anzahl der Wörter einer sequentiellen ASCII-Datei lesen."
120 PRINT "Methode: Leerzeichen (Blanks) als Worttrennzeichen zählen."
    '
130 REM ====== Vereinbarungsteil
140 'Z$, ZEILE$:             Einzelzeichen in der eingelesenen Zeile
150 'STELLENEU, STELLEALT: Stelle bzw. Index in ZEILE$ mit Blank
160 'WORTSTELLE:             Stelle in ZEILE$, an der nächstes Wort beginnt
170 'ANZAHL:                 Anzahl von Worten in der Datei
180 'F$:                     Dateiname
    '
190 REM ====== Anweisungsteil
200 INPUT "Name einer im ASCII-Code gespeicherten Datei";F$
210 OPEN F$ FOR INPUT AS #1
    '
220 WHILE NOT EOF(1)
230    PRINT "Anzahl:";ANZAHL
240    LET ZEILE$=""
250    FOR Z=1 TO 255
260       LET Z$=INPUT$(1,#1)                       'Nächstes Zeichen aus Datei
270       IF EOF(1) THEN LET Z=255: GOTO 300        'Falls Dateiende
280       IF Z$=CHR$(13) THEN LET ZEILE$=ZEILE$+" ":
                          LET Z=255: GOTO 300        'Wagenrücklauf als Blank
290       LET ZEILE$=ZEILE$+Z$                       'Zeichen an Zeile anhängen
300    NEXT Z
    '
310    IF EOF(1) THEN 410 ELSE 320
    '
320       PRINT ZEILE$
330       LET WORTSTELLE=1: LET STELLENEU=0
340       WHILE WORTSTELLE<=255
350          LET STELLEALT=STELLENEU                  'Stelle retten
360          LET STELLENEU=INSTR(WORTSTELLE,ZEILE$," ")
370          IF STELLENEU=0 THEN LET WORTSTELLE=256: GOTO 400   'falls kein Blank
380          IF STELLENEU-1<>STELLEALT THEN LET ANZAHL=ANZAHL+1 'falls ein Blank
390          LET WORTSTELLE=STELLENEU+1                          'mehrere Blanks
400       WEND
410 WEND
    '
420 CLOSE #1
430 PRINT "Anzahl der Wörter in Datei ";F$;" :";ANZAHL
440 PRINT "Ende." : END
```

3.5.9.2 Wörter einer Datei als ASCII-Datei lesen

Die zweite Ausführung zu Programm DATEIANZ nimmt Bezug auf eine sequentielle Daten-Datei namens TELDATEI, die ein Telephon-
verzeichis enthält (vgl. Abschnitt 3.9).
Als erstes 'Wort' ist die Anzahl 9 gespeichert; dann folgen
die neun 'Wörter' der neun Telephonteilnehmer.
In Abschnitt 3.9 werden wir sehen, daß BASIC komfortable Anweisungen zum Zugriff auf diese als Datensätze bezeichneten
'Wörter' bereitstellt.

Anmerkung: Unter DOS können wir uns den Inhalt einer ASCII-Da-
teil (auch als Text-Datei bezeichnet), durch den Befehl TYPE
zeigen lassen.

Zweite Auführung zu Programm DATEIANZ:


```
RUN
Anzahl der Wörter einer sequentiellen ASCII-Datei lesen.
Methode: Leerzeichen (Blanks) als Worttrennzeichen zählen.
Name einer im ASCII-Code gespeicherten Datei? TELDATEI
Anzahl: 0
 9
Anzahl: 1
```

Stromann,06262/3332   Die Datei TELDATEI ist als sequentielle
Anzahl: 2   Datei als normale ASCII-Datei gespeichert.
                             Das Programm DATEIANZ kann deshalb auf die
Weber,0721/1300165   sequentielle Datei zugreifen.
Anzahl: 3
                             Eine Datei mit wahlfreiem Zugriff (Random
Treiber,0611/232323   Access File, vgl. Abschnitt 3.10) hingegen
Anzahl: 4   kann über Programm DATEIANZ nicht gelesen
                             werden.
Köpfle,06221/44421   Der Grund liegt darin, daß diese Datei in
Anzahl: 5   einem 'gepackten Binärformat' auf Diskette
                             abgespeichert wird.
Schönfelder,06203/5541
Anzahl: 6

Schmidtborn,06221/332000
Anzahl: 7

Rummel,089/4413998
Anzahl: 8

Maucher,06204/1210
Anzahl: 9

Rudolfs,06221/33125
Anzahl: 10
Anzahl der Wörter in Datei TELDATEI : 10
Ende.

3.5.10 Bildschirminhalt als Binärdatei speichern

Das Programm BINDAT-M demonstriert die Möglichkeit, den gesamten Bildschirminhalt auf Diskette zu speichern, um ihn später
bei Bedarf wieder zeigen zu können. Diese Möglichkeit ist insbesonders dann interessant, wenn Grafiken zu speichern sind
(vgl. Abschnitt 3.15).
Der Inhalt des Bildschirmes wird dabei Bit für Bit bzw. Bildpunkt für Bildpunkt zu einer Informationseinheit zusammengefaßt - deshalb die Bezeichnung B i n ä r d a t e i .

3.5.10.1   Binärdatei als Speicherabschnitt des RAM schreiben

Lassen wir das Programm BINDAT-M laufen und wählen wir aus dem
Menü die "1" aus, erscheint am Bildschirm die Aufforderung,
einen Kreis zu spezifizieren. Nach der Eingabe von 160,100,90
legen wir BILDSCH1.SCN (SCN bzw. SCreeN für Bildschirm) als
Dateinamen fest. Dann wird ein Kreis am Bildschirm gezeichnet
(auf die "Grafik mit mittlerer Auflösung, d.h. mit 320*200
Bildpunkten, gehen wir in Abschnitt 3.15 ein): die Anweisung
1030 CIRCLE(SP,ZE),RADIUS wird ausgeführt.
Anschließend setzt sich die Diskette 'in Bewegung' und der gesamte Bildschirminhalt mit dem Kreis wird auf Diskette gespeichert. Das Speichern eines Abschnittes des Internspeichers auf
die Diskette als Externspeicher geschieht über die in der Abbildung wiedergegebenen Anweisungen DEF SEG und BSAVE .

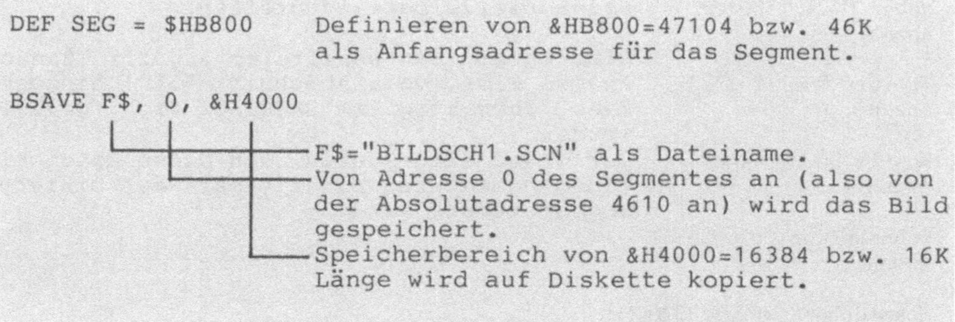

          Anweisungsfolge DEF SEG und BSAVE an einem Beispiel

Segmentieren heißt, den Internspeicher aufteilen. Mit der Anweisung DEF SEG können wir eine beliebige Adresse zwischen 0
und 65535 als Anfangsadresse eines 'aktuellen' Segmentes definieren. Die Anweisungen BSAVE, BLOAD und auch CALL, PEEK, POKE
und USR geben Adressen an, die zu diese Anfangsadresse hinzuaddiert werden.
Mit BSAVE retten wir einen Abschnitt des RAM Bit für Bit auf
Diskette. Dazu müssen wir die Anfangsadresse (hier 0, bezogen
auf die Segmentadresse 47104), die Länge (hier 16384) und den
Namen der Binärdatei (hier BILDSCH1.SCN) hinter BSAVE angeben.

Der RAM-Speicherbereich, in dem die auf dem Bildschirm gezeig-
ten Daten stehen, heißt B i l d s c h i r m s p e i c h e r
bzw. Video-Pufferspeicher (Screen Buffer). Da für die im Programm BINDAT-M gewählte "Grafik mit mittlerer Auflösung" mindestens 16 K benötigt werden, geben wir in BSAVE auch 16 K als
Länge an.

Ausführung zu Programm BINDAT-M:

Inhalt des Bildschirmes als Binärdatei auf Diskette.
0   Ende
1   Binärdatei speichern bzw. schreiben (mittl. Auflösung)
2   Binärdatei laden bzw. lesen (mittl. Auflösung)
Wahl 0,1,2? 1
Kreis: Spalte, Zeile, Radius (z.B. 160,100,90)? 160,100,90
Dateiname zur Ablage des Bildschirminhalts (z.B. BILDSCH1.SCN)? BILDSCH1.SCN

Hier nicht wiedergegeben: Kreis in Pixel-Grafik
(siehe nächste Seite).

Codierung zu Programm BINDAT-M:


```
100 REM ====== Programm BINDAT-M
110 PRINT "Inhalt des Bildschirmes als Binärdatei auf Diskette."
    '
120 PRINT "0   Ende"
130 PRINT "1   Binärdatei speichern bzw. schreiben (mittl. Auflösung)"
140 PRINT "2   Binärdatei laden bzw. lesen (mittl. Auflösung)"
150 INPUT "Wahl 0,1,2";W$: LET W=VAL(W$)
160 IF W=0 THEN PRINT "Ende." : END
170 ON W GOSUB 1000,2000
180 CLS: GOTO 120
    '
1000 INPUT "Kreis: Spalte, Zeile, Radius (z.B. 160,100,90)";SP,ZE,RADIUS
1010 INPUT "Dateiname zur Ablage des Bildschirminhalts (z.B. BILDSCH1.SCN)";F$
1020 SCREEN 1,1: CLS: KEY OFF
1030 CIRCLE (SP,ZE),RADIUS
1040   DEF SEG=&HB800     'Startadresse des Bildschirm-Speichers (screen buffer)
1050    BSAVE F$,0,&H4000 'Länge 16 K (&H4000 = 16*1024 = 16384) des Speichers
1060 PRINT "... unter ";F$;" gespeichert."
1070 IF INKEY$="" THEN 1070
1080 SCREEN 0,0: WIDTH 80: KEY ON
1090 RETURN
     '
2000 INPUT "Name der Binärdatei (z.B. BILDSCH1.SCN)";F$
2010 SCREEN 1,1: CLS: KEY OFF
2020   DEF SEG=&HB800     '&HB800 = DEZ -18432 = DEZ 47103
2030    BLOAD F$
2040 PRINT "Inhalt von ";F$
2050 IF INKEY$="" THEN 2050
2060 SCREEN 0,0: WIDTH 80: KEY ON
2070 RETURN
```

3.5.10.2 Binärdatei von Diskette in den RAM lesen und zeigen

Mit der Menüwahl 2 des Programms BINDAT-M laden wir den Kreis
von Diskette wieder in den RAM, um ihn dann am Bildschirm erscheinen zu lassen. Dazu wird als Gegenstück zu BSAVE die Anweisung BLOAD F$.

```
DEF SEG = &HB800        Anfangsadresse des Segments in &HB800,
                        da dies die Anfangsadresse des
                        Bildschirmspeichers ist.

BLOAD F$, 0
                        Name der Binärdatei auf Diskette.
                        In den Internspeicher beginnend mit
                        Adresse &HB800 (gleich 0+&HB800)
                        laden.

Sonderfall BLOAD F$     BLOAD F$  lädt die Datei in denselben
                        Bereich, aus dem er zuvor mit BSAVE
                        weggespeichert wurde.
```

Beispiel: Mit BLOAD einen mit BSAVE abgelegten Bereich laden

```
... unter BILDSCH1.SCN gespeichert.
0   Ende
1   Binärdatei speichern bzw. schreiben (mittl. Auflösung)
2   Binärdatei laden bzw. lesen (mittl. Auflösung)
Wahl 0,1,2? 2
Name der Binärdatei (z.B. BILDSCH1.SCN)? BILDSCH1.SCN
```

```
0   Ende
1   Binärdatei speichern bzw. schreiben (mittl. Auflösung)
2   Binärdatei laden bzw. lesen (mittl. Auflösung)
Wahl 0,1,2? 0
Ende.
```

3.6 Programme überprüfen und Programme verbinden

3.6.1 Programme auf Fehler überprüfen

3.6.1.1 Programmtest und Fehlersuche

Es gibt zwei Arten von Programmtests:
Auf der einen Seite den S c h r e i b t i s c h t e s t bzw.
'Trockentest', bei dem der Programmlauf gedanklich ohne Compu-
ter durchgespielt wird und bei dem man dabei die Variablenwer-
te 'auf einem Stück Papier' notiert.
Auf der anderen Seite den C o m p u t e r t e s t , bei dem
man das Programm mit Testwerten laufen läßt.
Wir wenden uns zunächst dem Computertest zu.

K o n t r o l l e mit PRINT, STOP und CONT:

Nach Beendigung des Testlaufes kann man sich die Variablenwerte (z.B. die Werte von D und D$) zeigen lassen, in dem man im
Direktmodus
   PRINT D, D$
eintippt. Soll während der Ausführung angehalten werden, damit
die Variablenwerte kontrolliert werden können, kann man STOP-
Anweisungen einfügen:
   171 STOP
   180 ... Zeile, in der ein Fehler vermutet wird ...
   181 STOP
Die Ausführung hält vor und nach Zeile 180 an: wir können wieder PRINT D,D$ eintippen, um zu sehen, was sich in Zeile 180
ereignet hat. Mit CONT setzen wir dann die Ausführung fort.
Auf diese Weise können wir uns von einem STOP zum anderen vortasten.

T r a c e - L a u f :

Mit dem Trace-Lauf gibt uns BASIC die Zeilennummern am Bildschirm aus, die bei der Programmausführung gerade durchlaufen
werden. Mit
   TRON (für TRace ON)
schalten wir diese Betriebsart ein und mit
   TROFF (für TRace OFF)
wieder aus.

Wie der Trace-Lauf zu Programm KAPITAL1 (Abschnitt 3.1.3.1)
zeigt, werden zu Beginn einer Druckzeile jeweils die Nummern
der Anweisungszeilen ausgegeben, die durchlaufen wurden. Da
die Schleife 230,210,220 mehrmals durchlaufen wird, erscheinen
diese Zeilennummern - in Klammern gesetzt - wiederholt am Zei-
lenanfang.

Trace-Lauf zur Ausführung von Programm KAPITAL1:


```
RUN
[100][110]Kapitalien bis zur Verdopplung.
[120][130][140][150][160][170]Eingesetztes Kapital? 50000
[180]Jahreszinssatz       ? 14
[190][200][210][220]   57000
[230][210][220]   64980
[230][210][220]   74077.21
[230][210][220]   84448.02
[230][210][220]   96270.74
[230][210][220]   109748.6
[230][240]Ende nach Verdopplung.
```


Codierung zu Programm KAPITAL1 von Abschnitt 3.1.3.1:


```
100 REM ====== Programm KAPITAL1
110 PRINT "Kapitalien bis zur Verdopplung."
    '
120 REM ====== Vereinbarungsteil
130 'K:     Kapital in DM
140 'KE:    Endkapital in DM
150 'P:     Zinssatz in Prozent
    '
160 REM ====== Anweisungsteil
170 INPUT "Eingesetztes Kapital"; K
180 INPUT "Jahreszinssatz      "; P
190 LET KE=2*K
    '
200 WHILE K<KE                    'Schleifenbeginn
210    LET K = K+K*P/100
220    PRINT " ";K
230 WEND                          'Schleifenende
    '
240 PRINT "Ende nach Verdopplung." : END
```


3.6.1.2 Fehlerbehandlung mit ON ERROR und RESUME

Tippen wir an der Tastatur 20 LET A="100" ein und lassen wir
dieses Ein-Zeilen-Programm mit RUN laufen, erscheint am Bildschirm die Fehlermeldung "Type mismatch in 20" bei sofortigem
Abbruch der Programmausführung. Tippen wir dann PRINT ERR, erscheint als Antwort die Meldung "13" als Fehlernummer bzw.
Fehlercode.
Wir wollen dieses 'Herausfliegen aus dem Programm' verhindern
und den Fehler innerhalb des Programms selbst behandeln:

```
10 ON ERROR GOTO 500
20 LET A="100"
30 ...
...
80 ON ERROR GOTO 0
90 END

500 IF ERR<>13 THEN 600
510 PRINT "Fehler: STRING einer REAL-Variablen zugewiesen."
520 RESUME NEXT
...
600 PRINT "Fehlercode: "; ERR
610 PRINT "Zeilennummer mit Fehlerursache: "; ERL
620 PRINT "Weiter mit RETURN" : LET E$=INPUT$(1)
630 RESUME 80
```

Nach Ausführung der Anweisung ON ERROR GOTO wird beim Auftreten eines Fehlers nach Zeile 500 verzweigt, in welcher die
Fehlerbehandlungs-Routine beginnt. BASIC stellt in einer Variablen ERR (ERR für ERRor) den jeweiligen Fehlercode zur
Verfügung (wichtige Fehlercodes sind in Abschnitt 3.6.1.4 angeführt). Ist ERR=13 , geben wir in 510 eine Mitteilung aus,
um über 520 RESUME NEXT mit der nächsten Zeile nach der Fehlerzeile fortzufahren, also mit Zeile 30.
Ist ERR ungleich 13, geben wir den in ERR stehenden Fehlercode (Zeile 600) sowie die in ERL stehende Nummer der fehler-
verursachenden Zeile (ERL für ERror Line) aus. Dann wird nach
Durchlaufen eines Wartepunktes (Zeile 620) über die Anweisung
630 RESUME 80 der Ablauf mit Zeile 80 fortgesetzt.
Vor END schließt die Anweisung 80 ON ERROR GOTO 0 die Fehlerbehandlung wieder.
Wie in diesem Beispiel läuft eine Fehlerbehandlung allgemein
in vier Schritten ab (siehe Abbildung).

```
1) Fehlerbehandlung eröffnen:
   10 ON ERROR GOTO 500

2) Fehlerbehandlungsroutine ab Zeile 500 ...
   Fehlercode in ERR abfragen.
   Fehlerzeile in ERL abfragen.
   Fehlerhinweise ausgeben.

3) Programmablauf fortsetzen mit RESUME:
   RESUME NEXT   Folgezeile nach fehlerverursachender Zeile.
   RESUME 80     Angegebene Zeilennummer.
   RESUME        Fehlerverursachende Zeile selbst.

4) Fehlerbehandlung schließen:
   80 ON ERROR GOTO 0
```

Fehlerbehandlung über das Anwenderprogramm in vier Schritten

3.6.1.3 Fehlercodes erzeugen mit ERROR

Mit der Anweisung ERROR können wir selbst Fehlercodes festlegen bzw. erzeugen. Die Anweisung

   200 INPUT E$: IF E$="JA" THEN ERROR 150

weist im Falle der Tastatureingabe von "JA" der Variablen ERR
den Fehlercode 150 zu und verzweigt in die Fehlerbehandlungs-
Routine.

Das folgende Beispiel zeigt, wie durch den Fehlercode 99 alle
an der Tastatur eingegebenen Zahlen, die unter 500 liegen, abgewiesen werden. Den Fehlercode 99 erzeugen wir durch die Anweisung ERROR 99.

```
100 ON ERROR GOTO 1000
110 WHILE EIN<>77
120    INPUT "Zahl eingeben (77=Ende)";EIN
130    IF EIN>500 THEN ERROR 99
                  ELSE PRINT "Gut."
140 WEND
150 END
1000 REM *** Fehlerbehandlungsroutine *************
1010 IF ERR=99 THEN PRINT "Zahl unter 500 eingeben."
1020 IF ERL=130 THEN RESUME 140
1030 REM  ****************************************
```

In den beiden Beispielen wurden durch ERROR-Anweisungen eige-
ne Fehlercodes (zuletzt Code 99) erzeugt.
Daneben können wir durch ERROR auf das Auftreten eines BASIC-
Fehlers s i m u l i e r e n , in dem wir hinter ERROR eine
der von BASIC belegten Fehlernummern von 1 bis 76 angeben. Den
BASIC-Fehlermeldungen wenden wir uns im nächsten Abschnitt zu.

```
                     ERROR-Anweisung
        ┌───────────────────┴───────────────────┐
EIGENE FEHLER ERZEUGEN:          BASIC-FEHLER SIMULIEREN:
Fehlercodes über 76              Fehlercodes 1-76
```

        Zwei Anwendungen der ERROR-Anweisung

3.6.1.4 Alle Fehlermeldungen nach Nummern geordnet

In der Übersicht sind alle Fehlermeldungen von IBM-BASIC mit
ihren Fehlercodes in der ERR-Variablen wiedergegeben.

```
 1     NEXT without FOR (Zählerschleife)
 2     Syntax Error (Schreibfehler)
 3     RETURN without GOSUB (Unterprogramm)
 4     Out of data (DATA zu kurz bei READ)
 5     Illegal function call (Funktionsaufruf falsch)
 6     Overflow (Überlauf, da Zahl zu groß9
 7     Out of memory (Hauptspeicher zu klein)
 8     Undefined line (Angesprochene Zeilennummer fehlt)
 9     Subscript out of range (Array zu klein dimensioniert)
10     Duplicate Definition (Daten erneut vereinbart)
11     Division by zero (Division durch Null versucht)
12     Illegal direct (Direktanweisung nicht erlaubt)
13     Type mismatch (Angesprochener Datentyp stimmt nicht)
14     Out of string space (Strings zu umfangreich)
15     String too long (String länger als 256 Zeichen)
16     String formula too complex (Vergleichsausdruck zu lang)
17     Can't continue (Ausführung nicht fortsetzbar)
18     Undefined user function (DEF USR-Anweisung fehlt)
19     No RESUME (RESUME-Anweisung fehlt)
20     RESUME without error (RESUME ohne Fehler erreicht)
21     Unprintable error (Fehler ohne Fehlercode)
22     Missing operand (In Ausdruck fehlt ein Operand)
23     Line buffer overflow (Eingegebene Zeile zu lang)
24     Device Timeout (Einheit ausgefallen)
25     Device fault (Hardware-Fehler einer Einheit)
26     FOR without NEXT (Zählerschleife)
27     Out of paper (Papierende im Drucker)
29     WHILE without WEND (Abweisende Schleife)
30     WEND without WHILE (Abweisende Schleife)
50     FIELD overflow (Dateipuffer zu klein bei "R"-Datei)
51     Internal error (BASIC-Maschinenprogramm-Fehler)
52     Bad file number (Dateinummer (z.B. #6) fehlerhaft)
53     File not found (Dateiname nicht auf Diskette)
54     Bad file mode (Dateityp "I", "O" oder "R" falsch)
55     File already open (Datei schon geöffnet)
57     Disk I/O error (Lese-/Schreibfehler auf Diskette)
58     File already exists (Dateiname bereits vergeben)
61     Disk full (Kein Platz mehr auf Diskette)
62     Input past end (Ende der seq. Eingabedatei erreicht)
63     Bad record number (Satznummer bei PUT/GET falsch)
64     Bad file name (Dateiname nicht zulässig)
66     Direct statement in file (Zeilennummer fehlt)
67     To many files (Zu viele Dateien auf Diskette)
68     Device unavailable (Externe Einheit nicht bereit)
69     Communication buffer overflow (Eingabespeicher voll)
70     Disk Write Protected (Diskette schreibgeschützt)
71     Disk not ready (Disketteneinheit nicht bereit)
72     Disk media error (Diskette hardwaremäßig fehlerhaft)
73     Advanced feature (BASICA wird benötigt)
74     Rename across disks (Datei auf anderer Diskette)
75     Path/file access error (Datei nicht ansprechbar)
76     Path not found (Zugriffspfad nicht auffindbar)
-      Unprintable error (sonstiger Fehler)
-      Incorrect DOS Version (falsche DOS-Version)
-      Cartridge Required (Kassette wird benötigt)
```

Fehlermeldungen nach Nummern in ERR geordnet

3.6.2 Programme zu einem Programm-System verbinden

BASIC stellt die Anweisungen MERGE, CHAIN und COMMON bereit,
um Programme zu einem Programm-System bzw. zu einer Programm-
Bibliothek zu verbinden.
Die Grundlagen hierzu wollen wir an einfachen Programmbeispielen darstellen.

3.6.2.1   Programme mit MERGE einmischen

Mit der Anweisung MERGE wird ein im Hauptspeicher befindliches
Programm durch ein auf Diskette abgelegtes Programm wie folgt
überlagert:

- Zeilen mit gleichen Zeilennummern werden überschrieben, d.h.
  durch Zeilen des Diskettenprogramms ersetzt.

- Zeilen mit ungleichen Nummern werden hinzugefügt.

Zur Anweisung MERGE wollen wir ein Beispiel betrachten. Dabei
gehen wir wie folgt in drei Schritten vor:

1. Wir laden das Programm MODULALT und lassen es ausführen:
die Variablen ALT$, ALT und ZAHL erhalten die Werte "Text alt"
bzw. 111 zugewiesen.

2. Jetzt laden wir das Programm MODULNEU. Die Ausführung zeigt
uns , daß durch diesen Ladevorgang alle bislang im Hauptspeicher verfügbaren Variablenwerte zerstört werden.

3. Nun speichern wir das Programm MODULNEU mit der Anweisung
SAVE "MODULNEU",A im ASCII-Code (deshalb der Parameter A) ab.
Dann mischen wir durch die Anweisungsfolge
   LOAD "MODULALT"
   MERGE "MODULNEU"
das Programm MODULNEU zusätzlich zum Programm MODULALT in den
Hauptspeicher ein. Die Ausführung zeigt zwei Auswirkungen der
Anweisung MERGE:
- Im Hauptspeicher stehen die Anweisungen 100-160 (MODULALT),
  gefolgt von den Anweisungen 1000-1060 (MODULNEU). Zeilen mit
  ungleichen Zeilennummern werden durch MERGE demnach hinzuge-
  fügt.
- Vom Programm MODULALT erzeugte Variablenwerte werden vom da-
  zugemischten Programm MODULNEU 'verstanden'; hier sind dies
  die Variablen ZAHL, ALT$ UND ALT.

Bei gleicher Zeilennumerierung der Programme MODULALT und MO-
DULNEU wäre nach Ausführung von MERGE das gesamte Programm MO-
DULALT überschrieben worden und damit 'verloren' gegangen.

Gemeinsam mit RENUM können wir MERGE benutzen, um oft benötigte Routinen zur Druckersteuerung, Bildschirmgestaltung usw. in
neue Programme hinzuzufügen. Dabei orientieren wir uns an den
vier in der Abbildung wiedergegebenen Schritten.

```
Schritt 1: RENUM
----------------
  Vor dem Speichern einer ROUTINE wird diese z.B. mittels
  RENUM 30000 'hoch' durchnumeriert.

Schritt 2: SAVE "...",A
-----------------------
  Mittels  SAVE "ROUTINE",A  speichern wir die ROUTINE
  als ASCII-Datei bzw. Text-Datei ab.

Schritt 3: MERGE
----------------
  Laden des rufenden Programms.
  Mittels  MERGE "ROUTINE"  fügen wir die ROUTINE in das
  rufende Programm an.

Schritt 4: GOSUB
----------------
  Durch  GOSUB 30000  können wir die ROUTINE dann als neues
  Unterprogramm zur Ausführung bringen.
```

Einmischen von Programm(-teilen) in vier Schritten

```
LOAD "MODULALT
Ok?
LIST
100 REM ====== Programm MODULALT
110 PRINT "Beginn Programm MODULALT."
120 PRINT "ALT$, ALT, ZAHL: "; ALT$;ALT;ZAHL
130 LET ALT$="Text alt" : LET ALT=111 : LET ZAHL=111
140 PRINT "NEU$, NEU: "; NEU$;NEU
150 PRINT "ALT$, ALT, ZAHL: "; ALT$;ALT;ZAHL
160 PRINT "Ende Programm MODULALT."
Ok?
RUN
Beginn Programm MODULALT.
ALT$, ALT, ZAHL:  0  0
NEU$, NEU:  0
ALT$, ALT, ZAHL: Text alt 111   111
Ende Programm MODULALT.
Ok?
LOAD "MODULNEU
Ok?
LIST
1000 REM ====== Programm MODULNEU
1010 PRINT "Beginn Programm MODULNEU."
1020 PRINT "NEU$, NEU, ZAHL: "; NEU$;NEU;ZAHL
1030 PRINT "ALT$, ALT: "; ALT$;ALT
1040 LET NEU$="Text neu" : LET NEU=999 : LET ZAHL=999
1050 PRINT "NEU$, NEU, ZAHL: "; NEU$;NEU;ZAHL
1060 PRINT "Ende Programm MODULNEU." : END
```

```
Beginn Programm MODULNEU.
NEU$, NEU, ZAHL:  0  0
ALT$, ALT:  0
NEU$, NEU, ZAHL: Text neu 999   999
Ende Programm MODULNEU.
Ok?
SAVE "MODULNEU",A
Ok?
LOAD "MODULALT
Ok?
MERGE "MODULNEU"
Ok?
RUN
Beginn Programm MODULALT.
ALT$, ALT, ZAHL:  0  0
NEU$, NEU:  0
ALT$, ALT, ZAHL: Text alt 111   111
Ende Programm MODULALT.
Beginn Programm MODULNEU.
NEU$, NEU, ZAHL:  0  111
ALT$, ALT: Text alt 111
NEU$, NEU, ZAHL: Text neu 999   999
Ende Programm MODULNEU.
```

3.6.2.2 Programme mit CHAIN verketten

Mittels CHAIN kann ein Programm während des Programmlaufs ein
anderes Programm von Diskette in den Hauptspeicher laden. Das
Ausführungsbeispiel zeigt, wie durch Ausführung der Anweisung

```
   170 CHAIN "MODULNEU"
```

das Programm MODULNEU geladen, ausgeführt und das rufende Programm MODULALT gelöscht wird. Die Variablen ALT$, ALT und ZAHL
sind im Programm MODULNEU unbekannt. Es findet demnach keine
Ü b e r g a b e   v o n   V a r i a b l e n w e r t e n statt.

```
LOAD "MODULNEU
Ok?
SAVE "MODULNEU
Ok?
LOAD "MODULALT
Ok?
170 CHAIN "MODULNEU"
RUN
Beginn Programm MODULALT.
ALT$, ALT, ZAHL:  0  0
NEU$, NEU:  0
ALT$, ALT, ZAHL: Text alt 111   111
Ende Programm MODULALT.
Beginn Programm MODULNEU.
NEU$, NEU, ZAHL:  0  0
ALT$, ALT:  0
NEU$, NEU, ZAHL: Text neu 999   999
Ende Programm MODULNEU.
```

```
LIST
1000 REM ====== Programm MODULNEU
1010 PRINT "Beginn Programm MODULNEU."
1020 PRINT "NEU$, NEU, ZAHL: "; NEU$;NEU;ZAHL
1030 PRINT "ALT$, ALT: "; ALT$;ALT
1040 LET NEU$="Text neu" : LET NEU=999 : LET ZAHL=999
1050 PRINT "NEU$, NEU, ZAHL: "; NEU$;NEU;ZAHL
1060 PRINT "Ende Programm MODULNEU." : END
```

3.6.2.3   Gemeinsame Variablen mit COMMON vereinbaren

Mit der COMMON-Anweisung können wir vereinbaren, welche Variablenwerte vom rufenden   an das gerufene Programm zu übergeben sind. Wie das Beispiel zeigt, werden durch die Anweisungsfolge

```
    170 COMMON ZAHL,ALT$
    180 CHAIN "MODULNEU"
```

die Werte der Variablen ZAHL und ALT$ von MODULALT an MODULNEU übergeben, während die Variable ALT unbekannt bleibt.

CHAIN bietet zahlreiche weitere Möglichkeiten (wie ALL: alle Variablen übergeben, MERGE, DELETE, ZeilenNR, ...), auf die wir hier nicht eingehen können.

Dialogprotokoll:

```
LOAD "MODULALT
Ok?
170 COMMON ZAHL,ALT$
180 CHAIN "MODULNEU"
RUN
Beginn Programm MODULALT.
ALT$, ALT, ZAHL:  0  0
NEU$, NEU:  0
ALT$, ALT, ZAHL: Text alt 111   111
Ende Programm MODULALT.
Beginn Programm MODULNEU.
NEU$, NEU, ZAHL:  0  111
ALT$, ALT: Text alt 0
NEU$, NEU, ZAHL: Text neu 999   999
Ende Programm MODULNEU.
Ok?
LIST
1000 REM ====== Programm MODULNEU
1010 PRINT "Beginn Programm MODULNEU."
1020 PRINT "NEU$, NEU, ZAHL: "; NEU$;NEU;ZAHL
1030 PRINT "ALT$, ALT: "; ALT$;ALT
1040 LET NEU$="Text neu" : LET NEU=999 : LET ZAHL=999
1050 PRINT "NEU$, NEU, ZAHL: "; NEU$;NEU;ZAHL
1060 PRINT "Ende Programm MODULNEU." : END
```

3.7 Arrays (Felder, Tabellen)

Mit der Verarbeitung von Arrays wenden wir uns einer komplexen
Datenstruktur zu. Ein Array wird auch als Feld, Bereich, Liste, Tabelle, Matrix und Vektor bezeichnet.

3.7.1 Arrays im Überblick

In Abschnitt 1.3.2.2 hatten wir als wichtige Datenstruktur den
Array kennengelernt. Einen Array können wir uns als Regal mit
mehreren Schubfächern als Elementen vorstellen. Der Array M
z.B. hat 5 Fächer bzw. Elemente, wobei im Fach 3 die Zahl 77
gespeichert ist.

```
    M(0)   M(1)   M(2)   M(3)   M(4)    = Fach 0,1,2,3 und 4 von M
    --------------------------------
    / 12  /  9  /  1  / 77 / 2.5 /      = Inhalt 12,9,1,77 und 2.5
    --------------------------------
```

Implizit können Arrays durch die Typzeichen %, !, # sowie $
vereinbart werden (vgl. Abschnitt 2.3.1): Je nach Inhalt der
Fächer gibt es den Integer-Array, Real-Array und String-Array:

- Integer-Array (Ganzzahl; Name endet mit %-Zeichen wie M%)
- Real-Array (Dezimalzahl; Name wie M! bzw. M mit einfacher
  Genauigkeit oder wie M# mit doppelter Genauigkeit)
- String-Array (Text; Name endet mit $-Zeichen wie M$)

```
                    Arrays (Felder, Bereiche)
                  ┌──────────────┴──────────────┐
        Integer-Array M%:      Real-Array M:      String-Array M$:

            DIM M%(4)             DIM M(4)             DIM M$(4)
            ---------             --------             ---------
          ┌─────┐                ┌──────┐             ┌────────┐
          │ 121│ M%(0)          │65.01│ M(0)         │ ZANGE  │ M$(0)
Eine      │ 105│ M%(1)          │ 3.25│ M(1)         │ HAMMER │ M$(1)
Dimen-    │ 199│ M%(2)          │12.50│ M(2)         │ MEISEL │ M$(2)
sion:     │  50│ M%(3)          │ 7.752│ M(3)        │ KELLE  │ M$(3)
          │2508│ M%(4)          │99.00│ M(4)         │ BOHRER │ M$(4)
          └─────┘                └──────┘             └────────┘

           DIM M%(3,2)           DIM M(3,2)           DIM M$(3,2)
           ----------            ----------           ----------
Zwei      ┌─────────┐           ┌────────────┐       ┌──────────────────┐
Dimen-    │ 1   2  3│           │1.4  2.5  1.1│      │HANS  MAX   EMIL  │
sionen:   │ 9   9  9│           │17.1 0.7  1.0│      │EVA   KLAUS CARLA │
          │34   5  9│           │0.3  7.5  8.75│     │ERNST MARIA JULIA │
          │ 1  11  7│           │11.1 0.1  0.3│      │MAX   LENA  TILL  │
          └─────────┘           └────────────┘       └──────────────────┘

Anmerkung zu Real-Arrays: M! mit einfacher Genauigkeit, M# mit
doppelter Genauigkeit, M (ohne Datentypzeichen) wie M!
```

Anmerkung zu Real-Arrays: M! mit einfacher Genauigkeit, M# mit
doppelter Genauigkeit, M (ohne Datentypzeichen) wie M!

                    Drei Grundtypen von Arrays

Eine am Programmbeginn stehende DIM-Anweisung legt den Array-
Typ fest (durch %, ! bzw. # am Ende des Namens) sowie die Aus-
dehnung bzw. D i m e n s i o n .
Ein Beispiel: DIM M(4) richtet einen Array mit 5 Elementen zur
späteren Aufnahmen von Dezimalzahlen ein, wobei die Fächer mit
M(0), M(1), M(2), M(3), M(4) durchnumeriert sind.

Die explizite Vereinbarung geschieht wie bei einfachen Datentypen über die Anweisungen DEFINT, DEFSNG, DEFDBL und DEFSTR.

```
100 DIM M$(5)      DIM vereinbart für Variable M$:
         |   |
         |   |________ STRING als  D a t e n t y p
         |
         |____________ Eine  D i m e n s i o n  mit 6 Elementen
```

DIM-Anweisung zur Vereinbarung von Arrays an einem Beispiel

3.7.2 Eindimensionale Arrays

3.7.2.1 Numerischer Array zur Speicherung von Zahlen

Einen eindimensionalen Array kann man sich waagerecht als Zeile o d e r senkrecht als Spalte angeordnet vorstellen, also
immer in einer Richtung ausgedehnt. Man spricht dabei auch von
Feld, Bereich, Vektor und Liste.

Das Programm LAGREGAL veranschaulicht uns diese Datenstruktur:
Mit 130 DIM R(7) vereinbaren wir ein Regal mit 8 Regalfächen
0,1,...,7. Das 0. Fach lassen wir unberücksichtigt (man reser-

Codierung zu Programm LAGREGAL:

```
100 REM ====== Programm LAGREGAL
110 PRINT "Eindimensionaler Array (Lagerregal)."
    '
120 REM ====== Vereinbarungsteil
130 DIM R(7): 'ARRAY(1..7) als Regal
140 'I:       Lauf- bzw. Indexvariable
150 'M:       Summe der 7 Fächer
    '
160 REM ====== Anweisungsteil
170 PRINT : PRINT "Eingabe in Regalfächer:"
180 FOR I=1 TO 7
190   PRINT "Menge für Fach"; I;
200   INPUT R(I)
210 NEXT I
    '
220 PRINT : PRINT "Fach:          Menge:"
230 FOR I=1 TO 7
240   PRINT I, R(I) : LET M=M+R(I)
250 NEXT I
260 PRINT "Summe:", M  : END
```

Ausführung zu Programm LAGREGAL:

Eindimensionaler Array (Lagerregal).

Eingabe in Regalfächer:
Menge für Fach 1 ? 12
Menge für Fach 2 ? 23
Menge für Fach 3 ? 11
Menge für Fach 4 ? 88
Menge für Fach 5 ? 24
Menge für Fach 6 ? 17
Menge für Fach 7 ? 5

Fach: Menge:
  1   12
  2   23
  3   11
  4   88
  5   24
  6   17
  7   5
Summe: 180

viert es -wie später im Programm ABTABELL gezeigt wird- meist
für ganz besondere Eintragungen). Über die Eingabeschleife von
Zeile 180 bis 210 geben wir mittels 200 INPUT R(I) der Reihe
nach 7 Zahlen in die Fächer 1,2,..,7 ein; dies können z.B. die
Absatzmengen an den Wochentagen sein.

Die Variable I bezeichnet man als indizierende Variable oder
I n d e x variable, da sie das jeweilige Element des Arrays R
anzeigt. R(I) bedeutet: I. Stelle von R, I. Element von R bzw.
R an der Stelle I. I ist zugleich auch Laufvariable der Zählerschleife 180 FOR I=1 TO 7.
Über die Schleife von Zeile 230 bis 250 wird als Übersicht die
jeweilige Fachnummer (Index) samt der im Fach abgelegten Menge
(Inhalt des Array-Elements) ausgegeben, wobei jeder Fachinhalt
nach M aufsummiert wird.

Index:	R(0)	R(1)	R(2)	R(3)	R(4)	R(5)	R(6)	R(7)
Wert:	0	12	23	11	88	24	17	5

         leer   Fächer 1-7 mit je einer Zahl als Wert (Inhalt)

- 140 DIM R(7)   Reserviere 8 Fächer für einen Array R.
- 149 LET R(2)=23   Weise die Zahl 23 ins 2. Regalfach zu.
- 159 PRINT R(4)   Gib die 88 als Wert des 4. Faches aus.
- 169 INPUT R(6)   Weise die Tastatureingabe ins 6. Fach zu.
- 230 INPUT R(I)   Weise die Tastatureingabe ins I. Fach zu,
                      wenn I den Wert 3 hat, dann ins 3. Fach.
- 291 LET M=M+R(Z)   Erhöhe M um den Wert des Z. Faches.

    Eindimensionaler Array bzw. Vektor R() als Beispiel

Das Programm UMKEHRZA verarbeitet zwei numerische Arrays: Zum
einen den Array ZAHL, in den wir über INPUT 5 Zahlen eingeben.
Zum anderen den Array UMKEHRZAHL, in den das Programm die Zahlen von ZAHL über die LET-Anweisung in umgekehrter Reihenfolge
abspeichert.
Wir verwenden zwei Laufvariablen: H mit den Werten 1,2,3,4,5
zur Angabe der Stellen im Array UMKEHRZAHL und I mit den Werten 5,4,3,2,1 zum Indizieren bzw. Anzeigen der Stellen im anderen Array ZAHL. H wird durch LET jeweils um 1 erhöht und I
durch FOR jeweils um 1 vermindert. Da diese Variablen Stellen
(Plätze) von Arrays anzeigen, nennt man sie auch indizierende
Variablen bzw. I n d e x v a r i a b l e n .

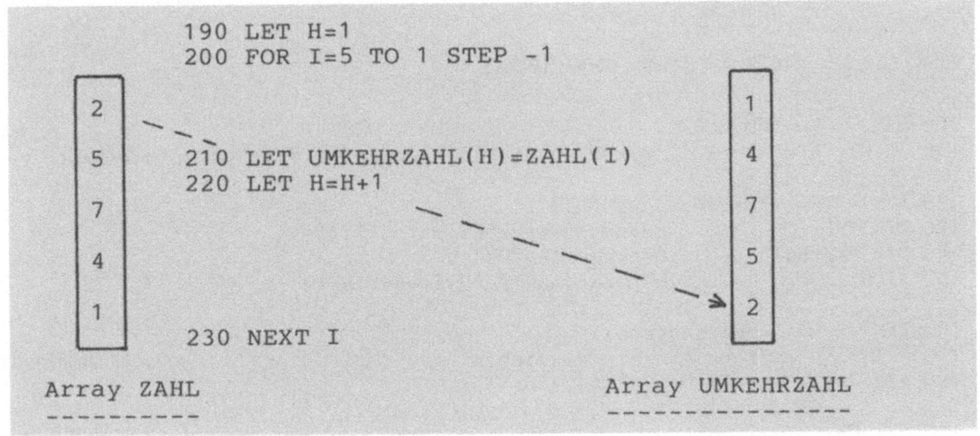

Werte eines Arrays umkehren anhand Programm UMKEHRZA

Die Elemente des Arrays ZAHL kann man als einzelne Ziffern einer Zahl auffassen (Zahl 14286 in der ersten Ausführung) oder
jeweils als gesonderte Zahlen (siehe zweite Ausführung).

Arrays bis zu 10 Elementen können auch ohne DIM-Anweisung verarbeitet werden, da das IBM-BASIC dann selbst dimensioniert.
Gleichwohl trägt es zur Klarheit des Programms bei, wenn auch
kleine Arrays am Programmanfang mit DIM vereinbart werden.

Ausführungen zu Programm UMKEHRZA:

Eine Zahl in einen Array eingeben und ziffernweise umkehren.
5 Ziffern einzeln eintippen:
? 12861
? 29000
? 44451
? 65771
? 47474
Eingegebene Zahl:
 12861 29000 44451 65771 47474
Umgekehrte Zahl:
 47474 65771 44451 29000 12861
Ende.

Eine Zahl in einen Array eingeben und ziffernweise umkehren.
5 Ziffern einzeln eintippen:
? 2
? 5
? 7
? 4
? 1
Eingegebene Zahl:
 2   5   7   4   1
Umgekehrte Zahl:
 1   4   7   5   2
Ende.

Codierung zu Programm UMKEHRZA:


```
100 REM ====== UMKEHRZA
110 PRINT "Eine Zahl in einen Array eingeben und ziffernweise umkehren."
    '
120 REM ====== Vereinbarungsteil
130 DIM ZAHL(5)         'eingegebene Zahl mit 5 Ziffern
140 DIM UMKEHRZAHL(5) 'umgekehrte Zahl
150 'I,H:              INTEGER (Lauf-, Hilfsvariable)
    '
160 REM ====== Anweisungsteil
170 PRINT "5 Ziffern einzeln eintippen:"                    'EINGABE
180 FOR I=1 TO 5: INPUT ZAHL(I): NEXT I
    '
190 LET H=1                                                 'UMKEHREN
200 FOR I=5 TO 1 STEP -1
210    LET UMKEHRZAHL(H)=ZAHL(I)
220    LET H=H+1
230 NEXT I
    '
240 PRINT "Eingegebene Zahl:"
250 FOR I=1 TO 5: PRINT ZAHL(I);: NEXT I
260 PRINT        'Leerzeile
270 PRINT "Umgekehrte Zahl:"                                'AUSGABE
280 FOR I=1 TO 5: PRINT UMKEHRZAHL(I);: NEXT I
290 PRINT        'Leerzeile
300 PRINT "Ende." : END
```


Wir sind bislang davon ausgegangen, daß z.B. durch die Vereinbarung 110 DIM M(4) ein Array M mit f ü n f Plätzen reserviert wird. Durch Angabe der Anweisung

    100 OPTION BASE 1

können wir die Platznummer 1 als niedrigsten Index festlegen.
Die Anweisung OPTION BASE 1 gilt solange, bis sie durch die
Anweisung OPTION BASE 0 korrigiert wird. Bei Nichtverwendung
dieser Anweisung gilt automatisch OPTION BASE 0 als Default.

```
0 als kleinster Index:        M(0)  M(1)  M(2)  M(3)  M(4)
  100 OPTION BASE 0           --------------------------------
  110 DIM M(4)                 /     /     /     /     /     /
                              --------------------------------


1 als kleinster Index:              M(1)  M(2)  M(3)  M(4)
  100 OPTION BASE 1                 -------------------------
  110 DIM M(4)                  /     /     /     /     /
                                   -------------------------
```

Anweisungen OPTION BASE und DIM vereinbaren Arrays

3.7.2.2 String-Array zur Speicherung von Text

Das folgende Programm VOKABELD weist wie das Programm LAGREGAL
einen eindimensionalen String auf.
In den Fächern werden keine Zahlen aufbewahrt (Real-Array M),
sondern Vokabeln als Texte (String-Arrays D$ und F$). Außerdem richtet die Anweisung 140 DIM D$(A) keine feste Zahl von
Fächern ein, sondern soviele, wie über die vorausgegangene Anweisung 130 INPUT A durch Tastatureingabe festgelegt wurde.
In der Ausführung sind es A=3 Fächer für je drei deutsche und
französische Vokabeln (Fächer 0 bleiben leer). Man bezeichnet
INPUT A: DIM D$(A) als d y n a m i s c h e Dimensionierung.

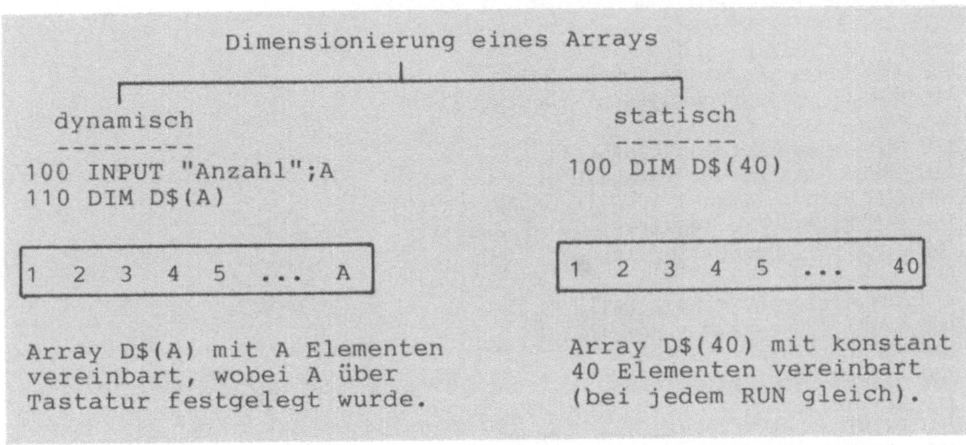

Dynamische und statische Dimensionierung von Arrays

Die dynamische Dimensionierung bezeichnet man häufig auch als
h a l b d y n a m i s c h e Vereinbarung, da v o r Beginn
der Verarbeitung des Arrays die Elementanzahl des Arrays fest-
liegen muß, d.h. der Array auch bei der variablen Größenwahl
statisch ist.

Das Programm VOKABELD stellt ein einfaches Beispiel zur Methode der p a r a l l e l e n   A r r a y s dar: die Anordnung
der Elemente der beiden Arrays D$() und F$() können wir durch
zwei nebeneinanderstehende Spalten darstellen. Dabei gehören
die waagerechten Elemente jeweils zusammen. Diese Methode der
parallelen Arrays findet sich oft bei der tabellenförmigen Ab-
Speicherung von Daten   (Umsatztabelle, Adreßverzeichnis usw.).

```
Array D$:                                           Array F$:
---------                                           --------

(1)  Mann                                           (1)  Homme

(2)  Frau <------ Element (2) zu Element (2) ------> (2)  Femme

(3)  Kind                                           (3)  Enfant

(4),(5), ...                                        (4),(5), ...

. . . . . . . . . .                                 . . . . . . . . . .

(n)  Mond        Gleiche Anzahl n von Elementen     (n)  Lune
```

Methode der parallelen Arrays

Das Drillprogramm VOKABELD ist natürlich erweiterungsbedürftig
(Zufallsauswahl von Vokabeln; Antwortanalyse für Fehlerhinweis
und Ablaufmodifikation; Ablage von Vokabeln in Dateien; ...).
Vielleicht versuchen Sie es einmal mit einer Erweiterung?

Codierung zu Programm VOKABELD:

```
100 REM ====== Programm VOKABELD
110 PRINT "Drill Französisch - Deutsch."
    '
120 REM ====== Vereinbarungsteil
130 INPUT "Anzahl der Vokabeln"; A
140 DIM D$(A): 'String-Array für Deutsch (D)
150 DIM F$(A): 'String-Array für Franz. (F)
160 ' A$:        Jeweilige Antwort
    '
170 REM ====== Anweisungsteil
180 PRINT "Paarweise tippen: D, F"
190 FOR I=1 TO A
200    INPUT D$(I),F$(I)
210 NEXT I
220 PRINT : PRINT "Beginn der Übung:"
230 FOR I=1 TO A
240    PRINT D$(I);" heißt "; : INPUT A$
250    IF A$=F$(I)
          THEN PRINT "Gut."
          ELSE PRINT "Falsch. ";D$(I);" heißt ";F$(I)
260 NEXT I
270 PRINT "Ende." : END
```

Ausführung zu Programm VOKABELD:

Drill Französisch - Deutsch.
Anzahl der Vokabeln? 3
Paarweise tippen: D, F
? MANN,HOMME
? FRAU,FEMME
? KIND,ENFANT

Beginn der Übung:
MANN heißt ? HOMME
Gut.
FRAU heißt ? FEME
Falsch. FRAU heißt FEMME
KIND heißt ? L'ENFANT
Falsch. KIND heißt ENFANT
Ende.

3.7.2.3 Array als Kellerspeicher (Stack)

Das Programm FAKULT dient der Berechnung von n! (sprich: n Fakultät), wobei n an der Tastatur eingegeben werden kann:

```
1!  =  1
2!  =  1*2          = 2*1!      = 2*1   =      2
3!  =  1*2*3        = 3*2!      = 3*2   =      6
4!  =  1*2*3*4      = 4*3!      = 4*6   =     24
5!  =  1*2*3*4*5    = 5*4!      = 5*24  =    120
..
..
n!  =  1*2*...*n    = n*(n-1)!
```

Zur Speicherung der n Zahlen wird mit der Anweisung

```
140 DIM STACK(N)
```

ein numerischer Array namens STACK mit N Elementen vereinbart.
Dann demonstriert das Programm FAKULT zwei Methoden zu Ermittlung von n!: die I t e r a t i o n über eine 'normale Zählerschleife' und das Verarbeiten eines S t a c k als Kellerspeicher.

Zur Iteration als Methode 1 (ab Zeile 190):
Wir nehmen FAK=1 als Anfangswert an (Zeile 200), um dann über
die Zählerschleife 210 FOR ZAHL=1 TO I bei jedem Schleifendurchlauf FAK umd ZAHL zu erhöhen.

Zur Ein- und Auskellern als Methode 2 (ab Zeile 260):
Einen Array kann man als K e l l e r s p e i c h e r   verarbeiten (engl. S t a c k).

Bei einem Tablettenröhrchen wird stets auf die oberste als die
jeweils zuletzt eingefüllte Tablette zugegriffen.
Entsprechend wird bei einem als Stack organisierten Array nur
auf das jeweils zuletzt gespeicherte Datenelement zugegriffen.
Das Speichern (Schreiben bzw. Einkellern) läuft also in umge-
kehrter Reihenfolge wie das Zugreifen (Lesen bzw. Auskellern)
ab. Aus diesem Grunde bezeichnet man den Keller häufig als
L I F O - S p e i c h e r (Last In/ First Out: Zuletzt ein/
Zuerst aus).
Stacks werden u.a. auch zur internen Speicherorganisation von
Variablen in BASIC verwendet.
Im Programm FAKULT verarbeiten wir den Array namens STACK als
Kellerspeicher:
     - Einkellern über die FOR-Schleife ab Zeile 280
     - Auskellern über die FOR-Schleife ab Zeile 330

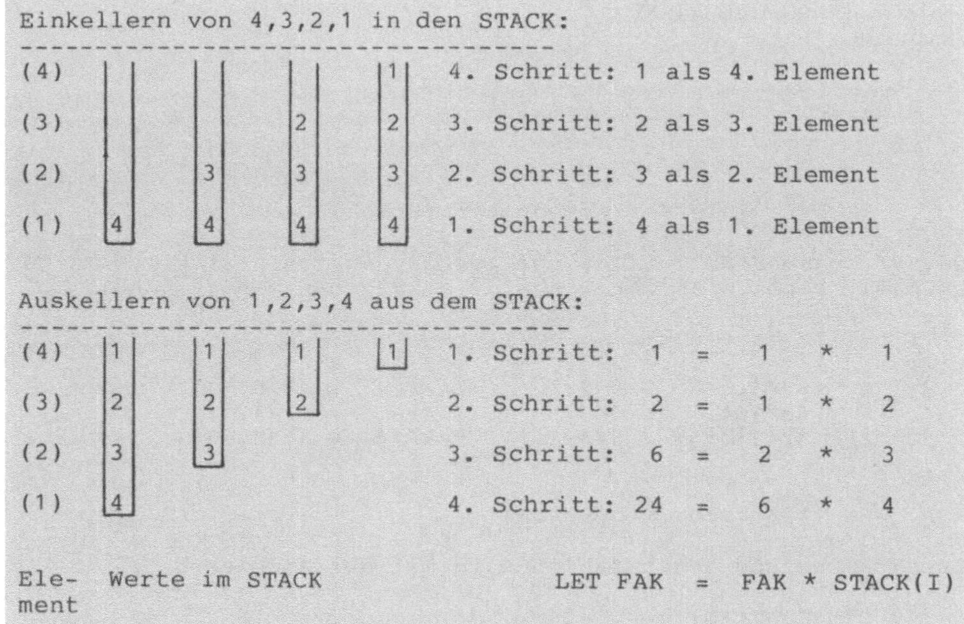

     Verarbeitung des Arrays namens STACK als Kellerspeicher

Ausführung zu Programm FAKULT:

Berechnung von n-Fakultät bzw. n! nach zwei Methoden.
Berechnung von n! für n? 4
Methode 1: Fakultät über eine Zählerschleife bzw. Iteration.
  1   1
  2   2
  3   6
  4   24

Methode 2: Fakultät über Stack mit Ein- und Auskellern.
  4 1   1
  3 2   2
  2 3   6
  1 4   24

Codierung zu Programm FAKULT:


```
100 REM ====== Programm FAKULT
110 PRINT "Berechnung von n-Fakultät bzw. n! nach zwei Methoden."
    '
120 REM ====== Vereinbarungsteil
130 INPUT "Berechnung von n! für n";N
140 DIM STACK(N)    'ARRAY (Kellerspeicher als Array mit N Elementen)
150 'FAK:          INTEGER (Fakultät als Ergebnis)
160 'ZAHL:         INTEGER (Zahl 1,2,3,...N)
170 'I:            INTEGER (Index 1,2,3,...,N für Array)
    '
180 REM Anweisungsteil
190 PRINT "Methode 1: Fakultät über eine Zählerschleife bzw. Iteration."
200 LET FAK=1: PRINT 1,FAK
210 FOR ZAHL=2 TO N
220    LET FAK=FAK*ZAHL
230    PRINT ZAHL,FAK
240 NEXT ZAHL
250 PRINT
260 PRINT: PRINT "Methode 2: Fakultät über Stack mit Ein- und Auskellern."
270 LET ZAHL=N
280 FOR I=1 TO N                    'Einkellern in den Stack
290    LET STACK(I)=ZAHL
300    LET ZAHL=ZAHL-1
310 NEXT I
320 LET FAK=1
330 FOR I=N TO 1 STEP -1            'Auskellern (FIFO=Last in, first out
340    LET FAK=FAK*STACK(I)
350    PRINT I;STACK(I),FAK
360 NEXT I
370 END
```


3.7.3 Zweidimensionale Arrays

Ein zweidimensionaler Array dehnt sich waagerecht in Zeilen
und senkrecht in Spalten aus. Am Beispiel des durch DIM R(Z,S)
dynamisch vereinbarten Arrays wollen wir im Programm ABTABELL
diese Datenstruktur näher betrachten.
Zweidimensionale Arrays bezeichnet man auch als Tabellen (deshalb der Programmname ABTABELL für Absatztabelle).

R kann man sich als Regalschrank vorstellen zur Aufnahme der
Absatzmengen von 5 Kunden (=Zeilen 1 bis 5) in den 4 Quartalen
(=Spalten 1 bis 4). So hat der Kunde 5 im 1. Jahresquartal 50
Stück gekauft und der Kunde 3 im 3. Quartal 90 Stück.
Die Tastatureingabe der 5*4=20 Absatzmengen vollzieht sich in
den Zeilen 210 - 270 über zwei geschachtelte Zählerschleifen.

```
210 FOR I=1 TO Z      Äussere Schleife 'Kunden 1,2,3,4,5'
230    FOR J=1 TO S      Innere Schleife  'Quartale 1,2,3,4'
250       INPUT R(I,J)      Eingabe nach Fach Zeile I, Spalte J
260    NEXT J               Innere Schleife beenden
270 NEXT I               Äussere Schleife beenden
```

Typisch für zweidimensionale Arrays: Schleifenschachtelung

Jeder Durchlauf der äußeren Schleife FOR I=1 TO Z bewirkt ein
viermaliges Durchlaufen der inneren Schleife für jeden Kunden.
Das Verarbeiten von zweidimensionalen Tabellen (auch Matrizen
genannt) führt stets zur Schleifenschachtelung .

Ausführung zu ABTABELL:

Tabellenverarbeitung: Absatztabelle Kunde/Vierteljahr
als zweidimensionaler Array (bzw. Feld, Bereich, Matrix).
Anzahl der Zeilen (waagerecht)? 5
Anzahl der Spalten (senkrecht)? 4

Eingabe zeilenweise:
Nächste Zeile, nächster Kunde:
Kunde 1 , Vierteljahr 1 ? 10
Kunde 1 , Vierteljahr 2 ? 20
Kunde 1 , Vierteljahr 3 ? 30
Kunde 1 , Vierteljahr 4 ? 40
Nächste Zeile, nächster Kunde:
Kunde 2 , Vierteljahr 1 ? 20
Kunde 2 , Vierteljahr 2 ? 40
Kunde 2 , Vierteljahr 3 ? 60
Kunde 2 , Vierteljahr 4 ? 80
Nächste Zeile, nächster Kunde:
Kunde 3 , Vierteljahr 1 ? 30
Kunde 3 , Vierteljahr 2 ? 60
Kunde 3 , Vierteljahr 3 ? 90
Kunde 3 , Vierteljahr 4 ? 120
Nächste Zeile, nächster Kunde:
Kunde 4 , Vierteljahr 1 ? 40
Kunde 4 , Vierteljahr 2 ? 80
Kunde 4 , Vierteljahr 3 ? 120
Kunde 4 , Vierteljahr 4 ? 160
Nächste Zeile, nächster Kunde:
Kunde 5 , Vierteljahr 1 ? 50
Kunde 5 , Vierteljahr 2 ? 100
Kunde 5 , Vierteljahr 3 ? 150
Kunde 5 , Vierteljahr 4 ? 200

Übersicht: 5 Zeilen, 4 Spalten:
  1500   150   300   450   600
   100   10   20   30   40
   200   20   40   60   80
   300   30   60   90   120
   400   40   80   120   160
   500   50   100   150   200
Ende.

Codierung zu ABTABELL:

```
110 PRINT "Tabellenverarbeitung: Absatztabelle Kunde/Vierteljahr"
100 REM ====== Programm ABTABELL            d, Bereich, Matrix)."
110 PRINT "Tabellenverarbeitung: Absatztabelle Kunde/Vierteljahr"
120 PRINT "als zweidimensionaler Array (bzw. Feld, Bereich, Matrix)."
    '
130 REM ====== Vereinbarungsteil
140 INPUT "Anzahl der Zeilen (waagerecht)"; Z
150 INPUT "Anzahl der Spalten (senkrecht)"; S
160 DIM R(Z,S) 'Regal als Array dynamisch dimensioniert
170 'A$:        Jeweilige Antwort
    '
180 REM ====== Anweisungsteil
190 PRINT : PRINT "Eingabe zeilenweise:"
210 FOR I=1 TO Z
220    PRINT "Nächste Zeile, nächster Kunde:"
230    FOR J=1 TO S
240      PRINT "Kunde";I;", Vierteljahr";J;
250      INPUT R(I,J)
260    NEXT J
270 NEXT I
    '
280 FOR I=1 TO Z              'Zeilenweise summieren nach Spalte 0
290    FOR J=1 TO S
300      LET R(I,0)=R(I,0)+R(I,J)
310    NEXT J
320 NEXT I
    '
330 FOR I=1 TO Z              'Gesamtsumme nach R(0,0) bringen
340    LET R(0,0)=R(0,0)+R(I,0)
350 NEXT I
    '
360 FOR J=1 TO S              'Spaltenweise summieren nach Zeile 0
370    FOR I=1 TO Z
380      LET R(0,J)=R(0,J)+R(I,J)
390    NEXT I
400 NEXT J
    '
410 PRINT : PRINT"Übersicht:";Z;"Zeilen,";S;"Spalten:"
420 FOR I=0 TO Z
430    FOR J=0 TO S
440      PRINT USING "##### "; R(I,J);
450    NEXT J
460    PRINT
470 NEXT I                    'Schleifenschachtelung typisch für
480 PRINT "Ende." : END       'die Tabellenverarbeitung (Arrays)
```

Schleifenschachtelungen jeweils mit Laufvariable I für die äußere Schleife und Laufvariable J für die innere Schleife.

Die Fächer mit 0 als Index werden häufig zur Ablage besonderer
Werte verwendet. Bei Programm ABTABELL werden in der Zeile 0
die Quartalssummen 150,300,450,600 abgelegt, also die 4 Spal-
tensummen. In Spalte 0 finden wir die Kundenabsatzmengen 100,
200,300,400,500 als die 5 Zeilensummen. Im Fach R(0,0) ist die
Gesamtjahresabsatzmenge 1500 gespeichert. Das zeilen- wie auch
das spaltenweise Summieren läuft wieder über Schleifenschachtelungen ab.

R(0,0) 1500	R(0,1) 150	R(0,2) 300	R(0,3) 450	R(0,4) 600	DIM R(5,4) richtet Tabelle mit 6 Zeilen (waagerecht) und 5 Spalten (senkrecht) ein, also 20 Fächer.
R(1,0) 100	R(1,1) 10	R(1,2) 20	R(1,3) 30	R(1,4) 40	
R(2,0) 200	R(2,1) 20	R(2,2) 40	R(2,3) 60	R(2,4) 80	R als Regalschrank.
R(3,0) 300	R(3,1) 30	R(3,2) 60	R(3,3) 90	R(3,4) 120	LET R(4,3)=120 weist dem Fach in Zeile 4 und Spalte 3 die 120 zu.
R(4,0) 400	R(4,1) 40	R(4,2) 80	R(4,3) 120	R(4,4) 160	PRINT R(I,2) gibt Spalte 2 aus, wenn I von 0 bis 5 läuft.
R(5,0) 500	R(5,1) 50	R(5,2) 100	R(5,3) 150	R(5,4) 200	

Gespeichert sind nur die Werte 1500,150,300,... , nicht aber
die Indices R(0,0),R(0,1),R(0,2),... als anzeigende Größen.

Zweidimensionale Tabelle bzw. Matrix R(,) als Beispiel

3.7.4 Dreidimensionale Arrays

Dreidimensionale Arrays können wir uns gut am Beispiel eines
'Zauberwürfels (Rubik's Cube) mit 4*4*4=64 kleinen verschieb-
baren Würfeln veranschaulichen. Wir vereinbaren als Würfel A:

```
10 DIM A(4,4,4)      Würfel als Tabelle mit 3 Dimensionen
                     1. Index für Zeilen (oben, unten)
                     2. Index für Spalten (links, rechts)
                     3. Index für Tiefe (vorne, hinten)
```

Legen wir einen Würfel vor uns auf den Tisch, benennt A(1,1,1)
den Würfel bzw. Punkt (oben,links,vorne) und A(4,4,4) den ent-
gegengesetzten Punkt (unten,rechts,hinten).

Das Programm DREIDIM enthält die zwei Unterprogramme KOORDINA-
TENTEST und BUNDESLIGA. Das Unterprogramm KOORDINATENTEST (ab
Zeile 1000) gibt Auskunft über die Lage der Koordinaten in der
Tabelle.

Das zweite Unterprogramm BUNDESLIGA beginnt ab Zeile 2000:
Im diesem Unterprogramm wird eine dreidimensionale Tabelle als
String-Array B$ mit 18 Zeilen (18 Vereinen), 7 Spalten (7 An-
gaben Vereinsname, Spiele, gewonnen, verloren, remis, Torever-
hältnis, Punkteverhältnis) sowie 34 Einträgen in der Tiefe (34
Spieltage) vereinbart. Die kompletten 34 Ligatabellen der Vor-
und Rückrunde können so in e i n e m Array gespeichert werden. Ob dies in Bezug auf den Speicherplatz auch günstig ist,
bleibt zu bedenken (nur Vereinsname String, übrige Eintragung-
en numerisch). Die Ausführung zum diesem Unterablauf zeigt uns
drei Zugriffsbeispiele zum 2. Spieltag auf; die Zählerschleife
verdeutlicht, daß in der 1. Spalte derzeit keine Vereine eingetragen sind außer dem VFB STUTTGART.

Codierung zu Programm DREIDIM:

```
100 REM ====== Programm DREIDIM
110 PRINT "Zwei Demonstrationsbeispiele zum dreidimensionalen Array:"
120 OPTION BASE 1        'Index 1 als 1. Stelle im Array
130 INPUT "K)oordinatentest oder B)undesliga";E$
140 IF E$="K" THEN GOSUB 1000
              ELSE GOSUB 2000
150 PRINT: PRINT "Ende." : END
    '
    '
1000 REM ------ Unterprogramm KOORDINATENTEST
1010 PRINT "Koordinaten testen eines mit DIM A(4,4,4) vereinbarten"
1020 PRINT "dreidimensionalen Arrays A."
     '
1030 PRINT : PRINT "Schleifenende: X=777"
1040 WHILE X<>777
1050    PRINT "Welcher Punkt (X,Y,Z)"
1060    INPUT X,Y,Z
1070    IF X=1 THEN LET X$="oben,"
                ELSE IF X=4 THEN LET X$="unten,"
                             ELSE LET X$="Mitte,"
1080    IF Y=1 THEN LET Y$="links"
                ELSE IF Y=4 THEN LET Y$="rechts"
                             ELSE LET Y$="Mitte"
1090    IF Z=1 THEN LET Z$=",vorne"
                ELSE IF Z=4 THEN LET Z$=",hinten"
                             ELSE LET Z$=",Mitte"
1100    PRINT "Punkt: (";X$;Y$;Z$;")"
1110 WEND
1120 RETURN
     '
     '
2000 REM ------ Unterprogramm BUNDESLIGA
2010 PRINT "Eintragung testen einer Bundesliga-Tabelle, die"
2020 PRINT "als dreidimensionaler Array (Würfel) vereinbart ist."
     '
2030 DIM B$(18,7,34)    'String-Array für 18*7*34 = 4284 Eintragungen
2040 INPUT "Verein, 5. Rang, 2. Spieltag";V$ : LET B$(5,1,2)=V$
2050 PRINT "Torverhältnis von ";V$; : INPUT T$ : LET B$(5,6,2)=T$
     '
2060 PRINT "I. Zeile, 1. Spalte, 2. Tiefe der Tabelle:"
2070    FOR I=1 TO 18 : PRINT I;B$(I,1,2); : NEXT I
2080 RETURN
```

Ausführung zu Programm DREIDIM:

Zwei Demonstrationsbeispiele zum dreidimensionalen Array:
K)oordinatentest oder B)undesliga? K
Koordinaten testen eines mit DIM A(4,4,4) vereinbarten
dreidimensionalen Arrays A.

Schleifenende: X=777
Welcher Punkt (X,Y,Z)
? 1,4,1
Punkt: (oben,rechts,vorne)
Welcher Punkt (X,Y,Z)
? 2,3,1
Punkt: (Mitte,Mitte,vorne)
Welcher Punkt (X,Y,Z)
? 4,4,2
Punkt: (unten,rechts,Mitte)
Welcher Punkt (X,Y,Z)
? 777,0,0
Punkt: (Mitte,Mitte,Mitte)

CLEAR

PRINT FRE(0)
 58159

RUN
Zwei Demonstrationsbeispiele zum dreidimensionalen Array:
K)oordinatentest oder B)undesliga? B
Eintragung testen einer Bundesliga-Tabelle, die
als dreidimensionaler Array (Würfel) vereinbart ist.
Verein, 5. Rang, 2. Spieltag? VFB STUTTGART
Torverhältnis von VFB STUTTGART? 35-28
I. Zeile, 1. Spalte, 2. Tiefe der Tabelle:
 1 2 3 4 5 VFB STUTTGART 6 7 8 9 10 11 12 13 14 15 16 17 18
Ende.
Ok?
PRINT FRE(0)
 45228

Mehr als drei Dimensionen lassen sich grafisch nicht darstellen. Wie die folgende Erweiterung des Regals von LAGTABELL zu
einem vierdimensionalen Array zeigt, können solche Datenstrukturen dennoch veranschaulicht werden:

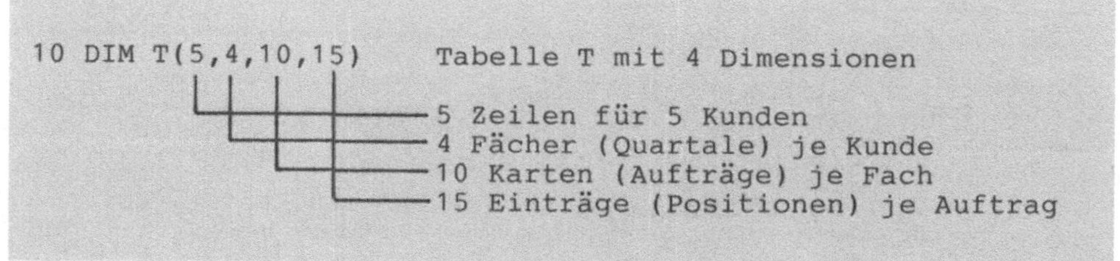

Beispiel für einen vierdimensionalen Array

Der Wert von T(2,1,9,4) gibt demnach Auskunft über den 9. Auftrag des Kunden 2 im 1. Jahresquartal, und zwar genau über die
4. Position dieses Auftrags.

3.8 Suchen, Sortieren, Mischen und Gruppieren von Daten

3.8.1 Verfahren im Überblick

Legt man einen größeren Datenbestand als D a t e i auf einem
Externspeicher ab, dann stellen sich immer wieder Probleme des
Suchens, Sortierens, Mischens sowie Gruppierens von Datensätz-
en der Datei. Aus diesem Grunde bezeichnet man diese vier Verfahren oft als Hilfsmittel der Dateiverarbeitung. Ob man Sätze
einer Datei oder Komponenten eines Arrays sortiert - am jeweiligen zu demonstrierenden Verfahren ändert dies meist nichts.
Aus diesem Grunde arbeiten die folgenden Beispiele mit Arrays.
Die Abbildung gibt für jedes Verfahren ein typisches Beispiel
an.

SUCHEN: Absatzmengen Mo - So: 45,100,95,78,90,76,80.
               An welchem Tag wurden 78 Stück abgesetzt?

SORTIEREN: Absatzmengen in die aufsteigende Sortierfolge
               45,76,78,80,90,95,100 bringen.

MISCHEN: Mengen 45,76,78,80,90,95,100 von Filiale 1 und
               Mengen 30,47,55,57,61,80,103 von Filiale 2 zu
               30,45,47,55,57,61,76,78,80,80,90,95,100,103
               als Gesamtliste mischen.

GRUPPIEREN: Gruppensummen MO-MI=240 und DO-SO=324 bilden.

    Vier Hilfsverfahren der Dateiverarbeitung an Beispielen

3.8.2 Suchverfahren

Die grundlegenden Suchverfahren sind das serielle bzw. sequentielle Suchen einerseits (typisch für Band und Kassette) und
das binäre Suchen andererseits (typisch für Platte und Diskette).

3.8.2.1 Serielles und sequentielles Suchen

Das einfachste Suchverfahren besteht darin, die Datei Satz für
Satz in der Reihenfolge der Speicherung zu durchsuchen. Dieses
s e r i e l l e Suchen verarbeitet die Daten so, wie · sie abgespeichert wurden.
Das s e q u e n t i e l l e Suchen setzt einen vorsortierten
Datenbestand voraus. Ist z.B. eine Artikeldatei nach Artikelnummern 101, 104, 108, 111 und 115 sortiert und soll der Artikel 106 gesucht werden, dann kann bereits nach dem 3. Artikel
mit der Suche abgebrochen werden, da 106 kleiner als 108 ist.
Bei der seriellen Suche hingegen muß bis zum Dateiende weitergesucht werden.

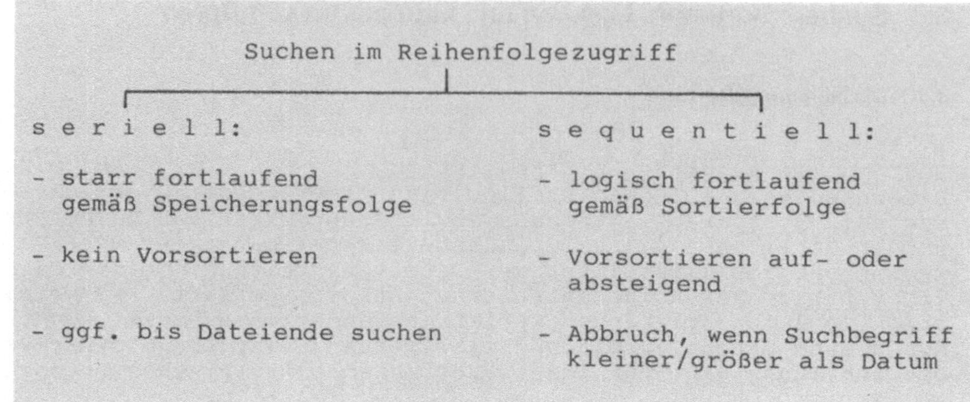

Serielles und sequentielles Suchen

Das Programm SUCHSE-M bietet über ein Menü drei Möglichkeiten
zum Reihenfolge-Suchen an.
Dazu sind 10 Zahlen unter DATA programmintern gespeichert. In
Zeile 150 lesen wir diese Daten in den Array D ein.

Zur M e n ü w a h l 1 von SUCHSE-M (Sequentielle Suche):

Eine Zählerschleife wird maximal A mal durchlaufen für die A
Elemente des Datenarrays D. Bei jedem Schleifendurchlauf überprüfen wir D(Z), d.h. die an der Z. Stelle in D stehende Zahl:

- Ist D(Z)=SUCH, ist also die gesuchte Zahl gefunden, merken
  wir uns die Stelle Z in ZSUCH (LET ZSUCH=Z), um die Laufvariable Z auf den Endwert hochzusetzen (LET Z=A). Durch diese Zuweisung wird der Computer 'angeschwindelt': beim nächsten Erreichen der Anweisung FOR Z=1 TO A hat Z bereits den
  Endwert A; der Computer 'meint', die Schleife bereits A mal
  durchlaufen zu haben und verläßt - wie gewünscht - die Zählerschleife.
- Im Falle "D(Z) größer SUCH" wurde SUCH im Array D nicht
  gefunden.
- Die Schleife   2000 FOR Z - 2040 NEXT Z ist eine "unechte
  Zählerschleie" (vgl. Abschnitt 3.1.3.5). Aus Gründen der
  Klarheit (Grundsatz: jede Schleife hat nur einen Eingang und
  nur einen Ausgang) verlassen wir sie stets über 2040 NEXT Z.
  Eine Anweisung wie 2020 IF D(Z)=SUCH GOTO 2060 entspricht
  keinem guten Programmierstil.

Zur M e n ü w a h l 2 (Serielle Suche rückwärts):

Die Reihenfolge-Suche beinhaltet immer "Suche das nächste Element, bis gefunden oder nicht". Dieses Prinzip wird im Unterprogramm ab Zeile 3000 wie folgt programmiert:

- Als 0. Element in D speichern wir den Suchbegriff SUCH ab
  (Zeile 3010).

- In einer WHILE-Schleife (Zeile 3020) durchsuchen wir den Array D vom letzten Element (3000 LET Z=A) ausgehend.
- Nach dem Verlassen der Suchschleife speichern wir durch
    3030 LET GEFUNDEN = Z<>0
  in GEFUNDEN eine -1, falls Z ungleich 0 ist. Ist Z gleich 0,
  wurde bis zum 0. Element des Arrays gesucht. Da im 0. Element der Suchbegriff SUCH abgelegt ist, bedeutet dies 'nicht
  gefunden' und wir weisen nach GEFUNDEN eine Null zu.
- Die boolesche Variable GEFUNDEN steuert dann die zweiseitige
  Auswahlstruktur in Zeile 3040.

Da bei der seriellen Suche von einem unsortierten Datenbestand
ausgegangen werden muß, muß ggf. der gesamte Bestand durch-
sucht werden (Abbruch wie bei der sequentiellen Suche in Zeile
2030 ist nicht möglich).

Zur M e n ü w a h l 3 (Serielle Suche vorwärts):

In diesem Unterprogramm von SUCHSE-M (4000er Zeilen) ändern
wir den Suchalgorithmus von Menüwahl 2 wie folgt: der Suchbegriff SUCH wird als letztes Element D(A+1) gespeichert, nicht
aber als erstes Element D(0).

Ausführung zu Programm SUCHSE-M:


```
RUN
Serielles bzw. sequentielles Suchen im Array mit
0 Ende
1 Sequentiell (in sortiertem Bestand) suchen
2 Seriell (gemäß Speicherungsfolge) rückwärts suchen
3 Seriell vorwärts suchen
Wahl 0-3? 1
 114  116  119  125  178  189  202  215  216  240
Welcher Suchbegriff? 215
 1  2  3  4  5  6  7  8
 215 an 8 . Stelle.
0 Ende
1 Sequentiell (in sortiertem Bestand) suchen
2 Seriell (gemäß Speicherungsfolge) rückwärts suchen
3 Seriell vorwärts suchen
Wahl 0-3? 2
 114  116  119  125  178  189  202  215  216  240
Welcher Suchbegriff? 215
 9  8
 215 an 8 . Stelle.
0 Ende
1 Sequentiell (in sortiertem Bestand) suchen
2 Seriell (gemäß Speicherungsfolge) rückwärts suchen
3 Seriell vorwärts suchen
Wahl 0-3? 3
 114  116  119  125  178  189  202  215  216  240
Welcher Suchbegriff? 215
 1  2  3  4  5  6  7  8
 215 an 8 . Stelle.
```

```
0  Ende
1  Sequentiell (in sortiertem Bestand) suchen
2  Seriell (gemäß Speicherungsfolge) rückwärts suchen
3  Seriell vorwärts suchen
Wahl 0-3? 1
 114  116  119  125  178  189  202  215  216  240
Welcher Suchbegriff? 124
 1   2   3   4
... Abbruch bei Element 4
0  Ende
1  Sequentiell (in sortiertem Bestand) suchen
2  Seriell (gemäß Speicherungsfolge) rückwärts suchen
3  Seriell vorwärts suchen
Wahl 0-3? 3
 114  116  119  125  178  189  202  215  216  240
Welcher Suchbegriff? 124
 1   2   3   4   5   6   7   8   9   10  11
... nicht gefunden.
0  Ende
1  Sequentiell (in sortiertem Bestand) suchen
2  Seriell (gemäß Speicherungsfolge) rückwärts suchen
3  Seriell vorwärts suchen
Wahl 0-3? 0
Ende.
```

Codierung zu Programm SUCHSE-M:

```
100 REM ====== Programm SUCHSE-M
110 CLS: PRINT "Serielles bzw. sequentielles Suchen im Array mit"
120 DATA 10,114,116,119,125,178,189,202,215,216,240
130 READ A                 'Anzahl der Daten A
140 DIM D(A+1)              'Dynamisch dimensionieren
150 FOR Z=1 TO A: READ D(Z): NEXT Z
    '
1000 PRINT "0  Ende"
1010 PRINT "1  Sequentiell (in sortiertem Bestand) suchen"
1020 PRINT "2  Seriell (gemäß Speicherungsfolge) rückwärts suchen"
1030 PRINT "3  Seriell vorwärts suchen"
1040 INPUT "Wahl 0-3";W$: LET W=VAL(W$)
1050 IF W=0 THEN PRINT "Ende." : END
1060 FOR Z=1 TO A: PRINT D(Z);: NEXT Z
1070 PRINT: INPUT "Welcher Suchbegriff"; SUCH
1080 ON W GOSUB 2000,3000,4000
1090 GOTO 1000
     '
2000 FOR Z=1 TO A
2010    PRINT Z;
2020    IF D(Z)=SUCH THEN LET ZSUCH=Z: LET Z=A
2030    IF D(Z)>SUCH THEN LET ZABBRUCH=Z: LET Z=A
2040 NEXT Z
2050 PRINT
2060 IF ZSUCH=0 THEN PRINT "... Abbruch bei Element";ZABBRUCH
                ELSE PRINT SUCH;"an";ZSUCH;". Stelle."
2070 RETURN
```

Codierung zu Programm SUCHSE-M (Fortsetzung):

```
3000 LET Z=A
3010 LET D(0)=SUCH
3020    WHILE D(Z)<>SUCH: LET Z=Z-1: PRINT Z;: WEND: PRINT
3030 LET GEFUNDEN = Z<>0
3040 IF GEFUNDEN THEN PRINT SUCH;"an";Z;". Stelle."
                      ELSE PRINT "... nicht gefunden."
3050 RETURN
     '
4000 LET Z=0
4010 LET D(A+1)=SUCH
4020 WHILE D(Z)<>SUCH: LET Z=Z+1:PRINT Z;: WEND: PRINT
4030 LET NICHTGEFUNDEN = Z=A+1
4040 IF NICHTGEFUNDEN THEN PRINT "... nicht gefunden."
                      ELSE PRINT SUCH;"an";Z;". Stelle."
4050 RETURN
```

3.8.2.2 Binäres Suchen

Das Programm SUCHBI-M enthält drei Algorithmen zum Verfahren
des b i n ä r e n S u c h e n s .
Wenden wir uns zunächst der Menüwahl 1 (Unterprogramm ab Zeile 1000, Unterprogrammname SUCHBIN1) zu:

- Es werden numerische Daten verarbeitet, die über die Tastatur in den Array D() eingegeben werden.

- Die Daten müssen s o r t i e r t auf einem Direktzugriff-
  speicher vorliegen (hier die 7 Werte 45,76,78,80,90,95,100).

- Das Wort 'binär bzw. zweiwertig' deutet an, daß man stets
  die Hälfte bildet. Um die Menge 90 zu suchen (siehe Ausführungsbeispiel), wird zunächst die Menge 80 als Mitte genommen (7 Mengen, 3.5 ergibt gerundet die 80 als die 4. Menge).

- Der Vergleich 80<90 zeigt, daß in der oberen Hälfte 90 - 100
  weiterzusuchen ist. Man nimmt wieder die Mitte und der Vergleich 95>90 zeigt, daß jetzt in der unteren Hälfte weiterzusuchen ist. Da in dieser Hälfte nur noch der Suchbegriff
  90 steht, wird die Suche als 'positiv' beendet.

Bei diesem kleinen Beispiel mag das binäre Suchen umständlich
wirken. Das Leistungsvermögen dieses Suchverfahrens zeigt das
folgende Beispiel: Um aus den über 60 Millionen Bundesbürgern
  e i n e n Namen
herauszufinden, werden in jedem Fall maximal
  n u r 26 Zugriffe
benötigt (z.B. 3 Zugriffe für die Suche eines von 8 Bürgern (2
hoch 3 gleich 8), 6 Zugriffe für 64 Bürger (2 hoch 6 gleich
64) bzw. 26 Zugriffe für über 60 Millionen Bürger (2 hoch 26
gleich 67108864)).

Ausführung zu Programm SUCHBI-M:

'Binäres Suchen'als schnelle Suchmethode.
0   Ende
1   Suche in einem numerischen Array (Anzahl variabel)
2   Suche in einem String-Array (Anzahl fest unter DATA)
3   Suche in einem String-Array (256 Zeichen)
Wahl 0-3? 1
Anzahl der Daten? 7
 7 Daten einzeln eintippen:
? 45
? 76
? 78
? 80
? 90
? 95
? 100
Welchen Wert suchen? 90

Suchprotokoll zum Halbieren:
Unten: 1 , Mitte 4 , Oben 7
Unten: 5 , Mitte 6 , Oben 7
Unten: 5 , Mitte 5 , Oben 5

Suchergebnis: 90 gefunden.

Codierung zu Programm SUCHBI-M:


```
1100 REM ====== Programm SUCHBI-M
110 PRINT "'Binäres Suchen'als schnelle Suchmethode."
    '
120 REM ====== Vereinbarungsteil
130 'A:                 Anzahl der Daten
140 'D(A):              Array mit A Daten als Suchgegenstand
150 DIM D$(256):        'String-Array als Suchgegenstand
160 'GEFUNDEN, NICHTGEFUNDEN: -1 (wahr) bzw. 0 (unwahr)
170 'UNTEN,MITTE,OBEN:  Grenzen für die Such-Hälften
180 'HAELFTE:           Such-Hälfte
190 'S,S$:              Suchbegriffe numerisch bzw. Text
    '
200 REM ====== Anweisungsteil
210 PRINT "0     Ende"
220 PRINT "1     Suche in einem numerischen Array (Anzahl variabel)"
230 PRINT "2     Suche in einem String-Array (Anzahl fest unter DATA)"
240 PRINT "3     Suche in einem String-Array (256 Zeichen)"
250 INPUT "Wahl 0-3";W$: LET W=VAL(W$)
260 IF W=0 THEN PRINT "Ende." : END
270 ON W GOSUB 1000,2000,3000
280 IF INKEY$="" THEN 280
290 CLS: GOTO 210
    '
    '
```

Codierung zu Programm SUCHBI-M (Fortsetzung):

```
1000 REM ------ Unterprogramm SUCHBIN1 (Suche in numerischem Array)
1010 INPUT "Anzahl der Daten";A : DIM D(A)
1020 PRINT A;"Daten einzeln eintippen:"
1030 FOR I=1 TO A : INPUT D(I) : NEXT I
1040 LET GEFUNDEN=0 : LET UNTEN=1 : LET OBEN=A
1050 INPUT "Welchen Wert suchen"; S
1060 PRINT : PRINT "Suchprotokoll zum Halbieren:"
     '
1070 WHILE (UNTEN<=OBEN) AND (GEFUNDEN=0)
1080    LET MITTE = INT((UNTEN+OBEN)/2)
1090    PRINT "Unten:";UNTEN;", Mitte";MITTE;", Oben";OBEN
1100    LET GEFUNDEN = S=D(MITTE)                 '-1 (wahr) oder 0 (unwahr)
1110    IF S>D(MITTE) THEN LET UNTEN=MITTE+1
                      ELSE LET OBEN= MITTE-1        'unten oder oben suchen
1120 WEND
     '
1130 PRINT : PRINT "Suchergebnis: ";
1140 IF GEFUNDEN
        THEN PRINT S;"gefunden."
        ELSE PRINT S;"nicht gefunden."
1150 RETURN
     '
     '
2000 REM ------ Unterprogramm SUCHBIN2 (Suche in einem String-Array)
2010 DATA ANNEMONE,CLEMATIS,FLIEDER,JASMIN,MARGARITE,MOHN,NELKE,ROSE,TULPE
2020 RESTORE: FOR I=1 TO 9: READ D$(I): PRINT D$(I);" ";: NEXT I
2030 PRINT: INPUT "Welchen Begriff suchen";S$
2040 LET MITTE=5: LET HAELFTE=MITTE: LET GEFUNDEN=0: LET NICHTGEFUNDEN=0
2050 WHILE NOT (GEFUNDEN OR NICHTGEFUNDEN)
2060    PRINT "Mitte:";MITTE;", Hälfte:";HAELFTE
2070    IF S$=D$(MITTE) THEN LET GEFUNDEN=-1: GOTO 2110
2080    IF HAELFTE=1 THEN LET NICHTGEFUNDEN=-1: GOTO 2110
2090      LET HAELFTE=INT(HAELFTE/2 + .5)
2100      IF S$>D$(MITTE) THEN LET MITTE=MITTE+HAELFTE
                          ELSE LET MITTE=MITTE-HAELFTE
2110 WEND
2120 IF GEFUNDEN THEN PRINT S$;" steht an Stelle ";MITTE
                 ELSE PRINT S$;" nicht gefunden."
2130 RETURN
     '
     '
3000 REM ------ Unterprogramm SUCHBIN3 (Suche in 256-Zeichen-String-Array)
3010 RESTORE: FOR I=0 TO 255
3020    LET D$(I)=CHR$(I): PRINT D$(I);
3030 NEXT I: PRINT
3040 INPUT "Welches einzelne Zeichen suchen";S$
3050 LET MITTE=128: LET HAELFTE=MITTE: LET GEFUNDEN=0: LET NICHTGEFUNDEN=0
3060 WHILE NOT (GEFUNDEN OR NICHTGEFUNDEN)
3070    PRINT "Mitte:";MITTE;", Hälfte:";HAELFTE
3080    IF S$=D$(MITTE) THEN LET GEFUNDEN=-1: GOTO 3120
3090    IF HAELFTE=1 THEN LET NICHTGEFUNDEN=-1: GOTO 3120
3100      LET HAELFTE=INT(HAELFTE/2 + .5)
3110      IF S$>D$(MITTE) THEN LET MITTE=MITTE+HAELFTE
                          ELSE LET MITTE=MITTE-HAELFTE
3120 WEND
3130 IF GEFUNDEN THEN PRINT S$;" steht an Stelle ";MITTE
                 ELSE PRINT S$;" nicht gefunden."
3140 RETURN
```

Zum Unterprogramm SUCHBIN2 (Menüwahl 2 von Programm SUCHBI-M,
ab Zeile 2000):

- Wir sortieren Strings und keinen Zahlen. Die 9 Strings sind
  unter DATA gespeichert und werden in den String-Array D$()
  eingelesen.

- Die Programmstrukturen im Unterprogramm SUCHBIN2 stimmen mit
  denen von Unterprogramm SUCHBIN1 überein:
  WHILE-Schleife mit nachfolgender zweiseitiger Auswahl.
  Gleichwohl weicht der Algorithmus ab, da hier mit der Variablen HAELFTE gearbeitet wird.

- Beim Bilden der Mitte in Zeile 2090 runden wir auf (deshalb
  die Addition von 0.5). In der entsprechenden Zeile 1080 des
  Unterprogramms SUCHBIN1 wurde nicht aufgerundet (Folge: Subtraktion bzw. Addition von 1 in Zeile 1110).

Zum Unterprogramm SUCHBIN3 (Menüwahl 3 von Programm SUCHBI-M,
ab Zeile 3000):

Der Suchalgorithmus stimmt exakt mit dem von Unterprogramm
SUCHBIN2 überein. Wie die Ausführung zeigt, werden dem String
D$() die 256 ersten Zeichen der ASCII-Codes zugewiesen. Damit
können wir die relativ geringe Zahl von Suchzugriffen testen,
die erforderlich ist, um e i n e s der 256 Zeichen aus D$()
zu suchen.

Ausführung zu Programm SUCHBI-M (Fortsetzung):

```
0     Ende
1     Suche in einem numerischen Array (Anzahl variabel)
2     Suche in einem String-Array (Anzahl fest unter DATA)
3     Suche in einem String-Array (256 Zeichen)
Wahl 0-3? 2
ANNEMONE CLEMATIS FLIEDER JASMIN MARGARITE MOHN NELKE ROSE TULPE
Welchen Begriff suchen? MOHN
Mitte: 5 , Hälfte: 5
Mitte: 8 , Hälfte: 3
Mitte: 6 , Hälfte: 2
MOHN steht an Stelle  6


0     Ende
1     Suche in einem numerischen Array (Anzahl variabel)
2     Suche in einem String-Array (Anzahl fest unter DATA)
3     Suche in einem String-Array (256 Zeichen)
Wahl 0-3? 3

Welches einzelne Zeichen suchen? O
Mitte: 128 , Hälfte: 128
Mitte: 64 , Hälfte: 64
Mitte: 32 , Hälfte: 32
Mitte: 48 , Hälfte: 16
O steht an Stelle  48
```

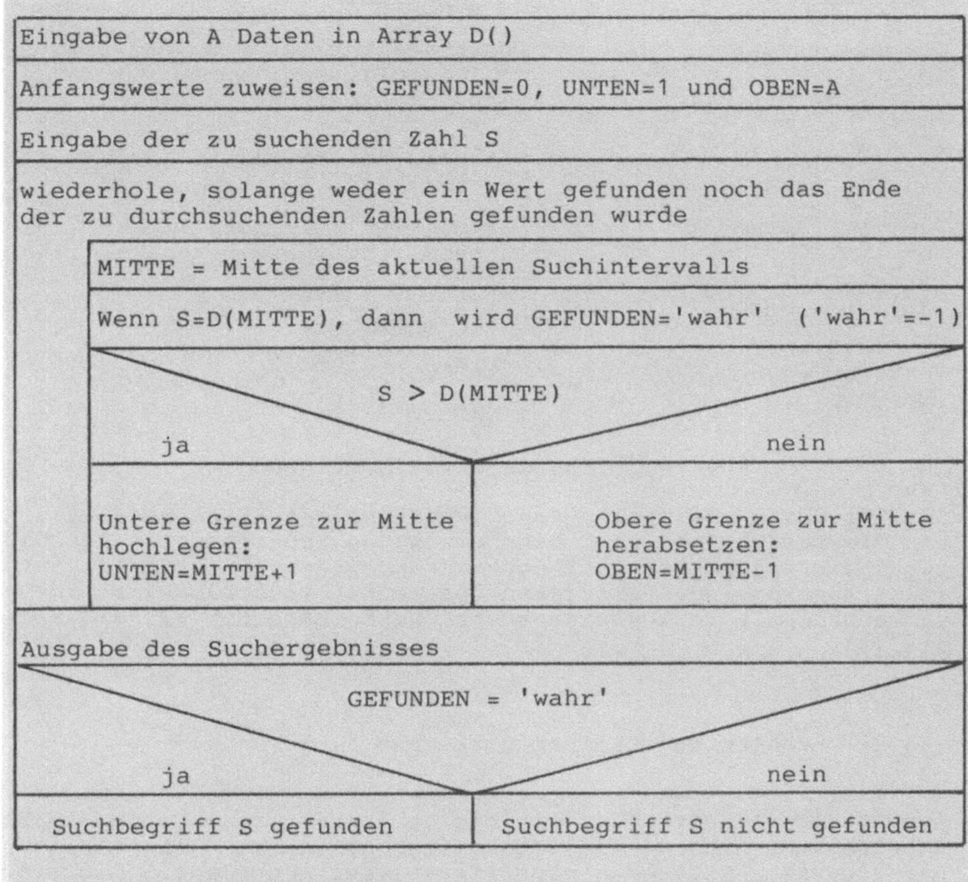

Darstellung des 'binären Suchens' als Struktogramm

3.8.3 Sortierverfahren

Die ersten Programme der Datenverarbeitung sollen Sortierprogramme gewesen sein. Dies unterstreicht die Bedeutung des Sortierens gerade für die kaufmännische DV. Es läßt aber auch er-
ahnen, wie raffiniert heutige Sortieralgorithmen sein können.
Die Abbildung gibt einige wichtige Begriffspaare zum Sortieren
wieder.

```
Sortieren ...:                    ... bedeutet:

INTERN - EXTERN          Daten im Internen Speicher (HS)
                         oder mit Ein-/Auslagern von/zu
                         einem Externen Speicher.

NUMERISCH - STRING       Daten als Zahlen (1   4   8.5)
                         oder als Text ($   DM   LIRE).

DATEN - ADRESSEN         Daten selbst sortieren oder nur
                         deren Adressen bzw. Speicherplätze.

EINFACH - KOMPLEX        Einfache Sortierverfahren wie Aus-
                         wahl, Bubble Sort, Einfügen oder
                         komplexe Verfahren wie Sortieren
                         durch Mischen, Binär-Baum-Sort,
                         Quick Sort mittels Rekursion.
```

Vier Begriffspaare zum Sortieren

Die folgenden Beispiele gehen weder auf das Externe Sortieren
ein (erforderlich, wenn Datenumfang den Speicherplatz des Internspeichers übersteigt) noch auf komplexere Sortierverfahren
(eine Ausnahme: das Sortieren über einen Binärbaum wird im Zusammenhang mit der Dateiverarbeitung in Abschnitt 3.13 dargestellt).

3.8.3.1   Zahlen unmittelbar sortieren

'Unmittelbar' heißt, daß wir die zu sortierenden Zahlen selbst
umordnen und nicht - wie im nächsten Abschnitt - ihre Plätze.
Das Programm SORTNU-M demonstriert vier grundlegende Sortierverfahren (NU im Programmnamen SORTNU-M steht für NUmerische
Daten).
Wir betrachten zunächst das über die Menüwahl 1 im Unterprogramm ab Zeile 1000 angewendete Sortierverfahren "Austausch
nach Auswahl".


```
PROBLEM: 6 Zahlen in Array D() sortieren.

ABLAUF:
 1) Suche das Minimum in D() und speichere es in STELLEMIN
 2) Tausche D(I) mit D(STELLEMIN) aus.
 3) Weiter mit 1), aber jetzt mit D(I+1) beginnen.

WERTE IN D():
102    101    109    106    104    105    Beginn: In D() 6 Zahlen
101 I 102    109    106    104    105    I=1: Tausch 102-101
101    102 I 109    106    104    105    I=2: Kein Tausch
101    102    104 I 106    109    105    I=3: Tausch 109 - 104
101    102    104    105 I 109    106    I=4: Tausch 105 - 106
101    102    104    105    106 I 109    I=5: Tausch 109 - 106
```

Sortierverfahren "Austausch nach Auswahl" ein einem Beispiel

Die Markierung "I" soll anzeigen, daß bei jedem Durchlauf mit
D(I+1) begonnen wird, daß D() also verkürzt wird; programmiert
wird das Verkürzen durch den Anfangswert I+1 in der Anweisung
   1040 FOR J = I+1 TO 6 .
Das Tauschen von D(I) mit D(STELLEMIN) vollzieht sich über die
Anweisung
   1060 SWAP D(I),D(STELLEMIN).
Ohne Verwendung der SWAP-Anweisung müßte man nach das Tauschen
nach der 'Methode des Dreieckstauschs' über eine Hilfsvariable
vornehmen. Diese Methode ist in der Abbildung dargestellt.

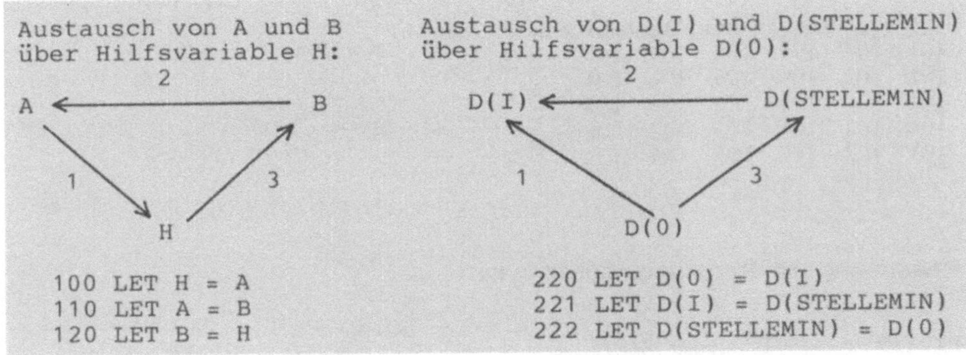

Methode des Dreieckstausches an zwei Beispielen

Das Struktogramm verdeutlicht, daß das Sortieren durch "Austausch nach Auswahl" über zwei geschachtelte Zählerschleifen
abläuft. Die 3. Zählerschleife in 1070 dient allein der Ausgabe von D() zur Kontrolle.

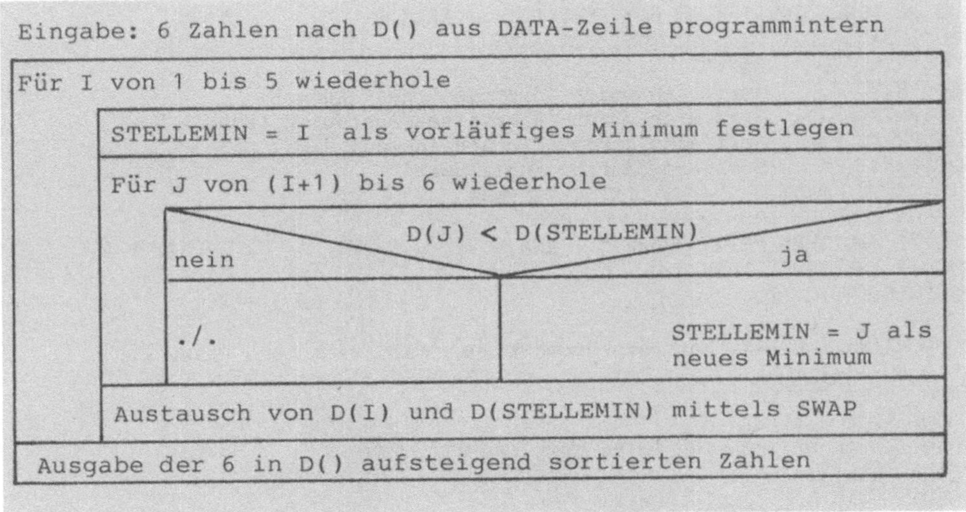

Sortierverfahren "Austausch nach Auswahl" als Struktogramm

Ausführung zu SORTNU-M:

Sortieren nach vier grundlegenden Verfahren
(numerische Daten selbst sortieren, nicht Zeiger).
0   Ende
1   Sortieren durch 'Austausch nach Auswahl'
2   Sortieren durch 'Paarweisen Austausch (Bubble Sort)'
3   Sortieren durch 'Lineare Auswahl'
4   Sortieren durch 'Shell Sort'
Wahl 0-4? 1

Sortierprotokoll zum 'Austausch nach Auswahl':
  101   102   109   106   104   105
  101   102   109   106   104   105
  101   102   104   106   109   105
  101   102   104   105   109   106
  101   102   104   105   106   109

Codierung zu Programm SORTNU-M:


```
100 REM ====== Programm SORTNU-M
110 PRINT "Sortieren nach vier grundlegenden Verfahren"
120 PRINT "(numerische Daten selbst sortieren, nicht Zeiger)."
    '
130 REM ====== Vereinbarungsteil
140 'STELLEMIN,MIN:  Stelle mit vorläufigem Minimum, Minimum
150 DIM D(6),S(6):  '6 unter DATA unsortierte bzw. sortierte Daten
    '
160 REM ====== Anweisungsteil
170 RESTORE: FOR I=1 TO 6 : READ D(I) : NEXT I
180 DATA 102, 101, 109, 106, 104, 105 :
190 PRINT "0     Ende"
200 PRINT "1     Sortieren durch 'Austausch nach Auswahl'"
210 PRINT "2     Sortieren durch 'Paarweisen Austausch (Bubble Sort)'"
220 PRINT "3     Sortieren durch 'Lineare Auswahl'"
230 PRINT "4     Sortieren durch 'Shell Sort'"
240 INPUT "Wahl 0-4"; W$: LET W=VAL(W$)
250 ON W GOSUB 1000,2000,3000,4000
260 IF W=0 THEN PRINT "Ende." : END
270 IF INKEY$="" THEN 270
280 CLS: GOTO 170
    '
1000 PRINT : PRINT "Sortierprotokoll zum 'Austausch nach Auswahl':"
1010 FOR I=1 TO 5
1020    LET STELLEMIN = I
1030    FOR J=I+1 TO 6
1040       IF D(J)<D(STELLEMIN) THEN LET STELLEMIN=J
1050    NEXT J
1060    SWAP D(I),D(STELLEMIN)
1070    FOR Y=1 TO 6 : PRINT D(Y); : NEXT Y : PRINT
1080 NEXT I
1090 RETURN
    '
```

Codierung zu Programm SORTNU-M (Fortsetzung):

```
2000 PRINT "Sortierprotokoll zum 'Bubble Sort':"
2010 FOR I=1 TO 6
2020   FOR J=1 TO 6
2030     IF D(J)>D(I) THEN SWAP D(I),D(J)
2040     FOR Y=1 TO 6 : PRINT D(Y); : NEXT Y : PRINT
2050   NEXT J
2060 NEXT I
2070 RETURN
     '
3000 PRINT "Sortierprotokoll zur 'Linearen Auswahl':"
3010 FOR I=1 TO 6
3020   LET MIN=99999!
3030   FOR J=1 TO 6
3040     IF D(J)<MIN THEN LET MIN=D(J): LET STELLEMIN=J
3050   NEXT J
3060   LET S(I)=D(STELLEMIN): LET D(STELLEMIN)=99999!
3070   FOR Y=1 TO 6 : PRINT S(Y); : NEXT Y : PRINT
3080 NEXT I
3090 FOR I=1 TO 6: LET S(I)=0: NEXT I
3100 RETURN
     '
4000 PRINT "Sortierprotokoll zum 'Shell Sort':"
4010 LET SCHRITT=4
4020 WHILE SCHRITT<6
4030   LET SCHRITT=SCHRITT+SCHRITT
4040 WEND
4050 LET SCHRITT=SCHRITT-1: LET ENDE=0
4060 WHILE NOT ENDE
4070 LET SCHRITT=INT(SCHRITT/2)
4080   IF SCHRITT<1 THEN ENDE=-1: GOTO 4160
4090   FOR I=1 TO 6-SCHRITT
4100     FOR J=I TO 1 STEP -SCHRITT
4110       IF D(J+SCHRITT)>D(J) THEN LET J=1: GOTO 4130
4120       SWAP D(J),D(J+SCHRITT)
4130     NEXT J
4140     FOR Y=1 TO 6 : PRINT D(Y); : NEXT Y : PRINT
4150   NEXT I
4160 WEND
4170 RETURN
```

Zum Sortieren nach dem Verfahren des "paarweisen Austausches" bzw. "Bubble Sort" im Unterprogramm ab Zeile 2000 von SORTNU-M (Menüwahl 2):

Die zwei ersten Zahlen im 6-Elemente-Array werden verglichen und - falls nicht in der gewünschten Sortierfolge - durch die Anweisung 2030 SWAP D(I),D(J) ausgetauscht. Dann werden die folgenden beiden Zahlen verglichen usw..
Auf diese Art wird bei jedem Schleifendurchlauf eine am Anfang des Arrays stehende große Zahl 'ähnlich wie eine Blase hochgesprudelt': deshalb die Bezeichnung "Bubble Sort".
Das Programm SORTSTRI in Abschnitt 3.8.3.3 sortiert Strings nach demselben Bubble-Sort.

Ausführung zu Programm SORTNU-M (Fortsetzung):

0   Ende
1   Sortieren durch 'Austausch nach Auswahl'
2   Sortieren durch 'Paarweisen Austausch (Bubble Sort)'
3   Sortieren durch 'Lineare Auswahl'
4   Sortieren durch 'Shell Sort'
Wahl 0-4? 2
Sortierprotokoll zum 'Bubble Sort':
    102 101 109 106 104 105
    102 101 109 106 104 105
    109 101 102 106 104 105
    109 101 102 106 104 105
    109 101 102 106 104 105
    109 101 102 106 104 105
    101 109 102 106 104 105
    101 109 102 106 104 105
    101 109 102 106 104 105
    101 109 102 106 104 105
    101 109 102 106 104 105
    101 109 102 106 104 105
    101 109 102 106 104 105   'Bubble Sort' arbeitet recht
    101 102 109 106 104 105   umständlich und 'lernt' nichts
    101 102 109 106 104 105   aus vorangegangenen Sortier-
    101 102 109 106 104 105   schritten.
    101 102 109 106 104 105
    101 102 109 106 104 105
    101 102 109 106 104 105
    101 102 109 106 104 105
    101 102 106 109 104 105
    101 102 106 109 104 105
    101 102 106 109 104 105
    101 102 106 109 104 105
    101 102 106 109 104 105
    101 102 104 109 106 105
    101 102 104 106 109 105
    101 102 104 106 109 105
    101 102 104 106 109 105
    101 102 104 106 109 105
    101 102 104 106 109 105
    101 102 104 106 109 105
    101 102 104 105 109 106
    101 102 104 105 106 109
    101 102 104 105 106 109

Zum Sortierverfahren "Lineare Auswahl" (Unterprogramm ab Zeile
3000 von SORTNU-M):

Mit 3020 LET MIN=99999 wird eine große Zahl als vorläufiges
Minimum angenommen. Dann wird -durch Vergleich mit 99999- das
Minimum ermittelt und an die erste Stelle von S gespeichert.
Durch 3060 LET D(STELLEMIN)=99999 ersetzen wir jetzt das Mi-
nimum 101 durch 99999, um diese Position in D für den nachfol-
genden Schleifendurchlauf zu sperren.

```
Ausführung zu Programm SORTNU-M (Fortsetzung):


1     Sortieren durch 'Austausch nach Auswahl'
2     Sortieren durch 'Paarweisen Austausch (Bubble Sort)'
3     Sortieren durch 'Lineare Auswahl'
4     Sortieren durch 'Shell Sort'
Wahl 0-4? 3
Sortierprotokoll zur 'Linearen Auswahl':
 101   0   0   0   0   0
 101  102   0   0   0   0
 101  102  104   0   0   0
 101  102  104  105   0   0
 101  102  104  105  106   0
 101  102  104  105  106  109
0     Ende
1     Sortieren durch 'Austausch nach Auswahl'
2     Sortieren durch 'Paarweisen Austausch (Bubble Sort)'
3     Sortieren durch 'Lineare Auswahl'
4     Sortieren durch 'Shell Sort'
Wahl 0-4? 4
Sortierprotokoll zum 'Shell Sort':
 102  101  109  106  104  105
 102  101  109  106  104  105
 102  101  105  106  104  109
 101  102  105  106  104  109
 101  102  105  106  104  109
 101  102  105  106  104  109
 101  102  104  105  106  109
 101  102  104  105  106  109
```

Zum Sortierverfahren "Shell Sort" (Unterprogramm ab Zeile 4000
von Programm SORTNU-M):

Beim Shell-Sort vergleicht und vertauscht man wie beim Bubble-
Sort Elemente paarweise, nur liegen diese Elemente nicht unbedingt direkt nebeneinander:

- 4er-Sortierung: Elemente, die jeweils 4 Stellen auseinander-
  liegen, werden zusammengefaßt, verglichen und ggf. ausgetauscht.
  Da wir nur 6 Daten zu sortieren haben, findet diese 4er-Sor-
  tierung nicht statt.

- 2er-Sortierung: Jeweils 2 Stellen voneinander entfernte Elemente werden zusammengefaßt und wie beim Bubble-Sort verglichen: 102-106 bleibt, 101-104 bleibt und 109-105 wird ausgetauscht zu 105-109 (siehe Programmausführung).

- 1er-Sortierung:
  Ausgehend von der vorhandenen Folge 102,101,105,106,104,109
  sortieren wir jetzt durch paarweisen Austausch der nebenein-
  anderliegenden Zahlen.

Datenflußplan zu SORTNU-M:

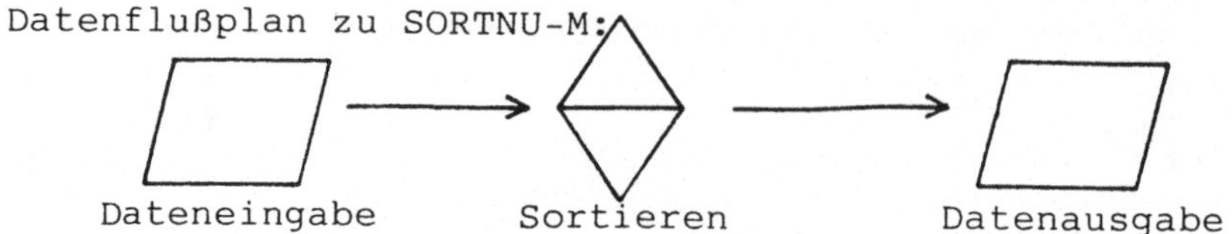

Der Vorteil des Shell-Sort gegenüber dem Bubble-Sort liegt darin, daß das Programm bei jedem Durchlauf aus jeweils vorhergehenden Durchläufen 'gelernt hat'.
Das Unterprogramm ab Zeile 4000 von SORTNU-M sieht Schrittwei-
ten von ...16,8,4,2,1 vor (Variable SCHRITT). Andere Schritt-
weiten sind ebenso möglich. Das Problem, welche Schrittweite
den schnellsten Shell-Sort ermöglicht, ist bis heute nicht be-
friedigend gelöst.

3.8.3.2 Zahlen über Zeiger sortieren

Im Programm SORTNU-M haben wir sechs Zahlen dadurch sortiert,
daß wir sie s e l b s t umgeordnet bzw. bewegt haben.
Bei umfangreicheren Datenbeständen wird es zumeist günsti-
ger sein, nur die Speicherplätze dieser Zahlen über Zeigerva-
riablen bzw. P o i n t e r zu sortieren, die Zahlen selbst
aber unbewegt zu lassen. Das Programm SORTZEIG demonstriert
dies mit denselben Daten und demselben Sortierverfahren des
"Austausches nach Auswahl" wie Programm SORTNU-M.

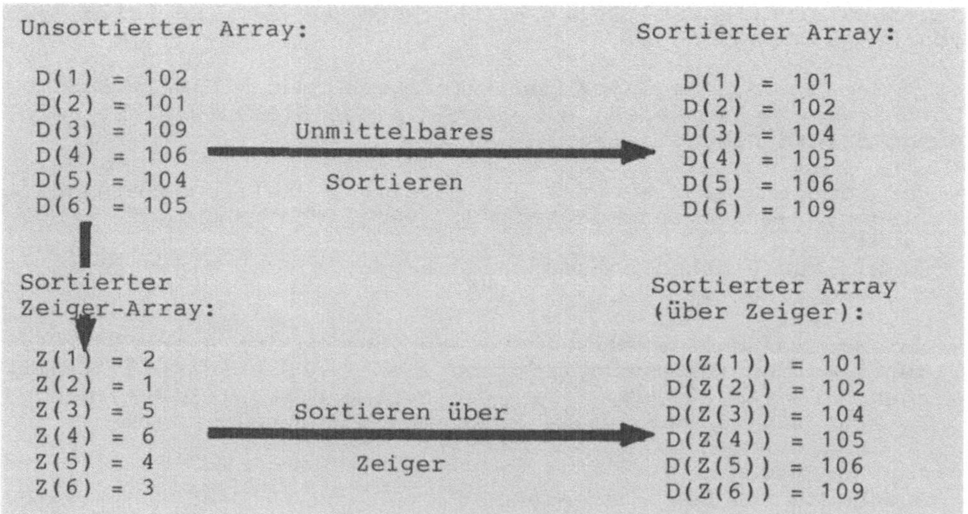

Unmittelbares Sortieren sowie Sortieren über Zeiger

Codierung zu Programm SORTZEIG:

```
    100 REM ====== Programm SORTZEIG
110 PRINT "Sortieren nach dem Verfahren 'Austausch nach Auswahl'"
120 PRINT "(numerische Daten über Zeiger sortieren)."
130 REM ====== Vereinbarungsteil
140 'STELLEMIN:  Stelle mit vorläufigem Minimum
150 DIM Z(6):      '6 Zeiger bzw. Pointer
160 DIM D(6):       '6 unter DATA im Programm gespeicherte Daten
    '
170 REM ====== Anweisungsteil
180 FOR I=1 TO 6 : LET Z(I)=I : NEXT I
190 PRINT : PRINT "6 Daten unsortiert:"
200    FOR I=1 TO 6 : READ D(I) : PRINT D(I); : NEXT I
210 DATA 102, 101, 109, 106, 104, 105 :
    '
220 PRINT : PRINT "Sortierprotokoll der 6 Zeiger:"
230 FOR I=1 TO 5
240    FOR Y=1 TO 6 : PRINT Z(Y); : NEXT Y : PRINT
250    LET STELLEMIN = I
260    FOR J=I+1 TO 6
270      IF D(J)<D(Z(STELLEMIN)) THEN LET STELLEMIN=J
280    NEXT J
290    SWAP Z(I), Z(STELLEMIN)
300 NEXT I
310 PRINT "6 Daten über Zeiger sortiert:"
320    FOR I=1 TO 6 : PRINT D(Z(I)); : NEXT I
330 PRINT : PRINT "Ende." : END
```

Ausführung zu SORTZEIG:

```
Sortieren nach dem Verfahren 'Austausch nach Auswahl'
(numerische Daten über Zeiger sortieren).

6 Daten unsortiert:
 102  101  109  106  104  105
Sortierprotokoll der 6 Zeiger:
  1  2  3  4  5  6
  2  1  3  4  5  6
  2  1  3  4  5  6
  2  1  5  4  3  6
  2  1  5  6  3  4
6 Daten über Zeiger sortiert:
 101  102  104  105  106  109
Ende.
```

3.8.3.3 Strings unmittelbar sortieren

Programm SORTSTRI veranschaulicht das Sortieren von Strings anhand des "Sortierens durch paarweisen Austausch", das häufig auch Bubble Sort genannt wird. Die zu sortierenden Namen sind im String-Array N$() abgelegt und werden paarweise verglichen, um bei falscher Sortierfolge ausgetauscht zu werden. Dazu das erste Ausführungsbeispiel zu SORTSTRI: MAX<MARIA falsch und Austausch, MAX<TILLMANN wahr, TILLMANN<LENA falsch und Austausch. Jetzt MARIA,MAX,LENA,TILLMANN gespeichert. Wie Blasen (=bubble) werden Worte 'hochgesprudelt', d.h. an das Ende des Arrays N$() gerückt.

Die Variable UNSORTIERT steuert als boolesche Variable den Ablauf. Die Schleife wird solange durchlaufen, bis UNSORTIERT 0 bleibt, d.h. kein Austauschen erfolgte.
Wie die zweite Ausführung zu SORTSTRI zeigt, kann Text mit beliebigen Zeichen sortiert werden. Warum kommt z.B. String "%-SAETZE" vor String "126 DM"? Da im ASCII die Codezahl 37 für "%" vor er Codezahl 49 für "1" kommt.

Ausführungen zu Programm SORTSTRI:

Sortieren nach dem Verfahren 'Paarweiser Austausch'
bzw. 'Bubble Sort'(Sortieren von Strings selbst).

Anzahl der Namen? 4
 4 Namen einzeln eintipppen:
? MAX
? MARIA
? TILLMANN
? LENA

Kontrollausgabe zum Sortiervorgang:
MAX MARIA TILLMANN LENA
MARIA MAX LENA TILLMANN
MARIA LENA MAX TILLMANN
LENA MARIA MAX TILLMANN

Anzahl der Namen? 5
 5 Namen einzeln eintipppen:
? 126 DM
? IBM PCjr
? 25500 LIRE
? BASIC-Wegweiser
? %-Sätze

Kontrollausgabe zum Sortiervorgang:
126 DM IBM PCjr 25500 LIRE BASIC-Wegweiser %-Sätze
126 DM 25500 LIRE BASIC-Wegweiser %-Sätze IBM PCjr
126 DM 25500 LIRE %-Sätze BASIC-Wegweiser IBM PCjr
126 DM %-Sätze 25500 LIRE BASIC-Wegweiser IBM PCjr
%-Sätze 126 DM 25500 LIRE BASIC-Wegweiser IBM PCjr

Programmende.

Codierung zu Programm SORTSTRI:

```
100 REM ====== Programm SORTSTRI
110 PRINT "Sortieren nach dem Verfahren 'Paarweiser Austausch'"
120 PRINT "bzw. 'Bubble Sort'(Sortieren von Strings selbst)."
    '
130 REM ====== Vereinbarungsteil
140 'N$(A), A:       A Namen in String-Array N$ gespeichert
150 'UNSORTIERT:     Wahrheitswert mit 0=unsortiert, 1=sortiert
    '
160 REM ====== Anweisungsteil
170 PRINT : INPUT "Anzahl der Namen"; A
180 DIM N$(A)
190 PRINT A;"Namen einzeln eintipppen:"
200   FOR I=1 TO A: INPUT N$(I): NEXT I
210 PRINT : PRINT "Kontrollausgabe zum Sortiervorgang:"
220 LET UNSORTIERT=1
    '
230 WHILE UNSORTIERT
240   LET UNSORTIERT=0
250   FOR Y=1 TO A : PRINT N$(Y);" "; : NEXT Y : PRINT
260   FOR I=1 TO A-1
270     IF N$(I)<=N$(I+1) THEN 300 ELSE 280
280       SWAP N$(I), N$(I+1)
290       LET UNSORTIERT=1
300   NEXT I
310 WEND
320 PRINT : PRINT "Programmende." : END
```

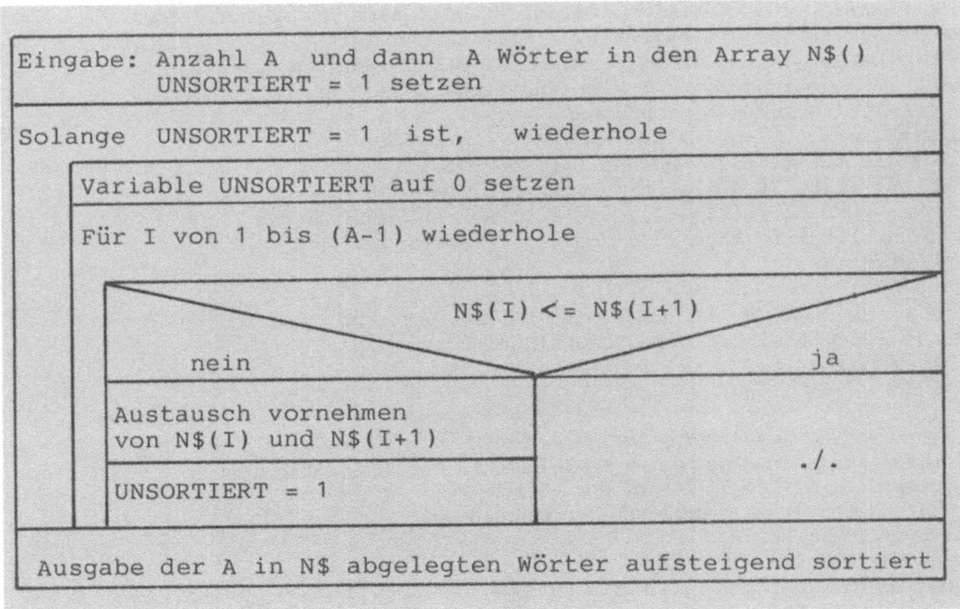

Struktogramm zum 'Bubble Sort' in Programm SORTSTRI

3.8.4 Mischen von Arrays

Mischen heißt, Daten unter Berücksichtigung ihrer Sortierfolge
zu   e i n e r   Datenstruktur zusammenzufügen. Im Beispielprogramm MISCHDAT wird der 5-Elemente-Aray X() und der 4-Ele-
mente-Array Y() zum 9-Elemente-Array Z() gemischt. Ein Problem
beim Mischen besteht in der Ende-Verarbeitung, wenn einer der
Arrays vollständig eingemischt ist. In MISCHDAT wird dann
in ein zusätzliches 6. (für X) bzw. 5. (für Y) Element die 999
als große Zahl gespeichert, um den Array für das weitere Einmischen zu sperren. Die Anweisung dazu heißt:

```
LET X(6) = ABS(999 * (I=6))
```

Hat I den Wert 6, so wird der Vergleich I=6? zu -1 (also wahr)
und X(6) erhält den Wert ABS(999*-1), d.h. 999. Für die übri-
gen Werte von I bleibt X(6) Null, da der Vergleich I=6? zu 0
(also unwahr) führt.

Codierung zu Programm MISCHDAT:

```
100 REM ====== Programm MISCHDAT
110 PRINT "Arrays X und Y zu einem Array Z mischen."
    '
120 REM ====== Vereinbarungsteil
130 DIM X(6), Y(5), Z(9) :  'Drei numerische Arrays
    '
140 REM ====== Anweisungsteil
150 PRINT : PRINT "Datenbestand 1:"
160   FOR I=1 TO 5 : READ X(I) : PRINT X(I); : NEXT I
170   DATA 10,20,30,40,50 : 'Datenbestand 1 nach Array X einlesen
180 PRINT : PRINT "Datenbestand 2:"
190   FOR I=1 TO 4 : READ Y(I) : PRINT Y(I); : NEXT I
200   DATA 15,20,25,45 :     'Datenbestand 2 nach Array Y einlesen
    '
210 LET I=1 : LET J=1 : LET K=1
220 WHILE NOT ((X(I)=999) AND (Y(J)=999))
230   IF X(I)<=Y(J)
         THEN LET Z(K)=X(I): I=I+1 : X(6)=ABS(999*(I=6))
         ELSE LET Z(K)=Y(J): J=J+1 : Y(5)=ABS(999*(J=5))
240   LET K=K+1  .
250 WEND
    '
260 PRINT : PRINT "Datenbestände 1 und 2 gemischt:"
270   FOR K=1 TO 9 : PRINT Z(K); : NEXT K
280 END
```

Ausführung zu Programm MISCHDAT:

```
Arrays X und Y zu einem Array Z mischen.

Datenbestand 1:
 10  20  30  40  50
Datenbestand 2:
 15  20  25  45
Datenbestände 1 und 2 gemischt:
 10  15  20  20  25  30  40  45  50
```

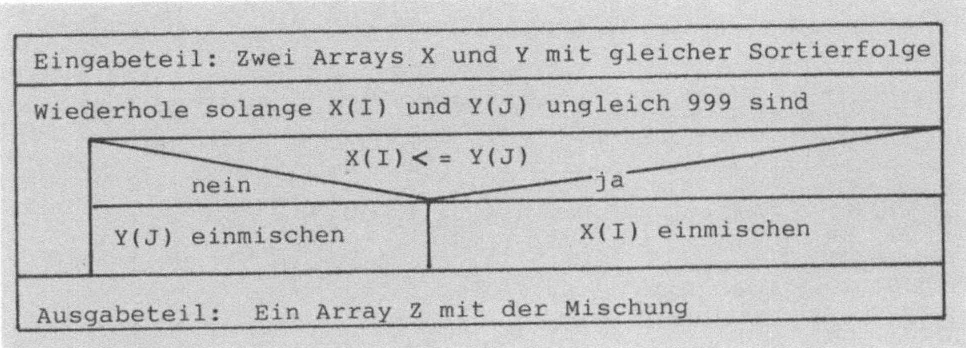

Mischen von zwei Arrays in Programm MISCHDAT

Datenflußplan zu Programm MISCHDAT:

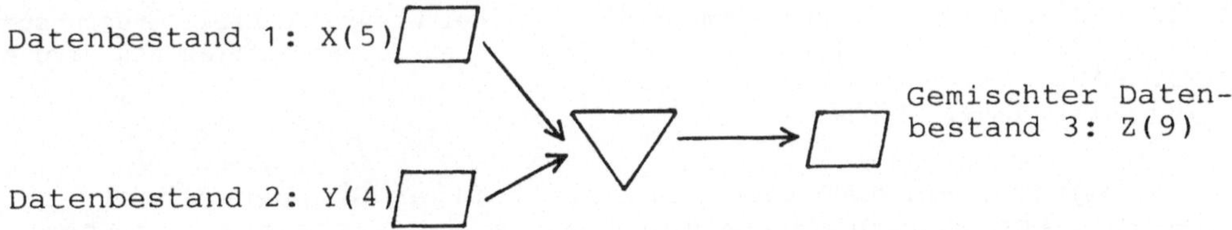

3.8.5 Gruppieren von Daten (Gruppenwechsel)

Das Programm GRUPPDAT erwartet über die Tastatur die Mengen-
angaben zu Aufträgen, um bei Wechsel der Auftragsnummer deren
Summe auszugeben. Aufträge mit gleicher Nummer werden zu Gruppen zusammengefaßt, um bei Gruppenwechsel deren Summe auszugeben. Solche Probleme bezeichnet man als V e r d i c h t e n
von Daten oder als G r u p p e n w e c h s e l . Wie wird der
Gruppenwechsel in GRUPPDAT festgestellt? Wir unterscheiden
A2 für 'Auftrag neu' und A1 für 'Auftrag alt', um für (A2<>A1)
dann die jeweils nach S1 aufaddierte Summe auszugeben und mit
240 LET S1=0 : LET A1=A2   zum nächsten Datensatz überzugehen.

Ausführung zu Programm GRUPPDAT:

Einstufiger Gruppenwechsel.
Auftrag, Menge? 221,10
Auftrag, Menge? 221,35
Auftrag, Menge? 221,14
Auftrag, Menge? 229,3
 221 mit Gruppensumme 59
Auftrag, Menge? 230,75
 229 mit Gruppensumme 3
Auftrag, Menge? 230,9
Auftrag, Menge? 0,0
 230 mit Gruppensumme 84
Ende.

Codierung zu Programm GRUPPDAT:


```
    100 REM ====== Programm GRUPPDAT
110 PRINT "Einstufiger Gruppenwechsel."
    '
120 REM ====== Vereinbarungsteil
130 'A2, M:      Datensatz mit Datenfeldern Auftrag und Menge
140 'A1, S1:     Auftrag `alt` und Gruppensumme
    '
150 REM ====== Anweisungsteil
160 INPUT "Auftrag, Menge"; A2,M
170 LET A1=A2
    '
180 WHILE A2<>0
190    WHILE A2=A1                  'kein Gruppenwechsel bei A2=A1
200       LET S1=S1+M                'Gruppensumme erhöhen
210       INPUT "Auftrag, Menge"; A2,M   'Neuen Datensatz eingeben
220    WEND
230    PRINT A1;"mit Gruppensumme"; S1   'bei Gruppenwechsel: Gruppensumme
240    LET S1=0 : LET A1=A2              'ausgeben; Auftrag neu wird alt
250 WEND
260 PRINT "Ende." : END
```


Im Programm GRUPPDAT liegt ein einstufiger Gruppenwechsel **vor**.
Daneben können Gruppenwechsel auch m e h r s t u f i g sein.
Dazu dieses Beispiel: Es wird nicht nur nach Aufträgen gleicher Nummer gruppiert (=Untergruppe), sondern zusätzlich noch
nach Vertreternummern (=Hauptgruppe). Auch ein solcher Haupt-
gruppenwechsel wird durch den Vergleich (V2<>V1) bzw. 'Vertreter neu < > Vertreter alt' festgestellt.

3.9 Sequentielle Datei (Telephondatei)

In Abschnitt 1.3.5 hatten wir vier Formen zur Organisation von
Dateien bzw. Files erläutert:

    1. Sequentielle Datei   (Reihenfolgezugriff)
    2. Direktzugriff-Datei   (.. auf den Datensatz direkt)
    3. Index-sequentielle Datei   (Inhaltsverzeichnis als Index)
    4. Verkettete Dateien   (Zeiger weist auf ein Datenfeld
                                   derselben oder einer anderen
                                   Datei)

Im folgenden wird für jede Organisationsform ein Programmbeispiel in BASIC angegeben und erklärt (Abschnitte 3.9 bis 3.11
und 3.14).

Da im Zusammenhang mit Dateien häufig zeigerverkettete Listen
(Linked List) und binäre Bäume als ebenfalls dynamische Datenstrukturen verwendet werden, wollen wir auch dazu zwei Beispiele betrachten (Abschnitte 3.12 und 3.13).

Wenden wir uns zunächst der s e q u e n t i e l l e n Datei
zu.
Das Programm SEQUEN-M verwaltet eine sequentielle Telephon-
datei. Zur Orientierung sehen wir uns das wiedergegebene Ausführungsbeispiel an.

3.9.1 Menügesteuerte Dateiverwaltung

Das "M" im Programmnamen SEQUEN-M steht für "Menüsteuerung".
Nach Eingabe von RUN wird ein Menü mit zehn Wahlmöglichkeiten
gezeigt. Nach dem Eintippen von 1 als Menüwahl sowie TELDATEI
als Dateiname wird diese (derzeit nur neun Einträge umfassen-
de) Datei komplett in den Hauptspeicher geladen. Dann werden 3
zusätzliche Einträge eingebenen (Menüwahl 4), der Eintrag von
STROMANN geändert (Menüwahl 6), der Eintrag von RUMMEL aus der
Datei gelöscht (Menüwahl 7), die verbliebenen elf Datensätze
nach Namen sortiert (Menüwahl 9) und ausgegeben (Menüwahl 3).
Abschließend werden die elf Telephoneinträge unter dem Namen
TELDATEI auf Diskette abgespeichert.

3.9.2 Dateiweiser Datenverkehr

Die Datei wird komplett in den Hauptspeicher eingelesen (Menüwahl 1), um sie dort in den Arrays N$() (für die Namen) sowie
T$() (für die Telephonnummern) abzulegen und zu verarbeiten
(Menüwahl 3-9). Abschließend werden alle Einträge komplett Datensatz für Datensatz auf Diskette als externe Datei abgespeichert (Menüwahl 2). Der Datentransport zwischen Externspeicher
(Diskette) und Internspeicher (Hauptspeicher) erfaßt immer die
ganze Datei als Einheit. Der sequentielle Dateizugriff erfolgt
somit allein bei Menüwahl 1 und 2. Da er einmalig die komplette Datei umfaßt, spricht man vom d a t e i w e i s e n Datenverkehr. Dem Vorteil der bequemen, schnellen (da internen)
Verarbeitung steht der Nachteil gegenüber, daß die Datei grös-
senmäßig durch den Hauptspeicherplatz begrenzt ist. Programm
DIREKT-M im Abschnitt 3.10 zeigt den s a t z w e i s e n Datenverkehr als Gegenstück zum dateiweisen Datenverkehr.

Beim dateiweisen Datenverkehr wird zumeist das Prinzip der
p a r a l l e l e n A r r a y s (vgl. Abschnitt 3.7.2) angewandt, bei dem gleiche Indizes auf denselben Datensatz verweisen. Wie die Abbildung zeigt, arbeitet das Programm SEQUEN-M
mit zwei parallelen Arrays für die zwei Datenfelder des Datensatzes der TELDATEI.

```
Index I:    Namen N$(I):    Tel-Nummern T$(I):
-------     -----------     ------------------
  (1)         Stromann        06262/3332          = Datensatz 1
  (2)         Weber           0721/1300165        = Datensatz 2
  (3)         Treiber         0611/232323         = Datensatz 3
  (4)         Köpfle          06221/44421         = Datensatz 4
  (5)         Schönfelder     06203/5541          = Datensatz 5
  ...         ...                 ...                 ...
  ...         ...
  ...
  (N)                                             = Datensatz N
                                                    EOF

    Zwei Arrays (intern) nehmen eine Datei (extern) auf.
```

Prinzip der parallelen Arrays am Beispiel der TELDATEI

Ausführung zur Verwaltung einer Telephondatei über
Programm SEQUEN-M:

Telephonliste als sequentielle Datei.

Menü zur Verwaltung der Telephon-Datei
----
   0   Beenden
   1   Laden   der Datei
   2   Speichern der Datei extern
   3   Drucken   Gesamtverzeichnis
   4   Eingeben von Einträgen
   5   Suchen   eines Eintrags
   6   Ändern   eines Eintrags
   7   Löschen   eines Eintrags
   8   Einfügen eines Eintrags
   9   Sortieren der Gesamtdatei

Wahl 0-9? 1
Name der Datei? TELDATEI
 9 Einträge von Datei TELDATEI in den Hauptspeicher.
Weiter mit RETURN

   3   Ausgabe des Menüs ist weggelassen.

Name: Telehonnummer:

Stromann   06262/3332
Weber   0721/1300165
Treiber   0611/232323
Köpfle   06221/44421
Schönfelder   06203/5541
Schmidtborn   06221/332000
Rummel   089/4413998
Maucher   06204/1210
Rudolfs   06221/33125
Dateiende nach 9 Einträgen.
Weiter mit RETURN
```
```

Fortsetzung der Ausführung zu Programm SEQUEN-M:

4

```
Name (O=Ende)? DOMBERG
Telephonnummer? 07622/163390
Name (O=Ende)? Hoffmann
Telephonnummer? 0621/1199110
Name (O=Ende)? Krämer
Telephonnummer? 06227/1971
Name (O=Ende)? O
Weiter mit RETURN
```

6

```
Name des zu ändernden Eintrags? Stromann
Stromann ändern in ? Stromann-Krämer
06262/3332 ändern in ? 06262/3332
Stromann-Krämer 06262/3332 korrekt (ja/nein) ? ja
Weiter mit RETURN
```

7

Ausgabe der Menüs ist jeweils weggelassen.

```
Name des zu löschenden Eintrags? Rummel
Rummel wirklich löschen (ja/nein)? ja
Weiter mit RETURN
```

9

```
Sortieren von 11 Datensätzen beginnt.
Sortieren im Huptspeicher beendet.
Weiter mit RETURN
```

3

```
                    3
Name:               Telehonnummer:
-----------------------------------
DOMBERG             07622/163390
Hoffmann            0621/1199110
Krämer              06227/1971
Köpfle              06221/44421
Maucher             06204/1210
Rudolfs             06221/33125
Schmidtborn         06221/332000
Schönfelder         06203/5541
Stromann-Krämer     06262/3332
Treiber             0611/232323
Weiter blättern
Weber               0721/1300165
Dateiende nach 11 Einträgen.
Weiter mit RETURN2
Name der Ausgabedatei? TELDATEI
Bisherige Datei zerstören (ja/nein)? ja
 11 Einträge vom Hauptspeicher in die Datei TELDATEI.
Weiter mit RETURN
```

0
```
Programmende.
```

Struktogramm zu Programm SEQUEN-M:

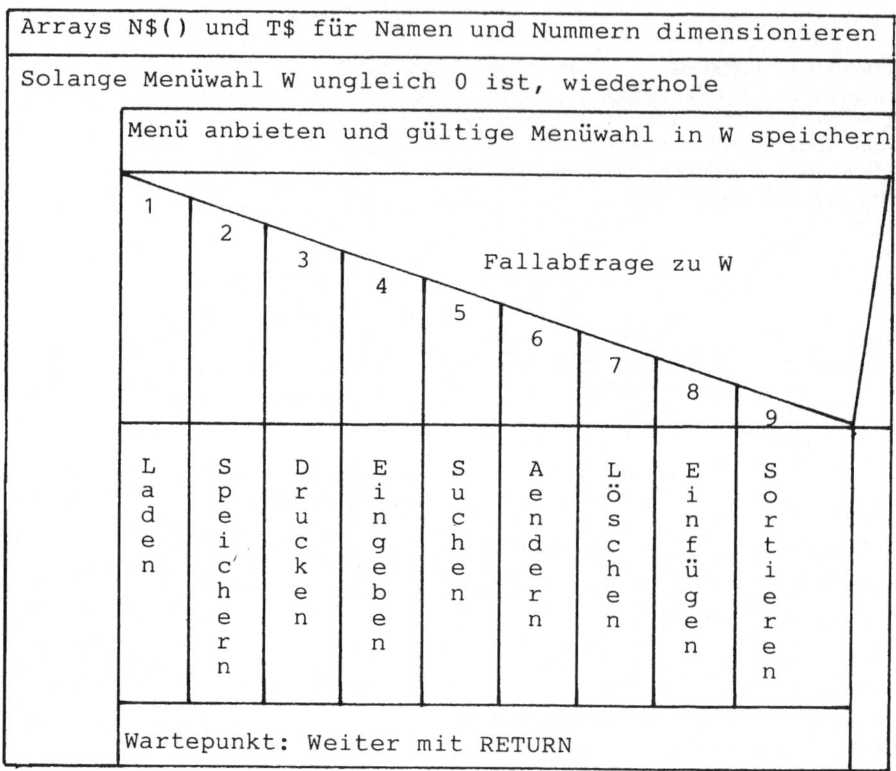

3.9.3 Verarbeitung von Arrays in den Unterprogrammen

Zum Steuerprogramm in den Zeilen 180-250: Wie auch das Struktogramm zu SEQUEN-M aufzeigt, besteht das Programm aus einer Wiederholungsstruktur (Schleife), in die eine Auswahlstruktur (Fallabfrage in Zeile 220) eingeschachtelt ist.

Zum Unterprogramm LADEN in den 1000er Zeilen: Hier erkennt man den für die Dateiverarbeitung typischen 3er-Schritt (vgl. Abschnitt 1.3.5.4):

  1. Datei öffnen: In 1010 unter dem in F$ enthaltenen Namen.
  2. Datei verarbeiten: In 1020-1040 alle 2-Komponenten-Sätze
                der Datei nach N$() und T$() einlesen. Der
                erste Dateieintrag ist die Satzanzahl N.
  3. Datei schließen: In 1050 unverändert, da nur gelesen.

Zum Unterprogramm SPEICHERN in den 2000er Zeilen: Als erstes
wird die Satzanzahl N auf die Datei geschrieben, dann die N
Datensätze jeweils mit Name und Telephonnummer.

Zum Unterprogramm SUCHEN in den 5000er Zeilen: Hier wird rein
sequentiell gesucht. Die Zählerschleife hat nur einen Ausgang.
Flagge F dient der Ablaufsteuerung.

Zum Unterprogramm PHYSISCH LÖSCHEN in den 7000er Zeilen: Physisch löschen bedeutet tatsächlich löschen. Die Zählerschleife
7050-7070 bewirkt, daß alle Einträge ab dem zu löschenden Eintrag um eine Position bzw. um ein Element in den Arrays N$()
und T$() vorgerückt werden.

Zum Unterprogramm EINFÜGEN in den 8000er Zeilen: Die Zählerschleife 8030 FOR Z=N TO W+2 STEP -1 rückt vom letzten Satz N
ausgehend Einträge um jeweils eine Position nach hinten, um in
Zeile 8070-8080 den neuen Eintrag einzufügen.

Zum Unterprogramm SORTIEREN in den 9000er Zeilen: Wie in Programm SORTDAT1 (vgl. Abschnitt 3.9.3.1) wird das "Sortieren
durch Austausch nach Auswahl" verwendet, jedoch mit folgenden
Abweichungen: Anstelle von Zahlen werden Strings sortiert.
              Die Anzahl der Sortierbegriffe N ist variabel.

```
SEQ. TELEPHONDATEI AUF DISKETTE (GGF. AUF KASSETTE):

Unter dem Betriebssystem PC-DOS kann
man sich über den System-Befehl
 TYPE TELDATEI
den derzeitigen Inhalt der TELDATEI
ausgeben lassen.
Wir erkennen:
- Variable Datensatzlänge bei der
  sequentiellen Datei.
- Trennungszeichen , bzw. CHR$(13)
  für RETURN zwischen Datenfeldern.


SEQ. TELEPHONDATEI INTERN IM HAUPTSPEICHER (ARRAY N$, T$):

Index: N$():           T$():            N:  12
  (1)    STROMANN      06262/3332       Im dateiweisen Datenverkehr
  (2)    WEBER         0721/1300165     wird die gesamte Datei kom-
  (3)    TREIBER       0611/232323      plett in die Arrays N$()
  (4)    KÖPFLE        06221/44421      und T$() eingelesen.
  (5)    SCHÖNFELDER   06203/5541
  (6)    SCHMIDTBORN   06221/332000     Am Ende wird der Inhalt
  (7)    ...           ...              der Arrays komplett auf
                                        die Datei geschrieben.
```

Dateiweiser Datenverkehr: Gesamtdatei intern in Arrays ablegen

Codierung zu Programm SEQUEN-M:

```
100 REM ====== Programm SEQUEN-M
110 PRINT "Telephonliste als sequentielle Datei." : PRINT
    '
120 REM ====== Vereinbarungsteil
130 DIM N$(100): '100-Elemente-Array für die Namen
140 DIM T$(100): '100-Elemente-Array für die Telephonnummern
150 'W,W$:       Wahlmöglichkeit bei Menüauswahl
160 'F$:         Dateiname (Filename) für die sequentielle Datei
170 'I,Z,F:      Laufvariablen bzw. Flagge (Flag)
    '
180 REM ====== Anweisungsteil
181 LET W=1
190 WHILE W<>0
200    GOSUB 500            'Aufruf Unterprogramm MENUEANGEBOT
210    CLS
220    ON W GOSUB 1000,2000,3000,4000,5000,6000,7000,8000,9000
230    PRINT "Weiter mit RETURN"; : LET W$=INPUT$(1) : CLS
240 WEND
250 PRINT "Programmende." : END
    '
500 PRINT "Menü zur Verwaltung der Telephon-Datei"
510 PRINT "----------------------------------------"
520 PRINT " 0      Beenden"
530 PRINT " 1      Laden      der Datei"
540 PRINT " 2      Speichern der Datei extern"
550 PRINT " 3      Drucken   Gesamtverzeichnis"
560 PRINT " 4      Eingeben  von Einträgen"
570 PRINT " 5      Suchen    eines Eintrags"
580 PRINT " 6      Ändern    eines Eintrags"
590 PRINT " 7      Löschen   eines Eintrags"
600 PRINT " 8      Einfügen  eines Eintrags"
610 PRINT " 9      Sortieren der Gesamtdatei"
620 PRINT "----------------------------------------"
630 INPUT "Wahl 0-9";W$ : LET W=VAL(W$)
640 IF W<0 OR W>9 THEN PRINT "Eingabe bitte zwischen 0 und 9." : GOTO 630
650 IF W<>INT(W) THEN PRINT "Eingabe bitte ganzzahlig vornehmen." : GOTO 630
660 RETURN
    '
1000 INPUT "Name der Datei";F$
1010 OPEN F$ FOR INPUT AS #1
1020 INPUT #1, N
1030   FOR I=1 TO N : INPUT #1,N$(I),T$(I) : NEXT I
1040 PRINT N;"Einträge von Datei ";F$;" in den Hauptspeicher."
1050 CLOSE #1
1060 RETURN
    '
2000 INPUT "Name der Ausgabedatei"; F$
2010 INPUT "Bisherige Datei zerstören (ja/nein)";W$
2020 IF W$<>"ja" THEN 2080
2030 OPEN F$ FOR OUTPUT AS #1
2040 PRINT #1,N
2050   FOR I=1 TO N : PRINT #1,N$(I);",";T$(I) : NEXT I
2060 PRINT N;"Einträge vom Hauptspeicher in die Datei ";F$;"."
2070 CLOSE #1
2080 RETURN
```

Codierung zu Programm SEQUEN-M (erste Fortsetzung):

```
3000 PRINT "Name:                    Telehonnummer:"
3010 PRINT "----------------------------------"
3020 FOR I=1 TO N
3030    PRINT N$(I); TAB(24); T$(I)
3040    IF INT(I/10)=I/10 THEN INPUT "Weiter blättern",W$
3050 NEXT I
3060 PRINT "Dateiende nach";N;"Einträgen."
3070 RETURN
     '
4000 LET N=N+1
4010 INPUT "Name (O=Ende)"; N$(N)
4020    IF N$(N)="O" THEN LET N=N-1 : GOTO 4040
4030 INPUT "Telephonnummer"; T$(N) : GOTO 4000
4040 RETURN
     '
5000 INPUT "Zu suchender Name"; W$
5010 LET F=0    'Flagge gesenkt
5020 FOR I=1 TO N
5030    IF LEFT$(N$(I),LEN(W$))=W$
          THEN PRINT "Gefundene Nummer: ";T$(I): LET I=N: LET F=-1
5040 NEXT I
5050 IF NOT F THEN PRINT W$;" nicht gefunden."
5060 RETURN
     '
6000 INPUT "Name des zu ändernden Eintrags";W$ : LET F=0    'Upro AENDERN
6010 FOR I=1 TO N
6020    IF LEFT$(N$(I),LEN(W$))=W$ THEN 6030 ELSE 6090
6030      WHILE W$<>"ja"
6040        PRINT N$(I)" ändern in "; : INPUT N$(I)
6050        PRINT T$(I);" ändern in "; : INPUT T$(I)
6060        PRINT N$(I);" ";T$(I);" korrekt (ja/nein) "; : INPUT W$
6070      WEND
6080    LET I=N : LET F=-1
6090 NEXT I
6100 IF NOT F THEN PRINT "Eintrag ";W$;" nicht gefunden."
6110 RETURN
     '
7000 INPUT "Name des zu löschenden Eintrags";W$ : LET F=0    'Upro LOESCHEN
7010 FOR I=1 TO N
7020    IF LEFT$(N$(I),LEN(W$))<>W$ THEN 7100
7030    PRINT N$(I);" wirklich löschen (ja/nein)"; : INPUT W$
7040    IF W$<>"ja" THEN 7090
7050    FOR Z=I TO N-1
7060      LET N$(Z)=N$(Z+1) : LET T$(Z)=T$(Z+1)
7070    NEXT Z
7080    LET N=N-1
7090    LET I=N : LET F=-1
7100 NEXT I
7110 IF NOT F THEN PRINT W$;" nicht gefunden. Kein Löschen nöglich."
7120 RETURN
```

Codierung zu Programm SEQUEN-M (zweite Fortsetzung):


```
8000 PRINT "Datei ";F$;" hat";N;"Einträge. Nach welchem"     'Upro EINFUEGEN
8010 INPUT "Eintrag einfügen (Satznummer tippen)";W
8020 LET N=N+1
8030 FOR Z=N TO W+2 STEP -1
8040    LET N$(Z)=N$(Z-1) : LET T$(Z)=T$(Z-1)
8050 NEXT Z
8060 PRINT "Nachfolgende Einträge sind verschoben."
8070 INPUT "Einzufügender Name  "; N$(W+1)
8080 INPUT "Einzufügende Nummer "; T$(W+1)
8090 RETURN
     '
9000 PRINT "Sortieren von";N;"Datensätzen beginnt."     'Upro SORTIEREN
9010 FOR I=1 TO N-1    'Sortiermethode "Austausch nach Auswahl"
9020    LET STELLMIN=I : LET NAMMIN$=N$(I) : LET TELMIN$=T$(I)
9030    FOR Z=(I+1) TO N
9040       IF N$(Z)<NAMMIN$ THEN LET STELLMIN=Z: NAMMIN$=N$(Z): TELMIN$=T$(Z)
9050    NEXT Z
9060    LET N$(STELLMIN)=N$(I) : LET N$(I)=NAMMIN$
9070    LET T$(STELLMIN)=T$(I) : LET T$(I)=TELMIN$
9080 NEXT I
9090 PRINT "Sortieren im Hauptspeicher beendet."
9100 RETURN
```


Die sequentielle Datei TELDATEI ist als Textdatei bzw. ASCII-
Datei auf Diskette abgespeichert. Wir haben drei Möglichkeiten
kennengelernt, um uns den Inhalt dieser Textdatei zeigen zu
lassen:
   - Sequentielles Lesen durch die Anweisung PRINT#1
     über die Menüwahl 3 des Programms SEQUEN-M.
   - DOS-Befehl TYPE
   - Wort-für-Wort-Lesen über das Programm DATEIANZ in
     Abschnitt 3.5.9.


```
A>TYPE TELDATEI
 9
Stromann,06262/3332
Weber,0721/1300165
Treiber,0611/232323
Köpfle,06221/44421
Schönfelder,06203/5541
Schmidtborn,06221/332000
Rummel,089/4413998
Maucher,06204/1210
Rudolfs,06221/33125
```

Inhalt der sequentiellen Datei
TELDATEI über DOS-Befehl TYPE
wiedergegeben:
Satzanzahl 9 als erster Eintrag.
9 Datensätze mit jeweils zwei
Eintragungen.
Trennungszeichen , in Zeile
2050 des Programms SEQUEN-M
geschrieben.

3.10 Direktzugriff-Datei (Artikeldatei)

Zum Zugriff auf eine s e q u e n t i e l l e Datei haben wir
die Anweisungen PRINT# bzw. WRITE# und INPUT# verwendet. Beim
Zugriff auf eine D i r e k t z u g r i f f - D a t e i verwenden wir die Anweisungen PUT und GET. Wie die Abbildung verdeutlicht, treten noch weitere Anweisungen auf, da die Datensätze beim Schreiben (PUT) wie beim Lesen (GET) durch den Dateipuffer als 'Fenster' durchgereicht werden.

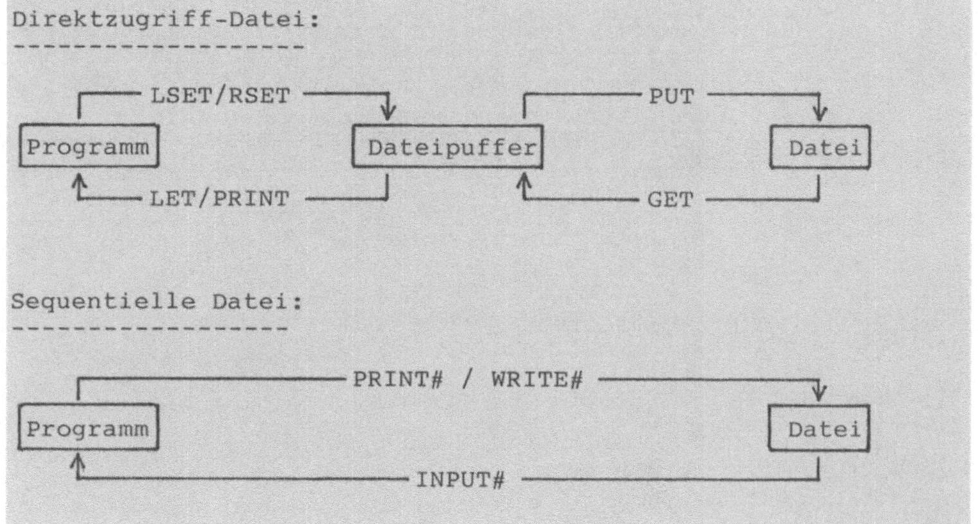

Zugriff auf die sequentielle Datei und die Direktzugriff-Datei

Das Programm DIREKT-M verwaltet eine Artikeldatei. Die Ausführung zu diesem Programm ähnelt der von Programm SEQUEN-M, weil
beide menügesteuert ablaufen.
Dennoch weicht das Programm DIREKT-M in einigen Punkten ab:

- Direktzugriff-Datei anstelle einer sequentiellen Datei.
- Artikeldatei weist Datensätze mit konstanter Satzlänge auf.
- Overlay durch Verkettung von fünf eigenständigen Programmen.
- Satzweiser Datenverkehr anstelle dateiweisem Datenverkehr.
- Direkte Adressierung des Datensatzes.

Diese fünf Punkte wollen wir nun anhand der vom Menüprogramm
DIREKT-M aufgerufenen Programme DIREKT-A (Anlegen einer Da-
tei), DIREKT-S (Schreiben von Sätzen), DIREKT-L (Lesen) und
DIREKT-F (Fortschreiben von Lagerbeständen) erläutern.

3.10.1 Datei mit konstanter Datensatzlänge

Die Datensätze einer Artikeldatei namens ARTDATEI haben alle
eine feste Satzlänge von L=23 Stellen und bestehen aus jeweils
vier Datenfeldern.

Inhalt:	Artikelnummer:	Bezeichnung:	Menge:	Stückpreis:
Stellen: /	2 /	15 /	2 /	4 /
(DATENTYP)	INTEGER	STRING	INTEGER	REAL-einfach
Variablenname	A1	A2$	A3	A4
(Name Puffer)	P1$	P2$	P3$	P4$
Beispiel:	1002	ORCHIDEE	50	27.50

Datensatz-Beschreibung für die ARTDATEI

Ausführung zu Programm DIREKT-M:

```
*1 = Neue Datei anlegen    *
*2 = Datensätze schreiben *
*3 = Datensätze lesen      *
*4 = Bestand fortschreiben*
*5 = Dateizugriff beenden *
Wahl 1-5? 1
Dateiname? ARTDATEI
... diese Datei wirklich löschen und neu anlegen (j/n)?
j
Datei ARTDATEI gelöscht.
Datei ARTDATEI neu geöffnet.
Leersätze auf Datei schreiben (j/n)
n

*1 = Neue Datei anlegen    *
*2 = Datensätze schreiben *
*3 = Datensätze lesen      *
*4 = Bestand fortschreiben*
*5 = Dateizugriff beenden *
Wahl 1-5? 2
Sätze schreiben (0=Ende).
Nummer, Bez., Bestand, Preis:
? 1002,ORCHIDEE,50,27.50
Nummer, Bez., Bestand, Preis:
? 1001,CLEMATIS,30,19.25
Nummer, Bez., Bestand, Preis:
? 1019,IRIS,80,9.55
Nummer, Bez., Bestand, Preis:
? 1011,LILIE,25,14.05
Nummer, Bez., Bestand, Preis:
? 0,0,0,0
```

Ausführung zu Programm DIREKT-M (erste Fortsetzung):

```
*1 = Neue Datei anlegen    *
*2 = Datensätze schreiben *
*3 = Datensätze lesen      *
*4 = Bestand fortschreiben*
*5 = Dateizugriff beenden *
Wahl 1-5? 4
Artikelnummer zur Fortschreibung? 1019
Artikelnummer:  1019
Bezeichnung:    IRIS
Bestandsmenge:  80
Stückpreis:       9.55
Bestandsänderung +- ? -13
Fortgeschrieben auf 67 .


*1 = Neue Datei anlegen    *
*2 = Datensätze schreiben *
*3 = Datensätze lesen      *
*4 = Bestand fortschreiben*
*5 = Dateizugriff beenden *
Wahl 1-5? 3
Artikelnummer (Ende=negativ)? 1002
Artikelnummer:  1002
Bezeichnung:    ORCHIDEE
Bestandsmenge:  50
Stückpreis:       27.5

Artikelnummer (Ende=negativ)?
? 1019
Artikelnummer:  1019
Bezeichnung:    IRIS
Bestandsmenge:  67
Stückpreis:       9.55

Artikelnummer (Ende=negativ)?
? 50000
... kein Satz angelegt.

Artikelnummer (Ende=negativ)?
? -1
Ende.
```

In BASIC hat die Direktzugriff-Datei im Gegensatz zur sequentiellen Datei eine f e s t e   D a t e n s a t z l ä n g e ,
die in der OPEN-Anweisung angegeben werden muß:

```
    190 OPEN "ARTDATEI" AS #1 LEN=23
         └──────────┬──────┴───┴── Dateiname
                    └───────────── Dateinummer
                    └───────────── Datensatzlänge fest
```

Geben wir die Laufwerkbezeichnung (A oder B) in die Variable
L$ und den Dateinamen in F$ ein, müssen wir die Anweisung   als

```
    190 OPEN L$+":"+F$ AS #1 LEN=23
```

schreiben. Der "+"-Operator dient der Verkettung der Strings.

Die Datensatzlänge einer einmal eingerichteten Datei kann später nicht mehr verändert werden - es sei denn, man richtet eine zweite Datei ein. Lassen wir LEN weg, nimmt das System 128
Zeichen als Satzlänge an. Im Gegensatz zur sequentiellen Datei
müssen die Modi INPUT, OUTPUT bzw. APPEND in der OPEN-Anweisung nicht angegeben werden, da der Dateizugriff beliebig erfolgen kann.

3.10.2 Overlay durch Verkettung von Programmen

Als Menüprogramm ruft das Programm DIREKT-M je nach Menüwahl
durch die Anweisungen

    260 ... 290 RUN "Programmname"

eines der vier Programme

    DIREKT-A   Eine Direktzugriff-Datei leer A)nlegen
    DIREKT-S   Datensätze direkt auf Datei S)chreiben
    DIREKT-L   Einen bestimmten Datensatz direkt L)esen
    DIREKT-F   Den Lagerbestand F)ortschreiben

auf. Durch den Aufruf wird Programm DIREKT-M überlagert (overlay) und im Hauptspeicher tritt an die Stelle von DIREKT-M das
jeweils gerufene Programm.
Nach Ausführung eines gerufenen Programms lädt dieses durch

    ... RUN "DIREKT-M"

das Menüprogramm wieder in den Hauptspeicher.
Mit dem Overlay werden alle vom rufenden Programm bislang er-
zeugten Variablenwerte zerstört.

3.10.3 Datensatzweiser Datenverkehr

Das Programm SEQUEN-M hatte im dateiweisen Datenverkehr zu Beginn die gesamte Datei in den Hauptspeicher eingelesen und in
Arrays abgelegt. Bei der durch das Programm DIREKT-M verwalte-
ten Artikeldatei hingegen wird jeweils unmittelbar nach der
Anforderung ein e i n z e l n e r Satz gelesen, geschrieben
oder geändert.
Wir bezeichneten dies als "datensatzweisen Datenverkehr". Die
Artikeldatei kann damit natürlich größer sein als der verfügbare Hauptspeicherplatz, da zwischen dem externen und dem interne Speicher stets nur ein Datensatz transportiert wird. Wie
zeigt sich der datensatzweise Datenverkehr in der Codierung?
In j e d e m Programm findet sich mindestens eine Anweisung
mit einem Dateizugriff (PUT zum Schreiben oder GET zum Lesen).

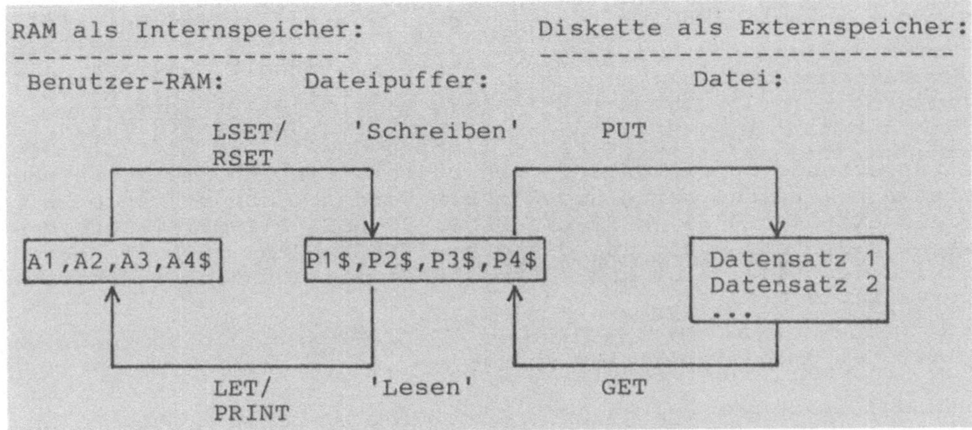

Datensatzweiser Datenverkehr mit GET und PUT

Zum direkten Schreiben mittels P U T :

Die Anweisung PUT schreibt einen Datensatz aus dem sogenannten
D a t e i p u f f e r auf die Datei. Diesen Dateipuffer können
wir uns als Zwischenspeicher und Fenster vorstellen, durch das
die Datensätze formgerecht gereicht werden. Als 'Dateipuffer
für die Direktzugriff-Datei' ist ein Teil des Hauptspeichers
reserviert.

Codierung zu Programm DIREKT-M:

```
100 REM ====== Programm DIREKT-M
110 'Menüprogramm (Abkürzung M im Programmnamen:
120 'Verwaltung einer Artikeldatei als Direktzugriff-Datei.
    '
130 REM ====== Vereinbarungsteil
140 'E$, E:    Eingabe beim Menüauswahl
    '
150 REM ====== Anweisungsteil
160 PRINT
170 PRINT "*1 = Neue Datei anlegen    *"
180 PRINT "*2 = Datensätze schreiben *"
190 PRINT "*3 = Datensätze lesen      *"
200 PRINT "*4 = Bestand fortschreiben*"
210 PRINT "*5 = Dateizugriff beenden *"
220 INPUT "Wahl 1-5";E$ : LET E=VAL(E$)
230 IF E=5 THEN PRINT "Ende." : END
    '
240 ON E GOTO 260, 270, 280, 290
250 PRINT "Eingabefehler." : GOTO 220
    '
260 RUN "DIREKT-A"          'Programm-Overlay mittels Anweisung RUN
270 RUN "DIREKT-S"
280 RUN "DIREKT-L"
290 RUN "DIREKT-F"
```

Mit dem Befehl FIELD teilen wir den Dateipuffer in Datenfelder (= fields) ein und legen für jedes Datenfeld die Feldlänge
und die Puffervariable fest.   80 FIELD 2 AS P1$ bewirkt, daß
ein zwei Bytes langes Datenfeld für die Puffervariable P2$ re-
serviert wird (Puffervariablen sind stets vom Typ STRING).
Die Anweisung LSET setzt Werte linksbündig (L wie Left) in die
entsprechende Puffervariable. Da Puffervariablen STRINGs sind,
müssen numerische Werte umgewandelt werden. Dazu verwenden wir
die Funktionen MKI$, MKS$ und MKD$. 90 LSET P1$=MKI$(1002) be-
wirkt z.B. folgendes: Wandle die INTEGER-Zahl 1002 in einen
STRING der Länge 2 um und setze diesen linksbündig in die Puffervariable P1$.

Zum direkten Lesen mittels G E T :

Mit der Anweisung GET können wir umgekehrt einen Datensatz aus
der Datei direkt lesen und in den Dateipuffer setzen.
100 GET #1,34 setzt z.B. den 34. Datensatz von Datei 1 in den
Dateipuffer. Bevor wir uns den Datensatz ausgeben lassen können, müssen wir die Strings in den Puffervariablen ggf. wieder
in numerische Werte zurückverwandeln. Dafür benutzen wir die
Funktionen CVI, CVS und CVD. Ein Beispiel: 200 LET A1=CVI(P1$)
wandelt den 2-Zeichen-STRING in der Puffervariablen P1$ in ei-
ne INTEGER-Zahl um.

Codierung zu Programm DIREKT-A:

```
100 REM ====== Programm DIREKT-A
110 'Programm zum Anlegen (A) einer Datei: "Alte" Datei löschen,"
120 '"neue" Datei generieren und ggf. mit Leersätzen beschreiben."
    '
130 REM ====== Vereinbarungsteil
140 'F$:               Name der Direktzugriff-Datei
150 'ANZ:              Anzahl der Datensätze
160 'P1$,P2$,P3$,P4$:  Datensatz mit 4 Datenfeldern im Dateipuffer
170 'S:               Satznummer bzw. Datensatznummer
    '
180 REM ====== Anweisungsteil
190 INPUT "Dateiname";F$
200 PRINT "... diese Datei wirklich löschen und neu anlegen (j/n)?"
210 LET E$=INPUT$(1) : PRINT E$ : IF E$<>"j" THEN 380
230 KILL F$
250 PRINT "Datei ";F$;" gelöscht."
260 OPEN F$ AS #1 LEN=23
270 FIELD #1, 2 AS PA$, 15 AS P2$, 2 AS P3$, 4 AS P4$
280 PRINT "Datei ";F$;" neu geöffnet."
    '
290 PRINT "Leersätze auf Datei schreiben (j/n)"
300 LET E$=INPUT$(1) : PRINT E$ : IF E$<>"j" THEN 370
310 INPUT "Vorgesehene Satzanzahl";ANZ
320 LSET P1$=MKI$(0): LSET P2$=" ": LSET P3$=MKI$(0): LSET P4$=MKS$(0)
330 FOR S=1 TO ANZ
340   PUT #1, S
350 NEXT S
360 PRINT ANZ;"Leersätze geschrieben."
    '
370 CLOSE #1
380 RUN "DIREKT-M"
```

Fehlt die Datensatznummer hinter GET, wird der Satz in den Dateipuffer gelesen, der dem zuletzt mit GET gelesenen Datensatz
folgt. Durch die Anweisungsfolge

    GET #1,20 : GET #1 : GET #1 : ...

kann eine Direktzugriffdatei somit seriell bzw. starr fortlaufend gelesen werden. Natürlich kann dies auch durch die Anweisung GET #1,S erfolgen, wenn S in einer Schleife jeweils um
1 hochgezählt wird.

```
VOR DEM SCHREIBEN MIT PUT: WERTE IN PUFFERVARIABLEN SETZEN
---
100 LSET P1$=MKI$(1000)      Zahl 1000 vom Datentyp INTEGER
                             in STRING mit Länge 2 Bytes.
110 LSET P2$=MKS$(2.5)       Zahl 2.5 vom Typ REAL-einfach
                             in STRING mit Länge 4 Bytes.
120 LSET P3$=MKD$(0.09)      Zahl 0.09 vom Typ REAL-doppelt
                             in STRING mit Länge 8 Bytes.
130 LSET P4$="ROSE"          STRING "ROSE" nach P4$ zuweisen


NACH DEM LESEN MIT GET: WERTE AUS PUFFERVARIABLEN ENTNEHMEN
----
200 LET A1=CVI(P1$)          P1$ in INTEGER-Zahl A1.

210 LET A2=CVS(P2$)          P2$ in REAL-einfach-Zahl A2.

220 LET A3=CVD(P3$)          P3$ in REAL-doppelt-Zahl A3.

240 LET A4$=P4$              P4$ bleibt STRING A4$ (stets
                             verschiedene Namen verwenden!)
```

Datenfelder in Dateipuffer setzen und aus Dateipuffer nehmen

Einige Anmerkungen zum Dateipuffer:
- Puffervariablen sind stets Strings. Grund: Die Stringholder
  können vom Varablenspeicher auf den Dateipuffer weisen (vgl.
  dazu Abschnitt 3.5.7.2).
- Standard-Puffergröße ist 128 Bytes. Mit BASICA /S:256 z.B.
  verdoppeln wir beim Laden von BASIC diese Größe. Die maximale Puffergröße liegt bei 32767 Bytes.
- Wertzuweisungen zu Puffervariablen müssen durch LSET (linksbündig zuweisen) oder RSET (rechtsbündig) erfolgen, keinesfalls aber durch LET oder INPUT.
- Funktionen MKI$, MKS$ und MKD$ zur Umwandlung einer Zahl des
  Typs Ganzzahl, einfache bzw. doppelte Genauigkeit in einen
  Pufferstring der Länge 2, 4 bzw. 8 Bytes.
- Funktionen CVI, CVS bzw. CVD zur Umwandlung von Strings in
  numerische Werte.

```
1) DATEI ERÖFFNEN UND DATEIPUFFER AUFTEILEN

190 OPEN "ARTDATEI" AS #1 LEN=23     Datensatzlänge 23 fest.
200 FIELD #1, 2 AS P1$, 15 AS P2$, 2 AS P3$, 4 AS P4$
                                     Dateipuffer mit 4 Feldern.

2) DATENSATZ MIT SATZNUMMER 19 DIREKT SCHREIBEN

300 LSET P1$=MKI$(1019): LSET P2$="IRIS"      Satz linksbündig
310 LSET P3$=MKI$(80)  : LSET P4$=MKS$(9.55)  in Dateipuffer
320 PUT #1, 19                                setzen und dann
                                              schreiben.
3) DATENSATZ MIT SATZNUMMER 2 DIREKT LESEN

500 GET #1, 2                                 Satz lesen und
510 LET A1=CVI(P1$) : LET A2$=P2$             aus Dateipuffer
520 LET A3=CVI(P3$) : LET A4=CVS(P4$)         in die Satzvari-
530 PRINT "2. Satz: ";A1,A2$,A3,A4            ablen bringen.
```

Über den Dateipuffer direkt lesen und direkt schreiben

Codierung zu Programm DIREKT-F:

```
100 REM ====== Programm DIREKT-F
110 'Fortschreibungsprogramm (F): Einen Satz aus der Artikeldatei
120 'suchen, zeigen und seinen Bestand ändern, d.h. fortschreiben.
    '
130 REM ====== Vereinbarungsteil
140 'ARTDATEI:          Direktzugriff-Datei
150 'A1,A2$,A3,A4:      Datensatz mit 4 Datenfeldern im Programm
160 'P1$,P2$,P3$,P4$:   Datensatz mit 4 Datenfeldern im Dateipuffer
170 'SUCH:              Artikelnummer als Suchbegriff
180 'ZUAB:              Zu- oder Abnahme bei Bestandsänderung
190 'S:                 Satznummer zur direkten Adressierung
    '
200 REM ====== Anweisungsteil
210 OPEN "ARTDATEI" AS #1 LEN=23
220 FIELD #1, 2 AS P1$, 15 AS P2$, 2 AS P3$, 4 AS P4$
230 INPUT "Artikelnummer zur Fortschreibung"; SUCH
240    LET S = SUCH - 1000
250    ON ERROR GOTO 380
260    GET #1, S
270    LET A1=CVI(P1$): LET A2$=P2$: LET A3=CVI(P3$): LET A4=CVS(P4$)
280    IF A1=0 THEN PRINT "... kein Satz angelegt." : GOTO 390
290    PRINT "Artikelnummer: ";A1
300    PRINT "Bezeichnung:   ";A2$
310    PRINT "Bestandsmenge: ";A3
320    PRINT "Stückpreis:    ";A4
330 INPUT "Bestandsänderung +- ";ZUAB
340 LET A3 = A3 + ZUAB            'Fortschreibung des Bestandes A3
350    LSET P3$=MKI$(A3)
360    PUT #1, S
370 PRINT "Fortgeschrieben auf";A3;"."
    '
380 IF (ERR>0)AND(ERL=260) THEN PRINT "... Fehlanzeige für"; SUCH
390 CLOSE #1
400 RUN "DIREKT-M"
```

Struktogramm zum Leseprogramm DIREKT-L:

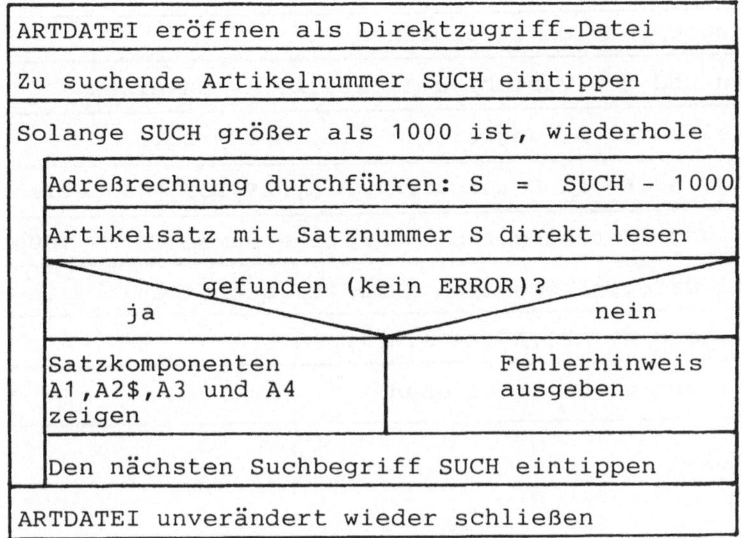

Codierung zu Programm DIREKT-L:

```
100 REM ====== Programm DIREKT-L
110 'Leseprogramm (L): Einen oder mehrere Sätze aus der Artikeldatei
120 'direkt lesen (Adreßrechnung: SatzNr = Suchbegriff - 1000).
    '
130 REM ====== Vereinbarungsteil
140 'ARTDATEI:          Direktzugriff-Datei
150 'A1,A2$,A3,A4:      Datensatz mit 4 Datenfeldern im Programm
160 'P1$,P2$,P3$,P4$:   Datensatz mit 4 Datenfeldern im Dateipuffer
170 'SUCH:             Artikelnummer als Suchbegriff
180 'S:               Satznummer zur direkten Adressierung
    '
190 REM ====== Anweisungsteil
200 OPEN "ARTDATEI" AS #1 LEN=23
210 FIELD #1, 2 AS P1$, 15 AS P2$, 2 AS P3$, 4 AS P4$
220 INPUT "Artikelnummer (Ende=negativ)"; SUCH
230 WHILE SUCH > 1000
240    LET S = SUCH - 1000
250    ON ERROR GOTO 350
260    GET #1, S
270    LET A1=CVI(P1$): LET A2$=P2$: LET A3=CVI(P3$): LET A4=CVS(P4$)
280    IF A1=0 THEN PRINT "... kein Satz angelegt." : GOTO 330
290    PRINT "Artikelnummer: ";A1
300    PRINT "Bezeichnung:      ";A2$
310    PRINT "Bestandsmenge: ";A3
320    PRINT "Stückpreis:      ";A4
330    PRINT : PRINT "Artikelnummer (Ende=negativ)?" : INPUT SUCH
340 WEND
    '
350 IF (ERR>0)AND(ERL=260) THEN PRINT "... nicht gefunden." : RESUME 330
360 CLOSE #1
370 RUN "DIREKT-M"
```

Struktogramm zum Schreibprogramm DIREKT-S:

```
┌─────────────────────────────────────────────────────────────────────┐
│ Artikeldatei namens ARTDATEI eröffnen                                 │
├─────────────────────────────────────────────────────────────────────┤
│ Satz eintippen und den Variablen A1,A2$,A3,A4 zuweisen                │
├─────────────────────────────────────────────────────────────────────┤
│ Solange Artikelnummer A1 ungleich : ist, wiederhole                   │
│    ┌──────────────────────────────────────────────────────────────┐  │
│    │ Satz A1,A2$,A3,A4 in Dateipuffer P1$,P2$,P3$,P4$ setzen        │  │
│    ├──────────────────────────────────────────────────────────────┤  │
│    │ Adreßrechnung: Satznummer S  =   Artikelnummer A1 - 1000       │  │
│    ├──────────────────────────────────────────────────────────────┤  │
│    │ Inhalt des Dateipuffers nach ARTDATEI schreiben                │  │
│    ├──────────────────────────────────────────────────────────────┤  │
│    │ Datensatz nach A1,A2$,A3,A4 eintippen                          │  │
│    └──────────────────────────────────────────────────────────────┘  │
├─────────────────────────────────────────────────────────────────────┤
│ ARTDATEI erweitert wieder schließen                                   │
└─────────────────────────────────────────────────────────────────────┘
```

Codierung zu Programm DIREKT-S:

```
100 REM ====== DIREKT-S
110 'Schreibprogramm (S): Einen oder mehrere Sätze auf die Artikeldatei
120 'direkt schreiben (Adreßrechnung: SatzNr = ArtNr minus 1000).
    '
130 REM ====== Vereinbarungsteil
140 'ARTDATEI: Direktzugriff-Datei
150 'A1, A2$, A3, A4:  Datensatz mit 4 Datenfeldern im Programm
160 'P1$,P2$,P3$,P4$:  Datensatz mit 4 Datenleflder im Dateipuffer
170 'S:                Satznummer zur direkten Adressierung (Direktzugriff)
    '
180 REM ====== Anweisungsteil
190 OPEN "ARTDATEI" AS #1 LEN=23
200 FIELD #1, 2 AS P1$, 15 AS P2$, 2 AS P3$, 4 AS P4$
210 PRINT "Sätze schreiben (0=Ende)."
220 PRINT "Nummer, Bez., Bestand, Preis:"
230 INPUT A1, A2$, A3, A4
    '
240 WHILE A1<>0
250   LSET P1$=MKI$(A1): LSET P2$=A2$: LSET P3$=MKI$(A3): LSET P4$=MKS$(A4)
260   LET S = A1-1000       'Adreßrechnung
270   PUT #1, S
280   PRINT "Nummer, Bez., Bestand, Preis:"
290   INPUT A1, A2$, A3, A4
300 WEND
    '
310 CLOSE #1
320 RUN "DIREKT-M"
```

3.10.4 Direkte Adressierung des Datensatzes

Artikel 1019 ist als 19. Satz in der Artikeldatei gespeichert,
Artikel 1001 als 1. Satz, Artikel 1034 als 34. Satz. Die zeit-
liche Reihenfolge der Speicherung spielt keine Rolle. Solange
z.B. für den 'dazwischengehörenden' Artikel 1007 kein Satz gespeichert ist, bleibt der eentsprechende Speicherplatz auf der
Diskette eben leer - es entstehen L ü c k e n . Die schlechte
Ausnutzung der Speicherplatzes ist sicher ein Nachteil der Direktzugriff-Datei.

Der Zusammenhang

  "Satznummer S ergibt sich aus Artikelnummer A1 minus 1000"

wird als A d r e ß r e c h n u n g bezeichnet. Diese Adreßrechnung stellt einen umkehrbaren Zusammenhang zwischen der
Artikelnummer als Ordnungsbegriff einerseits und der relativen
Satznummer als Speicherort andererseits her. 'Umkehrbar', weil
aus der Satznummer (z.B. 119. Satz) die zugehörige Artikelnummer abgeleitet werden kann (also 1119). Man bezeichnet diese
umkehrbare Adreßrechnung als d i r e k t e Adressierung.

Die Adreßrechnung muß v o r dem Dateizugriff vorgenommen werden, d.h. v o r jeder PUT- oder GET-Anweisung. Dazu folgende
Beispiele:

- In Programm DIREKT-S bewirken die Anweisungen
     260 LET S=A1-1000
     270 PUT #1, S   ,
  daß nach Berechnung der Satznummer S in Zeile 260 (für Artikelnummer A1=1019 z.B. wird S=19) der Datensatz als 19. Satz
  direkt in die ARTDATEI geschrieben wird.

- In Programm DIREKT-L bewirkt die Anweisungsfolge
     240 LET S=SUCH-1000
     260 GET #1, S
  dementsprechend, daß nach Ermittlung der Satzadresse S aus
  dem Suchbegriff SUCH der S. Datensatz direkt gelesen wird.

- In Programm DIREKT-F wird nach der Adreßrechnung in 230 zunächst in 250 ein Satz gelesen, um diesen nach der Bestands-
  fortschreibung in 340 an dieselbe Stelle S wieder zurückzu-
  schreiben.

- In Programm DIREKT-A werden zum Schreiben von Leersätzen die
  Satznummern nicht über eine Adreßrechnung gewonnen, sondern
  über die Anweisung 330 FOR S=1 TO ANZ mit Satzzahl ANZ.

3.10.5 Indirekte Adressierung des Datensatzes

Betrachten wir folgendes Planungsbeispiel einer Artikeldatei:
- Kleinste Artikelnummer ist 1
- größte Artikelnummer ist 300000
- insgesamt sind 2000 Artikel im Sortiment
- "SatzNr = ArtNr" als Adreßrechnung
Diese Planung hat zur Folge, daß für die nur 2000 Artikel eine
Datei mit 300.000 Sätzen bereitgestellt werden muß. Das Adreß-
rechnungsverfahren der d i r e k t e n Adressierung ist hier
ungeeignet. Aus diesem Grund wird bei Streuung des Ordnungsbe-
griffs ein Verfahren der i n d i r e k t e n Adressierung
gewählt wie z.B. das Divisions-Rest-Verfahren. Dabei entsteht
das Problem, daß für zwei Ordnungbegriffe dieselbe Satznummer
berechnet werden kann. Es kommt ggf. zu Doppelbelegungen bzw.
Ü b e r l ä u f e r n , die natürlich gesondert abgespeichert
werden müssen.
Im Zusammenhang mit der indirekten Adressierung spricht man
auch von H a s h i n g (übersetzt: etwa 'Mischmasch') bzw.
vom Hash-Code.

```
DIREKTE ADRESSIERUNG:

- Adreßrechnung "SatzNr = ArtNr - 1000" ergibt für ArtNr
  1010, 1045, 1002, ... die SatzNr 10, 45, 2 ...

- Adreßrechnung "SatzNr = PersNr" ergibt für die PersNr
  100187, 6745, 23, ... die Satznr 100187, 6745, 23, ...

- Aus dem Ordnungsbegriff läßt sich die Satznummer errechnen
  und umgekehrt aus der Satznummer der Ordnungsbegriff.

- Lücken im Ordnungsbegriff führen zu Lücken auf der Datei.


INDIREKTE ADRESSIERUNG:

- Adreßrechnung "Divisions-Rest-Verfahren" als Beispiel:
  Ordnungsbegriff durch Satzanzahl der Datei (=1200) teilen.
  ArtNr 10800 ergibt SatzNr 1 / ArtNr 1453 ergibt SatzNr 254
  10800:1200=9 Rest 0+1 = 1    / 1453:1200=1 Rest 253+1 = 254

- Aus der Satznummer läßt sich der Ordnungsbegriff nicht
  eindeutig zurückrechnen (Problem der Überläufer).

- Ziel: Weit verstreute Ordnungsbegriffe (z.B. ArtNr) zu eng
  beieinanderliegenden Satzadressen (SatzNr) verdichten.
```

Zwei Adreßrechnungs-Arten: Direkte und indirekte Adressierung

Die indirekte Adressierung ist auch stets dann angezeigt, wenn
ein k l a s s i f i z i e r e n d e r Ordnungsbegriff angewendet wird. Als Beispiel wird in der Abbildung eine Artikelnummer wiedergegeben.

```
Position: Inhalt:    Bedeutung:

  1 - 2   AA-ZZ      Zwei Anfangsbuchstaben des Artikelnamens.
  3 - 4   Zahl       Lagerstelle
  5 - 7   Zahl       Nummer des Lieferanten
  8       Ziffer     Nummer für identische Positionen 1-7

Die Artikelnummern HA093320 (Hammer, Lagerstelle 9, Lieferan-
tennummer 332) und ME421000 (Meisel, Lagerstelle 42, Lieferan-
tennummer 100) können nur indirekt adressiert gelesen werden.
```

      Artikelnummer als klassifizierender Ordnungsbegriff

3.11 Index-sequentielle Datei (Kundendatei)

In Abschnitt 1.3.5.1 hatten wir eine Kundendatei dargestellt,
auf die über eine Indexdatei als Inhaltsverzeichnis zugegriffen wurde. Diese Kundendatei wollen wir nun für den IBM PCjr,
den PC/XT und den Portable PC programmieren, um daran die index-sequentielle Dateiorganisation zu demonstrieren.

Zum Begriff 'index-sequentiell' eine Anmerkung: Die Terminologie ist hier nicht einheitlich. Der über eine Indexdatei vor-
genommene Dateizugriff wird auch als K e y - R a n d o m -
Dateiorganisation bezeichnet mit dem 1. Zugriff über einen Index (Key) und dem 2. Zugriff direkt (Random), während dann die
i n d e x - s e q u e n t i e l l e Dateiorganisation auf
den Magnetplattenstapel ausgerichtet ist. ISAM für 'Index Se-
quential Access Method' entspricht dieser Begriffsauslegung.

3.11.1 Trennung von Datendatei und Indexdatei(en)

Ein Programmpaket mit den drei Teilprogrammen

```
    INDEX-S    (S für Schreiben auf die Datei)
    INDEX-L    (L für Lesen von der Datei in den Arbeitsspeicher)
    INDSEQ-T   (T für SorTieren der Datei im Arbeitsspeicher)
```

verwaltet eine index-sequentiell organisierte Datei. Betrachten wir zunächst die Ausführungen:
Über das Schreibprogramm INDSEQ-S werden vier Kunden 104, 101,
110 und 109 über Tastatur eingegeben und auf eine Kundendatei
geschrieben. Jeder Kundensatz besteht aus Kundennummer, Name
und Umsatz. Parallel hierzu wird im Indexsatz die Kundennummer
mit der zugehörigen Satznummer in eine Indexdatei geschrieben.

```
   Datendatei namens         Zusätzliche Indexdateien namens
   KUNDATEI:                   INDDATEI:          INDS:

K/P1$ K$/P2$        U/P3$     K/P4$  S/P5$        K/P6$  S/P7$

┌────────────────────────┐   ┌──────────────┐   ┌──────────────┐
│104  MAUCHER      295.60│   │104     1     │   │101     2     │
│101  FREI        6500.00│   │101     2     │   │104     1     │
│110  AMANN       1018.75│   │110     3     │   │109     4     │
│109  HILDEBRANDT 4590.05│   │109     4     │   │110     3     │
└────────────────────────┘   └──────────────┘   └──────────────┘

Datensatz mit vielen        Indexsatz mit zumeist nur zwei
Datenfeldern (hier 3).      Datenfeldern (Schlüssel, Adresse).

Zur Variablenbezeichnung K/P1$:
K=Kundennummer im Programm;    P1$=Kundennummer in Dateipuffer
```

Eine (umfangreiche) Datendatei und zwei (kurze) Indexdateien

Im Anschluß an Programm INDSEQ-S wird Programm INDSEQ-L zur
Ausführung gebracht: Der Reihe nach -sequentiell- wird der jeweils nächste Indexsatz gelesen und sodann über die Satznummer auf den Datensatz der Kundendatei zugegriffen. Genau denselben Ausdruck hätten wir erhalten, wenn die Kundendatei rein
seriell o h n e Zugriff über die Indexdatei gelesen worden
wäre (seriell = lesen wie gespeichert).
Danach laden wir das Sortierprogramm INDSEQ-T, um den Index in
den Hauptspeicher zu lesen, dort zu sortieren und dann in eine
sortierte Indexdatei namens INDS zu schreiben.
Abschließend wird in einem vierten Schritt erneut das Programm
INDSEQ-L ausgeführt: Jetzt werden die Kundensätze aufsteigend
nach der Kundennummer sortiert aufgelistet, da als Indexdatei
die Datei INDS angegeben wurde.

Die Ausführungen der drei Programme INDSEQ-S, INDSEQ-L sowie
INDSEQ-T zeigen, daß bei index-sequentieller Organisation zu
der e i n e n Kundendatei (zur Unterscheidung auch Datendatei oder Hauptdatei genannt) m e h r e r e Indexdateien angelegt werden können.

Ausführung zu Programm INDSEQ-S:


```
Kundendatei index-sequentiell beschreiben.
Kundendatei: Name, Laufwerk? KUNDATEI,A
Indexdatei:  Name, Laufwerk? INDDATEI,A
Datei löschen und neu beschreiben (j/n)? j
Kundennummer, Name, Umsatz (0=Ende)?
? 104,MAUCHER,295.6
Kundennummer, Name, Umsatz (0=Ende)?
? 101,FREI,6500
Kundennummer, Name, Umsatz (0=Ende)?
? 110,AMANN,1018.75
Kundennummer, Name, Umsatz (0=Ende)?
? 109,HILDEBRANDT,4590.05
Kundennummer, Name, Umsatz (0=Ende)?
? 0,0,0
Ende des Schreibens.
```

```
Ausführungsbeispiel mit folgender Programmfolge:
1. Über Programm INDSEQ-S vier Kunden speichern
2. Über Programm INDSEQ-L die Kunden wie gespeichert lesen
3. Über Programm INDSEQ-T die Indexdatei sortieren
4. Über Programm INDSEQ-L die Kunden sortiert lesen


Speichern der vier Kunden über Programm INDSEQ-S
siehe vorhergehende Seite.


LOAD "INDSEQ-L
Ok?
RUN
Index-sequentiell lesen.
Kundendatei: Name, Laufwerk? KUNDATEI,A
Indexdatei:  Name, Laufwerk? INDDATEI,A

Nummer:   Kundenname:        Umsatz:
104       MAUCHER             295.60
101       FREI               6500.00
110       AMANN              1018.75
109       HILDEBRANDT        4590.05
Ok?


LOAD "INDSEQ-T
Ok?
RUN
Index nach Kundennummern sortieren.
Unsortierte Indexdatei: Name, Laufwerk? INDDATEI,A
Sortierte Indexdatei: Name, Laufwerk? INDS,A
 5 Sätze in Indextabelle I eingelesen.
Indextabelle I aufsteigend sortiert.

Als sortierte Indexdatei gespeichert:
Schlüsselfeld (KundNr.):   Adreßfeld (SatzNr):
            0                        5
          101                        3
          104                        2
          109                        5
          110                        4
Ende.
Ok?


LOAD "INDSEQ-L
Ok?
RUN
Index-sequentiell lesen.
Kundendatei: Name, Laufwerk? KUNDATEI,A
Indexdatei:  Name, Laufwerk? INDS,A

Nummer:   Kundenname:        Umsatz:
101       FREI               6500.00
104       MAUCHER             295.60
109       HILDEBRANDT        4590.05
110       AMANN              1018.75
```

3.11.2 Zugriff über unsortierte Indexdatei

Die unsortierte Indexdatei wird über das Programm INDSEQ-S er-
stellt. Der Zugriff über diesen Index erfolgt dann durch das
Programm INDSEQ-L. Zunächst zur Codierung des Schreibprogramms
INDSEQ-S*
Mit der Kundendatei wird auch eine Indexdatei eröffnet (Zeilen
270 bis 300). Beide Dateien werden mit dem Parameter "R" zwar

Codierung zum Schreibprogramm INDSEQ-S:


```
100 REM ====== Programm INDSEQ-S
110 PRINT "Kundendatei index-sequentiell beschreiben."
    '
120 REM ====== Vereinbarungsteil
130 'F$, FI$: Name der Kundendatei und er zugehörigen Indexdatei
140 'L$, LI$: Namen der Laufwerke (A oder B)
150 'K,K$,U:  Datensatz der Kundendatei mit den drei Datenfeldern
             Kundennummer (K), Kundenname (K$) und Umsatz (U)
160 'K,S:     Datensatz der Indexdatei mit den zwei Datenfeldern
             K (Schlüsselfeld) und Satznummer S (Adreßfeld)
170 'Hinweis: Satzanzahl bzw. -zeiger S ist als 1. Indexsatz gespeichert
    '
180 REM ====== Anweisungsteil
190 INPUT "Kundendatei: Name, Laufwerk"; F$,L$
200 INPUT "Indexdatei:  Name, Laufwerk"; FI$,LI$
210 INPUT "Datei löschen und neu beschreiben (j/n)"; E$
220 IF LEFT$(E$,1)<>"j" THEN 270 ELSE 230
230    ON ERROR GOTO 250
240    KILL F$ : KILL FI$
241    GOTO 260
250    IF ERR>0 THEN RESUME 260
260    LET S=1      'Satzzeiger auf Position 1 stellen
270    OPEN L$+":"+F$ AS #1 LEN=20
280    FIELD #1, 2 AS P1$, 14 AS P2$, 4 AS P3$
290    OPEN LI$+":"+FI$ AS #2 LEN=4
300    FIELD #2, 2 AS P4$, 2 AS P5$
310    IF LEFT$(E$,1)="j" THEN 340
320    GET #2, 1
330    LET K=CVI(P4$) : LET S=CVI(P5$)
    '
340 PRINT "Kundennummer, Name, Umsatz (0=Ende)?"
350 INPUT K,K$,U
360 WHILE K<>0
370    LET S = S+1     'nächsten Satz (sequentiell) schreiben
380    LSET P1$=MKI$(K) : LSET P2$=K$ : LSET P3$=MKS$(U)
390    PUT #1, S
400    LSET P4$=P1$ : LSET P5$=MKI$(S)
410    PUT #2, S
420    PRINT "Kundennummer, Name, Umsatz (0=Ende)?"
430    INPUT K,K$,U
440 WEND
    '
450 LSET P4$=MKI$(0)     'Satzanzahl als 1. Satz in Indexdatei ablegen
460 PUT #2, 1
470 CLOSE
480 PRINT "Ende des Schreibens." : END
```

als Random-Dateien eröffnet, später aber rein sequentiell beschrieben:

```
    370 LET  S=S+1        Sequentiell den nächsten Satz S
    390 PUT  #1, S        auf Kunden- wie Indexdatei schreiben.
    410 PUT  #2, S
```

Wir wählen diese Vorgehensweise, um später die Satzanzahl als
1. Satz mittels 460 PUT #2,1 speichern zu können.
Nach dem Schreiben des nächsten Kundensatzes (K,K$,U) auf die
Kundendatei (in Zeile 390) wird dessen Kundennummer K und die
Satznummer S als Indexsatz (K,S) in der Indexdatei abgelegt.
Nach Beenden der Schreibschleife 360 WHILE..440 WEND wird die
Satzanzahl S als 1. Satz auf die Indexdatei geschrieben (460).
Im Sortierprogramm INDSEQ-T brauchen wir später diesen Wert.

Nun zur Codierung des Leseprogramms INDSEQ-L:
Nach dem Eröffnen der Kundendatei sowie der Indexdatei (Zeilen
190 bis 240) wird der jeweils nächste Indexsatz gelesen (Zeile
280: sequentieller Zugriff auf die Indexdatei), um sodann über
die Satznummer S den zugehörigen Kundensatz einzulesen (Zeile
300: Direktzugriff auf die Kundendatei).
Der index-sequentielle Dateizugriff erfolgt also stets in zwei
Stufen:
    1. Zugriff sequentiell auf die Indexdatei
    2. Zugriff direkt auf die entsprechende Datendatei


```
100 REM ====== Programm INDSEQ-L
110 PRINT "Index-sequentiell lesen."
    '
120 REM ====== Vereinbarungsteil
130 'F$, FI$: Name der Kundendatei und er zugehörigen Indexdatei
140 'L$, LI$: Namen der Laufwerke (A oder B)
150 'K,K$,U:  Datensatz der Kundendatei mit den drei Datenfeldern
             Kundennummer (K), Kundenname (K$) und Umsatz (U)
160 'K,S:     Datensatz der Indexdatei mit den zwei Datenfeldern
             K (Schlüsselfeld) und Satznummer S (Adreßfeld)
170 'Hinweis: Satzanzahl bzw. -zeiger S ist als 1. Indexsatz gespeichert
    '
180 REM ====== Anweisungsteil
190 INPUT "Kundendatei: Name, Laufwerk"; F$,L$
200 INPUT "Indexdatei:  Name, Laufwerk"; FI$,LI$
210    OPEN L$+":"+F$ AS #1 LEN=20
220    FIELD #1, 2 AS P1$, 14 AS P2$, 4 AS P3$
230    OPEN LI$+":"+FI$ AS #2 LEN=4
240    FIELD #2, 2 AS P4$, 2 AS P5$
    '
250 PRINT : PRINT "Nummer:  Kundenname:        Umsatz:"
260 ON ERROR GOTO 340
270 FOR I=2 TO 9999
280    GET #2, I
290    LET S=CVI(P5$)
300    GET #1, S
310    LET K=CVI(P1$) : LET K$=P2$ : LET U=CVS(P3$)
320 PRINT USING "###         \                \ ####.##"; K,K$,U
330 NEXT I
    '
340 CLOSE : END
```

3.11.3 Zugriff über sortierte Indexdatei

Das Programm INDSEQ-T erstellt eine sortierte Indexdatei, über
die dann mit dem Programm INDSEQ-L die Kunden nach Kundennummern sortiert gelesen werden können.

```
100 REM ====== Programm INDSEQ-T
110 PRINT "Index nach Kundennummern sortieren."
    '
120 REM ====== Vereinbarungsteil
130 'F1$,F2$: Namen der unsortierten bzw. der sortierten Indexdatei
140 'L1$,L2$: Namen der Diskettenlaufwerke (A oder B)
150 'P4$,P5$: Indexsatz im Dateipuffer von F1$
160 'P6$,P7$: Indexsatz im Dateipuffer von F2$
170 'I(S,2):  Zweidimensionaler Array als Indextabelle mit
              S Zeilen bzw. Indexsätzen sowie mit
              2 Spalten für Kundennummer und Satznummer
180 'S:       Anzahl der Indexsätze (im 1. Satz gespeichert)
190 'SORTIEREN: Hilfsvariable zur Schleifensteuerung
    '
200 REM ====== Anweisungsteil
210 INPUT "Unsortierte Indexdatei: Name, Laufwerk"; F1$,L1$
220 OPEN L1$+":"+F1$ AS #1 LEN=4
230 FIELD #1, 2 AS P4$, 2 AS P5$
240 INPUT "Sortierte Indexdatei: Name, Laufwerk"; F2$,L2$
250 OPEN L2$+":"+F2$ AS #2 LEN=4
260 FIELD #2, 2 AS P6$, 2 AS P7$
270 GET #1, 1       'Satzanzahl S aus 1. Satz der Datei lesen
280 LET S=CVI(P5$)
290 DIM I(S,2)      'Indextabelle I dynamisch dimensionieren
300 FOR Z=1 TO S    'Index aus Datei in Tabelle I einlesen
310    GET #1, Z
320    LET I(Z,1) = CVI(P4$) : LET I(Z,2) = CVI(P5$)
330 NEXT Z
340 PRINT S;"Sätze in Indextabelle I eingelesen."
    '
350 LET SORTIEREN=1   'Indextabelle intern sortieren (Bubble Sort)
360 WHILE SORTIEREN
370   FOR Z=2 TO (S-1)
380     LET SORTIEREN=0
390     IF I(Z,1)<=I(Z+1,1) THEN 430 ELSE 400
400        SWAP I(Z,1), I(Z+1,1)
410        SWAP I(Z,2), I(Z+1,2)
420        LET SORTIEREN=0
430   NEXT Z
440 WEND
450 PRINT "Indextabelle I aufsteigend sortiert."
    '
460 PRINT             'Sortierte Indextabelle in Indexdatei schreiben
470 PRINT "Als sortierte Indexdatei gespeichert:"
480 PRINT "Schlüsselfeld (KundNr.):   Adreßfeld (SatzNr):"
490 FOR Z=1 TO S
500    LSET P6$=MKI$( I(Z,1) ) : LSET P7$=MKI$( I(Z,2) )
510    PUT #2, Z
520    PRINT USING "              ###                    ###"; I(Z,1),I(Z,2)
530 NEXT Z
540 CLOSE : PRINT "Ende." : END
```

Zur Codierung von Programm INDSEQ-T:
Zuerst wird die gesamte externe Indexdatei in eine interne Indextabelle namens I(,) eingelesen (FOR-Schleife in den Zeilen 300-330).
Dann sortieren wir die Tabelle intern nach dem Sortierverfahren 'Bubble Sort' (vgl. Abschnitt 3.8.3) nach Kundennummern in
aufsteigender Folge (350-450).
Im Anschluß daran legen wir die Indextabelle I in einer Indexdatei namens INDS auf Diskette ab (ab 460).
Wie das Ausführungsbeispiel zu Programm INDSEQ-L zeigt, erhält
man jetzt beim Lesen über diese Indexdatei INDS eine Kunden-
liste, die nach Kundennummern aufsteigend sortiert ist.

3.11.4 Primärindexdatei und Sekundärindexdateien

Wie zur Kundennummer können wir auch zum Kundennamen sowie zum
Kundenumsatz zusätzliche sortierte Indexdateien erstellen, um
über diese Indices dann die entsprechenden Drucklisten zu be-
kommen. Man bezeichnet diese Indices als S e k u n d ä r -
i n d e x d a t e i e n .
Für eine Kundendatei mit 15 Datenfeldern je Datensatz können
wir eine Primärindexdatei (Ordnungsbegriff z.B. Kundennummer)
und maximal 14 Sekundärindexdateien erstellen. In jedem Falle
legt man nur zu solchen Datenfeldern Sekundärindices an, für
die man sortierte Drucklisten benötigt. Eine große Schwierigkeit besteht darin, daß der Änderungsdienst neben der Datendatei selbst immer auch die Indexdatei(en) berücksichtigen muß.
Der große Vorteil der index-sequentiellen Datei besteht darin,
daß d i r e k t auf einen Satz sowie s e q u e n t i e l l
auf eine Satzfolge zugegriffen werden kann.

3.11.5 Voll-Index und Teil-Index

Bei einem V o l l - I n d e x   wird zu jedem Satz der Datendatei ein Eintrag in der zugehörigen Indexdatei vorgenommen.
Zu unserer KUNDATEI wurde demnach ein Voll-Index als Datei
angelegt.
Eine andere Möglichkeit besteht darin, in der Indexdatei nur
z.B. jeden 10. Eintrag der Datendatei zu vermerken. Dies setzt
aber voraus, daß die Sätze sortiert in der Datendatei stehen.

Bei dem in der Abbildung wiedergegebenen Beispiel eines Voll-
Index ist angenommen, daß in der Indexdatei die vier Adressen
(1), (3), (4) und (7) auf Sätze einer Datendatei weisen, die
unsortiert bzw. gestreut auf Diskette bzw. Platte gespeichert
sind. Da die Sätze in der Reihenfolge in die Datendatei geschrieben werden, in der sie gerade anfallen (also seriell),
spricht man auch von i n d i z i e r t - s e r i e l l e r
Dateiorganisation. Unsere KUNDATEI ist auf diese Art organisiert.

```
Datendatei unsortiert:          Datendatei sortiert:
---------------------           --------------------

- Voll-Index erforderlich.      - Voll-Index oder Teil-Index
                                  möglich.
- Oft als index-serielle        - Index-sequentielle Datei.
  Datei bezeichnet.
- Beispiel Voll-Index:          - Beispiel Teil-Index:

 (1) (3) (4) (7)                  (1)        (11)        (21)


   3   7   1   4                1 2 ... 9 10 11 ...
```

Voll-Index und Teil-Index an einem Beispiel

Das rechte Beispiel zeigt einen Teil-Index, bei dem im Index
nur 10 Prozent aller Adressen verzeichnet sind. Das Inhaltsverzeichnis ist somit unvollständig. Gleichwohl ist der index-
sequentielle Zugriff schnell: Ist der gesuchte Eintrag nicht
in der Indexdatei zu finden, wird s e q u e n t i e l l in
der Datendatei weitergesucht, um den Satz nach höchstens neun
Zugriffen zu finden.
Der Dateizugriff bei Vorliegen eines Teil-Index läuft demnach
wie folgt ab:
  1. Sequentieller oder direkter Zugriff auf die Indexdatei.
  2. Direktzugriff auf die Datendatei.
  3. Ggf. sequentiell in der Datendatei weitersuchen.

3.12 Gekettete Liste als Linked List (Namendatei)

Auf Daten einer Datei muß schnell zugegriffen werden können.
Geht man rein sequentiell bzw. seriell vor, so geht es zumeist
sehr langsam. Verfährt man gemäß dem 'Binären Suchen' (vgl.
Abschnitt 3.8.2.2), setzt dies sortierte Daten voraus. Außerdem ist stets von neuem zu sortieren, wenn Daten hinzugefügt
werden. Anders formuliert: die Daten müssen hin- und herbewegt
werden.
Mit der g e k e t t e t e n   L i s t e (Linked List) sowie
dem b i n ä r e n   B a u m stehen zwei Datenstrukturen zur
Verfügung, bei denen neue Daten einfach hinten angehängt werden können, ohne den Gesamtdatenbestand wiederholt bewegen zu
müssen.

Wenden wir uns zunächst der g e k e t t e t e n   L i s t e
bzw. Linked List (to link = verbinden, ketten) als dynamischer
Datenstruktur (vgl. Abschnitt 1.3.2.3) zu. Das Programm namens
LILIST-M demonstriert, wie die Liste zur Verkettung von Datensätzen einer Namendatei verwendet wird. Zu jedem Namen wird
je ein Zeiger auf seinen Vorgänger (Vater) wie auch auf seinen
Nachfolger (Sohn) gespeichert.

3.12.1 Darstellung einer geketteten Liste

Stellen wir uns die 'Artikeldatei' eines etwas südlich gelege-
nen Obstbauern vor und lassen wir alle Datenfelder bis auf den
Obstnamen als Ordnungsbegriff weg, dann reduziert sich der Datensatz zur Namensangabe. Sind die sechs Namen BIRNE, KIRSCHE,
PFIRSICH, MIRABELLE, APFEL und PFLAUME in eine aufsteigende
Sortierfolge zu bringen, dann kann dies dadurch geschehen, daß
man die Sätze tatsächlich (physisch) durch ein bestimmtes Sortierverfahren (vgl. Abschnitt 3.9.3) umspeichert. Wir wollen
die physische Speicherungsfolge aber behalten und dafür eine
logische Speicherungsfolge über ein Zeigerfeld aufbauen.

Jeder einzelne Datensatz der Namendatei besteht demzufolge aus
einem Namensfeld und einem Zeigerfeld. Eine aus diesen beiden
Komponenten bestehende Datenstruktur nennt man 'lineare gekettete L i s t e ', da man sie sich als Linie auflisten kann.

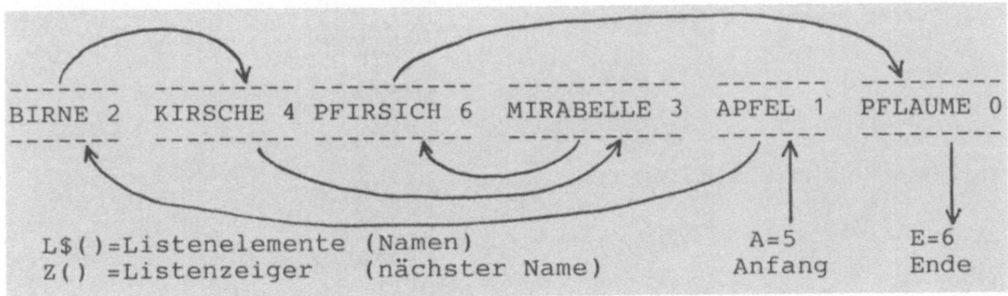

Graph einer linearen geketteten Liste mit 6 Elementen

Zur internen Speicherung der Namendatei: Im Speicher RAM legen
wir die Namen in einem Array L$() ab und die Zeiger in einem
Array Z(). In der Variablen A speichern wir den Anfangsindex
der Liste und in E den Endeindex. Die Übersicht zeigt, welche
Inhalte diese zur Darstellung der geketteten linearen Liste in
BASIC erforderlichen vier Variablen L$(), Z(), A, E annehmen,
wenn wir das Programm LILIST-M wie im Ausführungsbeispiel wiedergegeben laufen lassen.

3.12.2 Erzeugen einer leeren Liste

Die Codierung zu Programm LILIST-M zeigt uns einen menügesteu-
erten Ablauf, der bewußt einfach programmiert wurde. Das erste
Unterprogramm 1000 erzeugt eine leere Liste: Anfang A und Ende
E der Liste werden auf 0 gesetzt und je hundert Listenelemente
L$() und Listenzeiger Z() dimensioniert.

Tätigkeit:	L$( ):	Z( ):	A:	E
Leere Liste mit Menüwahl 1:	blanc	0	0	0
1. Namen vorne anfügen:	BIRNE	0	1	1
2. Namen hinten einfügen:	BIRNE	2		
	KIRSCHE	0	1	2
3. Namen hinten anhängen:	BIRNE	2		
	KIRSCHE	3		
	PFIRSICH	0	1	3
4. Namen dazwischen einfügen:	BIRNE	2		
	KIRSCHE	4		
	PFIRSICH	0		
	MIRABELLE	3	1	4
5. Namen vorne anfügen:	BIRNE	2		
	KIRSCHE	4		
	PFIRSICH	0		
	MIRABELLE	3		
	APFEL	1	5	5
6. Namen hinten anhängen:	BIRNE	2		
	KIRSCHE	4		
	PFIRSICH	6		
	MIRABELLE	3		
	APFEL	1		
	PFLAUME	0	5	6

L( )=Listenelement   Z( )=Listenzeiger   A=Anfang   E=Ende

Aufbau einer geketteten Liste an einem 6-Schritt-Beispiel

3.12.3 Eingeben eines neuen Listenelements

Das Unterprogramm 2000 von Programm LILIST-M enthält zwei Teile:
Zunächst wird die Liste verlängert (LET E=E+1) und das zusätzlich eingegebene Listenelement E$ hinten in der Liste angefügt (LET L$(E)=E$). Dies ist ein rein sequentieller Schreibvorgang.
Dann werden die Listenzeiger gemäß der Sortierfolge neu eingeordnet. Dabei unterscheiden wir, ob das neue Element vorne an die 1. Position angefügt wird (LET A=E) oder aber an einer anderen Position.

Ausführung zu Programm LILIST-M:

Demonstration: Gekettete Liste (Linked
List) als dynamische Datenstruktur.

```
1    Leere Liste erzeugen
2    Neue Elemente eingeben
3    Liste logisch ausgeben
4    Liste physisch ausgeben
5    Datei mit Liste laden
6    Liste in Datei speichern
Ihre Wahl (O=Ende)? 1
Liste leer dimensioniert.


Weiter mit Taste
1    Leere Liste erzeugen
2    Neue Elemente eingeben
3    Liste logisch ausgeben
4    Liste physisch ausgeben
5    Datei mit Liste laden
6    Liste in Datei speichern
Ihre Wahl (O=Ende)? 2
Neues Element (O=Ende)? BIRNE
Neues Element (O=Ende)? KIRSCHE
Neues Element (O=Ende)? PFIRSICH
Neues Element (O=Ende)? MIRABELLE
Neues Element (O=Ende)? APFEL
Neues Element (O=Ende)? PFLAUME
Neues Element (O=Ende)? O


Weiter mit Taste
1    Leere Liste erzeugen
2    Neue Elemente eingeben
3    Liste logisch ausgeben
4    Liste physisch ausgeben
5    Datei mit Liste laden
6    Liste in Datei speichern
Ihre Wahl (O=Ende)? 3
APFEL
BIRNE
KIRSCHE
MIRABELLE
PFIRSICH
PFLAUME

Weiter mit Taste
1    Leere Liste erzeugen
2    Neue Elemente eingeben
3    Liste logisch ausgeben
4    Liste physisch ausgeben
5    Datei mit Liste laden
6    Liste in Datei speichern
Ihre Wahl (O=Ende)? 4
BIRNE       2
KIRSCHE     4
PFIRSICH    6
MIRABELLE   3
APFEL       1
PFLAUME     O
```

```
Weiter mit Taste
1    Leere Liste erzeugen
2    Neue Elemente eingeben
3    Liste logisch ausgeben
4    Liste physisch ausgeben
5    Datei mit Liste laden
6    Liste in Datei speichern
Ihre Wahl (O=Ende)? 6
Dateiname? NAMDATEI
Liste auf Diskette in der Datei


Weiter mit Taste
1    Leere Liste erzeugen
2    Neue Elemente eingeben
3    Liste logisch ausgeben
4    Liste physisch ausgeben
5    Datei mit Liste laden
6    Liste in Datei speichern
Ihre Wahl (O=Ende)? O
Ende.
```

Codierung zu Programm LILIST-M:

```
100 REM ====== LILIST-M
110 PRINT "Demonstration: Gekettete Liste (Linked"
120 PRINT "List) als dynamische Datenstruktur." : PRINT
    '
130 REM ====== Vereinbarungsteil
140 'L$(100):    Maximal 100 Elemente der linearen geketteten Liste
150 'Z(100):     Maximal 100 Zeiger der linearen geketteten Liste
160 'A, E:       Zeiger "Anfang der Liste" und "Ende der Liste"
170 'H:          Hilfszeiger
180 'I:          Laufvariable, Listenzeiger
190 'F$:         Dateiname zur externen Speicherung der Liste
200 'L$(I):      Datensatz mit zwei Datenfeldern "Listenelement"
210 'Z(I):       und "Listenzeiger"
220 'W, E$:      Hilfsvariablen für die Eingabe
    '
230 REM ====== Anweisungsteil
240 PRINT "1    Leere Liste erzeugen"
250 PRINT "2    Neue Elemente eingeben"
260 PRINT "3    Liste logisch ausgeben"
270 PRINT "4    Liste physisch ausgeben"
280 PRINT "5    Datei mit Liste laden"
290 PRINT "6    Liste in Datei speichern"
300 INPUT "Ihre Wahl (0=Ende)"; W
310 IF W=0 THEN PRINT "Ende." : END
320 ON W GOSUB 1000, 2000, 4000, 5000, 6000, 7000
330 PRINT : PRINT "Weiter mit Taste"; : LET E$=INPUT$(1): PRINT
340 CLS
350 GOTO 240
    '
1000 LET A=0     'Anfang der Liste                    IM INTERNSPEICHER
1010 LET H=0     'Hilfszeiger                         LEERE LISTE ERZEUGEN
1020 LET I=0     'Listenzeiger zwischen A und H als Laufvariable
1030 IF E<>0 THEN ERASE L$,Z    'Arrays löschen zum Redimensionieren
1040 LET E=0     'Ende der Liste
1050    DIM L$(100)    'Liste mit den Listenelementen selbst
1060    DIM Z(100)     'Zeiger auf L$()
1070 PRINT "Liste leer dimensioniert."
1080 RETURN
     '
2000 INPUT "Neues Element (0=Ende)";E$     'NEUE LISTENELEMENTE EINGEBEN
2010 WHILE E$<>"0"
2020    LET E=E+1
2030    LET L$(E)=E$
2040    GOSUB 3000          'E$ einordnen
2050    INPUT "Neues Element (0=Ende)";E$
2060 WEND
2070 RETURN
     '
3000 LET I=A                              'ELEMENT SORTIERT EINORDNEN
3010 IF E$<=L$(I) OR I=0 THEN 3050
3020    LET H=I
3030    LET I=Z(I)
3040 GOTO 3010
3050 IF H>A THEN 3060 ELSE 3070
3060    LET Z(E)=I : LET Z(H)=E : GOTO 3080
3070    LET Z(E)=A : LET A=E
3080 RETURN
```

Codierung zu LILIST-M (1. Fortsetzung):

```
4000 LET I=A                              'LISTE IN SORTIERFOLGE AUSGEBEN
4010 WHILE I<>0
4020   PRINT L$(I)
4030   LET I=Z(I)
4040 WEND
4050 RETURN
     '
5000 FOR I=1 TO E                         'LISTE IN SPEICHERFOLGE AUSGEBEN
5010   PRINT L$(I); TAB(10); Z(I)
5020 NEXT I
5030 RETURN
     '
6000 GOSUB 1000  'Leere Liste.           LISTE IN INTERNSPEICHER LADEN
6010 INPUT "Von welcher Datei laden";F$
6020 OPEN F$ FOR INPUT AS #1
6030 INPUT #1, A,E
6040 FOR I=1 TO E
6050   INPUT #1, L$(I),Z(I)
6060 NEXT I
6070 CLOSE #1
6080 PRINT "Liste aus ";F$;" in den Hauptspeicher geladen."
6090 RETURN
     '
7000 INPUT "Dateiname"; F$                'LISTE EXTERN ALS DATEI ABSPEICHERN
7010 OPEN F$ FOR OUTPUT AS #1
7020 PRINT #1, A;",";E
7030 FOR I=1 TO E
7040   PRINT #1, L$(I);",";Z(I)
7050 NEXT I
7060 CLOSE #1
7070 PRINT "Liste auf Diskette in der Datei ";F$;" gespeichert."
7080 RETURN
```

3.12.4 Liste in Sortierfolge oder Speicherfolge ausgeben

In Sortierfolge ausgeben heißt, daß die Listenelemente in L$()
in der logischen Ordnung gezeigt werden, wie sie über die Zeiger vorgegeben ist. In Unterprogramm 4000 beginnt die Laufvariable I mit Anfangsindex A, um nach jeder Ausgabe PRINT L$(I)
durch die Anweisung 4030 LET I=Z(I) der Laufvariablen I den
Wert des aktuellen Zeigerfeldes zuzuweisen, der ja auf den als
Nachfolger auszugebenden Namen zeigt.

Die Sortierfolge ist eine rein logische Ordnung, da die Namen
in der Speicherfolge als physischer Ordnung durcheinander und
unsortiert in L$() abgelegt sind. Die logische Ord-
nung wird jeweils angepaßt, während die physische
Ordnung unverändert bleibt. Damit wird vermieden, Datensätze
tatsächlich bewegen zu mussen.

Die Ausgabe der Namen in der Speicherfolge erfolgt einfach mit
der Zählerschleife
   5000 FOR I=1 TO E
vom 1. bis zum letzten bzw. E. Listenelement.

3.12.5 Gekettete Liste als Datei extern ablegen

Über Unterprogramm 7000 wird die in den beiden Arrays L$() und
Z() intern dargestellte Liste in eine Datei mit Namen NAMDATEI
geschrieben. Dabei wird der erste Datensatz wie üblich für beschreibende Daten reserviert: für den Listenanfang A und für
das Listenende E (Zeile 7020). Die NAMDATEI selbst ist als sequentielle Datei organisiert.
Geben wir nach Verlassen der BASIC-Ebene den DOS-befehl TYPE
ein, erscheint am Bildschirm der folgende Inhalt der sequentiellen NUMDATEI:

```
    A>TYPE NAMDATEI            1. Satz mit 5 als Listenanfang
     5 , 6                     und 6 als Anzahl der Nutzsätze.
    BIRNE, 2
    KIRSCHE, 4                 6 Nutzsätze mit jeweils zwei
    PFIRSICH, 6                Datenfeldern 'Bezeichnung' und
    MIRABELLE, 3               'Zeiger auf Folgesatz'.
    APFEL, 1
    PFLAUME, 0                 Komma "," als Trennungszeichen.
```

Aufgrund der Schreibanweisung von Programm LILIST-M

   7040 PRINT #1,L$(I);",";Z(I)

werden die Datenfelder jeweils durch "," getrennt. Die Datensätze hingegen werden durch CHR$(13) bzw. 'Wagenrücklauf' ge-
trennt. Sollen ausschließlich nur "," zur Trennung verwendet
werden, können wir die Anweisung 7040 auch als

   7040 PRINT #1, L$(I);",";Z(I);",";

schreiben. Wie die Ausgabe des Befehls TYPE zeigt, wird eine
sequentielle Datei Feld für Feld hintereinander beschrieben.
Die Datensatzlänge ist dabei variabel (z.B. "BIRNE" mit 5 und
"MIRABELLE" mit 9 Zeichen für das erste Feld. Eine konstante
Datensatzlänge können wir über entsprechende Stringoperationen
(vgl. Abschnitt 3.3) erzeugen.

Zum Laden der Datei NAMDATEI:
Das Unterprogramm ab 6000 liest die gesamte Namendatei wieder in den Hauptspeicher ein, wobei vor dem Lesevorgang zuerst
eine leere Liste erzeugt wird (Zeile 6000).

Wie diese beiden Unterprogramme zeigen, wird in unserem Demon-
strationsprogramm LILIST-M zur geketteten Liste der dateiweise
Datenverkehr praktiziert.

3.12.6 Zusammenfassung der Listenoperationen

In der folgenden Übersicht fassen wir die wichtigsten Listen-
operationen zusammen. Die dabei angegebene Variablen beziehen
wich wieder auf das Beispielprogramm LILIST-M.

```
1.  Ein Listenelement suchen (z.B. MIRABELLE):
    (1) LET I=A         Mit Angfangsindex A beginnen.
    (2) Mit I die Listenelemente entlanggehen, bis L$(I)=0
        ist (nicht gefunden) oder L$(I)=SUCH$ ist (gefunden).

2.  Ein Listenelement ändern (z.B. MIRABELLE in MIRABELLE1):
    (1) Wie beim Suchen oben.
    (2) Inhaltsänderung vornehmen.

3.  Ein Listenelement ändern (z.B. MIRABELLE in GUTEMIRABELLE):
        Entsprechend dem Einfügen eines neuen Elements.

4.  Ein Listenelement löschen:
    (1) LET H=LOESCH     Position des zu löschenden Namens.
    (2) LET I=H-1        Mit Zeiger I um 1 zurückgehen.
    (3) LET Z(I)=Z(H)    Z(I) zeigt auf Nachfolger des zu
        löschenden Elements. Damit wird L$(H) 'frei'.

5.  Zeiger I auf Listenanfang positionieren:
        LET I=A

6.  Zeiger I auf Listenende positionieren:
        LET I=E

7.  Zeiger I auf das Nachfolger-Element positionieren:
        LET I=Z(I)       Zeigerwert wird zum Index.

8.  Zeiger I auf das Vorgänger-Element positionieren:
    (1) LET H=I          Position merken.
    (2) LET I=A          I auf Listenanfang A setzen.
    (3) IF Z(I)=H THEN ... zeigt I auf Vorgänger.
    (4) LET I=Z(I)       Logisch nächstes Listenelement.
    (5) GOTO (3)         Wiederholung mit Schritt (3).
```

Grundlegende Operationen auf einer linearen geketteten Liste

Besonders das Zurücksetzen des Zeigers auf das Vorgänger-Ele-
ment ist umständlich, weil dabei nicht der physische, sondern
der logische Vorgänger zu suchen ist.

3.13 Binärer Baum (Nummerndatei)

Wie die im vorhergehenden Abschnitt dargestellte zeigerverkettete Liste (Linked List) gehört auch der B i n ä r b a u m
zu den dynamischen Datenstrukturen (vgl. Abschnitt 1.3.2.3).

Der Binärbaum unterscheidet sich von der verketteten Liste nur
dadurch, daß jedes Baumelement (Knoten = node) stets z w e i
Zeiger hat: einen linken und einen rechten Nachfolger-Zeiger.
Es gibt viele Arten von Bäumen. Wir gehen nur auf binäre Bäume
in ihrer einfachsten Ausprägung ein.

3.13.1 Grafische Darstellung eines Binärbaumes

Wie das Beispiel eines 8-Knoten-Baumes zeigt, zeichnet man den
Binärbaum zumeist auf dem Kopf stehend, also mit dem Baumstamm
bzw. der Wurzel (root) nach oben. Der Wurzelknoten ME421000
hat zwei Zeiger 3 und 2, die auf den linken (Knoten 3) und den
rechten Nachfolger (Knoten 2) verweisen. Oder anders: die Zeiger weisen auf weitere Bäume, auf einen linken Teilbaum sowie
einen rechten Teilbaum. Ein Zeigerwert 0 bedeutet 'kein Nachfolger'. Dabei sind Nachfolger 'Söhne' und Vorgänger 'Väter'.
Die Abbildung zeigt, daß man sich einen binären Baum grafisch
als Stammbaum vorstellen kann.

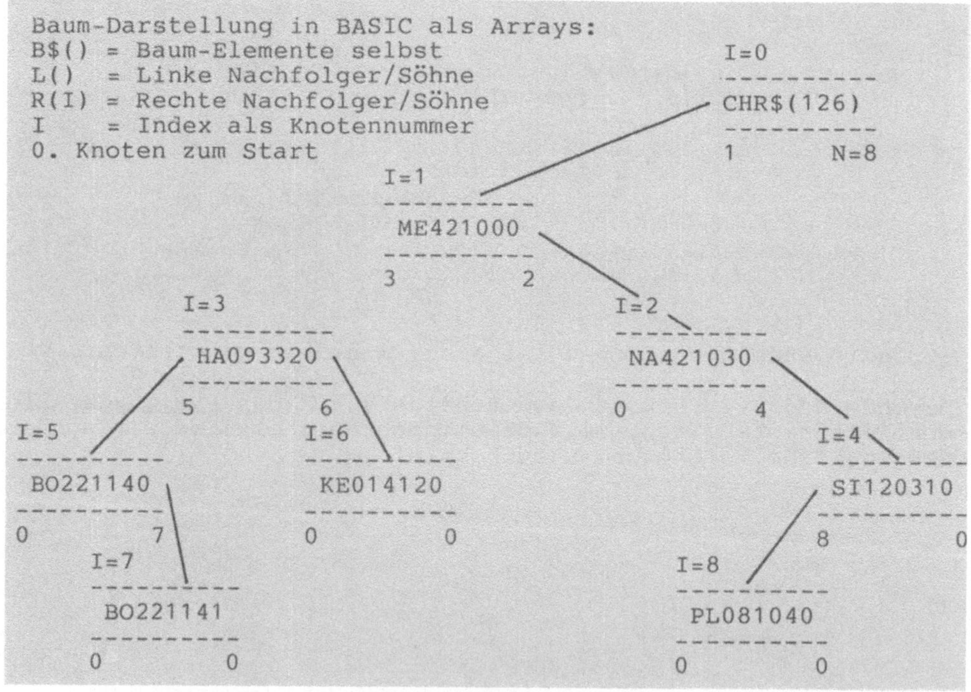

8 Artikelnummern als Binärbaum mit 8 Knoten strukturiert

3.13.2 Darstellung eines Binärbaumes in BASIC

Wie die meisten BASIC-Versionen hat auch das BASIC des IBM PC
für Bäume und Zeiger keine besonderen Sprachelemente.
Aus diesem Grunde müssen wir die Datenstruktur 'Binärbaum' ab-
strakt z.B. mit Datenstrukturen 'Array' darstellen. Für jeden
Baumknoten brauchen wir mindestens vier Einträge:

    Element, Vorgänger, linker und rechter Nachfolger.

In BASIC verwenden wir zur Binärbaum-Darstellung die Arrays
B$(I) für Elemente, L(I) für linke Nachfolger, R(I) für rechte
Nachfolger. Der Index I verweist auf die (physischen) Vorgän-
ger. Intern im Hauptspeicher legen wir den Binärbaum in drei
Arrays ab. Extern speichern wir den Binärbaum als sequentielle
NUMDATEI in acht Sätzen mit den je drei Datenfeldern Element,
linker Sohn und rechter Sohn ab.

```
BINÄRBAUM IM INTERNSPEICHER:        BINÄRBAUM IM EXTERNSPEICHER:

I   B$()        L()    R()          Datei NUMDATEI als
--------------------------------    sequentielle Datei mit der
0   CHR$(126)   1      8=Anzahl N   Speicherungsfolge
1   ME421000    3      2            CHR$(126) 1 8 / 1 ME421000
2   NA421030    0      4            3 4 / 2 NA421030 0 4 / ...
3   HA093320    5      6
4   SI120310    8      0            Anmerkung zu Satz 0:
5   BO221140    0      7            CHR$(126) als großer Wert,
6   KE014120    0      0            L(0)=1 deutet auf Wurzel,
7   BO221141    0      0            R(0)=8 speichert Anzahl der
8   PL081040    0      0            Knoten des Baumes.
```

    Binärbaum mittels Arrays (intern) und als Datei extern)

3.13.3 Erzeugen eines leeren Binärbaumes

Das Programm BIBAUM-M demonstriert einen binären Baum in BASIC
für den IBM PC, PC XT, Portable PC und PCjr.
Dieser binäre Baum könnte folgenden Zweck erfüllen: Ein Unter-
nehmen führt k l a s s i f i z i e r e n d e Artikelnummern
(vgl. Abschnitt 3.10.5); dabei steht BO221140 für:

```
BO221140
 └──┬──┬──┬──── BOHRER als Artikelbezeichnung
    │  │  └──── 22 als Lagerort
    │  └─────── 114  als Lieferantennummer
    └────────── 0 als Unterscheidungsmerkmal
```

Die Artikelnummer BO221141 ist in den Stellen 1-7 gleich und
hat deshalb eine 1 in Stelle 8. Diese Artikelnummern als Ordnungsbegriff einer Indexdatei sollen nun als Binärbaum strukturiert werden, um schnell zugreifen zu können und bei Änderungen nicht alle Nummern bewegen zu müssen.

Im Unterprogramm 1000 unseres Programms BIBAUM-M erzeugen wir
einen leeren Binärbaum: In Zeile 1000-1010 werden vier Arrays
B$(), L(), R() und S() (S brauchen wir zum Sortieren) für ei-
nen Baum mit maximal 100 Knoten dimensioniert. Dabei hat Knoten 0 besondere Werte: B$(0) einen großen 'Start-Wert', R(0)
später die Knotenanzahl N.

3.13.4 Eingeben von Elementen in den Binärbaum

Mit Unterprogramm 2000 bzw. Menüwahl 2 geben wir acht Artikelnummern ein. Unterprogramm 4000 bzw. Menüwahl 4 zeigt uns, wie
die Nummern im Baum angeordnet werden: sie werden seriell gemäß der Reihenfolge der Eingabe gespeichert. Die logische Ver-
ankerung geschieht nur über die Zeiger für den linken und den
rechten Nachfolger.

Das Einsetzen in den Baum läuft in zwei Schritten ab:
1. Zuerst wird die Knotenanzahl N um 1 erhöht, um die getippte
Artikelnummer E$ durch LET B$(N)=E$ hinten anzuhängen (Zeile
2030).
2. Dann wird in einer Suchschleife (Zeilen 2040 bis 2100) von
der Wurzel ausgehend (LET I=0) gefragt, ob rechts eingetragen
werden soll (2050 IF B$(N)>B$(I) erfüllt) oder aber links (Bedingung nicht erfüllt). Wenn ja, gibt es folgende zwei Fälle:
Existiert ein rechter Nachfolger (2080 IF R(I)<>0 erfüllt),
dann wird zu diesem Nachfolger gegangen (LET I=R(I)) und wieder weitergefragt (2100 WEND , Suchschleife wiederholen). Gibt
es noch keinen rechten Nachfolger, dann wird die Artikelnummer
durch Setzen des rechten Nachfolge-Zeigers (2080 LET R(I)=N)
an diese Stelle -logisch- abgelegt und die Suchschleife beendet (LET FLAG = -1 als Flagge).

Das Eintragen links im Baum vollzieht sich entsprechend. Wir
erkennen die Regel zum Eintragen in den binären Baum:

  - Ein Element tritt nur einmal auf.
  - Ein Vater (Wurzel) hat höchstens zwei Söhne (direkte Nach-
    folger). 0 bedeutet 'kein Sohn'.
  - Der linke Sohn ist alphanumerisch kleiner als der Vater.
  - Der rechte Sohn ist alphanumerisch größer als der Vater.

Anmerkung: Der Wert CHR$(126) in B$(0) zeigt sich in der Ausführung zum Programm BIBAUM-M als 'scharf s' und bewirkt, daß
der eigentliche Anfangs-Knoten B$(1) stets ein linker Sohn des
Hilfs-Knotens B$(0) ist.

Wie unser Ausführungsbeispiel zu Programm BIBAUM-M veranschaulicht, wird die später eingetippte Artikelnummer NA391030 physisch als 9. Element hinten (auf den Baum bezogen: unten) angefügt, logisch jedoch über die Verkettung an die Stelle gesetzt, die ihrer ASCII-Codezahl entspricht.

Ausführung zu Programm BIBAUM-M:

Demonstration: Binärer Baum als dynamische Datenstruktur.
0 Ende
1 Leeren Binärbaum erzeugen
2 Neue Elemente eingeben
3 Baum sortiert ausgeben
4 Baum unsortiert ausgeben
5 Datei mit Baum laden
6 Baum in Datei speichern
Wahl 0-6? 1

Binärbaum leer eingerichtet.

Weiter mit Taste
0 Ende
1 Leeren Binärbaum erzeugen
2 Neue Elemente eingeben
3 Baum sortiert ausgeben
4 Baum unsortiert ausgeben
5 Datei mit Baum laden
6 Baum in Datei speichern
Wahl 0-6? 2

   1 . Element (0=Ende) ? ME421000
   2 . Element (0=Ende) ? NA421030
   3 . Element (0=Ende) ? HA093320
   4 . Element (0=Ende) ? SI120310
   5 . Element (0=Ende) ? BO221140
   6 . Element (0=Ende) ? KE014120
   7 . Element (0=Ende) ? BO221141
   8 . Element (0=Ende) ? PL081040
   9 . Element (0=Ende) ? 0

Weiter mit Taste
0 Ende
1 Leeren Binärbaum erzeugen
2 Neue Elemente eingeben
3 Baum sortiert ausgeben
4 Baum unsortiert ausgeben
5 Datei mit Baum laden
6 Baum in Datei speichern
Wahl 0-6? 4

Reihenfolge: I,B$(I),L(I),B$(L(I)),R(I),B$(R(I))
   1 ME421000 3 HA093320 2 NA421030
   2 NA421030 0 ß 4 SI120310
   3 HA093320 5 BO221140 6 KE014120
   4 SI120310 8 PL081040 0 ß
   5 BO221140 0 ß 7 BO221141
   6 KE014120 0 ß 0 ß
   7 BO221141 0 ß 0 ß
   8 PL081040 0 ß 0 ß
Ende der unsortierten Ausgabe.

Weiter mit Taste

Ausführung zu Programm BIBAUM-M (1. Fortsetzung):

```
0  Ende
1  Leeren Binärbaum erzeugen
2  Neue Elemente eingeben
3  Baum sortiert ausgeben
4  Baum unsortiert ausgeben
5  Datei mit Baum laden
6  Baum in Datei speichern
Wahl 0-6? 3


Links: Sucharray J,S(J)
Rechts: Knoten Z,B$(I)
  1  1
  2  3
     1 . Element: BO221140
  3  5
     2 . Element: BO221141
  2  3
  1  1
     3 . Element: HA093320
  2  3
     4 . Element: KE014120
  1  1
  0  0
     5 . Element: ME421000
  1  1
     6 . Element: NA421030
  2  2
  3  4
     7 . Element: PL081040
  2  2
     8 . Element: SI120310
Ende des Sortierens.


Weiter mit Taste
0  Ende
1  Leeren Binärbaum erzeugen
2  Neue Elemente eingeben
3  Baum sortiert ausgeben
4  Baum unsortiert ausgeben
5  Datei mit Baum laden
6  Baum in Datei speichern
Wahl 0-6? 6


Dateiname zum Speichern? NUMDATEI
Binärbaum in NUMDATEI gespeichert.

Weiter mit Taste
0  Ende
1  Leeren Binärbaum erzeugen
2  Neue Elemente eingeben
3  Baum sortiert ausgeben
4  Baum unsortiert ausgeben
5  Datei mit Baum laden
6  Baum in Datei speichern
Wahl 0-6? 2


 9 . Element (0=Ende) ? NA391030
10 . Element (0=Ende) ? 0
```

Ausführung zu Programm BIBAUM-M (2. Fortsetzung):

Weiter mit Taste
0 Ende
1 Leeren Binärbaum erzeugen
2 Neue Elemente eingeben
3 Baum sortiert ausgeben
4 Baum unsortiert ausgeben
5 Datei mit Baum laden
6 Baum in Datei speichern
Wahl 0-6? 4

Reihenfolge: I,B$(I),L(I),B$(L(I)),R(I),B$(R(I))
 1 ME421000 3 HA093320 2 NA421030
 2 NA421030 9 NA391030 4 SI120310
 3 HA093320 5 BO221140 6 KE014120
 4 SI120310 8 PL081040 0 ß
 5 BO221140 0 ß 7 BO221141
 6 KE014120 0 ß 0 ß
 7 BO221141 0 ß 0 ß
 8 PL081040 0 ß 0 ß
 9 NA391030 0 ß 0 ß
Ende der unsortierten Ausgabe.

Weiter mit Taste
0 Ende
1 Leeren Binärbaum erzeugen
2 Neue Elemente eingeben
3 Baum sortiert ausgeben
4 Baum unsortiert ausgeben
5 Datei mit Baum laden
6 Baum in Datei speichern
Wahl 0-6? 3

Links: Sucharray J,S(J)
Rechts: Knoten Z,B$(I)
 1 1
 2 3
    1 . Element: BO221140
 3 5
    2 . Element: BO221141
 2 3
 1 1
    3 . Element: HA093320
 2 3
    4 . Element: KE014120
 1 1
 0 0
    5 . Element: ME421000
 1 1
 2 2
    6 . Element: NA391030
 1 1
    7 . Element: NA421030
 2 2
 3 4
    8 . Element: PL081040
 2 2
    9 . Element: SI120310
Ende des Sortierens.

Codierung zu Programm BIBAUM-M:

```
100 REM ====== Programm BIBAUM-M
110 PRINT "Demonstration: Binärer Baum als dynamische Datenstruktur."
    '
120 REM ====== Vereinbarungsteil
130 'B$(100)   : Maximal 100 Baumelemente bzw. Knoten
140 'R():         Rechte Söhne als Nachfolger
150 'L():         Linke Söhne als Nachfolger
160 'S():         Sucharray als Hilfsvariable beim Sortieren
170 'N:           Anzahl der Baumelemente, in R(0) abgelegt
180 'B$(I),L(I),R(I): 3-Felder-Datensatz für I. Baumelement in der Datei
190 'F$:          Name der sequentiellen Datei zur Speicherung des Baumes
200 'I,J,Z:       Hilfsvariablen
210 'FLAG:        Variable zur Schleifensteuerung (als Flagge)
    '
230 REM ====== Anweisungsteil
240 PRINT "0  Ende"
250 PRINT "1  Leeren Binärbaum erzeugen"
260 PRINT "2  Neue Elemente eingeben"
270 PRINT "3  Baum sortiert ausgeben"
280 PRINT "4  Baum unsortiert ausgeben"
290 PRINT "5  Datei mit Baum laden"
300 PRINT "6  Baum in Datei speichern"
310 INPUT "Wahl 0-6";Z : PRINT : IF Z=0 THEN PRINT "Ende." : END
320 ON Z GOSUB 1000, 2000, 3000, 4000, 5000, 6000
330 PRINT : PRINT "Weiter mit Taste"; : LET E$=INPUT$(1): PRINT
340 CLS : GOTO 240
    '
1000 DIM B$(100)                          'LEEREN BINÄRBAUM ERZEUGEN
1010 DIM L(100), R(100), S(100)
1020 LET I=0     'bei Wurzel 0 beginnen
1030 LET N=0     'Anzahl der Knoten 0
1040 LET B$(0)=CHR$(126)    'Wurzel mit hohem Codewert
1050 PRINT "Binärbaum leer eingerichtet."
1060 RETURN
     '
2000 PRINT N+1;". Element (0=Ende) "; 'NEUE ELEMENTE IN BINÄRBAUM EINGEBEN
2010 INPUT E$
2020 WHILE E$<>"0"
2030    LET N=N+1 : LET B$(N)=E$ : LET I=0 : LET FLAG=0
2040    WHILE NOT FLAG
2050       IF B$(N)>B$(I) THEN 2080
2060       IF L(I)<>0 THEN LET I=L(I)
                    ELSE LET L(I)=N : LET FLAG=-1
2070       GOTO 2090
2080       IF R(I)<>0 THEN LET I=R(I)
                    ELSE LET R(I)=N : LET FLAG=-1
2090    WEND
2100    LET FLAG=0
2110    PRINT N+1;". Element (0=Ende) "; : INPUT E$
2120 WEND
2130 LET R(0)=N
2140 RETURN
```

Codierung zu Programm BIBAUM-M (1. Fortsetzung):

```
3000 LET I=1     'Index in Array B$()      'BINÄRBAUM SORTIERT AUSGEBEN
3010 LET Z=0     'Rangplatz für Sortierung
3020 LET J=0     'Index in Sucharray S()
3030 PRINT "Links: Sucharray J,S(J)" : PRINT "Rechts: Knoten Z,B$(I)"
3040 IF L(I)=0 THEN 3060
3050 GOSUB 3200 : LET I=L(I) : GOTO 3040      'linksaußen lesen
3060 GOSUB 3180 : IF Z=N THEN 3160
3070 IF R(I)=0 THEN 3090
3080 GOSUB 3200 : LET I=R(I) : GOTO 3040      'rechts lesen
3090 IF I<>L(S(J)) THEN 3120
3100 GOSUB 3220 : GOSUB 3180 : IF Z=N THEN 3160
3110 GOTO 3070
3120 IF J<2 THEN 3160
3130 GOSUB 3220
3140 IF I<>R(S(J)) THEN 3090
3150 IF I>1 THEN 3130
3160 PRINT "Ende des Sortierens."
3170 RETURN
     '
3180 LET Z=Z+1            'UPRO ELEMENT AUSGEBEN
3190 PRINT "   ";Z;". Element: ";B$(I) : RETURN
3200 LET J=J+1           'UPRO IN SUCHARRAY WEITER
3210 LET S(J)=I : PRINT J;S(J) : RETURN
3220 LET I=S(J)          'UPRO IN SUCHARRAY ZURÜCK
3230 LET J=J-1 : PRINT J;S(J) : RETURN
     '
4000 PRINT "Reihenfolge: ";               'BAUM UNSORTIERT AUSGEBEN
4010 PRINT "I,B$(I),L(I),B$(L(I)),R(I),B$(R(I))"
4020 FOR I=1 TO N
4030    PRINT I;" ";B$(I);L(I);" ";B$(L(I));R(I);" ";B$(R(I))
4040 NEXT I
4050 PRINT "Ende der unsortierten Ausgabe."
4060 RETURN
     '
5000 GOSUB 1000                   'BINÄRBAUM AUS DATEI IN DEN RAM EINLESEN
5010 INPUT "Dateiname";F$ : OPEN F$ FOR INPUT AS #1
5020 INPUT #1, B$(0),L(0),R(0)
5030 LET I=0 : LET N=R(0)
5040 FOR I=1 TO N
5050    INPUT #1, B$(I),L(I),R(I)
5060 NEXT I
5070 CLOSE #1
5080 PRINT "Binärbaum eingelesen."
5090 RETURN
     '
6000 INPUT "Dateiname zum Speichern";F$     'BINÄRBAUM EXTERN ABSPEICHERN
6010 OPEN F$ FOR OUTPUT AS #1
6020 FOR I=0 TO N
6030    PRINT #1, B$(I);",";L(I);",";R(I)
6040 NEXT I
6050 CLOSE #1
6060 PRINT "Binärbaum in ";F$;" gespeichert."
6070 RETURN
```

3.13.5 Binärbaum sortiert ausgeben

Das unsortierte Ausgeben des Baumes entsprechend der Speicherfolge geschieht über eine FOR-Schleife in Unterprogramm 4000.
Das sortierte Ausgeben erfolgt nicht gemäß der rein physischen
Speicherungsfolge, sondern gemäß der logischen Folge, wie sie
durch die Zeigervermerke gegeben ist. Unterprogramm 3000 zeigt
dazu die zwei folgenden Schritte.

Schritt 1:
Zunächst das Problem 'kleinste Nummer suchen' (hier BO221140),
die sich ganz links außen befindet. Die Schleife in den Zeilen
3040-3050 tastet sich vom Stamm ausgehend (I=0) immer weiter
nach links vor (3050 LET I=L(I)), bis endlich kein linker Sohn
mehr auftaucht (3040 IF L(I)=0 ist erfüllt), d.h. bis man ganz
links in der äußersten Ecke angelangt ist, um die nun gefunde-
ne kleinste Nummer auszugeben (3060 GOSUB 3180).

Schritt 2:
Nun kommt das Problem des 'Suchens der nächsthöheren Nummer'.
Diese ist entweder der Vater oder ein rechter Sohn. Ist kein
rechter Sohn da, so wird der Vater ausgegeben. Ist dagegen ein
rechter Sohn vorhanden (wie in unserem Fall, wo 3070 IF R(I)=0
nicht erfüllt), so geht man zu diesem Sohn (3080 LET I=R(I)),
um dann erneut mit Schritt 1 in die äußerste linke Ecke voran-
zuschreiten (3080 GOTO 3040).

Der rechte Sohn wird als Wurzel eines Teilbaums aufgefaßt, in
dem sich das 'Suchen der kleinsten Nummer ganz links' genauso
vollzieht wie im Gesamtbaum. Ist dieses Minimum gefunden, dann
wird erneut der Vorgang 'Suchen der nächsthöheren Nummer' aufgerufen, ... Ein solches "Aufrufen von sich selbst" nennt man
R e k u r s i o n (latein: recurrere für zurücklaufen). Höhere Programmiersprachen wie PASCAL oder ADA sehen hierfür sog.
rekursive Unterprogramme (Prozeduren) vor, BASIC dagegen leider nicht.
Der in Unterprogramm 3000 benutzte Suchstring S(J) speichert
die beim 'Vortasten' durchlaufenen Knoten (LET J=J+1), um dann
auf dem gleichen Weg wieder zurückgehen zu können (LET J=J-1).

3.13.6 Binärbaum als Datei extern ablegen

Mit dem Programm BIBAUM-M können wir über die Unterprogramme
5000 und 6000 den Binärbaum als sequentielle NUMDATEI lesen
und beschreiben. Zu beachten ist, daß wir in dem 1. Datensatz
als besonderem Satz über R(0) die Knotenanzahl N=8 speichern.

Wir verlassen BASIC und kehren durch Eingabe von SYSTEN in die
Betriebsystemebene zurück. Über den DOS-Befehl TYPE erfahren
wir, wie der Binärbaum als sequentielle Datei auf der Diskette
gespeichert ist:

```
A>TYPE NUMDATEI
ß, 1 , 8
ME421000, 3 , 2
NA421030, 0 , 4
HA093320, 5 , 6
SI120310, 8 , 0
BO221140, 0 , 7
KE014120, 0 , 0
BO221141, 0 , 0
PL081040, 0 , 0
```

1. Datensatz mit ß für
CHR$(126), 1 für die Wurzel
als linken Nachfolger und
8 für die Anzahl der Knoten.

8 Nutzdatensätze mit jeweils
drei Datenfeldern 'Bezeichnung', 'linker Nachfolger'
und 'rechter Nachfolger'.

Binäre Bäume haben zahlreiche Anwendungen, insbesondere eignen
sie sich zum Suchen (deshalb die Bezeichnung Suchbäume) sowie
zum Sortieren. Das hier wiedergegebene Beispiel gibt einen bestimmt nur sehr vagen Einblick in die breite Palette dieser
dynamischen Datenstrukturen wieder.

Bei größeren DV-Systemen ist der Dateizugriff über einen als
Binärbaum strukturierten Index sehr häufig als Bestandteil des
Betriebssystems vorgesehen.

3.14 Verkettete Dateien und Datenbank

Der Begriff der D a t e n b a n k ist äußerst vielschichtig
(vgl. Abschnitt 1.3.5), hat aber stets etwas mit Dateien zu
tun, die zu einem gemeinsamen Datenbestand v e r k e t t e t
sind.

Das Prinzip der verketteten Speicherung über Zeiger haben wir
schon in Abschnitt 1.3.5.2 kennengelernt. Dabei wurden innerhalb einer Kundendatei in jedem Datensatz zwei zusätzliche Datenfelder mit Zeigern (sog. Zeigerfelder) angefügt.
Strukturiert man die Datensätze als 'Gekettete Liste (Linked
List)', dann werden damit ebenfalls Sätze innerhalb einer Datei verkettet. Auf die Datenstruktur der geketteten Liste sind
wir in Abschnitt 3.12 eingegangen.
Das Verketten von Datensätzen in ein und derselben Datei nennt
man auch i n t e r n e   V e r k e t t u n g.

Das Prinzip der Verkettung läßt sich auch auf mehrere Dateien
anwenden: der Schlüssel des Datenfeldes einer Datei A wird als
Zeiger auf den Satz einer Datei B betrachtet. Man spricht dann
von der e x t e r n e n   V e r k e t t u n g .

In einer D a t e n b a n k können beide Typen der Verkettung
angewendet werden.

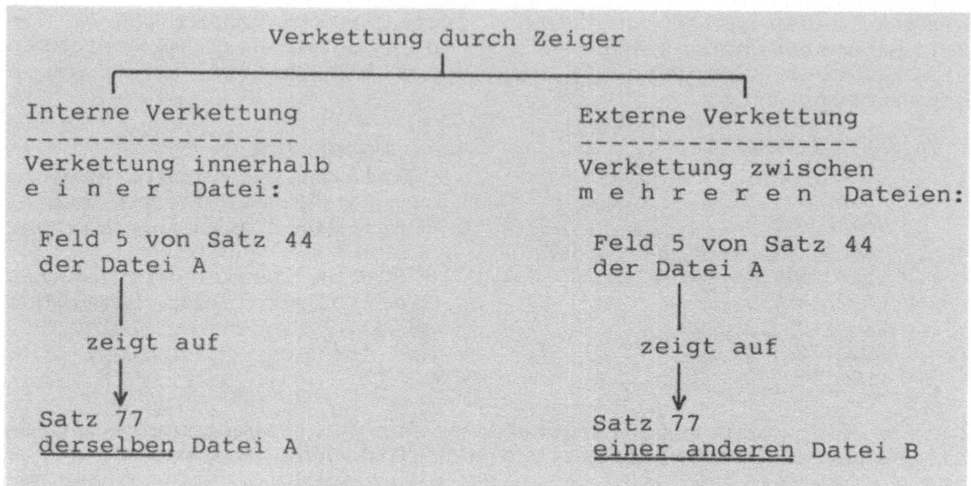

Dateiverarbeitung: Zwei Typen der Verkettung

3.14.1 Externe Verkettung von vier Dateien (Fakturierung)

Als erstes Beispiel zur Verkettung von Dateien betrachten wir
eine Anwendung der Rechnungsschreibung bzw. Fakturierung.

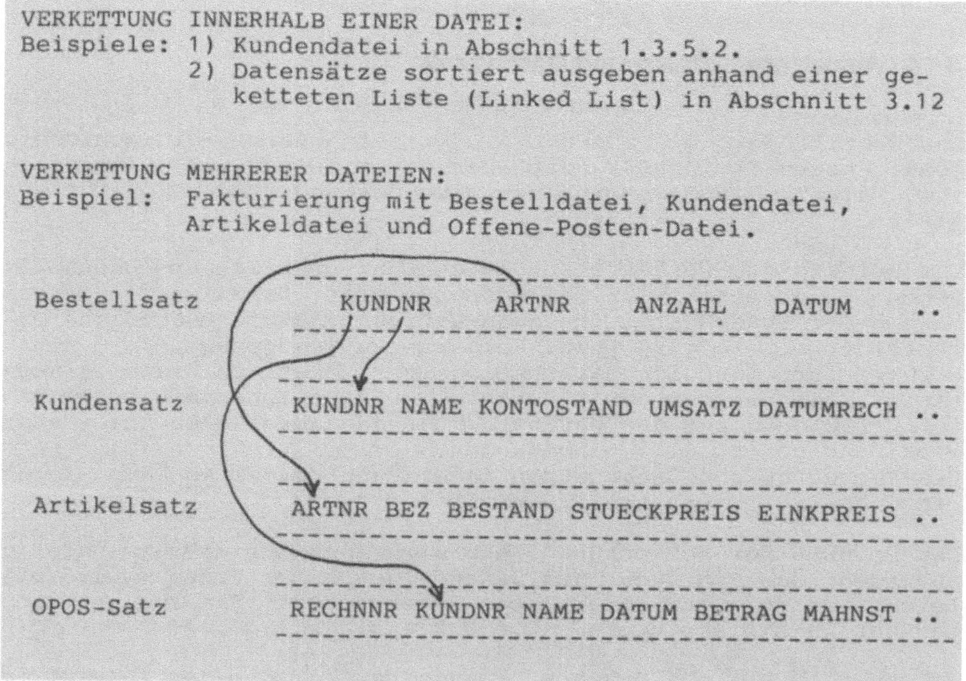

Verkettung von vier Dateien am Beispiel der Fakturierung

Die Tagesbestellungen werden in einer BESTELLDATEI erfßt, gesammelt bzw. gestapelt, um z.B. abends zur Rechnungsschreibung
verwendet zu werden. Jeder Bestellsatz umfaßt u.a. die Datenfelder KUNDNR, ARTNR, ANZAHL des bestellten Artikels und DATUM
(vereinfachende Annahme: nur ein Artikel/Bestellung). Das Feld
KUNDNR wird als Z e i g e r auf die KUNDENDATEI aufgefaßt;
dieser Zeiger bewirkt, daß die entsprechenden Kundenstammdaten
verfügbar sind. Die ARTNR als Zeiger dient zur Verkettung der
ARTIKELDATEI: die zugehörigen Artikelangaben können jetzt auf
die Rechnung gedruckt werden. Die KUNDNR verkettet nicht nur
mit der KUNDENDATEI, sondern auch mit der OFFENE-POSTEN-DATEI
bzw. OPOS-DATEI. So kann man nachzusehen, ob gerade offene und
angemahnte Rechnungen vorliegen, um z.B. bei "MAHNSTUFE 2" besondere Zahlungsbedingungen auf der Rechnung zu vermerken.

Datenfelder, über die Datensätze derselben oder einer anderen
Datei unverwechselbar bzw. eindeutig identifiziert werden können, nennt man e i n d e u t i g e S c h l ü s s e l . Eine
Postleitzahl z.B. kann nicht als solcher Schlüssel verwendet
werden (da ggf. mehrere Kunden am gleichen Ort wohnen); auch
der Name ist wenig geeignet (da z.B. mehrere 'Müller'). Aus
Gründen der Eindeutigkeit werden zumeist numerische Schlüssel
definiert, wie hier die Schlüssel KUNDNR, ARTNR und RECHNNR.

In einer S t a m m d a t e i werden Sätze zusammengefaßt,
deren Anzahl sich selten ändert (vgl. Abschnitt 1.3.1.1). Dem-
gegenüber zeichnet sich eine B e w e g u n g s d a t e i dadurch aus, daß sich ihre Größe häufig ändert. In unserem Beispiel liegt mit der Bestelldatei nur eine Bewegungsdatei vor.

Kennzeichen:	STAMMDATEI:	BEWEGUNGSDATEI:
Inhalt der Sätze ändert sich ...	... häufig (z.B. UMSATZ)	... selten (z.B. DATUM)
Anzahl der Sätze ändert sich ...	... selten (z.B. neuer Artikel)	... häufig (z.B. Bestellungen jeden Tag)
Beispiele für Dateien:	Kundendatei, Artikeldatei, OPOS-Datei	Bestelldatei

Trennung von Stammdatei und Bewegungsdatei

3.14.2 Externe wie interne Verkettung von zwei Dateien (Literatur)

Wenden wir uns dem weiten Gebiet der Literaturdokumentation
am Beispiel der Verwaltung von Büchern zu: Zunächst legen wir
eine BUCHDATEI mit fester Datensatzlänge an. Jeder Satz weist
Datenfelder wie Buchtitel, Verlag, ... auf und zusätzlich ein

Zeigerfeld, dessen Inhalt (Zeiger, Pointer) auf den logischer-
weise nachfolgenden Datensatz zeigt. Diese BUCHDATEI wird zunächst mit 10 Leersätzen (siehe Beispiel) als Direktzugriffda-
dei angelegt.
In einer zweiten AUTORENDATEI speichern wir Namen von Buchver-
fassern, wobei jeder Satz zwei zusätzliche Zeigerfelder mit
Verweisen auf die BUCHDATEI hat: Zeiger Z1 zeigt auf die erste
vom betreffenden Autor in der BUCHDATEI besetzte Satznummer,
und Zeiger Z2 auf den letzten besetzten Satz.
Das wiedergegebene Beispiel zeigt den Inhalt dieser verketteten Dateien zu Beginn leer (Zustand (A)), mit 3 Büchern von 2
Autoren (Zustand (B)) und mit 4 Büchern von 2 Autoren (Zustand
(C)).

Zu Zustand (A): Die BUCHDATEI ist leer angelegt. In Datensatz
0 ist mit S0=1 die erste freie Satznummer sowie mit S1=10 die
letzte freie Satznummer vermerkt. Die Zeiger Z zeigen von Satz
1 bis Satz 10 und bilden e i n e Vollkette (0 = Kettenende).
Die AUTORENDATEI ist ebenfalls leer. Für die beiden Zeiger Z1
und Z2 werden keine Leerketten aufgebaut, sondern jeweils null
eintragen.

Zu Zustand (B): Für Autor JANOSCH werden die beiden Buchtitel
GEBURTSTAG und HAU DEN LUKAS eingetragen. In Satz 0 der BUCH-
DATEI zeigt S0=4 nun auf den 4. Satz als ersten freien Satz,
da der Titel VATER U. SOHN von Autor PLAUEN als 3. Satz eingetragen ist. Die BUCHDATEI enthält drei Teilketten: Sätze 1-2
für JANOSCH, Satz 3 für PLAUEN sowie Sätze 4-10 leer. Satzende
wird jeweils durch Zeigerwert=null vermerkt, Satzanfang entweder durch Zeiger Z1 aus der AUTORENDATEI oder durch Zeiger Z
aus Satz 0 der BUCHDATEI selbst.

Zu Zustand (C): Zusätzlich wird das Buch GLIWI von JANOSCH gespeichert, und zwar als nächster freier Satz, d.h. als 4. Satz
in der BUCHDATEI. Andere Sätze werden n i c h t bewegt, sondern nur Zeigervermerke geändert. S0 wird von 4 auf 5 erhöht,
Z im 2. Buchsatz von 0 auf 4 gesetzt. In der AUTORENDATEI wird
Z2 für JANOSCH von 2 auf 4 geändert.

Auch andere Arten des Änderungsdienstes (Löschen, Titeländern)
werden ohne Bewegung der Sätze allein über die Zeigervermerke
verarbeitet.

Das Beispiel zeigt, daß oft die interne und externe Verkettung
gleichzeitig vorhanden sind: die Verkettung von Sätzen innerhalb einer Datei (hier in der BUCHDATEI) und die Verkettung
zwischen Dateien (hier von der AUTORENDATEI zur BUCHDATEI).

Die Verkettung von Dateien über Zeiger als eigens hierfür vor-
gesehene Datenfelder bringt besondere Probleme bei der Reorganisation der einzelnen Datei (z.B. Löschen eines Datensatzes,
auf den von einer anderen Datei aus weiterhin mit einem Zeiger
verwiesen wird). In jedem Fall müssen alle Zeigerverweise bei
Reorganisation bzw. Änderungsdienst auf Gültigkeit überprüft
werden.

```
BUCHDATEI:
  (A) Leer:              (B) 3 Bücher:            (C) 4 Bücher:

  0  1   10             0  4   10               0  5   10
  1  leer      2  ┌─>1  GEBURTSTAG    2─┐      1  GEBURTSTAG      2─┐
  2  leer      3  │ └>2  HAU DEN LUKAS 0      └>2  HAU DEN LUKAS  4─┐
  3  leer      4  │    3  VATER U. SOHN 0        3  VATER U. SOHN  0 │
  4  leer      5  │    4  leer          5      └>4  GLIWI          0
  5  leer      6  │    5  leer          6        5  leer          6
  6  leer      7  │    6  leer          7        6  leer          7
  7  leer      8  │    7  leer          8        7  leer          8
  8  leer      9  │    8  leer          9        8  leer          9
  9  leer     10  │    9  leer         10        9  leer         10
 10  leer      0  │   10  leer          0       10  leer          0
Eine Kette:      │   Drei Ketten:              Drei Ketten:
1-10.            │   1-2, 3-3, 4-10.           1-2+4, 3-3, 5-10.
                 │
                 │
AUTORENDATEI:    │
  (A) Leer:      │    (B) 2 Autoren:            (C) 2 Autoren:
                 └ ─ ─ ─ ─ ─ ─ ─ ┐
  0  1   5          0  3   5      │          0  3   5
  1  leer   0  0    1  JANOSCH   1  2        1  JANOSCH   1  4
  2  leer   0  0    2  PLAUEN    3  3        2  PLAUEN    3  3
  3  leer   0  0    3  leer      0  0        3  leer      0  0
  4  leer   0  0    4  leer      0  0        4  leer      0  0
  5  leer   0  0    5  leer      0  0        5  leer      0  0
```

Verkettung von AUTOREN- und BUCHDATEI intern sowie extern

3.15 Grafik

Grafik auf dem IBM PCjr unter DOS 2.10:

Das "Video Color/Grafik - Subsystem" des IBM PCjr (Motorola
6845 CRT) ist Bestandteil des Computers und ermöglicht vielfältige und sehr einfach zu programmierende grafische Darstellungen.
Um die Grafikmöglichkeiten des IBM PCjr nutzen zu können, benötigt man auf der Hardwareseite einen entsprechenden Bildschirm (Monitor). Ein Schwarzweiß-Bildschirm sollte 80 Zeichen
je Zeile ermöglichen. Ein Farb-Bildschirm kann ein Mischbild-
schirm (drei Farbsignale in ein Signal codiert bzw. gemischt)
oder ein RGB-Bildschirm (Rot-Grün-Blau) sein; letzterer kann
die drei Farbsignale direkt verarbeiten und ist vergleichsweise teuer.
Auf der Softwareseite unterstützt das BASICA bzw. 'Cartridge-
BASIC' des PCjr die Grafikverarbeitung durch mächtige Anweisungen wie CIRCLE, COLOR, DRAW, LINE, SCREEN, PSET und WIDTH.

Grafik auf dem IBM PC und PC XT unter DOS 2.00 oder 2.10:

Das BASICA des IBM PC unter DOS 2.0 bietet im wesentlichen die
gleichen Grafikmöglichkeiten wie das Cartridge-BASIC des PCjr
unter DOS 2.1.
Ein wichtiger Unterschied: Die über die SCREEN-Anweisung steu-
erbaren Grafik-Betriebsarten 0-2 unter DOS 2.0 wurden mit dem
DOS 2.10 um die Betriebsarten 3 (Niedrige Auflösung) und   4-6
(Zusatzformen zur Grafik mit mittlerer und hoher Auflösung)
erweitert.
Fährt man den PC bzw. PC XT unter DOS 2.10, verfügt man über
dieselben Möglichkeiten wie auf dem PCjr.

Grafik auf dem IBM Portable PC unter DOS 2.10:

Der Portable PC wird mit DOS 2.10 ausgeliefert und bietet deshalb die vollen Grafik-Möglichkeiten.

3.15.1 Grafik im Überblick

3.15.1.1   Text-Grafik und Pixel-Grafik

Im Grafik-Subsystem der IBM PCs sind zwei grundsätzlich verschiedene Betriebsarten bzw. Modi zu unterscheiden: einerseits
der T e x t - M o d u s zur Darstellung von Zeichen und
andererseits der P i x e l - M o d u s zur Darstellung von
Bildpunkten bzw. Pixeln.

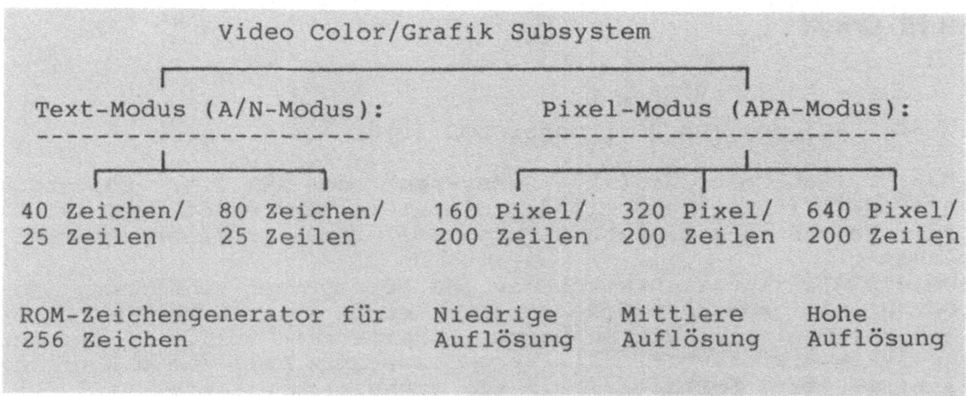

Grafik im Text-Modus und im Pixel-Modus

Der Text-Modus wird auch A/N-Modus (für: Alpha/Numerischer
Zeichen-Modus) genannt, da auf dem Bildschirm nebeneinander 40
oder 80 Z e i c h e n dargestellt werden können. Das einzelne Zeichen setzt sich aus 8*8 (40 Zeichen je Zeile) oder aus
7*7 (80 Zeichen je Zeile) Punkten zusammen.
Ein im ROM eingebauter Zeichengenerator von ca. 2 KBytes Größe
kann 256 Zeichen (Buchstaben, Ziffern, Symbole für Block-Gra-
fik usw.) erzeugen.
Für die Zeichen stehen 16 Farben zur Auswahl.

Der Pixel-Modus wird auch als APA-Modus bezeichnet (für: 'Alle
BildPunkte Adressierbar'-Modus).
Anstelle der Zeichen können Bildpunkte bzw. Pixel dargestellt
und e i n z e l n adressiert werden.
Je nachdem, wie eng die Pixel beieinanderstehen, sind drei Mo-
di zu trennen:

- Pixel-Grafik mit niedriger Auflösung:
  Auf dem Bildschirm stehen maximal 160 Pixel nebeneinander
  und maximal 200 Pixel untereinander. Damit können 160*200
  bzw. 32000 Pixel einzel programmiert werden.

- Pixel-Grafik mit mittlerer Auflösung:
  Maximal 320 Pixel nebeneinander und maximal 200 Zeilen untereinander.

- Pixel-Grafik mit h o h e r Auflösung:
  Maximal 640 Pixel nebeneinander auf 200 Pixel untereinander.

Ein Pixel bzw. Bildpunkt bezeichnet man auch als PEL (Picture
ELement).
Wie für die Text-Grafik verfügt auch die Pixel-Grafik über 16
Farben.
In Pixel-Grafik sind neben den Bildpunkten auch Zeichen dar-
stellbar (z.B. für erläuternde Textkommentare); dabei erschei-
nen die Zeichen natürlich vergleichsweise groß.

Die Grafik-Betriebsarten bzw. Grafik-Modi werden in BASIC über
drei Anweisungen gesteuert:

  1. WIDTH-Anweisung zum Einstellen der Zeilenbreite
     (40 oder 80) für Text-Grafik

  2. SCREEN-Anweisung zum Einstellen der Auflösung des Bild-
     schirmes für Text-Grafik und Pixel-Grafik.

  3. COLOR-Anweisung zum Einstellen der Farbe für Text-Grafik
     und für Pixel-Grafik.

Je nach Kombination ihrer Parameter können wir über die Anweisungen WIDTH, SCREEN und COLOR die in der Abbildung wiedergegebenen Grafik-Betriebsarten einstellen.

```
Anweisung:      Grafik:      Auflösung:      Farben:    Puffer-Speicher:
----------      -------      ----------      ------     ----------------

SCREEN 0        Text         40 Zeichen      16/SW          2 KB

SCREEN 0        Text         80 Zeichen      16/SW          4 KB

SCREEN 1,4      Pixel        "mittlere"        4           16 KB
                             320*200 P/ 40 Z
SCREEN 2        Pixel        "hohe"           SW           16 KB
                             640*200 P/ 80 Z
SCREEN 3        Pixel        "niedrige"       16           16 KB
                             160*200 P/ 20 Z
SCREEN 5        Pixel        "mittlere"       16           32 KB
                             320*200 P/ 40 Z
SCREEN 6        Pixel        "hohe"            4           32 KB
                             640*200 P/ 80 Z

P=Pixel, Z=Zeichen, SW=Schwarz-weiß, KB=Kilo Bytes
```

    Einstellungen von Grafik-Betriebsarten mittels SCREEN

Die in der Abbildung angegebene Reihenfolge der SCREEN-Parame-
ter 1,2,...,6 stimmt nicht mit der Zunahme der Auflösung überein. Der Grund liegt darin, daß der IBM PC/XT nur die Modi 0-2
erlaubt, während die Modi 3-6 als nachträgliche Erweiterungen
in 1984 nur auf dem IBM PCjr laufen.
Zu beachten ist, daß sich der verfügbare RAM-Speicherplatz um
die Größe des Bildschirm-Pufferspeichers vermindert. Bei einem
IBM PCjr mit 128 KBytes stehen dem Benutzer z.B. bei SCREEN 6
'nur' ca. 128-32=96 KBytes für seine Anwendung zur Verfügung.
Im Gegensatz zum IBM PC/ PC XT und Portable PC ist der Grafik-
Adapter beim PCjr fest eingebaut.

```
IBM PCjr:                        IBM PC/PX XT/Portable PC:
--------                         ------------------------

Bildschirm-Puffer (bis 32 KB)    Bildschirm-Puffer (bis 16 KB)
belegt Teil des RAM              separat im Grafik-Adapter

SCREEN 0,1,2,3,4,5 und 6         DOS 2.0: SCREEN 0,1 und 2
                                 DOS 2.1: SCREEN 0,1,2,3,4,5
                                 und 6
```

    Grafik-Abweichungen von IBM PCjr und PC/PC XT/Portable PC

Zum Portable PC:
Anders als beim PC und PC XT wird der Adapter für den Farb-/
Grafik-Bildschirm beim Portable PC im Grundgerät mitgeliefert.
Er belegt einen der acht Erweiterungspositionen.

3.15.1.2 Drei Grafik-Betriebsarten an einem Beispiel

Wenden wir uns nun einem Beispielprogramm zu:
Das folgende Programm GRAFMODI veranschaulicht die drei mit-
tels SCREEN 0, SCREEN 1 und SCREEN 2 eingestellten Grafik-Modi
Text-Grafik, Pixel-Grafik mit mittlerer Auflösung und Pixel-
Grafik mit hoher Auflösung. Beim Umschalten auf einen anderen
Modus wird dabei jeweils der gesamte Bildschirm gelöscht.

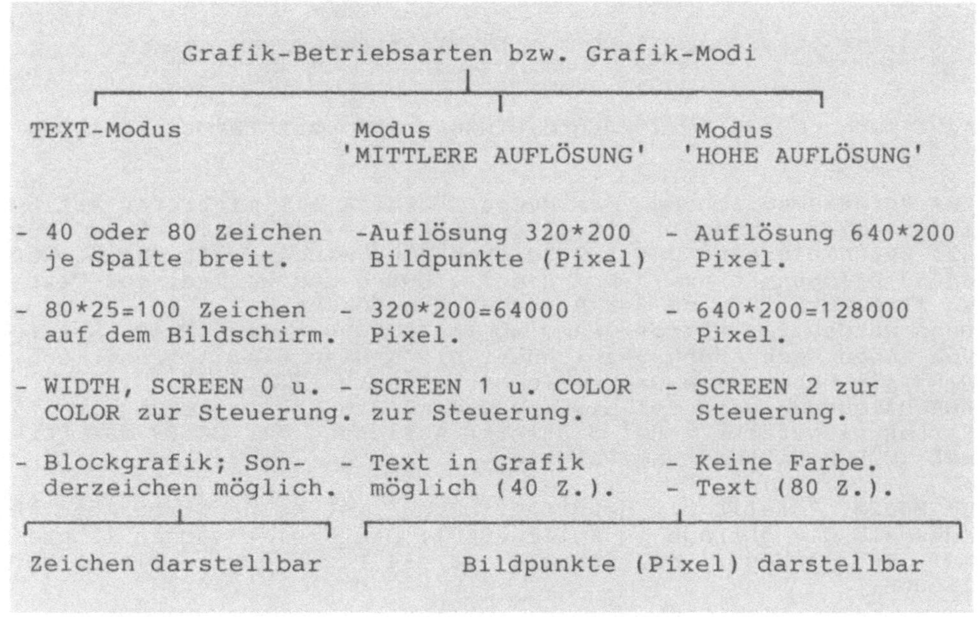

   Die drei im Programm GRAFMODI verwendeten Grafik-Modi

Zur Codierung von Programm GRAFMODI:
Der Haupt- bzw. Steuerungsteil von GRAFMODI ist in den Zeilen
100-320 programmiert.
Zunächst wird mit 150 SCREEN 0,0 und 160 WIDTH 40 der Text-
Modus mit 40 Zeichen Bildschirmbreite eingestellt, um dann im
Unterprogramm ab Zeile 1000 achtmal die Mitteilung "Text Modus
schwarz-weiß mit 40 Zeichen:" auszugeben. Bei Anschluß eines
Farb-Bildschirmes erkennen wir die 16 Vordergrund- und 8 Hin-
tergrundfarben, wobei für jedes Zeichen eine andere Farbe ver-
wendet wird. Dabei gilt:
- Laufvariable VORDERGRUND 0-15 : Zeichen in einer der 16 Farben ausgeben.
- Laufvariable VORDERGRUND 16-31: Zeichen in Farbe VORDERGRUND
  minus 16 ausgeben und dabei b l i n k e n .
Bei Verwendung eines Schwarzweiß-Bildschirmes erkennt man für
die Farben unterschiedliche 'Raster'; geblinkt wird ebenfalls.
Die Schleife mit der Laufvariablen HINTERGRUND wird achtmal
mit jeweils einer anderen Hintergrundfarbe durchlaufen.

```
    Vordergrund/Hintergrund:                    Vordergrund:
    -------------------------                    ------------
        0        Schwarz                      8        Grau
        1        Blau                         9        Hellblau
        2        Grün                        10        Hellgrün
        3        Cyan-blau (Blaugrün)        11        Hellcyan-blau
        4        Rot                         12        Hellrot
        5        Magenta-rot (Fuchsrot)      13        Hell-Magenta
        6        Braun                       14        Gelb
        7        Weiß                        15        Intensivweiß

    0-15: Farbzeichen steht        16-31: Farbzeichen blinkt
```

Anweisung   COLOR Vordergrund,Hintergrund   zur Farbeinstellung

Zur Veranschaulichung des Modus "Grafik mit mittlerer Auflösung" wird zunächst mit 220 SCREEN 1,0 der Bildschirm auf
320 Zeichen Breite und 200 Zeichen Höhe eingestellt, also auf
64000 Bildpunkte bzw. P i x e l . Durch den Wechsel von Text-
zu Pixel-Grafik wird der Bildschirm gelöscht.
Dann werden im Unterprogramm ab Zeile 2000 zunächst 100 Kreise
von innen nach außen gezeichnet. Die Kreise sind konzentrisch,
d.h. sie haben alle denselben Mittelpunkt (200,110).
Anschließend wird der Hintergrund um die Kreise herum mit 15
Farben eingefärbt. Bei mittlerer Auflösung hat COLOR das Format COLOR Hintergrund,Palette .

Im Modus "Grafik mit hoher Auflösung" ist keine Farbe möglich
(deshalb die Abfrage in Zeile 2060). Die Kreise werden langsamer und 'schöner' gezeichnet, da die Pixel enger beieinander
liegen.

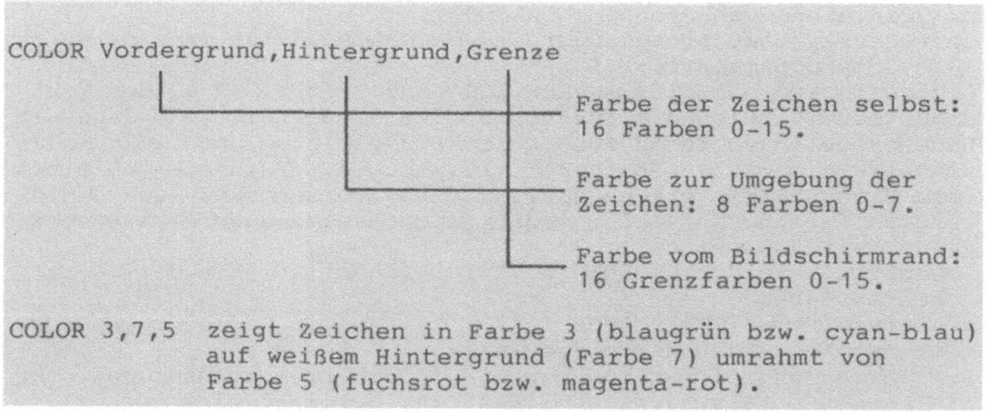

Einstellung der Grafik-Modi durch WIDTH, SCREEN und COLOR

Codierung zu Programm GRAFMODI:

```
100 REM ====== Programm GRAFMODI
110 PRINT "Demonstration der Grafik-Betriebsarten bzw."
120 PRINT "Grafik-Modi Text, mittlere und hohe Auflösung."
130 INPUT "Weiter: Taste",E$
    '
140 LET TEXT$="Text Modus schwarz-weiß mit 40 Zeichen:"
150 SCREEN 0,0
160 WIDTH 40
170 GOSUB 1000
180 LET TEXT$="Text Modus schwarz-weiß mit 80 Zeichen:"
190 WIDTH 80
200 GOSUB 1000
210 LET TEXT$="Text Modus Farbe mit 40 Zeichen:"
220 SCREEN 0,1
230 WIDTH 40
240 GOSUB 1000
250 LET TEXT$="Grafik-Modus Mittlere Auflösung (320*200):"
260 KEY OFF: SCREEN 1,0
270 GOSUB 2000
280 LET TEXT$="Grafik-Modus Hohe Auflösung (640*200):"
290 SCREEN 2
300 GOSUB 2000
310 SCREEN 0,0: COLOR 7,0,0: WIDTH 80: KEY ON
320 PRINT "Ende." : END
    '
1000 FOR HINTERGRUND=0 TO 7                    '8 Hintergrundfarben
1010    FOR VORDERGRUND=1 TO LEN(TEXT$)        'Für jedes Zeichen die nächste
1020       LET ZEICHENFARBE=VORDERGRUND MOD 32 'Für 32 Vordergrundfarben
1030       COLOR ZEICHENFARBE,HINTERGRUND
1040       PRINT MID$(TEXT$,VORDERGRUND,1);
1050    NEXT VORDERGRUND
1060    PRINT: PRINT
1070 NEXT HINTERGRUND
1080 COLOR 7,0,0: INPUT "Weiter: Taste",E$
1090 RETURN
    '
2000 CLS
2010 PRINT TEXT$
2020 PRINT "100 Kreise zeichnen:"
2030 FOR RADIUS=1 TO 100                       '100 Kreise im je 1 Punkt größer
2040    CIRCLE (200,110),RADIUS
2050 NEXT RADIUS
2060 IF INSTR(TEXT$,"Hohe")<>0 THEN 2120       'Keine Farbe bei Hochauflösung
2070 PRINT "15 Hintergrundfarben:"
2080 FOR FARBE=1 TO 15                         '15 Farben für Hintergrund
2090    COLOR FARBE
2100    FOR ZEIT=1 TO 1000: NEXT ZEIT
2110 NEXT FARBE
2120 INPUT "Weiter: Taste",E$
2130 RETURN
```

Ausführung zu Programm GRAFMODI (teilweise):

Demonstration der Grafik-Betriebsarten bzw.
Grafik-Modi Text, mittlere und hohe Auflösung.
Weiter: Taste
Text Modus schwarz-weiß mit 40 Zeichen:

... nicht druckbar: Wiederholung der Ausgabezeile mit
    unterschiedlichen Farben

Text Modus Farbe mit 40 Zeichen:

Weiter: Taste
Grafik-Modus Mittlere Auflösung (320*200):
100 Kreise zeichnen:

15 Hintergrundfarben:

Weiter: Taste
Grafik-Modus Hohe Auflösung (640*200):
100 Kreise zeichnen:

Weiter: Taste
Ende.

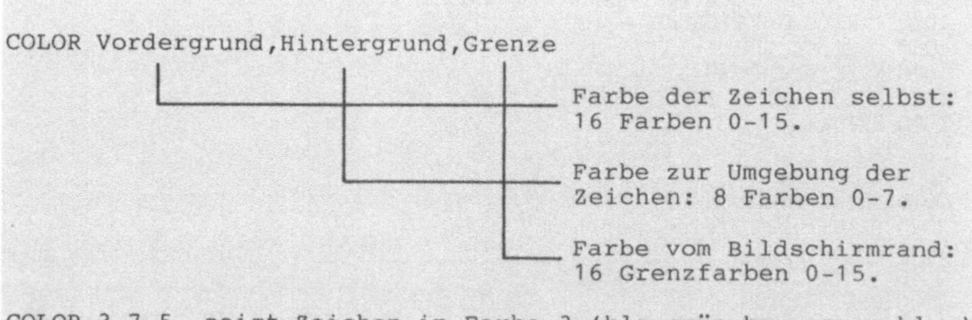

Anweisung COLOR bei Text-Grafik

```
Anweisungs-Format allgemein:
----------------------------


SCREEN Modus,Farbsignal,A-Seite,V-Seite



                            0   = Text-Grafik,
                            1-6 = Pixel-Grafik (1=mittlere, 2=ho-
                                  he, 3=niedrige, 4-5=mittlere
                                  und 6=hohe Auflösung).

                            Aktive Seite 0-3 bzw. 0-7 (80 bzw. 40
                            Zeichen/Bildschirmzeile), auf die ge-
                            schrieben wird.


                            Visuelle Seite 0-3 bzw. 0-7, die am
                            Bildschirm gezeigt wird.


Grundlegende Einstellungen:
----------------------------


SCREEN 0,0                  Text-Modus in Schwarz-weiß-Darstellung
SCREEN 0,1                  Text-Grafik mit Farbe gemäß COLOR
SCREEN 1,0                  Pixel-Grafik "mittlere Aufl." und Farbe
SCREEN 1,1                  "mittlere Auflösung" schwarz-weiß
SCREEN 2                    Pixel-Grafik "hohe Aufl." schwarz-weiß
SCREEN 3                    Pixel-Grafik "niedrige Auflösung" Farbe


SCREEN 1,0,0,0              wie SCREEN 1,0
SCREEN 1,0,2,2              Seite (Page) 2 als aktive und gleich-
                            zeitig auch visuelle Seite.

SCREEN ,,3,2                Wechsel zu Seite 3 als aktiver Seite.
```

Grafik-Einstellungen mittels Anweisung SCREEN

3.15.2 Text-Grafik und Grafik mit niedriger Auflösung

Die Text-Grafik wird mit der Anweisung SCREEN 0 eingestellt.
Zusätzlich stellen WIDTH die Bildschirmbreite und COLOR die
Farbe ein. Wir können damit maximal 25*80=2000 Zeichen sowie
16*8=128 Farbkombinationen auf dem Bildschirm darstellen. Die
25. bzw. unterste Bildschirmzeile wird von BASIC für die Wiedergabe der Funktionstasten benutzt; mittels KEY OFF können
wir diese Zeile solange für die Grafik freihalten, bis KEY ON
eingegeben wird.
In der Text-Grafik können 'nur' Zeichen (keine Pixel) dargestellt werden. Unter den 256 Zeichen des ASCII-Zeichensatzes
finden sich jedoch gerade für die Grafik interessante Zeichen,
wie z.B. die Blockgrafik-Symbole (wir können uns diese Zeichen
am Bildschirm mit PRINT CHR$(219) - PRINT CHR$(223) ausgeben),

die 'Winkel'-Symbole (ab CHR$(179)) und Spielkarten-Symbole
(ab CHR$(3)). Berücksichtigt man, daß der Benutzer zusätzlich
Zeichen selbst definieren kann (wir können hier darauf nicht
eingehen), dann zeigt dies, daß die Betriebsart Text-Grafik
zwar begrenzte, aber sehr leistungsfähige Anwendungen erlaubt.

3.15.2.1 Histogramme

Das Programm HISTOG-M zeigt, wie mittels Text-Grafik einfache
H i s t o g r a m m e bzw. Balkendiagramme 'zeichenweise' erstellt werden. Die dabei verwendeten Programmiertechniken sind
grundlegend und können später in der Pixel-Grafik verfeinert
angewendet werden.

Zur Menüwahl 1 von Programm HISTOG-M:
Je nach ANZAHL wird der Array DAT mit der entsprechenden Länge
dimensioniert: 1030 DIM DAT(ANZAHL) .
In DAT legen wir die anschließend darzustellenden Meßdaten ab.
Das Ausführungsbeispiel zu HISTOG-M zeigt die Speicherung der
10 Meßwerte 12,4,7,8,13,11,9,3,2 und 1.
Soll der Array DAT nochmals neu dimensioniert werden, muß er
zuvor durch 1020 ERASE DAT gelöscht werden. Die Fehlerrouti-
ne dient dazu, den beim ersten Dimensionieren auftretenden
Fehler "ERR=5 für Illegal function call" zu verarbeiten.

Zur Menüwahl 2 von Programm HISTOG-M (ab Zeile 2000):
Wir erstellen ein Histogramm in seiner einfachsten Form mit
waagerechten Balken aus Sternchen, deren Länge mit dem Wert
des jeweiligen Meßwertes DAT(X) übereinstimmt. In 2030 werden
die "*" gedruckt; die Anweisung 2040 PRINT bewirkt einen Zeilenvorschub (Leerzeile, ENTER-Taste), da das ";" in 2030 den
Zeilenvorschub unterdrückt und der Cursor sonst beim nächsten
Balken nicht in Spalte 1 beginnen würde.

Zur Menüwahl 3: (ab Zeile 3000):
Gewöhnlich sind beim Histogramm die Balken senkrecht angeordnet. Deshalb drehen wir die Balken um 90 Grad, wobei die Anzahl der Druckzeilen durch den maximalen Meßwert (hier 13) bestimmt wird. Wir gehen wie folgt vor:
- Maximalwert in MAXWERT durch 3010 GOSUB 9000 speichern.
- Ausgabe von 13 Druckzeilen in der Zählerschleife FOR X.
- Jeweils ANZAHL=10 Durchläufe für die 10 Balken (über FOR Y);
  dabei jeweils eine Leerstelle oder ein Sternchen ausgeben
  (3050 IF-THEN-ELSE).
- Die Balken stehen jeweils eine Leerstelle auseinander (deshalb die Strings "   " bzw. "* " in 3050.

Zur Menüwahl 4 (Unterprogramm ab Zeile 4000):
Bei statistischen Auswertungen kennt man zwar die Anzahl der
Meßwerte, nicht aber deren Maximalwert; da ein Wert über 24
im Modus der Text-Grafik nicht mehr darstellbar ist (maximal
24 Zeilen), müssen wir die Balkenlänge normieren. Dazu begrenzen wir das Histogramm auf die in MAXBALK eingegebene Balkenlänge (im Beispiel: 20). Da aus dem größten Meßwert von 13 nun
20 werden muß, multiplizieren wir die 13 mit dem Faktor 20/13.

Allgemein erhalten wir den Normierungsfaktor aus
  4040 LET NORMFAKTOR=MAXBALK/MAXWERT .
Die Zählerschleife in 4050 übernimmt das eigentliche Normieren
durch Multiplikation aller Meßwerte in DAT mit dem NORMFAKTOR.
Die Zählerschleife ab 4060 stimmt mit der Schleife ab 3020
bis auf die Verwendung von Array NORMDAT anstelle DAT überein.

Zu Menüwahl 5 (Unterprogramm ab Zeile 5000):
Zahlreiche statistische Auswertungen erfordern den Vergleich
von zwei Meßreihen. Programm HISTOG-M zeigt, wie die Meßdaten
in den Arrays DAT1 und DAT2 in einem Histogramm grafisch dargestellt werden können.
DAT1 wird wie bisher mit "*" und DAT2 mit "O" gekennzeichnet.
Die Dateneingabe nehmen wir durch Aufrufen des Unterprogramms
ab Zeile 1000 vor.

Zur Menüwahl 6 (Unterprogramm ab Zeile 6000):
Erstellen wir ein doppeltes Histogramm mit senkrechten Balken,
ergeben sich bei jeder der -im Ausführungsbeispiel- 5 Doppelbalken vier Ausgabetypen: "   ", " O ", "* " oder "*O " (die
Leerstelle als jeweils letztes Zeichen trennt vom folgenden
Doppelbalken. Die Auswahlstruktur in Zeile 6110-6130 wählt den
passenden Typ aus.

Mit Programm HISTOG-M haben wir die elementaren Schritte zum
Aufbau von Histogrammen aufgezeigt. Wie komfortablere Diagram-
me erstellt werden können, werden wir 3.15.3 sehen.

Codierung zu Programm HISTOG-M:

```
100 REM ====== Programm HISTOG-M
110 REM Demonstration zur 'normalen'Grafik (Text Mode): Histogramme.
    '
120 SCREEN 0 : WIDTH 80     'Textgrafik mit 80 Zeichen Bildschirmbreite
130 CLS: PRINT "Menü: Histogramme mittels Text-Grafik:"
140    PRINT "0  Ende"
150    PRINT "1  Daten eingeben"
160    PRINT "2  Histogramm mit waagerechten Balken"
170    PRINT "3  Histogramm mit senkrechten Balken"
180    PRINT "4  Histogramm mit senkrechten Balken  -normierte Höhe-"
190    PRINT "5  Histogramm mit waagerechten Balken -doppelte Balken-"
200    PRINT "6  Histogramm mit senkrechten Balken  -doppelte Balken-"
210    INPUT "Wahl 1-";E$: LET E=VAL(E$): CLS
220    IF E=0 THEN PRINT "Ende.": END
230    ON E GOSUB 1000,2000,3000,4000,5000,6000
240    INPUT "Weiter: Taste",E$: CLS
250 GOTO 130
    '
    '
1000 INPUT "Anzahl der Daten";ANZAHL
1010 ON ERROR GOTO 1070
1020 ERASE DAT
1030 DIM DAT(ANZAHL)
1040 PRINT ANZAHL;"Daten einzeln tippen:"
1050    FOR X=1 TO ANZAHL: INPUT DAT(X): NEXT X
1060 GOTO 1080
1070 IF ERR=5 AND ERL=1020 THEN RESUME 1030
1080 RETURN
```

Codierung zu Programm HISTOG-M (erste Fortsetzung):

```
2000 PRINT "Einfaches Histogramm mit waagerechten Balken:"
2010 FOR X=1 TO ANZAHL
2020    PRINT X,DAT(X),
2030       FOR Y=1 TO DAT(X): PRINT "*";: NEXT Y
2040    PRINT
2050 NEXT X
2060 RETURN
     '
3000 PRINT "Einfaches Histogramm mit senkrechten Balken:"
3010 GOSUB 9000    'Maximalen Meßwert ermitteln
3020 FOR X=MAXWERT TO 1 STEP -1
3030    PRINT X,
3040    FOR Y=1 TO ANZAHL
3050       IF DAT(Y)<X THEN PRINT "   ";
                       ELSE PRINT "*  ";
3060    NEXT Y : PRINT
3070 NEXT X
3080 RETURN
     '
4000 PRINT "Normiertes Histogramm mit senkrechten Balken:"
4010 DIM NORMDAT(ANZAHL)
4020 INPUT "Maximale Balkenlänge in Zeichen"; MAXBALK
4030 GOSUB 9000    'Maximum der Meßwerte ermitteln
4040 LET NORMFAKTOR=MAXBALK/MAXWERT
4050 FOR Y=1 TO ANZAHL: LET NORMDAT(Y)=DAT(Y)*NORMFAKTOR: NEXT Y
4060 FOR X=MAXBALK TO 1 STEP -1
4070    PRINT X/NORMFAKTOR,
4080    FOR Y=1 TO ANZAHL
4090       IF NORMDAT(Y)<X THEN PRINT "   ";
                           ELSE PRINT "*  ";
4100    NEXT Y
4110    PRINT
4120 NEXT X
4130 RETURN
     '
5000 PRINT "Doppeltes Histogramm mit waagerechten Balken."
5010 PRINT "Werte für 1. Datenreihe eintippen:"
5020 GOSUB 1000
5030 FOR X=1 TO ANZAHL: LET DAT1(X)=DAT(X): NEXT X
5040 PRINT "Werte für 2. Datenreihe eintippen:"
5050 GOSUB 1000
5060 FOR X=1 TO ANZAHL: LET DAT2(X)=DAT(X): NEXT X
5070 FOR X=1 TO ANZAHL
5080    PRINT X,DAT1(X),
5090       FOR Y=1 TO DAT1(X): PRINT "*";: NEXT Y: PRINT
5100    PRINT X,DAT2(X),
5110       FOR Y=1 TO DAT2(X): PRINT "O";: NEXT Y: PRINT
5120 NEXT X
5130 RETURN
```

Codierung zu Programm HISTOG-M (zweite Fortsetzung):

```
6000 PRINT "Doppeltes Histogramm mit senkrechten Balken."
6010 PRINT "Werte für 1. Datenreihe eintippen:"
6020 GOSUB 1000
6030 FOR X=1 TO ANZAHL: LET DAT1(X)=DAT(X): NEXT X
6040 PRINT "Werte für 2. Datenreihe eintippen:"
6050 GOSUB 1000
6060 FOR X=1 TO ANZAHL: LET DAT2(X)=DAT(X): NEXT X
6070 GOSUB 9000    'Maximalen Meßwert ermitteln
6080 FOR X=MAXWERT TO 1 STEP -1
6090    PRINT X,
6100    FOR Y=1 TO ANZAHL
6110       IF DAT1(Y)<X AND DAT2(Y)<X THEN  PRINT "   ";: GOTO 6140
6120       IF DAT1(Y)<X AND DAT2(Y)>=X THEN PRINT " O ";: GOTO 6140
6130       IF DAT1(Y)>=X AND DAT2(Y)<X THEN PRINT "* ";
                                 ELSE PRINT "*O ";
6140    NEXT Y : PRINT
6150 NEXT X
6160 RETURN
     '
9000 REM Maximum der Werte in DAT() ermitteln
9010 LET MAXWERT=DAT(1)
9020 FOR Z=2 TO ANZAHL: IF MAXWERT<DAT(Z) THEN LET MAXWERT=DAT(Z): NEXT Z
9030 RETURN
```

Ausführung zu Programm HISTOG-M:

```
Menü: Histogramme mittels Text-Grafik:
0  Ende
1  Daten eingeben
2  Histogramm mit waagerechten Balken
3  Histogramm mit senkrechten Balken
4  Histogramm mit senkrechten Balken  -normierte Höhe-
5  Histogramm mit waagerechten Balken -doppelte Balken-
6  Histogramm mit senkrechten Balken  -doppelte Balken-
Wahl 1-? 1
Anzahl der Daten? 10
 10 Daten einzeln tippen:
? 2
? 3
? 5
? 13                         Wahl 1-? 2
? 11                         Einfaches Histogramm mit waagerechten Balken:
? 7                            1         2         **
? 6                            2         3         ***
? 3                            3         5         *****
? 2                            4        13         *************
? 1                            5        11         ***********
Weiter: Taste                  6         7         *******
                               7         6         ******
                               8         3         ***
                               9         2         **
                              10         1         *
                             Weiter: Taste
```

Ausführung zu Programm HISTOG-M (erste Fortsetzung):

```
Wahl 1-? 3
Einfaches Histogramm mit senkrechten Balken:
 13                   *
 12                   *
 11                   *  *
 10                   *  *
  9                   *  *
  8                   *  *
  7                   *  *  *
  6                   *  *  *  *
  5                *  *  *  *  *
  4                *  *  *  *  *
  3             *  *  *  *  *  *  *
  2          *  *  *  *  *  *  *  *  *
  1          *  *  *  *  *  *  *  *  *  *
Weiter: Taste4
Normiertes Histogramm mit senkrechten Balken:
Maximale Balkenlänge in Zeichen? 20
 13                   *
 12.35                *
 11.7                 *
 11.05                *
 10.4                 *  *
  9.75                *  *
  9.099999            *  *
  8.45                *  *
  7.8                 *  *
  7.15                *  *
  6.5                 *  *  *
  5.85                *  *  *  *
  5.2                 *  *  *  *
  4.55             *  *  *  *  *
  3.9              *  *  *  *  *
  3.25             *  *  *  *  *
  2.6           *  *  *  *  *  *  *
  1.95       *  *  *  *  *  *  *  *  *
  1.3        *  *  *  *  *  *  *  *  *
   .65       *  *  *  *  *  *  *  *  *  *
Weiter: Taste5
Doppeltes Histogramm mit waagerechten Balken.
Werte für 1. Datenreihe eintippen:
Anzahl der Daten? 5
 5 Daten einzeln tippen:
? 3
? 5
? 7
? 9
? 3
Werte für 2. Datenreihe eintippen:
Anzahl der Daten? 5
 5 Daten einzeln tippen:
? 1
? 5
? 11
? 12
? 10
```

Ausführung zu Programm HISTOG-M (zweite Fortsetzung):

```
1        3           ***
1        1           0
2        5           *****
2        5           00000
3        7           *******
3       11           00000000000
4        9           *********
4       12           000000000000
5        3           ***
5       10           0000000000
```

Weiter: Taste6
Doppeltes Histogramm mit senkrechten Balken.
Werte für 1. Datenreihe eintippen:
Anzahl der Daten? 5
 5 Daten einzeln tippen:
? 1
? 4
? 12
? 5
? 2
Werte für 2. Datenreihe eintippen:
Anzahl der Daten? 5
 5 Daten einzeln tippen:
? 3
? 6
? 11
? 14
? 9

```
14                     0
13                     0
12              *      0
11             *0      0
10             *0      0
 9             *0   0  0
 8             *0   0  0
 7             *0   0  0
 6          0  *0   0  0
 5          0  *0  *0  0
 4          *0 *0  *0  0
 3       0  *0 *0  *0  0
 2       0  *0 *0  *0 *0
 1       *0 *0 *0  *0 *0
```

3.15.2.2 Gerade zeichnen

Zur grafischen Darstellung von Kurven werden die Achsen häufig
vertauscht: x-Achse nach unten und y-Achse nach rechts gerichtet; dadurch können größere Intervalle dargestellt werden. Das
Programm GERADE ordnet die Achsen ebenfalls so an und gliedert
sich in drei Teile: Text-Grafik mit TAB, mit LOCATE und Grafik
"niedrige Auflösung" mit LINE.

Wie das Ausführungsbeispiel zeigt, wird im ersten Teil die Gerade y = 2x+3 zusammen mit dem Koordinatenkreuz in e i n e r
Schleife ausgegeben. Die Funktion TAB( ) hat dabei die Aufgabe,
die Werte der Geraden an die richtige Stelle zu setzen.

Im zweiten Teil von Programm GERADE (1000er Zeilen) wird zuerst das Achsenkreuz ausgegeben, um erst dann - nach Drücken
irgendeiner Taste - die Gerade zu zeichnen. Dabei positioniert
die Anweisung 1060 LOCATE X+1,Y den Cursor an die richtige
Stelle (X+1, da die y-Achsenbezeichnung in der 1. Zeile ist).
Wie verwenden hier also 'LOCATE : PRINT' anstelle der Anweisungen 'PRINT TAB'.

Im dritten Teil zeichnen wir die Gerade mithilfe der Anweisung
LINE. Da LINE im Text-Modus nicht möglich ist, müssen wir einen der Modi "niedrige, mittlere oder hohe Auflösung" wählen.
Mit der Anweisung 2000 SCREEN 3 stellen wir den Grafik-Modus
" m i t t l e r e   A u f l ö s u n g " ein.
Die PRINT-Anweisung in Zeile 2010 zeigt, daß Buchstaben 'wie
gemalt' erscheinen.

Codierung zu Programm GERADE:


```
100 REM ====== Programm GERADE
110 PRINT "Gerade y = m*x + b in den Modi 'Text' und 'Niedere Auflösung'"
    '
120 INPUT "Geradensteigung m       ";M    'Kreuz und Gerade gemeinsam zeichnen
130 INPUT "y-Achsenabschnitt b      ";B
140 INPUT "x-Achse: von .?. bis .?."; XO,X1  :  PRINT
150 PRINT " 0123456789012345678901234567890123456789012345678 y"
160 FOR X=XO TO X1
170    LET Y = M*X + B
180    PRINT X; TAB(Y+2); "*"
190 NEXT X
200 PRINT : PRINT " x"
210 IF INKEY$="" THEN 210
    '
1000 CLS                              'Zuerst Kreuz, dann Gerade zeichnen
1010 PRINT " 0123456789012345678901234567890123456789012345678 y"
1020 FOR X=XO TO X1: PRINT X : NEXT X
1030    IF INKEY$="" THEN 1030
1040 FOR X=XO TO X1
1050    LET Y=M*X + B
1060    LOCATE X+1,Y: PRINT "*"
1070 NEXT X
1080 IF INKEY$="" THEN 1080
     '
2000 SCREEN 3               'Grafik-Modus "Niedriger Auflösung (160*200 Pixel)
2010 PRINT "Niedere Auflösung": PRINT "160*200 Pixel"
2020 IF INKEY$="" THEN 2020
2030 LET YO=M*XO+B: LET Y1=M*X1+B
2040 CLS: LINE (XO,YO)-(X1,Y1)        'Geradenlinie zeichnen
2050 IF INKEY$="" THEN 2050
2060 LINE (XO,YO)-(X1*8,Y1*2)         'Geradenlinie in anderem Maßstab
2070 IF INKEY$="" THEN 2070
2080 SCREEN O: WIDTH 80     'Wieder Text-Modus
2090 PRINT "Ende." : END
```

Die Anweisung 2040 LINE (X0,Y0)-(X1,Y1) zeichnet die Gerade
mit den gleichen Parameterwerten wie zuvor (m=2, b=3). Da der
Bildschirm in 200 Zeilen (übereinander) und 160 Spalten (nebeneinander) eingeteilt ist, erscheint die Gerade links oben.
Die Anzahl der Zeilen ist achtmal (200 gegenüber 25) und die
der Spalten doppelt so groß (160 gegenüber 80) als im Text-
Modus. Multiplizieren wir die Koordinaten mit 8 bzw. 2, erhalten wir eine Gerade mit 'ähnlicher Ausdehnung' wie zuvor im
Text-Modus.

```
LINE (X0,Y0) - (X1,Y1)       ... zeichnen einer Linie
        |_________|
                  |_________________ Anfangspunkt (X0=Zeile,Y0=Spalte)
                  |
                  |_________________ Endpunkt (X1,Z1)
```

          Linie als Verbindung zweier Punkte (nicht im Text-Modus)

Ausführung zu Programm GERADE (nur 1. Gerade):

Gerade y = m*x + b in den Modi 'Text' und 'Niedere Auflösung'
Geradensteigung m   ? 2
y-Achsenabschnitt b   ? 3
x-Achse: von .?. bis .?.? 0,13


```
0123456789012345678901234567890123456789012345678 y
0  *
1    *
2      *
3        *
4          *
5            *
6              *
7                *
8                  *
9                    *
10                     *
11                       *
12                         *
13                           *

x
```


3.15.2.3 Balkendiagramm

Programm TEXTBALK zeigt ein weiteres Beispiel zur Erstellung
eines Balkendiagramms im Text-Modus. Dabei können bis zu 20
Meßwerte eingegeben werden. Die Eingabeschleife (200-250) hält
in MIN und MAX die extremen Werte fest, damit sich die Ausgabe des Diagramms (280-310) über die Balkenausdehnung BA danach
ausrichten kann.

Ausführung zu Programm TEXTBALK:

Erstellen eines Balkendiagramms im Text-Modus.
 1 . Meßwert (0=Ende)? 12000
 2 . Meßwert (0=Ende)? 14000
 3 . Meßwert (0=Ende)? 11500
 4 . Meßwert (0=Ende)? 10000
 5 . Meßwert (0=Ende)? 14000
 6 . Meßwert (0=Ende)? 13500
 7 . Meßwert (0=Ende)? 0

 1 ##########
 2 ###################
 3 ########
 4 #
 5 ###################
 6 ################
Maximum: 14000 Minimum: 10000
Ende.

Codierung zu Programm TEXTBALK:

```
100 REM ====== Programm TEXTBALK
110 PRINT "Erstellen eines Balkendiagramms im Text-Modus."
    '
120 REM ====== Vereinbarungsteil
130 DIM M(20): 'Numerischer Array für maximal 20 Meßwerte
140 'ANZ:       Anzahl der eingetippten Meßwerte
150 'MAX, MIN: Maximaler bzw. minimaler Wert
160 'B$:        Balken zur Darstellung eines Meßwertes
170 'BA, BL:    Balkenausdehnung, Balkenlänge pro Zeile
    '
180 LET MAX=-9999999999# : LET MIN=9999999999#
190 LET B$="####################"
200 FOR I=1 TO 20
210   PRINT I;". Meßwert (0=Ende)"; : INPUT M(I)
220   IF M(I)=0 THEN LET ANZ=I : LET I=20 : GOTO 250
230   IF M(I)<MIN THEN LET MIN=M(I) : GOTO 250
240   IF M(I)>MAX THEN LET MAX=M(I)
250 NEXT I
260 PRINT
270 LET BA = (MAX-MIN)/19
280 FOR I=1 TO ANZ-1
290   LET BL = INT (((M(I)-MIN)/BA)) + 1
300   PRINT I; TAB(4); LEFT$(B$,BL)
310 NEXT I
320 PRINT "Maximum:"; MAX; " Minimum:"; MIN
330 PRINT "Ende." : END
```

(handschriftliche Anmerkung zu Zeile 170: 85.zigstes Zeichen ist Hochkomma für REM)

3.15.3 Grafik mit mittlerer Auflösung

Im Grafik-Modus "mittlere Auflösung" wird der Bildschirm als
Matrix von 64000 Bildpunkten bzw. Pixeln in 200 Zeilen (übereinander) mal 320 Spalten (nebeneinander) bereitgestellt. Dabei ist jedes Pixel einzeln ansteuerbar. Im Grafik-Modus "hohe
Auflösung" verdoppelt sich die Breite auf 640 Zeichen.

Bei der Pixel-Grafik ist der Bildschirm vollkommen anders aufgebaut als bei der Text-Grafik.
Die Abbildung zeigt, wie die Koordinaten der Eckpunkte und des Mittelpunktes auf dem Bildschirm angegeben werden.
- Bei Text-Grafik (SCREEN 0) wird zwischen 40 und 80 Zeichen Breite unterschieden (WIDTH 40 bzw. WIDTH 80).
  Die Anweisungen PRINT und LOCATE zählen von 1 beginnend bis 40 bzw. 80.
- Bei Pixel-Grafik wird zwischen 320 und 640 Pixel bzw. Punkte Breite getrennt (SCREEN 1 bzw. SCREEN 2).
  Die Anweisungen CIRCLE, DRAW, LINE, PRESET und PSET zählen von 0 beginnend bis 319 bzw. 639.
Diese Abweichungen sind insbesondere dann zu beachten, wenn Text (Zeichen) und Pixel (Bildpunkte) g e m e i n s a m auf dem Bildschirm placiert werden sollen.

```
   1,1                              1,40/80
   (0,0)                            (319,0)
   /0,0/                            /639,0/


              13,21/41
              (160,100)
              /320,100/


   25,1                             25,40/80
   (0,199)                          (319,199)
   /0,199/                          /639,199/


13,21=Text;      (160,100)=mittl.Aufl.;      /320,100/=hohe Aufl.

Rechteck  [ ]  = ein Textzeichen;      Punkt . = ein Pixel
```

3.15.3.1 Jahresübersicht

Mit dem Programm MITTBALK können wir eine Jahresübersicht erstellen, wobei die 12 Monatswerte (z.B. Umsätze, Kundenbesuche oder Kontostände) als Balkendiagramm in "mittlerer Auflösung" gezeichnet werden.
Das Programm zeichnet sowohl Pixel als auch Zeichen und wendet die Grafik-Anweisungen DRAW, LOCATE und SCREEN an.

Im Programm MITTBALK werden der Reihe nach vier Unterprogramme
aufgerufen, um die 12 Meßwerte einzugeben, den größten Meßwert
zu suchen, das Koordinatenkreuz und schließlich die Balken zu
zeichnen.

Zur Tastatureingabe (Unterprogramm ab Zeile 1000):
Mit 1020 LOCATE I+10,5 positionieren wir den Cursor für die
12 Eingaben in die Zeile 11,12,...,23. SPACE$(20) setzt zwi-
schen den Monatsnamen und die Tastatureingabe jeweils 20 Leerstellen.

Zur Maximumsuche (Unterprogramm ab Zeile 2000):
Die Suche erfolgt in einer Wiederholungsstruktur (Schleife FOR
I) mit geschachtelter Einseitiger Auswahlstruktur (IF). In der
Variablen MAXIMUM speichern wir den Index bzw. die Stelle des
größten Meßwertes im Array WERT ab.

Zum Koordinatenkreuz (Unterprogramm ab Zeile 3000):
Mit 3000 SCREEN 1 schalten wir die Pixel-Grafik mit mittle-
rer Auflösung an. Mit zwei DRAW-Anweisungen zeichnen wir die
Achsen (vgl. Abbildung), um dann mit 3030 LOCATE 24,4 den
Cursor in die 24. und zweitunterste Zeile zu setzen, damit die
Monatsbezeichnungen unter die x-Achse geschrieben werden.

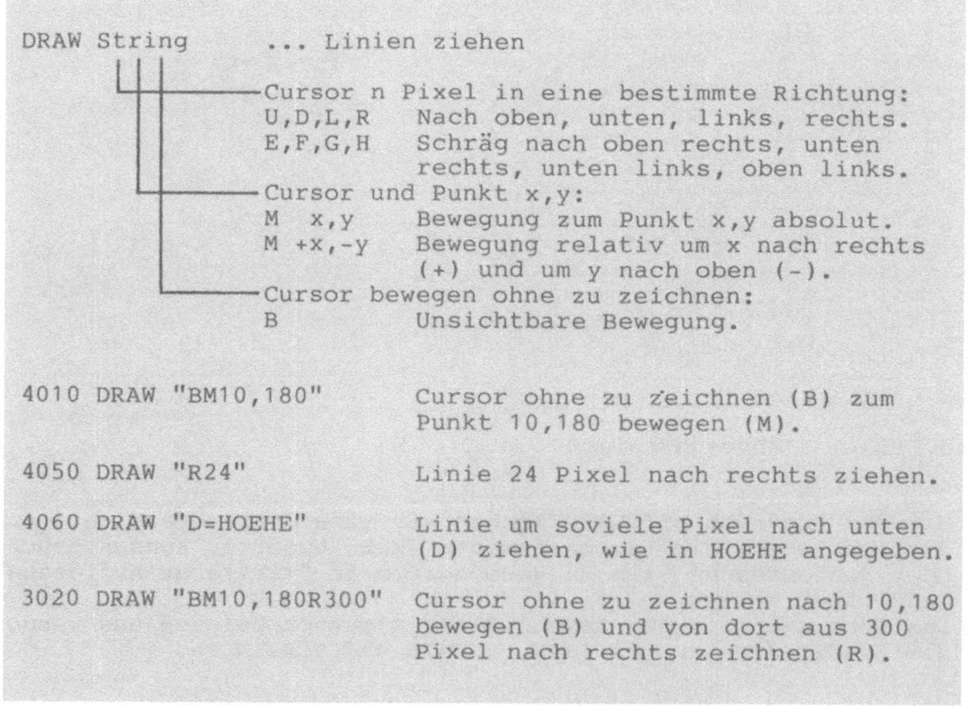

Einige Anwendungen der Anweisung DRAW

Zum Balkendiagramm (Unterprogramm ab Zeile 4000):
Ein Balken soll höchstens 180 Pixel hoch sein. Deshalb wählen
wir als Normierungseinheit 4000 LET EINHEIT=180/WERT(MAXIMUM)
mit MAXIMUM als Index.
Mit 4010 DRAW "BM10,180" bewegen wir den Cursor zur 10. Spalte von links und zur 180. Zeile von oben; der Cursor steht nun
unsichtbar in der unteren linken Bildschirmecke.
In der FOR-Schleife (4020-4070) zeichnen wir die 12 Balken jeweils 24 Pixel breit (12*24=288+10=298: das Diagramm nimmt somit 298 des 320 Pixel breiten Bildschirmes ein). In HOEHE ist
die über EINHEIT normierte Balkenhöhe gespeichert.

Codierung zu Programm MITTBALK:

```
100 REM ====== Programm MITTBALK
110 PRINT "Demonstration zur 'Grafik mit mittlerer Auflösung (320x200)'):"
120 PRINT "Balkendiagramm für die 12 Monate des Jahres."
    '
130 REM ====== Vereinbarungsteil
140 DIM MONAT$(12)                    'Array für die Monatsnamen (aus DATA)
150    FOR I=1 TO 12: READ MONAT$(I): NEXT I
160    DATA Januar,Februar,März,April,Mai,Juni,Juli,August
170    DATA September,Oktober,November,Dezember
180 DIM WERT(12)                      'Array für die Meßwerte
190 'MAXIMUM:                Maximaler Meßwert
200 'HOEHE:                  Höhe eines Balkens bzw. Meßwertes
210 'EINHEIT:                Einheit zum Zeichnen (abhängig von MAXIMUM)
220 'E$, I:                  Hilfsvariablen
    '
230 REM ====== Anweisungsteil
240 PRINT "Weiter: Taste drücken"; : LET E$=INPUT$(1)
250 KEY OFF               '25. Bildschirmzeile unten freimachen
260 CLS                   'Bildschirm löschen
270 GOSUB 1000            'Tastatureingabe von 12 Meßwerten
280 GOSUB 2000            'Maximalen Meßwert suchen
290 GOSUB 3000            'Koordinaten
300 GOSUB 4000            '12 Balken senkrecht zeichnen
310 LOCATE 2,1 : LET E$=INPUT$(1)
320 KEY ON               'Schlüsselzeile unten wieder sichtbar
330 SCREEN 0             'Rückkehr in Text-Mode
340 WIDTH 80            'Wieder 80 Zeichen pro Zeile
350 END
    '
    '
1000 PRINT "Eingabe der 12 Meßwerte:"                      'Upro TASTATUREINGABE
1010 FOR I=1 TO 12
1020    LOCATE I+10,5            'Cursor positionieren
1030    PRINT "Wert im ";MONAT$(I); SPACE$(20)
1040      LOCATE I+10,25 : INPUT E$
1050      LET WERT(I)=VAL(E$)
1060      IF WERT(I)<0 THEN BEEP: LOCATE I+10,25: PRINT SPACE$(20): GOTO 1040
1070 NEXT I
1080 LOCATE 25,1 : PRINT "Weiter: Taste drücken" : LET E$=INPUT$(1)
1090 RETURN
    '
2000 FOR I= 1 TO 12                                        'Upro MAXIMALWERT
2010    IF WERT(I)>WERT(MAXIMUM) THEN LET MAXIMUM=I
2020 NEXT I
2030 RETURN
```

Codierung zu Programm MITTBALK (Fortsetzung):

```
3000 SCREEN 1,1                                        'Upro KOORDINATENKREUZ
3010 DRAW "BM10,180U180"        'Y-Achse senkrecht hoch
3020 DRAW "BM10,180R300"        'X-Achse waagerecht rechts
3030 LOCATE 24,4
3040 PRINT "Ja Fe Mä Ap Ma Ju Ju Au Se Ok No De";
3050 LOCATE 1,1 : PRINT STR$(WERT(MAXIMUM))
3060 LOCATE 23,2 : PRINT "0"
3070 RETURN
     '
4000 LET EINHEIT=180/WERT(MAXIMUM)                     'Upro BALKEN
4010 DRAW "BM10,180"            'Gehe zum Nullpunkt (10,180)
4020 FOR I=1 TO 12
4030    LET HOEHE=INT(WERT(I)*EINHEIT)
4040    DRAW "U=HOEHE;"         'Linie hoch in Länge HOEHE
4050    DRAW "R24"              'Linie rechts 24 Punkte lang
4060    DRAW "D=HOEHE;"         'Linie wieder runter
4070 NEXT I
4080 RETURN
```


Ausführung zu Programm MITTBALK


```
Demonstration zur 'Grafik mit mittlerer Auflösung (320x200)'):
Balkendiagramm für die 12 Monate des Jahres.
Weiter: Taste drückenEingabe der 12 Meßwerte:
Wert im Januar
? 123
Wert im Februar
? 133
Wert im März
? 145
Wert im April
? 98
Wert im Mai
? 105
Wert im Juni
? 88
Wert im Juli
? 120
Wert im August
? 100
Wert im September
? 121
Wert im Oktober
? 115
Wert im November
? 89
Wert im Dezember
? 95
Weiter: Taste drücken
```

Ausführung zu Programm MITTBALK (Fortsetzung):

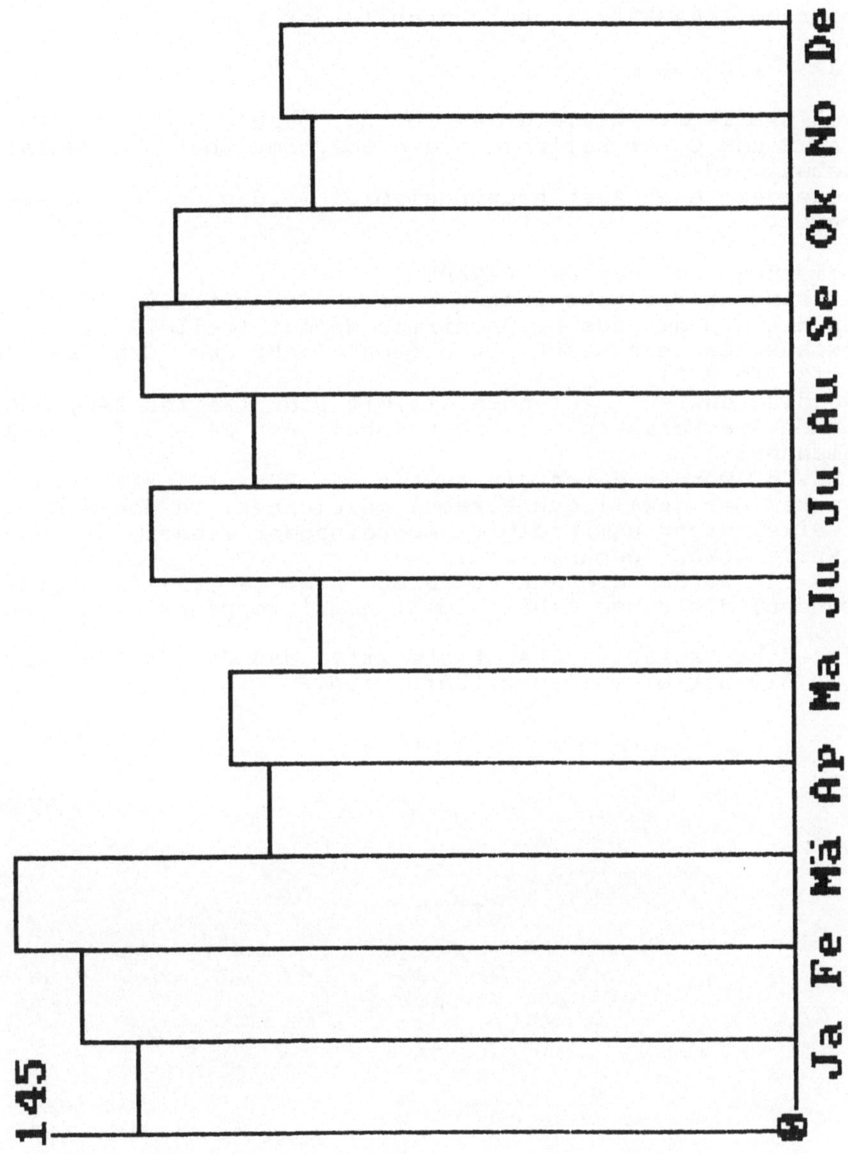

3.15.3.2   Parabeln zeichnen

Das Programm PARABEL zeichnet Parabeln der Form

$$y = A*X^2 + B*X + C$$

in Pixel-Grafik mit mitlerer Auflösung. Dabei können die Parameter A, B und C für beliebig viele Polynome über die Tastatur
eingegeben werden.
Im wiedergegebenen Ausführungsbeispiel werden   vier   Parabeln
gezeichnet.

Zur Codierung von Programm PARABEL:
Der Mittelpunkt des Koordinatenkreuzes wird mit 160,100 genau
auf den Mittelpunkt des Bildschirmes gelegt (Zeile 210).
Die Textausgabe erscheint   'wie gemalt' auf dem Grafik-Bildschirm (Zeile 230).
Das Koordinatenkreuz zeichnen wir mit LINE (Zeilen 240, 250).
Wir können die Parabeln - je nach Inhalt von E$ - auf zwei Ar-
ten zeichnen:
- Für E$="n" werden durch die Anweisung PSET (X1,Y1) einzel-
  ne Punkte der jeweiligen Parabel gezeichnet. Da diese Punkte
  bzw. Pixel nicht unmittelbar nebeneinander liegen, erscheint
  die Kurve etwas 'gepünktelt'.
- Für E$="j" werden die Punkte durch LINE (X1,Y1)-(X0+X,Y0-Y)
  verbunden; die Kurve erhält somit ein 'treppenartiges' Aussehen.
Die boolesche Variable FLAGGE steuert,   daß die Wertzuweisung
in Zeile 320 nur einmal ausgeführt wird.


```
PSET (x,y), Farbe    ... Punkt in einer Farbe zeichnen
                     ------------------------------------
                     Koordinaten des Punktes

                     SCREEN 1: Farbe 0,1,2,3 der Palette
                     SCREEN 2: Farbe 0 (schwarz) oder 1 (weiß)
                     SCREEN 3: Farbe 0-15


PRESET (x,y), Farbe ... identisch mit  PSET (x,y), Farbe



PSET (x,y)           ... Punkt in Vordergrundfarbe zeichnen
                     ------------------------------------
                     SCREEN 1: Farbe 3 der jeweiligen Palette
                     SCREEN 2: Farbe 1 (weiß)
                     SCREEN 3: Farbe 15 (ganz weiß)


PRESET (x,y)         ... Punkt in Hintergrundfarbe zeichnen
                     ------------------------------------
                     SCREEN 1-3: Jeweils Farbe 0 (schwarz)
```

Anweisungen PSET und PRESET zum Zeichnen einzelner Punkte

Codierung zu Programm PARABEL:


```
100 REM ====== Programm PARABEL
110 PRINT "Parabel y = a * x°2 + b*x + c zeichnen unter Verwendung"
120 PRINT "der Grafik mit mittlerer Auflösung von IBM BASICA."
        '
130 REM ====== Vereinbarungsteil
140 'A,B,C:      Parameter für Parabel
150 'XO,YO:      Nullpunkt Koordinatenkreuz
160 'X,X1,Y,Y1: Parabel-Variablen waagerecht (X) und senkrecht (Y)
170 'FLAGGE:     Hilfsvariable (boolesch)
        '
180 REM ====== Anweisungsteil
190 INPUT "Bildpunkte mittels LINE verbinden (j/n)";E$
200 PRINT "Weiter: Taste drücken" : LET A$=INPUT$(1)
210 LET XO=160 : LET YO=100              'Mittelpunkt Koordinatenkreuz
220 SCREEN 1                             'Grafik 320x200
230 INPUT "Parameter A,B,C (A=777=Ende)";A,B,C
240 LINE (0,YO) - (320,YO)              'Koordinatenkreuz zeichnen
250 LINE (XO,0) - (XO,200)
        '
260 WHILE A<>777
270    LET A=A/20 : LET C=C*20           'Ausdehnung anpassen
280    LET FLAGGE=0
290    FOR X = -XO TO XO
300       LET Y = A*X*X + B*X + C
310       IF Y>YO OR Y<-YO THEN 350
320       IF FLAGGE=0
             THEN LET X1=XO+X : LET Y1=YO-Y : LET FLAGGE=1
330       IF E$="j" THEN LINE (X1,Y1)-(XO+X,YO-Y)
                    ELSE PSET (X1,Y1)
340       LET X1=XO+X : LET Y1=YO-Y
350    NEXT X
360    INPUT "A,B,C"; A,B,C
370 WEND
        '
380 SCREEN 0                             'Rückkehr in Text-Modus
390 WIDTH 80                             'Bildschirm 80-Zeichen-Breite
400 PRINT "Ende des Demonstrationsprogramms zur Grafik '320X200'." : END
```


Ausführung zu Programm PARABEL:


```
Parabel y = a * x^2 + b*x + c zeichnen unter Verwendung
der Grafik mit mittlerer Auflösung von IBM BASICA.
Bildpunkte mittels LINE verbinden (j/n)? j
Weiter: Taste drücken
Parameter A,B,C (A=777=Ende)? 0,1,1
A,B,C? 1,0,0
A,B,C? -1,0,0
A,B,C? 0.25,1,-1
A,B,C? 777,0,0
Ende des Demonstrationsprogramms zur Grafik '320X200'.
```


Wiedergabe der Funktionen umseitig.

Ausführung zu Programm PARABEL (Fortsetzung):

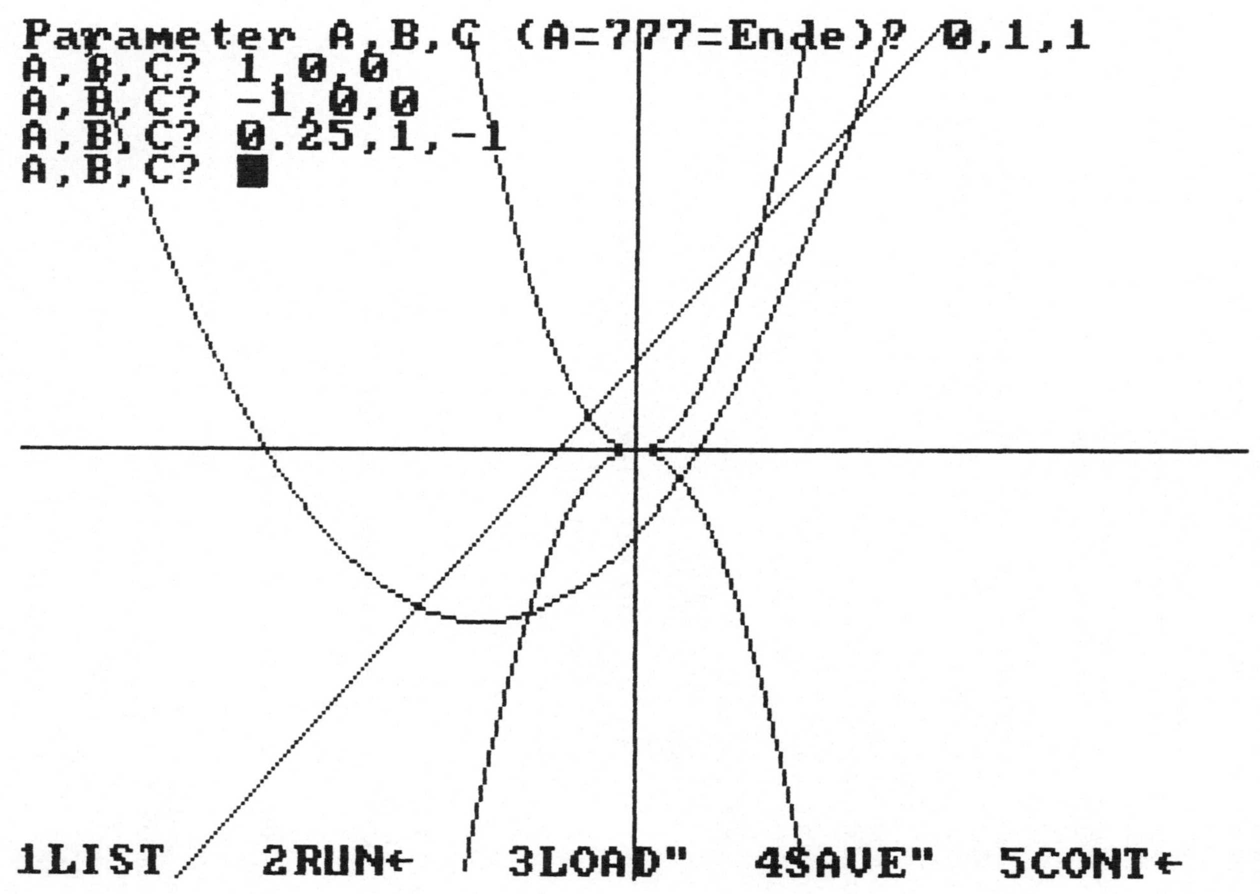

Zur Farbeinstellung mittels COLOR:
Die COLOR-Anweisung hat bei Text-Grafik das Format
  250 COLOR Vordergrund, Hintergrund,
während beim Grafik-Modus "mittlere Auflösung" das Format
  250 COLOR Hintergrund, Palette
vorgeschrieben ist (siehe Abbildung). Mit der Anweisung
  300 COLOR 8,1
z.B. wählen wir einen grauen Hintergrund (Farbe 8 der 16 Hintergrundfarben 0-15) und die drei Farben blaugrün (cyan-blau), fuchsrot (magenta-rot) und weiß von Palette 1. Damit ist grau die Farbe 0, blaugrün die Farbe 1, fuchsrot die Farbe 2 und weiß die Farbe 3 auf dem Bildschirm.

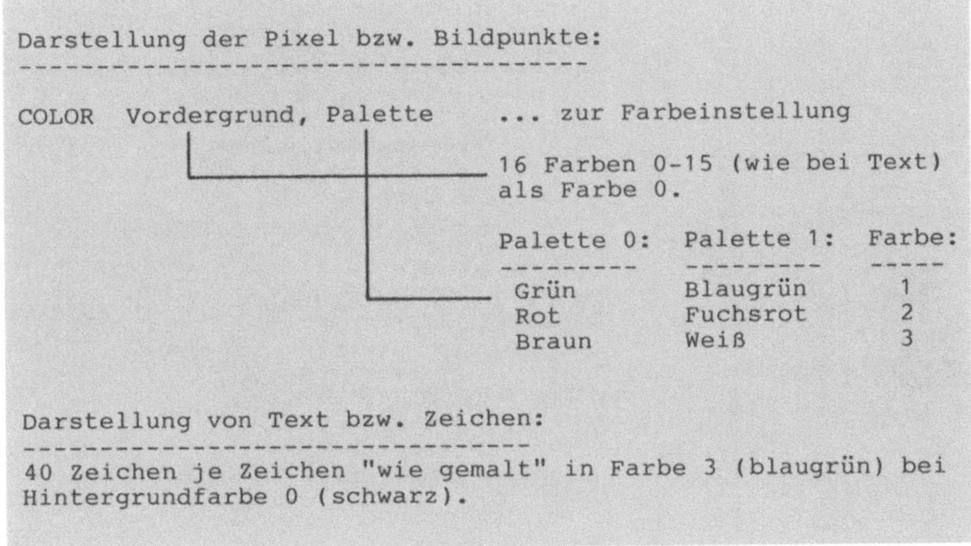

Anweisung COLOR bei Pixel-Grafik mit mittlerer Auflösung

3.15.4 Grafik mit hoher Auflösung

Bei dieser Betriebsart liegen die Pixel am dichtesten aneinander: 640 Spalten nebeneinander (x-Achse) und 200 Zeilen untereinander (y-Achse). Gleichwohl ist diese Betriebsart nicht so vielseitig verwendbar wie die "mittlere Auflösung", da nur 2 Farben möglich sind: schwarz als Farbe 0 und weiß als Farbe 1 (keine COLOR-Anweisung erlaubt).

3.15.4.1 Kreise und Ellipsen

Das Programm KREISE-M zeigt uns einige wichtige Anwendungen in der Pixel-Grafik "hohe Auflösung". Über ein Menü können wir 7 Demonstrationen auswählen. Dabei setzen wir die CIRCLE-Anweisung ein.

```
CIRCLE (x,y),Radius,Farbe,Start,Ende,Seite
       |     |    |
       |     |    +---Koordinaten des Mittelpunktes
       |     |
       |     +---Entfernung Mittelpunkt - Kreislinie
       |
       +---Farbe entsprechend COLOR-Anweisung

                     0=3 Uhr, 1.57=12 Uhr, 3.14=9 Uhr,
                     4.71=6 Uhr, 6.28=9 Uhr;
                     Zeichnen entgegen Uhrzeigersinn;
                     negativ: Verbindung mit Mittelpunkt

                     Seitenverhältnis (5/6 bei mittl. und
                     5/12 bei hoher Auflösung als Standard)

SCREEN 2                         Hohe Auflösung:
CIRCLE (320,100),80              Schwarz-weiße Kreislinie

SCREEN 1,0                       Mittlere Auflösung Farbe:
CIRCLE (160,100),60,2            Rote Kreislinie

SCREEN 1,1                       Kreisbogen schwarz-weiß:
CIRCLE (160,100),60,,0,3.14      Obere Kreishälfte (Schüssel)

SCREEN 2                         Kreissegment:
CIRCLE (320,100),90,-3.14,-1.57  Dreiviertelkreis ('Pacman')
```

Zum Unterprogramm EINZELNER KREIS (Menüwahl 1) des Programms
KREISE-M:
Mit diesem Unterprogramm (ab Zeile 1000) können wir die Anweisung CIRCLE mit ihren sechs jeweils durch Komma getrennten Parametern testen.
Da in der hochauflösenden Grafik keine Farbe erlaubt ist, müssen wir in Zeile 1070 den 3. Parameter mit ",," als leer kennzeichnen.
Der letzte Parameter 'Seite' gibt das Seitenverhältnis 'Höhe-
Breite' an. Standardmäßig gibt IBM-BASIC einen Wert von 5/12
vor, für den auf den meisten Bildschirmgeräten ein Kreis erscheint. Ändern wir das Seitenverhältnis, werden entsprechend
gedehnte Kreise bzw. Ellipsen dargestellt.
Hier einige markante Anwendungen des Unterprogramms EINZELNER
KREIS:

```
(x,y)      Radius:  Start:  Ende:  Seite:
320,100        50   3.14    6.28   .4166   Halbkreis als Schale
320,100       100   0       3.14   .30     Halbkreis unten offen
320,100        80   1.57    4.71   .60     Halbkreis rechts offen
```

Zum Unterprogramm KONZENTRISCHE KREISE (Menüwahl 2):
In einer FOR-Schleife zeichnen wir - vergleichbar mit den Jah-
resringen eines Baumes - mehrere Kreise um denselben Mittelpunkt. Je nach Eingabewert für RADIUS liegen die Kreislinien
verschieden weit auseinander.

Zum Unterprogramm SEITENVERHÄLTNISSE (Menüwahl 3):
Lassen wir dieses Unterprogramm ab Zeile 3000 mit SCHRITT=0.2
und L$="j" laufen, dann werden immer 'höhere' bzw. 'schmalere'
Ellipsen gezeichnet. In Zeile 3050 löschen wir die zuletzt ge-
zeichnete Ellipse (Farbe 0, Seitenverhältnis LOESCH). Am Bildschirm steht deshalb immer nur die letzte Ellipse.
Mit L$="n" bleiben alle Ellipsen sichtbar.

Zum Unterprogramm WELLENFÖRMIGE KREISSEGMENTE (Menüwahl 4):
In der Anweisung
  4050 CIRCLE (BOGEN,100),BREITE,,3.14,0
erhöht sich der x-Wert BOGEN jeweils um 40; damit wandert der
Mittelpunkt nach rechts.
Die beiden Komma ",," sind erforderlich, da bei SCREEN 2 keine Farbe möglich ist.
Die beiden letzten Parameter 3.14 (für Start) und 0 (für Ende)
begrenzen den zu zeichnenden Bogen und werden im Bogenmaß angegeben: 3.14 (bzw. Zahl Pi) legt den Startpunkt des Bogens in
die 9-Uhr-Position und 0 legt dessen Endpunkt auf 3 Uhr. Damit
wird der untere Halbkreis gezeichnet. Da gegen den Uhrzeiger-
sinn gezeichnet wird, beginnen wir mit dem Halbkreis bei 9 Uhr
und enden bei 3 Uhr.
Geben wir für BREITE=20 ein, 'wandert' eine Wellenlinie von
links nach rechts waagerecht über den Bildschirm. BREITE=50
dagegen erzeugt Wellen, deren 'Kämme' sich überkreuzen; dies
deshalb, da der Radius von 50 größer als das Verschieben des
Mittelpunktes um jeweils 40 ist.
Für BREITE=400 sehen wir auf dem Bildschirm nur die Enden der
jeweiligen Kreissegmente.
Die Zeile 4040 bewirkt, daß links oben auf dem Bildschirm der
jeweilige Wert von BOGEN erscheint.

```
Vollkreis              CIRCLE (320,100),80 oder          Start je-
                       CIRCLE (320,100),80,,0,6.28       weils bei
Halbkreis              CIRCLE (320,100),80,,0,3.14       9 Uhr.
Viertelkreis           CIRCLE (320,100),80,,0,1.57
Drittelkreis           CIRCLE (320,100),80,,0,2.09

Dreiviertelkreis       CIRCLE (320,100),80,,0,4.71

Halbkreis als Torte    CIRCLE (320,100),80,,-0,-3.14
```

Einige Angaben im Bogenmaß für Kreislinien (+) und Torten (-)

Zum Unterprogramm TORTEN (Menüwahl 5 von Programm KREISE-M):
Bei Angabe der Winkel als negative Werte werden die jeweiligen
Punkte auf der Kreislinie mit dem Mittelpunkt verbunden. Damit
erhalten die Kreissegmente das Aussehen von Kuchen bzw. Tor-
ten.
Bei Ausführung des Programms wird eine Torte mit 2*16=32 Tei-
lungen gezeichnet.
Geben wir für T=1 ein, wird der Tortenrand als durchgehende
Kreislinie gezeichnet. Für T=0 hingegen erscheinen die Einzel-
segmente getrennt voneinander.

Zum Unterprogramm VOLLE FLÄCHEN (Menüwahl 6):
Wir verwenden die Anweisung PAINT zum Ausmalen von Flächen mit
Farbe. PAINT beginnt bei Punkt (x,y), der i n n e r h a l b
der auszumalenden Fläche liegen muß, und beendet das Ausmalen
bei Erreichen der Grenzfarbe bzw. Umrandung.

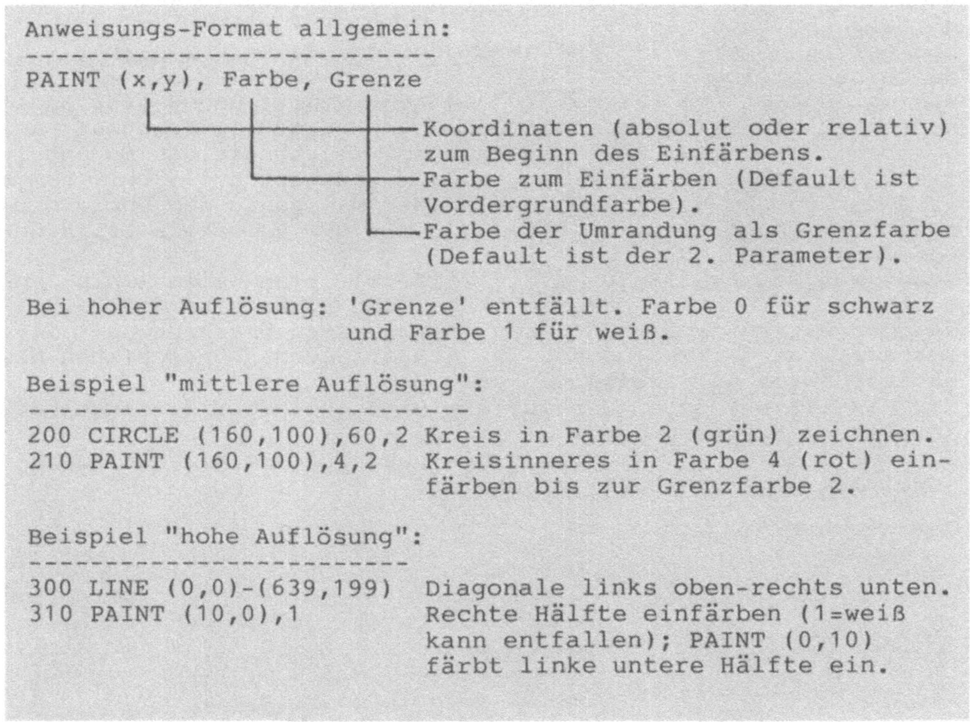

Anweisung PAINT   zum Einfärben von Flächen

Im dem mit Zeile 6000 beginnenden Unterablauf des Programmes
KREISE-M werden jeweils ein Dreiviertel-Kreis (75%) sowie ein
Viertel-Kreis (25%) eingefärbt.
Durch Eingabe des Seitenverhältnisses in die Variable HOEHE
können wir die Kreise rund zeichnen bzw. ausmalen (HOEHE=0.4),
gestaucht (HOEHE=0.2) oder gedehnt (HOEHE=2).

Ausführung zu Programm KREISE-M (Menüwahl 1 und 2):

```
Kreise mittels CIRCLE und PAINT zeichnen (hohe Auflösung):
0   Ende des Demonstrationsprogramms
1   Einzelne Kreise zeichnen
2   Konzentrische Kreise (Radius abnehmend)
3   Konzentrische Kreise (Seitenverhältnis zunehmend)
4   Kreissegmente (in Form von Wellen)
5   Kreissegmente (als Tortenstücke)
6   Zwei Tortenstücke ausgefüllt
7   Tortendiagramm mit Bezeichnungen
Auswahl 0-7? 1
Koordinaten X,Y (320,100 für Bildschirmmitte)? 320,100
Radius (0 für Ende)? 50
Bogenstart, -ende (0,6.28 für ganzen Bogen)? 3.14, 6.28
Seitenverhältnis (5/12=0.4166667 als Standard)? 0.41
```

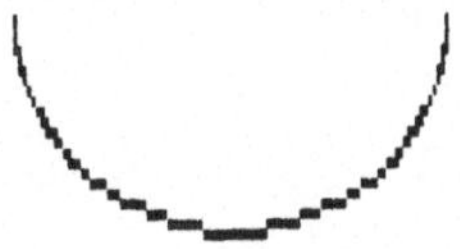

```
Auswahl 0-7? 2
Radien von 300 bis 1 mit Schrittweite (z.B. -10)? -10
300
290
280
270
260
250
240
230
220
210
200
190
180
170
160
150
140
130
120
110
100
90
80
70
60
50
40
30
20
10
```

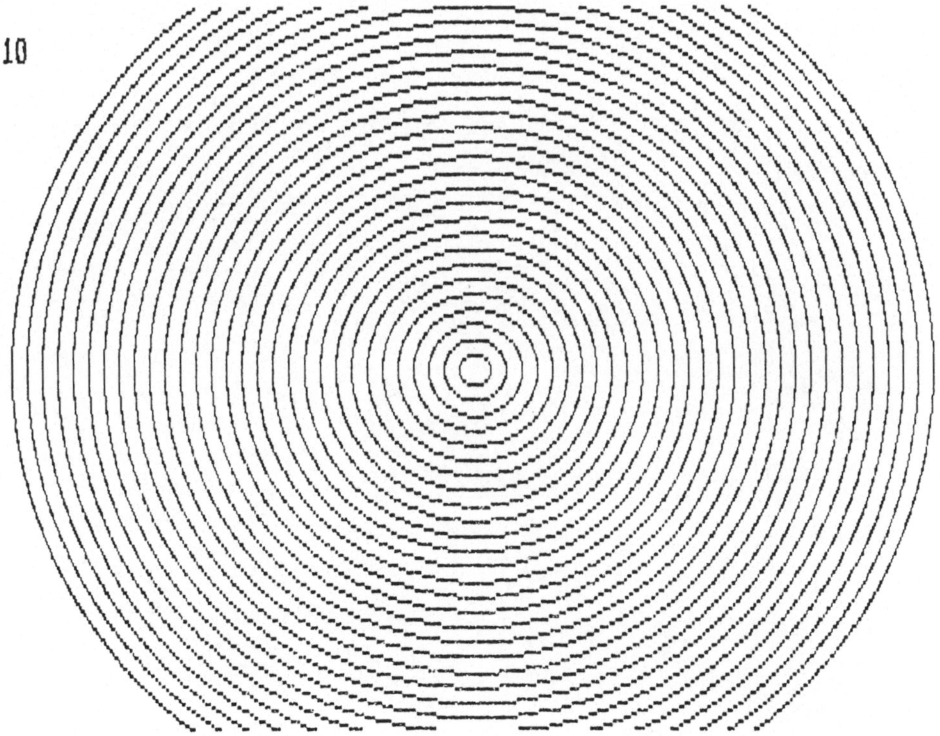

Ausführung zu Programm KREISE-M (Menüwahl 3, 4 und 5):

Auswahl 0-7? 3
Seitenverhältnisse von 0.1 bis 2 mit Schrittweite? 0.2
Alte Ellipse jeweils löschen (j/n)? j

Auswahl 0-7? 4
Breite einer Welle (z.B. 20)? 20

0	320
40	360
80	400
120	440
160	480
200	520
240	560
280	600

Auswahl 0-7? 5
Tortenrand zeichnen (1) oder nicht (0)? 1

Ausführung zu Programm KREISE-M (Menüwahl 6):

Auswahl 0-7? 6
Höhe (z.B. 0.2, 0.4, 2 oder 4)? 6

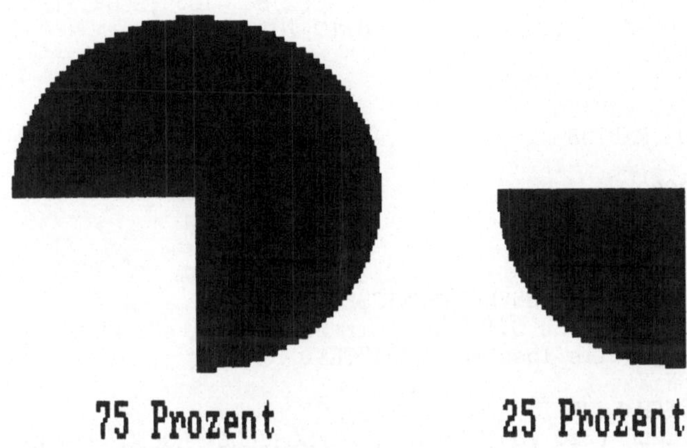

Codierung zu Programm KREISE-M:


```
100 REM ====== Programm KREISE-M
110 CLS: PRINT "Kreise mittels CIRCLE und PAINT zeichnen (hohe Auflösung):"
120 PRINT "0    Ende des Demonstrationsprogramms"
130 PRINT "1    Einzelne Kreise zeichnen"
140 PRINT "2    Konzentrische Kreise (Radius abnehmend)"
150 PRINT "3    Konzentrische Kreise (Seitenverhältnis zunehmend)"
160 PRINT "4    Kreissegmente (in Form von Wellen)"
170 PRINT "5    Kreissegmente (als Tortenstücke)"
180 PRINT "6    Zwei Tortenstücke ausgefüllt"
181 PRINT "7    Tortendiagramm mit Bezeichnungen"
190 INPUT "Auswahl 0-7";E$: LET E=VAL(E$)
200 ON E GOSUB 1000,2000,3000,4000,5000,6000,7000
210 IF E=0 THEN PRINT "Ende." : END
220 GOTO 110
      '
1000 REM ------ Unterprogramm EINZELNER KREIS
1010 INPUT "Koordinaten X,Y (320,100 für Bildschirmmitte)";X,Y
1020 INPUT "Radius (0 für Ende)";RADIUS
1030 WHILE RADIUS<>0
1040    INPUT "Bogenstart, -ende (0,6.28 für ganzen Bogen)";START,ENDE
1050    INPUT "Seitenverhältnis (5/12=0.4166667 als Standard)";SEITE
1060      KEY OFF: CLS: SCREEN 2
1070      CIRCLE (X,Y),RADIUS,,START,ENDE,SEITE
1080      IF INKEY$="" THEN 1080
1090      CLS: KEY ON: SCREEN 0,0
1100    INPUT "Radius (0 für Ende)";RADIUS
1110 WEND
1120 RETURN
```

Codierung zu Programm KREISE-M (Fortsetzung):

```
2000 REM ------ Unterprogramm KONZENTRISCHE KREISE
2010 INPUT "Radien von 300 bis 1 mit Schrittweite (z.B. -10)";SCHRITT
2020 IF SCHRITT>=0 THEN PRINT "... negativ:": GOTO 2010
2030 KEY OFF: CLS: SCREEN 2
2040    FOR RADIUS=300 TO 1 STEP SCHRITT
2050       LOCATE 2,2: PRINT RADIUS
2060       CIRCLE (320,100),RADIUS
2070    NEXT RADIUS
2080 IF INKEY$="" THEN 2080
2090 CLS: KEY ON: SCREEN 0,0
2100 RETURN
     '
3000 REM ------ Unterprogramm SEITENVERHÄLTNISSE
3010 INPUT "Seitenverhältnisse von 0.1 bis 2 mit Schrittweite";SCHRITT
3020 INPUT "Alte Ellipse jeweils löschen (j/n)";L$
3030 KEY OFF: CLS: SCREEN 2
3040 FOR HOEHE=.1 TO 2 STEP SCHRITT
3050    IF L$="j" THEN CIRCLE (320,100),160,0,,,LOESCH: LET LOESCH=HOEHE
3060    PRINT HOEHE
3070    CIRCLE (320,100),160,,,,HOEHE
3080    FOR ZEIT=1 TO 200: NEXT ZEIT
3090 NEXT HOEHE
3100 IF INKEY$="" THEN 3100
3110 CLS: KEY ON: SCREEN 0,0
3120 RETURN
     '
4000 REM ------ Unterprogramm WELLENFÖRMIGE KREISSEGMENTE
4010 INPUT "Breite einer Welle (z.B. 20)";BREITE
4020 KEY OFF: CLS: SCREEN 2
4030 FOR BOGEN=0 TO 639 STEP 40
4040    LOCATE 2,2: PRINT BOGEN
4050    CIRCLE (BOGEN,100),BREITE,,3.14,0
4060    FOR ZEIT=1 TO 200: NEXT ZEIT
4070 NEXT BOGEN
4080 IF INKEY$="" THEN 4080
4090 CLS: KEY ON: SCREEN 0,0
4100 RETURN
     '
5000 REM ------ Unterprogramm TORTEN
5010 INPUT "Tortenrand zeichnen (1) oder nicht (0)";T
5020 KEY OFF: CLS: SCREEN 2
5030 LET PI=3.141593
5040 FOR TORTE=T TO -2*PI STEP -PI/8
5050    PRINT TORTE
5060    CIRCLE (320,100),200,,TORTE,TORTE-PI/16
5070    FOR ZEIT=1 TO 500: NEXT ZEIT
5080 NEXT TORTE
5090 IF INKEY$="" THEN 5090
5100 CLS: KEY ON: SCREEN 0,0
5110 RETURN
```

Codierung zu Programm KREISE-M (zweite Fortsetzung):

```
6000 REM ------ Unterprogramm VOLLE FLÄCHEN
6010 INPUT "Höhe (z.B. 0.2, 0.4, 2 oder 4)";HOEHE
6020 KEY OFF: CLS: SCREEN 2
6030 LOCATE 25,22: PRINT "75 Prozent          25 Prozent"
6040    CIRCLE (210,100),80,,-4.71,-3.14,HOEHE              'Fläche 75%
6050    PAINT (211,100)
6060 IF INKEY$="" THEN 6060
6070    CIRCLE (420,100),80,,-3.14,-4.71,HOEHE              'Fläche 25%
6080    PAINT (419,101)
6090 IF INKEY$="" THEN 6090
6100 CLS: KEY ON: SCREEN 0,0
6110 RETURN
     '
7000 REM ------ Unterprogramm TORTENDIAGRAMM
7010 INPUT "Wieviele Artikel";ANZ
7020 DIM NAM$(ANZ),MENGEABS(ANZ),MENGEREL(ANZ)
7030 FOR Z=1 TO ANZ
7040    PRINT Z;". ARTIKEL: NAME, ANZAHL";: INPUT NAM$(Z),MENGEABS(Z)
7050    LET MENGEABS(0)=MENGEABS(0)+MENGEABS(Z)        'Gesamtsumme
7060 NEXT Z
7070 FOR Z=1 TO ANZ
7080    LET MENGEREL(Z)=MENGEABS(Z)/MENGEABS(0)        'Mengenanteile (relativ)
7090 NEXT Z
7100 KEY OFF: SCREEN 2                                 'Hochauflösende Grafik
7110 LET BOGENANFANG=0                                 'Tortenanfang 0 bei 3 Uhr
        '
7120 FOR Z=1 TO ANZ
7130    LET BOGEN=MENGEREL(Z)*6.28                     'Bogenlänge für Z. Torte
7140    LET BOGENENDE=BOGENANFANG+BOGEN                'Ende ermitteln
7150    CIRCLE (320,100),120,,-BOGENANFANG,-BOGENENDE
7160       LET YNAM=-SIN(BOGENANFANG+(BOGEN/2))*(5/12)  'Koordinaten auf der
7170       LET XNAM=COS(BOGENANFANG+(BOGEN/2))          'Bogenmitte (.../2)
7180       LOCATE (100+YNAM*200)/8, (320+XNAM*200)/8     'Pos. für Bezeichnung
7190       PRINT NAM$(Z);MENGEABS(Z)
7200    LET BOGENANFANG=BOGENENDE                       'Anfang für nächste Torte
7210 NEXT Z
7220 IF INKEY$="" THEN 7220
7230 CLS: KEY ON: SCREEN 0,0
7240 RETURN
```

3.15.4.2 Tortendiagramm

Das letzte Unterprogramm TORTENDIAGRAMM (Menüwahl 7 des Programms KREISE-M) zeichnet sowohl Bildpunkte (Pixel) als auch
Zeichen (Text):
Für eine beliebige Anzahl von Artikeln (ANZ) werden die Ab-
satzmenge (MENGEABS) und der Artikelname (NAM$) in einem Tor-
tendiagramm grafisch dargestellt.

Wir gehen wie folgt vor:
- Nach Eingabe der Artikelsätze in NAM$() und MENGEABS() spei-
  chern wir in MENGEREL() die relativen Mengenanteile (Zeile
  7080) ab.
- Mit 7110 LET BOGENANFANG=0 legen wir den Anfang der ersten
  Torte auf die 3-Uhr-Position fest.
- Die Zählerschleife 7120 FOR Z=1 TO ANZ steuert das Zeichnen
  der ANZ einzelnen Torten im Diagramm.
- Mit 7130 LET BOGEN=MENGEREL(Z)*6.28 ermitteln wir die Bo-
  genlänge der Z. Torte. 6.28 entspricht im Bogenmaß der gan-
  zen Kreislinie; 0.5*6.28 würde somit einen Halbkreis beinhalten.
- Zeichnen der nächsten Torte in Zeile 7150.
- Funktionen -SIN und COS zur Ermittlung der Koordinaten für
  die Positionierung der Texte (in 7160, 7170). SIN hat negative Werte, da y von oben nach unten zunimmt. 5/12 wird als
  Seitenverhältnis berücksichtigt.
- Zur Division durch 8 in Zeile 7180: 8*8 Pixel entsprechen
  einem Zeichen. Da LOCATE wie auch PRINT in Zeichen arbeiten
  (Zeichen-Grafik), CIRCLE hingegen in Pixeln (Pixel-Grafik),
  muß LOCATE für die Positionierung der Text-Zeichen jeweils
  den 8. Teil berücksichtigen.
- Mit 7200 LET BOGENANFANG=BOGENENDE wird entgegen dem Uhr-
  zeigersinn der Anfang für die nächste Torte festgelegt.

Ausführung zu Programm KREISE-M (Menüwahl 7):

Auswahl 0-7? 7
Wieviele Artikel? 4
  1 . ARTIKEL: NAME, ANZAHL? Hammer,20
  2 . ARTIKEL: NAME, ANZAHL? Bohrer ,12
  3 . ARTIKEL: NAME, ANZAHL? Wasserwaage,25
  4 . ARTIKEL: NAME, ANZAHL? Metermass,7

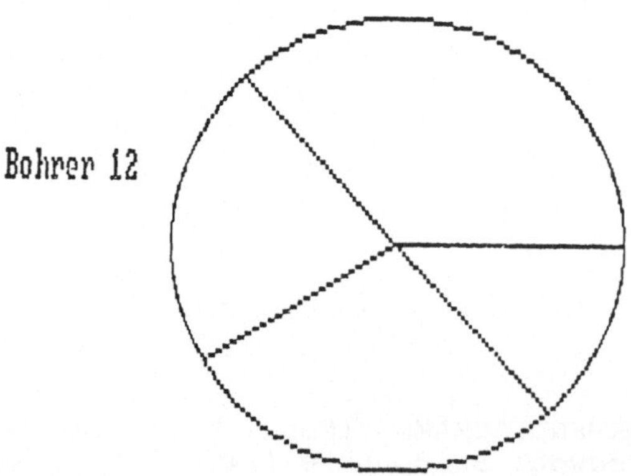

3.15.4.3 Rechteck und Kreis

Das Programm ECKKREIS zeigt, wie unterschiedliche Figuren ineinander gezeichnet und bewegt werden.
Im Unterprogramm ab Zeile 1000 zeichnen wir zwei konzentrische Kreise und dazwischen ein Rechteck; die Anweisung DRAW haben wir bereits in Abschnitt 3.15.3.1 kennengelernt.
Im Unterprogramm ab Zeile 2000 zeichnen wir in das Zentrum ein ganz kleines Rechteck, um es mit Farbe zu füllen; dabei verwenden wir Variablen (X0 und Y0) in der DRAW-Anweisung.
Diesen Vorgang wiederholen wir 3 mal (FOR-Schleife in 180), um jedesmal mit der Anweisung 220 LET X=INT(X/2) die x-Koordinate zu halbieren und somit die Figuren nach links wandern zu lassen.
Mit der Angabe von ZEIT legen wir die Geschwindigkeit fest.

Codierung zu Programm ECKKREIS:

```
100 REM ====== ECKKREIS
110 CLS: PRINT "Demonstration zur hochauflösenden Grafik:"
120 PRINT "Rechtecke und Kreise zeichnen mittels CIRCLE, DRAW und PAINT."
    '
130 INPUT "Koordinaten X,Y (z.B. 520,100)";X,Y
140 INPUT "Wie lange soll das Bild stehen bleiben (z.B. Zeitfaktor 300)";ZEIT
150 INPUT "Altes Bild jeweils löschen (j/n)";L$
160 SCREEN 2                     'Hochauflösende Grafik 640*200 Punkte
170 KEY OFF                      'Zeile 25 verschwindet
180 FOR I=1 TO 3
190    IF L$="j" THEN CLS
200    GOSUB 1000                'Linien für 2 Kreise und ein Rechteck
210    GOSUB 2000                'Kleines Rechteck hineinmalen
220    LET X=INT(X/2)            'Verschiebung nach links (X halbiert)
230    GOSUB 1000
240    GOSUB 2000
250 NEXT I
260 FOR Z=1 TO 2000: NEXT Z
270 KEY ON: SCREEN 0             'Text-Modus aktiviert
280 PRINT "Ende." : END
    '
1000 REM      ZWEI KREISE UND DAZWISCHEN EIN RECHTECK ZEICHNEN
1010 CIRCLE(X,Y),40              'Zeichne inneren Kreis mit Halbmesser 40
1020 FOR Z=1 TO ZEIT: NEXT Z
1030 CIRCLE(X,Y),100             'Zeichne äußeren Kreis mit Halbmesser 100
1040 FOR Z=1 TO ZEIT: NEXT Z
1050 DRAW"BM+50,-25"             'Bewege (relativ) um 50 rechts, 25 hoch
1060 DRAW "D50 L100 U50 R100"    'Zeichne Rechteck 50*100 im Uhrzeigersinn
1070 FOR Z=1 TO ZEIT: NEXT Z
1080 RETURN
     '
2000 REM      IN DAS ZENTRUM EIN KLEINES RECHTECK ZEICHNEN
2010 LET X0=X+10: LET Y0=Y+5     'Koordinaten: 10 nach rechts und 5 nach unten
2020 DRAW "BM=X0;,=Y0;"          'Bewege (absolut) zum Eckpunkt rechts oben
2030 DRAW "U10 L20 D10 R20"      'Zeichne Rechteck 10*20 im Gegenuhrzeigersinn
2040 PAINT (X,Y)                 'Fülle Rechteck mit Farbe
2050 BEEP                        'Einmaliges Signal
2060 RETURN
```

Ausführung zu Programm ECKKREIS

Demonstration zur hochauflösenden Grafik:
Rechtecke und Kreise zeichnen mittels CIRCLE, DRAW und PAINT.
Koordinaten X,Y (z.B. 520,100)? 520,100
Wie lange soll das Bild stehen bleiben (z.B. Zeitfaktor 300)? 400
Altes Bild jeweils löschen (j/n)? n

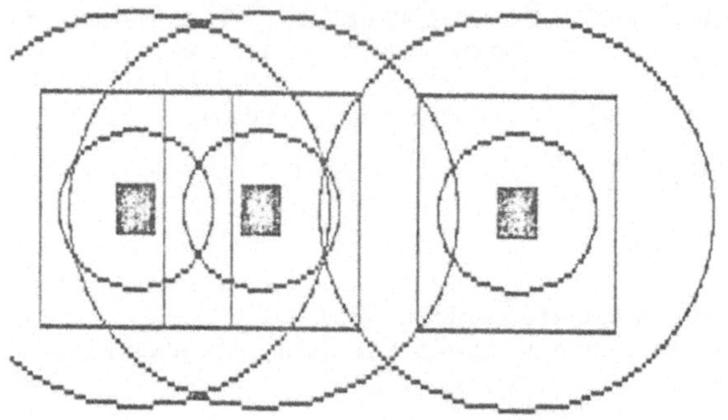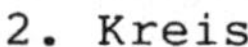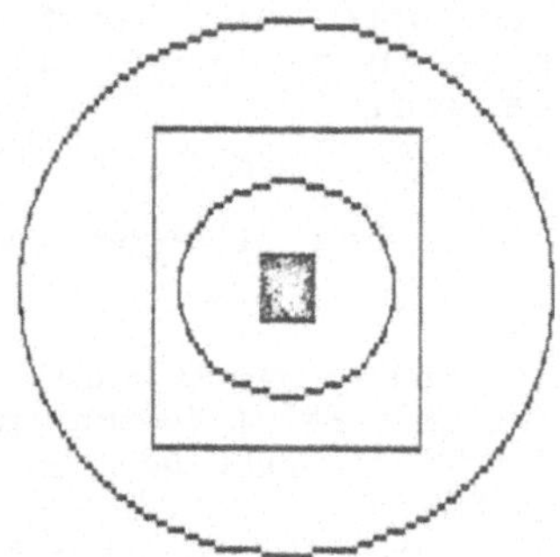

          2. Kreis   Dieser Kreis wird
                                  zuerst ausgegeben.

Die in Abschnitt 3.15 wiedergegebenen Programme zeigen nur die
grundlegenden Aspekte der Grafikverarbeitung auf. Die Beispiele wurden bewußt sehr einfach gewählt.
Die Grafik-Anweisungen des IBM-BASIC sind äußerst mächtig. Es
bedarf des eigenen Experimentierens, um diese Anweisungen entsprechend nutzen zu können.

3.16 Spiele

Spielprogramme eignen sich sehr gut zum Erlernen der Programmierung. Im folgenden betrachten wir sechs Computerspiele, um jeweils einen Aspekt der BASIC-Programmierung zu veranschaulichen.

3.16.1 Wortratespiel mit Stringverarbeitung

Im RATSPIEL muß ein Wort erraten werden, von dem zunächst nur die Länge bekannt ist. Wird ein passendes Zeichen getippt, so setzt das Programm dieses Zeichen an die dazugehörige Stelle. Die bei der Ausführung zum Programm RATSPIEL untereinanderstehenden Buchstaben E,B,A,R,I,... wurden über Tastatur eingetippt. Das zu erratende Wort BASIC-WEGWEISER könnte man z.B. in einer Datei zusammen mit weiteren Worten speichern und dann zu Beginn des Ratens zufällig auswählen (hier wird es der Einfachheit halber eingetippt).

Die Codierung zu RATSPIEL zeigt uns, daß dieses Spielprogramm die S t r i n g v e r a r b e i t u n g anwendet. Die Zählerschleife in 120 baut einen Ausgabestring A\$ auf, der mit Sternchen belegt ist. In 160 wird die Eingabe eines Zeichens nach E\$ erwartet. Je nach Übereinstimmung dieses Zeichens mit dem ersten, dem letzten oder einem sonstigen Zeichen des Ratewortes W\$ wird das erste Sternchen (in Zeile 190), das letzte Sternchen (in 200) oder ein mittleres Sternchen (in 210) vom Ausgabestring A\$ durch E\$ ersetzt, d.h. es wird E\$ mit A\$ neu verkettet.

Codierung zu Programm RATSPIEL:

```
100 REM ====== Programm RATSPIEL
110 PRINT "Welches Wort raten?" : INPUT W$ : LET LW=LEN(W$)
120 LET A$="" : FOR I=1 TO LW : LET A$=A$+"*" : NEXT I
130 CLS : PRINT "Nun Einzelzeichen tippen:" : PRINT
    '
140 WHILE A$<>W$
150    PRINT A$;"   ";
160    LET E$=INPUT$(1): PRINT E$
170    FOR I=1 TO LW
180      IF MID$(W$,I,1)<>E$ THEN 220
190      IF I=1 THEN LET A$=E$+RIGHT$(A$,LW-1) : GOTO 220
200      IF I=LW THEN LET A$=LEFT$(A$,I-1)+E$ : GOTO 220
210      LET A$=LEFT$(A$,I-1) + E$ + RIGHT$(A$,LW-I)
220    NEXT I
230 WEND
240 PRINT A$,"   SPIELENDE." : END
```

Zwei Ausführungen zu Programm RATSPIEL:


```
Welches Wort raten?              Welches Wort raten?
? Wegweiser                      ? VIEWEG
Nun Einzelzeichen tippen:        Nun Einzelzeichen tippen:

********   E                     ******   E
********   e                     **E*E*   V
*e**e**e*  r                     V*E*E*   G
*e**e**er  v                     V*E*EG   Q
*e**e**er  i                     V*E*EG   I
*e**ei*er  W                     VIE*EG   W
We**ei*er  w                     VIEWEG        SPIELENDE.
We*wei*er  g
Wegwei*er  t
Wegwei*er  s
Wegweiser       SPIELENDE.
```


3.16.2 Biorhythmus als modular aufgebautes Programm

Der Berliner Hals- und Nasenchirurg Dr. Fließ - ein Jahrzehnt
eng mit Sigmund Freud befreundet - veröffentlichte anno 1897
den sogenannten 'Biorhythmus', der besagt, daß das gesamte Le-
ben drei grundlegenden Zyklen unterliegt.

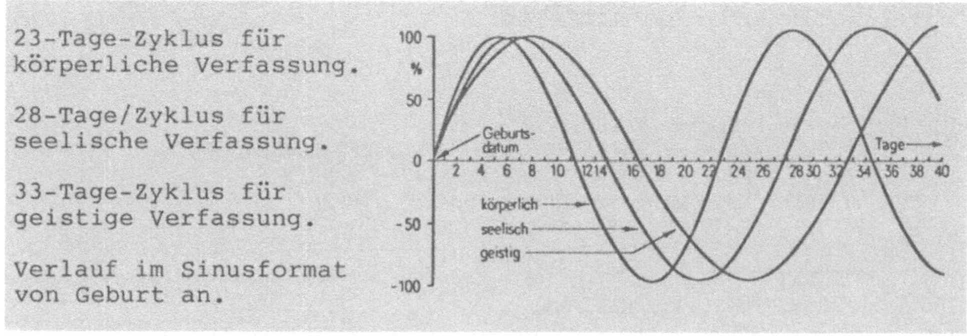

Drei Zyklen des Biorhythmus

Kritische Tage ergeben sich nach der Theorie von Dr. Fließ im
Schnitt der beiden ersten Zyklen mit der Horizontalen.
Mit der Verbreitung von Mikrocomputern hat die Pseudo-Wissen-
schaft des Biorhythmus nicht nur in den USA einen gewaltigen
Aufschwung erlebt. Institute legten Forschungsberichte vor,
nach denen die Theorie des Biorhythmus erfahrungswissenschaft-
lich abgesichert sei. Heute werden Biorhythmus-Prognosen in
unzähligen Variationen angeboten - natürlich gegen Gebühren.

Das Programm BIORHYTH stellt die Theorie des Biorhythmus vollständig dar - allerdings ohne aufwendiges 'Drumherum' wie Grafik, Musik, Teilzyklen usw. Zu beachten ist, daß die Prozent-
werte von -100% bis +100% angegeben werden (0% entspricht also
dem mittleren Wert).

Codierung zu Programm BIORHYTH:

```
100 REM ====== Programm BIORHYTH (Ebene 0)
110 CLS: PRINT "Biorhythmus."
120 DIM M(12)
130 GOSUB 1000       'Aufruf von Unterprogramm GEBURTSTAG
140 GOSUB 1500       'Aufruf von Unterprogramm VORHERSAGEN
150 END
    '
    '
1000 REM ---------------------------- Unterprogramm GEBURTSTAG (Ebene 1)
1010 INPUT "Ihr Geburtstag (T,M,J)      "; T,M,J
1020 GOSUB 2000       'Aufruf von Unterprogramm TAGE
1030 LET A=S
1040 RETURN
     '
1500 REM ---------------------------- Unterprogramm VORHERSAGE (Ebene 1)
1510 INPUT "Vorsage für (T,M,J)         "; T,M,J
1520 GOSUB 2000       'Aufruf von Unterprogramm TAGE
1530 LET B=S
1540 PRINT: PRINT "Ihre Verfassung (-100 bis +100 %):"
1550 LET L=28: GOSUB 2500
1560 PRINT "Seelisch:  ";N;"%"
1570 LET L=33: GOSUB 2500
1580 PRINT "Geistig:   ";N;"%"
1590 LET L=23: GOSUB 2500
1600 PRINT "Physisch:  ";N;"%"
1610 RETURN
     '
2000 REM - - - - - - - - - - - - - Unterprogramm TAGE (Ebene 2)
2010 IF J/4<>INT(J/4) OR M<=2 THEN LET Z=0 ELSE LET Z=1
2020 LET Z=Z+(J-1)*365+INT((J-1)/4)
2030 RESTORE: FOR K=1 TO 12: READ M(K): NEXT K
2040 DATA 0,31,59,90,120,151,181,212,243,273,304,334
2050 LET S=Z+M(M)+T
2060 RETURN
      '
2500 REM - - - - - - - - - - - - - Unterprogramm PROZENTWERTE (Ebene 2)
2510 LET N=100*SIN(2*3.14159*(B-A)/L)
2520 LET N=INT(N)
2530 RETURN
```

Anhand der Codierung zum Spielprogramm BIORHYTH wollen wir die
Prinzipien der   M o d u l a r i s i e r u n g   und (damit zu-
sammenhängend) der   A l g o r i t h m e n h i e r a r c h i e
erläutern.
Zunächst zur Modularisierung: Ein Modul ist ein Programmteil
mit einem Eingang und einem Ausgang (vgl. Abschnitt 1.3.7.4).
Das Gesamtproblem BIOTHYTHMUS zerlegen wir in die Teilprobleme
GEBURTSTAG (Eingabe der Geburtstagsdaten) und VORHERSAGE (nach
der Theorie). Zu jedem dieser Teilprobleme entwickeln wie ei-

nen Teilalgorithmus; ein A l g o r i t h m u s ist eine Folge von Anweisungen, die nach einer bestimmten (endlichen) Zahl
von Schritten zur Lösung des Problems führt (vgl. Abschnitt
1.3.5.3).
Nun zur Algorithmenhierarchie als Überordnung von Algorithmen:
Mit der Bildung von Teilen muß deren Über- bzw. Unterordnung
geklärt werden. Die zeichnerische Darstellung zeigt, daß beim
Programm BIORHYTH drei Ebenen einer solchen Hierarche vorliegen: Ebene 0 als Problem-Rahmen, Ebene 1 und Ebene 2.
Im Anschluß daran werden die Teilalgorithmen weiter verfeinert
und in einer Entwurfsprache als algorithmischer Entwurf aufge-
schrieben (vgl. Abschnitt 1.3.3.1). Der Entwurf zum Teilalgorithmus GEBURTSTAG kann z.B. so aussehen:

```
Beginn von GEBURTSTAG
   Eingabe TAG,MONAT,JAHR des Geburtstages
   Aufruf  Unterprogramm TAGE zur Berechnung der
           Summe von Tagen S
   Zuweisen von S nach A (Parameterübergabe)
Ende von GEBURTSTAG
```

In einem letzten Schritt schließlich setzen wir den Entwurf in
die Programmiersprache BASIC um. Da wir klar und ohne Tricks
programmieren, entspricht jedem Teilalgorithmus genau ein Unterprogramm in BASIC. Die REM-Anweisungen in der Codierung von
Programm BIORHYTH verdeutlichen den Progammaufbau.

```
0: Hauptalgorithmus      Programm            Ebene 0:
                         BIORHYTH            höchste Ebene

   1: Teilalgorithmus    Unterprogramm       Ebene 1:
                         GEBURTSTAG          erste Unterordnung

      2: Teilalgorithmus Unterprogramm       Ebene 2:
                         TAGE                zweite Unterordnung

   1: Teilalgorithmus    Unterprogramm       Ebene 1:
                         VORHERSAGE          erste Unterordnung

      2: Teilalgorithmus Unterprogramm       Ebene 2:
                         TAGE                zweite Unterordnung

      2: Teilalgorythmus Unterprogramm       Ebene 2:
                         PROZENTWERTE        zweite Unterordnung
```

Hierarchie (Überordnung) von drei Algorithmen-Ebenen

Ausführungen zu Programm BIORHYTH:

Biorhythmus.
Ihr Geburtstag (T,M,J)   ? 31,08,1944
Vorsage für (T,M,J)   ? 15,05,1984

Ihre Verfassung (-100 bis +100 %):
Seelisch: -44 %
Geistig: 28 %
Physisch: -14 %

Biorhythmus.
Ihr Geburtstag (T,M,J)   ? 31.08.1944
?Redo from start
Ihr Geburtstag (T,M,J)   ? 31,08,1944
Vorsage für (T,M,J)   ? 15,04,1984

Ihre Verfassung (-100 bis +100 %):
Seelisch: -79 %
Geistig: -28 %
Physisch: 97 %

3.16.3 Lottozahlen über Index-Array

Das Programm LOTTO1 erzeugt zufällig 6 Zahlen aus 49 und gibt
sie als "heiße Tippreihe" aus. Diese Tippreihe wird ganz automatisch sortiert ausgegeben, da wir in unserem Spielprogramm
mit einem sogenannten I n d e x - A r r a y namens LOTTOIND
arbeiten.
Ein Index ist ein 'Anzeiger'. In Zeile 140 richten wir einen
Array LOTTOIND mit 49 Elementen ein, in 210 erhält jedes Element eine 0. Wenn später z.B. das 13. Element eine 1 erhält,
dann soll diese 1 anzeigen (indizieren), daß die Zahl 13 als
Lottozahl gezogen wurde. In der Variablen LOTTOIND als Index-
Array zeigt 0 'an dieser Stelle keine Zahl gezogen' und 1 'an
dieser Stelle eine Zahl gezogen' an.
Nun zur Zählerschleife von Zeile 210 bis Zeile 280, die zwecks
Erzeugung der 6 Lottozahlen 6 mal durchlaufen wird:
In 230 wählen wir durch die Funktion RND eine Zufallszahl zwischen 1 und 49 aus (deshalb mal 49 und dann plus 1). Die Zahl
wird in der Variablen RANDOM abgelegt.
Diese Zufallszahlenauswahl wiederholen wir in der Zeile 250,
solange LOTTOIND(RANDOM)^2^{3}0 ist, d.h. solange für LOTTOIND an
der Stelle RANDOM schon eine Zahl gezogen wurde. Haben wir eine neue Lottozahl gefunden, dann markieren wir dies dadurch,
daß wir in der Zeile 270 im Array LOTTOIND mit der Indexnummer
RANDOM eine 1 setzen.
Anschließend wird der Ziehungszähler Z durch 280 NEXT Z um
1 erhöht, um die nächste Lottozahl zu ziehen.
Die Ausgabeschleife von Zeile 300 - 320 gibt alle Indizes aus,
die mit einer 1 belegt sind.

```
Allgemein:
---------
 ZUFALLSZAHL (A,E,S)            Eine Zahl zufällig auswählen

                                Anfangswert A  (kleinster Wert)
                                Endwert E      (größter Wert)
                                Schrittweite S (jeweilige Zunahme)


 LET ZAHL = A + INT(RND*((E-A)/S + 1)) * S

 LET ZAHL = A + INT(RND*(E-A+1))    ... für Schrittweite S=1

1. Beispiel:
-----------
 ZUFALLSZAHL (1,49,1)           Auswahl von Lottozahlen

 LET ZAHL = 1 + INT(RND*((49-1)/1 + 1)) * 1
          = 1 + INT(RND*49)
          = INT(RND*49) + 1

2. Beispiel:
-----------
 ZUFALLSZAHL (100,300,2)  Auswahl gerader Zahlen 100-200

 LET ZAHL = 100 + INT(RND*((300-100)/2 + 1) * 2
          = 100 + INT(RND*101)*2
```

Formel zur Erzeugung von Zufallszahlen mittels RND

```
100 REM ====== Programm LOTTO1
110 PRINT "Lottozahlen zufällig erzeugen"
120 PRINT "(Methode: Index-Array LOTTOIND für die 49 Lottozahlen)."
    '
130 REM ====== Vereinbarungsteil
140 DIM LOTTOIND(49) '49 Lottozahlen als Index-Array (0=keine Zahl, 1=Zahl)
150 'RANDOM:         Zufallszahl zwischen 1 und 49
160 'BEENDEN:        Boolesche Variable mit 0 oder -1
170 'Z:              Zähler- bzw. Laufvariable
    '
180 REM ====== Anweisungsteil
190 RANDOMIZE
200 WHILE NOT BEENDEN
210 FOR Z=1 TO 49: LET LOTTOIND(Z)=0: NEXT Z
220    FOR Z=1 TO 6
230       LET RANDOM=INT(RND*49)+1
240       WHILE LOTTOIND(RANDOM)<>0
250         LET RANDOM=INT(RND*49)+1
260       WEND
270       LET LOTTOIND(RANDOM)=1
280    NEXT Z
       '
290    PRINT "Lottozahlen als sortierte Tippreihe:"
300    FOR Z=1 TO 49
310       IF LOTTOIND(Z)=1 THEN PRINT Z;
320    NEXT Z : PRINT
330    INPUT "Nochmalig Ziehung (j/n)";E$: LET BEENDEN= E$<>"j"
340 WEND
350 PRINT "Ende." : END
```

Ausführungen zu Programm LOTTO1:

Lottozahlen zufällig erzeugen
(Methode: Index-Array LOTTOIND für die 49 Lottozahlen).
Random number seed (-32768 to 32767)? 2344
Lottozahlen als sortierte Tippreihe:
  5 8 17 19 26 33
Nochmalig Ziehung (j/n)? j
Lottozahlen als sortierte Tippreihe:
  7 12 18 20 30 37
Nochmalig Ziehung (j/n)? j
Lottozahlen als sortierte Tippreihe:
  25 26 27 35 38 46
Nochmalig Ziehung (j/n)? n
Ende.

3.16.4 Lottozahlen durch ‚Auswahl mit Zurücklegen'

In Programm LOTTO2 werden die 6 Lottozahlen selbst gespeichert
und nicht -wie in Programm LOTTO1 geschehen- die Indexstellen.
Dazu benötigen wir einen 6-Elemente-Array LOTTO anstelle des
bisherigen 49-Elemente-Arrays LOTTOIND. Wie werden sehen, daß
dem Vorteil "weniger Speicherplatz: 6 statt 49 Elemente" der
Nachteil "unsortierte Lottozahlen" gegenübersteht.

In Zeile 210 von Programm LOTTO2 wird die 1. Zahl ausgewählt,
in der Zählerschleife (Zeilen 220-310) folgen die Zahlen 2-6.
Da Mehrfachbelegungen wie z.B. bei der Tippreihe
  23 5 14 11 45 11   (11 zweimal)
auftreten können, prüfen wir nach jeder Ziehung in Zeile 250,
ob die gerade gezogene Zahl LOTTO(Z) mit einer der bereits
gezogenen Zufallszahlen übereinstimmt: falls ja, wird NEU=0
gesetzt, andernfalls bleibt NEU=-1; wird NEU=-1 nicht verändert, können wir sicher sein, tatsächlich eine neue Lottozahl
ausgewählt zu haben. Man spricht bei diesem Vorgehen von "Auswahl mit Zurücklegen', da eine einmal gezogene Zahl für anste-
hende Ziehungen zurückgelegt wird.

Ausführungen zu Programm LOTTO2:

Lottozahlen zufällig erzeugen
(Methode: 'Auswahl mit Zurücklegen' in Array LOTTO).
Random number seed (-32768 to 32767)? 11111
Lottozahlen als unsortierte Tippreihe:
  9 49 25 8 31 43
Nochmalige Ziehung (j/n)? j
Lottozahlen als unsortierte Tippreihe:
  5 31 22 35 40 36
Nochmalige Ziehung (j/n)? j
Lottozahlen als unsortierte Tippreihe:
  20 4 48 25 17 27
Nochmalige Ziehung (j/n)? n
Ende.

Da die Tippreihe in unsortierter Folge im Array LOTTO gespeichert wird, könnte man sie noch durch eines der in Abschnitt
3.8 angegebenen Verfahren sortieren.

Codierung zu Programm LOTTO2:


```
100 REM ====== Programm LOTTO2
110 PRINT "Lottozahlen zufällig erzeugen"
120 PRINT "(Methode: 'Auswahl mit Zurücklegen' in Array LOTTO)."
    '
130 REM ====== Vereinbarungsteil
140 DIM LOTTO(6)  'Array für 6 Lottozahlen
150 'NEU           Neue Zufallszahl gewählt (-1) oder nicht (0)
160 'BEENDEN       Ziehungen beenden (-1) oder nicht (0)
170 'Z             Laufvariable
    '
180 REM ====== Anweisungsteil
190 RANDOMIZE
200 WHILE NOT BEENDEN
210    LET LOTTO(1)=INT(RND*49+1)
220    FOR Z=2 TO 6
230      LET NEU=0
240      WHILE NOT NEU
250        LET LOTTO(Z)=INT(RND*49+1)
260        LET NEU=-1
270        FOR I=1 TO Z-1
280            IF LOTTO(I)=LOTTO(Z) THEN LET NEU=0
290        NEXT I
300      WEND
310    NEXT Z
       '
320    PRINT "Lottozahlen als unsortierte Tippreihe:"
330    FOR Z=1 TO 6: PRINT LOTTO(Z);: NEXT Z
340    PRINT
350    INPUT "Nochmalige Ziehung (j/n)";E$: LET BEENDEN= E$<>"j"
360 WEND
370 PRINT "Ende." : END
```


3.16.5 Elfer-Wette mittels Schleifenschachtelung

Programm TOTO1 erzeugt eine Toto-Tabelle mit 8 waagerechten
Zeilen und 11 senkrechten Spalten. Da die Tabelle nicht abge-
speichert wird, kommt das Programm ohne Arrays aus.
Zur dreifachen S c h l e i f e n s c h a c h t e l u n g in
Programm TOTO1:
Die äußere WHILE-WEND-Schleife wird solange wiederholt, bis
die boolesche Variable BEENDEN den Wert 0 hat.
Die mittlere FOR-NEXT-Schleife wird 8 mal für die 8 Zeilen der
Tabelle durchlaufen, während die innere FOR-NEXT-Schleife für
jede Tabellenzeile die 11 Spaltenwerte (0, 1 oder 2) zufällig
erzeugt.

Ausführung zu Programm TOTO1:

Tips für Fußball-Toto (Elfer-Wette).
Random number seed (-32768 to 32767)? 2344

```
1 :  1  1  0  1  0  1  0  1  0  1  0
2 :  2  1  0  1  2  1  2  2  1  1  0
3 :  2  0  0  2  1  1  0  0  2  2  0
4 :  2  0  0  1  0  2  1  1  0  0  0
5 :  0  0  0  2  1  2  1  2  0  2  1
6 :  2  1  0  1  1  0  2  1  1  1  1
7 :  0  2  0  1  1  0  0  0  0  2  1
8 :  2  0  0  2  0  2  0  2  1  1  2
```
Neuer Toto-Tip (j/n)? j

```
1 :  1  2  2  2  1  2  2  1  2  0  1
2 :  0  0  1  2  2  0  1  1  1  2  0
3 :  0  1  0  2  0  2  2  0  2  0  1
4 :  1  0  0  0  0  2  1  1  1  0  0
5 :  0  0  0  1  1  2  0  1  2  0  2
6 :  0  0  1  2  1  0  1  1  2  2  1
7 :  0  2  2  1  1  2  0  2  2  2  1
8 :  0  2  2  2  1  0  2  1  0  1  0
```
Neuer Toto-Tip (j/n)? n
Ende.

Codierung zu Programm TOTO1:


```
10 REM ====== Programm TOTO1
20 PRINT "Tips für Fußball-Toto (Elfer-Wette)."
   '
30 REM ====== Vereinbarungsteil
40 'TIP:       Zufall 0 (unentschieden), 1 (Heimsieg), 2 (Gastsieg)
50 'ZEILEBLOCK: Zähler für 8 waagerechte Zeilen bzw. Spielblöcke
60 'SPALTETIP:  Zähler für 11 senkrechte Spalten bzw. Spieltips
70 'BEENDEN:    Boolesche Variable mit -1 (Ende) oder 0 (wiederholen)
80 'E$:         Antwort "j" oder "n"
   '
90 REM ====== Anweisungsteil
100 RANDOMIZE
110 WHILE NOT BEENDEN
120    PRINT
130    FOR ZEILEBLOCK=1 TO 8          'Äußere Zählerschleife: 8 Spielblöcke
140       PRINT ZEILEBLOCK;": ";
150       FOR SPALTETIP=1 TO 11          'Innere Zählerschleife: 11 Tips (0,1,2)
160          LET TIP=INT(RND*3)
170          PRINT TIP;
180       NEXT SPALTETIP                 'Ende innere Schleife
190       PRINT
200    NEXT ZEILEBLOCK               'Ende äußere Schleife
210    INPUT "Neuer Toto-Tip (j/n)";E$: LET BEENDEN= E$<>"j"
220 WEND
230 PRINT "Ende.": END
```

Struktogramm zu Programm TOTO1:

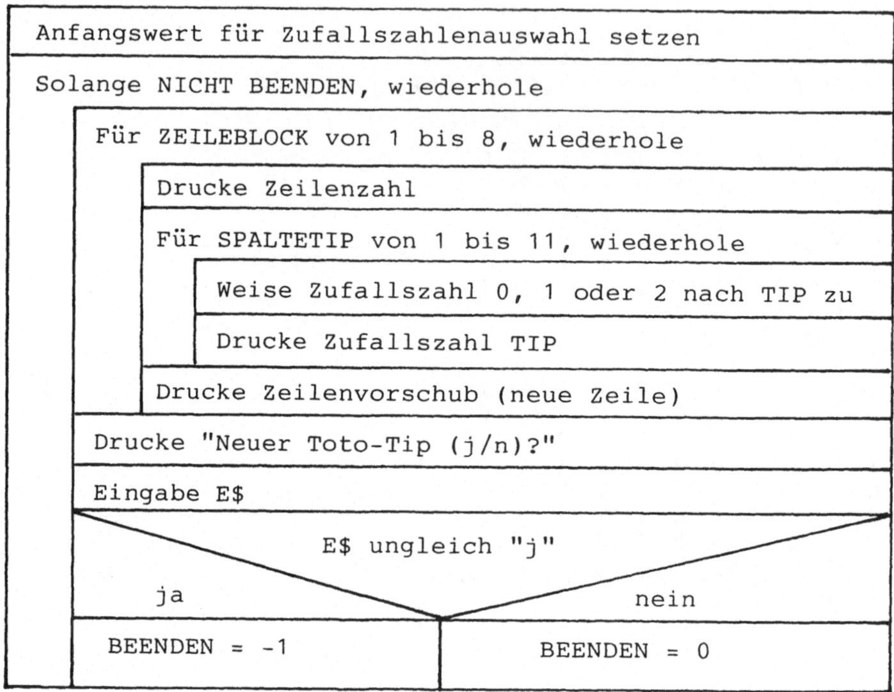

3.16.6 Malnehmen als Lernspiel

Die Beherrschung des "kleinen Einmaleins" und des "großen Einmaleins" ist an den Schulen heute immer weniger gefragt. Vielleicht können Lernspiele diesem Umstand abhelfen. Das Programm
MALNEHM enthält das Grundgerüst eines solchen Lernspiels - es
muß durch Grafik, Sound und Spielanreize natürlich attraktiver
gestaltet werden.
Programm MALNEHM dient zur Übung des Malnehmens; dabei können
die Aufgabenanzahl wie auch die kleinste und größte zu multi-
plizierende Zahl festgelegt werden.
Die Zufallszahlenauswahl geschieht in Abhängigkeit der Variablen TIMER, in der DOS die seit dem Systemstart vergangene Zeit
bereitstellt.
Die Ausführung zu Programm MALNEHM zeigt, daß nach dem 3. Versuch jeweils die richtige Lösung ausgegeben wird.

Ausführung zu Programm MALNEHM:

Übungsprogramm zum Malnehmen.
Anzahl der zu rechnenden Aufgaben? 3
Kleinste, größte Zahl zum Malnehmen? 5,10
 8 * 8 = ? 64
Gut.
 7 * 9 = ? 40
 2 . Versuch:
 7 * 9 = ? 42
 3 . Versuch:
 7 * 9 = ? 48
Nein. Lösung: 63
 8 * 5 = ? 50
 2 . Versuch:
 8 * 5 = ? 40
Gut.

Von 3 Aufgaben wurden beim ersten Versuch
 1 Aufgaben richtig gelöst.
Ende.

Codierung zu Programm MALNEHM:


```
100 REM ====== Programm MALNEHM
110 CLS: PRINT "Übungsprogramm zum Malnehmen."
    '
120 REM ====== Vereinbarungsteil
130 'ZAHL1, ZAHL2, MIN, MAX: Zwei Zufallszahlen zwischen MIN und MAX
140 'LOESUNG, ANTWORT:       Richtige Lösung, eingetippte Antwort
150 'VERSUCH, P:             Versuche, Punkte (für jeweils guten 1. Versuch)
160 'RICHTIG:                Boolesche Variable mit O=falsch und -1=richtig
170 'AUFGABE:                Zähler für gewünschte Anzahl von Aufgaben
    '
180 REM ====== Anweisungsteil
190 INPUT "Anzahl der zu rechnenden Aufgaben";ANZAHL
200 INPUT "Kleinste, größte Zahl zum Malnehmen";MIN,MAX
210 FOR AUFGABE=1 TO ANZAHL
220    LET ZAHL1=MIN+INT(RND(TIMER)*(MAX-MIN))
230    LET ZAHL2=MIN+INT(RND(TIMER)*(MAX-MIN))
240    LET LOESUNG=ZAHL1*ZAHL2
250    LET VERSUCH=O: LET RICHTIG=O
260    WHILE NOT(RICHTIG OR VERSUCH>=3)
270       PRINT ZAHL1;"*";ZAHL2;"= ";: INPUT ANTWORT
280       LET VERSUCH=VERSUCH+1
290       IF ANTWORT=LOESUNG THEN 300 ELSE 330
300                 PRINT "Gut.": LET RICHTIG=-1
310                 IF VERSUCH=1 THEN LET P=P+1
320                 GOTO 340
330       IF VERSUCH=3 THEN PRINT "Nein. Lösung:";LOESUNG
                    ELSE PRINT VERSUCH+1;". Versuch:"
340    WEND
350 NEXT AUFGABE
360 PRINT: PRINT "Von";ANZAHL;"Aufgaben wurden beim ersten Versuch"
370 PRINT P;"Aufgaben richtig gelöst."
380 PRINT "Ende." : END
```

3.16.7 Wandelnder Geist als String-Array

Bei zahlreichen Programmiersystemen können Figuren bzw. Objekte als selbständige Einheiten definiert und auf dem Bildschirm bewegt werden. Man nennt diese Objekte dann S p r i t e s ; Sprites werden zumeist im Modus 'hochauflösende Grafik' verarbeitet.
Das folgende Programm BEWEGUNG demonstriert, wie man ein Objekt auf dem Bildschirm zeichnen und bewegen kann.

Codierung zu Programm BEWEGUNG:

```
100 REM ====== Programm BEWEGUNG
110 CLS: PRINT "Einen Geist als Figur (ähnlich einem Sprite) auf"
120 PRINT "dem Bildschirm in acht Richtungen bewegen (Text-Modus)."
    '
130 GOSUB 1000                          'Geist als Figur (Sprite) vereinbaren
140 INPUT "Startkoordinaten Zeile,Spalte (Mitte 12,40)";ZSTART,SSTART
150 INPUT "Bewegungsrichtung N,O,S,W,NO,SO,SW,NW";RICHT$
160    IF RICHT$="N"  THEN LET ZAEND=-1: LET SAEND=0
170    IF RICHT$="O"  THEN LET ZAEND=0 : LET SAEND=3
180    IF RICHT$="S"  THEN LET ZAEND=1 : LET SAEND=0
190    IF RICHT$="W"  THEN LET ZAEND=0 : LET SAEND=-3
200    IF RICHT$="NO" THEN LET ZAEND=-1: LET SAEND=3
210    IF RICHT$="SO" THEN LET ZAEND=1 : LET SAEND=3
220    IF RICHT$="SW" THEN LET ZAEND=1 : LET SAEND=-3
230    IF RICHT$="NW" THEN LET ZAEND=-1: LET SAEND=-3
240 KEY OFF: CLS                        'Zeile 25 verschwindet
250 LET ZEILE=ZSTART-3                   'Geist-Mitte: Zeile um 3 nach oben
260 LET SPALTE=SSTART-4                  'Geist-Mitte: Spalte um 4 nach links
270 WHILE NOT ANSTOSSEN
280    GOSUB 2000                        'Geist erscheinen lassen
290    LET ZEILE=ZEILE+ZAEND             'Geist bewegen um ZAEND (oben,unten)
300    LET SPALTE=SPALTE+SAEND           '             bzw. SAEND (links,rechts)
310    IF ZEILE<1 OR ZEILE>18 OR SPALTE<1 OR SPALTE>73
          THEN LET ANSTOSSEN=-1
320 WEND
330 KEY ON: PRINT "... weg ist er." : END
    '

1000 REM ------ Unterprogramm GEIST VEREINBAREN
1010 DIM G$(6)                          'Vereinbarung als String-Array G$
1020 LET G$(1)="######"
1030 LET G$(2)="        "
1040 LET G$(3)=" o   o "
1050 LET G$(4)="   °   "
1060 LET G$(5)="  ---  "
1070 LET G$(6)=" ##### "
1080 RETURN
    '

2000 REM ------ Unterprogramm GEIST ERSCHEINEN LASSEN
2010 FOR Z=1 TO 6                        'Geist ist 6 Zeilen hoch
2020    LOCATE ZEILE+Z, SPALTE           'nächste Zeile
2030    PRINT G$(Z)
2040 NEXT Z
2050 FOR ZEIT=1 TO 400: NEXT ZEIT       'Geist bleibt stehen
2060 CLS                                 'Geist verschwindet wieder
2070 RETURN
```

Das Programm BEWEGUNG ist einfach gehalten (keine Pixel, Farbe
und Tricks), um im Text-Modus (SCREEN 0) das Grundprinzip des
Bewegens eines Objekts leicht verständlich aufzuzeigen.

Das Objekt hat das Aussehen eines Geistes und wird im Unterprogramm ab Zeile 1000 als String-Array namens G$ vereinbart;
G$ hat 6 Elemente und jedes Element nimmt eine 'Zeile' des Ge-
sichts unseres Geistes auf. Der Geist ist genau 6*7=42 Zeichen
groß.
In Zeile 140 legen wir die Startkoordinaten ZSTART (ZeileStart
z.B. 12) und SSTART (SpalteStart z.B. 40) fest. Da der Bildschirm im Text-Modus (SCREEN 0 mit WIDTH 80) 24 Zeilen und 80
Spalten umfaßt, markieren die Startkoordinaten 12,40 die Bildschirmmitte.
Als Bewegungsrichtung geben wir in Zeile 150 eine der 8 Him-
melsrichtungen im String RICHT$ vor, z.B. "NO" für "Nord-Ost".
Der Geist muß sich somit von der Bildschirmmitte ausgehend in
Richtung "schräg nach oben rechts" bewegen, um bei Anstoßen am
Bildschirmrand zu verschwinden.
Bevor es soweit ist, bestimmen wir die exakten Startkoodinaten
in Zeile 250 und 260 mit ZEILE (ZSTART-3, da der Geist 6 Zei-
len hoch ist) und mit SPALTE (SSTART-4 bei 7 Spalten Breite
des Geistes).

Nun zur 'Bewegungsschleife' in den Zeilen 270 bis 320: Im Un-
terprogramm ab Zeile 2000 wird der Geist gezeichnet (FOR-NEXT-
Schleife), für kurze Zeit gezeigt ((Warteschleife in 2050) und
wieder gelöscht (2060 CLS).
Dann werden die derzeitigen Koordinaten des Geistes um ZAEND
(für ZeileAendern) und SAEND korrigiert. Da im Falle von "NO"
ZAEND=-1 und SAEND=3 ist, ergibt 290 LET ZEILE=ZEILE-1 eine
Korrektur um 1 nach oben und 300 LET SPALTE=SPALTE+3 eine
Änderung um 3 nach rechts. Warum 3 und nicht 1? Der Bildschirm
mit 24 Zeilen auf 80 Spalten hat ungefähr 3mal so viele Spalten wie Zeilen; deshalb wählen wir für ZAEND=-1 stets SAEND=3,
um eine - ungefähr - diagonale Bewegungsrichtung erzeugen zu
können.
Wenn der Geist den Bildschirmrand erreicht, dann soll er keine
Fehlermeldung bewirken, sondern verschwinden. Die IF-Anweisung
in Zeile 310 regelt dies: wird der booleschen Variablen namens
ANSTOSSEN der Wert -1 zugewiesen, wird die Bewegungsschleife
über 270 WHILE NOT ANSTOSSEN verlassen.

Ausführung zu Programm BEWEGUNG (nur Beginn):

Einen Geist als Figur (ähnlich einem Sprite) auf
dem Bildschirm in acht Richtungen bewegen (Text-Modus).
Startkoordinaten Zeile,Spalte (Mitte 12,40)? 12,40
Bewegungsrichtung N,O,S,W,NO,SO,SW,NW? NO

```
                                                        #######

  #######                                                 o   o
                                                            o
    o   o            Bewegung auf dem  _  _  _  ->         ---
       o                 Bildschirm                      #####
    ---          _  _  _  _  _                            ... weg ist er.
  #####
```

3.17 Musik

3.17.1 Anweisungen SOUND und PLAY

Die Programmiersprache BASICA unterstützt die Erzeugung von
Musik bzw. Tönen durch die beiden Anweisungen SOUND und PLAY.
Die Anweisungen SOUND 261.63, 9.1 und PLAY "O3 C" z.B. be-
wirken dasselbe: aus dem eingebauten kleinen Lautsprecher er-
tönt 1/2 Sekunde lang ein Ton , dessen Tonhöhe dem mittleren
"C" auf der Klaviertastatur entspricht.

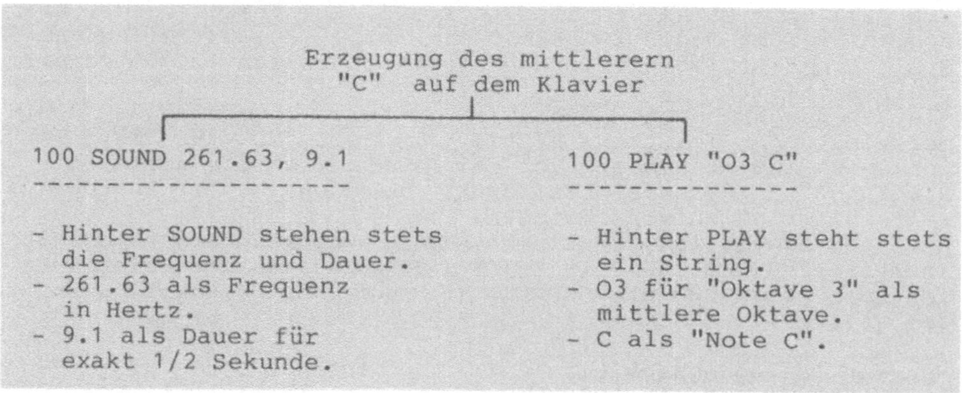

Vergleich von SOUND und PLAY zur Erzeugung desselben Tones

Worin unterscheiden sich die Anweisungen SOUND und PLAY? Mit
SOUND können wir e i n e n Ton exakt durch Frequenzhöhe und
Dauer festlegen und anspielen lassen. PLAY dagegen eignet sich
zum Spielen m e h r e r e r Töne hintereinander; so spielt
z.B. die Anweisung
    200 PLAY "O3 CDEFGABC"

```
130 SOUND 250, 20
       |   |
       |   |------- FREQUENZ in Hertz (Vibrationen/Sek.):
       |   |
       |   |          - Menschl. Ohr: 20-20000 Hertz hörbar.
       |   |          - IBM PC:       32-32767 Hertz.
       |   |          - 250 Hertz entspricht dem mittleren
       |   |            C auf dem Klavier.
       |   |          -----------------------------------
       |   |          - 250-500 Hertz für mittlere Oktave.
       |   |          -----------------------------------
       |   |
       |   ------- DAUER in Zeittakten (interne Uhr taktet
       |                              18.2 mal/Sek.):
       |                - 9.1 entspricht 9.1/18.2, d.h. genau
       |                  einer Sekunde Dauer.
       |                -----------------------------------
       |                - 20 für ungefähr 1 Sekunde Dauer.
       |                -----------------------------------
```

Anweisung SOUND zur Erzeugung eines Tones

die acht Töne der Tonleiter hintereinander (Hinweis: anstelle
von 'H' muß 'B' abgegeben werden).
Natürlich können durch SOUND auch Tonfolgen programmiert werden; dabei müssen wir jedoch für jeden einzelnen Ton eine gesonderte SOUND-Anweisung vorsehen.

Die Anweisung PLAY weist als Argument stets einen String auf,
der die zu spielende Tonfolge enthält. Der String kann die Parameter A-G, L, M..., N, O, P, T und X in beliebiger Reihenfolge enthalten (siehe Abbildung).

```
C,D,E,F,G,A,B       Noten (C# oder C+ und C- für Halbtöne;
                    C. für 'C legato', .C für 'C staccato')


Ln                  Länge (z.B. L1=Ganz-, L2=Halb-, L4=Viertel-,
                    L8=Achtel und L16=Sechzehntel-Note)


MF bzw. MB          Musik Vorder- bzw. Hintergrund (MF=Default)

MN, ML bzw. MS      Musik Normal, Legato bzw. Staccato (MN=Def.)

Nn                  Notennummer N0 - N84 gemäß Klaviertastatur
                    (N1=C in Oktave 0 bis zu N84=B in Oktave 6)


On                  Oktave von O0 (Oktave 0) bis O6 (Oktave 6)
                    mit O3 als mittlerer Oktave des Klaviers
                    (Wechsel in höhere/tiefere Oktave mit ³/²)


Pn                  Pausenlänge mit P1, P2, P4, P8 und P16
                    entsprechend den Angaben für L1, ...


Tn                  Tempo T32 (langsam) bis T255 (schnell) und
                    T120 als Default


Xstring             Ausführung des angegebenen Noten-Strings
```

Parameterangaben der PLAY-Anweisung

Mit der Anweisung
   130 PLAY "CDEFGABC"
spielen wir die mittlere Tonleiter, ebenso mit der Anweisung
   140 PLAY "O3CDEFGABC",
bei der O3 für "Oktave 3" explizit angegeben wird (Hinweis: O
wie O)ktave, nicht 0 (null)).
Die Anweisung
   150 PLAY "O3 L1C L2DE L4F L8G L16A L2BC"
spielt das "C" als Ganznote, das "D" und "E" als halbe Noten,
das "F" als Viertelsnote usw. Die mit dem L-Parameter vorgegebene Länge gilt solange, bis sie durch einen neuen L-Parameter
geändert wird. Diese Regel gilt auch für die anderen Parameter
der PLAY-Anweisung.
Die Leerstellen können zwechs Übersichtlichkeit eingefügt werden und werden häufig zur Trennung von Takten verwendet.
Mit dem Parameter X ist es möglich, Noten einer Stringvariablen zuzuweisen und diese Variable dann in der PLAY-Anweisung
anzugeben.

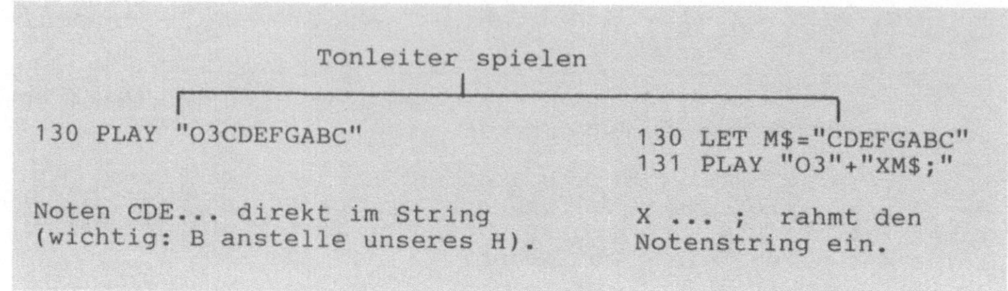

Noten direkt oder indirekt über X (Execute) angeben

3.17.2 Tonerzeugung an Beispielen

Das Programm TONBSP-M zeigt, wie die Anweisung SOUND zur Ver-
wirklichung der unterschiedlichen Klangeffekte genutzt werden
kann.
- Zur Menüwahl 1: Ersetzt man in Zeile 1020 den Endwert 60
  z.B. durch 70, wirkt der Motor 'traktorähnlicher .
- Zur Menüwahl 2: Geben wir in Zeile 2000 für HERTZ als Frequenz 100 vor, ertönt ein relativ tiefer Ton 5 mal nacheinander.
- Zur Menüwahl 3: Ein Ton steigt wie eine Parabel immer mehr
  an; die letzten sehr hohen Töne tun fast weh.
  Die Anweisung 3020 SOUND HOCH, HOCH/5000 bewirkt, daß die
  Dauer mit der Tonhöhe abnimmt.
- Zur Menüwahl 4: ABS(ALARM) bildet den Absolutwert der Laufvariablen ALARM, also immer einen positiven Wert. Durch Subtraktion dieses Wertes von 1037 ergibt sich beim Schleifendurchlauf eine 'wellenförmige Klangkurve'.
- Zur Menüwahl 5: Das 'tatütatütatü...' wird 3 mal wiederholt.
  Die Warteschleifen in Zeile 5050 und in 5070 trennen die
  akustischen Signale
- Zur Menüwahl 6: Der Text in T$ umfaßt 25 Zeichen. Deshalb
  wird die FOR-Schleife 25 mal durchlaufen: beim Erscheinen
  jedes neuen Zeichens ertönt ein Ticken, das durch die Anweisung SOUND 100,0 vom nächsten Ticken getrennt wird.
- Zur Menüwahl 7: Dieses Unterprogramm zeigt, wie die Anweisung BEEP zur akustischen Unterstreichung bestimmter Text-
  ausgaben eingesetzt werden kann.
  Zunächst `flackert` am Bildschirm 6 mal hintereinander die
  Textmitteilung "TEXTBEEP" an der Bildschirmmitte auf. Geben
  wir dann z.B. 5 für ANZBEEP und 200 für DAUERBEEP ein, wird
  der zuvor nach TEXT$ eingetippte Text 6mal ziemlich rasch
  nebeneinander am Bildschirm erscheinen.

Die Anweisung SOUND bietet vielfältige Möglichkeiten; diese
lassen sich nur durch eigenes Experimentieren erlernen.

Ausführung zu TONBSP-M:

Beispiele zur Tonerzeugung mittels SOUND und BEEP.
0   Ende
1   Automotor läuft warm
2   5 mal die eigene Wahl
3   Ton wird hoch und höher
4   Alarm
5   Martinshorn
6   Zeit-Takt
7   Text mit Beeps 'untermalen'
Wahl 0-7? 1
Geräusch eines warmlaufenden Autos: Start ...
... warm.
Weiter: Taste:
2
Frequenz in Hertz (ca. 20 - 20000)? 100
  1 2 3 4 5
Weiter: Taste:
3
Ton wird hoch und ...
 höher.
Weiter: Taste:
4
Zweimaliger Alarm ...
Weiter: Taste:
5
Martinshorn: tatütaütatü ...
Weiter: Taste:
6
Die Uhr:
Ich werde immer älter ...
Weiter: Taste:
7
7

1 : TEXTBEEP	6 : TEXTBEEP	Bei jeder Ausgabe von
2 : TEXTBEEP	7 : TEXTBEEP	TEXTBEEP wird geblinkt.
3 : TEXTBEEP	8 : TEXTBEEP	
4 : TEXTBEEP	9 : TEXTBEEP	
5 : TEXTBEEP	10 : TEXTBEEP	

Weiter: Taste? Wegweise
Beeps: Anzahl, Dauer? 3,4
Wegweise   Wegweise   Wegweise   Weiter: Taste:

Codierung zu Programm TONBSP-M:


```
100 REM ====== Programm TONBSP-M
110 CLS: PRINT "Beispiele zur Tonerzeugung mittels SOUND und BEEP."
    '
120 PRINT "0    Ende
130 PRINT "1    Automotor läuft warm"
140 PRINT "2    5 mal die eigene Wahl"
150 PRINT "3    Ton wird hoch und höher"
160 PRINT "4    Alarm"
170 PRINT "5    Martinshorn"
180 PRINT "6    Zeit-Takt"
190 PRINT "7    Text mit Beeps 'untermalen'"
200 INPUT "Wahl 0-7";W$: LET W=VAL(W$)
210 ON W GOSUB 1000,2000,3000,4000,5000,6000,7000
220 IF W=0 THEN PRINT "Ende.": END
230 PRINT "Weiter: Taste:"
240 IF INKEY$="" THEN GOTO 240
250 CLS: GOTO 120
    '
1000 PRINT "Geräusch eines warmlaufenden Autos: Start ..."
1010 FOR ZEIT =1 TO 500
1020 FOR BRUMM=50 TO 60 STEP 10
1030    SOUND BRUMM,.01
1040 NEXT BRUMM
1050 NEXT ZEIT
1060 PRINT "... warm."
1070 RETURN
    '
2000 INPUT "Frequenz in Hertz (ca. 20 - 20000)";HERTZ
2010 FOR Z=1 TO 5
2020    PRINT Z;: SOUND HERTZ,10
2030    FOR ZEIT=1 TO 1000: NEXT ZEIT
2040 NEXT Z
2050 PRINT: RETURN
    '
3000 PRINT "Ton wird hoch und ..."
3010 FOR HOCH=500 TO 4000 STEP 5
3020    SOUND HOCH, HOCH/5000
3030 NEXT HOCH
3040 PRINT " höher."
3050 RETURN
    '
4000 PRINT "Zweimaliger Alarm ..."
4010 FOR Z=1 TO 2
4020    FOR ALARM=1000 TO -1000 STEP -10
4030       SOUND 1037-ABS(ALARM),.4
4040    NEXT ALARM
4050 NEXT Z
4060 RETURN
```

Codierung zu Programm TONBSP-M (Fortsetzung):

```
5000 PRINT "Martinshorn: tatütaütatü ..."
5010 FOR Z=1 TO 5
5020 FOR MARTIN=1 TO 3
5030    SOUND 300,3
5040    SOUND 800,15
5050    FOR ZEIT=1 TO 500: NEXT ZEIT
5060 NEXT MARTIN
5070    FOR ZEIT=1 TO 1500: NEXT ZEIT
5080 NEXT Z
5090 RETURN
     '
6000 PRINT "Die Uhr:"
6010 LET T$="Ich werde immer älter ..."
6020 FOR TAKT=1 TO 25
6030    PRINT MID$(T$,TAKT,1);
6040    SOUND 500,5: SOUND 100,0
6050    FOR ZEIT=1 TO 700: NEXT ZEIT
6060 NEXT TAKT
6070 PRINT: RETURN
     '
7000 CLS                        'Demonstration zu BEEP
7010 FOR Z=1 TO 10
7020    BEEP
7030    LOCATE 10,40: PRINT SPACE$(13)
7040    FOR ZEIT=1 TO 400: NEXT ZEIT
7050    LOCATE 10,40: PRINT Z;": TEXTBEEP"
7060 NEXT Z
7070 LOCATE 24,1: INPUT "Weiter: Taste";W$
7080 CLS: INPUT "Zu zeigender Text";TEXT$
7090 INPUT "Beeps: Anzahl, Dauer";ANZBEEP,DAUERBEEP
7100 LOCATE 10,1
7110 FOR Z=1 TO ANZBEEP
7120    BEEP
7130    PRINT TEXT$;"      ";
7140    FOR ZEIT=1 TO DAUERBEEP: NEXT ZEIT
7150 NEXT Z
7160 RETURN
```

3.17.3 Programmierung eines Liedes

Das Programm MUSIK-M demonstriert die wichtigsten Anwendungen
der Anweisung PLAY. Wenden wir uns zunächst dem Spielen eines
Liedes mittels PLAY zu, also der im Programm MUSIK-M vorgesehenen Menüwahl 1.
Es wird das Lied "Der Mond ist aufgegangen gespielt". Die Codierung (Zeilen 1000-1130) ist dabei in drei Teile gegliedert:

   1) Aufbau des Typstrings TYP$ (Zeilen 1000-1030), um den
   'Musiktyp' für das Lied festzulegen.
   2) Aufbau der Notenstrings (Zeilen 1040-1080), die die Noten
   des Liedes enthalten.
   3) Spielen des Liedes mit der Anweisung PLAY (1090-1110).

Dieser 3-Schritt-Ablauf ist typisch für jedes über den PC zu
spielende Lied.

```
   1) Aufbau des Typstrings:
      ----------------------

      - Oktave    (hier: Variable OKT$)       Vorgabe
      - Tempo     (hier: Variable TEMPO$)     durch
      - Tonlänge (hier: Variable LAENGE$)     Tastatureingabe
      - Wertzuweisung des Typstrings (hier: Variable TYP$)


   2) Zuweisung der Notenstrings:
      --------------------------

      - Notenstrings enthalten die Notenfolge des Liedes
      - Sinnvoll: mehrere Teilstrings, falls Teile mehrmals
        zu spielen sind
      - Hier: Notenstrings M0$, M1$, ..., M4$


   3) Spielen des Liedes mittels PLAY:
      -------------------------------

      - PLAY TYP$ führt den Typstring aus (stellt Tempo
        ein usw.)
      - PLAY "XM0$;XM1$;..." führt Notenstrings aus, d.h.
        spielt das Lied
```

3-Schritt-Ablauf von Programmen zum Spielen eines Liedes

3.17.3.1 Typstring des Liedes festlegen

Die allgemeine Form der PLAY-Anweisung lautet
   ... PLAY "String",
wobei unter String alle Angaben zum jeweiligen Lied vorgegeben
werden. Das Argument von PLAY können wir zuvor einer Variablen
zuweisen:
   ... LET STRING$="String"
   ... PLAY STRING$

Der Übersichtlichkeit halber unterteilen wir STRING$ in einen
Typstring TYP$ und einen Notenstring NOTEN$:
   ... LET TYP$=...
   ... LET NOTEN$=
   ... PLAY TYP$+"XNOTEN$;"
Wichtig dabei ist, daß vor dem Notenstring ein "X" und danach
ein ";" steht.

Im Programm MUSIK-M wird der Typstring TYP$ in Zeile 1030 auf-
gebaut. Da wir die einzelnen Parameterwerte über die Tastatureingabe einstellen können, müssen wir die Teilstrings mit "+"
verknüpfen.
Die Anweisung
   1030 LET TYP$ = "O3T120MN"
würde dabei der 'Normaleinstellung' entsprechen.

Codierung zu Programm MUSIK-M:

```
100 REM ====== Programm MUSIK-M
110 PRINT "Musik speichern oder unmittelbar wiedergeben."
    '
120 PRINT "0    Ende"
130 PRINT "1    Lied 'Der Mond ist aufgegangen' spielen lassen"
140 PRINT "2    Tastatur als Musik-Keyboard verwenden"
150 PRINT "3    Textausgabe mit Musik im Hintergrund"
160 INPUT "Wahl 0-3";W$: LET W=VAL(W$)
170 IF W=0 THEN PRINT "Ende." : END
180 ON W GOSUB 1000,2000,3000
190 PRINT "Weiter: Taste drücken"
200 IF INKEY$="" THEN 200
210 CLS: GOTO 120
    '
1000 INPUT "Oktave (0-6, 3=mittlere Oktave)";OKT$              'LIED SPIELEN
1010 INPUT "Tempo  (32-255, 120=Normaltempo)";TEMPO$
1020 INPUT "N)ormal, L)egato, S)taccato (N,L oder S)";LAENGE$
1030 LET TYP$="O"+OKT$+"T"+TEMPO$+"M"+LAENGE$
1040 LET M0$="P2P4"                        '3/4 Auftakt
1050 LET M1$="L4C DCFE L2DL4C"            'Leerstellen trennen Takte
1060 LET M2$="E EEAG L2FL4E"
1070 LET M3$="E EEFE L2DP4"
1080 LET M4$="L4E EEFE DDCP4"
1090 PLAY TYP$
1100 PLAY "XM0$;XM1$;XM2$;XM3$;XM1$;XM2$;XM4$;"
1110 INPUT "... nochmals (j/n)";W$
1120 IF W$="j" THEN 1000
1130 RETURN
     '
2000 PRINT "Eingabe: Noten C,D,E,F,G,A,H oder O (für Ende)"    'KEYBOARD
2010 WHILE NOTE$<>"O"
2020    LET NOTE$=INKEY$
2030    IF NOTE$="" THEN 2020
2040      IF NOTE$="O" THEN 2150
2050      IF NOTE$="C" THEN LET FREQ=523: GOTO 2130
2060      IF NOTE$="D" THEN LET FREQ=587: GOTO 2130
2070      IF NOTE$="E" THEN LET FREQ=659: GOTO 2130
2080      IF NOTE$="F" THEN LET FREQ=698: GOTO 2130
2090      IF NOTE$="G" THEN LET FREQ=784: GOTO 2130
2100      IF NOTE$="A" THEN LET FREQ=880: GOTO 2130
2110      IF NOTE$="H" THEN LET FREQ=988: GOTO 2130
2120    PRINT: PRINT "Eingabe C,D,E,F,G,H oder O (=Ende)": GOTO 2150
2130    SOUND FREQ,6          'FREQ=Frequenz, 6=Dauer
2140    PRINT NOTE$;" ";
2150 WEND
2160 PRINT: RETURN
     '
3000 FOR Z=1 TO 3                        'ALLE MEINE ENTCHEN als Hintergrundmusik
3010    PLAY "MBO2T220L4CDEF L2GG L4AAAA L1G L4AAAA L1G"
3020    FOR M=1 TO 200: PRINT "Musik ";: NEXT M: PRINT
3030 NEXT Z
3040 PLAY "L4FFFF L2EE L4DDDD L1C"
3050 RETURN
```

3.17.3.2 Notenstring des Liedes festlegen

Bei den meisten Liedern werden einige Liedpassagen (Strophen)
mehrmals gespielt. Teilt man den Notenstring NOTEN$ in mehrere
Teilstrings auf, dann müssen diese Liedpassagen nur einmal codiert bzw. zugewiesen werden. In unserem Beispiel bauen wir 5
Teilstrings M0$ - M4$ auf.
Die Leerstellen in den Strings markieren die Takte (hier liegt
ein 4/4-Takt vor: L1 bzw. L2L2 bzw. L2L1L1 z.B. entsprechen
einer Taktlänge). Die Leerstellen kann man auch weglassen. Mit
   1040 LET M0$="P2P4"
definieren wir einen 3/4-Auftakt mit P2 für eine halbe und P4
für eine Viertel-Note.
Die 4 Strings M1$, M2$, M3$ und M4$ enthalten das eigentliche
Lied "Der Mond ist aufgegangen". In Zeile 1100 werden alle 5
Strings als Argument der PLAY-Anweisung geschrieben, wobei M1$
und M2$ zweimal aufgerufen werden.
Die alternative Codierung
   1100 LET NOTEN$=M0$+M1$+M2$+M3$+M1$+M2$+M4$
   1101 PLAY "XNOTEN$;"
ist ebenso möglich.

Ausführung zu Programm MUSIK-M:

Musik speichern oder unmittelbar wiedergeben.
0   Ende
1   Lied 'Der Mond ist aufgegangen' spielen lassen
2   Tastatur als Musik-Keyboard verwenden
3   Textausgabe mit Musik im Hintergrund
Wahl 0-3? 1
Oktave (0-6, 3=mittlere Oktave)? 3
Tempo (32-255, 120=Normaltempo)? 100
N)ormal, L)egato, S)taccato (N,L oder S)? N

... nochmals (j/n)? n
Weiter: Taste drücken
0   Ende
1   Lied 'Der Mond ist aufgegangen' spielen lassen
2   Tastatur als Musik-Keyboard verwenden
3   Textausgabe mit Musik im Hintergrund
Wahl 0-3? 2
Eingabe: Noten C,D,E,F,G,A,H oder 0 (für Ende)
C D E F G G A A A G A A A A G F F F F E E D D D D C

Eingabe C,D,E,F,G,H oder 0 (=Ende)

Weiter: Taste drücken
0   Ende
1   Lied 'Der Mond ist aufgegangen' spielen lassen
2   Tastatur als Musik-Keyboard verwenden
3   Textausgabe mit Musik im Hintergrund
Wahl 0-3? 3
Musik Musik Musik Musik Musik Musik Musik Musik Musik Musik Musik Musik Musik
Musik Musik Musik Musik Musik Musik Musik Musik Musik Musik Musik Musik Musik
Musik Musik Musik Musik Musik Musik Musik Musik Musik Musi

3.17.3.3 Lied mittels PLAY spielen

Im Programm MUSIK-M verwenden wir zwei PLAY-Anweisungen zum
Spielen von "Der Mond ist aufgegangen": 1090 PLAY TYP$ führt
die Einstellungen im Typstring aus und 1100 PLAY "XMO$;... "
spielt die Noten ab.
Wir könnten auch zusammenfasend in einer Zeile
   1090 PLAY TYP$ + "XMO$;... "
schreiben.

Programmiert man ohne die Einstellungsmöglichkeiten über Tastatur und ohne Trennung von Typ- und Notenstrings, dann vereinfacht sich die PLAY-Anweisung (entsprechende Default-Werte
angenommen) zu:
   1090 PLAY "L4CDCFEL2DL4CEEEAGL2FL4EEEEFEDP4CDCFEL2DL4C...."
Die mehrfach vorkommenden Passagen (in M1$ und M2$ abgelegt)
müssen dann natürlich auch mehrfach in den String geschrieben
werden.

Möchte man ein anderes Lied ausprobieren, so sind nur die Programmzeilen 1030-1080 (Wertzuweisungen) und 1090-1100 (Ausführung 'durch PLAY) zu ändern.

3.17.4 Noten über Tastatur spielen

Mit der Menüwahl 2 des Programms MUSIK-M können wir Noten direkt spielen: tippen wir die Taste "C", wird das mittlere "C"
gespielt; tippen wir "F", ertönt das "F". Halten wir eine Taste länger gedrückt, bleibt der Ton 'stehen'. Die Eingabe von
"0" (null) schaltet diese Musik-Tastenbelegung wieder ab bzw.
auf den Normalzustand um.

In der Anweisung
   2130 SOUND FREQ,6
wird für die Dauer von 6 (9.1 wäre 1/2 Sekunde) ein Ton in der
Frequenz von FREQ gespielt.
Die Auswahlstruktur in den Zeilen 2050-2110 weist nach FREQ
Werte zu, die der Oktave O4 entsprechen, also der Oktave, die
über der mittleren Oktave des Klaviers liegt.

Ton:	Oktave O2:	Oktave O3:	Oktave O4:	Oktave O5:
C	130.81	261.63	523.25	1046.5
D	146.83	293.66	587.33	1174.7
E	164.81	329.63	659.26	1318.5
F	174.61	349.23	698.46	1396.9
G	196	392	783.99	1568
A	220	440	880	1760
B	246.94	493.88	987.77	1975.5

Frequenzen der Noten von vier Oktaven zur Angabe in SOUND

3.17.5 Musik im Hintergrund

Bislang wurden in der PLAY-Anweisung weder die Parameter MF
(Musik im Vordergrund) noch MB (Musik im Hintergrund) verwendet; das System nahm dann stets MF (als default) an.
Soll ein anderer Prozeß ablaufen, während Musik bzw. Noten gespielt werden, ist der Parameter MB anzugeben.
Die Menüwahl 3 zu Programm MUSIK-M zeigt, wie das Lied "Alle
meine Entchen ..." als Hintergrundmusik gespielt wird, während
parallel hierzu in einer FOR-NEXT-Schleife wiederholt das Wort
'Musik' auf den Bildschirm geschrieben wird.

Für den Hintergrund MB kann eine Folge von bis zu 32 Noten angegeben werden.

Programmverzeichnis

G r u n d k u r s :

3.1   Programmstrukturen Folge, Auswahl,
                        Wiederholung und Unterprogramm

```
HELLO   .BAS    VERBRAU .BAS    PREIS1  .BAS    PREIS2  .BAS
SKONTOZ1.BAS    KALKULAT.BAS    SKONTOZ2.BAS    SKONTOE1.BAS
SKONTOE2.BAS    DREIFALL.BAS    MWST    .BAS    KAPITAL1.BAS
KAPITAL2.BAS    ZUFALL  .BAS    ZEITTEST.BAS    FAHRTENB.BAS
RATENSPA.BAS    DEMO-UPR.BAS    DEMO-FUN.BAS
```

A u f b a u k u r s   I :

3.2   Programmiertechnik   3.6   Programme prüfen
3.3   Strings   und verbinden
3.4   Eingabe und Ausgabe   3.7   Arrays
3.5   Maschinennahe Programmierung 3.8   Suchen und Sortieren

```
                                                MENUE    .BAS
STANDARD.BAS    BOOLEAN1.BAS    BOOLEAN2.BAS    TEXT0    .BAS
TEXT1   .BAS    TEXT2   .BAS    TEXT3   .BAS    TEXT4    .BAS
TEXT5   .BAS    TEXT6   .BAS    TEXT7   .BAS    TEXT8    .BAS
TEXT9   .BAS    DATUMINT.BAS    DATUMPRU.BAS    ETIKETT  .BAS
WILDCARD.BAS    BLOCKSAT.BAS    GEHEIM  .BAS    ZEIL-EIN.BAS
BILDMASK.BAS    SOFTKEY .BAS    DEMO-PRI.BAS    DEMO-USI.BAS
FUELLSTR.BAS    RUNDZAHL.BAS    DRUCKSTE.BAS    CHR$-TE .BAS
ASCII-TE.BAS    DEZDUAL1.BAS    DUALDEZ .BAS    HEXDEZ  .BAS
DEZHEX  .BAS    DEZDUAL2.BAS    DEZDUAL3.BAS    DEZDUAL4.BAS
PEEKPO-M.BAS    BINDAT-M.BAS    BILDSCH1.SCN    MODULALT.BAS
MODULNEU.BAS    LAGREGAL.BAS    VOKABELD.BAS    UMKEHRZA.BAS
FAKULT  .BAS    ABTABELL.BAS    DREIDIM .BAS    SUCHSE-M.BAS
SUCHBI-M.BAS    SORTNU-M.BAS    SORTZEIG.BAS    SORTSTRI.BAS
MISCHDAT.BAS    GRUPPDAT.BAS    DATEIANZ.BAS    MUST-AUS.BAS
```

A u f b a u k u r s   II :

                                    3.13 Binärer Baum
3.9   Sequentielle Datei   3.14 Verkettete Dateien
3.10 Direktzugriff-Datei   3.15 Grafik
3.11 Index-sequentielle Datei   3.16 Spiele
3.12 Gekettete Liste   3.17 Musik

```
                                                SEQUEN-M.BAS
TELDATEI        DIREKT-M.BAS    DIREKT-A.BAS    DIREKT-S.BAS
DIREKT-L.BAS    DIREKT-F.BAS    ARTDATEI        KUNDATEI
INDDATEI        INDSEQ-L.BAS    INDSEQ-S.BAS    INDSEQ-T.BAS
INDS            NAMDATEI        LILIST-M.BAS    BIBAUM-M.BAS
NUMDATEI        GRAFMODI.BAS    GERADE  .BAS    PARABEL .BAS
TEXTBALK.BAS    MITTBALK.BAS    KREISE-M.BAS    HISTOG-M.BAS
ECKKREIS.BAS    RATSPIEL.BAS    MALNEHM .BAS    BIORHYTH.BAS
TOTO1   .BAS    LOTTO1  .BAS    LOTTO2  .BAS
BEWEGUNG.BAS    TONBSP-M.BAS    MUSIK-M .BAS
```

Sachwortverzeichnis